《体育发展"十三五"规划》文件汇编

国家体育总局政策法规司 编

人民体育出版社

图书在版编目（CIP）数据

《体育发展"十三五"规划》文件汇编／国家体育总局政策法规司编.–北京：人民体育出版社，2019
ISBN 978-7-5009-5324-1

Ⅰ.①体⋯ Ⅱ.①国⋯ Ⅲ.①体育事业-五年计划-文件-汇编-中国-2016-2020 Ⅳ.①G812

中国版本图书馆 CIP 数据核字（2018）第 013696 号

*

人民体育出版社出版发行
北京建宏印刷有限公司印刷
新 华 书 店 经 销

*

787×1092 16 开本 40 印张 894 千字
2019 年 7 月第 1 版 2019 年 7 月第 1 次印刷

*

ISBN 978-7-5009-5324-1
定价：180.00 元

社址：北京市东城区体育馆路 8 号（天坛公园东门）
电话：67151482（发行部） 邮编：100061
传真：67151483 邮购：67118491
网址：www.sportspublish.cn
（购买本社图书，如遇有缺损页可与邮购部联系）

目 录

体育发展"十三五"规划 ……………………………………………（1）
全民健身计划（2016—2020年）……………………………………（22）
群众冬季运动推广普及计划（2016—2020年）……………………（29）
冰雪运动发展规划（2016—2025年）………………………………（34）
全国冰雪场地设施建设规划（2016—2022年）……………………（42）
水上运动产业发展规划 ………………………………………………（46）
航空运动产业发展规划 ………………………………………………（55）
山地户外运动产业发展规划 …………………………………………（63）
北京市"十三五"时期体育发展规划 ………………………………（70）
天津市体育事业发展"十三五"规划 ………………………………（94）
河北省体育发展"十三五"规划 ……………………………………（109）
山西省"十三五"体育事业发展规划 ………………………………（123）
内蒙古自治区"十三五"体育事业发展规划 ………………………（140）
辽宁省体育事业发展"十三五"规划 ………………………………（157）
吉林省体育发展"十三五"规划 ……………………………………（170）
黑龙江省体育改革发展"十三五"规划 ……………………………（187）
上海市体育改革发展"十三五"规划 ………………………………（209）
江苏省体育发展"十三五"规划 ……………………………………（224）
浙江省体育发展"十三五"规划 ……………………………………（242）
安徽省体育发展"十三五"规划纲要 ………………………………（260）
福建省"十三五"体育事业发展专项规划 …………………………（280）
山东省体育发展"十三五"规划 ……………………………………（295）
河南省体育发展"十三五"规划 ……………………………………（311）
湖北省体育发展"十三五"规划 ……………………………………（323）
湖南省体育发展"十三五"规划 ……………………………………（342）
广东省体育发展"十三五"规划 ……………………………………（353）
海南省文化广电出版体育"十三五"发展规划 ……………………（371）
重庆市体育发展"十三五"规划 ……………………………………（395）
四川省体育事业发展"十三五"规划 ………………………………（410）
贵州省"十三五"体育发展规划 ……………………………………（425）

云南省体育发展"十三五"规划 …………………………………………（453）
陕西省"十三五"体育事业发展规划 ………………………………（473）
甘肃省体育发展"十三五"规划 ……………………………………（491）
宁夏回族自治区体育事业发展"十三五"规划 ……………………（507）
大连市体育事业发展"十三五"规划 ………………………………（522）
青岛市"十三五"体育事业发展规划 ………………………………（537）
宁波市体育事业"十三五"发展规划 ………………………………（557）
竞技体育"十三五"规划 ……………………………………………（575）
青少年体育"十三五"规划 …………………………………………（588）
体育产业发展"十三五"规划 ………………………………………（597）
体育宣传文化工作"十三五"规划 …………………………………（605）
国家体育总局体育科学研究所"十三五"发展规划 ………………（618）
国家体育总局游泳运动管理中心"十三五"发展规划 ……………（626）

体育发展"十三五"规划

"十三五"时期是全面建成小康社会决胜阶段，是协调推进"四个全面"战略布局，实现中华民族伟大复兴中国梦的重要时期，也是体育发展重要战略机遇期和筹办2022年北京冬奥会、冬残奥会的重要时期。为促进我国体育全面协调可持续发展，努力实现建设体育强国的目标，充分发挥体育在建设健康中国、推动经济转型升级、增强国家凝聚力和文化竞争力等方面的独特作用，根据党中央、国务院的总体部署和"十三五"时期我国体育发展面临的新形势、新任务、新要求，制定本规划。

一、"十二五"时期我国体育发展情况和"十三五"时期面临的形势

（一）"十二五"时期我国体育发展取得显著成就

党中央、国务院高度重视体育工作，特别是党的十八大以来，习近平总书记对体育工作多次发表重要讲话、作出重要批示和指示，对体育工作进行了一系列精辟论述，成为推动"十二五"时期体育发展的强大动力。各级政府对体育事业的投入不断加大，全社会参与体育的热情日益高涨，体育在实现中华民族伟大复兴中国梦和全面建成小康社会中的作用进一步显现。党中央、国务院的重大决策部署极大地激发了体育事业发展活力，北京成功获得2022年冬奥会举办权，中央全面深化改革领导小组审议通过了《中国足球改革发展总体方案》，足球改革发展的体制机制和政策措施实现了重大突破，国务院颁布实施了《全民健身计划（2011—2015年）》，印发了《关于加快发展体育产业促进体育消费的若干意见》，体育发展获得重大机遇。体育各领域改革力度持续加大，实施行政审批制度改革，取消群众性和商业性体育竞赛活动审批，出台了《中国足球协会调整改革方案》，中国足球协会与体育总局脱钩，全国性单项体育协会改革试点稳步推进，启动了第一批14个全国性体育协会与体育总局的脱钩改革试点工作，全国综合性和单项体育赛事管理制度改革不断深化，改革了全运会计分政策和比赛成绩的公布方式。全民健身上升为国家战略，公共体育服务体系建设速度加快，全民健身意识极大增强，组织网络日趋完善，活动形式呈多样化，包括青少年在内的群众体育蓬勃发展。截至2014年年底，全国经常参加体育锻炼的人数比例达到33.9%，城乡居民达到《国民体质测定标准》合格以上的人数比例是89.6%，人均体育场地面积达到1.5平方米。竞技体育综合实力和国际竞争力进一步增强，优势项目继续保持和巩固，潜优势项目有所提升，田径、游泳等基础大项进步明显，冬

季项目稳步发展。"十二五"期间我国运动员共获得世界冠军596个，创、超世界纪录57次。中国体育代表团在伦敦奥运会取得境外参赛最好成绩，在索契冬奥会实现冬奥会基础大项金牌零的突破。全面贯彻落实《国务院关于加快发展体育产业促进体育消费的若干意见》，体育产业规模逐步扩大，体育消费明显增加，2014年体育产业总规模达到13574亿元，产业结构持续优化，产业体系日趋健全，产业政策不断完善，与文化、旅游、医疗、养老、互联网等领域的互动融合日益加深。体育文化在体育发展中的地位进一步提高，体育对外交往进一步深化拓展，体育行业作风建设和反腐倡廉工作明显推进，体育法治、科技、人才、教育和宣传等工作不断开创新局面。

（二）"十三五"时期我国体育发展存在的矛盾与问题

"十三五"时期，我国体育发展将进入更加严峻的改革攻坚期。体育领域改革创新与体育强国建设的总体目标仍不相适应，体育与经济社会协调发展的机制有待进一步健全，人民群众日益增长的多元化、多层次体育需求与体育有效供给不足的矛盾依然突出。一些长期制约体育事业发展的薄弱环节和突出问题依然严峻：体育管理体制的改革尚需深化，体育发展方式亟需转变，管办不分、政社不分、事社不分的体制弊端遏制了体育发展活力，调动社会力量参与体育的政策措施尚不完善。体育社会化水平不高，基层体育社会组织发展滞后，支持培育体育社会组织发展的机制仍需完善，全民健身公共服务体系有待进一步完善。竞技体育结构布局还不够科学合理，一些影响广泛的基础大项和集体球类项目水平较低，职业体育的快速发展迫切需要建立完善与之相适应的体制机制。体育产业总体规模不大与结构不完善并存，体育服务业比例偏低、种类偏少。体育文化在社会主义核心价值体系建设中的作用未能有效发挥，体育的多元价值有待深入挖掘。体育人才队伍建设还不能适应快速发展的形势，高素质复合型的体育管理人才依然缺乏。

（三）"十三五"时期我国体育发展面临的机遇

以习近平同志为总书记的党中央把体育作为中华民族伟大复兴的一个标志性事业，"十三五"时期党和国家对体育的重视和支持将更加有力，为体育繁荣发展提供了重要机遇。全面建成小康社会将为体育发展开辟新空间，体育在增强人民体质、服务社会民生、助力经济转型升级中的作用更加突出，经济发展新常态和体育供给侧结构性改革对体育与经济社会的协调发展提出了要求，体育产业作为新兴产业、绿色产业、朝阳产业，完全有条件和潜力成为未来我国经济发展新的增长点，体育消费对经济发展的贡献将不断增强。建设健康中国、全民健身上升为国家战略，将为体育发展提供新机遇，将不断满足广大人民群众对健康更高层次的需求，进一步营造崇尚运动、全民健身的良好氛围，推动体育融入生活，培育健康绿色生活方式，增强人民群众的幸福感和获得感，有效提高全民族健康水平。全面深化改革和依法治国的战略部署将为体育改革增添新动力，事业单位分类改革和体育社会组织改革的整体推进将进一步消除制约各类体育社会组织发展的体制和机制障碍，体育组织化水平和社会化程度将快速提升。信息化、全球化、网络化交织并进，为体育各领域的改革和发展提供了技术新引擎，"中国制造2025"、"互联网+"行动计划、"大众创业、万众创新"为体育发展激发新活力，体育与政治、经济、社会和文化将产生更加积极全面的互动。新型外交战略将为展现体育文化软实力提供广阔舞台，筹办2022年北京冬奥会等国际大赛将不断提升中国体育的国际影响力，我国冰雪体育运动和冰雪产业将迎来快速发展新时期。把握"十三五"时期体育发展机遇，必须更新理念，拓宽视野，坚定不移地深化改革，扎实推进各项工作，在新的更高起点上推动我国体育全面协调可持续发展。

二、"十三五"时期体育发展的指导思想、基本原则、发展目标和发展理念

（四）"十三五"时期体育发展的指导思想

高举中国特色社会主义伟大旗帜，全面贯彻党的十八大和十八届三中、四中、五中全会精神，以马克思列宁主义、毛泽东思想、邓小平理论、"三个代表"重要思想、科学发展观为指导，深入贯彻习近平总书记系列重要讲话精神，解放思想、深化改革、开拓创新、激发活力，把增进人民福祉、促进人的全面发展作为体育发展的出发点和落脚点，坚持建设体育强国的战略定位，实施全民健身国家战略，推进健康中国建设，坚定不移走中国特色社会主义体育发展道路，创新体育发展方式，全面提升体育治理体系与治理能力现代化水平，努力将体育建设成为中华民族伟大复兴的标志性事业。

（五）"十三五"时期体育发展的基本原则

——坚持以人为本。必须牢固树立以人民为中心的发展思想，以保障人民群众的体育权益为着眼点，充分调动人民参与体育的积极性、主动性、创造性，进一步激发和调动各方活力，不断满足人民群众日益增长的多元化体育需求。

——坚持科学发展。必须从中国体育发展实际出发，遵循现代体育发展内在规律，顺应社会发展新趋势，加快转变体育发展方式，实现体育更高质量、更有效率、更加公平、更可持续的发展。

——坚持深化改革。必须始终坚持以改革促发展，破除体制机制障碍，充分发挥市场在体育资源配置中的决定性作用和更好地发挥政府作用，积极培育社会力量参与体育发展，不断完善中国特色体育发展道路。

——坚持依法治体。必须进一步强化法治理念，坚持依法决策、依法行政、严格执法，把体育发展纳入法治轨道，加快建设中国特色体育法治体系，切实保障公民体育权利。

——坚持党的领导。必须认真落实党中央、国务院发展体育工作的一系列指示精神，

进一步把思想和行动统一到党和国家对体育发展的战略部署上，全面贯彻从严治党要求，坚定不移推进反腐倡廉，加强体育队伍思想政治与行风建设，积极应对各种风险挑战，为体育改革与发展提供更为坚实的政治保障。

（六）"十三五"时期体育发展的主要目标

根据全面建成小康社会的总体部署、实现体育强国的战略目标和建设健康中国的任务要求，深化体育重点领域改革，促进群众体育、竞技体育、体育产业、体育文化等各领域全面协调可持续发展，推进体育发展迈上新台阶。

——体育重点领域改革取得新突破，体制机制创新取得新成果。加快政府职能转变，推进足球项目改革试点，加速职业体育发展，创新体育社会组织管理和体育场馆运营，逐步完善与经济社会协调发展的体育管理体制和运行机制，基本形成现代体育治理体系。

——全民健身国家战略深入推进，群众体育发展达到新水平。《全民健身计划（2016—2020年》有效实施，全民健身公共服务体系日趋完善，人民群众健身意识普遍增强，身体素质逐步提高。到2020年，经常参加锻炼的人数达到4.35亿，人均体育场地面积达到1.8平方米。

——竞技体育发展方式有效转变，综合实力和国际竞争力进一步增强。项目结构不断优化，发展质量和效益显著提高。2016年里约奥运会努力保持和巩固既有运动项目优势和成绩地位。2018年平昌冬奥会在保持水平的基础上，扩大参赛规模，成绩稳中有升，追求超越。2020年东京奥运会，努力争取运动成绩领先地位。

——体育产业规模和质量不断提升，体育消费水平明显提高。到2020年，全国体育产业总规模超过3万亿元，体育产业增加值的年均增长速度明显快于同期经济增长速度，在国内生产总值中的比重达到1%，体育服务业增加值占比超过30%。体育消费额占人均居民可支配收入比例超过2.5%。

——体育文化在体育发展中的影响进一步扩大，在培育社会主义核心价值观中的作用更加突出。培育运动项目文化，力争打造一批高质量的体育文化精品工程，办好一批社会效益显著的体育文化品牌活动，把丰富多彩的体育文化理念融入到体育事业发展的各个环节，为精神文明建设增添力量。

（七）"十三五"时期体育发展的基本理念

——创新发展。把创新作为推进体育发展的强大驱动力，充分激发各类主体的创新活力，积极推进理论创新、制度创新、科技创新、文化创新，推动体育领域"大众创业、万众创新"，探索体育发展新模式。

——协调发展。积极推动体育与经济社会的协调发展，不断增强各项体育工作的系统性和协同性，促进体育事业与体育产业协调发展、群众体育与竞技体育全面发展，推动城乡体育均衡发展、区域体育联动发展。

——绿色发展。充分发挥体育行业绿色低碳优势，服务于健康中国建设，倡导健康生活方式，推进健康关口前移，延长健康寿命，提高生活品质。倡导体育设施建设和大型活动节能节俭，挖掘体育在建设资源节约型、环境友好型社会中的潜力。

——开放发展。加强体育与社会相关领域的融合与协作，积极吸引社会力量共同参与体育发展。加强体育对外交往，积极借鉴国际体育发展先进理念与方式，增强在国际体育事务中的话语权。

——共享发展。加快完善体育共建共享机制，着力推进基本公共体育服务均等化，使全体人民在体育参与中增强体育意识，享受体育乐趣，提升幸福感，做到体育发展为了人民，体育发展依靠人民，体育发展成果由人民共享。

三、深化重点领域改革创新，增强体育发展活力

（八）加快政府职能转变

进一步厘清体育行政部门权力边界，减少审批事项，放宽市场准入，实施负面清单管理模式，加强事中事后监管。研究制定体育工作综合评价体系，从群众体育、竞技体育、体育产业、体育文化等方面综合评价政府体育工作。进一步健全政府购买体育服务体制机制，完善资金保障、监督管理、绩效评价等配套政策，制定政府购买体育服务指导性目录，把适合由市场和社会承担的体育服务事项，按照法定方式和程序，交由具备条件的社会组织和企事业单位承担，逐步构建多层次、多方式的体育服务供给与保障体系。

（九）创新体育社会组织管理

研究制定体育社会组织改革相关政策，大力引导、培育、扶持体育社团、体育民办非企业单位、体育基金会等体育社会组织发展，创新体育社会组织管理方式。落实《行业协会商会与行政机关脱钩总体方案》，稳步推进全国性体育社会组织改革试点工作，统筹解决试点工作中的重点难点问题，及时总结和推广改革试点经验，推动各级各类体育社会组织改革。

（十）推进职业体育改革

积极探索社会主义市场经济条件下职业体育的发展方式，鼓励具备条件的运动项目走职业化道路，稳步推进职业体育发展。完善职业体育的政策制度体系，扩大职业体育社会参与，鼓励发展职业联盟，逐步提高职业体育的成熟度和规范化水平。健全职业体育法律、法规，推进体育信用体系建设，优化和规范职业体育发展环境。依法明确职业体育发展的主体，理顺各利益主体间的关系，切实维护各方合法权益。改进职业联赛决策机制，不断完善和建设中国特色职业体育联赛制度。

（十一）实施足球改革

落实《中国足球改革发展总体方案》和《中国足球协会调整改革方案》，充分发挥体育行政部门在宏观管理、基本建设、政策规范、市场秩序等方面的基础保障、服务、引导和监管作用，中国足球协会切实履行领导和治理中国足球的任务。与有关部门配合，加强足球场地设施建设，继续推进校园足球发展。以青少年为重点，普及发展社会足球，不断扩大足球人口规模，夯实足球发展基础。改进足球竞赛体系和职业联赛体制。完善职业足球俱乐部的法人治理结构，加快现代企业制度建设，充分发挥俱乐部的市场主体作用。探索职业足球背景下国家队建设规律，处理好国家队、联赛、青少年足球发展的关系，统筹资源，协调利益，凝聚为国争光的共识。

（十二）创新体育场馆运营

积极推进体育场馆管理体制改革和运营机制创新，引入和运用现代企业制度，激发场馆活力，探索大型体育场馆所有权与经营权分离。完善政府购买体育场馆公益性服务的机制和标准，健全体育场馆公益性开放评估体系。推行场馆设计、建设、运营管理一体化模式，将办赛需求与赛后综合利用有机结合。鼓励场馆运营管理实体通过品牌输出、管理输出、资本输出等形式实现规模化、专业化运营。增强大型体育场馆复合经营能力，拓展服务领域，延伸配套服务，打造城市体育服务综合体。

四、落实全民健身国家战略，加快推动群众体育发展

（十三）不断完善基本公共体育服务

加快建设水平较高、内容完备、惠及全民的基本公共体育服务体系，逐步推动基本公共体育服务在地域、城乡和人群间的均等化。推进基本公共体育服务示范区建设，制定结构合理、内容明确、符合实际的基本公共体育服务标准体系。加强基本公共体育服务信息化建设，建立数据采集和监测体系。以实施《全民健身计划（2016—2020年）》为主要抓手，落实目标任务和重大政策措施，创新全民健身组织方式、活动开展方式、服务模式，开展实施效果评估和满意度调查。

（十四）加强健身场地设施建设与管理

统筹规划，合理布局，规范标准，节约集约，重点建设一批便民利民的健身场地设施，逐步建成县（市、区）、街道（乡镇）、社区（村）三级群众健身场地设施网络，推进建设城市社区15分钟健身圈。推动休闲健身场地设施建设，构建休闲健身运动场地设施网络。结合基层综合性文化服务中心、农村社区综合服务设施建设及区域特点，加强乡镇体育

场地设施建设。优化健身场地设施投资结构，鼓励社会资本投入健身设施建设，落实国家财税优惠政策。加强健身场地设施管理与维护，坚持建管并举，提高健身场地设施使用率。

> **专栏1　健身场地设施建设工程**
>
> 全国市（地）、县（区）全民健身活动中心覆盖率超过70%，城市街道、乡镇健身设施覆盖率超过80%，行政村（社区）健身设施全覆盖。
>
> 到2020年，新建县级全民健身活动中心500个、乡镇健身设施15000个、城市社区多功能运动场10000个，对损坏和超过使用期限的室外健身器材进行维护更新，努力实现到2020年人均体育场地面积达到1.8平方米的目标。

（十五）广泛开展丰富多样的全民健身活动

完善全民健身活动体系，拓展全民健身活动的广度和深度。大力发展健身走（跑）、骑行、登山、徒步、游泳、球类、广场舞等群众喜闻乐见的运动项目，积极培育冰雪、帆船、击剑、赛车、马术、极限、航空等具有消费引领特征的时尚运动项目，扶持推广武术、太极拳、健身气功等民族民俗民间传统运动项目，鼓励开发适合不同人群、不同地域特点的特色运动项目。建立有效的业余竞赛活动体系和激励机制，探索多元主体办赛机制，促进全民健身活动广泛开展。

（十六）基本建成覆盖全社会的全民健身组织网络

大力培育基层全民健身组织，逐步建立遍布城乡、规范有序、充满活力的社会化全民健身组织网络。推动全民健身组织自身建设，提高综合服务能力。拓宽社会体育指导员的发展渠道，提升社会体育指导员的技能和综合素质，探索社会体育指导员与人群和项目结合的新模式。构建全民健身志愿服务组织网络，建立全民健身志愿服务长效机制。加强全民健身组织政策法规的制定，形成全民健身组织发展的管理和保障机制。

（十七）加大科学健身指导和宣传力度

进一步完善国民体质测试常态化机制，探索体质测定与运动健身指导站、社区医院等社会资源相结合的运行模式。建立广泛覆盖城镇乡村的体质测试平台，开展不同人群的国民体质测试工作，依托体质监测数据库，建立科学健身指导服务体系。组织开展科学健身主题宣传活动，引导各级各类媒体运用群众喜闻乐见的方式，普及健身知识，推广健康生活方式，提高公众对科学健身的知晓率、参与率，提升运动健身效果。

（十八）加快青少年体育发展

实施青少年体育活动促进计划，进一步加强青少年体育俱乐部、体育传统校和青少年户外体育活动营地建设。广泛开展丰富多样的青少年公益体育活动和运动项目技能培训，促进青少年养成体育锻炼习惯，掌握一项以上体育运动技能。大力推动青少年校外体育活动场地设施建设，开发适应青少年特点的运动器械、锻炼项目和健身方法。探索青少年校外体育辅导员队伍的培育工作，推进青少年体育志愿服务体系建设，完善青少年体育评价机制。

专栏2　青少年体育活动促进计划

> 整合各方资源，以开展全国青少年阳光体育大会为龙头，积极构建学校、家庭、社区相结合的青少年体育活动网络，打造青少年体育活动和赛事活动品牌。创建国家示范性青少年体育俱乐部300个、国家级青少年体育俱乐部6000个。建成各级体育传统项目学校15000所以上，国家级传统校达到500所。鼓励各类体育场地设施向青少年免费或优惠开放。实行青少年体育健身活动状况调查制度。

（十九）保障特殊群体基本体育权利

构建政府主导、多元主体参与的特殊群体体育活动保障体系，加大供给力度，提高精准化服务水平。加强对老年人、残疾人等特殊群体开展体育活动的组织与领导，研制与推广适合特殊群体的日常健身活动项目、体育器材、科学健身方法。广泛调动社会力量，为贫困人口和农民工等弱势群体参加体育活动提供场地设施、科学指导等保障服务。

五、落实奥运争光计划，提高竞技体育综合实力

（二十）转变竞技体育发展方式

树立正确政绩观，充分认识竞技体育多元功能和综合社会价值。坚持和完善竞技体育举国体制，逐步形成国家办与社会办相结合的竞技体育管理体制和评估体系。加强对竞技体育发展理论、训练理念、技战术、组织管理等方面的研究和经验总结，使创新成为竞技体育发展的强大驱动力。完善国内综合性运动会和单项比赛竞赛组织与管理办法，发挥竞赛的杠杆作用，调动社会资源参与办赛积极性，建设品牌赛事，实现社会效益与经济效益融合统一。

（二十一）优化竞技体育项目结构

综合评估竞技体育项目发展潜力和价值，坚持突出重点、优化结构、提高效益。优势项目保持优势，潜优势项目加快发展，基础项目和集体球类项目水平稳步提高。引导国内区域间竞技体育协调发展，鼓励各省（区、市）重点发展符合本地区实际、具有区域特点的竞技体育项目。统筹奥运会项目与非奥运会项目、夏季奥运会项目与冬季奥运会项目、

优势与潜优势项目、基础项目及集体球类项目协调发展，加快落后项目的发展进程。

专栏3　"三大球"发展行动计划

　　进一步推进青少年训练教学大纲的修订与推广应用工作，全面把握专项特点与竞技规律，构建符合现代运动训练发展要求的训练体系，以创新带动训练水平的提高，加强国家队复合型教练员团队建设和基础建设，强化保障机制，取得更多优异的运动成绩。

　　足球：落实《中国足球中长期发展规划（2016—2050年）》《全国足球场地设施建设规划》，与有关部门配合，加强足球场地设施建设。到2020年，全国足球场地数量超过70000块，平均每万人拥有足球场地达到0.5块以上，有条件的地区达到0.7块以上。全国特色足球学校达到20000所，全社会经常参加足球运动的人数超过5000万人，足球事业和产业协调发展的格局基本形成。男足、女足参加世界杯、亚洲杯、奥运会等重大国际赛事有好的表现。

　　篮球：全面实施《篮球青少年后备人才培养中长期发展规划》，建立30个以上的篮球重点后备人才培养基地。2016年里约奥运会男篮、女篮取得参赛资格，并力争好的名次，在亚洲处于领先地位。2020年东京奥运会男篮、女篮确保参赛，名次提升，在亚洲保持领先水平，缩小与世界先进水平的差距。举办好2019年男篮世界杯，提高中国篮球运动普及水平。

　　排球：在推动我国排球运动整体水平明显提高的基础上，中国女排保持在亚洲的领先地位和世界先进水平，在2016年里约奥运会和2020年东京奥运会上保持在领先水平行列；中国男排逐步缩小与世界强队的差距，力争获得2020年东京奥运会参赛资格。

（二十二）做好重大赛事的备战参赛和组织工作

继续贯彻实施《奥运争光计划纲要（2011—2020年）》，狠抓备战工作的综合协调与组织保障，确保完成好2016年里约奥运会、2018年平昌冬奥会和2020年东京奥运会等大型国际综合性赛事的备战参赛任务。进一步加强运动队思想政治工作。完善国家队竞争和奖励机制，建立符合运动项目实际的复合型国家队训练管理团队，完善《国家队训练质量管理评估办法》，提高训练质量和效益。加强运动训练基地建设。认真组织好全国综合性赛事和承办的国际赛事的筹办工作，做好重要国际赛事的备战参赛工作。

专栏4　"十三五"时期举办或参加的国际国内重要赛事

　　参加的国际重要赛事：
　　1. 2016年里约热内卢第三十一届夏季奥运会；
　　2. 2016年利勒哈默尔第二届冬季青年奥运会；
　　3. 2016年岘港第五届亚洲沙滩运动会；
　　4. 2017年札幌第八届亚洲冬季运动会；

5. 2017年雅加达第三届亚洲青年运动会；

6. 2017年阿什哈巴德第五届亚洲室内与武道运动会；

7. 2017年圣迭戈第一届世界沙滩运动会；

8. 2017年弗罗茨瓦夫第十届世界运动会；

9. 2017年台北第二十九届世界大学生夏季运动会；

10. 2018年平昌第二十三届冬季奥运会；

11. 2018年雅加达第十八届亚洲运动会；

12. 2018年布宜诺斯艾利斯第三届青年奥运会；

13. 2019年台中首届东亚青年运动会；

14. 2020年东京第三十二届夏季奥运会；

15. 2020年洛桑第三届冬季青年奥运会。

国内举办的重要赛事：

1. 2016年新疆第十三届全国冬季运动会；

2. 2017年天津第十三届全国运动会；

3. 2018年无锡世界击剑锦标赛；

4. 2018年杭州世界短池游泳锦标赛；

5. 2019年武汉世界军人运动会；

6. 2019年男子篮球世界杯赛；

7. 2019年山西第二届全国青年运动会；

8. 2020年内蒙古第十四届全国冬季运动会。

（二十三）加强竞技体育后备人才培养工作

制定出台《关于进一步加强竞技体育后备人才培养工作的指导意见》，充分发挥竞技体育举国体制优势，积极调动社会各界力量，拓宽后备人才培养渠道，构建富有成效的后备人才培养体系。以国家高水平体育后备人才基地建设为龙头，改革与完善三级训练网络，发挥学校尤其是体育院校在后备人才培养中的积极作用。加大对《奥运项目竞技体育后备人才培养中长期规划（2014—2024年）》实施情况的督导检查力度，加快研究制定各项目青少年运动员选材标准，按照各项目青少年训练教学大纲实施系统训练，加强教练员、体育教师队伍建设，提高选材育才科技含量。

（二十四）完善运动员文化教育与保障体系

推进运动员文化教育常态化，协调做好公办体育运动学校运动员文化教育督导工作，推动义务教育阶段文化教育工作纳入当地教育管理序列。加强运动员在役期间的文化教育工作，建立运动员文化教育与保障信息服务系统。开展国家队文化教育示范队建设，引入社会力量创新教育模式。推进优秀运动员进入高等院校学习的各项政策改革。继续完善运动员收入分配和激励保障政策，实现社会保障制度对运动员全面覆盖。全面开展运动员职业意识养成教育、运动员职业生涯规划和职业培训工作。进一步做好退役运动员就业安置工作，完善运动员职业转换社会扶持体系，引导和鼓励退役运动员积极从事全民健身服务、学校体育、体育产业经营开发等工作。

（二十五）全面提升反兴奋剂工作水平

全面贯彻实施《反兴奋剂条例》《反兴奋剂管理办法》，完善反兴奋剂管理体系，探索建立兴奋剂综合治理长效工作机制，做好备战参赛的各类运动会的反兴奋剂工作。全面开展反兴奋剂教育资格准入，实施"反兴奋剂进校园工程"。继续开展反兴奋剂基础性工作，推进创新性的反兴奋剂新技术、新方法研究，提高兴奋剂管制的质量和水平。

六、以筹办2022年北京冬奥会为契机，推动冬季运动发展

（二十六）大力普及冰雪运动项目

研制并实施《群众冬季运动推广普及计划》，大力发展大众冰雪健身休闲项目，扶持滑冰、冰球和雪上等有潜力的冰雪健身休闲项目快速发展。加强冬季项目场地设施建设，加强冰雪运动专业指导和培训，支持有条件的企业和个人成立冰雪运动俱乐部、培训学校。积极打造"全国大众冰雪季"和"青少年冰雪运动普及"等群众性品牌冰雪活动，举办花样滑冰、冰球、冰壶和单板滑雪等赛事，积极推动冰雪运动进校园。大力发展冰雪运动产业，以带动冰雪设备和冰雪运动装备生产、大众冰雪健身服务平台建设为抓手，逐步打造多元冰雪产业链，有效扩大冰雪体育产业市场供给。推动有气候条件优势、有产业基础的东北地区加快发展冰雪运动。推进"冰雪运动南展西扩"战略，鼓励有条件的南方和西部省市积极开展冰雪运动。

（二十七）提高冬季运动竞技水平

以北京冬奥会全面参赛为目标，扩大冬季运动开展规模，提高基础设施投入力度。落实《国家体育总局2022年北京冬奥会备战工作计划》，优化冬季项目的结构布局，建立完善国家、省市、社会、高校四级体系，巩固扩展短道速滑、花样滑冰、速度滑冰和空中技巧、单板滑雪等项目的基础和水平，加大冰球和高山滑雪等落后项目的政策扶持措施和投入力度，大力发展雪车、雪橇和北欧两项等新开展项目。精心打造各运动项目国家队，完善国家队的组建、选拔、训练、管理等各项制度，加强对国家队经费投入、奖励政策、基地建设、后勤服务、情报信息、科研等方面的保障。落实《冬季项目后备人才培养中长期

发展规划》，实施"冬季项目后备人才培养工程"，加强高水平后备人才基地的建设，努力改善后备人才培养的训练设施和教练团队。有序推进2018年和2022年冬奥会的备战与参赛工作，力争进入第二集团前列。

专栏5 冬季项目后备人才培养工程

> 落实《冬季项目后备人才培养中长期发展规划》，建立规模、布局和结构合理的后备人才培养体系，有重点地增加对全国后备人才基地的经费投入。
>
> 创新发展理念，拓展发展路径，打通冬季运动项目与夏季运动项目后备人才的培养渠道，鼓励夏季项目与冬季项目的人才共享，促使冬季项目后备人才结构更加优化，后备人才素质逐步提高。
>
> 结合项目的实际情况，将冬季项目中有潜质的运动员送到相关冬季运动强国进行委托培养。

（二十八）积极筹办2022年北京冬奥会

践行《奥林匹克2020议程》，坚持"绿色办奥、共享办奥、开放办奥、廉洁办奥"的理念，将筹办冬奥会作为实施京津冀协同发展战略的重要举措，树立奥林匹克运动与城市良性互动、共赢发展的典范，创造更多持久的奥运遗产。认真分析国际冬季运动发展趋势，使我国冬季项目在观念、体制和机制上更好地与国际接轨，适应国际竞争的要求。加强对冬季项目各类专业人才培养力度，为成功举办一届精彩、非凡、卓越的冬奥会打下坚实基础。

七、扩大体育产品和服务供给，促进体育消费

（二十九）调整体育产业结构

进一步优化体育服务业、体育用品制造业及相关产业结构，实施体育服务业精品工程、体育用品制造业创新提升工程和体育产业融合发展工程。加快体育产业要素结构升级，培育专业人才、品牌、知识产权等高级要素。以足球、冰雪等重点运动项目为带动，通过制定发展专项规划、开展青少年技能培养、完善职业联赛等手段，探索运动项目的产业化发展道路。大力发展"体育+"，积极拓展体育新业态。引导和支持"互联网+体育"发展，鼓励开发以移动互联网为主体的体育生活云平台及体育电商交易平台。与旅游部门共同研制《体育旅游发展纲要》，开展全国体育旅游精品项目推介，打造一批体育旅游重大项目。

（三十）优化体育产业空间布局

围绕"一带一路"、京津冀协同发展、长江经济带三大国家战略，加快国家体育产业基地建设，合理规划布局全国体育产业发展。积极推进区域体育产业协同发展，加强京津冀、长三角、珠三角以及海峡两岸等体育产业圈建设。充分挖掘中西部地区体育产业的资源优势，鼓励各地因地制宜发展区域特色产业，形成东、中、西部体育产业良性互动格局。联合发展改革部门，继续加强对全国35个体育产业联系点城市、10个联系点单位的政策指导，督促相关地区和单位切实做好联系点组织实施工作，加快出台一批可复制、可推广的政策创新成果，为全国体育产业发展提供引导经验。

> **专栏6　国家体育产业基地建设计划**
>
> 统筹协调不同类型、不同区域、不同领域的体育产业基地发展，构建特色鲜明、类型多样、结构合理的国家体育产业基地布局，加快足球、冰雪等项目国家体育产业基地建设。
>
> 进一步优化国家体育产业基地管理，树立国家体育产业基地品牌，全面提升国家体育产业基地品质及管理规范化水平。
>
> "十三五"期间，在全国建立50个产业规模较大、集聚效应明显的县域国家体育产业示范基地，100个具有较高知名度和国际影响力的国家体育产业示范单位，100个特色鲜明、市场竞争力较强的国家体育产业示范项目。

（三十一）培育体育市场主体

着力扶持、培育一批有自主品牌、创新能力和竞争实力的骨干体育企业。深化体育类国有企业改革，提升体育产业领域中国有资产的价值。引导有实力的体育企业以资本为纽带，实行跨地区、跨行业、跨所有制的兼并、重组、上市。鼓励体育优势企业、优势品牌和优势项目"走出去"。积极支持体育产业的海外并购，鼓励吸引国际体育组织或体育企业、国际体育学校落户中国。全面落实国家扶持中小微企业发展的政策措施，积极扶持中小微体育企业发展，鼓励成立各类体育产业孵化平台，为体育领域的"大众创业、万众创新"提供环境。充分利用认证认可手段，为体育产业创新发展提供技术支撑。转变监管理念，加强对体育市场的事中事后监管，强化社会监督。

> **专栏7　体育市场主体培育计划**
>
> 鼓励有条件的省市设立体育发展专项资金，对符合条件的企业及社会组织给予项目补助、贷款贴息和奖励；引导已设立体育发展专项资金的省市进一步优化资金使用方向、创新资金使用方式，提高资金使用效益。政府引导，设立由社会资本筹资的中国体

育产业投资基金。

加快体育资源交易平台建设，推进赛事举办权、场馆经营权、无形资产开发等具备交易条件的资源公平、公正、公开流转。

筹建体育产业信息服务平台，培育一批服务于体育产业的金融市场主体，丰富多元化的金融产品和服务供给，构建便捷的体育产业投融资渠道。

（三十二）扩大体育产品供给

推广运用政府和社会资本合作模式，加大财政金融扶持力度，支持社会力量进入体育产业领域，建设体育设施，开发体育产品，提供体育服务。联合发展改革、财政等部门，根据关于加快推进健康与养老服务工程建设的相关要求，放宽市场准入，发挥政府购买服务等支持作用，进一步丰富体育服务供给。引导企业增加科技投入，加大自主研发和科技成果转化，开发科技含量高、拥有自主知识产权的产品，培育一批具有自主知识产权的体育用品知名品牌，重点支持可穿戴运动设备和智能运动装备的研发与制造。

（三十三）引导体育消费

鼓励各地研究制定引导体育消费的政策措施，有条件的地区可以探索面向特定人群或在特定时间试行发放体育消费券。加强体育场馆等体育消费基础设施建设与改造，引导社会力量盘活存量资源，改造旧厂房、仓库、老旧商业设施等用于体育健身，鼓励机关、学校等企事业单位的体育场馆设施向社会开放。推动体育企业与移动互联网的融合，积极利用大数据、云计算、智能硬件和各类主题APP拓展客户，提升体育营销的针对性和有效性。总结和推广各地鼓励大众体育消费的先进经验。

（三十四）做好体育彩票工作

坚持国家彩票的方向，把握安全运营的生命线，全力做好体育彩票各项工作。转变发展理念和发展方式，大力强化体育彩票的公益属性，提高发展质量，增强公信力建设。狠抓依法治彩，继续贯彻《彩票管理条例》，进一步完善各项市场管理制度。加快建立健全与彩票管理体制匹配的运营机制。加快体育彩票创新步伐，积极研究推进发行以中国足球职业联赛为竞猜对象的足球彩票。适应发展趋势，完善销售渠道，稳步扩大市场规模。加强体育彩票公益金的使用管理绩效评价，不断提升体育彩票的社会形象。

八、实施科教兴体，加快人才队伍建设

（三十五）完善体育科技创新体系

建立和完善资源布局合理、配置优化，适应体育领域"大众创业、万众创新"的科技创新体系。以高等院校、体育科研院所和重点实验室为基础，推进竞技体育专项研究平台、群众体育科学健身指导平台、体育产业科研服务平台建设。以运动促进健康、运动处方、科学健身指导与服务为重点，开展全民健身理论与方法的研究与应用。以"三大球"、基础大项、冬季项目取得突破为目标，加强科学选材、运动防护、训练监控、体能恢复、伤病治疗、运动康复、信息分析和应用等领域研究，着力解决重点运动项目关键技术问题。以具有自主知识产权的装备器材、新型体育服务技术、"互联网+"产品为重点，着力推动科技创新和成果转化。

专栏8　体育科技平台建设项目

> 进一步理顺国家队购买体育科技与医疗服务的工作机制，鼓励运动项目管理中心与科研单位"结对子"，围绕运动项目和学科领域，努力打造具有特色的训科医竞技体育科技服务平台。
>
> 积极开展科学健身指导平台建设，以群众科学健身需求为导向，充分发挥政府主导作用，引导市场广泛参与和投入，鼓励市场运作，努力推动全民健身科学研究成果普及、推广和转化。
>
> 充分发挥企业在体育产品研发和创新中的主导作用，鼓励企业承担和参与体育科技研发任务，努力办好体育科技成果展示会，并依托体育科技成果产权交易平台，搭建体育产品研发和成果转化线上线下服务平台。

（三十六）繁荣体育哲学社会科学研究

紧密结合体育改革与发展实践，围绕体育发展中的重大理论与现实问题开展研究。重视高水平的研究成果应用，鼓励各级科研机构、高等院校建设体育智库，为体育发展和重大决策提供咨询服务。加强体育哲学社会科学研究队伍建设，重点培养体育理论研究骨干力量，加大青年体育理论人才的培养力度。推进体育哲学社会科学队伍学风建设，严格学术规范。

（三十七）壮大体育人才队伍

充分发挥高等院校的优势，加强体育特色专业和重点学科建设，壮大体育人才队伍，

支持高等院校与运动项目协会协同创新，共同发展。创建体育院校创新创业服务平台，深化体育院校竞赛改革和创新，协调做好体育高等职业教育和继续教育。坚持人才优先发展，优化体育人才成长环境，完善体育人才培养开发、选拔任用、流动配置、激励保障机制。深入贯彻落实《全国体育人才发展规划》，实施《2022年冬奥会人才工作规划》，继续实施"优秀中青年专业技术人才百人计划""精英教练员双百培养计划"等专项人才计划，充分发挥北京体育大学、国家教练员学院、国家体育总局干部培训中心等机构的作用，加强教练员岗位培训工作，提高竞技体育人才队伍质量，提升全民健身体育人才服务水平，扩大体育产业人才规模，形成一支德才兼备、结构合理、能力突出、业绩显著的骨干人才队伍。

九、加强体育文化建设，提高体育宣传和对外交往工作水平

（三十八）促进体育文化大发展、大繁荣

大力弘扬以爱国主义为核心的中华体育精神，培育和传播奥林匹克文化。加快推进运动项目文化建设，启动体育文化精品建设工程。充分挖掘体育的多元价值，精心培育体育公益、慈善和志愿文化。落实《中共中央关于繁荣发展社会主义文艺的意见》，扶持和引导体育文艺创作。结合国家文化发展战略，传承和推广优秀中华民族传统体育项目，保护和开发体育非物质文化遗产，以体育为载体阐释中国梦，推动中华体育文化走向世界。

专栏9　体育文化精品建设工程

以大型赛事为平台，总结运动项目文化特点，梳理运动项目历史沿革，提炼运动项目文化精神，举办运动项目文化推广活动，提升运动项目文化影响力。重视并弘扬优秀中国传统体育项目，促进优秀中国传统体育项目"走出去"。

继续办好体育文化博览会等品牌活动。加快中国体育博物馆的建设。

扶持体育文艺创作，推出体育影视、体育文学等精品工程。做好国内综合性运动会筹备、举办期间的体育文化、教育等一系列活动。

配合北京冬奥组委实施奥林匹克文化计划、奥林匹克教育计划，营造全社会关心、支持、参与冬奥会的浓厚氛围。

（三十九）加强体育宣传与舆论引导工作

服务党和国家发展大局，适应媒体格局、受众对象、传播技术深刻变化的态势，以积极回应社会关切、提升体育事业公众形象为目的，以建立健全宣传工作机制为切入点，着力提高舆论引导能力和水平，大力宣传中华体育精神和奥林匹克精神，为体育事业的健康

发展提供舆论支持、精神动力和文化条件。加大对体育多元功能的挖掘与传播，加大对体育改革、全民健身和体育产业的宣传力度，完善和健全信息发布机制，推动政府信息公开。

（四十）进一步扩大对外体育交流与合作

在"优势互补，互利共赢"的基础上与世界体育大国、强国发展双边合作关系。本着"与邻为善，以邻为伴"的精神，与亚洲及周边国家开展体育交流与合作。根据"突出重点，量力而行"的原则，开展与非洲和拉美国家的务实合作，为体育发展营造良好的外部环境。积极参与政府间人文交流活动，以体育交流活动丰富人文交流的内涵。以筹办2022年北京冬奥会、2022年杭州亚运会和参加重大体育赛事为契机，拓展与国际体育组织的合作领域，积极参与国际体育事务，增强国际体育事务话语权，加快体育外事人才培养。

（四十一）巩固深化对港澳台体育交流与合作

进一步深化两岸体育各领域的交流与合作，巩固和发展两岸体育交流的良好局面。继续办好两岸体育交流座谈会，完善两岸体育组织间的对口交流机制，打造更多品牌性交流活动。坚持"奥运模式"框架，妥善处理国际体育领域的涉台问题，维护国家核心利益。按照"一国两制"方针和《基本法》有关规定，全面深化内地与港澳间的体育交流与合作，积极支持港澳体育发展。继续推动内地与港澳体育界的交流互动，增强港澳同胞的国家认同感和民族自豪感。

十、推进依法治体，提升体育法治化水平

（四十二）深入推进依法行政

依法履行政府职能，运用法治思维推进体育领域各项改革。强化法治意识，坚持法定职责必须为、法无授权不可为。不断提升各级政府体育主管部门职权的规范化、科学化水平。建立健全科学决策机制，确保体育发展各项决策程序正当、过程公开、责任明确。建立和完善体育行政部门法律顾问制度，加强行业协会脱钩的相关法律制度建设。

（四十三）完善体育法规体系建设

加快推进《体育法》修改工作，加强体育重点领域科学立法，扩大公民参与立法途径，构建系统的公民体育权利法律保护体系。统筹、完善体育法规体系建设。做好规章与法律、行政法规间的衔接，协调体育规范性文件之间的内容，避免重复立法和法律冲突。

（四十四）切实提高体育行政执法水平

明确体育执法的权限，保证体育执法有法可依、运行规范，保障体育活动参与者的知

情权、监督权。完善体育行政执法制度，合理配置执法力量，规范执法行为，加强行政执法责任制，确保执法人员权责统一，保证对体育执法的监督与监管。

（四十五）健全体育纠纷多元化解决机制

推进多元化体育纠纷解决机制建设，完善体育协会对职业联赛、反兴奋剂、运动员参赛资格等纠纷解决的听证制度。研究探索建立具有中国特色的体育仲裁制度，加强与国际体育仲裁机构的沟通合作。充分发挥体育调解在体育纠纷解决中的作用，不断提升与完善体育行政复议和行政诉讼对体育纠纷解决的救济功能。

（四十六）推进体育法治宣传教育

营造体育系统学法、守法、尊法、用法的良好氛围。各级体育部门领导干部和体育工作者，要持之以恒学法、坚定自觉尊法、严格自律守法、积极主动用法，养成遇事找法、办事依法、解决问题靠法的行为习惯。充分利用移动互联网等现代通讯手段，创新普法形式，提高普法效率，确保普法实效。

十一、加强组织领导，确保规划落实

（四十七）加强组织领导

各级政府要高度重视体育工作，将体育发展纳入当地国民经济和社会发展的总体规划，把体育经费、基本建设资金列入本级财政预算和基本建设投资计划。各级体育部门要加强与发展改革、财政、税收、金融、国土等部门的联系与合作，建立健全体育工作领导协调机制。

（四十八）促进区域体育发展

积极推进京津冀、长三角、珠三角、海峡两岸等区域体育协同发展，构建区域体育协同发展的体制机制，共同打造合作平台，促进区域在体育资源共享、制度对接、要素互补、流转顺畅、待遇互认和指挥协同方面的良性互动，推动区域在体育健身圈建设、体育赛事举办、体育产业发展、体育人才培养交流等方面的协同发展。

（四十九）做好扶贫援助工作

以体育需求为导向，不断创新体育扶贫工作的方式和组织形式，实施精准援助，丰富革命老区、民族地区、边疆地区和贫困地区的体育生活，做好体育援疆、援藏工作，提高当地体育发展水平。

（五十）强化基础性工作

整合力量、完善队伍，进一步加强体育事业和体育产业统计工作，健全体育信息发布制度。完善体育标准体系，提高体育标准化水平。实施体育领域的"互联网+"战略，加速体育信息化建设进程。

（五十一）狠抓反腐倡廉和行业作风建设

贯彻全面从严治党要求，落实主体责任和监督责任，明纪立规，正风反腐，加大对重点领域的监督检查，强化监督和问责力度，建立惩防结合的源头治理体系，为体育发展营造风清气正的良好环境。

（五十二）加强监督落实

建立目标任务考核制度，分解落实本规划确定的目标任务，实行规划年度监督、中期评估和终期检查制度。建立健全动态调整机制，跟踪分析规划实施情况，为调整目标任务和制定政策措施提供依据，确保本规划目标任务如期完成。

《体育发展"十三五"规划》名词解释

1. **全民健身公共服务体系**。指政府为满足社会成员参与体育健身的基本需要，向全社会提供公益性体育服务产品所形成的系统性、整体性的制度安排。具体包括以政府为供给主体，政府、体育社会组织、体育企业等组织为生产主体的供给体系；以场地设施、健身指导、体育培训、竞赛活动、体育信息、体质监测等为主要内容的产品体系；以人力资源和财力资源为基础的资源配置体系；以绩效评估和监督反馈为保障的管理运行体系；以覆盖全社会为目标的服务对象体系。

2. **公共体育服务体系示范区**。指以保障广大人民群众基本体育权益为出发点，以政府为主导，选择一批试点地区，加大财政、税收、金融和土地等方面的政策支持力度，率先在全国建立功能明确、网络健全、城乡一体、惠及全民的公共体育服务体系，充分发挥典型的示范、影响和带动作用，为我国公共体育服务体系建设探索经验、提供示范，推动公共体育服务体系建设科学发展。

3. **全民健身活动中心**。指国家体育总局利用本级体育彩票公益金引导建设，以服务大众体育健身为主要任务，综合性、多功能、室内室外体育设施相结合、以室内体育设施为主的公共体育设施。

4. **城市社区多功能运动场**。指利用城市社区空间建设符合不同人群，特别是青少年特点的室外公共健身场地设施，包括笼式足球、笼式篮球、笼式排球、极限运动（轮滑、滑板）、乒乓球长廊、篮球长廊、健身路径、健身步道等体育设施。城市可结合当地实际，针对群众尤其是青少年的体育需求，从上述体育设施类型中选择建设项目，也可增设其他体育场地设施，但所建体育场地设施必须集中。

5. 城市体育服务综合体。指将城市体育场馆设施建设与住宅、休闲、商业等业态融合，为参与体育竞赛、全民健身、体育培训的群体提供配套服务，拉长服务链，把场馆设施打造成为以体育为主题、功能丰富、综合配套齐全、可经营性强、充满活力的服务性实体。

6. 城市社区15分钟健身圈。指在城市社区，居民从居住地步行或骑行不超过15分钟范围内，有可供开展健步走、广场舞、球类运动等群众性体育活动的场地设施。

7. 青少年体育促进计划。指以广泛开展青少年体育活动、普遍增强青少年体质为目标任务，以活动、场地、组织建设为重点，统筹校内外资源，建立和完善学校、社区、家庭相结合的青少年体育网络和联动机制，加强政府、社会、学校、家庭、市场等协同促进青少年体育发展。

8. 青少年户外体育营地。指由政府倡导，由体育彩票公益金资助，依托江河湖海、山地森林、公园景区等自然资源，按照一定标准建设与管理，具有相应服务设施，以户外体育项目活动为主要内容，培养青少年热爱大自然、热爱体育活动良好品质的青少年户外体育活动场所。

9. 国家示范性青少年体育俱乐部。指由国家体育总局命名，在规范性、服务基础、发展能力、服务效果等方面综合评价突出的国家级青少年体育俱乐部，经认定后命名为国家示范性青少年体育俱乐部，并给予相应的经费资助。

10. 复合型训练管理团队。复合型训练管理是集科研、体能、康复、营养、医务、管理训练于一体的新型管理训练方式。复合型训练管理团队以主（总）教练为核心，由相关领导、专项教练、体能教练、科研医务人员组成，并可根据项目特点和实际需要，吸纳相关专业人员参加。

11. 全国大众冰雪季。指国家体育总局主办的以普及推广冰雪运动为主旨的大型活动，通过开展冰球、速度滑冰、滑雪等系列赛事和世界雪日、百万青少年上冰雪等主题活动及培训，推动更多的人们了解冰雪运动，掀起参与冰雪运动的健身热潮，带动冬季项目群众性健身活动的普及和开展，为2022年北京冬奥会的筹办营造良好的运动和人文环境。

12. 冰雪运动"南展西扩"。指充分发挥地域优势，合理利用气候资源，通过多种政策手段，采取多种形式，引导南方省市和西部地区广泛开展冰雪运动，形成冰雪运动在南北方、西部地区共同发展的态势，提高我国冬季运动项目的参与度和影响力，共同促进冬季运动项目可持续发展。

13. 国家体育产业基地。指由国家体育总局命名或认定的，在体育产业发展方面具备相当基础、规模和特色的地区，在体育产业重点领域具有较大影响力和较强竞争力的单位或机构。国家体育产业基地包括三种类型：一是以地区（县或县域集群、不设区的市、市辖区）为单位，命名为"（地区名称）国家体育产业示范基地"；二是以体育产业重点领域的知名企业或机构为单位，认定为"国家体育产业示范单位"；三是以持续运营的优秀体育产业活动或项目为单位，认定为"国家体育产业示范项目"。

14. 体育产业投资基金。《国务院关于加快发展体育产业促进体育消费的若干意见》中明确提出"政府引导，设立由社会资本筹资的体育产业投资基金"。体育产业投资基金是体育投融资机制创新，即在政府引导下，通过市场的手段将分散的社会资本汇聚起来，由专业化的投资管理机构进行运作。

15. 体育发展专项资金。《国务院关于加快发展体育产业促进体育消费的若干意见》中提出"有条件的地方可设立体育发展专项资金，对符合条件的企业、社会组织给予项目补助、贷款贴息和奖励"。体育发展专项资金是由地方各级政府结合自身经济实力和体育产业发展状况自行设立的财政扶持性资金。资金由地方财政解决，没有强制要求，也没有统一标准，重点用于引导、培育、扶持区域内体育产业项目、企业、社会组织等。

16. 国家体育产业联系点。指国家根据体育产业发展环境、体育产业体系、体育产业发展基础，选择一批有特点、有代表性的项目和区域建立体育产业联系点，在优化产业结构、完善产业政策、打造市场环境等方面开展先行先试，形成一批效益显著的特色产业、优势项目和赛事品牌，发挥区域辐射和产业扩散效应，为全国体育产业发展提供示范经验。

17. 可穿戴式运动设备。指应用穿戴式技术对日常穿戴进行智能化设计、开发出的可以在运动中穿戴的设备，如眼镜、手表、服饰及鞋子等，为使用者提供各种运动数据。

18. 反兴奋剂进校园工程。指为了防止青少年运动员在体育运动中使用兴奋剂，保护青少年运动员的身心健康，维护体育竞赛的公平竞争，在中等及以上学校、高等体育院校、体育运动学校和其他教育机构开设反兴奋剂教育课程或讲座，对学生进行系统化的反兴奋剂教育，提高学生的反兴奋剂意识，把掌握反兴奋剂知识作为青少年运动员入队、注册和参赛的必要条件。

19. 优秀中青年专业技术人才百人计划。指在全国体育系统选拔100名思想过硬、专业知识扎实、业务水平高、有较强的开拓能力，对本专业、本领域的发展动向和前沿水平有较深了解的从事自然科学、哲学社会科学研究及从事其他专业技术工作的优秀中青年专业技术人才，以5年为一个周期进行重点培养，为我国体育事业科学发展提供高水平智力支持。

全民健身计划（2016—2020年）

全民健康是国家综合实力的重要体现，是经济社会发展进步的重要标志。全民健身是实现全民健康的重要途径和手段，是全体人民增强体魄、幸福生活的基础保障。实施全民健身计划是国家的重要发展战略。在党中央、国务院正确领导下，过去五年，经过各地各有关部门和社会各界的共同努力，覆盖城乡、比较健全的全民健身公共服务体系基本形成，为提供更加完备公共体育服务、建设体育强国奠定坚实基础。今后五年，面对人民群众日益增长的体育健身需求、全面建成小康社会的目标要求、推动健康中国建设的机遇挑战，需要更加准确把握新时期全民健身发展内涵的深刻变化，不断开拓发展新境界，使其成为健康中国建设的有力支撑和全面建成小康社会的国家名片。为实施全民健身国家战略，提高全民族的身体素质和健康水平，制定本计划。

一、总体要求

（一）指导思想

全面贯彻党的十八大和十八届三中、四中、五中全会精神，紧紧围绕"四个全面"战略布局和党中央、国务院决策部署，牢固树立和贯彻落实创新、协调、绿色、开放、共享的发展理念，以增强人民体质、提高健康水平为根本目标，以满足人民群众日益增长的多元化体育健身需求为出发点和落脚点，坚持以人为本、改革创新、依法治体、确保基本、多元互促、注重实效的工作原则，通过立体构建、整合推进、动态实施，统筹建设全民健身公共服务体系和产业链、生态圈，提升全民健身现代治理能力，为全面建成小康社会贡献力量，为实现中华民族伟大复兴的中国梦奠定坚实基础。

（二）发展目标

到2020年，群众体育健身意识普遍增强，参加体育锻炼的人数明显增加，每周参加1次及以上体育锻炼的人数达到7亿，经常参加体育锻炼的人数达到4.35亿，群众身体素质稳步增强。全民健身的教育、经济和社会等功能充分发挥，与各项社会事业互促发展的局面基本形成，体育消费总规模达到1.5万亿元，全民健身成为促进体育产业发展、拉动内需和形成新的经济增长点的动力源。支撑国家发展目标、与全面建成小康社会相适应的全民健身公共服务体系日趋完善，政府主导、部门协同、全社会共同参与的全民健身事业发展格局更加明晰。

二、主要任务

（三）弘扬体育文化，促进人的全面发展

普及健身知识，宣传健身效果，弘扬健康新理念，把身心健康作为个人全面发展和适应社会的重要能力，树立以参与体育健身、拥有强健体魄为荣的个人发展理念，营造良好舆论氛围，通过体育健身提高个人的团队协作能力。引导发挥体育健身对形成健康文明生活方式的作用，树立人人爱锻炼、会锻炼、勤锻炼、重规则、讲诚信、争贡献、乐分享的良好社会风尚。

将体育文化融入体育健身的全周期和全过程，以举办体育赛事活动为抓手，大力宣传运动项目文化，弘扬奥林匹克精神和中华体育精神，挖掘传承传统体育文化，发挥区域特色文化遗产的作用。树立全民健身榜样，讲述全民健身故事，传播社会正能量，发挥体育文化在践行社会主义核心价值观、弘扬中华民族传统美德、传承人类优秀文明成果和提升国家软实力等方面的独特价值与作用。

（四）开展全民健身活动，提供丰富多彩的活动供给

因时因地因需开展群众身边的健身活动，分层分类引导运动项目发展，丰富和完善全民健身活动体系。大力发展健身跑、健步走、骑行、登山、徒步、游泳、球类、广场舞等群众喜闻乐见的运动项目，积极培育帆船、击剑、赛车、马术、极限运动、航空等具有消费引领特征的时尚休闲运动项目，扶持推广武术、太极拳、健身气功等民族民俗民间传统和乡村农味农趣运动项目，鼓励开发适合不同人群、不同地域和不同行业特点的特色运动项目。

激发市场活力，为社会力量举办全民健身活动创造便利条件，发挥网络等新兴活动组织渠道的作用，完善业余体育竞赛体系。鼓励举办不同层次和类型的全民健身运动会，设立残疾人组别，促进健全人与残疾人体育运动融合开展。支持各地、各行业结合地域文化、农耕文化、旅游休闲等资源，打造具有区域特色、行业特点、影响力大、可持续性强的品牌赛事活动。推动各级各类体育赛事的成果惠及更多群众，促进竞技体育与群众体育全面协调发展。重视发挥健身骨干在开展全民健身活动中的作用，引导、服务、规范全民健身活动健康发展。

（五）推进体育社会组织改革，激发全民健身活力

按照社会组织改革发展的总体要求，加快推动体育社会组织成为政社分开、权责明确、依法自治的现代社会组织，引导体育社会组织向独立法人组织转变，推动其社会化、法治化、高效化发展，提高体育社会组织承接全民健身服务的能力和质量。

积极发挥全国性体育社会组织在开展全民健身活动、提供专业指导服务等方面的龙头示范作用。加强各级体育总会作为枢纽型体育社会组织的建设，带动各级各类单项、行业和人群体育组织开展全民健身活动。加强对基层文化体育组织的指导服务，重点培育发展在基层开展体育活动的城乡社区服务类社会组织，鼓励基层文化体育组织依法依规进行登记。推进体育社会组织品牌化发展并在社区建设中发挥作用，形成架构清晰、类型多样、服务多元、竞争有序的现代体育社会组织发展新局面。

（六）统筹建设全民健身场地设施，方便群众就近就便健身

按照配置均衡、规模适当、方便实用、安全合理的原则，科学规划和统筹建设全民健身场地设施。推动公共体育设施建设，着力构建县（市、区）、乡镇（街道）、行政村（社区）三级群众身边的全民健身设施网络和城市社区15分钟健身圈，人均体育场地面积达到1.8平方米，改善各类公共体育设施的无障碍条件。

有效扩大增量资源，重点建设一批便民利民的中小型体育场馆，建设县级体育场、全民健身中心、社区多功能运动场等场地设施，结合基层综合性文化服务中心、农村社区综合服务设施建设及区域特点，继续实施农民体育健身工程，实现行政村健身设施全覆盖。新建居住区和社区要严格落实按"室内人均建筑面积不低于0.1平方米或室外人均用地不低于0.3平方米"标准配建全民健身设施的要求，确保与住宅区主体工程同步设计、同步施工、同步验收、同步投入使用，不得挪用或侵占。老城区与已建成居住区无全民健身场地设施或现有场地设施未达到规划建设指标要求的，要因地制宜配建全民健身场地设施。充分利用旧厂房、仓库、老旧商业设施、农村"四荒"（荒山、荒沟、荒丘、荒滩）和空闲地等闲置资源，改造建设为全民健身场地设施，合理做好城乡空间的二次利用，推广多功能、季节性、可移动、可拆卸、绿色环保的健身设施。利用社会资金，结合国家主体功能区、风景名胜区、国家公园、旅游景区和新农村的规划与建设，合理利用景区、郊野公园、城市公园、公共绿地、广场及城市空置场所建设休闲健身场地设施。

进一步盘活存量资源，做好已建全民健身场地设施的使用、管理和提档升级，鼓励社会力量参与现有场地设施的管理运营。完善大型体育场馆免费或低收费开放政策，研究制定相关政策鼓励中小型体育场馆免费或低收费开放。确保公共体育场地设施和符合开放条件的企事业单位、学校体育场地设施向社会开放。

（七）发挥全民健身多元功能，形成服务大局、互促共进的发展格局

结合"健康中国2030"等总体发展战略，以及科技、教育、文化、卫生、养老、助残等事业发展，统筹谋划全民健身重大项目工程，发挥全民健身在促进素质教育、文化繁荣、社会包容、民生改善、民族团结、健身消费和大众创业、万众创新等方面的积极作用。

充分发挥全民健身对发展体育产业的推动作用，扩大与全民健身相关的体育健身休闲

活动、体育竞赛表演活动、体育场馆服务、体育培训与教育、体育用品及相关产品制造和销售等体育产业规模，使健身服务业在体育产业中所占比重不断提高。鼓励发展健身信息聚合、智能健身硬件、健身在线培训教育等全民健身新业态。充分利用"互联网+"等技术开拓全民健身产品制造领域和消费市场，使体育消费在居民消费支出中所占比重不断提高。

（八）拓展国际大众体育交流，引领全民健身开放发展

坚持"请进来、走出去"，拓展全民健身理论、项目、人才、设备等国际交流渠道，推动全民健身向更高层次发展。

搭建全民健身国际交流平台，加强国际间互动交流。传播和推广全民健身发展过程中的中国理念、中国故事、中国人物、中国标准、中国产品，发出中国声音，提升国际影响力，有效发挥全民健身在推广中国文化、提升国家形象和增强国家软实力等方面的独特作用。

（九）强化全民健身发展重点，着力推动基本公共体育服务均等化和重点人群、项目发展

依法保障基本公共体育服务，推动基本公共体育服务向农村延伸，以乡镇、农村社区为重点促进基本公共体育服务均等化。坚持普惠性、保基本、兜底线、可持续、因地制宜的原则，重点扶持革命老区、民族地区、边疆地区、贫困地区发展全民健身事业。

将青少年作为实施全民健身计划的重点人群，大力普及青少年体育活动，提高青少年身体素质。加强学校体育教育，将提高青少年的体育素养和养成健康行为方式作为学校教育的重要内容，保证学生在校的体育场地和锻炼时间，把学生体质健康水平纳入工作考核体系，加强学校体育工作绩效评估和行政问责。全面实施青少年体育活动促进计划，积极发挥"青少年阳光体育大会"等青少年体育品牌活动的示范引领作用，使青少年提升身体素质、掌握运动技能、培养锻炼兴趣，形成终身体育健身的良好习惯。推进老年宜居环境建设，统筹规划建设公益性老年健身体育设施，加强社区养老服务设施与社区体育设施的功能衔接，提高使用率，支持社区利用公共服务设施和社会场所组织开展适合老年人的体育健身活动，为老年人健身提供科学指导。进一步加大对国家全民健身助残工程的支持力度，采取优惠政策，推动残疾人康复体育和健身体育广泛开展。开展职工、农民、妇女、幼儿体育，推动将外来务工人员公共体育服务纳入属地供给体系。加大对社区矫正人员等特殊人群的全民健身服务供给，使其享受更多社会关爱，在融入社会方面增加获得感和满足感。

加快发展足球运动和冰雪运动。着力加大足球场地供给，把建设足球场地纳入城镇化和新农村建设总体规划，因地制宜鼓励社会力量建设小型、多样化的足球场地。广泛开展校园足球活动，抓紧完善常态化、纵横贯通的大学、高中、初中、小学四级足球竞赛体系。积极倡导和组织行业、社区、企业、部队、残疾人、中老年、五人制、沙滩足球等形式多样的民间足球活动，举办多层级足球赛事，不断扩大足球人口规模，促进足球运动蓬勃发展。大力推广普及冰雪运动，利用筹备和举办北京2022年冬奥会和冬残奥会的契机，

实施群众冬季运动推广普及计划。支持各地建设和改建多功能冰场和雪场，引导社会力量进入冰雪运动领域，推进冰雪运动进景区、进商场、进社区、进学校，扶持花样滑冰、冰球、高山滑雪等具有一定群众基础的冰雪健身休闲项目，打造品牌冰雪运动俱乐部、冰雪运动院校和一系列观赏性强、群众参与度高的品牌赛事活动。积极培育冰雪设备和运动装备产业，推动其发展壮大。鼓励各地依托当地自然人文资源开展形式多样的冰雪运动，实现3亿人参与冰雪运动，使冰雪运动的群众基础更加坚实。

三、保障措施

（十）完善全民健身工作机制

通过强化政府主导、部门协同、全社会共同参与的全民健身组织架构，推动各项工作顺利开展。政府要按照科学统筹、合理布局的原则，做好宏观管理、政策制定、资源整合分配、工作监督评估和协调跨部门联动；各有关部门要将全民健身工作与现有政策、目标、任务相对接，按照职责分工制定工作规划、落实工作任务；智库可为有关全民健身的重要工作、重大项目提供咨询服务，并在顶层设计和工作落实中发挥作用；社会组织可在日常体育健身活动的引导、培训、组织和体育赛事活动的承办等方面发挥作用，积极参与全民健身公共服务体系建设。以健康为主题，整合基层宣传、卫生计生、文化、教育、民政、养老、残联、旅游等部门相关工作，在街道、乡镇层面探索建设健康促进服务中心。

（十一）加大资金投入与保障

建立多元化资金筹集机制，优化投融资引导政策，推动落实财税等各项优惠政策。县级以上地方人民政府应当将全民健身工作相关经费纳入财政预算，并随着国民经济的发展逐步增加对全民健身的投入。安排一定比例的彩票公益金等财政资金，通过设立体育场地设施建设专项投资基金和政府购买服务等方式，鼓励社会力量投资建设体育场地设施，支持群众健身消费。依据政府购买服务总体要求和有关规定，制定政府购买全民健身公共服务的目录、办法及实施细则，加大对基层健身组织和健身赛事活动等的购买比重。完善中央转移支付方式，鼓励和引导地方政府加大对全民健身的财政投入。落实好公益性捐赠税前扣除政策，引导公众对全民健身事业进行捐赠。社会力量通过公益性社会组织或县级以上人民政府及其部门用于全民健身事业的公益性捐赠，符合税法规定的部分，可在计算企业所得税和个人所得税时依法从其应纳税所得额中扣除。

（十二）建立全民健身评价体系

制定全民健身相关规范和评价标准，建立政府、社会、专家等多方力量共同组成的工作平台，采用多层级、多主体、多方位的方式对全民健身发展水平进行立体评估，注重发挥各类媒体的监督作用。把全民健身评价指标纳入精神文明建设以及全国文明城市、文明村镇、文明单位、文明家庭和文明校园创建的内容，将全民健身公共服务相关内容纳入国家基本公共服务和现代公共文化服务体系。进一步明确全民健身发展的核心指标、评价标准和测评方法，为衡量各地全民健身发展水平提供科学依据。出台全国全民健身公共服务体系建设指导标准，鼓励各地结合实际制定全民健身公共服务体系建设地方标准，推进全民健身基本公共服务均等化、标准化。鼓励各地依托特色资源，积极创建体育特色城市、体育生活化街道（乡镇）和体育生活化社区（村）。继续完善全民健身统计制度，做好体育场地普查、国民体质监测以及全民健身活动状况调查数据分析，结合卫生计生部门的营养与慢性病状况调查等，推进全民健身科学决策。

（十三）创新全民健身激励机制

搭建更加适应时代发展需求的全民健身激励平台，拓展激励范围，有效调动城乡基层单位和个人的积极性，发挥典型示范带动作用。推行《国家体育锻炼标准》，颁发体育锻炼标准证书、证章，有条件的地方可通过试行向特定人群或在特定时段发放体育健身消费券等方式，建立多渠道、市场化的全民健身激励机制。鼓励对体育组织、体育场馆、全民健身品牌赛事和活动等的名称、标志等无形资产的开发和运用，引导开发科技含量高、拥有自主知识产权的全民健身产品，提高产品附加值。对支持和参与全民健身、在实施全民健身计划中作出突出贡献的组织机构和个人进行表彰。

（十四）强化全民健身科技创新

制定并实施运动促进健康科技行动计划，推广"运动是良医"等理念，提高全民健身方法和手段的科技含量。开展国民体质测试，开发应用国民体质健康监测大数据，研究制定并推广普及健身指导方案、运动处方库和中国人体育健身活动指南，开展运动风险评估，大力开展科学健身指导，提高群众的科学健身意识、素养和能力水平。推动移动互联网、云计算、大数据、物联网等现代信息技术手段与全民健身相结合，建设全民健身管理资源库、服务资源库和公共服务信息平台，使全民健身服务更加便捷、高效、精准。利用大数据技术及时分析经常参加体育锻炼人数、体育设施利用率，进行运动健身效果综合评价，提高全民健身指导水平和全民健身设施监管效率。推进全民健身场地设施创新，促进全民健身场地设施升级换代，为群众提供更加便利、科学、安全、灵活、无障碍的健身场地设施。积极支持体育用品制造业创新发展，采用新技术、新材料、新工艺，提高产品科技含量，增加产品品种，提升体育用品的质量水平和品牌影响力。鼓励企业参与全民健身科技创新平台和科学健身指导平台建设，加强全民健身科学研究和科学健身指导。

（十五）加强全民健身人才队伍建设

树立新型全民健身人才观，发挥人才在推动全民健身中的基础性、先导性作用，努力培养适应全民健身发展需要的组织、管理、研究、健康指导、志愿服务、宣传推广等方面的人才队伍。创新全民健身人才培养模式，加大对民间健身领军示范人物的发掘和扶持力度，重视对基层管理人员和工作人员中榜样人物的培育。将全民健身人才培养与综治、教育、人力资源和社会保障、农业、文化、卫生计生、工会、残联等部门和单位的人才教育培训相衔接，畅通各类人才培养渠道。加强竞技体育与全民健身人才队伍的互联互通，形成全民健身与学校体育、竞技体育后备人才培养工作的良性互动局面，为各类体育人才培养和发挥作用创造条件。发挥互联网等科技手段在人才培训中的作用，加大对社会化体育健身培训机构的扶持力度。

（十六）完善法律政策保障

推动在《中华人民共和国体育法》修订过程中进一步完善全民健身的相关内容，依法保障公民的体育健身权利。推动加快地方全民健身立法，加强全民健身与精神文明、社区服务、公共文化、健康、卫生、旅游、科技、养老、助残等相关制度建设的统筹协调，完善健身消费政策，将加快全民健身相关产业与消费发展纳入体育产业和其他相关产业政策体系。建立健全全民健身执法机制和执法体系，做好全民健身中的纠纷预防与化解工作，利用社会资源提供多样化的全民健身法律服务。完善规划与土地政策，将体育场地设施用地纳入城乡规划、土地利用总体规划和年度用地计划，合理安排体育用地。鼓励保险机构创新开发与全民健身相关的保险产品，为举办和参与全民健身活动提供全面风险保障。

四、组织实施

（十七）加强组织领导与协调

各地要加强对全民健身事业的组织领导，建立完善实施全民健身计划的组织领导协调机制，确保全民健身国家战略深入推进。要把全民健身公共服务体系建设摆在重要位置，纳入当地国民经济和社会发展规划及基本公共服务发展规划，把相关重点工作纳入政府年度民生实事加以推进和考核，构建功能完善的综合性基层公共服务载体。

（十八）严格过程监管与绩效评估

县级以上地方人民政府要制定本地《全民健身实施计划（2016—2020年）》，做好任务分工和监督检查，并在2020年对《全民健身实施计划（2016—2020年）》实施情况进行全面评估。建立全民健身公共服务绩效评估指标体系，定期开展第三方评估和社会满意度调查，对重点目标、重大项目的实施进度和全民健身实施计划推进情况进行专项评估，形成包括媒体在内的多方监督机制。

群众冬季运动推广普及计划（2016—2020年）

大力发展群众冰雪运动，提高冰雪运动竞技水平，加快冰雪产业发展，推动冬季群众体育运动开展，增强人民体质，是成功举办2022年冬奥会和冬残奥会、落实全民健身国家战略、推动健康中国建设的必然要求。为落实《全民健身计划（2016—2020年）》，加强群众冬季运动推广普及，让更多群众参与体育健身，共享美好生活，特制定本计划。

一、指导思想

全面贯彻落实党的十八大、十八届三中、四中、五中、六中全会精神和习近平总书记系列重要讲话指示批示精神，牢固树立创新、协调、绿色、开放、共享的发展理念，按照党中央、国务院关于办好2022年冬奥会和冬残奥会的总体要求，把推广普及冬季运动、增强人民体质、提高健康水平作为根本任务，坚持因地制宜、科学布局、统筹协调、广泛参与的原则，实施"冰雪运动南展西扩"战略，夯实冬季运动群众基础，传播积极健康的生活方式，引领全民健身新时尚。

二、发展目标

以京津冀为引领，以东三省提升发展为重要基础，发挥新疆、内蒙古等地区的后发优势，带动南方地区协同发展，点线面结合布局群众冬季运动生态圈（带）。通过区域间优势互补，突破时空局限，到2020年，基本形成群众冬季运动开展地区广泛、场地设施供给充足、赛事活动丰富多彩、体育组织普遍建立、冰雪产业方兴未艾、社会各界广泛参与、冬季运动文化深入人心的群众冬季运动推广普及格局，努力推动实现"三亿人参与冰雪运动"的目标。

三、主要任务

（一）大力普及冬季运动文化

深入发掘冬季运动文化价值及冬季项目的文化内涵，大力传播冬季运动文化，普及冬季运动知识，弘扬运动健康新理念新风尚。编发冬季运动普及读本、冬季运动知识手册、冬季运动健身指导及运动防护手册等宣传资料，搭建信息传播平台，鼓励电视、广播、报刊、杂志等媒体开办冰雪运动节目和专栏，构建"互联网+"模式，扩宽冬季运动文化传播渠道。通过冰雪知识竞赛、冰雪大讲堂等多种形式，推动群众冬季运动报道、健身常识推送、工作经验交流、特色成果展示等，增强群众参与冬季运动健身意识，积极引导群众积极参加冬季运动。支持鼓励优秀运动员参加冬季运动项目推广活动和公益活动，充分展示冬季运动项目的文化魅力。

继承发展各地传统冰雪运动文化，举办具有历史渊源和文化内涵丰富的特色冰雪体育文化活动，制定冰雪旅游产业规范标准，开展冬季休闲旅游等文化体育旅游融合的活动，利用现代科技手段，推出更多冬季运动文化创意产品。

（二）加大冬季运动场地设施供给

依据我国地理地貌、环境气候、人口分布、交通状况及经济发展水平，因地制宜、科学规划、合理布局我国各类冬季运动场地的建设和发展。有条件的城市可打造一小时冬季运动健身圈。

加大群众性冰雪运动场地建设。鼓励有条件的地区将群众冬季运动场地纳入当地土地利用总体规划、城镇化和新农村建设规划。在满足相关要求基础上，合理利用江河、湖泊等自然水域资源和城市公园的公开水域等，开辟天然滑冰场地，满足群众滑冰运动需求。有条件的公园可建立滑冰运动与滑雪运动有机结合的冰雪乐园。鼓励公共体育场地、公园绿地、社区广场及有条件的学校采用多种方式延续设立季节性、临时性冰雪场地，积极利用广场、操场、公共绿地等人工浇筑滑冰场地，满足学校教学、课外活动及社区居民休闲娱乐需要。完善冰雪场地周边设施，打造集合运动、餐饮、娱乐、休闲、度假于一体的冰雪特色小镇。充分利用国内外新技术、新材料、新工艺建设旱雪场、旱冰场、仿真冰场、可拆装冰场等替代性冬季运动场地。鼓励冬季运动场地设施运营单位创新惠民举措，拓展服务项目，扩大公共服务范围，分时段向公众免费或优惠开放。

（三）充分发挥冬季运动社会组织的作用

培育、扶持冬季运动社会组织的发展，积极发挥各人群协会的作用，壮大各级各类冬季运动项目协会队伍，激发冬季运动社会组织的发展活力，提高其承接政府购买冬季运动服务的能力。

推动国家级冬季运动单项协会进行功能优化改革试点，探索强化和扩充协会在群众体育、体育文化等方面的功能、机制，充分发挥协会在群众体育、体育文化发展方面的作用，扩大社会影响力。

支持群众性冬季运动体育社团建立。鼓励地方冬季运动协会发展俱乐部会员和个人会员，积极发挥不同类型群众性冬季运动体育社会组织的作用，承担满足群众多元化需求、扩大冬季运动影响的任务，并逐步完成冬季项目体育社会组织的网络化和制度化建设，支持其在社区、乡镇开展活动。

（四）广泛开展冬季项目赛事活动

大力开展冬季运动进机关、进部队、进厂矿、进农村、进社区、进家庭活动，不断满足不同人群参与冬季运动健身需求。建立以"大众冰雪季"等品牌活动为主线，以冰雪旅游节、冰雪文化节、冰雪嘉年华、欢乐冰雪季、冰雪马拉松等群众喜闻乐见的冬季项目活动为支撑的群众冬季项目活动体系。开展参与度高、普及面广、影响力大、带动力强的冬季项目品牌赛事和活动，发挥对群众性冬季运动的引领、示范、带动作用。

开展滑雪橇、冰上自行车、滑爬犁、看冰灯、打陀螺、雪地摩托、雪地拔河、雪地足球、冰雪那达慕、冰钓等群众喜闻乐见的民间民俗冰雪娱乐活动。挖掘民族民俗冰雪旅游项目，利用中国传统节庆文化资源，丰富元旦、春节等节假日冰雪活动，打造节庆冰雪活动品牌。组织针对残疾人冰雪嘉年华、群众性冰雪项目展演暨健身康复技能、方法交流和残健融合冰雪健身特色活动。

（五）突出青少年学生重点

开展青少年冰雪普及活动。以全国青少年"未来之星"冬季阳光体育大会活动为龙头，举办世界雪日暨国际儿童滑雪节、青少年冰雪冬夏令营、青少年公益冰雪系列等活动，弘扬奥林匹克精神，普及冰雪运动项目。

积极推进冬季运动进校园工作，有条件的地方将冬季运动纳入学校体育课教学内容，研制冬季运动教学计划，在特教学校开设冰蹴球、模拟冰壶等适合残疾学生的冰雪或仿冰、仿雪运动项目课程，提高冬季运动教学质量，加强冬季运动课外活动，鼓励学生积极参加校外冬季健身运动，熟练掌握一至两项冬季运动技能。实施青少年"轮（滑）转（滑）冰"计划，把非冬季普及宣传活动和冰雪季体验活动相结合。积极鼓励支持学校与滑雪场、滑冰馆、冰雪运动俱乐部、冰雪培训机构及其他相关社会机构合作开设冬季运动技能课程，有条件的地区应结合本地实际，量力而行，在现有经费渠道内解决冰雪运动课程相关费用。鼓励有条件的学校建立常态化校园冬季运动竞赛机制，举办冬季运动会或冬季运动节。

依托已建成的滑雪场、滑雪度假村、滑冰场馆、室内滑雪馆、冰雪乐园等建立青少年冬季运动营地、俱乐部，为学龄前儿童和学生参与滑雪和滑冰创造条件，培养青少年儿童冰雪运动兴趣和爱好。

配合2022年冬奥会"奥林匹克教育活动"和冬残奥会"冬残奥教育计划"，开展"奥运知识进课堂""冬季运动知识进课堂""冬季运动进校园"及"国际冬残奥学校日"等活动，使冬季运动成为勇于探索、磨练意志、塑造精神、陶冶情操的重要教育手段。加强青少年冬季运动国际交流合作。

（六）加强冬季运动推广普及人才队伍建设

落实《北京冬奥会和冬残奥会人才行动计划（2016—2022年）》，制定并实施群众冬季运动推广普及人才培养专项计划。将冬季项目社会体育指导员纳入国家社会体育指导员制度体系，加大冬季运动社会体育指导员培训。编制群众冬季运动科学健身指导丛书，组建冬季运动科学健身指导讲师团，深入城乡基层开展冬季运动推广与科学健身宣讲活动。鼓励南北省市之间采取结对帮扶模式帮助南方省份培训冰雪运动教练员、运动员等人才。定期组织冬季项目全民健身志愿服务活动，发挥冬季项目优秀运动员、教练员的影响力，带动更多人参与。

鼓励相关高等院校通过增设冬季运动相关专业或课程、建立冬季运动培训基地、设立冬季运动研究中心等方式，培养冬季运动人才。加强冬季运动师资队伍建设，在普通中小学培训体育教师成为冰雪运动校园辅导员。针对冬季项目特点，加快运动防护和运动康复等学科专业的人才培养，有效预防和减少冬季项目运动损伤的发生，有效治疗和康复冬季项目运动伤病，为冬季项目的推广普及保驾护航。推进冬季运动人才培养体系标准化建设，构建以职业技能鉴定为依托的冬季运动人才评价工作机制，规范技能标准开发、教学培训组织、人员资质认定等相关工作开展。充分保障残疾人参与冬季运动的权利，为残疾人参与冬季运动提供指导。积极引进和培育高端复合型冬季运动管理人才，建立人才引进绿色通道。

四、措施要求

（一）加强组织领导

提高对群众冬季运动推广普及工作的认识，将其作为贯彻落实《全民健身计划（2016—2020年）》、健康中国建设的重要内容切实加以落实。建立多部门合作的群众冬季运动推广普及机制。制定本地区群众冬季运动推广普及实施计划，研究制定本地区冬季运动发展的政策措施，统筹解决重大问题，协调推进冬季运动项目建设。破除冬季运动发展的制度性障碍，加快制定和完善冬季运动发展的相关行业规范。加强冬季运动信息统计工作，定期公布相关信息。开展第三方评估，及时总结推广经验，纠正发现的问题，推动冬季运动健康发展。

（二）加大政策支持

完善政府向社会力量购买公共服务机制，通过现有资金渠道对发展群众冬季冰雪运动给予支持。将符合条件的冬季运动场地设施纳入公共体育场馆免费低收费开放补助的范围。地方可结合实际制定对群众冬季运动推广普及奖励办法，对在群众冬季运动推广普及中做出突出贡献的社会组织和个人予以表彰，对做出突出贡献的社会体育指导员予以适当奖励。

（三）鼓励社会参与

通过多种方式鼓励和支持社会资本参与群众冬季运动推广普及。鼓励金融机构在风险可控、商业可持续的基础上拓展群众冬季运动领域金融服务业务。鼓励社会资本通过独资、合资、合作、联营、租赁等途径，采取特许经营、公建民营、民办公助等方式，加大对群众冬季运动的投资力度。群众冬季运动场地可按照体育场馆税收政策规定享受房产税和城镇土地使用税优惠政策。鼓励社会力量设立"冰雪运动众创空间"和"冰雪运动产业创意孵化基地"。支持企业大力研发自主品牌的冰雪设备，提升我国冰雪设备和运动装备国产化水平。国家鼓励类体育服务项目中，进口项目所需国内不能生产的自用冰雪运动设备及配件，在政策规定范围内，免征进口关税。从事群众冬季运动推广的组织机构用电、用水、用气、用热，按不高于工业标准价格执行，有条件的地区，可采用政府购买公共服务方式，对符合条件的社会力量提供补助，支持群众冬季运动发展。鼓励保险机构积极研发冬季运动保险产品，引导企业、学校、个人购买责任险及与运动伤害类相关的保险。推动发展冰雪健身、冰雪旅游度假、冰雪竞赛表演、冰雪培训、冰雪会展、冰雪器材销售、冰雪咨询等业态的发展，丰富冬季运动产品供给，满足群众不断增长的冬季运动消费需求。鼓励单位为职工参与冬季运动健身创造条件，贯彻《国民休闲纲要》，落实职工带薪休假制度，提倡单位工会经费用于职工冬季运动健身消费。

冰雪运动发展规划（2016—2025年）

近年来，我国冰雪运动快速发展，特别是2022年北京冬奥会的成功申办，为冰雪运动繁荣发展带来了重大机遇。当前，我国正处在全面建成小康社会的决胜阶段，发展冰雪运动有利于满足群众多样化体育文化需求、推动全民健身和全民健康深度融合，对于建设健康中国和体育强国、促进经济社会发展、实现中华民族伟大复兴的中国梦具有重要意义。为贯彻落实《国务院关于加快发展体育产业 促进体育消费的若干意见》（国发〔2014〕46号），促进中国冰雪运动繁荣健康发展，特制定本规划。

一、发展基础

——群众冰雪活动蓬勃开展。随着冰雪运动"南展西扩"战略的推进，开展冰雪活动的地域不断扩展，冰雪活动类型日益丰富，参与人数迅速增加，覆盖人群范围逐渐扩大，群众参与冰雪运动的热情不断高涨。

——冰雪运动竞技水平迅速提高。我国冰雪竞技运动稳步发展，尤其是冰上项目发展迅速，先后在世锦赛和奥运会上取得优异成绩。截至2014年索契冬奥会，我国共获得53枚冬季奥运会奖牌。

——冰雪运动产业方兴未艾。我国冰雪运动产业已经初步形成了以健身休闲为主，竞赛表演、场馆服务、运动培训和体育旅游等业态协同发展的产业格局。冰雪运动参与和培训需求旺盛，竞赛表演活动日益丰富，冰雪旅游业发展迅猛，冰雪场地建设运营市场化程度较高，冰雪用品及相关产品制造增长空间大。

尽管我国冰雪运动发展取得了一定成绩，具备一定的基础，但仍存在许多问题：群众普及程度不高，参与冰雪运动人数少；竞技项目发展不均衡，运动员后备力量基数小；冰雪产业规模不大，有效供给不足，缺少自主品牌；冰雪运动场地设施不足，建设运营标准和制度缺失；各类专业人才短缺，体制机制有待进一步完善。

二、总体要求

（一）指导思想

全面贯彻党的十八大和十八届二中、三中、四中、五中全会精神，按照"四个全面"战略布局，牢固树立和贯彻落实创新、协调、绿色、开放、共享的发展理念，认真落实党中央、国务院决策部署，把发展冰雪运动、提高人民健康水平作为根本目标，充分发挥市场作用，激发社会参与动力，丰富产品和服务供给，不断满足人民群众日益增长的冰雪运动需求。

（二）基本原则

全民普及，优化提升。以青少年为重点，全力引导大众参与冰雪运动，推广冰雪健身休闲项目，丰富冰雪赛事活动，满足大众多层次、多样化的参与冰雪运动需求。优化项目布局，遵循冰雪运动规律，提高冰雪运动水平。

市场主导，政府引导。着力推进冰雪运动的供给侧结构性改革，扩大增量，提高质量，完善市场机制。发挥政府作用，制定规划政策，提供公共服务，营造重视冰雪、支持冰雪、参与冰雪的社会氛围。

因地制宜，重点发展。依据各地自然条件和经济发展水平，宜冰则冰、宜雪则雪，室内外结合发展冰雪运动。继续支持重点地区，充分利用现有资源，挖掘潜力，不断创新，形成冰雪运动发展集聚区。

协调互动，融合发展。立足全局，系统谋划，形成优势互补、良性互动的空间发展格局，促进冰雪产业和冰雪事业的协调发展。丰富冰雪产业业态，推动冰雪运动与旅游、健康等相关产业互动融合，创新发展手段，发挥辐射带动作用，促进区域经济社会发展。

（三）发展目标

到2025年，形成冰雪运动基础更加坚实，普及程度大幅提升，竞技实力极大提高，产业体系较为完备的冰雪运动发展格局。

——冰雪运动群众基础更加坚实。冰雪运动普及度大幅提高，群众冰雪活动极大丰富，参与冰雪运动的人数稳步增加，直接参加冰雪运动的人数超过5000万，并"带动3亿人参与冰雪运动"。

——冰雪运动竞技水平和国际竞争力全面提升。基本形成冰雪运动竞技项目布局更加合理，结构更加优化，发展更加均衡，成绩显著提高的全新发展格局，力争在2022年冬奥会上综合实力跻身世界先进行列，实现运动成绩与精神文明双丰收。

——冰雪运动产业体系初步形成。政府引导、社会参与，初步形成以冰雪场地设施建设运营为基础，冰雪大众休闲健身和竞赛表演为核心，以冰雪体育旅游为带动，冰雪装备制造为支撑的冰雪产业体系。到2020年我国冰雪产业总规模达到6000亿元，到2025年我国冰雪产业总规模达到10000亿元。

专栏1　冰雪运动参与人群

1. 直接参加冰雪运动的人群：主要是指以运动竞技、健身休闲等为目的，进行冰雪运动的人群。如冰雪项目的运动员、教练员、裁判员，冰雪运动爱好者，参加学校冰雪运动课程的学生等。

2. 间接参与冰雪运动的人群：主要是指冰雪运动影响到的相关人群，包括冰雪赛事及相关活动的观众；参与冰雪嘉年华、冰雪旅游节、冰雪冬令营等冰雪体验活动的人群；冰雪产业的从业人员等。

（四）发展导向

全面推进冰雪运动"南展西扩"战略，以京津冀为引领，以东北三省提升发展为基础，发挥新疆、内蒙古等西北、华北地区的后发优势，带动南方地区协同发展，形成引领带动、三区协同、多点扩充的发展格局。

——引领带动。以筹办2022年冬奥会为契机，在京津冀地区建设一批能承办高水平、综合性国际冰雪赛事的场馆，依托该地区旺盛的消费需求，积极普及冰雪运动项目，大力发展冰雪健身休闲业、高水平竞赛表演业和冰雪旅游业，带动全国冰雪运动发展。

——三区协同。利用东北、西北、华北的资源优势，合理布局、错位发展，建设集竞赛表演、健身休闲、教育培训、装备制造于一体的北方冰雪运动带。

进一步巩固东北地区冰雪运动发展基础，在人才培养、赛事组织、装备研发、文化宣传等方面稳步推进，促进健身休闲、竞赛表演、冰雪旅游、用品制造等各产业门类协调发展。

充分利用华北地区的区位、交通、资源和人口等优势，在京津冀带动下，促进冰雪运动多元市场主体的形成，发展冰雪健身休闲业，推广冰雪健身培训业。

西北地区重点发展冰雪旅游，发挥新疆作为丝绸之路经济带核心区的优势，带动西北地区充分利用冰雪资源和民族文化，与旅游相结合，发展冰雪健身休闲业和冰雪旅游业。

——多点扩充。南方地区结合各地自然条件和资源禀赋，因地制宜，合理发展冰雪运动项目，扩大冰雪运动群众基础及项目影响力。西南和华东地区可利用高山冰雪资源修建冰雪场地，发展本地区的冰雪运动；经济发达城市建造滑冰馆和室内滑雪场，发展竞赛表演业和健身培训休闲业，普及冰雪项目。

三、主要任务

（一）大力普及冰雪运动

培养青少年冰雪运动技能。各级教育、体育部门积极配合，共同推进冰雪运动进校园，有条件的北方地区中小学应将冰雪运动项目列入冬季体育课教学内容；鼓励南方地区城市中小学积极与冰雪场馆或冰雪运动俱乐部建立合作，开设冰雪体育课程。推行"百万青少年上冰雪"和"校园冰雪计划",促进青少年冰雪运动的普及发展。以政府购买服务方式,支持学校与社会培训机构合作开展冰雪运动教学活动。

专栏2　校园冰雪计划

1. 2018年编制完成冰雪运动校园教学指南。
2. 全国中小学校园冰雪运动特色学校2020年达到2000所,2025年达到5000所。
3. 鼓励开设冰雪运动相关专业的职业学校或高等院校参与培养中小学冰雪运动教师,到2020年完成对5000名校园冰雪运动项目专职或兼职教师的培训。

推广冰雪健身项目。鼓励各地依托当地自然和人文资源,发展适合形式多样、喜闻乐见的冰雪健身项目,开展大众冰雪赛事活动。以花样滑冰、冰球和高山滑雪等为重点,支持有群众基础的冰雪健身项目发展。深入发掘东北、华北和西北等地区的冰车、抽冰嘎、冰上龙舟、冰蹴球、转龙射球等传统民俗冰雪项目。

指导大众冰雪运动。加强对大众冰雪运动的专业性指导和培训,建设冰雪运动社会体育指导员队伍。支持社会力量兴办冰雪运动俱乐部或冰雪运动培训学校,开展大众冰雪运动健身培训服务。

（二）提高冰雪运动竞技水平

优化冰雪运动竞技项目布局。优势项目和潜优势项目要重点发展,一般项目有侧重发展,新开展项目要跨越式发展。鼓励东北三省开展更多的冰雪项目,加快北京、河北、新疆和内蒙古等地冰雪项目的发展速度,调动其他有条件的省区市开展适宜的冰雪项目。发挥高等体育院校的人才、科研优势,推动新开展项目的引进、推广和提高。

完善冰雪运动后备人才培养体系。全力备战2022年冬奥会,以《2022年北京冬季奥运会备战工作计划》《冬季项目竞技体育后备人才中长期规划》为引领,完善以各级各类体校、体育学院和专业队为主,以大中小学校和社会培训机构为辅的人才培养体系。加强高水平后备人才基地的建设,改善后备人才培养的训练设施和师资条件。打通冰雪运动项目和夏季运动项目后备人才的培养渠道,鼓励人才共享。

积极筹办2022年冬奥会。践行《奥林匹克2020议程》,坚持"绿色办奥、共享办奥、开放办奥、廉洁办奥"的理念,转换观念,广泛吸引社会力量参与筹办和备战参赛工作,将筹办冬奥会作为实施京津冀协同发展战略的重要举措,树立奥林匹克运动与城市良性互动、共赢发展的典范,举办一届精彩、非凡、卓越的奥运盛会。

（三）促进冰雪产业发展

加快推动冰雪健身休闲业。积极推动运动健身、场馆服务、培训教育、体育旅游等健身休闲产业业态发展。加快发展社会关注度高、市场空间大的冰球、花样滑冰、高山滑雪等项目。实施冰雪产业精品工程，支持各地打造一大批优秀冰雪运动俱乐部、示范场馆和品牌赛事。积极推动冰雪旅游产业发展，指导冰雪资源大省做好冰雪旅游专项规划，充分发挥市场作用，整合现有资源，建设一批复合型冰雪旅游基地和冰雪运动中心。鼓励冰雪运动场地开发大众化冰雪旅游项目，建设一批融滑雪、登山、徒步、露营等多种健身休闲运动为一体的体育旅游度假区或度假地。促进冰雪产业与相关产业深度融合，增强产业创新能力，提供多样化产品和服务。

积极培育冰雪竞赛表演业。大力拓展冰雪竞赛表演市场，促进办赛主体多元化，推进冰雪赛事活动市场化运作。有计划地举办冰雪运动国际高水平专业赛事，培育花样滑冰、冰球、冰壶和单板滑雪等观赏性强的冰雪运动品牌赛事。举办冰球职业联赛，引导培育冰雪运动商业表演项目，打造以"全国大众冰雪季"为代表的群众性品牌冰雪活动。支持具备条件的单位广泛举办冰雪赛事活动，引导支持体育社会组织等社会力量举办群众性冰雪赛事活动。

创新发展冰雪装备制造业。搭建产需对接平台，支持冰雪装备制造企业与冰雪场地等用户单位联合开发冰雪装备，扶持具有自主品牌的冰雪运动器材装备、防护用具、设施设备、客运索道等冰雪用品企业和服装鞋帽企业发展。以全面振兴东北地区老工业基地发展为契机，做大做强东北地区的冰雪装备制造业。挖掘长三角、珠三角、京津冀及海峡西岸等体育产业集群在冰雪服装、装备制造方面的潜力。支持高等院校、科研院所和企业加大协同创新力度，以企业为主体开发一批科技含量高、绿色环保、拥有自主知识产权、可替代进口的产品，培育一批具有较高知名度的冰雪用品企业。

专栏3　冰雪产业促进工程

1. 搭建冰雪产业服务网络和平台，提供冰雪运动信息查询、政策发布，促进冰雪产业资源公平、公正、公开流转。
2. 构建中国北方冰雪旅游推广联盟，创立"北国冰雪"国际旅游品牌。
3. 建立一批产业规模较大、集聚效应明显的国家冰雪产业示范基地，2020年达到2个，2025年达到5个；建设一批具有较高知名度和影响力的国家冰雪产业示范企业，2020年达到10个，2025年达到20个；培育一批特色鲜明、市场竞争力较强的国家冰雪产业示范项目，2020年达到10个，2025年达到20个。

（四）加大场地设施供给

科学规划布局冰雪运动场地。各地要根据人口规模、自然资源、经济社会发展水平，科学规划冰雪运动场地设施。引导社会力量建设冰雪运动场地，扩大冰雪场地供给，优化冰雪场地类型结构，提高场地设施质量。

建设公共冰雪运动场地设施。有计划地建设一批公共滑冰馆、室外滑冰场和滑雪场等冰雪运动场地。各地要以均衡配置、严格预留、规模适当、功能优先、经济适用、节能环保为原则，合理规划建设公共滑冰馆，纳入全民健身场地设施建设和健康养老服务工程统筹考虑。盘活存量资源，改造提升现有冰雪场地设施水平、完善其功能。结合现有体育场馆设施，建设综合性冰雪运动中心。

丰富冰雪运动场地类型。鼓励各地利用公园、城市广场等公共用地，因地制宜建设可移动冰雪场地。鼓励东北、华北和西北地区在冬季浇筑室外临时性冰场。鼓励各地结合住宅开发和商业设施规划建设一批室内冰雪场地。鼓励社会力量通过改造旧厂房、仓库、老旧商业设施等建设冰雪运动场地。

（五）深化体制机制改革

大力发展冰雪体育组织。加强各单项协会指导、组织和传播功能。鼓励冰雪类民办非企业组织发展，积极培育多形式、多层次冰雪协会，引导协会提供相适应的公共服务与产品。统筹协调滑冰场、滑雪场等经营单位和冰雪运动俱乐部资源，推动群众性冰雪体育组织健康发展。

稳步推进部分项目职业化。以冰球、花样滑冰和高山滑雪为试点进行职业化探索，支持教练员、运动员职业化发展。建立职业政策制度体系，鼓励多元投入职业体育，引导社会资本参与组建冰雪职业俱乐部和专业冰雪运动团队。

专栏4　冰雪场地设施建设工程

1. 以群众公共健身、普及滑冰运动为主，鼓励城区常住人口超过50万的城市根据自身情况建设公共滑冰馆。
2. 引导社会力量建设各类季节性滑冰场，如可拆装式冰场、室外临时浇筑冰场等。
3. 引导社会力量依托气候、地貌和生态等自然资源，因地制宜建设滑雪场地。
4. 依托现有冰雪训练基地和体育场馆群，结合体育场馆功能完善和城市发展规划，建设可承办高水平冰雪运动竞赛表演的场馆。
5. 有计划地对现有冰雪训练基地进行评估维修改建。

四、保障措施

（一）完善投入机制

健全财政对冰雪运动的投入机制，支持人才培养、公益活动等。鼓励符合条件的冰雪装备企业积极申请中小企业创新基金，引导社会资本的投入。推广和运用政府与社会资本合作等多种模式，吸引社会资本参与冰雪运动发展。鼓励社会资本设立冰雪运动发展基金。鼓励以特许经营、政府购买服务的方式，支持各类社会力量举办的群众性冰雪赛事。

（二）落实支持政策

落实国务院《关于加快发展体育产业促进体育消费的若干意见》中规定的相关政策。按照现行体育场馆房产税和城镇土地使用税优惠政策，冰雪场地的房产、土地符合体育场馆减免税条件的，可以享受房产税、城镇土地使用税优惠。确保冰雪运动场所的水、电、气、热价格按不高于一般工业标准执行。鼓励保险机构围绕冰雪健身休闲、竞赛表演、场馆服务等需求推出多样化保险产品，引导具备条件的单位和个人购买运动伤害类、旅行救援类保险。

（三）保障用地需求

积极引导冰雪产业用地控制规模、科学选址，并纳入地方各级土地利用总体规划中合理安排。对符合土地利用总体规划、城乡规划、环境保护规划等相关规划的重点冰雪场地设施建设项目，各地应本着应保尽保的原则，合理安排建设用地计划指标，加快办理用地审批手续，积极组织实施土地供应。修建冰雪运动场馆及配套的服务设施用地，按照建设用地管理，办理建设用地审批手续，鼓励利用现有场馆设施建设冰雪运动设施。利用现有山川水面发展冰雪场地设施，对不占压土地、不改变地表形态的，可按原地类管理，涉及土地征收的依法办理土地征收手续。对选址有特殊要求，在土地利用总体规划确定的城市、集镇和村庄建设用地指标以外的重大冰雪场地设施建设项目，可按单独选址项目安排用地。对非营利性的冰雪运动项目专业比赛和专业训练场（馆）及其配套设施，符合划拨用地目录的，可以划拨方式供地；不符合划拨用地目录的，应当有偿使用，可以协议方式供地。

（四）完善标准和统计

加强冰雪运动标准化建设，逐步建立冰雪运动标准体系，制定相关服务规范和质量标准，提高场地设施建设运营、服务提供、技能培训、人员资质、活动管理、器材装备等各方面标准化水平。完善相关政府部门和行业协会服务标准，积极为各类冰雪赛事活动提供服务。强化标准实施，加强冰雪运动服务标准化试点示范建设，提升冰雪运动服务质量和安全技术保障。完善冰雪产业的统计制度和指标体系，建立行业监测机制。

（五）注重人才培养

健全冰雪人才职业标准和冰雪运动社会体育指导员培训体系。发挥政府扶持引导作用，建立冰雪人才信息库，鼓励冰雪人才资源开发和人才引进，提升冰雪体育服务水平。加强师资队伍建设，完善冰雪人才培养体系，鼓励有条件的高等院校和职业学院设置与发展冰雪产业相关专业。发挥行业协会、高等院校、社团俱乐部和企业等各类力量，充分利用多样化教育资源开展冰雪人才培养和培训，支持退役运动员接受再就业技能培训，推动跨界合作，共同培养冰雪运动人才。加强冰雪人才的国际交流和培养。

（六）加大文化宣传

鼓励各级各类媒体加强对冰雪体育文化、冰雪运动健康知识和赛事活动的宣传与展示，积极引导广大人民群众形成冰雪运动习惯和消费观念。利用冬奥会、全国冬运会以及各冰雪单项赛事的契机，开展宣传、展览、征文、集邮等丰富多彩的冰雪体育文化活动。积极支持形式多样的冰雪题材文艺创作，推广冰雪文化。倡导诚信经营，营造良好的社会诚信环境，促进冰雪产业健康发展。

（七）加强组织实施

各地要积极贯彻落实本规划，建立由体育部门、发展改革部门、教育部门、旅游部门牵头，相关部门共同参与的冰雪运动发展工作协调机制，加强沟通协调，密切协作配合，形成工作合力，研究推进冰雪运动发展的各项政策措施，认真落实冰雪运动发展相关任务要求。各地区、各有关部门要根据本规划的要求，结合实际情况，抓紧制定具体实施意见和配套文件。体育总局、国家发展改革委、教育部、国家旅游局要会同有关部门对落实本规划的情况进行监督检查和跟踪分析。

全国冰雪场地设施建设规划（2016—2022年）

按照党中央、国务院关于发展冰雪运动的总体部署和要求，为加快冰雪场地设施建设，推动冰雪运动的普及和提高，促进冰雪产业发展，实现"3亿人参与冰雪运动"的目标，根据《国务院关于加快发展体育产业 促进体育消费的若干意见》（国发〔2014〕46号）和《冰雪运动发展规划（2016—2025年）》，制定本规划。

一、规划背景

2022年北京冬奥会的成功申办，极大地激发了人民群众参与冰雪运动的热情，为我国冰雪运动发展创造了历史机遇。但目前冰雪场地设施数量少、规模小、服务水平不高，与我国冰雪运动发展需要不相适应，与冰雪运动发达国家存在较大差距。据统计，截至2015年年底，全国共有滑冰场馆200余个；滑雪场地500余座，雪道面积约3000万平方米，雪道长度约1000千米，其中约五分之四的雪场的雪道面积不足5万平方米。

加快规划建设冰雪场地设施是办好2022年北京冬奥会、提高我国冰雪竞技水平的重要基础，是普及冰雪运动、发展冰雪产业、实现"3亿人参与冰雪运动"的基本保障，是满足人民群众不断增长的体育需求、推动全民健身和全民健康深度融合、建设健康中国和体育强国的重要内容。

二、总体要求

（一）指导思想

全面贯彻党的十八大和十八届二中、三中、四中、五中全会精神，按照"四个全面"战略布局，牢固树立和贯彻落实创新、协调、绿色、开放、共享的发展理念，加快冰雪场地设施建设，调动全社会力量共同参与，增加供给、提高质量，为冰雪运动在全国蓬勃发展奠定坚实基础。

（二）基本原则

普及推广、服务群众。以普及冰雪运动、发展冰雪健身休闲为重点，积极建设各类冰雪场地设施，满足广大人民日益增长、不断升级的冰雪运动需求。

因地制宜、绿色发展。根据自然条件和经济发展水平，合理布局，错位发展。严格落实耕地保护制度，节约集约利用资源，切实保护生态环境，充分发挥地区优势，科学开展冰雪场地设施建设。

政府引导、多方参与。充分发挥政府在冰雪场地设施发展中的引导作用，注重多部门联动。充分调动社会力量积极参与冰雪场地设施建设运营，合力推进冰雪场地设施发展。

统筹推进、创新发展。立足全局、系统谋划，统筹区域冰雪场地设施建设。创新冰雪场地设施建设运营理念，提高场地设施利用率，形成良性循环。

（三）建设目标

到2022年，全国滑冰馆数量不少于650座，其中新建不少于500座；滑雪场数量达到800座、雪道面积达到10000万平方米、雪道长度达到3500千米，其中新建滑雪场不少于240座、雪道面积不少于7000万平方米、雪道长度不少于2500千米。全国冰雪场地设施有效供给极大提升，经济社会效益明显提高，初步形成布局合理、类型多样、基本满足需求的冰雪场地设施网络。

三、主要任务

（一）统筹规划建设

各地要在自然资源调研和评估基础上，按照"引领带动、三区协同、多点扩充"的冰雪运动发展导向，以京津冀重点建设为引领，以东北地区稳步建设为基础，以西北、华北地区加快建设为支撑，以南方地区合理建设为扩展，全面推进我国冰雪场地设施规划建设。

京津冀地区以冬奥会为契机，建设一批能承办高水平、综合性国际冰雪赛事的场馆。东北地区要在现有基础上扩大规模、提高质量，稳步推进冰雪场地设施建设。华北和西北地区重点建设一批以健身休闲为主的冰雪场地设施。西南和华东地区要因地制宜利用区内冰雪资源修建冰雪场地设施。南方城市地区要根据经济社会发展情况建设一批室内滑冰场地。

冰雪场地设施建设要依据有关规划，注重配套服务设施建设，加强与旅游、休闲、住宅、商业等项目的融合，为参与冰雪竞赛、健身、培训、体验的群体提供配套服务，拉长服务链，把冰雪场地设施打造成为以冰雪为主题、功能丰富、配套齐全、可经营性强、充满市场活力的服务性实体。

（二）加快滑冰场地建设

积极推动滑冰馆建设。鼓励城区常住人口超过50万的城市根据自身情况建设公共滑冰馆，有条件的城市应至少建设1片61米×30米冰面的滑冰馆。鼓励有条件的学校建设滑冰馆。依托现有滑冰训练基地和大型体育场馆群，结合大型体育场馆功能完善和城市发展规划，建设可承办高水平冰上运动竞赛表演的滑冰馆。

推广室外天然滑冰场和建设可拆装滑冰场。有条件的地区要充分利用江、河、湖等水域资源建设天然滑冰场。支持有条件的地区和学校在冬季浇建冰场。鼓励在公园、校园、广场、社区等地建设可拆装式滑冰场。

维修改造现有滑冰场馆。支持现有的滑冰馆进行改扩建增容，提升设施配置和功能。鼓励对旧厂房、仓库、老旧商业设施等进行改造，改建成滑冰场地。改造修缮各级滑冰训练基地，完善功能，满足各级运动队训练并兼顾群众健身需求。

（三）推动滑雪场地建设

有条件的地区要依托气候、地貌和生态等自然资源因地制宜建设滑雪场地。鼓励和支持建设雪道面积大于5万平方米的滑雪场。鼓励现有滑雪场完善场地配套服务设施，支持有条件的滑雪场进行改扩建增容，完善设施功能，提升服务水平。

（四）鼓励冰雪乐园建设

有条件的地区要利用公园、城市广场等公共用地，建设以冰雪游憩活动为主的室内外冰雪乐园，满足公众参与冰雪、体验冰雪需求。鼓励仿真冰雪和模拟设施的市场应用。

四、保障措施

（一）加强组织领导

建立由体育部门、发展改革部门、工业和信息化部门、财政部门、国土资源部门、住房城乡建设部门、旅游部门牵头，相关部门共同参与的冰雪场地设施建设工作机制，及时协调解决规划落实过程中出现的矛盾和问题。以资源节约、环境友好、生态低碳为目标，健全冰雪场地设施建设与管理标准体系，科学制定冰雪场地设施建设、管理和服务标准，合理布局冰雪运动场地设施。加强和完善冰雪场地设施统计工作，建立科学、统一、全面、协调的统计调查制度和信息管理制度。各地应对照本规划，对过去在特定环境和时期制定的与冰雪运动发展不相适应的相关政策文件进行有效梳理，加快制定本地冰雪场地设施建设规划或实施方案，做好冰雪场地设施建设需求的自然资源调查和评估工作，确保责任落实到位、建设任务顺利推进、规划目标如期实现。

（二）健全投入机制

统筹利用现有资金渠道，对公共冰雪场地设施建设给予必要支持。推广和运用政府与社会资本合作等多种模式，吸引社会资本共同参与冰雪运动设施建设运营。进一步健全政府购买公共体育服务的体制机制。鼓励金融机构在风险可控、商业可持续的基础上拓展冰雪领域金融服务新业务，支持冰雪场地设施发展。支持符合条件的冰雪用品和场馆运营企业进入资本市场或发行债券。鼓励支持私募股权投资基金、创业投资基金及各类投资机构加大对冰雪场地设施建设的投资力度。继续扩大对外开放，鼓励境外资本投资冰雪场地设施建设。

（三）完善土地政策

积极保障冰雪产业发展用地空间，引导冰雪产业用地控制规模、科学选址，并纳入地方各级土地利用总体规划中合理安排。规划新增建设用地规模优先保障服务冬奥会的场馆建设和配套基础设施建设用地。对符合土地利用总体规划、城乡规划、环境保护规划等相关规划的重点冰雪场地设施建设项目，各地应本着应保尽保的原则，及时安排新增建设用地计划指标，加快办理用地审批手续，积极组织实施土地供应。在符合生态环境保护要求和相关规划的前提下，对使用荒山、荒地、荒滩及石漠化土地建设的冰雪项目，优先安排新增建设用地计划指标，出让底价可按不低于土地取得成本、土地前期开发成本和按规定应收取相关费用之和的原则确定。对复垦利用垃圾场、废弃矿山等历史遗留损毁土地建设的冰雪项目，各地可按照"谁投资、谁受益"的原则，制定支持政策，吸引社会投资，鼓励土地权利人自行复垦。政府收回和征收的历史遗留损毁土地用于冰雪项目建设的，可合并开展确定复垦投资主体和土地供应工作，但应通过招标拍卖挂牌方式进行。鼓励基层冰雪场地设施共建共享，利用城市公园、郊野公园、城市空置场所等建设冰雪场地设施。利用现有山川水面建设冰雪场地设施，对不占压土地、不改变地表形态的，可按原地类管理；涉及土地征收的依法办理土地征收手续。对选址有特殊要求，在土地利用总体规划确定的城市、集镇和村庄建设用地指标以外的重大冰雪场地设施建设项目，可按单独选址项目安排用地。实行差别化供地，对非营利性的冰雪运动项目专业比赛和专业训练场（馆）及其配套设施，符合划拨用地目录的，可以划拨方式供地；不符合划拨用地目录的，应当有偿使用，可以协议方式供地。修建冰雪运动场地及配套的服务设施用地，按照建设用地管理，办理建设用地审批手续。

（四）落实优惠政策

按照现行体育场馆房产税和城镇土地使用税优惠政策，冰雪场地的房产、土地符合体育场馆减免税条件的，可以享受房产税、城镇土地使用税优惠。确保冰雪运动场所的水、电、气、热价格按不高于一般工业标准执行。

（五）抓好安全监管

加强对冰雪场地设施的安全监管制度，体育部门应定期对冰雪场地救护设施及安全管理制度等进行检查，质检部门要加强冰雪场地客运索道等特种设备安全监察。引导保险公司根据冰雪运动特点开发冰雪场地责任保险、滑雪人身意外伤害保险、冰雪场地设施财产保险等产品，鼓励具备条件的单位和个人购买运动伤害类保险。

水上运动产业发展规划

　　水上运动产业是以海洋、江河、湖泊为载体，以竞技、休闲、娱乐、探险、旅游为主要形式，向大众提供相关产品和服务的一系列经济活动，是健身休闲产业的重要组成部分，主要涵盖帆船（板）、赛艇、皮划艇（激流）、摩托艇、滑水、潜水（蹼泳）、极限（冲浪、漂流）等项目。发展水上运动产业，不仅可以充分利用我国丰富的江河湖海等自然水域资源，还能带动健身、休闲、娱乐以及器材设施设备等相关产业和产业链的发展，对落实《全民健身计划（2016—2020年）》、建设健康中国、增强经济增长新动能具有重要意义。为普及和推广水上运动项目，加快水上运动产业发展，特制定本规划。本规划实施时限为"十三五"时期。

一、发展基础与面临形势

　　随着国民经济的不断增长，工业化、城镇化进程的稳步加快，国民健康、娱乐、休闲需求的快速提升，近年来我国水上运动产业得到了快速发展，为提高体育综合生产能力和保障全民健康作出了重要贡献，在户外休闲运动产业向纵深推进的进程中发挥了重要作用。一是产业规模逐步扩大。目前，全国水上运动主要船艇生产厂商有300多家，各类船艇泊位近2万个，职业俱乐部近200个，水上健身休闲、竞赛表演、体验旅游、场地设计、资讯等产业门类逐年扩充，市场需求类别持续增加、数量不断增大，产业潜力进一步释放且空间巨大。二是产业体系日益完善。水上运动产业初步形成了以专业、业余、商业赛事为驱动，水上运动俱乐部为支撑，水上运动用品制造、销售和运动项目培训等业态快速发展的良好态势。水上运动与互联网、健康、养老、旅游、文化、教育等相关产业和行业日益融合。三是社会基础逐年夯实。经常参加水上运动的人数达到一定规模，各级项目协会、企事业单位和社会各界开展的各项水上运动活动日益丰富，企业、社会投资水上健身俱乐部步入良性轨道。

　　总体上看，我国水上运动发展规模和水平还不能满足人民群众消费需求。水域开放程度不高，水上运动基础设施薄弱，产品有效供给不足、服务创新不够。产业集中度低，适应水上运动发展规律的法律政策体系有待健全，国际竞争力有待进一步提升，迫切需要加强顶层设计和统筹规划。

　　在供给侧结构性改革不断深入，国家"一带一路""海洋强国"发展战略不断推进和全民健身、"健康中国"国家战略逐步实施的契机下，我国的水上运动迎来前所未有的发展之势；随着居民收入和生活水平的提高，越来越多的人开始追求刺激和娱乐消费，水上运动项目开始在大众生活中普及，水上运动产业迎来新的发展之机。

二、总体要求

（一）指导思想

全面贯彻党的十八大和十八届三中、四中、五中全会精神，按照"五位一体"总体布局和"四个全面"战略布局，牢固树立和贯彻落实创新、协调、绿色、开放、共享的发展理念，以水上运动产业供给侧结构性改革为主线，以满足群众水上运动需求为导向，以资源要素优化配置、产业潜力深度挖掘为抓手，发展壮大俱乐部规模，推进产业集聚与融合，推动水上运动向市场化、规模化、专业化、品牌化和标准化方向发展，为经济发展新常态下扩大消费需求、拉动经济增长提供有力支撑和持续动力。

（二）基本原则

深化改革、创新发展。强化体制机制改革，充分发挥市场在资源配置中的决定性作用，拉动投资消费，推进产业结构调整，加强行业规范化标准政策引导；鼓励开展科技创新、产品创新、管理创新、市场创新和商业模式创新。

统筹兼顾、合理布局。整合空间资源、因地制宜、科学规划，引导水上运动场所按照运动项目发展规律实施建设，增强水上运动发展的整体性和系统性。优化产业布局、细化产业分工、推动企业协作，着力推动水上运动产业与相关产业的融合互动，形成协同高效、竞争力强的产业集群。

突出特色、激发活力。发挥公共船艇码头（停靠点）项目、品牌赛事活动体系等特色优势在产业发展中的积极引导作用，充分利用互联网等现代科学技术和方法，加快水上运动产品制造和服务现代化进程。积极营造平等参与、公平竞争的市场环境，不断激发水上运动产业发展的潜力和活力。

立足民生，服务惠民。以满足人民群众健身休闲需求为出发点和落脚点，根据"健康中国"系统工程的要求，把握水上运动产业发展新方向、结合区域文化特点、加大宣传力度、扩大社会影响，保证人民享有绿色、安全、方便的水上运动产品和休闲服务。

（三）发展目标

基本形成组织机构完善、管理制度健全、俱乐部布局合理、产业带动明显、赛事活动成熟、群众基础坚实的水上运动健身休闲环境。实现水上运动产业继承创新发展、统筹协调发展、生态绿色发展、包容开放发展和人民共享发展的新局面，成为推动健康中国建设的坚实力量。

——产业规模进一步扩大。打通水上运动产业发展壁垒，探索特色水上产业集聚区构建、运作模式，实现规模化产业发展。到2020年，水上运动产业总规模达到3000亿元。

——市场主体进一步壮大。涌现一批具有国际竞争力、带动性强的龙头企业和大批富有创新活力的中小企业、社会组织，形成一批特色鲜明的水上运动俱乐部。进一步消除水上运动俱乐部经营壁垒，规范行业准入、从业人员资质考核等，推动水上运动俱乐部的健康发展。到2020年，水上运动俱乐部达到1000个，全国水上（海上）国民休闲运动中心达到10个。

——产业基础进一步夯实。水上运动场地基础设施供给明显增加，公共运动船艇码头建设效果显著，水上运动全民活动网络基本建立，水上运动观赏性竞赛表演平台发挥效用。

——产业环境进一步优化。简政放权、放管结合、优化服务改革深入推进，相关法规、标准、政策措施进一步健全，市场监管力度不断加大，市场竞争秩序和消费环境明显改善。

——水上运动装备供给体系进一步完善。以满足水上运动需求为导向，立足自主发展，结合引进消化创新，不断提高水上运动的装备质量，培育一批具有国际竞争力的"专、精、特、新"水上运动装备（器具）制造企业和品牌产品，进一步完善水上运动装备研发、制造、配套及服务体系，实现既满足专业化水上运动，又能满足人民群众消费需求的供给目标。

三、主要任务

（一）加强运动设施建设

完善水上运动基础设施网络。加强水上运动基础设施的建设，做好水上运动基础设施规划与城市总体规划、土地利用规划、水利规划、水功能区划、海洋功能区划、村镇规划的衔接。科学规划水上运动设施空间布局，适当增加水上运动设施用地和配套设施配建比例。结合水上运动特点和运动大众需求，以帆船、赛艇、皮划艇项目为引领，改造一批国家级水上运动训练基地，开发大众服务市场，丰富基地服务供给，构建基地型船艇码头服务网络。在保障防洪安全、保护自然资源和生态环境的基础上，充分利用公园水域、江河、湖海等区域，重点建设一批便民利民的水上运动设施。

推动运动船艇码头建设。根据船艇码头建设需求，结合旅游、文化等行业的需要，建立船艇码头分类分级建设标准体系。根据区域经济条件、招商引资程度、项目筹资难易等因素，实行"公共船艇码头（停靠点）""配有一定量商业服务设施码头""集旅游服务、运动娱乐、商业会展于一体综合型码头"的三级建设模式，并与全民健身场地工程和健康养老服务工程统筹建设。积极推动示范城市的公共船艇码头（停靠点）建设，注重环境污染防治、符合防洪要求和水域岸线管控要求、避开重要饮水源地和自然保护区。积极推广政府和社会资本合作模式，引导社会力量建设运营运动船艇码头。

专栏1　推动运动船艇码头建设

　　推进水上运动公共船艇码头（停靠点）试点，加速码头水上运动的发展，创新公共船艇码头（停靠点）的社会组织管理和运营，基本形成现代水上运动体系。激发公共船艇码头（停靠点）活力，推行公共船艇码头（停靠点）设计、建设、运营管理一体化模式，将办赛需求与赛后综合利用有机结合。

　　将长江三角洲、珠江三角洲、环渤海、东海沿海、西南沿海有条件的城市列为公共船艇码头（停靠点）示范城市，先行规划布局建设公共船艇码头（停靠点），每个示范城市至少建设1个公共船艇码头（停靠点），同时发挥市场的决定性作用，配套建设相应的码头综合服务功能。在此基础上，通过推动、扶持、推广，在全国范围内初步形成10个左右国家级水上（海上）国民休闲运动中心。

　　盘活现有水上资源。盘活水上设施资源，推广管办分离、公建民营等运营管理模式。鼓励对城市现有船艇码头、渔业码头等各类码头进行梳理，结合港区功能调整，制定相应政策促进对公众开放。

（二）丰富赛事活动供给

　　完善水上运动赛事体系。积极鼓励地方政府、运动协会、俱乐部联盟等组织针对运动爱好者开发不同级别、不同类型的赛事活动。推动业余俱乐部联赛常态化，注重与职业等级赛事的有机衔接，逐步实现竞赛结构的科学化。大力开发水上竞赛艺术表演活动、运动体验活动和定制主题节庆活动，营造广泛参与的社会氛围。

　　打造水上运动品牌赛事。逐步建立以全国水上运动锦标赛、全国水上运动冠军赛、全国青年水上运动锦标赛、全国青少年水上运动锦标赛及区域性水上运动比赛、省市级水上运动比赛等为架构的竞赛体系。积极实施水上运动精品赛事提升计划，打造一批具有国家影响力、国际知名品牌的赛事活动，形成"重点赛事""一项一品赛事"和"潜力拓展赛事"协同推进的良好局面。

专栏2　丰富赛事供给

　　基本建立体系完整的水上运动赛事框架，提升水上运动品牌赛事国际、国内的影响力，推动国际运动员参赛频次的增加，促进场均观赛人次逐年递增。

　　重点赛事：
　　　　★ 中国杯帆船赛
　　　　★ 赛艇中国杯
　　　　★ 中国摩托艇联赛

"一项一品"赛事：
　　★帆船：环海南岛大帆船赛（专业级）
　　　　　内湖帆船联赛（非专业级）
　　★赛艇：国际名校赛艇挑战赛（专业级）
　　　　　中国赛艇联赛（非专业级）
　　★皮划艇：皮划艇马拉松赛（专业级、非专业级）
　　★极限：全国极限运动联赛（专业级）
　　　　　全国漂流联赛（非专业级）
　　★摩托艇：F4摩托艇联赛（专业级）
　　　　　水上摩托大奖赛（非专业级）
潜力拓展赛事：
　　在继续办好中美滑水对抗赛、国际冲浪赛、国际漂流大赛、上海世界极限运动会等赛事的前提下，鼓励和引导根据市场需求不断创新赛事，为水上运动赛事的不断发展奠定更为坚实的基础。

（三）培育多元主体

繁荣水上运动企业主体。通过多种方式，引导企业开发经营水上运动。扶持壮大一批有自主品牌、创新能力和竞争实力的特色水上运动俱乐部。支持水上运动企业在产品开发、外观设计、产品包装、市场营销等方面的创新，积极开展个性化定制、柔性化生产。

推进水上运动社会组织发展。分类有序推进水上运动社团、行业协会、自发性水上运动组织等体育社会组织发展。按照市场化、社会化的改革方向，加快水上运动主管部门与行业协会脱钩，推动水上运动行业协会依法独立运行。加强水上运动各单项协会指导、组织和传播功能。鼓励水上运动社会组织发展，积极培育多形式、多层次水上运动协会，引导各级各类协会提供相适应的公共服务与产品。

（四）加强人才队伍建设

建立专业运动员良性发展机制。完善水上项目专业运动员管理体制，创新人才培养、评价、发现、选拔、任用、流动、配置、激励机制，营造充满活力、富有效率、更加开放的专业运动员人才制度。拓宽退役运动员发展空间，打通向教练员、裁判员、社会体育指导员、企事业单位、运动协会及休闲健身俱乐部管理人员的转岗就业渠道。

全面提升水上运动教育质量。构建体系完备的水上运动教育体系，推动学历教育和非学历教育协调发展，职业教育和普通教育相互沟通，职前教育和职后教育有效衔接。加强水上运动项目学科建设，协调教育部门制定完善有利于水上运动人才培养的教育政策，建立学校教育和实践锻炼相结合的开放式培养体系。创立高校与科研院所、行业、企业联合培养水上运动人才的新机制。按照统一标准和区域分布，规划建设全国体育旅游示范基地，鼓励社会力量建设旅游教育培训基地。

专栏3　加强水上运动教育培训

以水上运动协会、体育院校为主体，以帆船、赛艇、摩托艇、滑水、潜水、极限漂流协会为依托，充分利用全国体育教育资源，通过水上项目的试点实践，推动水上运动进校园，探索建设水上运动项目专项学院，逐渐将水上运动其他项目纳入运动学院体系。

主要培养运动竞技型、运动经济型、运动管理型、运动生理型、运动培训型、赛事运作型、运动保险型、职业经理人等人才，为水上健身休闲运动的可持续发展提供人才储备力量。

开展水上运动各类培训教材的编制，为水上运动发展提供科学化理论依据，以更好地指导运动实践。

加强水上运动人才的国际培养与合作。加强与国外水上运动高水平国家、地区、院校、科研机构以及企业的合作，加强训练教学、运动培训等方面科学研究，推动水上竞技人才的国际化培养。建设海外水上运动高层次人才信息库和人才需求信息发布平台，有序引进促进水上运动发展的各类型海外人才。积极支持和推荐优秀人才到国际水上运动组织任职。推进水上运动技术人才职业资格国际、地区间互认。

（五）提升产业能级

调整产业结构。进一步优化水上运动服务业、制造业及相关产业结构，推动水上运动服务业、制造业和其他健身休闲业融合发展。支持打造一批优秀水上运动俱乐部、优秀企业和品牌赛事。聚焦发展水上运动装备制造的研发、设计、销售等高端环节，提高自主研发生产能力，培育一批具有自主知识产权的高端水上装备知名品牌。

专栏4　推动水上运动装备升级

鼓励龙头企业建立和健全研发机构，掌握水上运动装备指导的核心技术，制定水上休闲装备制造业的技术水平和环保标准，帮助供应链上的配套厂商提升技术水平，实现产业链上下游共赢，从而整体提升水上运动装备制造产业，并推动整个运动休闲产业集群和产业链条的发展，大力发展水上运动船只、潜水用品、冲浪滑水装备、水上娱乐设施、水上安全及救生用品、水上休闲装备等水上运动产品，为水上运动装备"中国制造"升级为拥有自主知识产权的自主品牌制造探索出一条新的道路。

完善空间布局。立足"海上丝绸之路"规划部署，加强沿海城市水上运动资源的整合，探索水上运动项目从"滨海"向"滨江"发展的合理途径。根据滨海、湖泊水库、城市水系分布特点，点线结合，打造具有示范效应的水上运动综合休闲发展带，形成具有影响力、高端服务力的跨界融合集聚区。

推动"互联网+"融合发展。大力支持水上运动与互联网技术、大数据概念等前沿科学手段的融合，打造物联网与水上运动互动的交流平台，为实现水上运动可持续发展和水上运动产业融合发展提供坚实的基础。

（六）引导水上运动消费

营造浓厚的水上运动文化氛围。鼓励具备条件的城市、企业、学校、俱乐部、旅游景区有序开展水上运动主题文化活动，建设好协会官方宣传网站，积极与门户网站和电视台开展宣传合作，推出水上运动文化专题节目，传播游艇文化、帆船帆板文化、赛艇文化等项目文化。鼓励与引导地方水上运动协会和各类水上运动俱乐部开展水上运动进社区等主题宣传活动，积极推动高校组建水上运动队，进一步普及和推广水上运动。

扩大消费人群。以创新意识与责任意识破解体制和机制上的难点，准确把握水上运动消费者的消费心理、习惯、能力，着力创造各地扩大水上消费的条件，关注新兴业态和高科技手段，有效探索试点经验，不断整合资源、创新工作思路。

四、保障措施

（一）加快改革创新

推动水上运动主管部门改革，强化水上运动主管部门对水上运动产业的统筹协调、公共服务、市场监管和安全监管职能。深入贯彻"管行业必须管安全"的原则，建立以水上运动主管部门和地方政府相关部门履行安全监管责任，相关企业全面落实安全主体责任，休闲运动个人全面参与的安全管理体制。全面督查水上运动休闲领域"放管服"政策落地，强化政策执行，以实施增品种、提品质、创品牌的"三品"战略为抓手，促进水上运动休闲产业发展。突出创新驱动，在跨界融合发展中推动水上运动管理创新、制度创新、科技创新和投融资机制创新，整合水上运动资源，引导水上运动产业集聚集群发展。

（二）完善政策体系

推进水上运动产业在水上运动资源保护、水域使用管理、场馆建设、体育船艇登记管理、市场管理、从业规范和消费者人身安全保障等方面法规及其实施细则的制定，加快形成较为完备的水上运动政策法规体系。各级政府在土地利用总体规划和城乡规划中合理安排水上运动产业发展用地。加大金融对公共船艇码头（停靠点）建设、水上运动产品和装备制造的支持。切实落实现行国家支持体育产业发展的规划布局、税费、价格、土地政策。研究制定水上运动领域政府购买服务相关指导性目录，推广运用政府和社会资本合作模式。

（三）加强行业管理

结合水上运动服务、生产经营特点和实际，加快建立和完善科学合理的水上运动产业统计指标体系和科学有效的监测评估体系，开发统计软件，适时发布相关信息。积极倡导运用信息化等多种手段，针对客流量较大的船艇码头、水上运动休闲俱乐部等，做好日常水上运动休闲活动的登记备案、进场人数统计和满意度调查工作，通过报刊、网站等媒体，定期向社会公开统计与评估结果。建立水上运动市场信用体系，实行警示名单和"红黑榜"制度。制定完善水上运动船艇码头分类分级建设标准、公共船艇码头（停靠点）建设标准、水上运动健身俱乐部准入标准，全面推动行业管理标准体系的建设。

专栏5　加快水上运动标准化

开展各类技术标准制定和完善工作。推进各水上运动项目协会制定和完善运动项目各类技术标准，为技术服务型无形资产开发提供关键支撑。项目协会标准化制定重点针对人员培训标准、场地设施标准、赛事活动技术标准、项目运营安全标准等，积极调配各类资源力量，力争2至3年完成各项目的标准体系的建设，为项目走向社会、进入市场提供必要的端口。

研究制定面向项目爱好者的（非专业）标准。推出针对水上健身休闲运动项目爱好者的业余运动指导标准和业余技术等级颁授标准，以进一步调动项目爱好者的积极性，开拓项目培训市场，搞活业余赛事和活动市场。

（四）完善安全救援体系

深入贯彻"安全第一、预防为主、综合治理"的方针，按照"谁管理，谁负责"的原则，落实水上运动安全责任主体。建立在地方政府的统一领导下，由水上搜救机构负责组织、协调、指挥应急救援行动的应急反应机制。地方政府负责应急救援队伍建设和应急救援设备的配备及使用管理。开展水域安全评估，合理配置完善围栏、安全警示标识、救生梯、救生圈（绳、杆）、救生扶（抓）手、水深标尺、警示灯具等安全设施，推行"救生舱"系统，在醒目位置标明使用方法、救生电话、救助常识。逐步建立安全防护设施和救助设施检查、修理、更换制度。制定完善的应急预案，健全应急措施，组织专业水上救援队伍，鼓励组建水上救援志愿者队伍，强化应急培训、演练等日常管理，合理布设救援站点和救生船艇等专业救援设施设备。创新执法监管手段，综合运用巡逻监管、视频监管等多种手段提升水上运动安全综合监管效能。

（五）强化组织领导

充分认识水上运动在推动体育产业发展、经济结构调整中的重要性，着力构建水上运动综合性产业综合抓的体制机制，充分发挥多部门在推动水上运动产业发展的职能作用，明确职责分工，加强部门间的协调与对接，有效整合部门、地方、行业的要素资源，落实政策措施，确保规划的顺利实施。

航空运动产业发展规划

　　航空运动产业是重要新兴体育项目产业之一，是以航空运动项目为载体，提供相关系列产品、服务和产业链的经济活动的总称，涵盖目前我国正式开展的运动飞机、热气球、滑翔、飞机跳伞、轻小型无人驾驶航空器、航空模型等六大类共26个运动项目，具有科技含量高，消费时尚性强，带动相关产业作用明显等特点。发展航空运动是体育产业供给侧结构性改革的重要举措，是开发空域资源和发展低空经济的重要内容，是军民融合发展战略的重要组成部分，对释放转型发展潜力、落实《全民健身计划（2016—2020年）》、促进经济社会全面协调发展具有重要意义。2016至2020年，为抢抓我国航空运动产业发展战略机遇，为普及和推广航空运动项目，加快航空运动产业发展，特制定本规划。本规划实施时限为"十三五"时期。

一、发展基础与面临形势

　　在低空空域管理改革持续推进和航空运动规范发展的背景下，我国航空运动产业迎来快速发展期，产业水平和规模取得较大提升，并日益在体育产业转型发展和经济社会总体发展中发挥重要作用。一是产业基础日益坚实。我国已具备提供航空运动产品和服务的基本经济条件，建成并命名航空飞行营地100家，航空运动俱乐部200家，航空运动开展地域和消费人群覆盖面不断扩大。二是产业管理不断规范。重点发展省市和地区建立低空飞行监视管理平台31个、移动式低空监视管理系统6部，配置终端设备500多部。截至2015年，我国已有约33%的低空空域改为按管制、监视、报告三类不同属性管理，有效利用低空空域资源，具有中国特色安全顺畅的融合运行模式正在形成。三是产业形态逐渐完备。航空运动产业已初步发展形成以服务业为引领，航空运动器材装备制造与销售、航空运动参与与竞赛表演、航空运动中介与培训等协调发展的业态体系，并呈现出尤其是与科技、旅游、教育、健康、文化等相关产业融合发展的态势。

　　总体来看，目前我国航空运动产业的发展与其他体育项目产业以及大众航空运动消费需求相比，仍存在一定差距。航空运动产业整体发展层次不高，结构不尽合理；航空运动基础设施和航空运动俱乐部数量少，产品和服务有效供给不足；大众航空休闲运动意识不强，消费意识激发不够；航空运动管理职能交叉，政策体系有待进一步完善。

　　随着供给侧结构性改革的不断深入，《国务院办公厅关于促进通用航空业发展的指导意见》的出台、通用航空业的快速发展、科技和产业水平的不断提高及"健康中国"战略的稳步实施，我国航空运动消费需求将日益增长，并呈现多层次多样化的发展趋势，航空运动产业经济社会发展条件不断成熟，产业项目发展基础日渐夯实，航空运动产业必将面临规模不断扩大、质量不断提升、竞争力显著增强的重要发展机遇。

二、总体要求

（一）指导思想

全面贯彻党的十八大和十八届三中、四中、五中全会精神，按照"五位一体"总体布局和"四个全面"战略布局，牢固树立创新、协调、绿色、开放、共享的发展理念，坚持以满足大众航空运动消费需求为中心，以体育产业供给侧结构性改革为主线，以夯实航空运动产业基础为重点，培育和挖掘市场潜能，加大改革创新力度，提升航空运动产品和服务供给能力和质量，推动航空运动项目和航空运动产业持续健康发展，为扩大消费需求、实现体育产业转型升级、拉动经济增长提供支撑和动力。

（二）基本原则

——坚持安全第一。安全是航空运动发展的生命线。处理好安全与发展的关系，深化安全责任意识，强化安全主体责任制、监管责任制和岗位责任制，完善监管设施，确保国家安全和社会公众安全。

——坚持改革创新。强化改革对航空运动产业发展的推动作用。大力推动政府简政放权、放管结合、优化服务，做好行业规范和安全监管，加强航空运动产业规划、政策、标准引导，破解社会力量参与航空运动产业的体制机制障碍。

——坚持市场导向。充分发挥市场在资源配置中的决定性作用，引导各类航空运动市场主体在产业各主要环节创新理念和模式，提高产品和服务质量，激发和更好满足航空运动消费需求。

——坚持开放互动。统筹国内国际资源，提高对内对外开放水平，在利益共享、风险共担、合作共赢中谋发展。调动社会参与积极性和创造性，整合社会资源，推进军民互动，推动航空运动产业多元化发展。

——坚持融合发展。遵循航空运动产业发展规律，统筹航空运动产业与全民健身、通用航空产业协调发展，推进航空运动与科技、通航、旅游、健康等产业融合发展。

（三）发展目标

到2020年，初步构建布局合理、功能完善、门类齐全的航空运动产业体系，基本形成安全规范、管理有效、广泛参与、军民融合的航空运动产业发展格局；航空运动市场发展更加规范，产品供给更加丰富，消费需求不断扩大，产业规模持续快速增长，成为推动体育产业和经济社会发展的重要力量，整体产业经济规模达到2000亿元；产业环境进一步优化，管理体制改革重点任务基本完成，体制机制活力进一步增强，政策措施进一步完备，标准体系科学完善，监管机制规范高效；产业基础进一步夯实，建立航空飞行营地2000个、各类航空运动俱乐部1000家，参与航空运动消费人群达到2000万人；产业质量进一步提升，"互联网+航空运动"得到实质性推进，航空运动器材和运动类航空器的研发制造水平与自主化率明显提升，航空运动职业技术培训初具规模，形成一系列具有影响力的航空运动品牌赛事活动。

三、主要任务

（一）加强航空运动基础设施建设

完善航空运动基础设施网络。加强航空飞行营地建设，充分利用航空飞行营地本场空域资源，协调规划航空飞行营地间低空目视飞行航线，满足航空体育竞赛表演等需求。科学规划航空运动的空间布局，探索航空飞行营地与学校体育场、重要体育产业基地、高速公路服务区等融合发展。鼓励航空飞行营地与住宅、文化、娱乐、旅游景区等综合开发，打造航空运动服务综合体。加强航空飞行营地区域协作，协调推进京津冀、长三角、珠三角等发达地区与中西部资源禀赋区域的各类航空飞行营地建设。

专栏1　推进航空飞行营地建设

航空飞行营地是指在中国航空运动协会统一指导、规划下，面对大众提供因地制宜的航空体育产品和服务而设置的场所，包括向大众航空运动开放并被中国航空运动协会命名的通用机场。引导发展航空飞行营地建设，严格按照《体育场所开放条件与技术要求》和《航空飞行营地及设施标准》要求，依据《中国航空运动协会航空飞行营地申请办法》，组织考察评估。接受航空飞行营地命名的通用机场，须按照民航相关要求进行管理。

对通过审核的营地，按照等级评价标准进行星级分类，形成"金字塔式"的航空运动基础设施体系。到2020年，建成各类航空飞行营地2000个，五星级、四星级、三星及以下级别航空飞行营地分别占建成总数的1%、29%和70%，四星级以上航空飞行营地基本覆盖国内经济发达的主要城市和地区。

加强特色航空运动设施建设。充分挖掘区域独特陆地和空域资源，推进重点航空飞行营地设施建设，积极探索军民航资源融合发展模式。依据有关规划，支持和引导旅游景区、旅游度假区、乡村旅游区等根据自身特点，建设特色航空飞行营地等航空运动设施。

（二）完善航空运动赛事体系

优化航空运动赛事活动格局。扩大与国际航空运动组织的合作，积极引进各类国际顶级航空运动赛事和活动。举办国际航联世界飞行者大会，建立以航空运动为主的世界航空飞行器集散地，促进产业集聚。大力发展各类航空运动展会。广泛开展群众性航空运动活动，做大做强现有特色航空运动竞赛活动，推出一批具有可持续发展价值的优秀航空运动品牌赛事活动。

专栏2　举办国际航联世界飞行者大会

> 2017年起，与国际航联共同打造包含赛事、展览、飞行表演、飞行体验、论坛、教育与娱乐、博物馆参观游览以及其他特色活动于一体的国际航联世界飞行者大会，并延伸成为常态化航空运动活动。将大会的举办与地方经济转型发展需求紧密结合，树立航空运动与城市发展良性互动、共赢发展的典范，形成可复制的中国飞行者大会品牌模式。

专栏3　打造国家级无人驾驶航空器展会

> 结合国家体育总局相关的无人驾驶航空器管理职能和国家级相关展会资源，打造集展览、贸易、销售、体验于一体的中国无人驾驶航空器行业品牌展会，衔接无人驾驶航空器设计、制造、销售等各个环节，促进专业院校无人驾驶航空器高新技术成果转化，激发行业发展的活力及创新能力。

打造航空运动俱乐部赛事品牌。激发航空运动各项目俱乐部活力，完善俱乐部竞赛结构，扩大竞赛规模，增加竞赛种类，逐步形成赛制稳定、等级分明、衔接有序、遍及城乡的俱乐部竞赛格局。与地方休闲旅游资源深度结合，完善极具地方特色的航空运动俱乐部联赛体系。

建立航空运动职业技能大赛体系。打造以基本驾驶技能、飞行作业、自选项目等内容组成的通用航空职业技能大赛和无人驾驶航空器职业技能大赛，发挥航空技能赛事对职业技术人才的评价功能，推进航空运动赛事体系与航空运动人才评价机制结合。

专栏4　推进航空运动职业技能大赛与人才评价结合

> 通过航空运动职业技能大赛体系，选拔飞行技术水平高、综合能力强、能带动相关行业发展的飞行员和飞行团队，建立未来通用航空及无人驾驶航空器领域飞行技术人员评级制度和评价体系。探索建立航空运动飞行员、通用航空作业飞行员和无人驾驶航空器飞行员职业"三位一体"的融合发展模式。研究制定符合航空运动人才成长规律的有关专业评审标准和考核体系。

（三）培育多元化航空运动市场主体

支持航空运动企业发展。鼓励有自主品牌、创新能力和竞争实力的航空运动制造与服务类骨干企业做大做强，引导制造类企业通过创新经营管理模式向服务业延伸，不断提高核心竞争力。支持中小微航空运动企业、经营性航空运动俱乐部向"专、精、特、新"方向发展，强化特色经营、特色产品和特色服务。鼓励航空运动领域创业创新，营造航空运动领域"大众创业万众创新"的良好氛围。

加强航空运动社会组织建设。充分发挥航空运动社会组织在营造航空运动氛围、组织航空运动活动、服务航空运动爱好者等方面的积极作用。支持航空运动社会组织社会化运作，完善全国航空运动协会组织网络。鼓励航空运动俱乐部建设，支持满足事业发展需要的非营利性俱乐部实体发展，完善俱乐部法人治理结构，对航空运动项目发展进行微观管理。鼓励符合条件的社会组织承接政府航空运动公共职能。

（四）提升航空运动产业发展水平

发展重点业态。推动航空运动器材装备制造、竞赛表演、休闲体验、运动培训等重点领域发展，构建以满足和引领大众消费需求为主要目标的产品和服务供给体系。着力提升航空运动器材装备制造业发展水平，支持满足大众消费需求的航空运动器材装备的研制应用。提高国内航空运动竞赛表演水平，加快特技飞行等大众喜闻乐见的航空运动竞赛表演项目落地航空飞行营地进程。加大航空运动休闲体验基地和项目建设力度，丰富大众航空运动参与体验。大力发展航空运动培训市场，推动专业航空运动培训机构与航空飞行营地的融合发展。

专栏5　提升航空运动器材装备制造水平

完善航空运动科技成果转化机制，引导产学研按照市场规律和创新规律协同合作，推进军民航相关技术转移转化。鼓励企业通过海外并购、合资合作、联合开发等方式，提高航空运动器材装备的技术引进和本土化水平。结合传统制造业转型，引导企业进军航空运动装备制造领域，按照适航审定的标准和法规开展设计制造工作。鼓励器材装备制造企业向服务业延伸发展，形成全产业链优势。鼓励器材装备制造企业积极参与高新技术企业认定，提高关键技术和产品的自主创新能力，研发适合服务航空运动的低空空域通信、导航、监视、气象等服务需求的核心装备。鼓励新型、可穿戴、融合虚拟现实等技术的航空运动器材和运动类航空器研发。根据不同人群需要，研发多样化、适应性的航空运动器材装备。加强器材装备制造企业品牌建设。鼓励企业积极参与航空运动行业标准制定。

完善产业布局。打造区域航空运动飞行网络重要节点,在条件成熟的城市或地区初步形成"200公里航空运动飞行圈"布局。推进区域航空运动产业协同发展,加强京津冀、长三角、珠三角等航空运动产业圈发展。因地制宜,充分利用各地自然条件和资源,打造航空运动集聚区和产业带。

加强示范引领。结合区域航空运动飞行网络重要节点、"200公里航空运动飞行圈"布局和各级体育产业基地建设,开展航空运动系列示范活动。发挥航空运动竞赛表演与地方旅游资源高度融合项目的引领带动作用,打造一批航空运动旅游示范基地。拓宽航空运动服务贸易领域,在自由贸易试验区探索开展航空运动产业政策创新试点,培育一批以航空运动为特色的服务贸易示范区。

促进融合发展。促进航空运动与科技、旅游、教育、健康、文化等融合发展。大力发展航空运动旅游,支持和引导有条件的旅游景区扩展航空运动旅游项目,鼓励国内旅行社结合航空竞赛表演活动设计开发旅游项目和路线。扩大航空运动应用范围,发挥航空运动在抢险救灾、医疗救护等公共事务领域的作用,完善航空应急救援体系,提升政府应对突发事件的快速反应能力。

推动"互联网+航空运动"。鼓励开发以移动互联网技术为支撑的航空运动服务,提升设施预定、运动指导、交流互动、赛事参与、器材装备定制等综合服务水平。积极推动在线航空运动平台企业发展壮大,整合上下游企业资源,形成航空运动产业新生态圈。

专栏6　搭建智能航空体育消费服务平台

> 利用互联网技术搭建航空运动的线上沟通、交易、宣传以及赛事、培训、体验等活动的相关信息发布平台,同时建立基于大数据分析的行业动态管理系统,包括飞行器、航空运动俱乐部、飞行员、教员及相关专业人员数据库。

(五)积极引导航空运动消费

扩大消费群众基础,促进航空运动文化交流。大力开展各类群众性航空运动休闲活动,丰富节假日航空运动赛事展会供给,发挥航空运动赛事、飞行表演、飞行体验等的示范作用,激发群众航空运动消费需求。充分利用现代多媒体传播技术,提高航空运动观赏性、参与性,增强消费黏性,提升航空运动消费水平。引导保险公司根据航空运动项目特点和不同年龄段人群,开发相关场地责任保险、运动人身意外伤害保险和第三方责任险。支持广播电视、多媒体广播电视、网络广播电视、手机APP等多渠道宣传航空运动,普及航空运动知识。建设航空运动消费服务平台,畅通航空运动产品消费和服务,提升消费体验。

积极开展青少年航空运动。通过无人驾驶航空器(无人机、航空模型、航天模型)进课堂、推广校本课程、组织学生开展课外航空运动活动等多种形式,推进中小学校航空科技体育活动开展，培养青少年对于航模制作飞行等基本航空运动兴趣。鼓励学校与专业体育培训机构合作，加强青少年航空运动培训，培育青少年参与航空运动和养成航空运动消费习惯。

四、保障措施

（一）深化体制改革

加快政府职能转变，持续推进"放管服"改革，依法履行好航空运动活动相关审批职能，实施负面清单管理，促进空域有序开放。完善政府在航空运动领域行业准入、安全监管等方面的管理服务职能，加强事中事后监管。按照《行业协会商会与行政机关脱钩总体方案》要求，研究制定中国航空运动协会与行政机关脱钩工作方案，推进各级航空运动协会改革，发挥其市场服务的主体作用。

（二）强化政策支持

切实落实现行国家支持体育产业发展的规划布局、税费、价格、土地等政策，在土地利用总体规划和城乡规划中合理安排航空运动产业发展用地，社会力量兴办非营利性体育设施用地，可享受与国有企事业单位同等待遇。发挥多层次资本市场作用，支持符合条件的航空运动企业上市，加强债券市场对航空运动企业的支持力度，鼓励金融机构拓宽对航空运动企业贷款的抵质押品种类和范围。

（三）完善安全监管体系

巩固发展航空体育空管建设成果，融合军民航监管资源，结合网络和移动设备定位技术创新航空体育空管手段，创新"主动监管"方式，探索将空管监视技术纳入器材制造及市场准入标准。加强安全信息警示，及时更新航空飞行营地及赛事活动举办地区的天气情况等信息，建立协调有序的航空体育空管运行机制，完善航空体育综合监管体系及各项工作制度。

（四）规范行业管理

完善航空运动产业法律法规体系，研究制定《航空运动竞赛活动管理条例》和各航空运动项目管理办法，规范航空运动经营体系和市场行为。加强航空运动产业统计工作，建立评价和监测机制。推进航空运动产业标准化建设，制定航空运动行业准入规则、服务规范和质量标准，协调推动运动类航空器适航标准和审定程序完善，提高航空运动产业在市场主体、设施建设、服务提供、技能培训、人员资质、活动管理、器材装备等各方面标准化水平。加强航空运动领域信用体系建设，强化行业自律，逐步形成统一规范、竞争有序的航空运动市场。在发展的同时注重保护生态、防治环境污染，避开重要饮用水源地和自然保护区。

（五）吸引社会投资

利用各地体育产业投资基金等现有渠道，引导社会力量参与航空运动产业。鼓励社会资本设立航空运动产业发展投资基金。积极推广政府与社会资本合作模式，引导社会力量建设运营航空运动设施。推动开展航空运动领域政府与社会资本合作示范。

（六）加强人才培养

鼓励校企合作，大力培养各类航空运动经营策划、运营管理、技能操作等专业应用型人才。探索航空运动培训业发展模式，结合高等院校学历教育、职业技能教育和教育机构培训，拓展培训空间。完善航空运动师资队伍建设、专业设置和教材编写。加强从业人员职业培训，提高航空运动场所工作人员的服务水平和专业技能。加快引进高素质航空运动产业人才。加强航空运动人才培育的国际、国内交流与合作。

专栏7　推动航空职业技术学院建设

充分利用地方政府职业教育资源，按照"政府统筹、行业共建、企业参与、学院执掌"的原则，力争合作建成7至10所以航空运动为主要内容的职业技术学院，并在有条件的地方职业院校开设航空运动相关专业。至2020年，实现每所航空职业技术学院在校学生规模达到5000人。

（七）强化组织领导

紧抓关键发展机遇，将发展航空运动产业纳入政府议事日程议程，鼓励有条件的地方编制适合本地区的航空运动产业发展专项规划。创建多部门部级联动协调机制，强化航空运动各项目发展的组织保障机制，及时分析解决航空运动产业发展的情况和问题，落实税收、土地、民航、旅游等相关政策惠及航空运动产业。各级体育行政部门要结合本地区实际，进一步明确本地区航空运动产业发展的目标和要求，准确把握工作重点，明确职责分工，做好各项政策措施的贯彻落实。健全规划实施的督查落实机制，采取切实有效措施，对规划实施情况进行监督检查，确保规划顺利实施。

山地户外运动产业发展规划

山地户外运动产业是健身休闲产业的重要组成部分，是以自然山地环境为载体、以参与体验为主要形式、以促进身心健康为目的，向大众提供相关产品和服务的一系列经济活动，主要包括登山、徒步、露营、骑行、自然岩壁攀登、定向与导航等项目。当前，我国进入全面建设小康社会的决胜阶段，人民群众体育消费方式从实物型消费向参与型消费转变，大力发展山地户外运动产业是满足人民多样化体育消费需求的重要途径，是落实《全民健身计划（2016—2020年）》、建设健康中国、激发产业发展活力的重要内容，对释放消费潜力、打造经济增长新动能具有十分重要的意义。为普及和推广山地户外运动项目，加快山地户外运动产业发展，特制定本规划。本规划实施时限为"十三五"时期。

一、发展基础与面临形势

伴随国民经济水平的不断提升，群众的体育消费需求也持续高涨，山地户外运动产业取得了快速增长：全国户外运动爱好者已达1.3亿，户外用品市场规模已达180亿元，我国山地户外运动产业总体实力、产业覆盖面、社会参与度、市场认可度均得到较大的提升。同时，制约山地户外运动产业的薄弱环节依然突出：产业规模较小、产业基础较为薄弱、产业体系不健全，中低端消费动力不足与高端消费外流并存，产业协作日趋紧密与多部门协同缺位并存、管理体制不完善与运行机制不顺畅等矛盾并存。

当前，山地户外运动产业必将迎来新的战略发展机遇，伴随"健康中国"战略的逐步实施，供给侧结构性改革的不断深入，"互联网+"、智慧旅游、大数据等理念与工具的广泛应用，公众的个性化、层次化、体验化需求趋于旺盛，我国山地户外运动产品供给将从低水平、单一化向多层次、多元化扩展，参与群体将从年轻化向不同年龄、阶层、职业的消费人群拓展，产业范围将从封闭化向开放化、融合化扩展，对经济发展的贡献将进一步增强。

二、总体要求

（一）指导思想

全面贯彻党的十八大和十八届三中、四中、五中全会精神，按照"五位一体"总体布局和"四个全面"战略布局，牢固树立和贯彻落实创新、协调、绿色、开放、共享的发展理念，以增进人民福祉、提高健康水平为出发点和落脚点，以山地户外运动产业供给侧结构性改革为主线，以创新发展思路、挖掘产业潜力为抓手，推动山地户外运动产业健康持续发展，为扩大体育消费需求、实现体育产业转型升级、拉动经济增长提供坚实稳定的支撑。

（二）基本原则

改革引领，创新发展。强化改革对山地户外运动产业发展的推动作用，加大改革力度，通过政策创新、管理创新、技术创新和服务创新，最大限度释放市场潜力。破除行业壁垒、清除制度障碍，形成有利于山地户外运动产业健康快速发展的政策体系。加强规划、政策、标准引导，创新服务方式和山地户外运动产业发展模式。

完善市场，激发活力。遵循产业发展规律，完善市场机制，强化市场监管。积极培育多元市场主体，吸引社会资本参与，充分调动全社会的积极性与创造力，提供适应群众需求、丰富多样的产品和服务。

因地制宜，突出优势。立足发展现状，整合空间资源，充分发挥我国地大物博、山地自然资源丰富的优势，发展区域特色山地户外运动产业，建立区域间协同发展机制，有效推动山地户外运动产业可持续发展。

强化安全，优化环境。加大安全保障投入，深化安全责任意识，强化安全主体责任制、监管责任制和岗位责任制。强化生态保护意识，遵循严格的环保标准，强化对饮用水源地和自然保护区的保护，防治环境污染，促进国民综合素质提升。

（三）发展目标

基本形成布局合理、功能完善、门类齐全的山地户外运动产业体系，市场机制不断完善，消费需求愈加旺盛，对其他产业带动作用明显提升。到2020年，山地户外运动产业总规模达到4000亿元，成为推动经济社会持续发展的重要力量。

市场主体不断壮大。到2020年，涌现一批影响力大、带动性强的龙头企业，推出一批品质优良的户外运动产品，培育一批具备执业资格的山地户外运动俱乐部、大量具备执业资格的山地户外运动指导员，形成一批特色鲜明的产业集群和知名品牌。

产业基础明显改善。山地户外运动场地设施供给明显增加。形成不同层次、多元化的山地户外运动赛事体系。参与山地户外运动人口不断增长，居民山地户外运动消费额占人均可支配收入比例明显提高。

产业环境不断优化。体制机制活力明显增强，切实破除行政垄断和地方保护，标准体系进一步完善，资源信息交互服务平台逐步形成，监管机制规范高效，市场体系健康有序。

三、主要任务

（一）加快场地设施建设

完善基础设施网络。加强山地户外运动场地设施的科学规划与布局，建立"点、线、面"立体、多元的山地户外运动场地设施体系。适当增加山地户外运动设施用地和配套设施配建比例。结合智慧城市、绿色出行，规划建设城市慢行体系和统筹城乡绿道网络，打造国家步道系统和自行车路网。建设一批户外营地、登山道、徒步道、骑行道等户外运动场地及相关服务设施，推进星级标准建设。

> **专栏1　建设山地户外运动场地设施**
>
> 以"点、线、面"结合的形式，科学布局，形成立体、多元的山地户外运动场地设施体系。
>
> "点"：大城市周边的大型国民户外休闲运动中心（基地），中型户外运动露营地，小型山地户外设施集中投放功能区等。
>
> "线"：具有各种功能的国家步道、户外骑行道系统，具有运动健身功能的绿道网络、慢行系统等。
>
> "面"：以线状运动休闲健身路径串联场地设施各点，配套相应的公共服务设施，形成一体化平台。

盘活现有场地资源。充分利用公园绿地、城市户外空置场所，重点建设一批便民利民的户外运动设施，深度挖掘户外山地闲置资源，支持使用未利用地、废弃地、边远山地等建设山地户外运动项目。

拓展场地发展空间。引导具备条件的城郊区域建设登山健身步道、山地户外营地、徒步骑行服务站等山地户外运动基础设施并完善配套服务。规划和完善山地户外运动综合体建设。鼓励旅游景区、国有林场等合理规划建设山地户外运动设施。支持农村集体经济组织自办或以土地使用权入股、联营等方式参与山地户外运动项目。

（二）丰富赛事活动供给

完善赛事体系。持续完善、不断创新，打造顶级赛事引领、专业赛事推动、业余赛事普及的赛事层级体系。有机结合山地户外运动精品赛事活动和大众赛事活动，积极推动全国赛事活动和地方赛事活动的有效衔接。

培育特色活动。着力创意策划一批高水平、高质量的山地户外运动主题赛会活动，打造以区域特色、地方文化为主题的户外运动会和户外运动节，培育以环境保护、户外知识与技能、人格塑造为主题的户外体验探险活动，创办以山地户外运动、户外文化和户外产业交流为主题的论坛和展示会。

打造品牌赛事。扩大赛事规模，增加赛事种类，培育一批国际级品牌赛事，打造一批具有国家影响力、国内知名的品牌赛事，形成"一项一品""一地一品"的山地户外运动赛事发展良好局面。

（三）培育多元市场主体

支持企业发展。引导有实力的山地户外企业通过管理输出、连锁经营、规模发展，进一步提升其核心竞争力。鼓励大型山地户外企业实现跨地区、跨行业、跨所有制的兼并、重组、上市。鼓励优势品牌企业海外并购，拓展国际市场。支持经营性户外运动俱乐部快速发展。鼓励各类中小微山地户外企业向"专、精、特、新"方向发展，强化特色经营、特色产品和特色服务。

壮大社会组织。大力支持各类非营利性的山地户外运动项目协会、联合会、俱乐部等社会组织发展。积极推动全国性山地户外运动协会试点改革，探索建立法人治理结构。鼓励各类社会组织依法独立运行，降低山地户外运动俱乐部从事相关业务的门槛。

（四）全面提升产业能级

调整产业结构。进一步优化山地户外运动服务业、装备制造业及相关产业结构。加快山地户外运动服务业发展，支持各地打造一大批优秀山地户外俱乐部、优秀企业、品牌赛事。大力推动山地户外运动装备制造向研发、设计、销售等高端环节发展，提高自主研发生产能力，培育一批具有自主知识产权的高端健身休闲装备知名品牌。

专栏2　提升山地户外运动装备制造水平

> 支持建立世界领先水平的山地户外产品研发中心，对核心技术、关键技术和共性技术进行重点攻关，形成具有自主知识产权的核心技术支撑体系。
>
> 开展重大技术应用示范和推广，对产品研发与设计的创新技术、产品营销、零售商业模式等环节的先进经验进行推广普及。

加强示范引领。推动山地户外运动服务标杆引领，精心选择一批特色鲜明、产业要素丰富的地区和项目，创建一批具有引领价值的山地户外运动精品。建设3~5个国家级山地户外运动示范区、50条山地户外运动精品线路、50个山地户外运动精品项目，加快山地户外运动营地星级建设。

完善产业布局。围绕全国地势、地貌、资源分布特点，优化空间布局，打造"三纵三横"的全国山地户外运动战略布局，积极推进资源相近、产业互补、供需对接的区域良性互动，形成各具特色的山地户外运动产业集聚区和产业带。统筹规划、科学优化项目布局，大力发展登山、徒步、露营、山地自行车等大众项目，稳步发展高海拔登山、攀岩等专业项目，积极拓展山地户外运动项目的新形式和新内涵，推动山地户外运动项目的健康发展。

专栏3　布局山地户外运动空间

"三纵三横"是以自西向东地理层级的划分作为基准，包含了我国地势的三大阶梯、山川地貌的特点；以自北向南的温度带划分以及地形地貌等差异作为参考，包含了气候、植被、景观、水文、地质、人文等各种特色。以现有的山地户外运动聚集区为标准，包含了徒步、自行车、自驾游、漂流等项目。主要的布局架构如下：

1. 沿太行山脉的500公里步道线路，以及沿京杭大运河、串联徽杭古道、徐霞客古道的户外运动线路，共同构成的我国东部纵向山地户外运动带。
2. 西安至成都的骑行和徒步线路。
3. 沿青藏公路（西宁经格尔木、唐古拉至拉萨）的骑行和徒步线路。
4. 沿丝绸之路的山地户外运动线路。
5. 沿318国道的骑行和徒步线路。
6. 沿长江及两岸的山地户外运动线路。

推动融合发展。推动山地户外运动需求升级形成耦合效应，积极打造高度智能化、网络化和互动化的产业融合体系。发展智能科技山地户外运动产品，推动山地户外企业与移动互联网的融合，充分利用大数据、云计算、智能硬件和各类主题APP拓展发展空间。大力发展山地户外旅游，支持和引导有条件的景区景点拓展山地户外运动旅游项目，打造优质户外旅游目的地。充分利用和挖掘康体大数据，推动山地户外与健康服务融合发展。

专栏4　推动"互联网+"山地户外运动

大力支持山地户外运动O2O模式，充分利用和挖掘健康群体的大数据，通过构建联网的信息服务功能平台，支持山地户外运动的场地预订、向导预约、运动社交、运动品销售、运动康复等APP开发，不断优化运营管理模式，丰富经营服务内容，全面提升综合服务功能。大力支持智能联网模式，顺应发展需求，将移动互联、创新的运动理念与传统行业相结合，打造物联网互动山地户外运动平台，实现山地户外运动产业的融合发展。

（五）积极引导大众消费

丰富产品供给。大力推广适合公众广泛参与消费的山地户外运动项目，积极引导具有消费引领性的山地户外运动重点项目健康发展，鼓励登山、露营、徒步、山地车、攀岩、高山探险、户外拓展、峡谷漂流等适合不同人群、不同地域特点的特色运动项目发展，逐步满足广大人民群众层次化、多元化消费需求。

引导消费理念。利用报纸、杂志、广播、电视、网络等各类媒体，广泛宣传山地户外运动的知识和方法，推介各类山地户外运动场所和消费信息，鼓励利用各类社交平台，提升消费体验，积极引导和激发居民消费意愿，促进居民转变消费观念，增强公众自觉参与山地户外运动的意识。

（六）健全安全救援体系

打造安全急救网络。加大对山地户外运动安全教育、救援的工作力度，规划建设山地预警、报警系统和山地户外应急救援系统，打造山地户外运动参与者信息管理和行迹追踪系统，建立便利、全覆盖的山地户外救援服务体系。

加强安全信息警示。建立山地户外运动目的地风险等级信息库，积极更新发布山地户外运动目的地周边地区的天气状况、交通管制等信息。完善风险多发区域的安全警示、紧急救援、消防、安全防护等标识信息。

建立应急救援机制。稳步推进山地户外救援队伍建设，强化预警、控制、救援、装备、保险应答演练，逐步建立健全综合救援机制。加快建立和完善集救援、医疗、运输一体化的全方位水陆空应急救援服务体系。

专栏5 建设山地户外安全救援系统

> 1. 标识系统：建设导视标识、警示标识、劝示标识、服务指南等体系。
> 2. 安全系统：建设安全防护装置、预警装置、应急救援装置、紧急庇护所、救援队及救援装备等体系。
> 3. 救援系统：建设救援、医疗、运输一体应答反应体系。
> 4. 救援服务站：建设服务中心、休息点、露营地、驿站，完善供水、供电、照明、停车场、卫生间、垃圾回收处置等体系。

四、保障措施

（一）创新体制机制

进一步完善体育行政部门的山地户外运动产业宏观管理职能，加快形成权责清晰、分工合理、运转高效、法治保障的政府机构职能体系。打破行业、地区壁垒，简化审批手续。落实国务院《行业协会商会与行政机关脱钩总体方案》，持续推进单项山地户外运动项目协会改革试点工作，完成全国性山地户外运动协会与体育行政机关的脱钩。

（二）完善政策体系

切实落实国家支持体育产业发展的现行规划布局、税费、价格、土地等政策。统筹利用现有资金渠道，对山地户外运动产业予以必要支持。推广运用政府和社会资本合作模式（PPP），推动山地户外运动保险服务、救援体系和产业统计等政策创新。

（三）夯实工作基础

加强山地户外运动集中区的公共服务体系建设，推动集中区及周边的政策、交通、安保、信息和技术服务、救援体系等服务保障体系的建立和完善。加快推进山地户外运动和山地户外产业的标准体系建设，制定山地户外运动服务规范，健全山地户外活动的安全、秩序和质量保障体系，提高山地户外运动和山地户外产业在设施建设、服务提供、技能培训、人员资质、活动管理、项目运营、器材装备等方面的标准化水平。建立和完善山地户外运动产业统计制度和指标体系，建立评价与监测机制，形成山地户外运动产业数据监测、定期发布常态化机制。

（四）加强人才保障

鼓励多方投入，开展各类职业教育和培训。鼓励有条件的高等院校设立山地户外运动产业专业，鼓励高等院校、科研院所、职业培训机构和体育企业建立山地户外运动产业教学、科研和培训基地。加强山地户外运动产业人才培养的国际交流与合作，加快山地户外运动产业智库建设。

（五）强化组织领导

建立山地户外产业有关主管部门沟通协调机制，及时分析解决山地户外运动产业发展情况和问题，研究制定山地户外运动产业发展的各项政策措施。将山地户外运动产业纳入各级国民经济和社会发展规划，以及相关行业和部门的发展规划。各级体育行政部门要加强山地户外运动产业的工作力度，推动山地户外运动产业发展。

（六）加强督查落实

各级有关部门要结合本地区实际，进一步明确山地户外运动产业发展的基本任务、工作目标和保障措施，准确把握工作重点，明确职责分工，做好各项工作的组织实施和贯彻落实。要健全规划实施的督查落实机制，采取切实有效的措施，对规划实施情况进行严格监督，确保规划的顺利实施。

北京市"十三五"时期体育发展规划

前　言

规划性质："十三五"时期是贯彻落实党的十八届三中、四中、五中、六中全会精神，全面深化体育改革和推进依法治体的关键时期，是坚持建设体育强国的战略定位，实施全民健身国家战略，推进健康中国建设，推动群众体育、竞技体育、青少年体育与体育产业全面融合发展，筹办2022年北京冬奥会、冬残奥会的重要阶段。编制好北京市"十三五"时期体育发展规划，对于明确新时期各项体育发展与改革任务，促进北京体育全面、协调、可持续发展，更好发挥体育在北京建设国际一流的和谐宜居之都以及经济社会发展转型中的独特作用具有重要意义。

编制依据：《中华人民共和国体育法》《全民健身条例》《中华人民共和国国民经济和社会发展第十三个五年规划纲要》《国务院关于加快发展体育产业促进体育消费的若干意见》《国务院办公厅关于加快发展体育产业的指导意见》《全民健身计划（2016—2020年）》《关于加快推进健康与养老服务工程建设的通知》《体育发展"十三五"规划》《"健康中国2030"规划纲要》《关于加快发展健身休闲产业的指导意见》《北京市全民健身条例》《中共北京市委关于制定北京市国民经济和社会发展第十三个五年规划的建议》《北京市国民经济和社会发展第十三个五年规划纲要》《北京市人民政府关于加快发展体育产业促进体育消费的实施意见》《北京市人民政府关于加快冰雪运动发展的意见（2016—2022年）》《北京市人民政府关于印发〈北京市全民健身实施计划（2016—2020年）〉的通知》。

规划期限：2016—2020年。

第一章 规划背景

一、"十二五"时期体育发展的主要成就

（一）全民健身公共服务体系逐步完善，群众体育事业蓬勃发展

以构建覆盖城乡的全民健身公共服务体系为核心，不断提升均等化服务水平，市、区全民健身工作实现"三纳入"全覆盖，并向"多纳入"拓展。市民健身意识增强，全市达到中等以上锻炼强度的人数近650万人。市民体质稳步提升，《国民体质测定标准》合格率达到89.2%。全民健身设施多元化发展，全市100%的街道（乡镇）、有条件的社区和100%的行政村建有体育设施。全市共有体育场地20075个，配建全民健身路径工程8261套、市级彩票公益金资助建设的全民健身专项活动场地3910片，创建体育生活化社区2778个、体育特色村试点200个。由政府主导、部门协同、全社会共同参与的"大群体"工作格局基本形成，体育社团实体化进程不断加快。群众性品牌赛事活动初具规模，全民健身体育节、"一区一品"群众活动形成品牌，市机关、市民族、市残疾人运动会顺利召开，市体育大会、"三大球"比赛等社会组织的体育活动焕发生机，舞龙舞狮、赛龙舟等民族传统健身活动彰显特色，日渐兴起的冬季运动助力筹办冬奥会。科学健身方法日益推广，获得技术等级证书的公益社会体育指导员达49998人，职业社会体育指导员达7277人。

（二）竞技体育水平成绩斐然，"三大球"摘冠夺桂

北京竞技体育水平不断提升，在世锦赛、世界杯等比赛中共获得41项第一名、18项第二名、16项第三名。被国家体育总局授予伦敦奥运"重大贡献奖"和"特殊贡献奖"，第30届伦敦奥运会、第2届南京青奥会、第17届仁川亚运会、第12届辽宁全运会、第1届全国青运会、第3届全国智运会上捷报频传。北京首钢男女篮球队、北京国安足球俱乐部摘冠夺桂。体育科研立足训练、聚焦前沿，为北京体育发展保驾护航。

（三）青少年体育固本强基，后备人才培养开创新局面

成立市级青少年体育职能部门，青少年体育政策制度体系逐步完善。体教两家密切协作，共谋青少年体育发展。全市拥有青少年运动员注册人数达到22679人、国家级后备人才基地10个、国家级传统校26所、国家级青少年俱乐部211个、国家级青少年户外体育活动营地6个、国家级校外体育活动中心2个。评定北京市体育传统项目学校199所、青少年三大球基层网点校460所、三大球重点示范校69所、重点运动队129支，培训师资1600余

名。全市向社会开放体育设施的学校达到864所，占符合开放条件学校数量的73.8%。成功举办北京市规模最大、参赛人数最多的第十四届运动会，在全国第十二届学生运动会、全国未来之星阳光体育大会等各种比赛中迭创佳绩。

（四）体育产业实现量质齐升，新兴业态凸显活力

体育产业保持良好发展势头。2011—2014年，体育产业增加值年均增幅13.2%，总收入年均增幅15.35%。2014年，全市体育产业实现增加值191亿元，总收入1055.7亿元，从业人数达到14.1万人；体育服务业占体育产业增加值比重为54.9%，体育产业结构进一步优化，产业发展质量进一步提高。休闲健身服务业内容不断丰富、项目品牌形成，体育竞赛表演市场的品牌影响力和商业价值明显提升，体育培训和体育中介市场逐步扩大，体育销售和体育会展首都优势凸显，体育产业与其他产业日趋融合发展。"十二五"期间，北京体育彩票产品结构不断完善，运营能力不断提升，全市共销售体育彩票243亿元，筹集公益金59亿元。

（五）国际赛事接连成功举办，彰显国际体育中心城市影响力

举办了一届精彩绝伦的2015年北京世界田径锦标赛，全面实现了向国际社会做出的郑重承诺，获得党中央、国务院肯定。成功举办了世界男子冰壶锦标赛、世界女子冰球锦标赛、中国网球公开赛、北京马拉松赛、世界斯诺克中国公开赛、环北京职业公路自行车赛、世界田径挑战赛北京站、沸雪北京世界单板滑雪赛等一系列国际高水平赛事。冬季项目赛事增多，时间和空间分布日趋合理，形成了多元化赛事格局。取消了商业性和群众性赛事审批，鼓励社会力量积极办赛。裁判队伍建设取得显著成效，各项目一级以上注册裁判员总人数达到2757人。

二、新时期北京体育发展面临的机遇与挑战

（一）全民健身上升为国家战略，提出健康中国建设新要求

党中央、国务院明确提出将全民健身工作上升为国家战略，强调要使全民健身成为健康中国建设的有力支撑和全面建成小康社会的国家名片，并要求全面落实中国足球改革方案，有序推进健康中国和依法治体建设。特别是习近平总书记对体育工作多次发表重要讲话、作出重要批示和指示，对体育工作进行了一系列精辟论述，提出"全面小康的指标必然包含全民健康和体育发展方面，体育是中华民族伟大复兴的一个标志性事业"，成为推动体育发展的强大动力。

（二）京津冀区域协同发展，开辟体育资源配置新格局

京津冀区域合作进入实质突破和加速发展的关键时期，贯彻落实《京津冀协同发展规划纲要》，有序疏解北京非首都功能，不断加快新型城镇化步伐，将有效推动各类体育资源优化布局，加快体育市场一体化进程，形成京津冀体育资源共享、优势互补、错位发展、互利共赢的新格局。

（三）北京筹办冬奥会，成为北京冰雪运动发展新机遇

北京筹办2022年冬奥会，有助于普及发展冰雪运动，培养冰雪运动人才，促进冰雪设施逐步完善，激发群众特别是青少年参与冰雪运动的热情，扩大冰雪体育产业消费；有助于塑造奥运城市形象，提升民族凝聚力和国际影响力。

（四）供给侧改革顺应新常态，体育融合发展成为新趋势

供给侧改革顺应了经济新常态的发展，推动体育产品和服务多样化发展，刺激体育消费升级，成为拉动内需的重要力量。以数据共享、资源共通、方法共用、人才共培等为主要途径的体育内部融合以及体教、体旅、体医、体科等跨界融合发展成为必然趋势。

（五）信息技术突飞猛进，智慧体育成为发展新方向

以"互联网+"为标志的新一轮创新发展浪潮已经到来，移动互联网、物联网、大数据以及云计算等新技术将持续改变体育运行的方式。现代科技的广泛应用，迎合了体育参与者的个性化诉求，促使智慧体育成为体育发展的新领域。

北京体育事业发展虽然取得了很好的成绩，但与新的时代要求和更加艰巨的发展改革任务相比还存在一定的差距，全民健身公共服务体系还需不断健全、社会力量参与力度还需不断加强，竞技体育核心竞争力还需进一步提升、后备人才培养机制还需逐渐完善，体育服务消费动力不足、体育产业发展基础还需进一步做强做大，体育设施供需矛盾较为突出，体育设施建设、利用和开放等问题还需不断破解。我们必须准确把握北京重大战略机遇期内涵的深刻变化，在"十三五"时期对以上问题进行认真研究、逐项解决。这既是适应经济发展新常态的必然要求，也是落实首都城市战略定位、建设国际一流的和谐宜居之都的必然要求，更是新形势下找准体育位置、发挥体育功能的必然要求。

第二章 总体战略

一、指导思想

全面贯彻落实党的十八大和十八届三中、四中、五中、六中全会精神,以马克思列宁主义、毛泽东思想、邓小平理论、"三个代表"重要思想、科学发展观为指导,深入贯彻习近平总书记系列重要讲话精神和对体育工作重要批示指示精神,全面落实党中央、国务院重大决策部署,按照市委市政府的要求,协调推进"四个全面"战略布局,深入实施全民健身国家战略和《"健康中国2030"规划纲要》,坚持发挥体育对北京建设政治中心、文化中心、国际交往中心、科技创新中心的作用,发挥体育对提升国际影响力和城市软实力的重要作用,准确把握筹办冬奥会和京津冀协同发展的历史机遇,牢固树立体育社会化、改革创新、融合发展三大理念,以增进人民福祉、促进人的全面发展为根本出发点,倡导健康生活方式,丰富体育产品和服务供给,全面提升体育治理体系与治理能力现代化水平,努力把北京建设成为一流国际体育中心城市,为建设国际一流的和谐宜居之都做出贡献。

二、发展思路

坚持"创新、协调、绿色、开放、共享"的五大发展理念,把人民健康放在优先发展的战略地位,弘扬体育精神,优化顶层设计,创新发展模式,激发社会力量,普及冰雪运动,推行依法治体,提升发展质效。推进三项改革,完善三大体系,促进三项融合,实现体育事业和体育产业跨越式发展。

三项改革:体育行政审批改革、体育社团实体化改革、体育供给侧结构性改革。

三大体系:全民健身公共服务体系、体育产业发展政策体系、体育后备人才培养体系。

三项融合:京津冀及城乡区域融合、体育和相关产业融合、体育和教育深度融合。

三、基本原则

(一)健康为本

坚持大体育、大健康的理念,促进体育精神回归本质。注重体育与健康、养老、医疗等领域良性互动,引导群众增强健身意识、科学锻炼身体、提高身体素质,形成良好的健康消费理念。

（二）改革创新

坚持解放思想、实事求是、与时俱进，转变发展方式，把维护群众的切身利益作为改革的出发点和落脚点，破除制约体育发展的障碍，激发体育内在活力，促进体育社会化、生活化发展。

（三）多重驱动

坚持发挥政府对体育发展的引导作用，调动社会参与体育发展的积极性，遵循市场决定资源配置的客观规律，合理利用"政府、社会、市场"的多重动力，推动体育健康发展。

（四）统筹融合

坚持体育跨区域协同发展的新方向，坚持群众体育、竞技体育、青少年体育和体育产业融合发展的新理念，坚持遵循体育与教育、医疗、文化、科技、旅游、金融等领域融合发展的新趋势。

（五）科技引领

倡导自主创新精神，充分发挥首都科技、人才和信息等资源优势，坚持鼓励现代信息技术在体育领域的成果转化和应用，促进体育信息化、智慧化发展。坚持"大众创业、万众创新"，积极推进科技创新，形成全国体育创新策源地。

四、发展目标

到2020年，建立起"政府主导、部门协同、社会参与"的体育管理新体制，推进体育全面协调可持续发展，落实全民健身和健康中国建设的国家战略，初步建成一流国际体育中心城市，体育在新的起点上实现新发展，助力北京全面建成小康社会。

——全民健身战略全面推进。全民健身生活化、健身意识不断增强；市民体质显著改善、健康水平明显提高；体育文化深度挖掘、宣传氛围更加浓厚；健身设施全面覆盖、满足需求突出重点；健身活动蓬勃开展、巩固品牌形成特色；健身组织实体发展、服务网络不断完善，完善覆盖全市城乡的全民健身公共服务体系，推动全民健身和全民健康深度融合。全市经常参加体育锻炼的人数达到1000万，市民体质达标率超过93%，人均体育场地面积保持在2.25平方米。

——竞技体育水平显著提升。项目布局均衡合理，资源不断优化整合，人才梯队有效衔接。竞技体育水平位居全国前列，在2016年里约奥运会、2017年天津全运会、2018年平昌冬奥会、2020年全国冬运会、2020年东京奥运会等重要赛事中取得佳绩。体育科研水平切实提高。

——青少年体育运动不断深化。基本建立体教融合长效机制，体育运动在校园深入推广，学生树立科学健身理念，让主动锻炼、阳光生活在青少年中蔚然成风。后备人才培养体系更加完善，每年向市级优秀运动队输送人才350人以上。

——体育产业保持强劲增长。主动适应人民健康需求，优化要素配置和服务供给，推动健康产业转型，体育产业结构优化，体育消费增长升级。体育产业增加值每年以12%左右速度增长，2020年体育产业总规模达到1500亿元以上，体育消费总规模达到570亿元。

——品牌赛事影响力持续扩大。扩大现有国际赛事影响力，引进更多国际高水平赛事，打造1~2项具有自主版权的原创性赛事。赛事管理规范、运营高效，提高赛事市场化运作水平。2020年一级以上注册裁判员总人数达到3500人。

——冰雪运动快速发展和普及。扩大冰雪运动参与范围，冰雪运动竞技水平显著提升，冰雪体育产业规模不断扩大，冰雪场地不断完善，冰雪人才满足需要。全市参与冰雪运动人口达到500万人。

——体育融合发展取得新突破。群众体育、竞技体育、青少年体育、体育产业等领域协调发展，体育深度融入教育、医疗、文化、旅游、科技、金融等领域，京津冀和"一带一路"沿线体育交流活动广泛开展。

北京市"十三五"时期体育发展量化指标表

项目	主要指标	2015年	2020年
群众体育	全市经常参加体育锻炼的人数	650万	1000万
	市民体质达标率	89.2%	93%
	人均体育场地面积	2.25平方米	2.25平方米
	体育生活化社区提档升级占比	/	30%
	体育特色乡镇占比	/	30%
	获得社会体育指导员等级证书人数	5万人	5.8万人
竞技体育	2016年里约奥运会、2017年天津全运会、2018年平昌冬奥会、2020年全国冬运会、2020年东京奥运会等重要赛事成绩	/	全国前列
	三大球职业联赛成绩	全国前列	全国领先
青少年体育	每年向市级优秀运动队输送人才数量	300人以上	350人以上
	市级以上体育传统项目学校数量	199所	220所
	青少年三大球基层网点校数量	460所	500所
	青少年三大球重点示范球队	129支	150支

（续表）

项目	主要指标	2015年	2020年
体育产业	全市体育产业总规模	1056亿元	1500亿元以上
	体育产业增加值年均增长率	13.2%	12%左右
	体育消费总规模	230亿元	570亿元
	体育产业从业人员数量	14万人	20万人以上
	体育服务业增加值占体育产业增加值比重	54.9%	65%以上
冰雪运动	全市参与冰雪运动人数	/	500万人
体育竞赛	全市一级以上注册裁判员总人数	2757人	3500人

第三章 重点任务

一、全民健身利民生，完善公共体育服务体系

持续拓展群众体育的广度和深度，不断创新公共体育服务模式，积极发展群众体育社会化组织，以发展体育运动促进群众健康，以改善健身环境推广全民健身，满足人民群众对幸福生活的新追求。

（一）宣传引领，广泛开展全民健身活动

大力弘扬体育文化。充分发挥北京既举办过夏季奥运会又将举办冬季奥运会的独特优势，加强科学健身宣传引导，普及科学健身知识，倡导健康文明生活方式，将体育文化融入体育健身的全周期和全过程。以举办体育赛事活动为抓手，挖掘传承体育文化，树立以参与体育健身、拥有强健体魄为荣的个人发展理念，营造良好社会氛围，使体育锻炼成为市民普遍生活方式。

广泛开展全民健身活动。持续扩大全民健身日、全民健身体育节、北京市体育大会等全民健身品牌活动的社会影响力。大力支持发展健身跑、健步走、游泳、自行车骑行、球类、冰雪运动等群众喜闻乐见的运动项目；积极培育击剑、赛车、航空、马术、极限运动等具有休闲消费引领特征的运动项目；扶持推广武术、围棋、象棋、龙舟、风筝等传统体育项目；着力开展市民足球、篮球、排球"三大球"和乒乓球、羽毛球等项目的群众性赛事。激发市场活力，为社会力量举办全民健身活动创造便利条件，发挥网络等新兴活动组织渠道的作用，完善业余体育竞赛体系。

积极普及群众冰雪运动。以市民快乐冰雪季系列活动为龙头，大力开展各级各类冰雪活动，参与冰雪运动人数达到500万人，营造全社会积极支持和参与北京2022年冬奥会和冬残奥会的浓厚氛围。优化完善群众冰雪健身设施，推动冰雪运动进校园、进公园、进商业场所等，满足群众冰雪健身需求。

（二）整合资源，加强科学健身指导服务

加强体育健身组织建设。完善激励保障机制，支持各级体育行业协会发挥枢纽型社会组织作用，积极改革创新，实现品牌化发展，促进带动各行各业开展全民健身活动。加强对基层体育健身组织的指导服务，重点培育发展在基层开展体育健身活动的城乡社区服务类社会组织，鼓励其依法依规进行登记，完善内部治理结构，提升服务管理能力。发挥单项体育协会专业优势，推进体育项目普及推广。

加强社会体育指导员服务管理。发挥社会体育指导员在推动基层全民健身活动中的重要作用，广泛开展全民健身指导服务。加大培训力度，实现2020年各级公益社会体育指导员达到5.8万人、职业社会体育指导员达到1.1万人、冬季项目社会体育指导员达到1.5万人规模。发挥市体育志愿者联合会及各级志愿服务组织优势，发展形成以社会体育指导员为主体，优秀运动员、教练员、体育教科研人员、专业社工等积极参与的全民健身志愿服务长效机制。

（三）多管齐下，完善全民健身体育设施

推进健身场地设施建设。严格落实本市居住公共服务设施配置指标有关规定，确保新建住宅小区配建全民健身设施与住宅建设同步实施、同步验收、同步交付使用。新建篮球、乒乓球、门球等健身场地650片，加快建设一批群众身边的公众健身活动中心、户外多功能球场、健身步道等设施，形成满足群众日常健身需求、以"一刻钟健身圈"为基础的全民健身设施网络。鼓励社会力量建设小型化、多样化活动场所和健身设施。

盘活整合存量资源。鼓励和支持利用旧厂房、仓库、老旧商业设施等闲置资源，以及非首都功能疏解腾退空间，改造建设全民健身场地设施。合理利用城市公园、郊野公园、户外广场、公共绿地等空间资源，建设体育健身活动场所。

推动公共体育设施开放。公共体育设施应当对学生、老年人、残疾人等免费开放或给予优惠。鼓励具备条件的学校、机关、企事业单位体育设施向社会开放。健全补贴奖励机制，研究探索利用体育彩票公益金和体育产业扶持引导资金，对向公众优惠或免费开放的体育场馆给予经费补贴或奖励。

（四）城乡统筹，推动各类重点人群全民健身

提升城乡居民全民健身服务水平。2020年，全市30%的社区达到本市《体育生活化社区建设规范》标准，30%的乡镇创建成为体育特色乡镇。推广建立社区居民、村民健身组

织，加强城乡交流，创新全民健身活动形式和内容，推动群众体育健身活动普遍化、经常化、多样化，形成"群众天天有活动、社区（村）月月有赛事、街道（乡镇）年年有运动会"的局面，努力实现城乡居民常态化健身活动全覆盖。

扎实推进青少年体育发展。将青少年作为实施全民健身实施计划的重点人群，大力普及青少年体育活动，切实提高青少年身体素质。贯彻实施青少年体育活动促进计划和义务教育阶段学生课外活动计划，保障学生在校期间每天体育活动时间不少于1小时，每人掌握1项以上体育运动技能。把学生体质健康水平纳入工作考核体系，加强学校体育工作绩效评估和行政问责。

加强老年人健身服务。建立健全老年人体育协会等体育组织，不断创新适合老年人特点的体育健身项目和方法，为老年人体育健身活动提供便利条件和科学指导。将科学健身融入社区养老服务驿站服务内容，建设公益性老年健身体育设施，支持社区因地制宜，利用各类公共服务设施组织开展适合老年人的体育健身活动。

促进带动其他群体积极参加体育锻炼。充分发挥各级工会、职工体育协会作用，广泛开展符合单位特点、职工喜闻乐见的体育健身活动，定期举办职工运动会。大力传承推广少数民族传统体育项目，开展各类民族体育活动。推动残疾人康复体育和健身体育发展，做好残疾人自强健身示范站点建设。积极开展妇女、幼儿体育，将外来务工人员体育健身服务纳入本市公共服务范畴。

（五）多方联动，搭建全民健身服务平台

推进科学健身与健康生活融合发展。贯彻落实《"健康中国2030"规划纲要》，优化体质促进项目，加强体育运动指导，推广运动处方，倡导合理膳食和科学运动，发挥全民健身在健康促进、慢性病防治和康复等方面的积极作用。贯彻实施《国家体育锻炼标准》，开展达标测验和体质测定工作，完善体质健康监测体系。推广"运动是良医"理念，实施"城市减重计划"。大力开展太极拳等传统养生运动。通过举办科学健身大讲堂、"1025动生活"等系列活动，不断提升市民科学健身素养。

提升全民健身信息化水平。推动移动互联网、云计算、大数据、物联网等现代信息技术手段与全民健身相结合。建设市级全民健身公共服务信息平台，使全民健身服务更加便捷、高效、精准。利用大数据技术系统分析参加体育锻炼人数、体育设施利用率，进行运动健身效果综合评价。改革创新传统体育互动模式，拓展线上线下相结合的全民健身新空间。推动全面健身智能场地设施建设。

推动京津冀全民健身交流合作。落实《京津冀协同发展规划纲要》，结合区域功能定位、自然环境、地域特色，在三地全民健身赛事举办、信息共享、体育产业联动等领域进行全方位合作。加强三地体育活动交流，打造"三大球"、乒乓球、户外休闲运动等群众体育品牌活动。加强三地体育总会间的交流合作，创立单项体育协会联盟，促进体育社团交流互动。

鼓励支持大众体育国际交流。充分发挥本市在弘扬奥运精神、传承奥运遗产、推动奥运城市交流等方面的作用，推进与其他奥运城市在大众体育方面的交流与合作。加强与友好城市间的体育交往，推动民族传统体育项目走向国际。办好国际球类、冰雪运动等大众体育竞赛品牌活动。支持国际大众体育组织在京设立总部。

二、调整布局促提升，增强竞技体育核心竞争力

深入探索、准确把握各类竞技体育项目的发展规律和变化趋势，转变发展方式，拓宽发展渠道，着力打造高品质训练基地，促进各项目的均衡发展，努力实现优势项目有提升，基础大项有突破，让竞技体育综合实力迈上新台阶。

（一）调整项目布局结构，实现竞技体育发展战略平衡

统筹竞技体育项目平衡发展。适应新时期竞技体育发展的新要求，结合北京实际和特色，统筹奥运会项目与非奥运会项目、夏季项目与冬季项目、基础项目及集体球类项目协调、优化发展。坚持奥运会和全运会战略导向，动态调整和科学配置资源，突出发展重点项目，建设和提升次重点项目。

贯彻三大球改革新政策。贯彻《中国足球改革发展总体方案》《关于推进地方足球协会调整改革的指导意见》，落实北京市《关于加强足球篮球排球项目工作的意见》，充分发挥体育行政部门在宏观管理、基本建设、政策规范、市场秩序等方面的基础保障、服务、引导和监管作用。进一步推进三大球项目准专业和专业队伍建设及各项足球改革工作，加强体能、技战术、心理等方面的专业培训，提升综合竞技实力。将三大球打造成为彰显城市魅力、扩大国际影响力的城市体育名片。

推进职业体育改革。遵循市场经济与项目发展的客观规律，鼓励社会力量参与经营职业俱乐部，积极引进高水平的运动员、教练员和管理人员，建立责权利相统一的俱乐部经营管理运行机制，推进体育信用体系建设，加快推进关注度高、市场空间大的运动项目职业化发展。

加强基础大项与冰雪项目发展。进一步科学规划田径、游泳、赛艇、皮划艇、自行车等基础大项和冰上、雪上项目的发展，扩大参与人群、构筑青训体系、厚植人才根基，探索项目发展的科学路径和有效方法，增强项目训练的针对性和目标性，提升基础大项竞争实力。

（二）完善职业教育环境，打造功能全品质高的训练基地

探索体育职业教育的新机制。研究教育与体育互补的竞技体育人才培养途径，加强北京什刹海体校、北京芦城体校、北京体育职业学院为主体的职业教育体系建设。加快推进北京体育职业学院新校区建设。切实提高教师专业素质和技能水平，提升运动员文化教育

和职业培训的质量。规划建立符合运动员群体的职业培训体系，为运动员退役择业提供平台和就业服务。

完善训练基地硬件设施设备。改善先农坛、木樨园、什刹海、芦城、怀柔射击等训练基地训练和生活设施。增加用于体能训练、疲劳恢复、伤病治疗与康复训练等的仪器设备，改善运动员训练和生活条件。

（三）夺取成绩和文明双丰收，为首都和祖国增光添彩

彰显竞技体育文化魅力。弘扬奥林匹克精神和中华体育精神，践行社会主义核心价值观，倡导健康向上的竞技体育理念，狠抓作风建设，严肃赛风赛纪，充分展示良好的精神风貌和体育道德风尚。

力争在重要赛事上再创佳绩。遵循竞技体育管理、训练和比赛规律，建设好由训练、科研、医务、管理人员等组成的各项目复合型训练管理团队，在国内外重要赛事上，力争创造更加优异的运动成绩。

发挥竞技人才的社会引领作用。加大培养和宣传专业队伍优秀运动员，引导体育职业俱乐部吸纳优秀人才，发挥高水平竞技体育人才对发展群众体育、青少年体育及体育产业的带动作用，提高竞技体育社会影响力。

全面提升反兴奋剂工作水平。完善反兴奋剂管理体系，探索建立兴奋剂综合治理长效工作机制，做好备战参赛的各类运动会的反兴奋剂工作。全面落实反兴奋剂教育资格准入制度，积极开展反兴奋剂教育宣讲活动。

三、体教融合为载体，加快青少年体育发展步伐

广泛开展群众性青少年体育活动和竞赛，培育青少年体育爱好和技能，形成青少年热爱体育、崇尚运动、健康向上的良好风气。坚持不懈地提高青少年乃至全民族的健康素质，谱写青少年体育运动发展的新篇章。

（一）共建体教融合机制，提升青少年体育公共服务能力

加强青少年体育组织建设。引导各区设立青少年体育工作职能科室。发挥体育传统项目学校在增强学生体质、掌握运动技能、开展竞赛活动、提高课余训练水平、完善后备人才培养渠道等方面的示范引领作用，优化项目布局。积极创建国家示范性青少年体育俱乐部，不断完善国家级青少年体育俱乐部的资助方式、监管评估、购买服务和激励保障等政策措施，鼓励社会力量参与青少年体育俱乐部发展，创建北京市青少年体育俱乐部联合会。继续开展全国青少年户外体育活动营地和青少年校外体育活动中心创建工作，指导16个区创建青少年校外体育活动中心，并予以引导、扶持、资助。鼓励项目运动管理中心和单项协会依托专业优势，开展项目普及和推广，参与组织青少年学生体育竞赛、专项体

教师和教练员培训等工作。

大力发展青少年三大球。建立完善青少年三大球校园普及滴灌机制、学生球员梯队扶植机制、后备人才训练营育苗机制、青少年联赛选材机制、体育教师培训提升机制、俱乐部学校联动机制。继续扶持和资助青少年三大球基层网点校和重点示范校建设。开展青少年三大球训练营、教练员培训和三大球冠军赛，促进青少年三大球后备人才与高校队、市级优秀运动队、职业队的有序衔接。

深入开展青少年体育活动。贯彻实施"青少年体育活动促进计划"，不断培养青少年体育兴趣和专项技能，养成终身体育锻炼习惯。组织和选拔全市优秀青少年学生参加全国未来之星阳光体育大会以及全国体育传统项目学校、全国青少年户外体育活动营地、全国青少年体育俱乐部等竞赛交流活动。联合教育部门科学规划全年青少年体育赛事，每年联合发布全市青少年赛事计划，共同举办北京市中小学生体育竞赛活动、北京市体育传统项目学校比赛等，打造具有北京特色的青少年精品赛事。积极推动青少年体育跨区域交流，办好京津冀青少年体育交流活动。资助社会力量开展青少年学生体育竞赛活动，建立和完善青少年意外伤害保险制度。

不断改善青少年体育场地设施条件。继续推动公共体育场馆设施向青少年开放，鼓励具备开放条件的学校和社会单位向青少年免费或优惠开放体育场馆设施，探索、推广政府购买服务方式为青少年免费开放体育场馆和提供服务，鼓励和支持社会力量参与青少年体育场地设施建设和开发利用，提高青少年户外体育活动营地、青少年校外体育活动中心建设成效，拓展服务内容，完善建设和服务标准，创新运行机制和管理模式。

努力提升青少年体育公共服务水平。积极开展青少年人群体育健身活动状况调查，并形成制度。尝试建立社会体育指导员（青少年）上岗服务指导，设立青少年指导公益性岗位，组织社会体育指导员、体育教师、优秀运动员等参与青少年体育志愿服务。开展青少年体育科普活动和青少年体育科学研究，制定本市青少年体育锻炼运动负荷专业指导意见。开展青少年健身活动状况检查指导。

（二）改革创新激发活力，完善竞技体育后备人才培养体系

构建主体多元的后备人才培养体系。制定出台《北京市促进竞技体育后备人才培养工作的指导意见》，贯彻落实《奥运项目竞技体育后备人才培养中长期规划（2014—2024）》，积极拓宽培养渠道，建立以区级体育运动学校和少儿业余体校为主体，以国家高水平体育后备人才基地和单项高水平体育后备人才基地为抓手，以体育传统项目学校、奥林匹克后备人才基地校和青少年体育俱乐部为依托，以社会机构和体育运动协会为有效补充的多层次竞技体育后备人才培养体系。科学规划、合理调整青少年业余训练项目布局。

不断加强各级各类后备人才培养单位建设。鼓励本市各级各类后备人才培养单位开展国家高水平体育后备人才基地和国家各单项高水平体育后备人才基地申报工作，对国家体

育总局认定的基地给予重点经费资助。大力实施《北京市青少年业余训练考评办法》，不断完善考评标准和评分细则，加强对各级各类后备人才培养单位的监督管理、业务考评和资助扶持，不断提高全市竞技体育后备人才培养工作的整体水平。

建立多样化的教练员和后备人才培养机制。实施"百千计划"，遴选百名以上优秀教练员和千名以上青少年优秀后备苗子，聘请国内外高水平教练员对全市教练员进行专项业务培训，并选派优秀教练员参加国家级业务培训，利用节假日、寒暑假开展青少年优秀后备苗子集训、训练营等。推动各区体校与体育项目传统校联合创办适合学校开展的各项高水平运动队。通过政府购买服务的方式，鼓励支持社会机构开展青少年业余训练。

完善后备人才培养的组织运行机制。会同有关部门成立以专业队为龙头，涵盖二级运动班、业余体校、传统项目学校和奥林匹克基地校的全市各单项教练员训练指导委员会，制定项目发展规划，合理安排年度竞赛计划，开展专项业务培训、训练营、组队参加全国比赛等，形成自上而下的业务指导体系并与自下而上的后备人才输送体系协调配合，不断提高青少年体育后备人才培养的质量。

保障青少年运动员文化教育。定期召开运动员文化教育和运动员保障联席会议，研究解决学训矛盾、招生入学、学籍管理等实际问题。会同教育部门定期开展督导检查工作，将运动员文化教育督导工作列入对属地政府教育督导的重要内容。

提高科学选材育才水平。开展选材育才科学研究，指导教练员制定符合青少年生长发育规律的训练计划。构建青少年业余训练信息数据库，为科学选材提供数据支持。

四、整合资源显优势，扩大体育产品和服务供给

着力深化体育服务和产品的供给侧改革，积极引领健康向上的体育消费方式，加快健身休闲产业发展，大力发展"体育+"，积极拓展体育新业态。加快形成主体多元、有效竞争、充满活力的市场格局，将体育产业打造成为新常态经济增长新引擎。

（一）加快转变政府职能，增强产业发展活力

加强组织协调和宏观指导。建立市级体育产业发展联席工作制度，共同制定落实体育产业政策，统筹解决重大问题，协调推进重大项目。将体育产业纳入北京市支持文化产业和新兴服务业发展的政策框架，健全体育产业项目评价与筛选机制。建立体育产业统计和监测体系。引导体育产业各业态建立专业协会，促进行业自律。

深化体育运行机制改革。推动体育场馆资源所有权、经营权分离改革，对有条件的国有体育场馆进行混合所有制改革试点。探索国有体育场馆所有权单位在市场化评估的基础上，以场馆资源作价投资入股职业体育俱乐部。加强体育与资本市场的对接，支持和引导非公有制经济主体以资本、技术、信息等多种形式，参与开发体育市场、建设体育设施、运营职业俱乐部以及举办群众性体育赛事活动等领域。

（二）拓展体育产业领域，促进产业融合发展

促进群众健身消费，扩展体育产业发展空间。探索建立体育设施运营的价格补偿机制，制定促进居民体育消费的政策。大力支持发展健身跑、足球、篮球、网球、自行车、游泳、冬季运动等体育项目，推进体育产品和服务供给侧改革。鼓励提高体育服务的安全性、多样性和舒适性，吸引各类人群参与健身运动。鼓励企事业单位提供一定经费用于开展职工体育活动。

促进体育与社会资本相结合，大力发展体育场馆服务业。鼓励和引导社会力量兴办各类经营性专项体育健身场所，增加体育场馆有效供给。推进公共体育场馆市场化运营，引导大型和综合类体育场馆拓宽服务领域，延伸配套服务。

促进体育与旅游相融合，加快发展体育健身休闲服务业。拓展体育健身休闲的方式和途径，培育体育健身休闲产品，促进健身休闲业向专业化、功能化、品牌化方向发展。打造不同层次、多种形式的体育主题旅游景区、景点和线路，利用在京重要国际体育赛事宣传北京体育旅游，引导居民体育健身休闲消费升级。

促进体育与文化相融合，加快培育体育文化创意产业。引导文化创意企业开展体育出版、体育影视、体育动漫、电子竞技和体育文化演出等主题文化创意活动。探索体育与传媒产业紧密结合的有效机制，提高赛事转播水平，开拓体育赛事转播市场。

促进体育与医疗相融合，推动"健康中国"建设。发挥体育锻炼在疾病防治以及健康促进等方面的积极作用，大力发展运动医学和康复医学，开展健康指导，鼓励社会资本开办康体、体质测定和运动康复等各类机构，提倡开展健身咨询和调理等服务。探索将运动健身指导功能纳入社区卫生服务。

促进体育与养老产业相融合，促进老年人体育消费。加强适合老年人体育健身的场地设施建设和使用，广泛开展老年人体育健身活动，加大对老年人体育工作的经费投入，提供适应老年人需求的体育产品和服务。

促进体育与科技相融合，提升体育消费信息化水平。加快推进体育产品和服务生产、传播、消费的数字化、网络化进程，拓展线上线下相结合的体育消费新空间。培育一批体育高新技术企业，鼓励体育用品企业自主创新。鼓励发展健身信息聚合、智能健身硬件、健身在线培训教育、运动营养保健食品药品等新业态。鼓励体育类电子商务平台运用互联网技术，丰富体育产品与服务的供给，满足新一代体育爱好者消费需求。

促进体育与会展业相融合，建立辐射国内外的体育资源交易平台。推进赛事举办权和转播权、运动员转会权、无形资产等具备交易条件的资源流转，培育一批体育营销会展品牌，打造具有全球影响力的体育营销会展中心。

积极发展体育中介服务业，建设面向国际、服务全国的体育中介服务中心。吸引国内外的一流体育中介机构，带动本土体育中介企业成长，支持社会力量积极兴办各类体育中介服务组织，面向体育企业提供人力资源、财务、法律等各类中介服务。加快建设体育经

纪人队伍，健全体育中介服务机制。

确保体育彩票销售安全稳定，力求销量逐年稳步提升。加快体育彩票创新步伐，不断扩大体育彩票市场规模，加强地面店基础建设，力争"十三五"期间实体地面店数量达到3000家。进一步加强系统建设，提高系统运维及安全防控水平，提升信息管理能力和整体抗风险能力。

（三）坚持开放发展理念，推进区域协同发展

统筹各区体育产业错位发展。鼓励各区根据自身资源大力发展冬季运动、登山、徒步、攀岩、露营、自行车骑行、汽车自驾、水上运动、航空运动等户外运动休闲产业。培育一批特色体育旅游综合改革实验区，引导有条件的区规划设立户外营地、徒步骑行服务站等配套设施。

促进京津冀体育产业协同发展。以京津冀协同发展战略为契机，明确京津冀体育产业发展定位，北京以体育文化、体育科技创新、国际体育交往为重点，天津以体育制造研发基地、户外休闲基地为重点，河北以滨海、生态体育发展及体育科技成果转化等为重点。联合申报国家级区域体育产业重点示范项目，联合申办高水平体育赛事活动。成立京津冀体育产业协会，推动体育产业对接。

深化对外交流与区域合作。坚持开放发展理念，争取在体育赛事举办、体育产业发展、体育人才培养交流等方面，与更多的"一带一路"沿线国家、国际组织和奥运城市形成长效合作机制。将体育服务业纳入北京市服务业扩大开放综合试点，鼓励境外资本投资体育产业。鼓励和支持体育企业通过国际资本并购、联合经营、设立分支机构、共建营销基地等方式开拓境外市场。

（四）优化产业发展环境，培育体育市场主体

推进体育产业基地建设。按照产业发展规律，确定本市体育产业未来发展的重点区域，以龙潭湖体育产业园区和奥林匹克公园中心区为重点，推动体育服务类和科技类重点企业集聚发展。研究制定促进重点体育产业基地发展的专项政策，吸引全国体育企业总部入驻，发挥总部经济的辐射带动作用，制定、实施北京市体育产业基地和体育产业示范项目管理办法。

促进体育企业健康发展。支持体育企业进行资源整合，鼓励大型国有企业和文化、教育、旅游、广电、健康养老等领域的龙头企业拓展体育服务业，支持民营企业拓展体育经营范围。鼓励推动符合条件的体育服务类和科技类企业上市，支持体育企业并购重组，培育和组建3至5家国内一流、国际知名的上市企业。在竞赛表演、休闲健身、体育传媒、场馆运营、电子竞技等领域，选择培育5至10家大型体育服务企业。降低创业成本，研究制定扶持体育小微企业发展的产业政策，推动体育产业"大众创业、万众创新"。

（五）创新发展体育金融，形成多元投入格局

形成政府投资引导、社会投资为主的多元化投资格局。发挥政府引导、监督、资源整合的作用，支持金融机构、社会组织和企业共同建立支撑全市体育产业发展的金融服务平台。在充分发挥产业发展引导资金的作用基础上，适时组建以社会资本投入为主的体育产业投资基金，支持重点领域、重点业态、重点项目和产业集聚区建设。

建立多渠道、多层次的融资服务体系。探索建立体育产业股权投资基金。推动信贷类金融机构增加适合中小微体育企业的信贷品种。支持符合条件的体育企业通过股票上市、项目融资、产权置换等方式筹措资金。推动体育产业融入互联网金融的发展。

完善体育保险制度，创新体育保险产品和服务方式。制定实施促进体育保险发展的具体办法，鼓励和引导保险机构开发大型体育赛事责任险、学校体育险、体育旅游险、户外运动险、冰雪运动险等产品。

五、全力以赴筹冬奥，带动冰雪运动突破性发展

坚持绿色办奥、共享办奥、开放办奥、廉洁办奥，高标准、高质量完成各项筹办任务，把北京冬奥会办成一届精彩、非凡、卓越的奥运盛会。以冬奥会为契机，进一步弘扬奥运精神，发展和普及冰雪运动，形成较为完善的冰雪运动服务体系，使北京冰雪运动发展开创新时代。

（一）高水平完成冬奥会筹办任务

切实加强组织领导协调。在第24届冬奥会工作领导小组的领导下，在冬奥组委的组织协调下，北京切实履行主办城市责任，与相关部门协同合作，形成做好筹办工作的强大合力，按时优质高效完成冬奥会筹办各项任务。

高标准建设2022年冬奥会比赛场馆。统筹考虑北京2022年冬奥会赛事需求、赛后利用和环境保护等因素，科学规划、精心设计，积极吸引社会资本，高标准建设、改造冬奥会比赛场馆，重点推进国家速滑馆、国家高山滑雪中心、国家雪车雪橇中心和北京奥运村建设，新建北京市冰上雪上运动训练基地。

（二）全面提升冰雪运动竞技水平

完善竞技冰雪运动项目布局。重点发展基础较好的冰上项目，积极推动开展雪上项目。加大对北京花样滑冰队建设力度，成立北京短道速滑队、速度滑冰队、冰球队、冰壶队、单板滑雪队，适时组建北京自由式滑雪、跳台滑雪、高山滑雪、雪车、雪橇等专业运动队。鼓励社会力量组建职业冰雪运动队或俱乐部，构建多元一体的竞技冰雪运动发展模式。

做好重大冰雪赛事备战参赛工作。有序推进2020年全国冬季运动会参赛工作，力争实

现金牌突破。全力以赴备战冬奥会，力争在2018年平昌冬奥会和2022年北京冬奥会上取得良好成绩。

加强冰雪运动后备人才培养。建立城六区以冰上项目为主、远郊区以雪上项目为主的冰雪运动业余训练体系，逐步建立年龄层次衔接、项目结构多元、训练规模合理的后备人才队伍。

（三）大力发展冰雪运动和冰雪产业

广泛开展群众冰雪健身活动。以"全民健身迎冬奥、快乐冰雪圆梦想"为主题，以北京市民快乐冰雪季系列活动为龙头，大力开展各级各类冰雪活动，扶持推广冰壶、花样滑冰、速度滑冰、高山滑雪等运动项目，积极培育"一区一品"区级冰雪活动，开展冰雪嘉年华和群众冰雪健身体验活动。创新发展冰雪健身项目，研究制定大众冰雪运动等级标准。鼓励社会力量参与冰雪运动项目开发、推广和国际交流活动。研究成立市、区两级冰雪运动协会等体育社团，推动群众性冰雪体育组织健康发展，引导冰雪体育组织品牌化建设。编制《北京市群众冰雪运动科学健身指导丛书》，建设冰雪运动社会体育指导员专业队伍，指导冰雪运动。

积极推广青少年冰雪运动。在全市高等学校、中小学推广普及冬奥会、观赛礼仪和冰雪运动知识，力争覆盖率达到100%。在全市中小学开设冰雪运动课程，鼓励青少年接受校外冰雪运动培训。支持鼓励开展各种形式的青少年冰雪活动。举办北京市青少年冬季运动会，大力扶持市青少年冰球联赛和花样滑冰比赛。分批次建设100所冰雪运动特色学校、30个青少年校外冰雪活动中心，鼓励引导社会力量举办各类青少年冰雪运动俱乐部。

加快推动冰雪产业发展。扩大冰雪运动产品和服务供给，鼓励引导社会资本投资冰雪运动企业，在场地设施运营、公益健身服务体系、群众性体育比赛等领域推广政府和社会资本合作模式。积极促进冰雪运动消费，加强京津冀地区冰雪产业合作，组建京津冀冰雪产业战略联盟。依托本市东北部、北部、西北部山区滑雪场，打造集冰雪运动、旅游、养生、度假于一体的特色区域，与河北省共同建设京张冰雪体育休闲旅游带。支持冰雪健身、旅游、培训、会展、器材销售等业态发展。举办国际冬季运动（北京）博览会。积极举办精品冰雪赛事，引进高水平国际冰雪赛事，打造"冰球名片"。

（四）显著改善冰雪运动的软硬件环境

建设多元化的冰雪场地设施。研究制定冰雪场地设施布局规划。优先利用疏解非首都功能中腾退土地，充分利用城市公园、郊野公园及城市空置场所等建设冰雪场地设施。在城六区以各类室内外滑冰场为基础，打造冰上运动健身和教学核心区；在远郊区以现有滑雪场为依托，打造滑雪健身体育休闲带；以全市各级各类冰上场地设施和嬉雪场地为依托，构建分布广泛的冰雪场地设施服务网点。各区选择交通便利、覆盖人群较多的地区至少新建1座有效冰面面积不小于1800平方米的室内滑冰场或可拆装滑冰场，并力争全部竣工投入使用。积极利用公园中水域资源等开辟天然滑冰场，充分利用城市空地人工浇筑滑冰场、搭建可拆装滑冰场，全市力争新建不少于50片室外滑冰场。规范提升本市现有22座滑雪场软硬件水平，依托本市各大公园、广场、体育场馆、度假村、有条件的乡村休闲农业场所等力争建设不少于30片嬉雪场地。

构建冰雪人才队伍。积极引进和培养一批高水平运动员，选拔配备一批优秀教练员、裁判员、赛事组织管理人员和服务保障人员，形成稳定的训练规模与项目梯队。探索产学研用相结合的人才培养模式，建立冰雪运动研究机构，增设冰雪运动专业。组织全市中小学体育教师分批次参加冰雪运动培训，力争培养5000名冰雪运动校园辅导员。鼓励社会力量兴办冰雪学校、俱乐部、训练营，培养冰雪运动人才。

六、多点开花焕异彩，推动体育赛事多元化进程

着力打造"十大品牌赛事"，积极引进国内外精品赛事，培育赛事专业人才，深化体育赛事市场化改革，政府由赛事管理向赛事服务转变，形成体育竞赛多点开花的新局面。

（一）以竞赛表演为主，分层发展各类赛事

扩大品牌赛事影响力。以中国网球公开赛、北京马拉松赛、世界斯诺克中国公开赛、北京国际长跑节、北京国际足球周、世界田径挑战赛北京站、沸雪世界单板滑雪北京赛、国际冰球邀请赛、中国杯世界花样滑冰大奖赛、自由式滑雪空中技巧世界杯北京站等赛事为重点，打造并形成具有代表性的"十大品牌"赛事，提升品牌赛事价值，发挥体育赛事的国际交往功能。

积极引进国际精品赛事。把握筹办2017年世界女子冰壶锦标赛、2019年男篮世界杯和2022年冬奥会的契机，在竞赛功能区引进更多国际高水平赛事。加强与国际体育组织的交流合作，积极策划引进和申办一批高水平的篮球、足球和冬季项目国际精品赛事。

培育壮大裁判员队伍。2020年，各项目一级以上注册裁判员总人数达到3500人（其中国家级以上注册裁判员达到630人），二、三级注册裁判员总人数达到5000人以上。发展壮大冬奥会项目裁判员队伍，注册裁判员达到600人。

（二）转变政府管理模式，推进体育赛事市场化

加快政府由管理向服务转变。加快赛事管办分离，进行分级分类管理和服务，优化赛事办赛流程、空间布局，区分办赛主体责任，制定权责标准，依法依规加强赛事监管。

提高体育赛事市场化运作水平。探索赛事研发、引进和市场开发的新模式，积极调动社会组织、商业机构等社会力量举办赛事，促进赛事产品开发，推进赛事市场化。引入第三方赛事评估和安保服务，控制社会办赛风险，保障赛事安全。

做好赛事宣传工作，倡导文明观赛理念。加强与新媒体沟通和合作，逐步建立体育舆

情研判机制和舆论引导机制，进一步扩大赛事及优秀运动员的影响力。树立文明观赛理念，扩大体育法制宣传，大力提倡文明观赛。

七、科学研究强实力，促进体育科研社会化发展

在巩固竞技体育科研优势的基础上，鼓励社会力量参与体育科研，同时，积极推进体育科研成果转化，让体育科研更好地服务社会，为体育创新发展提供强有力的智力支持。

（一）增强科学研究力度，着力研究热点问题

整合科研优势资源提供智力支持。进一步优化整合首都体育院校、科研院所等优势资源，开展战略研究、政策研究、应用研究，为体育改革发展、重大决策、科学管理提供咨询服务。

加强体育相关领域热点问题研究。抓住全民健身公共服务体系、竞技运动训练、青少年运动知识普及与推广、体育科研成果产业化、体育信息化等领域的热点问题，开展社会科学、软科学、相关技术研究工作，发挥体育科研专业优势。

（二）积极转化科研成果，指导体育发展实践

加快竞技体育科研成果转化。推进数字化体能训练实验室建设，为体育大数据奠定体能训练的数据基础。探索将竞技体育的已有科研成果转化为适应大众健身需求的训练方法和标准，科学指导全民健身。

推进体育科技与产业结合联动发展。面向体育发展和市场需求，推动体育科研成果向产业转化。促进体育科研与互联网、可穿戴设备、信息技术等现代科技相结合，加快体育自主知识产权的科技成果转化。

（三）健全科研评价体系，重视培养科研骨干

健全科学化评价体系，完善科研奖励政策。深入推进体育科研机制创新和制度建设，健全科研课题立项、中期检查和结题验收的科学化评价体系。完善科研人员科技成果的奖励政策，鼓励科研人员的创新意识和创新精神。

促进体育学科建设，重视培养科研人才。鼓励和促进体育学科的系统性、完整性和实用性建设。培养一批体育科学研究带头人、复合型人才和科研骨干，为体育科研工作提供人才保证。

八、信息技术拓新域，打造智慧城市体育云平台

新一代信息技术的发展势必推动体育服务提质增效，实现运动与科技的完美结合，引

领体育资源优化整合，让云平台托起智慧体育发展的新梦想。

开展体育云平台建设前期工作。把握"互联网+"的产业融合发展趋势，以体育行政、公共服务、体育场馆管理为切入点，启动体育云平台建设前期工作，体育信息管理平台构建初见成效。推进智慧体育先行试点区，设置市、区对接端口，加强数据对接和共享，初步实现体育相关数据搜集、分析和运用，提高对外服务、对内管理、横向交流的综合服务水平。

促进体育服务信息化。引导和支持开发体育服务云的体质监测、健康分析与管理、设施状况监控、场馆流量监测、赛事举办运营、运动员体能与基因检测、裁判员调配、体育科研等功能，促进体育运动科学指导、训练水平提升、场馆有效利用、体育赛事信息化管理增强、体育科研成果管理优化等，提供全方位的体育信息化服务。

引导构建"体育产业云"。坚持创新发展理念，基于体育产业链，会同相关部门，以市场化运作模式，构建"体育产业云"的业务架构和技术架构，为体育产业智慧化、高端化、创新化、融合化发展提供平台与支撑。

第四章　保障措施

一、加强组织领导，强化政策调节

加强体育工作的组织领导。建立体育局与发展改革委、教委、财政局、人力社保局、规划国土委、农委、园林绿化局、旅游委、卫生计生委等相关部门的长效协调工作机制，促进资源共享，协同提升公共服务水平。充分发挥各级工会、共青团、妇联和社会组织的积极作用，统筹推动体育发展。建立京津冀体育部门联席会议机制，保障区域性联赛和活动顺利进行。

制定和落实体育相关政策。研究制定相关实施细则，落实国家和市政府规定的体育产业优惠、资金扶持、土地征用、人才引进等政策。加大对农村地区、北京行政副中心体育设施建设扶持力度。

二、完善法律法规，推行标准化建设

健全体育立法工作机制，推行体育标准化建设。修订《北京市全民健身条例》及配套实施细则、《北京市体育竞赛管理办法》《北京市体育裁判员管理办法》。完善《北京市体育局重大行政决策和行政规范性文件合法性审查工作制度》。研究制定体育场所安全运营管理标准、体育场馆开放条件标准、体育产业标准、全民健身服务标准以及体育赛事管理和服务标准。

深化行政审批制度改革，全面推进依法行政。切实推进简政放权、放管结合的力度，深化行政审批制度改革。有序推进"先照后证"改革任务，建立行政清单统一管理和对外公开制度，进一步细化审批标准。规范行政执法程序，完善行政执法协调机制，构建权责明确、衔接有序、传导有效的行政执法体系。进一步规范和细化各项行政处罚事项裁量基准。统一规范行政执法文书。

加大依法行政培训力度，强化依法行政能力建设。深入开展领导干部、市区体育工作人员依法行政培训，加强执法人员资格管理，建立完善执法人员培训体系。积极开展《北京市全民健身条例》法制宣传活动。推行政府法律顾问制度，加强体育法制队伍建设。

三、节约集约用地，实现绿色发展

实现"多规合一"，提高体育用地效率。将公共体育设施纳入国民经济和社会发展总体规划、城乡建设规划和土地利用总体规划。充分利用城市广场、公园绿地、河堤绿道等资源，建设便民健身设施。除具有举办大中型体育比赛功能的体育用地外，用于训练及服务于大众健身的体育用地容积率参照同区域的商业用地，不低于同区域图书馆、博物馆的容积率，一般不低于1.5，最大限度节约集约利用体育用地。

坚持绿色发展理念，体育设施运营低碳节能。鼓励通过技术手段提高能源和水资源利用率，开展清洁生产审核，减小污染排放，加强体育设施的节能环保监管力度。宣传贯彻《体育场馆能源消耗限额》和《体育场馆合理用能指南》，建立节能评价考核体系，降低体育场馆能源消耗，实现"十三五"节能目标。

四、强化人才供给，实现量质齐升

实现人才总量稳步增长，优化人才结构。加快确立体育专业人才发展战略布局，建设符合规模要求、结构合理的首都体育人才队伍。充分开发国内外人才资源，统筹推进体育管理人才、竞技体育专业人才、社会体育指导员、体育产业人才的队伍建设，丰富人才供给渠道，形成全产业链体育人才培养模式。

提升体育人才素质，推进人才职业化发展。在体育领域实施国家职业资格认证制度，推进体育职业人才标准化发展。采取"引进来"和"送出去"等方式，注重引进领军人才、拔尖人才和创新团队，争取纳入国家有关人才计划。

创新人才管理和服务机制。进一步完善政策扶持和激励机制，改善选人用人机制。改革教练员和运动员的聘用机制。盘活既有资源，开展体育人才自由流动试点。

五、拓宽融资渠道，保障项目落实

加大市、区两级财政投入。将体育事业经费体育基本建设资金列入本级财政预算和基本建设投资计划，并随着国民经济的发展逐步增加对体育事业的投入，满足人民群众的健身需求以及业余训练需求。

创新体育投融资模式。促进体育投融资体制改革，采用政府购买服务、公私合营模式（PPP）、体育基金等多种模式推动公益性体育事业发展。发挥政府资金的带动作用和杠杆作用，引导社会资本参与体育项目建设，建立多元化资金筹集机制。

六、有序实施规划，明确责任监管

保证各级体育规划相互衔接。认真做好规划衔接与细化工作，确保条线之间、层级之间目标一致。对城乡区域确定差别化的目标任务、考核体系和政策措施，推动城乡体育协调发展。

加强对规划实施的管理和监督。对发展指标进行逐年逐项分解，落实责任人、责任部门、完成时限，确保各项工作保质、保量、按时完成。加强对重点工作、重点工程的督促检查，对规划实施情况进行中期评估，检查规划落实情况，必要时对规划目标进行适当调整。

附录：名词解释

经常参加体育锻炼的人数：是指每周参加体育锻炼活动不少于3次、每次不少于30分钟的人口数量。

全民健身工作"三纳入"：把全民健身事业，特别是公共体育设施建设纳入当地国民经济和社会发展规划，把全民健身经费纳入当地财政预算，把全民健身工作纳入当地《政府工作报告》。

重点项目：乒乓球、羽毛球、网球、体操、跳水、花样游泳、射击、跆拳道、男子柔道、男子自由跤、男子拳击、武术套路、足球、篮球、排球、棒球、田径、游泳等夏季运动项目，花样滑冰、短道速滑、速度滑冰、冰球、冰壶等冰上项目和其他一些雪上项目。

次重点项目：垒球、男子手球、自行车、水上项目、射箭、女子柔道、高尔夫球等项目。

竞赛功能区：城东以工人体育场、工人体育馆、朝阳体育中心为代表，城南以先农坛体育场、丰台体育中心、光彩体育馆、北京网球中心为代表，城西以五棵松文化体育中心、首钢篮球中心为代表，城北以国家体育场、水立方游泳馆、国家体育馆、奥体中心、海淀体育中心为代表，构成全市竞赛功能区。

智慧城市：运用信息和通信技术手段感测、分析、整合城市运行核心系统的各项关键信息，从而对包括民生、环保、公共安全、城市服务、工商业活动在内的各种需求做出智能响应。其实质是利用先进的信息技术，实现城市智慧式管理和运行，进而为城市中的人创造更美好的生活，促进城市的和谐、可持续成长。

智慧体育：智慧体育是基于新型的信息技术，利用云计算等智能处理技术对海量感知信息进行处理和分析，以提升体育服务、改善体育体验、创新体育管理、优化体育资源利用为目标，提升体育发展中各项资源利用效率，为体育活动参与者提供智能化高满意度服务的一种新型模式。

体育云平台：体育云平台是北京市未来体育发展基础性的信息化平台，在大数据、云计算、移动互联网等新技术基础上，打造基于体育服务、体育数据、体育用户等多维度的体育生态圈，实现体育资源共享，促进体育交流，为用户提供一体化的体育服务与管理的平台。

物联网：物联网是利用局部网络或互联网等通信技术把传感器、控制器、机器、人员和物等通过新的方式联在一起，形成人与物、物与物相联，实现信息化、远程管理控制和智能化的网络。

大数据：大数据是需要新处理模式才能具有更强的决策力、洞察力和流程优化能力的海量、高增长率和多样化的信息资产。

天津市体育事业发展"十三五"规划

"十三五"时期是我市贯彻落实"四个全面"战略布局,全面建成高质量小康社会的关键五年,也是建设体育强市、推进体育事业实现新发展、新跨越的重要五年。2017年第十三届全国运动会在我市举办,为"十三五"时期天津体育事业加快发展提供了重大机遇和新的动力。根据《天津市国民经济和社会发展第十三个五年规划纲要》和国家体育总局《体育发展"十三五"规划》,并结合天津市体育事业发展的具体情况制定本规划。

一、"十三五"时期是天津体育事业发展重大机遇期

(一)"十二五"时期天津体育事业成就显著

"十二五"时期,在市委、市政府的坚强领导下,在全市人民的大力支持下,全市体育战线以习近平总书记系列重要讲话和科学发展观为统领,团结一心,拼搏进取,以申办和筹备第十三届全运会为重要平台,推动各项体育工作全面进步,体育事业取得了显著成就,达到了新的历史高度。

全民健身活动蓬勃开展。人民群众的体育意识进一步增强,经常参加体育锻炼的人数显著增加,人数比例达到41.6%。体育场地设施不断增加,人均体育场地面积达到2.12平方米。社会体育指导员达到31000人。群众体育组织化、科学化、品牌化、常态化水平不断提高。全民健身活动形式多样丰富多彩,形成市、区、乡镇(街道)、社区四级办群体活动格局;社会体育组织和社会力量以及社会热心人群组织全民健身活动方兴未艾,人民群众身体素质和健康水平不断提高。

竞技体育综合实力不断增强。"十二五"时期我市运动员共夺得世界三大赛冠军35个、全国最高水平比赛冠军104个,为国家和我市赢得了荣誉,作出突出贡献。在2012年第三十届伦敦奥运会上,我市运动员获得3枚金牌、1枚银牌、1枚铜牌,是我市参加境外奥运会历史最好成绩。在2013年第十二届全国运动会上,天津代表团夺得20枚金牌、14枚银牌、11枚铜牌,位列奖牌榜第九位,荣获精神文明奖,取得运动成绩和精神文明双丰收。体育竞赛活跃,第九届全国大学生运动会、第六届东亚运动会、第十八届亚洲女排锦标赛、国际马拉松赛、环中国国际公路自行车赛等成功举办,展现了我市举办大型赛事的能力和水平。特别是围绕2017年第十三届全运会的申办和备战,为"十二五"时期竞技体育发展注入了强大动力。

体育产业总体规模不断扩大。重视程度和产业意识不断增强,结构和布局更加优化,

发展质量和效益稳步提升，居民体育消费快速增长，从业人员不断增加。体育彩票发行数量不断刷新纪录，为体育事业发展筹集大量资金。体育产业正在成为我市现代服务业新的增长点和国民经济新亮点。

保障体系进一步完善健全。完成了训练单位机构整合改革，成立了13个运动项目管理中心，为"十三五"时期体育深化改革打下了基础。体育发展的战略性、基础性、保障性工作取得重大进展，体育政策法规体系进一步完善。《关于进一步加强运动员文化教育和运动员保障工作的实施意见》《关于深化体教结合促进体育后备人才培养的意见》和五个配套文件、《关于加快发展体育产业促进体育消费的实施意见》和党的建设、党风廉政建设、作风建设等一系列重要体育政策法规、文件的颁布实施，为体育改革与发展提供了重要保障。

（二）"十三五"时期体育事业发展面临的形势

党中央、国务院高度重视体育事业发展。十八大以来，习近平总书记对体育工作多次作出重要批示、指示，为体育事业发展指明了方向并寄予厚望。国务院《关于加快发展体育产业促进体育消费的若干意见》《中国足球改革发展总体方案》，中共中央《京津冀协同发展规划纲要》，以及2022年冬季奥运会申办成功等，都为"十三五"时期天津体育事业发展规划出美好未来，描绘出宏伟蓝图，提供了重要机遇和广阔发展空间。未来五年，党和政府会更加重视社会事业发展，各级政府对体育功能和作用的认识将不断深化，体育事业发展所需的各种条件和环境进一步改善。随着人民群众生活水平不断提高，居民消费结构会进一步升级，广大人民群众对体育的需求会更加强烈，体育已经成为广大人民群众日常生活的重要组成部分。体育与经济、与社会的融合更加紧密，体育市场不断扩大，体育产业快速发展，信息化、全球化、网络化的发展使体育对经济、政治、文化、社会产生了更加积极全面的影响。在实现中华民族伟大复兴中国梦的历史进程中，体育必将发挥更加重要和积极的作用。2017年第十三届全运会在我市举办，标志着天津体育站在了新的历史起点上，通过举办和参加全运会，将全面检验我市体育整体实力和发展水平，必将极大地促进体育强市建设进程。充分认识"十三五"时期体育加快发展的有利条件，进一步明确发展目标，坚定信心，深化改革，勇于挑战，统筹规划，扎实推进各项工作。

二、指导思想、发展目标和基本原则

（一）指导思想

以邓小平理论、"三个代表"重要思想和科学发展观、习近平总书记系列重要讲话为指导，以建设体育强市为目标，以转变体育发展方式为主线，以建立符合国情市情、比较完整、覆盖城乡、可持续发展的公共体育服务体系为重点，以改革创新为动力，紧紧抓住举办全运会的历史机遇,全面提升我市体育综合实力和竞争力,促进体育事业全面协调可持续发展,为满足人民群众不断增长的体育需求,为提高全市人民身体素质和健康水平,为健康天津、美丽天津建设作出积极贡献。

(二)发展目标

以举办和参加2017年全运会和2019年全国第十届残疾人运动会暨第七届特殊奥林匹克运动会为契机,全面提升体育发展整体水平和质量,初步建成具有天津特色的全民健身公共服务体系。体育领域改革取得新突破,群众体育迈上新台阶,竞技体育整体上水平,体育产业快速发展,体育文化建设取得新发展,依法治体、依法行政的意识和能力显著增强,体育管理科学化、制度化、规范化水平进一步提高,努力实现体育事业全面、协调、可持续发展。

——群众体育迈上新台阶。坚持群众体育与全运同行,抓住筹办全运会的历史机遇,提高群众的体育意识,培养群众的健身习惯,让更多的人享受体育发展的成果。深入贯彻落实"全民健身上升为国家战略"的重大决策。以实施"全运惠民工程"为重要平台,推动群众体育全面上水平。强化公共体育服务职能,建立完善以设施建设、组织建设、活动开展、健身指导、健身服务、科学评估等为主要内容的全民健身公共服务体系。全民健身活动内容更加丰富,群众健身更加方便,市民身体素质和健康水平明显提高。到2020年,全市各区基本建成全民健身"五个一工程"(一个体育馆、一个体育场、一个游泳馆、一个全民健身中心、一个体育公园),人均体育场地面积达到2.4平方米以上,经常参加体育锻炼的人数比例达到45%左右,达到《国民体质测定标准》优秀人数的比例明显增加。

——竞技体育整体上水平。以举办2017年全运会为契机,全面提升我市竞技体育总体实力和竞技水平,努力在2017年全运会上竞技体育成绩实现历史新突破。巩固和扩大优势项目,强化潜优势项目,提高基础大项和集体球类项目整体水平,体育后备人才不足的问题得到有效改善。以推动训练和管理创新为重点,建立符合世界竞技体育发展规律和趋势、适应国情市情的竞技体育管理体制与运行机制,进一步提升竞技体育的综合实力和竞争力。

——体育产业实现快速发展。贯彻落实国务院《关于加快发展体育产业促进体育消费的若干意见》,建立与我市经济社会发展水平相适应、具有中国特色、天津特点的体育产业体系,不断完善体育产业扶持政策。到2020年,体育产业总规模达到400亿元,基本建成布局合理、功能完善、门类齐全的体育产业体系。体育产品更加丰富,市场机制不断完善,消费需求愈加旺盛,产业聚集效应初步显现,示范项目特色鲜明,体育产业增加值在全市生产总值中所占比重明显提高。

(三)基本原则

——坚持以人为本,服务民生。把增强人民体质、提高身体素质、健康水平和生活质量,促进人的全面发展作为体育工作出发点和落脚点。满足人民群众不断增长的体育需求,切实实现好、维护好、发展好广大人民的健身利益,做到体育发展为了人民,体育发展依靠人民,体育发展成果由人民共享。

——坚持深化改革,创新驱动。处理好继承与创新的关系,不断探索体育工作与社会主义市场经济相适应的特点与规律,努力实现理论创新、科技创新、制度创新、管理创新。进一步转变发展观念,创新发展模式,提高发展质量,加快体育发展由集约型向服务型转变,体育管理由经验型向科学型转变。

——坚持统筹兼顾,协调发展。促进群众体育与竞技体育协调发展;体育事业与体育产业协调发展;不同地区、不同领域、不同行业体育协调发展;奥运项目与非奥运项目、群众喜爱的大众体育项目与传统体育项目的协调发展。处理好当前与长远、重点与一般、规模与效益的关系,全面推进体育发展。

——坚持科教兴体、人才强体。牢固树立人才资源是第一资源、科学技术是第一生产力的观念,重视和发挥科技、教育、人才在体育事业发展中的关键作用。坚持体育事业发展依靠科学技术进步,科学技术发挥先导作用的理念,依靠科技和教育发展,提高体育队伍素质并发挥各类人才作用。

——坚持依法治体、依法行政。以《中共中央关于全面推进依法治国若干重大问题的决定》为指导,进一步加强体育领域法治建设。提高法律意识和法治观念,提高运用法治手段管理体育事务的能力和水平。发挥依法治国方略在调整体育社会关系、建立和维护体育发展秩序、处理体育发展的矛盾和问题过程中的主导作用。

——坚持发挥全运会的综合影响和带动作用。深入挖掘全运会的文化内涵,充分发挥全运会的综合功能,从促进经济建设、社会发展、政治稳定、文化繁荣的高度认识办好全运会的重大意义。通过筹办全运会,培养和树立公众的人文意识、环境意识、科技意识、法治意识、市场意识、竞争意识和合作意识,在全社会倡导和培养志愿者精神,建立健康、科学、文明的生活方式,成为宣传和践行社会主义核心价值观的重要平台。学习、借鉴外省市办大赛的先进理念和运作方式,使天津体育在观念、体制、机制上更好地与国内外先进接轨,更加适应体育竞争的要求,努力实现体育事业的跨越式发展。

三、落实全民健身国家战略,提升群众体育发展水平

(一)加快全民健身设施建设

各区基本建成全民健身"五个一工程",打造"15分钟健身圈"。街道(乡镇)、社区(行政村)建有便捷、实用的全民健身设施,方便市民就近健身。现有的公园、绿地、广场等全部建有健身设施。利用山、河、湖、海、湿地等自然环境打造市民健身休闲、体育旅游运动基地。在蓟州山区建设登山、攀岩、滑雪和登山步道50处;在郊野休闲公园内

建设50处户外营地和健身步道；设立30处适合自行车骑行和适合轮滑运动的场地；建设海河划艇休闲营地；打造东疆港海上运动营地、七里海湿地户外运动营地等。

（二）积极推进体育社会化建设

发挥体育协会和社会体育组织开展全民健身活动的积极性，制定推动、引导、扶持的政策措施。列出政府购买服务清单和目录，为社会力量办群体活动给予资金等方面的保障和支持。建设方便群众健身网络，充分利用和挖掘"互联网+"行动计划，使健身查询、场地预订、教练指导、科学健身和掌握健身知识等更加亲民、便民、利民。

（三）积极推动公共体育场馆向公众开放

总结经验，拓宽思路，继续推动公共体育场馆和学校体育场馆向公众开放，并向社会公示开放时间和服务内容。完善和落实各级政府及相关部门促进体育场馆开放的政策，逐步建立相应的开放条件和标准、财政补助、保险、收费标准、安全管理规范、责任追究等制度和机制，定期进行检查评估，努力扩大体育场馆开放范围，盘活体育场馆资源。

（四）健全全民健身组织体系

切实转变政府职能，积极培育多元体育社会组织。积极发展城乡基层体育组织，各区普遍建有体育总会、行业体育协会、单项体育协会和人群体育协会等体育社团，社区体育俱乐部有较大发展。地方体育主管部门要对不同类型的基层体育健身组织给予支持和扶持，切实推进城乡基层体育健身组织的规范化建设，建立起完善的市、区、乡镇街、社区村四级体育社会组织。

（五）广泛开展全民健身活动，活跃群体竞赛

不断提升市民体育健身意识，养成科学健身良好习惯，提高生活质量。大力推进政府机关、企事业单位、社会团体、青年学生实行工间、课间健身制度，广泛开展达标活动。支持发展健身跑、健步行、健身骑"活力三项"活动，推广水上、龙舟、花键、摔跤、射箭、登山、攀岩、户外休闲、足篮排等群众喜闻乐见的健身活动。积极引导、扶持、规范广场健身操舞活动，推动妇女健身健康有序发展。推动"一地一品""一行一品"健身活动特色品牌的形成和巩固。广泛开展不同层次、不同类型的全民健身竞赛活动，以群体竞赛活动带动市民健身活动的深入开展。继续办好全民健身运动会和传统健身竞赛活动，重点组织好足篮排"三大球"和群众喜闻乐见健身项目的竞赛活动。

（六）扩大社会体育指导员队伍，组织开展全民健身志愿服务

在扩大社会体育指导员数量的同时，要更加注重发挥体育社会指导员在全民健身运动中的作用，优化队伍结构，提高培训质量，提升管理和服务水平。依托天津体育学院建设一

流社会体育指导员培训基地，并做好培训基地设施配备及师资队伍建设。完善表彰激励机制和等级考核机制，为社会体育指导员工作创造必要的条件。增加社会体育指导员20000人以上，使我市社会体育指导员人数达到50000人以上。以此为基础形成组织落实、结构合理、覆盖城乡、服务到位的全民健身志愿服务队伍。广泛组织优秀运动员、教练员、体育科技工作者、体育教师和社会热心人士从事义务健身辅导，普遍开展全民健身志愿服务活动。

（七）丰富老年人、残疾人等人群体育活动

充分发挥老年人体育协会的作用，加强老年人体育活动队伍建设和宣传工作，积极引导老年人参加体育锻炼活动。加强对残疾人体育活动的指导服务，广开残疾人体育事业经费筹集渠道，培养适应残疾人需要的体育健身指导人员。筹办好2019年全国第十届残疾人运动会暨第七届特殊奥林匹克运动会。加强特殊人群体育的科学研究，研制与推广适合特殊人群的体育健身新项目、新方法。

（八）完善全民健身调查监测和科技服务

加强各级体质测定与运动健身指导站建设，开展城乡居民日常体质测定和科学健身指导，宣讲科学健身知识，传授科学健身方法。办好"群众健身大讲堂"，聘请健身、健康和养生专家授课，不断提高全民健身科学化水平。建设科学健身的知识普及、咨询、科研成果转化为一体的群众科学健身服务平台。不断加强对群众体育发展状况、国民体质状况的研究监测和统计工作，进一步完善国民体质监测、体育锻炼标准、全民健身活动状况的调查等相关信息的发布制度。

四、增强竞技体育整体实力，加快提高运动成绩

（一）优化项目结构，促进均衡发展

突出重点做强做大女子排球、网球、柔道、武术、击剑、体操、游泳、跳水等优势项目，重视开发潜优势项目，强化弱势项目的提高。通过改革训练管理体制，强化竞争机制，创新训练手段等，全面增强竞技体育的综合实力。加大对田径、游泳、体操等基础大项、足篮排等集体球类项目的发展研究与投入，力争运动水平有较大提高。

（二）深化足球项目改革，提高运动成绩和水平

认真贯彻落实国家关于足球改革的部署要求，总结我市足球发展改革的经验教训，借鉴国内外足球发展和管理成功经验，努力探索符合当代足球发展规律和国情市情的足球发展道路和管理模式。解放思想，凝聚共识，系统规划足球发展。在广大群众特别是青少年

中广泛普及足球运动，不断壮大足球发展的社会基础。加强足球后备人才培养和队伍梯队建设。建立健全政策法规制度，引导职业足球俱乐部规范发展。建立良好的足球联赛秩序，提高足球联赛水平。加强各类足球运动队的建设和管理，提高训练水平，努力在重大足球赛事中创造好成绩。加强足球行业管理机构建设，理顺关系，提高管理水平。

（三）做好第十三届全运会的备战参赛和竞赛组织工作

加强备战工作的协调与组织，建立层次分明、职责清晰、任务明确、措施具体完善、保障有力、奖惩严明、运转高效的全运备战组织管理体系和工作机制，确保全运会备战工作有序进行。力争全运会成绩实现历史新突破，努力争取运动成绩和精神文明双丰收，向全市人民交上一份满意答卷。全力做好全运会竞赛组织工作，举办一届有特色、高水平的全运会。

（四）办好国际国内重大体育赛事

全力办好2017年第十三届全运会，努力办出一届高水平、有特色的全运会，充分展示天津办赛能力和水平。积极申办全国高水平竞技项目比赛、亚洲和世界高水平单项赛事。加大竞赛改革力度，活跃竞赛市场，丰富市民业余文化生活。

（五）加强教练员、裁判员队伍建设

加强教练员培养和选拔工作，完善教练员岗位培训和注册管理制度，全面提升教练员业务能力和综合素质。办好天津市教练员学院，加强教练员培训，全面提升教练员素质和执教水平。制定并实施"精英"教练培养计划，选拔培养100名高水平教练员。健全教练员聘用管理机制。改革和完善裁判员管理体制，发挥单项运动协会作用，加大裁判员培养力度。加强裁判员管理监督，提高裁判员专业水平，建立一支思想品德好、业务水平高、人员相对稳定的高素质裁判员队伍，培养一批能够在国内外各类大赛中担任裁判工作的优秀裁判员。

（六）建立健全运动员文化教育长效机制

以深化改革为动力，以创新体制机制为切入点，推动《关于进一步加强运动员文化教育和运动员保障工作的实施意见》的贯彻落实。各级各类体育运动学校义务教育阶段文化教育工作普遍纳入国民义务教育序列，建立较为完备的青少年运动员文化教育保障体系。制定有效措施，提高运动员的基础文化教育水平和质量。加强运动员在役期间的文化教育工作，根据运动员训练比赛任务重、流动性大等特点，创新教育模式，改进教学方法，努力实现运动员在役期间完成大学本科学历教育。筹建并办好天津市体育职业学院，拓宽体育运动学校学生运动员培养输送渠道。落实教育部高校招生政策，为运动员就学、就业创造条件。

（七）完善运动员保障体系

完善并落实各项激励和保障政策，切实维护运动员切身利益，确保运动员享受相应的社会保险待遇，并完善运动员多层次医疗保障体系。进一步做好退役运动员就业安置工作，引导和支持运动员提高综合素质和就业能力。完善运动员自主择业经济补偿标准的动态调整机制，对退役运动员自主创业按规定给予政策性支持。构建和完善运动员职业转换社会扶持体系，帮助运动员顺利实现职业转换。

（八）强化运动队思想政治工作和道德作风建设

以运动员为主体，以爱国主义教育为核心，深入持久地开展理想信念教育和职业道德教育。大力培养运动员无私奉献精神、坚忍不拔意志、顽强拼搏作风，把提高运动技术水平与培养有理想、有道德、有文化、有纪律的合格人才结合起来，使运动队成为政治合格、作风顽强、技术过硬的优秀群体。要大力弘扬奥林匹克精神和中华体育精神，继承和发扬民族优良传统，牢固树立社会主义荣辱观，努力践行社会主义核心价值观，增强运动员民族自尊心和自豪感。

（九）狠抓赛风赛纪和反兴奋剂工作

认真落实党风廉政建设责任制，扎实推进体育系统惩治和预防腐败体系建设，切实做到廉洁从政、廉洁从业。健全完善并贯彻实施净化赛场风气、促进公平竞争的规章制度。加大对弄虚作假、徇私舞弊、执裁不公、扰乱赛场秩序等违规违纪行为的处罚力度，营造公平、公开、公正的竞赛环境。认真贯彻落实《反兴奋剂条例》，加大反兴奋剂工作力度，筹建反兴奋剂专门机构，建立健全反兴奋剂防治长效机制。完善赛风赛纪和反兴奋剂宣传教育、监督检查和依法治理体系建设，提高工作质量。

五、加快发展体育产业，促进体育消费

（一）优化体育产业结构

适应城镇化发展和居民消费结构升级的新形势，重点发展体育健身休闲、体育竞赛表演、体育中介等体育服务业，规范提升体育用品业。会同和推动有关部门加强政策引导，鼓励和引导有条件的体育企业面向资本市场融资。积极扶持中小体育企业发展，鼓励和引导非公有制经济发展体育产业，壮大体育产业发展力量。积极推进体育产业与相关产业互动发展、融合发展，促进体育旅游、体育传媒、体育会展等相关业态发展，全面提高体育产业发展水平。对接"互联网+"行动计划，加快发展智慧体育、趣味体育、家庭体育等创新服务平台和运营模式。

（二）引导和扩大体育消费需求

适应人民群众生活水平提高、消费结构变化的新形势，加强宣传和引导，更新群众体育消费观念，积极扩大群众体育消费。不断增强体育产品和服务的供给能力，提升体育产品与服务的质量，以优质的服务促进体育消费，保护消费者的合法权益。合理引导高、中、低收入群体的体育消费行为，积极扩大中低收入群体体育消费需求，满足消费者的多元需要。通过政府购买服务、发放体育消费券等形式，引导群众健身消费。

（三）发展区域特色体育产业

坚持重大体育产业项目带动战略，合理规划各类体育产业基地的建设布局，与地方政府配合，创建一批充满活力的体育产业基地，充分发挥基地的示范和引导作用。结合国家区域发展规划，加快区域主导体育产业的培育和发展，鼓励各地区突出特色、错位发展，打造品牌、延伸链条，促进资源优势向产业优势、产业优势向经济优势、经济优势向品牌优势转变。在发展地区优势体育产业的同时，不断加快特色体育产业发展，形成体育产业良性互动发展格局。鼓励各区设立体育产业发展扶持资金。

（四）规范体育市场运作和管理

会同市场管理等部门建立健全相关法规，完善监督管理机制，规范体育市场主体行为，维护市场秩序，促进体育市场规范发展。加强体育经营活动的安全监管，对于高危险性体育项目的经营活动，建立严格、规范、公开、透明的市场准入制度，加强技术指导和安全保护，依法加强日常监督检查及产品质量检测，确保消费者人身安全。完善体育服务标准，推行体育服务质量认证制度，提高体育服务水平。开展体育行业特有工种职业技能鉴定工作，提高体育服务从业人员的服务意识和专业水平。

（五）盘活体育设施资源

会同有关部门加强政策引导，鼓励民间和境外资本投资体育，兴建体育设施。认真研究、总结推广各地体育场馆管理运营的经验，不断改革和创新模式，盘活现有资源，提高体育设施综合利用率和运营能力，充分发挥体育设施提供公共体育服务、满足群众健身需求的作用。在不影响公共体育场馆的公益性质和主体功能的前提下，鼓励社会力量参与体育场馆的经营管理活动，多业并举，综合开发。

（六）引导和规范职业体育发展

充分认识、高度重视发展职业体育对于促进经济发展、创新和丰富体育发展模式、推动体育运动普及与提高方面的作用，积极探索社会主义市场经济条件下的职业体育发展道路。按照职业体育发展规律，从国情市情和项目特点出发，借鉴国外发展经验，加强制度设计和规范管理，维护职业体育联赛秩序，提高职业体育发展水平，促进职业体育健康发展。加强政府依法监管力度，完善职业法人治理结构，规范协会、组织和俱乐部行为自律。

（七）开展体育无形资产的开发和保护

加大各类体育组织、体育赛事和活动无形资产的开发力度，提高整体开发水平和效益。探索体育赛事运作的新模式，推进体育赛事的市场开发。进一步探索和推动体育赛事电视转播权市场开发工作。加强对运动员、运动队从事商业活动的引导和规范管理，切实维护运动员合法权益和运动队管理秩序。加强对体育无形资产的法律保护。

（八）实施体育产品品牌战略

加强对体育企业品牌建设的指导，有效推动体育企业开展自主品牌建设。引导体育用品生产企业增加科技投入，加强自主知识产权的开发，打造体育用品世界品牌。鼓励体育用品流通企业与生产企业合作，实现服务品牌与用品品牌的良性互动发展。鼓励知名体育健身企业通过连锁、加盟、收购、兼并等多种途径做大做强。鼓励科技含量高的体育装备类和康复类的研发制造和销售。

（九）提高体育彩票发行数量和使用成效

贯彻《彩票管理条例》，进一步完善体育彩票发行制度和市场管理制度，健全发行销售监督机制。丰富体育特色彩票品种，加强发行渠道建设，提高管理、服务和营销水平。紧紧抓住举办全运会的契机，努力开拓市场，扩大销售渠道，争取销售额稳步增长。强化发行销售风险防控体系，确保体育彩票安全、健康、持续发展。加强体育彩票公益金使用管理和公益宣传，提高使用效益，提升体育彩票的公益形象。

六、深化体教结合，加快体育后备人才培养

（一）实施体育后备人才培养"8421工程"

市体育局建立体育后备人才培养专项经费，支持每个区建设8所小学、4所初中、2所高中、1所业体校，形成"一条龙"的业余训练体制。打造体育后备人才培养的品牌项目，扩大体育后备人才培养规模，不断提高训练水平，提升体育精英人才输送数量和质量。

（二）广泛开展课余体育训练，提高青年学生身体素质

中小学校要在认真落实体育课、课间操和课外活动，保证每天1小时体育活动时间的

基础上，形成校园特色体育品牌。鼓励学校建立"一校一项""一校多项"的训练队伍。广泛开展校园足球活动，推广球类及科学健康的校园体育健身活动。通过组建不同形式的学生运动队，开展丰富多彩的课余体育训练活动，发挥体育竞赛杠杆的作用，提高学生运动技术水平和身体素质。

（三）加大支持指导力度，办好体育传统项目学校

通过调整和提升，使我市体育传统项目学校和体育后备人才学校稳定在300所左右，系统参加学校运动队的学生保持在1.5万人以上，将体育传统项目学校真正建设成为课余体育训练示范学校和提高青少年运动技术水平、培养体育后备人才的重要基地。研究制定相关支持政策。

（四）推动区业余体校建设

各区做好业余体校规范化建设，突出抓好教练员队伍、场地设施、项目布局、经费保障等基础性工作。每个区业余体校原则上设立8个以上运动项目，每个运动项目教练员不少于2人、受训人数30人以上。力争用两年左右的时间完成区业余体校基础性建设；用3至4年时间完成提升达标工作。市体育行政部门重点支持建好5至8所示范性业余体校。同时，充分发挥我市各运动项目管理中心的作用，强化业余训练工作机制，开展单项体育后备人才基地的创建工作，进一步提升我市青少年运动训练的专业化水平。

（五）强化市体育运动学校后备人才培养的龙头作用

进一步理顺和完善体育运动学校招生、学生管理、文化教育、运动训练等工作机制，扩大办学规模，提高办学质量。加大青少年输送激励力度，调动区业余体校教练员和学校体育教师培养输送体育人才的积极性。鼓励广大青少年参加体育训练，为优秀体育人才创造升学机会，形成衔接顺畅的体育人才成长"绿色通道"。

（六）组织开展丰富多彩的青少年体育竞赛活动

加强青少年体育竞赛的组织和管理，稳步推进青少年竞赛改革创新。科学设置竞赛项目和年龄组别，吸引更多的青少年积极参加各项目比赛，并以此为平台，促进"校园阳光体育"的开展，实现"校校有体育特色、人人有两项喜爱的运动项目"的要求。大力度办好全市青少年各项目锦标赛、冠军赛、联赛和校际比赛，不断加大竞赛经费的投入。

（七）发挥高校优势，办好高水平运动队

高等院校要发挥文化教育和科研优势，积极与体育行政部门联合办好高水平运动队。高等院校负责高水平体育人才引进、学生运动员文化教育和高水平运动队的日常管理工作。体育行政部门将高等院校高水平运动队建设纳入我市竞技体育训练体系中，不断加大

训练比赛的经费投入和相关保障力度。

（八）创新社会力量培养后备人才新模式

加强青少年体育俱乐部建设，积极探索社会力量兴办青少年体育培训机构的新模式。根据《国务院关于加快发展体育产业 促进体育消费的若干意见》（国发〔2014〕46号）精神，通过政府向社会力量购买公共服务的方式，鼓励支持社会组织兴办青少年体育机构，推动我市青少年体育后备人才的培养。

七、推进京津冀协同发展，实现合作共赢

（一）建立协同发展工作机制

建立联席会议机制。联席会议由三地体育行政部门领导、体育行业协会负责人、体育专家等人员参加，每年举办1~2次，就有关协同发展的重要问题进行协商沟通。建立三地体育社团组织联系机制。尤其是群众体育社团组织，建立起信息发布、群体竞赛、竞赛指导、经验交流等的联系机制。成立京津冀体育产业协会，就体育产业方面的重大政策，落实国务院46号文件的进展情况和重点示范项目、承办高水平体育竞赛、体育用品制造业发展等问题进行协调。

（二）协调推进全民健身活动开展

打造京津冀体育健身休闲圈。充分利用三地的自然资源，建设一批体育健身休闲基地。共同组织开展大型群众体育活动。确定各自精品活动项目，组织三地群众共同参与，并形成常态化的品牌活动项目。组织群众喜爱的健身展示活动。搭建科学健身交流平台，推广有效健身方法。

（三）加大竞技体育交流，实现共同提高

加强三地各自优势项目的拓展，带动各自落后项目的提高。经常举办教练员训练交流活动，选派各自优势项目教练员到其他地区任教或选派教练员到优势项目"挂职锻炼"。联合举办高水平体育赛事。组织开展体育传统校竞赛交流活动。采取三地轮流承办方式，举办三地体育传统项目校际竞赛交流。为京冀两省市参加2017年全运会并取得好成绩做好服务。

（四）推进体育产业协同发展

共同打造一批体育服务业重点项目，利用三地自然资源建设20个品牌活动基地。联合申报国家级区域体育产业重点示范项目，积极向国家发改委和体育总局申报京津冀体育产业一体化发展项目作为重点支持项目，在体育资源交易平台、融资平台的建设和户外运动

设施建设、品牌赛事培育、专项体育人才培养等方面给予政策支持。促进体育用品制造业发展，打破地域界限与分割，充分发挥三地在体育用品制造业方面的优势，推进行业优质资源的优化整合。在产品生产、研发和销售等方面加强合作，完善三地体育用品市场准入政策，为区域体育用品制造业的发展创造条件。

（五）跨越发展冰雪运动项目

紧紧抓住北京张家口举办2022年冬季奥运会的重大机遇，与京冀两地紧密协作，大力度推动我市冰雪运动跨越式发展。制定政策鼓励社会力量建设冰雪运动场地。利用蓟州山地优势，建设高山滑雪场。鼓励建立冰雪项目俱乐部，建设高端室内滑冰场地等。

八、转变职能，依法治体，依法行政

（一）简政放权放管结合转变政府职能

认真落实国务院和市政府关于推进简政放权管放结合转变政府职能工作方案，大力推进体育领域创新社会管理和公共服务改革、审批制度改革、简政放权改革和加强事中事后监管。建立高效、有序、方便、监管有力的运行机制。基本建成全民健身公共服务体系，对取消和下放的审批职权，建立起高效有序的事中事后监管机制。

（二）提高依法行政、依法治体的意识和能力

体育行政部门切实转变职能，把工作重心放在制定发展规划、加强宏观调控、完善规章制度、提供公共服务、维护行业秩序上来。促进政事分开，管办分离。树立社会主义法治理念，强化依法治体意识，增强依法行政的自觉性，提高运用法律手段解决体育实际问题的能力。完善科学、民主和依法决策机制，加大决策环节的制度化建设，推进体育政务公开，促进行政决策与管理的科学化和民主化。

（三）建章立制，保障依法治体有效推进

着力解决依法治体的关键问题，制定促进公共体育服务、引导规范职业体育发展、推动体育社会组织建设、规范体育市场、体育协会与行政脱钩和体育行业作风建设等方面的法规、规章和规范性文件。与有关部门共同修订市人大常委会颁布的《天津市全民健身条例》。加强单项体育协会管理制度建设，提高行业自律、依法治理水平。坚持立、改、废并重，严格遵守立法权限和程序，提高制度建设质量。

（四）提高行政执法水平

推动各级体育行政部门完善行政执法制度，根据法律法规立、改、废的情况，及时梳

理行政执法依据，界定执法权限，明确执法机构、岗位、人员和责任。加强事中事后监管，细化执法流程，规范执法行为，改进和创新执法方式，探索综合执法，坚持管理与服务并重、处置与疏导结合，实现法律效果与社会效果的统一。组织开展体育法律法规和规章实施的监督检查，依法惩治违规行为。严格落实行政执法责任制。

（五）深入开展体育法治宣传教育

根据中宣部、司法部、全国普法办部署，实施体育系统法治宣传教育第七个五年规划。大力弘扬社会主义法治精神，着重针对重点群体，在体育系统形成尊重法治、厉行法治的良好氛围。创新方式方法，在继续发挥传统法治宣传教育阵地作用的同时，积极推进网络等新兴媒体法治宣传教育阵地建设，不断增强体育法治宣传教育的吸引力、感染力和渗透力。

九、完善各项保障体系

（一）发挥科技引领和支撑保障作用

紧紧围绕奥运会、全运会创造佳绩的目标，开展科研攻关、科研服务和科研跟踪，提高运动训练科学化水平。进一步建设好体育科研所，加大科技人才引进和培养力度，大力度做好学科带头人的引进培养，重点建设好重点学科。

（二）深化体育科技管理体制机制改革

加强政策引导，以实际需求为导向，以体育科研所和有关高校为骨干，调动各方面科技力量，建立体育科技资源布局合理、配置优化，适应我市体育事业发展需要的体育科技管理运行机制，全面提升体育科技创新能力和科学研究水平。积极参与国家体育总局和天津市重点科研课题的研究，提高体育科研能力和水平。

（三）建设"训科医一体化"科技服务保障体系

研究制订训科医一体化实施方案，加大科研经费投入，优化科技服务功能，促进科研部门与运动训练协同运行，建立覆盖优秀运动队训练的科技保障平台，重点加强运动创伤防治与康复、医务监督和运动营养工作。

（四）实施人才强体战略

坚持"人才优先、创新机制、高端引领、整体开发"的人才强体指导方针，建立完善体育人才培养开发、选拔任用、激励保障等机制。加大体育党政人才队伍、全民健身服务和管理人才队伍、竞技体育人才队伍、体育经济人才队伍、体育专业技术人才队伍等体育重点领域人才的培养力度。建立有利于各类人才脱颖而出的环境，完善有利于各类人才成长的激励政策，促进形成数量充足、素质优良、门类齐全、结构合理的体育人才队伍。

（五）大力推进体育文化建设

努力挖掘和发挥体育在建设社会主义先进文化，振奋民族精神，增强民族凝聚力，引领积极健康的社会价值观，建立科学文明的生活方式，提升生活质量过程中的作用。弘扬以爱国主义为核心的中华体育精神，积极倡导奥林匹克精神。重视民族传统体育文化遗产的挖掘、整理、保护和利用，努力扩大体育文化的影响力。加强运动项目和运动队文化建设，不断提高运动员的文化素养。进一步发挥市体育博物馆的作用和功能，加强体育文物征集和整理。

（六）加大体育宣传力度

进一步提升体育社会形象的宣传与推广，完善体育宣传的工作体制和机制，加强全民健身、竞技体育、体育产业以及重要法规、政策和条例的宣传，为体育改革和发展营造良好的舆论氛围和社会环境。重视和加强体育宣传队伍和新闻发布制度建设，加大对全市体育宣传工作的协调和指导。发挥体育记协的作用，加强与媒体的沟通合作，有效发挥体育媒体的积极作用。进一步加强政府网站的建设，掌握体育宣传主动权。

（七）加强组织领导，强化政府公共体育服务职能

强化与各级政府和相关部门的协商互动机制，促进区级以上各级人民政府按照《中华人民共和国体育法》和《全民健身条例》的要求，把公共体育设施建设纳入本级国民经济和社会发展规划，把体育事业经费列入本级财政预算，确保体育事业各项投入与社会经济发展同步。认真研究基本公共体育服务内容和范围，确定并公开政府购买服务内容和细目，明确政府及体育主管部门的责任，扩大公共体育服务的覆盖面，提升公共体育服务质量，推进城乡公共体育服务均等化。进一步完善支持体育事业发展的财政、金融、土地、能源等方面的政策。充分发挥各级工会、共青团、妇联、各行业和社会各界办体育的积极性，推动建立健全体育工作领导协调机制，统筹协调体育事业发展。

（八）推进体育信息化建设

充分认识信息化建设对体育发展的促进作用，进一步整合体育信息资源，拓宽采集渠道，加强信息服务，推进体育信息化建设。搭建体育资源网络信息平台，实现体育信息资源共享，推进体育行政管理和体育项目管理的信息化，加强体育赛事信息管理系统开发和体育场馆信息化建设。

河北省体育发展"十三五"规划

"十三五"时期，是全面建成小康社会的关键时期，也是我省体育发展的重大战略机遇期。为振兴河北体育、建设体育强省，根据国家体育总局《体育发展"十三五"规划》《河北省国民经济和社会发展第十三个五年规划纲要》，结合经济新常态下我省体育发展面临的新形势、新任务、新要求，制定本规划。

本规划是省级"十三五"专项规划之一，是"十三五"时期全省体育事业和体育产业发展的纲领性文件。

一、"十二五"时期体育发展成就

（一）群众体育取得丰硕成果

贯彻落实国务院《全民健身条例》《全民健身计划（2011—2015年）》，制定落实《河北省全民健身实施计划》（冀政〔2011〕60号），全省公共体育服务体系不断完善，群众体育事业蓬勃发展。到2015年，全民健身组织网络逐步健全，省级体育协会43个，市级体育协会350个，县级体育总会171个。全民健身指导网络逐步壮大，社会体育指导员7万余名。市县乡村四级公共体育健身场地设施网络逐步建成，全省50.3%的区县建有全民健身活动中心，100%的城市街道（乡镇）、70%的社区、63%的行政村建有便捷、实用的体育健身设施。"环京津体育健身休闲圈"建成89个全民健身户外基地。崇礼滑雪、邯郸太极拳、沧州武术等特色健身品牌活动影响力日益增大。全省经常参加体育锻炼人数达2539万人，占人口总数的34.2%，国民体质测定合格达标的人数比例达到86.4%。

（二）竞技体育实力稳步提升

五年来，我省运动员共获得世界冠军16个，全国冠军43个。其中，2012年伦敦奥运会获得3枚奖牌；2013年十二届全运会获得6枚金牌、10枚银牌和28枚铜牌；2014年仁川亚运会获得12枚金牌、7枚银牌、3枚铜牌，金牌数创历史记录。成功举办第十四届省运会，规模和参赛人数居历届之首。足球职业化发展取得历史性进步，石家庄永昌、河北华夏幸福两支足球俱乐部挺进中超联赛，河北女足进入女超联赛。联合北京市成功申办2022年第24届冬奥会，成立了冬季运动项目管理中心，组建了冬季项目运动队，制定了《河北省冰雪运动规划（2015—2022年）》，冰雪运动大省建设全面启动。青少年后备人才培养体系深入完善，体教结合进一步加强，全省青少年运动员注册人数达到29468人，成立了青少年业余训练管理中心，建设国家级高水平后备人才基地15个、省级高水平后备人才基地10个、国家级传统校19所、省级传统校188所，国家级青少年体育俱乐部191个，国家级青少年户外体育活动营地6个。

（三）体育产业发展初具规模

河北省人民政府制定出台了《关于加快发展体育产业的实施意见》《关于扶持体育产业发展的通知》《关于加快发展体育产业促进体育消费的实施意见》，体育产业政策不断完善。体育产业规模逐步扩大，2015年，河北省体育产业总规模289亿元，全省有体育用品制造企业293家，体育用品销售企业320家，体育服务业经营单位5600家，体育产业从业人数近20万人。全省体育彩票销售实现跨越式增长，五年累计销售287.27亿元，比"十一五"增长近2.5倍。

（四）体育场地建设强力推进

全省累计建成各类体育场地6.48万个，平均每万人拥有体育场地8.83个。体育场地建筑面积达到2199.7万平方米，场地面积达到10265.6万平方米。省投资30亿元的河北奥体中心开工建设（包括6万座体育场、体育馆、游泳跳水馆、网球中心和综合训练馆等场馆）。各地体育场地建设步伐加快，沧州体育中心、承德体育中心、邢台市七里河健身绿道、廊坊市环城奥林匹克公园等一批大中型体育场地相继落成，体育场地基础设施得到改善。

（五）体育保障工作取得新进步

体育行政管理体制改革进一步深化，制定实施了《河北省体育局办事公开制度》《河北省体育局重大行政决策管理制度》《河北省体育局行政执法责任制及相关配套制度》等规范性文件，依法治体水平不断提高。出台了《关于进一步加强运动员文化教育和运动员保障工作的实施意见》，运动员学习深造、技能培训、就业安置的途径进一步拓宽。体育科研和医疗保障水平进一步提升，体育宣传力度不断加强，体育对外交流有效开展，京津冀体育协同发展起步良好，党风廉政和体育行风建设深入推进，有效促进和保障了体育发展。

二、"十三五"时期河北体育面临的机遇与挑战

（一）重大发展机遇

——全民健身和健康中国建设的国家战略机遇。国家把全民健身和健康中国建设上升为国家战略，把增强人民体质、提高健康水平作为根本发展目标，凸显了体育的独特魅力

和价值，引导更多群众参与体育，为体育发展打下更坚实的基础、提供更强劲的动力。

——经济发展新常态的机遇。当前，我国经济发展进入新常态，供给侧结构性改革向纵深推进，对河北省经济社会发展提出了新要求，为体育发展提供了新机遇。国家和省相继出台加快发展体育产业、促进体育消费的文件，把体育产业作为绿色产业、朝阳产业进行扶持，开启了新一轮体育产业发展黄金期。

——筹办冬奥会的机遇。北京携手张家口筹备2022年第24届冬奥会，将加速环首都地区特别是张家口的城市化进程，促进全省经济结构调整、生态环境治理和民生事业的改善，推动奥林匹克运动的普及，加快全省冰雪运动发展，打造冰雪运动大省。

——京津冀体育协同发展的机遇。国家出台了《京津冀协同发展规划纲要》，为三地体育实现深度融合发展提供契机，大大拓展了全省的体育发展空间，必将有效推动各类体育资源在京津冀间的对接，不断提升京津冀区域体育发展的规模效益和品牌影响。

（二）主要挑战

——全民健身服务体系亟待完善。各类体育协会和社会团体组织发展较为滞缓，活跃度不高。社会体育指导员队伍数量相对较少，全省每千人拥有的指导员数量不足1人，科学有效的健身指导服务亟须加强。

——竞技体育实力亟待提升。竞技体育整体实力距实现体育强省目标仍有较大差距，"三大球"等项目基础依然薄弱，优势项目尚未形成夺金优势，竞技体育后备人才的选拔、培养和储备困难较大，发展后劲不足，项目布局和队伍结构需进一步优化，管理运行机制有待进一步改革。

——体育产业体制机制亟待创新。体育市场发育程度仍然较低，体育产业整体规模偏小，体育经营单位实力不强，在国民经济中所占比重较低，社会力量参与体育产业的渠道不畅，制约体育产业发展的体制性、机制性矛盾和问题依然比较突出。

——体育基础设施亟待加强。全省公共体育设施基础薄弱，171个县（市、区）仅建有46个县级公共体育场，86个全民健身活动中心，人均场地面积1.4平米，略低于全国平均水平。公共体育场馆设施对外开放程度不够，运营效益和利用率不高。

——体育融合发展亟待深化。单纯依赖政府投入、体育部门一家办体育的传统思维和做法依然存在，难以适应新形势下体育发展的需要，推动体育融合发展的力度和深度不大，体育融合发展步伐不快。

三、总体要求

（一）指导思想

全面贯彻党的十八大和十八届三中、四中、五中全会精神，以马克思列宁主义、毛泽东思想、邓小平理论、"三个代表"重要思想、科学发展观为指导，深入贯彻习近平总书记系列重要讲话精神，高举发展、团结、奋斗的旗帜，坚持中央"四个全面"的战略布局，牢固树立创新、协调、绿色、开放、共享的发展理念，落实全民健身、健康中国和京津冀协同发展国家战略，以振兴河北体育、建设体育强省、打造冰雪运动大省为目标，把握新常态、抢抓新机遇，突出问题导向，深化改革创新，扩大开放合作，着力发展体育事业、壮大体育产业、提升体育服务供给能力，推动全省体育发展迈上新台阶。

（二）发展目标

到2020年，群众体育活动广泛开展，全省人民身体健康水平明显改善。冰雪运动项目实现突破，其他运动项目水平明显提高，竞技体育综合实力显著增强。体育产业规模不断扩大，在国民经济中所占比重明显提升。体育场地建设力度加大，体育发展基础更加坚实。全省体育实现全面协调可持续发展。

主要发展指标：

——全民健身服务体系不断完善。到2020年，全民健身活动站点数量超过3万个，社会体育指导员注册总数达到8万名，各设区市国民体质监测中心覆盖率达到100%，各县（市、区）国民体质监测站覆盖率达到50%，经常参加体育锻炼的人口比例达到38%，《国民体质测定标准》总体合格达标率达到92%以上。

——竞技体育实力明显提升。力争在2016年里约奥运会、2018年雅加达亚运会和2020年东京奥运会等重大国际赛事中再创佳绩，实现2017年天津全运会"金牌10枚、力争12枚，奖牌总数超上届"的目标。

——体育产业加快发展。到2020年，全省体育产业总规模突破1500亿元。体育产业增加值的年均增长速度明显快于同期经济增长速度，在国内生产总值中的比重达到1%以上。体育消费额占人均居民可支配收入比例超过2.5%。全省体育彩票五年累计销售500亿元。

——冰雪运动大省初步建成。到2022年，全省参与冰雪运动人口达到3000万人次以上，张家口、承德等条件好的地区达到450万人次以上。2018年平昌冬奥会有河北省运动员参赛，2020年全国冬运会夺取金牌。

——公共体育设施明显改善。到2020年，全省各类体育场地达到8.34万个以上，全省人均体育场地面积达到1.8平方米。

四、主要任务

（一）全面推动群众体育发展

不断完善基本公共体育服务。实施全民健身国家战略，加快建设水平较高、惠及全民的基本公共体育服务体系，逐步推动基本公共体育服务在地域、城乡和人群间的均等化。推进公共体育服务示范区建设，制定结构合理、内容明确、符合实际的基本公共体育服务标准体系。加强基本公共体育服务信息化建设，搭建公共体育服务互联网平台，不断提升公共体育服务的质量和效率。以《河北省全民健身实施计划（2016—2020年）》为主要抓手，落实目标任务和重大政策措施，创新全民健身组织方式、活动开展方式、服务模式。开展实施效果评估和满意度调查，以县级为重点，完善全民健身评价体系。省体育局与市、县（区）人民政府共建公共体育服务体系示范区。

基本建成群众体育组织网络。大力培育基层群众体育组织，发挥各级体育总会的核心作用和单项体协、行业体协的骨干作用，推动群众体育组织自身建设，提高综合服务能力。构建群众体育志愿服务组织网络。基本建成遍布城乡、规范有序、充满活力的社会化群众体育组织网络。

广泛开展群众体育活动。创新群众体育活动的形式与内容，深入推进体育进机关、进企业、进学校、进社区、进农村、进家庭。打造群众体育品牌活动，提高张家口雪上运动、承德冰上运动、邢台自行车、沧州武术、邯郸太极拳、廊坊信鸽、秦皇岛轮滑、衡水马拉松和保定空竹等品牌活动的群众参与度和影响力。建立有效的业余竞赛活动体系和激励机制，探索多元主体办赛机制，促进群众体育活动广泛开展。

加大健身指导和宣传力度。拓宽社会体育指导员的发展渠道，扩大社会体育指导员规模，提升其技能和综合素质，增强科学健身指导服务。进一步完善国民体质测试机制，探索体质测定与运动健身指导站、社区医院等社会资源相结合的运行模式，鼓励社会资本开办康体、运动康复等各类机构。依托体质监测数据库，建立科学健身指导服务系统。组织开展科学健身主题宣传活动，普及健身知识，宣传健身效果，推广健康生活方式，提高公众科学健身意识。

推动全民健身与大健康新医疗融合。积极推进"健康河北"工程，充分发挥运动健身在疾病防御、慢性病防治和病后康复等方面的重要作用，引导群众转变健康消费理念，促进疾病治疗与未病健身并重发展。发挥中医药在运动康复等方面的特色作用，提倡开展健身咨询和调理等服务。鼓励各级各类医疗机构设立国民体质监测站点，建立居民体质测定和健康档案大数据互联平台，形成广泛覆盖城镇乡村的体质测试平台。创新体育消费补贴和保障机制，探索统筹利用医保卡开展健身消费，鼓励更多人群参与科学健身，提高群众身心健康，减少疾病发生和治疗。

加快青少年体育发展。贯彻实施《青少年体育活动促进计划》，加速青少年体育组织规范发展，拓展提升青少年体育赛事活动，打造"阳光体育活动"品牌。进一步加强青少年体育俱乐部、体育传统校和青少年户外体育活动营地建设。广泛组织开展丰富多样的青少年公益体育活动和运动项目技能培训，促进青少年爱好体育，掌握一项以上运动技能。探索青少年校外体育辅导员队伍培育工作，推进青少年体育志愿服务体系建设。

专栏1　青少年体育组织扶持计划

> 1. 创建国家示范性青少年体育俱乐部15个、省级示范性青少年体育俱乐部30个；
> 2. 创建国家级青少年体育俱乐部200个、省级青少年体育俱乐部100个；
> 3. 建成国家级传统校20所、省级传统校230所；
> 4. 建设青少年户外体育活动营地20个。

保障特殊群体基本体育权益。构建政府主导、多元主体参与的特殊群体体育活动保障体系，加大服务供给力度，提高服务水平。加强对老年人、残疾人、少数民族等特殊群体开展体育活动的组织和领导，推广适合特殊群体的日常健身项目、体育器材和科学健身方法等。

（二）着力提升竞技体育综合实力

创新竞技体育发展方式。深入研究竞技体育发展规律，实施训练、科研、医疗、教育、管理"五位一体"的科学训练新模式，组建"复合型训练管理团队"。创新竞技体育举省体制，逐步形成政府办与社会办相结合的竞技体育管理体制和投入评估体系。通过省市联办、省企联办、省校联办等多种方式联办优秀运动队。鼓励组建足球、篮球和冰球等职业俱乐部参加职业联赛，稳步推进职业体育发展。

调整优化项目结构。坚持突出重点，优化结构，拓展规模，提高效益。优势项目保持优势，潜优势项目加快发展，基础项目和集体球类项目稳步提高。重点扶持田径、游泳两个基础大项，提升基础项目竞争力。紧紧围绕乒乓球、射击、跳水、体操、举重和羽毛球6个夺金重点项目，加大向国家队输送人才力度，培育河北优势项目集群。发展新优势项目，把拳击、跆拳道、武术等项目打造成稳定的夺金项目，把摔跤、自行车、水上等项目打造成为争金夺牌项目。采取联办形式发展"三大球"项目及落后项目。

组织好重大赛事备战参赛工作。实施竞技体育精兵战略计划，狠抓奥运会、全运会等重大赛事备战工作的综合协调与组织保障，完善备战机制，统筹组织开展好系统性、适应性、科学性的精细化实战训练，确保完成参赛任务。认真组织好省内赛事和承办国内外重大赛事的筹备工作。

专栏2　参加国内外重要赛事任务目标

> 1. 2016年巴西里约第三十一届夏季奥运会：争取有更多河北省运动员入选中国代表团，确保获得奖牌。
> 2. 2017年天津第十三届全运会：金牌10枚（力争12枚），奖牌总数超上届。
> 3. 2018年印尼第十八届亚运会：在保持上届水平基础上，争取有所提升。

4. 2019年山西第二届青运会：展示河北青年队伍形象，检阅后备人才、后备梯队水平。

5. 2020年日本东京第三十二届夏季奥运会：力争获得1～3枚金牌。

完善运动员文化教育与保障体系。贯彻落实《关于进一步加强运动员文化教育和运动员保障工作的实施意见》，促进运动员的全面发展。推动义务教育阶段运动员文化教育工作纳入当地教育管理系列。推进优秀运动员进入高等院校学习的各项政策改革。继续完善各项运动员收入分配和激励保障政策，确保运动员社会保障待遇全覆盖。做好退役运动员就业安置工作，引导退役运动员从事全民健身服务、体育产业经营开发等工作。

切实做好反兴奋剂工作。全面贯彻实施《反兴奋剂条例》《反兴奋剂管理办法》，完善反兴奋剂管理体系，探索建立兴奋剂综合治理长效工作机制，实施"反兴奋剂进校园工程"。坚持"严令禁止、严格检查、严肃处理"，做好备战参赛各类运动会的反兴奋剂工作。

加强竞技体育后备人才培养工作。建立体教结合合作机制，推进优质教育资源与体校相结合。按照省有重点、市有优势、县有特色、校有传统的思路，不断加大各级体校、少儿体校及体育传统项目学校的建设力度，鼓励扶持市、县两级业余体校、各类训练单位快速发展。积极创建国家和省级高水平体育后备人才基地，巩固业余训练基础，提高业余训练水平。积极推进学校体育开展，会同教育部门建立联动机制，科学规划青少年体育赛事活动，推动更多运动项目在学校开展。建立科学公正的后备人才选拔机制，确保后备人才选拔的数量和质量。加强与社会力量合作，拓宽后备人才培养渠道，完善竞技体育后备人才培养体系。

（三）加快发展体育产业

打造主导产业。依托山地、高原、丘陵、平原、江河、湖泊和海洋等自然资源，大力发展山地户外运动、冰雪运动、水上运动和航空体育等运动休闲产业，重点打造一批运动休闲节会和品牌活动。实施品牌体育赛事培育工程，结合各地特点和发展实际，创办培育2到3个自主赛事品牌，积极申办和引进具有较大影响力的高端赛事，发展赛事经济，延伸赛事产业链条。加强科技创新，推动体育制造业转型升级，鼓励"互联网+"、大数据、高新材料在体育装备业的应用，着力发展智慧体育装备、冰雪运动装备和康体休闲装备等。积极推进体育场馆服务、体育培训、体育中介等体育服务产业的发展。

优化产业结构和布局。发挥各地产业优势，大力发展体育服务业，逐步提高在体育产业中的比重。打造环京津体育产业带，发展运动休闲、竞赛表演、体育会展、体育文化创意、体育中介、体育金融和体育传媒产业；打造太行山—燕山体育产业带，发展山地户外运动竞赛表演和运动休闲产业；打造沿渤海体育产业带，发展海洋运动竞赛表演和运动休闲产业。打造冀中体育装备制造业聚集区，建设沧州、保定、廊坊和石家庄体育装备研发和制造基地，培育盐山、海兴、定州、大厂、三河、霸州、容城等一批体育装备研发和制造示范县，推出一批知名体育装备品牌。依托冀中南深厚的体育文化资源，打造沧州武术杂技、保定通用航空、衡水马拉松、邢台自行车、邯郸太极拳等特色体育文化产业聚集区。发挥引领示范作用，支持创建一批国家级和省级体育产业基地。

培育多元化市场主体。组建河北体育产业集团，培育河北省体育产业龙头企业。着力扶持、培育一批拥有自主品牌、比较优势、竞争实力的骨干体育企业。支持社会力量兴办体育中介组织，培育体育经纪公司。全面落实国家扶持中小微企业发展的政策措施，积极扶持中小微体育企业发展，鼓励成立各类体育产业孵化平台，为体育领域的大众创业、万众创新提供环境。与全国优质产权交易所合作，打造体育产业资源交易平台，促进各类市场主体之间体育资源的规范、高效流转。大力发展各类体育产业协会，规范和引导多元市场主体行为，加强行业自律。

促进相关产业融合发展。落实《体育旅游发展纲要》，大力发展"体育+"，推动体育与文化、教育、旅游、健康、养老等融合发展，带动体育传媒、体育培训、体育会展、体育广告、体育出版和体育影视等相关业态的发展。引导和支持"互联网+体育"发展，鼓励开发以移动互联网为主体的"体育生活云平台"及体育电商交易平台。大力培育具有河北特色的体育旅游品牌，加快建设国家级体育旅游示范区、具有国际影响力的体育旅游目的地、体育旅游精品赛事和活动以及精品线路，精心打造环京津体育旅游区。以体育设施为载体，打造城市体育服务综合体，带动商贸、会展、演艺、健身、养生等新型业态发展。

专栏3　体育旅游精品景区、精品线路、精品赛事

精品景区：崇礼长城岭滑雪场、崇礼万龙滑雪场、崇礼云顶滑雪场。

精品线路：崇礼冰雪运动线路（国家级"十佳"）、围场塞罕坝—御道口—古崖口漂流线路、兴隆东燕山全国徒步线路。

精品赛事活动：中国崇礼国际滑雪节、中国保定空竹艺术节、中国沧州国际武术节、北戴河铁人三项大赛、崇礼100超级天路挑战赛、丰宁"坝上马术风情节"、衡水湖国际马拉松赛、秦皇岛国际马拉松赛、北戴河轮滑节、中国廊坊名鸽展示会、中国廊坊碧海国际钓具展、中国邢台绿色太行国际公路自行车大赛、中国邯郸国际太极拳运动大会。

大力发展冰雪运动产业。培育和发展冰雪竞赛表演、健身休闲、场馆服务、中介服务、培训教学等业态。支持各地打造一批冰雪企业和品牌赛事。推动冰雪产业与旅游、健康、会展、金融、网络、传媒等深度融合，提供多样化产品和服务。促进冰雪场地设施建设带动住宅开发、休闲娱乐等业态的发展。支持张家口打造冰雪产业聚集区，建设京张体育文化旅游带。支持崇礼创建国家级体育产业基地。支持建设京承体育文化旅游带。鼓励

引导社会资本投资冰雪用品及相关产品制造、销售等行业，培育一批具有自主品牌的冰雪器材、防护用具、冰雪设备、服装鞋帽等企业。支持高等院校、科研院所研发科技含量高、拥有自主知识产权的冰雪产品。

做好体育彩票工作。转变发展理念和发展方式，大力推进体育彩票的公益属性、发展质量和公信力建设，全力做好体育彩票各项工作。狠抓依法治彩，贯彻《彩票管理条例》，进一步完善各项市场管理制度。加快建立健全与彩票管理体制匹配的运营机制。适应发展趋势，完善销售渠道，稳步扩大市场规模。加强公益金的使用管理绩效评价，不断提升体育彩票的社会公益形象。

（四）推动冰雪运动发展

实施冬季竞技项目重点突破。紧紧围绕筹办2022年冬奥会，全力推进冬季项目运动队建设，加大投入力度，实施重点保障，优先发展自由式滑雪（空中技巧、U型场地）、单板滑雪、高山滑雪、速度滑冰和冰球等项目，在国内外大赛取得优异成绩。冬季项目布局结构合理，人才选拔培养渠道顺畅，在册在训运动员规模扩大，到2018年开展冬季运动项目的设区市达5个以上，2020年达到8个。

加大冰雪运动普及力度。以筹备冬奥会为契机，科学制定群众冰雪运动推广普及实施计划，广泛开展群众性冰雪体育活动，形成体育部门主导、社会团体牵头、有关部门联手、省市上下联动、社会各界参与的工作格局，打造冰雪运动大省。省级和各市要成立冰雪项目协会，张承地区50%以上县（市、区）成立冰雪项目协会、50%以上社区建有冰雪体育健身站（点）、30%以上乡镇建有冰雪体育组织。

加强冰雪运动人才培养。依托河北体育学院及省内外专业体育院校，组建河北省冰雪运动学校。积极支持张家口、承德有关院校设立冰雪运动专业。加快推进张家口市少年儿童冰雪运动业余体校及宣化二中青少年奥林匹克冰雪运动学校、崇礼区冰雪运动学校、沽源滑冰运动学校等市县两级学校的建设。加强与北京体育大学、哈尔滨体院、东北师范大学和社会组织合作共建，联合培养冰雪运动专业管理和服务人才。充分利用各地优质教育资源，通过联办、共建和远程教育等形式，不断提高运动员综合素质，到2020年力争创建冰雪项目联办学校50所。

推进冰雪运动场地设施建设。积极推进与国家体育总局共建崇礼滑雪训练基地。支持承德市建设国家级和省级滑冰训练基地。各市建成有效冰面面积不少于1830平米的公共滑冰馆，有条件的县（市、区）因地制宜建设公共滑冰场，鼓励各地改造现有体育馆建设滑冰馆。鼓励各地结合住宅开发和商业设施规划建设一批室内冰场，利用公园和城市广场等用地建设可移动冰场和浇筑室外临时性冰场。引导社会力量建设冰雪场地。鼓励校园建设冰雪活动场地。

专栏4　冰雪运动重点任务

1. 2016年新疆第十三届全国冬运会：组建队伍参赛，填补河北冰雪项目空白；确保获得奖牌、力争夺取金牌，实现冰雪项目奖牌"零"突破。
2. 2017年日本札幌第八届亚冬会：力争有河北省运动员进入中国代表团。
3. 2018年韩国平昌第二十三届冬奥会：有河北省运动员参赛。
4. 2020年第十四届全国冬运会：夺取金牌，整体实力和竞争力全面提升。
5. 全省每年培养冰雪健身社会指导员200人以上。
6. 全省每年举办冰雪国际赛事2项次以上，国家级赛事5项次以上，举办冰雪活动150次以上，力争培育3~5个国内外有影响力的特色品牌。
7. 冰雪竞技项目中有1~2个冰雪小项达到世界水平。

（五）推动足球改革发展

积极稳妥推进足球协会改革。依据《中国足球改革发展总体方案》和《地方足球协会调整改革指导意见》，按照政社分开、权责明确、依法自治的原则，实施省足球协会调整组建工作，健全市、县（市、区）足球协会的组织机构，完善各级足球协会内部治理结构、权力运行程序和工作规则，建立决策权、执行权、监督权既相互制约又相互协调的机制。积极推进省体育局足球管理中心由事业单位向社团常设办事机构（足球协会秘书处）转变，适时撤销足球管理中心。

完善足球竞赛体系。扩大全省足球竞赛规模，增加竞赛种类，逐步形成赛制稳定、等级分明、衔接有序、遍及城乡的竞赛格局。重点促进职业联赛、区域等级赛事、青少年等级赛事、校园足球赛事、社会足球赛事等有机衔接，实现竞赛结构科学化。逐步建立健全青少年联赛体系。

加大校园足球普及力度。把足球列入学校体育教学内容，保证足球教学时间。鼓励学校建立足球队和足球俱乐部。鼓励建立足球特色学校。构建足球特色学校和青少年训练营相结合的新型足球人才培养模式。制定足球特色学校特殊升学政策，建立小学、初中、高中、大学相衔接的足球后备人才培养体系。

普及发展社会足球。引导和整合社会力量，组织开展丰富多彩的足球活动，不断扩大足球人口规模。支持民间团体和业余足球俱乐部开展足球活动。积极推动城市、社区、企业的业余足球联赛，鼓励机关、事业单位、企业和部队组建足球队。注重从竞赛、教练指导、场地等方面支持社会足球发展。工会、共青团、妇联等人民团体要发挥各自优势，共同推进社会足球发展。

专栏5　足球改革发展重点任务

> 1. 中超联赛、中甲联赛、女超联赛保持各有1个或多个俱乐部参赛；
> 2. 2020年全省校园足球特色学校达到1000所；
> 3. 2020年社会足球队达到3000支；
> 4. 2020年创建6~8所市级新型足球学校，建立2~3个省级青少年足球训练中心（训练营），建成1~2所足球学院；
> 5. 完成10000人次以上的专业人才培训任务；
> 6. 2020年，省级建成1个高标准足球训练基地。各设区市建设1个足球训练基地或1个青少年足球夏令营活动基地。各县（市、区）至少建成2个社会足球场。

（六）推动京津冀体育协同发展

共同建设京津冀体育健身休闲圈。充分利用京津冀丰富优质的自然资源和体育场馆资源，深入做好"环京津体育健身休闲圈"全民健身户外活动基地培育工作，着力构建特色鲜明的体育休闲区，到"十三五"末在环京津地区打造一批规模大、影响力强的体育休闲基地。联手京津构建惠及全民的健身场馆群，探索建立体育场馆联盟，实行"健身一卡通"。建设完善三地共享的"互联网+健身"的智慧体育网络。

联合构建国际顶级赛事聚集区。与京津共同谋划、承接和举办国际顶级赛事，建立高端赛事承办的联动合作机制，着力打造与京津冀的国家战略定位和城市形象相匹配的品牌赛事，逐步将京津冀地区打造成具有国际影响的品牌赛事聚集区。推动建立动态更新的京津冀地区群众体育赛事活动品牌库，共同组织开展大型群众体育活动。

协力打造京津冀体育产业带。以体育服务业、体育产业园区为重点，加强联动发展，培育具有全国影响力的京津冀体育产业集聚区，联合申建国家级产业示范项目。合力增强体育用品制造业实力，鼓励域内企业通过联合、兼并、重组等形式整合资源，开展跨地区、跨行业、跨所有制经营，优化区域体育产业结构，打造具有国际竞争力的企业品牌。联合组建京津冀体育产业协会。

合力推进体育人才培养交流合作。突出培养体育管理人才，建立京津冀体育干部联合研修、培训机制，加强三地体育部门人才交流。统筹运动员、教练员、体育场馆运营人员、体育科研人员等优质人力资源，广泛开展区域内的人才交流，加快建立京津冀体育人才智库。

（七）加强体育场地建设和运营

制定公共体育场地布局规划。省级制定《全省公共体育设施布局规划指导意见》，指导和推进各市编制出台《公共体育设施布局中长期规划》，明确建设时限、规模、投资等要求，落实到具体地块，在全省形成布局合理、功能完善、门类齐全的公共体育设施体系布局规划。鼓励公共体育与公共文化、休闲功能复合，节约、集约利用土地资源。

加大体育场地建设与管理力度。推动落实国家财税优惠政策，鼓励社会资本投入健身设施建设。加强健身场地设施管理与维护，坚持建管并举，提高健身场地设施使用率。进一步提高体育设施覆盖率，城市街道、乡镇室内外健身设施比例超过80%，行政村（社区）健身设施覆盖率达到100%，新建居住区和社区按室内人均建筑面积不低于0.1平方米或室外人均用地不低于0.3平方米的标准配套群众健身相关设施。在全省主要城市社区基本建成"15分钟健身圈"。县级建设"三个一"工程（一个公共体育场、一个公共体育馆、一个全民健身中心或公共游泳馆、公共滑冰馆），50%以上的县（市、区）建成公共体育场和公共体育馆，县级全民健身活动中心（公共游泳馆、公共滑冰馆）建成比例超过70%。市级建成"五个一"工程（一个公共体育场、一个公共体育馆、一个公共滑冰馆、一个公共游泳馆、一个全民健身中心）。省级建成河北奥林匹克体育中心、崇礼滑雪训练基地、秦皇岛训练基地、射击训练基地、足球训练基地。

专栏6　全民健身便民设施工程

1. 农民体育健身工程项目20000个；
2. 乡镇体育健身工程项目300个；
3. 全民健身户外活动基地项目11个；
4. 城区公园广场健身工程项目20个；
5. 城市社区健身工程项目1000个。

创新体育场馆运营。增强体育场馆复合经营能力，扩展服务领域，延伸配套服务，打造城市体育服务综合体。探索体育场馆所有权与经营权分离，引入现代企业制度，激发体育场馆运营活力。继续推进大型体育场馆运营改革，创新政府购买公共体育服务方式，构建河北省体育场馆信息服务网络平台，整合公共体育场馆、全民健身户外基地以及社会场馆设施等资源，提升场馆公共服务水平。推行体育场馆设计、建设、运营管理一体化模式，充分考虑赛后综合利用。积极推进体育场馆向社会免费或低收费开放，探索将社会体育场馆纳入免费低收费开放的范围。

五、保障措施

（一）加强组织领导。各级政府要高度重视体育工作，将体育发展纳入当地国民经济和社会发展总体规划，把体育经费、体育基本建设资金列入本级财政预算和基本建设投资计划，强化政策措施，推动体育发展。建立健全体育工作领导协调机制，强化部门配合联动、齐抓共管。推进建立京津冀体育部门联席会议制度，形成统筹协调、资源共享、协同推进的工作格局。

（二）加大政策引导和资金扶持力度。发挥财政资金的引导带动和放大功能，加大政府投入，争取国家资金支持。加强体育与金融机构合作，创新金融产品和服务方式，增加适合中小微体育企业的信贷品种。支持符合条件的体育企业上市。支持骨干体育企业和重大体育项目通过境内外证券市场融资。安排"体育产业发展引导资金"，设立"体育产业发展股权投资引导基金"，通过贷款贴息、项目补贴、奖励、股权投资等方式，对符合条件的体育产品、服务、项目和企业等给予扶持，引导各类社会资本参与体育产业投资，重点支持体育行业小微企业和体育产业孵化。推广运用政府和社会资本合作模式（PPP），支持社会力量进入体育产业领域，建设体育设施，开发体育产品，提供体育服务。

（三）坚持依法治体。加强体育法制建设，深入推进依法治体、依法行政。不断完善地方性体育法规、规章和规范性文件，建立健全科学决策机制，完善体育部门法律顾问制度，提高体育行政职权规范化、科学化水平。完善体育行政执法制度，加强行政执法责任制，切实提高体育执法水平。创新普法形式，推进法制宣传教育，营造学法守法用法的良好氛围。

（四）深化人事制度改革。改善人才引进、人才聘用和职称评定机制，完善政策扶持和激励机制，形成有利于体育发展的选人用人机制，盘活既有体育人才资源。加快培养体育管理、经营、创意设计、科研、中介等急需的各类体育专业技术人才。加强国内外体育合作交流，积极引进领军人才、拔尖人才和创新团队，争取纳入国家有关人才计划，以高水平人才队伍支撑河北体育发展。

（五）加强体育文化和宣传保障。大力弘扬中华体育精神，培育和传播奥林匹克文化，实施冬奥会文化专项推广计划，营造全社会关心、支持和参与冬奥会的浓厚氛围。培育体育文化精品，传承和推广太极文化、武术文化等我省优秀传统体育文化。推进运动项目文化建设，塑造运动员积极正面的社会形象。精心培育体育公益、慈善和志愿文化。完善信息发布机制，加强政府信息公开工作。加大体育宣传力度，建立实时追踪、动态分析和舆情研判机制，积极回应社会关切。

（六）加强体育统计工作。建立完善符合体育发展需要的系统化、常态化和标准化的体育统计工作制度，重视体育统计工作在全民健身服务、体育产业发展、公共场馆管理等方面的重要支撑作用。充分依靠互联网、物联网和随身设备等新兴工具，优化体育统计工作流程，提高体育统计工作效率，促进体育统计工作的规范性与科学性。

（七）切实抓好党风廉政建设。贯彻全面从严治党要求，落实党风廉政建设主体责任和监督责任，把党风廉政建设纳入体育发展全局，健全改进作风长效机制，狠抓政风行风建设。加强纪律规矩约束，强化责任追究，加大对重点领域的正风肃纪，建立惩防结合的源头治理体系，为体育发展营造风清气正的良好环境。

（八）加强监督落实。做好规划衔接与细化工作，建立目标任务考核制度，分解落实本规划确定的目标任务，实行规划年度监督、中期评估和终期检查制度。建立健全动态调整机制，跟踪分析规划实施情况，为调整目标任务和制定政策措施提供依据，确保本规划目标任务如期完成。

山西省"十三五"体育事业发展规划

"十三五"时期是如期实现全面建成小康社会奋斗目标的决胜阶段,也是全面深化改革、推进体育事业发展的重要时期。为统筹"十三五"时期全省体育事业的改革与发展,使体育在增进人民健康、推动经济转型、凝聚发展动力、展示三晋风采中发挥更加积极的作用,根据国家和省委、省政府的总体部署,综合分析我省体育事业发展面临的形势和任务,制定本规划。

一、"十三五"时期我省体育发展面临的形势

(一)"十二五"期间我省体育事业取得新成就

"十二五"期间,在省委、省政府的正确领导下,我省体育工作坚持以人为本,以提高全省人民的身体素质和生活质量为立足点,以转型发展和建设健康山西为契机,深化体制改革,创新发展方式,强化公共服务,推动社会参与,体育事业取得新成绩。

全民健身服务体系不断完善,提前实现全省行政村体育场地"全覆盖"和乡镇全民健身广场"全覆盖",第六次全国场地普查我省人均体育场地面积达到1.29平方米。全民健身组织网络进一步健全,实现平均每千人中有社会体育指导员1.5名,超额完成"十二五"末全省每千人中有1名社会体育指导员的目标,62%的行政村成立了体育组织,86%的行政村配备了社会体育指导员。经常参加体育锻炼的人数不断增多,体育逐步成为人民群众生活的重要内容,城乡居民达到《国民体质测定标准》合格以上的人数比例为87.6%,优秀率达到10%。青少年体育工作不断加强,"体教结合"进一步深化,青少年体育活动蓬勃开展。

优化项目布局,实施精品战略,竞技体育综合实力得到提升。我省运动员在城运会、全运会、亚运会、奥运会上连续取得优异成绩,实现奥运会单项金牌"零"的突破。成功举办第14届省运会,积极申办第二届全国青运会获得成功。职业体育不断发展。运动员文化教育和保障工作进一步加强。

体育产业持续发展,体系逐步完善,在促进消费、推动转型发展中的作用逐步显现。《山西省人民政府关于加快发展体育产业促进体育消费的实施意见》出台,我省体育产业发展进入新的阶段。体育彩票销售逐年递增,累计销售75.21亿元,筹集公益金20.38亿多元,有力支持了体育事业的发展。山西澳瑞特健康产业股份有限公司为载人飞船"天宫一号"研制生产的"太空健身车"获得圆满成功。

各级体育场馆建设全面推进，山西体育中心建成并投入使用，其举办赛事活动、促进全民健身、专业运动训练、体育产业开发、旅游景点观瞻、应急避险场所等六大主体功能得到充分体现。全省公共体育设施开放逐步推进。太原航校迁建工程竣工并举办了亚洲跳伞锦标赛，太原、大同、长治三个航校通用航空服务为经济建设和社会发展做出积极贡献。

体育法治工作稳步推进，体育法治环境不断改善。体育科技、教育、宣传、人才培养等工作力度不断加大，有效地保证了"十二五"期间山西体育事业的发展与进步。体育行业作风建设和反腐倡廉建设有力推进，为体育事业发展营造了风清气正的良好环境。

（二）"十二五"期间我省体育事业发展中存在的主要矛盾和问题

人民群众日益增长的多元化体育需求与有效供给不足仍然是我省体育发展中存在的主要矛盾。全民健身公共服务体系有待进一步完善，特别是城市社区体育设施规划和建设欠账较多，学校和单位内部的体育设施对社会开放依然阻力较大，群众身边的场地数量、类型和开放程度仍不能满足健身需求。社会力量举办全民健身活动的扶持激励政策滞后，开展小型、多样、身边的体育活动的长效机制需要进一步完善。竞技体育管理体制和运行机制改革有待进一步推进，项目结构和布局需要进一步改善，竞技体育在提供竞赛表演服务、带动项目发展上作用发挥不够。深化全运会等大型运动会改革，迫切需要竞技体育在发展思路和发展方式上做出调整。业余训练体制机制创新不足，体育后备人才匮乏的局面没有得到根本改观。体育产业发展相对滞后，产业规模偏小和结构不完善并存，产业发展政策有待进一步落实和深化，多部门协同推进体育产业发展的机制需要进一步健全。体育组织社会化水平不高，政府主导体育社会组织发展的局面没有实质改变，全社会共同参与体育发展的工作格局还需完善，体育系统外的各类体育社会组织和市场组织质量低、功能弱的现象突出。体育健身文化引领不足，人民群众自觉健身、科学健身的理念尚未普遍形成。高素质复合型的体育管理人才依然缺乏，依法治体、科学发展的水平有待进一步提高。

（三）"十三五"时期我省体育发展面临的机遇

"十三五"时期，我国进入全面建成小康社会的决胜阶段，经济长期向好基本面没有改变，以习近平为总书记的党中央把体育作为中华民族伟大复兴的一个标志性事业，国家对体育的重视和支持将更加有力。全面建成小康社会、建设健康中国、全民健身上升为国家战略，为体育的发展与繁荣提供了重要机遇。体育被列入六个新增的消费领域之一，体育产业将有潜力成为推进经济社会持续发展的重要力量。经济发展新常态和体育供给侧结构性改革对体育与经济社会的协调发展提出了新要求。筹办2022年北京冬奥会等国际大赛，将进一步提升体育的影响力。

从省内看，"十三五"时期，我省发展处于可以大有作为的重要战略期，全面深化改革和转型综改试验区建设向纵深推进，为我省经济社会发展进一步释放了活力。丰富的资源禀赋、独特的区位优势、深厚的历史文化底蕴，以及我省在全民健身、竞技体育、体育产业等领域取得的成就，为加快发展体育事业奠定了坚实的基础。净化政治生态，从严落实"两个责任"、保持"三个高压态势"、推进"六权治本"，形成了我省如期全面建成小康社会的强大合力和良好环境。人民群众日益增长的体育需求和对美好生活的向往与期待，为体育发展增添了动力。全面深化改革特别是体育社会团体改革将有力推进体育组织的社会化进程，进一步消除制约各类体育社会组织发展的体制机制障碍。以大数据、物联网、云计算等为代表的新一代信息技术，将助推体育改革和发展方式转变。落实《山西省人民政府关于加快发展体育产业促进体育消费的实施意见》，体育与文化、旅游等将深度融合发展，体育产业在推动经济转型升级和促进大众创业、万众创新中将发挥更加积极的作用。我省承办第二届全国青运会，将为推动全省体育发展带来新的机遇。把握"十三五"时期发展体育事业的机遇，必须以更加昂扬的斗志，锐意进取、积极作为，在新的更高起点上推动我省体育事业实现全面协调可持续发展。

二、"十三五"时期我省发展体育的指导思想、基本原则、主要目标和发展理念

（四）指导思想

高举中国特色社会主义伟大旗帜，全面贯彻党的十八大和十八届三中、四中、五中全会精神，认真落实省委十届七次全会精神，按照全面建成小康社会、建设体育强国的总要求，把增进人民福祉、促进人的全面发展作为发展体育的出发点和落脚点，牢固树立和贯彻落实"五个发展"新理念，抓住建设转型综改试验区的机遇，围绕建设健康山西、促进民生改善，进一步解放思想、更新理念、深化改革、激发活力，积极探索符合山西实际的体育运行模式和管理机制，努力提升我省体育治理体系与治理能力现代化水平，努力提高全省体育的综合实力和影响力，使体育在推动经济、政治、文化和社会建设中的作用得到更加充分的发挥，为全面完成"十三五"规划的目标和任务，推动"六大发展"和如期全面建成小康社会做出积极贡献。

（五）基本原则

坚持以人为本。坚持以人民为中心的发展思想，以维护和实现人民群众的体育权益为着眼点，不断满足人民群众日益增长的多元化体育需求，让人民群众身体更健康，心情更快乐，生活更充实。

坚持科学发展。坚持从我省实际出发，顺应经济社会发展对体育的新要求，主动适应经济发展新常态，探究和遵循现代体育发展的内在规律，加快转变体育发展方式，实现体

育的高质量、可持续发展。

坚持深化改革。坚持以改革促发展，加快建立健全符合我省实际的体育发展新模式、新机制，不断破除不利于体育发展的体制机制障碍，更好地发挥政府作用的同时，更充分地发挥市场在体育资源配置中的积极作用，为体育发展提供持续动力。

坚持依法治体。坚持用法治引领、推动、保障体育发展，加强地方体育立法，营造良好体育法治环境。牢固树立法治理念，增强法治思维，深入推进依法行政、依法治体，切实把体育工作纳入法治轨道，保障和维护人民群众的体育权利。

（六）主要目标

落实国家和我省的"十三五"规划确定的任务目标和要求，进一步完善与经济社会协调发展的体育管理体制和运行机制，初步形成政府主导、市场参与、社会协同的现代体育管理和运行格局，体育事业取得进一步发展，体育综合实力得到进一步提升，体育的各项功能作用进一步体现。

落实全民健身国家战略，全民健身活动广泛开展。实施《山西省全民健身实施计划（2016—2020年）》，到2020年，经常参加体育锻炼的人数达到1100万，人均体育场地面积达1.5平方米以上。全民健身基本公共服务覆盖各类人群，城乡居民的健身意识进一步增强，群众体育事业达到新水平。

全力筹办第二届全国青运会，充分展示山西的良好形象。以"绿色青运、活力青运、精彩青运"为主题，以"办优良盛会、展优美环境、创优质服务、争优异成绩"为目标，坚持把承办青运会与促进山西经济社会发展、提高全民精神文明素质相结合，与拉动城市建设、提升城市功能相结合，切实把"二青会"办成一届"精彩圆满、富于特色、大美三晋、成就青运"的体育盛会，推动全省经济社会、城市环境、精神文明建设再上新水平。

以备战第二届全国青运会为重点，竞技体育综合实力进一步增强。完善竞技体育管理机制，优化竞技体育项目结构和布局，保持优势项目继续领先，力争潜优势项目取得突破，扩大竞技体育项目基础，争取在基础大项和"三大球"项目上取得进步。积极推进职业体育发展。加强全国青运会的备战工作，带动全运、奥运备战，全面提升我省竞技体育实力。

完善并落实体育产业相关政策，体育产业规模和质量不断提升。全面贯彻落实《国务院关于加快发展体育产业促进体育消费的若干意见》和《山西省人民政府关于加快发展体育产业促进体育消费的实施意见》，扩大体育产品供给，促进体育消费。到2020年全省体育产业总规模超过320亿，逐步形成多元主体共同发展的体育产业格局。

加强体育文化建设，促进体育文化繁荣。高度重视体育文化在体育事业发展中的作用，更加重视和挖掘体育的多元价值。加强体育项目文化建设，打造一批质量高、影响大的体育文化精品工程，办好一批社会效益显著的体育文化精品活动。弘扬中华体育精神，充分发挥体育文化在培育社会主义核心价值观中的重要作用。

（七）基本理念

创新发展。把创新摆在体育发展全局的核心位置，积极构建更加开放、更利于创新的政策环境和市场环境，积极推进理论创新、制度创新、科技创新，充分调动和增强各类主体的创新能力，带动体育领域的大众创业、万众创新。

协调发展。正确处理体育发展中的重大关系，坚持并积极推动体育与经济社会协调发展，坚持群众体育与竞技体育全面发展、体育事业与体育产业协调发展，推动城乡体育均衡发展、区域体育联动发展，不断增强各项体育工作的系统性和协同性。

绿色发展。充分发挥体育行业、体育产业绿色低碳优势，倡导健康生活方式，推进健康关口前移，提高人民生活品质，服务健康山西建设，促进经济转型升级。注重在大型体育活动筹办、体育场馆建设和运营过程中节能环保，降低资源能源消耗。

开放发展。加强体育与相关部门和领域的沟通协作，完善开放发展的机制与渠道，促进与各省（自治区、市）的交流学习，推动体育对外交往。坚持引进来与走出去并重，引资和引技引智并举。主动借鉴国际、国内体育发展先进理念和方法，积极融入国家和我省的重大发展战略，带动体育创新和改革发展。

共享发展。坚持体育发展为了人民，体育发展依靠人民，体育发展成果由人民共享，进一步完善基本公共体育服务体系，加快完善体育共建共享机制，推动基本公共体育服务在地域、城乡和人群间的均等化，使人民群众在参与体育中享受体育乐趣，在共建共享发展中有更多获得感。

廉洁和安全发展。牢固树立廉洁和安全是体育事业进一步发展的前提的思想理念。坚持廉洁发展并自觉贯穿到体育事业发展的各环节、各领域，增强廉洁发展的本领，营造推动廉洁发展的环境。坚持安全发展是红线，始终把安全生产放在首位，警钟长鸣，常抓不懈，落实安全生产主体责任，健全"党政同责、一岗双责、齐抓共管"的安全生产责任体系，坚决遏制重特大安全事故的发生。

三、落实全民健身国家战略，推动群众体育更好发展

（八）加强体育健身设施的建设和管理

按照统筹安排、合理布局、安全规范、方便群众的原则，加强群众身边的体育健身设施的建设和管理。在设区的市的城市社区建设15分钟健身圈，在县城社区建设10分钟健身圈，严格落实新建居住区和社区体育设施建设与主体工程同步设计、同步施工、同步投入使用的规定，实现新建社区的体育设施覆盖率达到100%。进一步推进全民健身"6565四级工程"建设，推进营地、步道、绿道建设，推广季节性、可移动、可拆卸的健身设施。支持老少边穷地区体育健身设施建设，实现市、县（市、区）全民健身活动中心覆盖率超

过70%，城市街道、社区和乡镇室外健身设施建设比例超过80%。大力推进山西省全民健身中心规划、改建工作，推进大同航校迁建工程。落实国家财税优惠政策，完善和创新建设模式，支持社会资本建设体育场地设施。探索建立中小型体育场馆免费、低收费开放补助机制，推动各级各类公共体育设施免费或低收费开放。加快推进企事业单位的体育设施向社会开放。建立完善政府补偿和购买责任保险的相关政策，推动学校体育设施向公众开放。

专栏1　6565四级工程

> 市级"六个一工程"，即"一个综合体育场、一个综合体育馆、一个游泳馆、一个大（中）型全民健身活动中心、一个全民健身户外活动基地（大型体育主题公园）、一个国民体质监测中心"。县（区、市）级"五个一工程"，即"一个标准体育场（田径场）、一个体育馆、一个中（小）型全民健身活动中心、一个体育主题公园（或健身休闲基地）、一个国民体质监测中心"，提倡有条件的县（区、市）建设融综合体育馆、全民健身活动中心、游泳池、体质测定中心于一体的综合全民健身中心。街道（乡镇）级"六个一工程"，即"建立一个小型全民健身活动中心（全民健身活动广场或多功能运动场）、一个健身组织网络（健身指导站、体育协会、体育俱乐部）、一批晨（晚）练点、一支社会体育指导员队伍、一个特色体育项目、一个国民体质监测站"。社区（行政村）级"五个一工程"，即"建立一个适合社区（农村）特点的体育场地设施（多功能运动场）、一个健身组织（体育队伍、社区体育俱乐部等）、一个传授体育技能的社会体育指导员（组）、一个群众喜闻乐见的体育项目、一套体育活动和设施管理的长效机制"。

（九）基本建成覆盖全社会的群众体育组织网络

加强群众体育组织政策法规的研究制定工作，构建群众体育组织管理和保障机制。推动全民健身组织"3+X"模式建设。坚持城市以社区为重点、农村以乡镇为重点，推动全民健身站点网络化、规范化建设。扶持和引导基层体育社会组织发展，各乡镇（街道）建有"综合性文化服务中心"或"全民健身指导站"并有专（兼）职体育工作者（体质测定指导员），各行政村（社区）普遍有体育健身组织或队伍，并建有全民健身活动站（点）或文体活动点，形成依托现有健身场地开展健身活动的组织发展形态。大力培育网络、草根、民间等群众体育组织，鼓励自发性的健身团队和站点依法依规转化为固定的健身组织，逐步建立遍布城乡、规范有序、充满活力的社会化群众体育组织网络。拓宽社会体育指导员的发展渠道，提升社会体育指导员的技能和综合素质，探索社会体育指导员与人群和项目结合的新模式。

> 专栏2　全民健身组织"3+X"模式
>
> 　　全省各市、县（市、区）分别建有体育总会、老年人体育协会、社会体育指导员协会；各市建有单项体育协会30个以上、各县（市、区）建有单项体育协会20个以上。

（十）广泛开展全民健身活动

丰富和完善全民健身活动体系，拓展全民健身活动的广度和深度。开展"强健体魄·阳光生活·共享青运"全民健身系列活动，在有条件的区域、行业、部门开展"菜单式"活动。建立完善业余竞赛活动激励机制，促进多元主体办赛。鼓励各地依托当地自然、人文资源和地域特色，打造"一地一品""一行一品"体育健身赛事活动品牌。发挥各级政府部门在全民健身活动中的示范引领作用，鼓励机关团体、企事业单位、社会组织等单位广泛举办各类群众性体育活动和比赛。重点引导"三大球"、基础大项、冰雪运动、传统优势项目和具有时尚前沿和消费特征的运动项目的普及开展。充分利用太原、大同、长治三个航校的资源，扶持发展航空体育运动。普及推广《国家体育锻炼标准》，促进群众体育活动广泛开展。

（十一）保障特殊群体基本体育权益

构建政府主导、多元主体参与的特殊群体体育活动保障体系，加强组织领导，加大供给力度。研制与推广适合特殊人群的体育健身项目、健身方法和体育器材。支持社区利用公共服务设施和社会场所组织开展适合老年人的体育健身活动。广泛调动社会力量，发挥各级体育社会组织的作用，为城市农民工、贫困人口等群体参加体育活动提供场地设施、科学指导等保障服务。采取优惠政策，推动残疾人康复体育和健身体育广泛开展。大力开展职工、农民、妇女、幼儿体育，推进外来务工人员公共体育服务纳入属地供给体系。创新体育扶贫工作的方式和组织形式，推进贫困地区基层综合性文化服务中心建设，推动县级公共文化体育设施全面达到国家标准；以需求为导向，实施精准援助，提高体育扶贫的针对性和可操作性。重视支持少数民族体育，促进民族团结。

（十二）倡导和推广科学健身

推动各市、县（市、区）建设国民体质监测中心，开展不同人群的国民体质测试工作。依托体质监测数据库，建立科学健身指导服务系统。完善国民体质测试常态化机制，探索体质测定与运动健身指导站、社区医院等社会资源相结合的运行模式。引导媒体运用群众喜闻乐见的方式，普及健身知识，宣传健身效果，推广健康生活方式，提高公众对群众体育的认知程度和参与程度，使体育健身活动成为城乡居民必不可少的健康文明生活方式。

四、积极筹办第二届全国青运会，确保赛会圆满成功

（十三）强化组织领导

成立第二届全国青年运动会筹备工作领导小组，负责筹办工作的总体策划、重大决策和监督指导。领导小组下设筹备工作委员会、基础设施建设委员会、精神文明建设委员会，分别负责制定筹备工作总体方案、协调各方组织实施，完善城市各类基础设施建设、推进场馆的新建扩建改造，宣传教育和精神文明创建活动。各市成立相应的工作领导小组和工作机构，确保各项工作顺利进行。

（十四）明确项目布局及场馆建设

竞赛项目安排按照"太原为主，覆盖全省"的基本要求，太原市主赛区安排60%以上的项目，其他各市根据实际条件安排1~2个大项（或分项）比赛。根据竞赛项目的比赛和训练要求，做好比赛、训练场馆的规划、建设和改造维修工作。加快推进太原主赛区青运村和高校园区场馆建设，新建太原网球中心、水上中心、体育训练中心、滨河公园沙滩排球场和山西体育中心射击馆、射箭场、国际体育交流中心等。所有场馆设施建设、改造工作在2018年12月31日前完成。

（十五）统筹安排专项经费

按照"成果共享，经费分担"的基本原则，明确省市财政各自承担的经费部分；制定市场开发和社会赞助的管理办法，制定赞助费使用的相关政策，调动社会力量支持筹办工作的积极性；根据国家相关政策，参照兄弟省市办赛经验，分类、分项测定所需经费数额，制定第二届全国青运会经费筹措和使用方案。

（十六）多部门联动形成筹办合力

切实加强新闻宣传、市场开发、志愿服务和接待工作，强化安全保卫、医疗卫生、气象服务、信息技术、交通和水电气等综合保障力度，统筹安排，周密部署，形成筹办工作合力，营造浓厚办赛氛围，确保开幕式、闭幕式等大型活动和各项赛事的组织、管理、运行工作顺利进行。

（十七）全面备战争创优异成绩

举全省之力抓紧组建青运会队伍，制定《山西省引进优秀运动员实施办法》，加大选

才力度。适当调整一线二线运动员编制比例，开设部分三大球项目。制定备战激励政策，安排备战专项经费，加强科研保障力度，努力提高训练水平，打造50个具备夺牌实力的运动小项，30个具备夺金实力的精品小项，为取得优异成绩奠定坚实基础。加强赛风赛纪和反兴奋剂工作，建立责任机制，确保不出现一例兴奋剂事件，力争取得运动成绩和精神文明双丰收。

五、坚持实施精品战略，提升竞技体育竞争实力

（十八）优化竞技体育项目结构和布局

坚持突出重点，实施精品战略，提高项目效益，在综合评估竞技项目发展潜力和价值的基础上，保持优势项目、提升潜优势项目，加大对田径、游泳以及观赏性强、影响力大的"三大球"等体育项目的政策研究与投入力度，力争运动水平有明显提高，项目观赏性进一步提升。统筹协调各市、各行业和高校的竞技体育工作，大力发展具有区域特点和行业特色的竞技运动项目。

（十九）做好重大赛事的备战参赛和组织工作

配合国家体育总局抓好2016年里约奥运会备战工作，努力抓好2017年第十三届全运会的备战和参赛工作，突出抓好2019年第二届全国青运会的备战工作，力争在国际国内大赛中继续取得优异运动成绩。进一步完善优秀运动队竞争和奖励机制，建立符合运动项目实际的复合型优秀运动队训练管理团队，提高训练质量和效益。进一步加强运动训练基地建设，提高科研服务水平，强化政策支持和保障措施。做好在我省举办的国际国内赛事的组织筹办工作。

（二十）转变竞技体育发展方式

以实现竞技体育多元功能和综合社会价值为目标，树立发展竞技体育的正确政绩观。积极推动竞技体育管理体制改革，进一步理顺体育行政部门、项目协会和市场主体的关系，逐步完善国家办与社会办相结合的竞技体育管理体制。继续推进省运会改革，进一步完善综合性运动会和单项比赛的竞赛组织与管理办法，发挥单项协会的主导作用，鼓励、支持各类市场主体依法组织、承办体育赛事。修订《山西省体育竞赛监督管理办法》，加强对体育赛事的事中事后监管。加强对竞技体育发展理论、组织管理、运动训练、技战术运用等方面的研究和创新，使创新成为竞技体育发展的主要驱动力。

（二十一）完善运动员文化教育和保障体系

继续深入贯彻落实《关于进一步加强运动员文化教育和运动员保障工作的指导意

见》，以提高运动员文化素质为目标，整合全省体育教育资源，形成以省体育职业学院为核心，省内重点高校为依托，市级体校为基础的小学、中学、中专、大专、本科"一条龙"的文化教育体制。拓宽培养渠道，通过单独招生、免试上学、对口升学、专升本等形式，为体校毕业生和运动员学习深造提供方便。加强与北京体育大学、山西大学等高等院校的联合办学，以省体育职业学院为依托，发展本科和更高层次的教育。有条件的市体校可附设省体育职业学院运动训练专科。推进优秀运动员进入高等院校学习的各项政策改革，为运动员进入高校学习提供制度保证。完善和落实运动员收入分配和激励保障措施，确保运动员社会保障待遇全面覆盖。开展运动员职业生涯规划和职业培训工作，完善运动员职业转换社会扶持体系，引导和鼓励退役运动员从事全民健身、学校体育、体育产业经营开发等工作，拓宽退役运动员就业渠道。

（二十二）发展职业体育

鼓励具备条件的运动项目走职业化道路，支持教练员、运动员职业化发展。完善职业体育的政策、制度体系，鼓励企业和个人投资、赞助职业体育，扩大职业体育社会参与，逐步提高职业体育的成熟度和规范化水平。鼓励体育部门与职业俱乐部通过协议、联办等方式，共同培养专业人才和后备人才，在培养过程中实现资源共享，有效降低俱乐部在人才培养方面的成本。探索建立企业、高校和优秀运动队联合创办职业俱乐部的机制和模式。鼓励大型体育场馆采取合作、冠名等方式参与职业体育发展。设立职业体育发展扶持资金，支持职业篮球训练基地建设，为我省职业体育可持续发展奠定坚实基础。

六、推动青少年体育，增强青少年体质

（二十三）大力发展校园足球

制定校园足球中长期发展规划，成立由教育、体育及相关部门组成的校园足球组织领导机构，明确职责，协同推动校园足球。逐步建立学校—地市精英—省级精英一条龙的优秀足球后备人才培养模式。构建多层次的校园足球竞赛体系和多层次、常态化的校园足球教练员培训体系。到2020年，在全省建设700所校园足球特色学校，在10所左右高等院校组建高水平足球运动队。加强促进校园足球发展的政策研究和落实工作，逐步形成以政府投入为主导，体育彩票公益金、社会资本赞助及足球公益基金为主体的多元化的校园足球投融资机制。

（二十四）加强后备人才培养

完善新周期《山西省省级体育传统项目学校管理办法和评定细则》《山西省高水平体育后备人才基地认定办法》和《山西省初级业余训练基地认定办法》。积极创建高水平体

育后备人才基地，大力发展青少年体育俱乐部，鼓励社会力量兴办后备人才培养机构。发挥学校在后备人才培养中的积极作用，鼓励和支持利用优质教育资源开展联办运动队、运动项目布点、创建体育特色学校等工作。推进县级业余训练工作的重建和恢复，健全业余训练奖励政策，完善现有的输送、成才、竞赛成绩和贡献等奖项的奖励标准和办法，建立以特色和效益为核心的准入标准体系和绩效评估制度。到2020年，全省二线运动员人数力求保持在5000人左右，三线训练人数达到10000人以上，创建4～6个国家级高水平后备人才基地、25～30所省级高水平后备人才基地、50所左右的省初级业余训练基地。加大体育传统项目学校的创建、布局和管理力度，完善体育传统项目学校竞赛、训练、教练员培训等体系建设。

（二十五）广泛开展青少年阳光体育活动

鼓励各市、各级青少年体育组织大力开展丰富多彩的青少年体育夏令营（冬令营）、科学健身校园行、高水平后备人才基地对抗交流、青少年体育俱乐部竞赛、传统项目学校单项竞赛、青少年户外体育营地展示等活动和比赛。落实在校学生每天一小时体育锻炼制度，提升学校体育课的教学质量，动员在校学生积极参加校外体育活动，促进广大青少年掌握运动技能，养成终身锻炼习惯。

七、加快发展体育产业，促进体育消费增长

（二十六）改善体育产业结构

进一步优化体育服务业、体育用品业及相关产业结构，着力提升体育服务业比重。大力培育健身休闲、竞赛表演、场馆服务、中介培训等体育服务业。实施体育服务业精品工程，支持各地打造一批优秀体育俱乐部、示范场馆、品牌赛事和体育中介组织。鼓励体育用品制造的研发机构和生产企业开展科技创新，加强新工艺、新材料、新技术的运用，努力提高传统体育用品的质量水平和科技含量，提升产品竞争力。引导企业丰富体育服务内容，延长产业链，提高附加值。推动体育产业与电子商务结合。积极发展基于互联网的体育服务，发展形式多样的新型业态，培育新兴体育消费热点，促进互联网的新业态成为体育产业新的增长动力。

（二十七）优化体育产业布局

因地制宜发展体育产业，支持各市充分利用自身自然资源、文化历史资源、传统产业等优势，发展区域特色体育产业。注重各市体育产业布局的协调性与互补性，形成区域体育产业良性互动发展格局。出台《山西省体育产业基地管理办法》，打造一批符合市场规律、具有市场竞争力的体育产业基地和体育产业集聚区或示范区。建设太原、晋中体育产

业基地,做好长治市的国家体育产业联系点工作。发挥我省三个航校的优势,扶持壮大航空体育产业,打造我省航空飞行营地品牌。

(二十八)培育体育产业多元主体

加大财政金融扶持力度,支持社会力量进入体育产业领域,建设体育设施,开发体育产品,提供体育服务。鼓励社会力量投入和通过资本市场发展壮大职业俱乐部。着力扶持、培育一批有自主品牌、比较优势、竞争实力的骨干体育企业,鼓励组建国有或国有控股的体育产业集团公司。引导有实力的体育企业以资本为纽带,实行跨地区、跨行业、跨所有制的兼并、重组、上市。鼓励国内外知名体育企业落户我省。全面落实国家扶持中小企业发展的政策措施,鼓励通过政府购买、信贷支持、加强服务等多种形式扶持中小微体育企业发展。鼓励成立各类体育产业孵化平台,为体育领域的大众创业、万众创新提供条件。

(二十九)促进融合发展

推动体育与信息科技、旅游、健康、养老、教育、文化创意等融合发展,大力发展"体育+",积极拓展体育新业态。引导和支持"互联网+体育"发展。加快体育旅游示范区、体育旅游目的地、体育旅游精品赛事和体育旅游精品线路建设,逐步建立较为完善的体育旅游产品和服务体系。大力推动户外运动。发展运动康复医学,鼓励社会资本开办康体、运动康复等各类机构。发挥中医药在运动康复等方面的特色作用。推进运动健康互联,鼓励各级各类医疗机构设立国民体质监测站点,建立市民体质测定与健康档案大数据互联平台。

(三十)引导体育消费

加强优质体育产品的生产和供给,鼓励各类经营主体向社会提供多层次、多样化的体育产品。支持发展健身跑、健步走、自行车、水上运动、冰雪运动、登山攀岩、射击射箭、马术、航空、极限运动等群众喜闻乐见和有发展空间的项目,推广武术、摔跤、龙舟、毽球、柔力球等传统或地方特色项目。大力发展多层次、多样化的各类体育赛事。积极推介各类体育健身场所和消费信息,增强公众体育健身意识。推动体育企业与移动互联网的融合,积极利用大数据、云计算、智能硬件和各类主题APP拓展客户,提升体育宣传的针对性和有效性。丰富体育消费文化内涵,以各类体育赛事为平台,拓展以体为主的服务内容,培育新的体育消费热点,优化体育消费市场环境,促进体育消费便利化。

(三十一)做好体育彩票工作

认真贯彻落实《彩票管理条例》,进一步完善市场管理制度,把握安全运营生命线,全力做好体育彩票各项工作。遵循彩票发展规律,不断优化管理运营机制和激励约束政策,严格操作程序,加强队伍建设,增强市场销售和服务能力。狠抓重点产品,抓好对重点玩法的宣传,进一步扩大市场规模,力争"十三五"期间在2015年销售基础上实现销售额年增长10%。坚持多渠道发展策略,大力拓展实体网点,积极稳妥推进互联网销售工作,不断拓展新彩民群体。加强体彩公益金的使用管理绩效评价,加大体育彩票公益金的使用宣传,不断提升体育彩票的社会形象和公信力。

八、实施科教兴体,加快人才队伍建设

(三十二)完善体育科技创新体系

以体育需求为导向,以市场配置资源为手段,以政策引导为保障,以体育科研院所为基础,推进竞技体育、群众体育、体育产业研究与服务。坚持体育科技和运动训练相结合,建立和完善我省"训练、科研、医务"一体化的运动训练科技服务体系;以运动促进健康、运动处方、科学健身指导与服务为重点,开展全民健身理论与方法的研究与应用,建立和完善我省"监测、评价、指导"一体化的全民健身科技服务体系;面向社会,面向市场,加大科研、开发和应用力度,建立和完善我省"选项、开发、推广"相互配套衔接的体育产业科技服务体系,促进科技创新和成果转化。加强体育科研机构建设,鼓励体育科研机构与高校开展合作。力争开设和完成局管科研课题40~60项,申请和完成8~10项省部级科研课题,力争有科研课题获得省部级以上科技进步奖。完成对重点实验室的升级改造,力争创建1~2个省部级重点实验室。

(三十三)加强体育哲学社会科学研究

紧密结合体育改革与发展实践,围绕体育事业发展中的重大问题,加强体育哲学社会科学研究。加强体育哲学社会科学研究队伍建设,加强对青年体育理论人才的培养。依托各级科研机构、高等院校等建设体育智库。建立和完善我省"调研、咨询、决策"程序化的体育科学决策服务体系,大力开展以发展战略、体制改革、政策研究、法制建设等为重要内容的研究与应用,为体育决策提供咨询服务和理论指导,不断提高科学决策水平和科学管理能力。

(三十四)加快体育人才队伍建设

充分发挥高等体育院校的优势,加强特色专业和重点学科建设,协调做好体育高等职业教育和成人教育。优化体育人才成长环境,形成风清气正的用人机制,完善体育人才培养、选拔、激励、流动、保障机制,充分调动各方面人才的积极性。改革和完善教练员岗位培训制度,提高教练员素质和科学训练水平。加大全民健身体育人才培训力度,注重培养体育产业管理人才。充分利用我省体育院校及普通高校教育资源,创新专业体育人才培

养模式，加强一专多能的应用型体育人才的培养。深入贯彻落实《全国体育人才发展规划》，积极响应国家体育总局"优秀中青年专业技术人才百人计划"，加强优秀中青年专业技术人才的培养，为体育事业科学发展提供高水平智力支持。

九、加强体育文化建设，提高体育宣传和对外交流水平

（三十五）促进体育文化发展繁荣

大力弘扬以爱国主义为核心的中华体育精神，培育和传播奥林匹克文化。加快推进运动项目文化建设，启动体育文化精品建设工程，推进山西省体育博物馆二期布展工程建设。充分挖掘体育的多元价值，培育体育公益、慈善和志愿文化。大力发展体育艺术、传媒、影视、网游、会展等产业，促进体育文化与相关产业融合发展。结合我省文化强省战略，加大对传统体育文化的传承和推广力度，保护和开发体育非物质文化遗产，构建科学有效、合理利用的体育文化遗产保护体系。加强政府主导、民间参与的对外体育文化交流，挖掘具有我省地域特色的体育文化元素，打造对外宣传平台、体育文化精品展示平台、体育文化普及平台和体育文化产品交流平台。鼓励、引导、支持山西特色体育文化产品"走出去"，开展多层次、多渠道、多形式的对外体育文化交流活动，形成品牌和具有吸引力的体育文化产品。

（三十六）加强体育宣传和舆论引导工作

服务全省中心任务和工作大局，紧密结合新闻传播领域的发展形势，加大对体育方针政策、国内外重大赛事、全民健身和体育产业等领域的宣传力度，塑造新时期体育形象。进一步完善新闻发布和信息公开制度，积极回应社会关切。建立舆情研判和舆论引导机制，提高舆情应对和突发事件处置能力，为体育事业发展和改革营造良好舆论环境。报纸、广播电视、网络媒体等要设立体育栏目，促进体育宣传经常化、普遍化、生活化。加大第二届全国青运会宣传力度，营造全社会关心、支持承办工作的良好氛围。

（三十七）推进体育对外友好交流

进一步加强与国外体育组织、俱乐部的体育友好合作交流，扩大山西体育对外开放程度。积极选派优秀运动队、运动员到国外参加训练和比赛，引进国际知名体育明星、教练员、职业体育俱乐部和体育企业。以体育运动为纽带，主动把体育工作融入到国家"一带一路"战略中，发挥体育"人文相通"的独特作用，努力提高山西体育的国际知名度和影响力。大力支持民间体育组织自主开展国际体育交流比赛，赴国外观赛、训练、旅游等民间体育对外交流活动，开拓多层次、多渠道、多领域的民间体育对外交流活动。

十、加强法治建设，推进"六权治本"

（三十八）完善体育法规体系

从推进体育管理体制改革、促进体育产业发展、建立和完善公共体育服务体系、保障公民体育权益等方面加快推进地方体育立法工作，完善体育法规体系建设。做好对现行法规、规章、规范性文件的清理工作，确保各项政策法规适应改革与发展的要求。加强一般规范性文件的研究制定工作，缩短政策制定周期，加快构建结构合理、衔接配套的体育法规和规范性文件体系。

（三十九）推进依法行政

强化法治意识，坚持法定职责必须为、法无授权不可为。依法履行政府职能，运用法治思维、法治方式推进体育领域各项改革。不断提升各级体育主管部门职权履行的规范化、科学化水平。健全依法决策机制，完善法律顾问制度，严格决策的法定程序，确保各项决策程序正当、过程公开、责任明确、落实到位。

（四十）提高执法水平

进一步明确执法依据和权限，保证体育执法有法可依、运行规范。完善行政执法责任制，明确执法机构、岗位、人员和责任，细化执法流程，规范执法行为，确保执法人员权责统一，确保对体育执法的监督与监管，保障体育活动参与者的知情权、监督权。加强执法队伍建设，提高执法人员职业素养和专业水平。鼓励通过政府购买服务等多种方式，吸纳社会力量依法参与、配合体育执法，提供专业技术支持。

（四十一）推进体育法治宣传教育

加强对法治宣传教育工作的领导，成立各级普法工作领导机构。坚持学法用法相结合，完善领导干部和公职人员学法用法制度，促进领导干部带头学习宪法和法律，带头厉行法治、依法办事。营造体育系统学法守法尊法用法的良好氛围，提高公职人员法治素养和依法办事能力。按照"谁执法谁普法"的要求，积极开展面向社会的体育法律法规知识的宣传普及工作，充分利用电视、报刊、网络、广播、体育比赛、重大活动等多种媒体、多种形式，特别是利用移动互联网等现代通讯手段，创新普法形式，提高普法效率，确保普法实效。

十一、深化重点领域改革，增强体育发展活力

（四十二）进一步转变政府职能

进一步厘清体育部门权力边界，发挥好政府在宏观管理、规划引导、政策扶持、标准引领、市场监管等方面的作用。深化行政审批制度改革，减少行政审批事项，加强事中事后监管。完善政府购买服务政策，制定政府购买服务指导性目录，把适合由市场和社会承担的公共体育服务事项，按照法定方式和程序，交由具备条件的社会组织和事业单位承担，逐步构建多层次、多方式的体育服务供给和保障体系。

（四十三）稳步推进单项体育协会改革

落实国务院《行业协会商会与行政机关脱钩总体方案》，选择试点积极稳妥推进单项体育协会改革工作，及时总结和推广试点改革经验，推动各级各类体育协会改革。研究制定体育社会组织改革相关政策，加强行业协会脱钩的相关制度建设，创新体育社会组织管理方式。加快发展各类群众性体育社会组织，理顺政府与社会组织的关系，扶持单项体育协会承担政府公共服务职能。

（四十四）创新体育场馆运营

进一步完善国有资产管理体制，积极引入和运用现代企业制度，逐步推进大型体育场馆所有权与经营权分离，激发场馆活力，提升运营效能。逐步完善政府部门对体育场馆公益性服务购买机制和标准。鼓励职业俱乐部所在地政府以体育场馆投资入股，形成合理的投资来源结构。推行场馆设计、建设、运营管理一体化模式，将赛事功能需要与赛后综合利用有机结合。鼓励场馆运营管理实体通过品牌输出、管理输出、资本输出等形式实现规模化、专业化运营。增强大型体育场馆复合经营能力，拓展服务领域，延伸配套服务，实现最佳运营效益。

（四十五）加快推动足球改革

根据《中国足球改革发展总体方案》和《中国足球协会调整改革方案》，制定实施我省足球改革发展规划，在发挥政府保障、服务、引导和监管作用的同时，充分发挥市场配置足球资源的基础作用和足协的行业领导职能，加快管办分离。推动青少年足球开展，使参与足球运动成为强身健体、陶冶情操、培养坚强意志品质的有效途径。普及发展社会足球，举办不同层次、年龄段的足球比赛，扩大足球人口规模，夯实足球发展基础。积极推进职业足球，促进足球俱乐部地域化。探索职业足球背景下足球队建设规律，逐步恢复省足球专业队，处理好省队、职业联赛、青少年足球发展的关系，统筹资源，协调发展。争

取国家资金支持,加强各类足球场地设施的建设。

十二、加强组织领导,确保规划落实

(四十六)发挥政府的组织领导作用

各级政府要高度重视体育工作,将体育事业纳入当地国民经济和社会发展的总体规划,把体育事业经费、基本建设资金列入本级财政预算和基本建设投资计划。各级体育部门要强化规划落实,加强与发展改革、教育、民政、财政、国土、规划、税收、金融等部门的联系与合作,建立健全体育工作领导协调机制,研究解决体育发展中的新情况、新问题。要加强体育事业和体育产业统计工作,完善体育标准体系,提高体育标准化水平。

(四十七)抓好反腐倡廉和行业作风建设

贯彻全面从严治党要求,落实党风廉政建设"两个责任",进一步加大对赛事举办、运动员裁判员选拔、赛风赛纪、赛事开发经营等重点领域的正风肃纪,强化监督和问责力度。建立完善惩防结合的治理体系,从源头上、制度上防治不正之风。加强廉政文化建设,为体育事业营造风清气正的发展环境。

(四十八)强化规划的监督落实

加强本规划与《山西省国民经济和社会发展第十三个五年规划》的衔接,重视与有关专项规划的协调,抓好任务的测评与督导。实行规划年度监督、中期评估和终期检查制度,适时组织专项评估,组织第三方评估和社会满意度调查,确保规划提出的各项任务落到实处。建立健全体育规划动态调整机制,跟踪分析规划实施情况,掌握主要目标和任务完成进度,为调整目标任务和制定政策措施提供依据,确保本规划任务如期完成。

内蒙古自治区"十三五"体育事业发展规划

"十三五"时期（2016—2020年），是国家和自治区全面建成小康社会的决胜时期，是协调推进"四个全面"战略布局、各项事业全面深化改革的关键时期，也是我区体育事业发展的重要机遇期。根据自治区党委《关于制定国民经济和社会发展第十三个五年规划建议》和《内蒙古自治区国民经济和社会发展第十三个五年规划纲要》及国家体育总局《体育发展"十三五"规划》的总体部署，结合我区体育工作发展面临的新形势、新任务、新要求，制定本规划。

第一章 规划背景

一、"十二五"时期体育事业发展成就

"十二五"时期是我区发展进程中具有里程碑意义的时期。伴随着自治区经济社会的全面发展，体育工作在自治区党委、政府的坚强领导下，深入贯彻落实党的十八大和十八届三中、四中、五中全会精神，深入贯彻落实习近平总书记系列重要讲话和考察内蒙古重要讲话精神，深入贯彻落实自治区党委"8337"发展思路和各项决策部署，充分发挥体育的多元功能，守望相助、团结奋斗、锐意改革、迎难而上，不断完善全民健身公共服务体系，努力提高竞技体育综合竞争力，加快促进体育产业发展，稳步推进足球改革发展试点工作，着力加强体育文化建设，展现了祖国北疆亮丽风景线上体育的独特风采。

群众体育蓬勃开展。全民健身组织网络体系更加完善，全区所有盟市和73.39%的旗县（市、区）建立了体育总会，体育类社团组织进一步壮大，达到每万人0.62个，社会体育指导员达到3.9万余人。全民健身设施更加完善，82.35%的旗县（市区）建有全民健身活动中心，81.35%的苏木乡镇建有全民健身活动站，61.43%的嘎查村建有全民健身活动点，一大批"广场工程""户外营地""健身步道"等设施投入使用，人均体育场地面积超过1.66平方米。群众体育活动丰富多彩，人民群众的健身意识进一步增强，经常参加体育锻炼的人数比例达40.3%。

竞技体育综合实力稳中有升。管理体制和运行机制不断完善，竞赛组织水平进一步提高，优秀运动队科学训练水平、后备人才梯队建设等工作得到加强，总体发展势头良好。参加第十二届全国运动会，参赛人数、参赛项目和奖牌数、总分全面超越上届。

体育产业步入可持续发展轨道。出台《内蒙古自治区人民政府关于加快体育产业发展促进体育消费实施意见》，提出了体育产业发展目标和政策举措，一批以"车""马"和"草原""沙漠""冰雪"为特色的体育产业正在兴起。体育彩票销量稳步增长，截至2015年底，体育彩票累计销售120亿元，筹集公益金33.5亿元。

足球改革发展试点工作开局良好。组织领导体系、政策规划体系、足球竞赛体系、人才开发体系、经费保障机制和政策保障体系初步形成，足球赛事蓬勃开展，足球文化氛围日益浓厚，社会影响力不断加强。

体育法制、体育科技、体育宣传等取得长足进展，体育对外交流不断扩大和深化。修订了《内蒙古自治区体育市场管理条例》和《内蒙古自治区全民健身条例》，制定了《内蒙古自治区体育竞赛管理办法》，自治区政府出台了《全民健身实施计划（2011—2015年）》《关于加快发展体育产业促进体育消费的实施意见》《关于落实中国足球改革发展总体方案的意见》和《推进足球改革发展三年行动计划（2015—2017年）》，自治区六部门联合制定了《运动员聘用实施办法》等保障性文件。成功举办了中华人民共和国第十届少数民族传统体育运动会、内蒙古自治区第十三届运动会和第十三届世界大学生跆拳道锦标赛等重要赛事。中俄蒙国际青少年运动会形成机制。

二、"十三五"时期体育事业发展面临的突出问题

"十三五"期间，广大人民群众日益增长的多元化、多层次体育需求和体育有效供给不足的矛盾依然突出。

全民健身公共服务体系有待完善。政府提供的公共体育服务资源不足，体育社会组织建设和作用发挥与时代发展不相适应，科学健身指导服务滞后，特别是城乡发展不平衡的问题比较突出。

竞技体育核心竞争力尚需提高。重点项目优势不明显，后备人才培养体系不健全，竞赛体系尚待完善，职业化体育赛事发展进程缓慢。

体育产业发展还处于培育阶段。产业主体实力较弱，产业形态单一，对具有地域特色和民族特点的体育资源挖掘不够，健身休闲、竞赛表演、场馆服务、中介培训等体育服务业发展水平较低，推动体育产业发展的体制机制尚未理顺。

足球改革发展面临严峻挑战。足球人才匮乏，场地基础设施薄弱，足球社会化、职业化程度不高，足球文化和足球产业尚未形成，影响和制约足球改革发展的体制机制障碍依然存在。

三、"十三五"时期体育事业发展的有利条件

全民健身与健康中国建设上升为国家战略，对体育发展提出新要求。以习近平同志为

总书记的党中央把体育作为中华民族伟大复兴的一个标志性事业，十八届三中、四中、五中全会先后提出深化改革和依法治国，要求全面落实中国足球改革方案，有序推进依法治体和健康中国建设。国务院《关于加快发展体育产业促进体育消费的若干意见》明确提出将全民健身上升为国家战略，要求促进全民健身与竞技体育协调发展、促进体育事业和体育产业良性互动，党和国家对体育的重视和支持更加有力，标准要求更高。

经济发展进入新常态，体育消费成为新增长点。经济发展新常态和体育供给侧结构性改革对体育与经济社会的协调发展提出了要求，将推动体育公共服务进一步向均等化、多样化发展，为体育产业发展提供了良好的外部条件。群众健身意识逐渐提高，对体育服务的需求日益高涨，体育消费对经济发展的贡献将不断增强，成为消费升级、拉动内需的重要力量。

改革创新日益深入，跨界融合发展成为新趋势。在"四个全面"战略构想和"五大发展理念"指引下，体育社会化、生活化、多元化发展愈加显著，以数据共享、资源共通、方法共用、人才共培等为主要途径的体育内部融合以及与教育、文化、旅游、医疗等跨界融合发展成为必然趋势，体育和政治、经济、社会及文化将产生更加积极全面的互动。

信息技术突飞猛进，体育智慧化发展成为新亮点。在"大众创业，万众创新"的大背景下，以"互联网+"为标志的新一轮创新发展浪潮已经到来，移动互联网、物联网、大数据与云计算成为未来各领域创新发展的核心。现代科技的广泛应用，迎合了体育参与者的个性化诉求，促使体育智慧化发展成为必然趋势。

打造祖国北疆亮丽风景线的伟大实践为充分发挥体育在建设健康内蒙古、推动经济转型升级、增强民族凝聚力和文化竞争力等独特作用提供了新空间。体育与经济发展、民族团结、文化繁荣、边疆安宁、生态文明和各族人民幸福生活将产生更加积极全面的互动，筹办2020年全国第十四届冬季运动会、推进国家足球改革发展试点工作等重大任务将进一步提升内蒙古体育的影响力，我区体育事业、体育产业将迎来快速发展新时期。

第二章　总体战略

一、指导思想

高举中国特色社会主义伟大旗帜，全面贯彻党的十八大和十八届三中、四中、五中、六中全会精神，以马克思列宁主义、毛泽东思想、邓小平理论、"三个代表"重要思想、科学发展观为指导，深入贯彻习近平总书记系列重要讲话和考察内蒙古重要讲话精神，深入贯彻自治区党委九届十一次、十二次、十三次、十四次全委会议和第十次党代会精神及重大决策部署，牢固树立"创新、协调、绿色、开放、共享"发展理念，紧密围绕自治区国民经济和社会发展总体目标，深入实施全民健身国家战略，把增进人民福祉、促进人的全面发展作为体育发展的出发点和落脚点，以增强人民体质、提高全民素质和生活质量为根本，以全面深化改革为动力，创新发展模式，提高发展质量，积极扩大体育产品和服务供给，不断满足人民群众日益增长的体育需求，为内蒙古自治区全面建成小康社会，为把祖国北疆风景线打造得更加亮丽做出贡献。

二、基本原则

解放思想，创新发展。把创新作为推进体育发展的强大驱动力，深入探索"十三五"时期体育工作与新常态下经济社会相适应的特点与规律，稳步推进体育管理体制、机制改革，努力实现理论创新、制度创新、科技创新和文化创新，为体育事业发展注入新的活力与动力。

统筹兼顾，协调发展。坚持普及与提高相结合，促进优秀运动队项目与非优秀运动队项目、夏季运动项目与冬季运动项目，体育事业与体育产业，体育领域与社会其他领域，城市与农村牧区、东部与西部的协调发展。

健康节俭，绿色发展。充分发挥体育行业绿色低碳优势，大力倡导健康生活方式，推动"健康内蒙古"建设。促进体育为经济社会的绿色发展做出贡献。

协作融合，开放发展。加强体育与社会相关领域的沟通和协作，推动体育与旅游、文化、教育、卫生的融合发展，积极吸引社会力量共同参与。加强体育对外交流，充分发挥体育在对外交流中的独特功能与作用，推动体育成为"向北开放"的重要力量。

服务民生，共享发展。坚持以增强人民体质、提高全民族身体素质和生活质量、促进人的全面发展为目标，切实落实全民健身国家战略，努力满足人民群众不断增长的体育需求，做到体育发展为人民，体育发展成果由人民共享。

三、发展思路

以更宽的视野认识体育，增强三种意识。牢固树立危机意识，认清体育发展的新形势，常有改革发展的倒逼恐慌；明确体育发展的新要求，常感担承重任的本领恐慌；找准体育发展的新方位，常思适应角色的落伍恐慌。不断强化担当意识，勇于担当，敢于担当，善于担当，把担当作为一种政治责任、思想境界。大力培养圆梦意识，始终保持高昂的进取之心，在打造祖国北疆亮丽风景线的伟大实践中，推动体育工作有其地位，有所作为、有大作为。

更高的境界发展体育，推进三化进程。推进群众体育生活化进程，着力构建全民健身公共服务体系；推进竞技体育集约化进程，不断优化训练竞赛发展方式；推进体育产业市场化进程，培育体育产业成为新的经济增长点。

更优的标准建设体育，实施五大工程。实质性推进体育文化工程，丰厚我区体育发展的文化底蕴；实施高水平人才梯队工程，形成完备的体育管理人员、竞技体育专业人才、社会体育指导员和体育产业人才发现、培养、使用、激励体制机制。大力开展品牌创建工程，重点打造具有民族特色、地域特点的品牌赛事和活动。全面启动信息服务工程，创新体育管理方式，用现代手段满足人们健身服务的新需求。精心组织设施建设工程，科学规划新建项目，创新大型体育场馆运营机制，提档升级农村牧区和城市社区全民健身工程。

更活的思路经营体育，抓好三类赛事。办好专业性赛事，充分发挥发现人才、锻炼队伍、积累经验、提高竞技实力的作用；放开群众性赛事，广泛动员社会力量参与群众体育活动，引导支持各种社会组织举办群众性体育赛事活动；搞活商业性赛事，取消商业性和群众性体育赛事活动审批，让各种体育资源"活"起来。

更实的举措保障体育，构建三个体系。构建以发展为牵引、问题为导向，合法依规、方便操作的政策法规配套体系；构建以《十三五体育事业发展规划》《十三五体育产业发展规划》和《全民健身实施计划（2016—2020年）》为主要内容的自治区、盟市和旗县区三级全覆盖的战略规划体系；构建政府主导、体育部门牵头、各部门协同、全社会参与的组织管理体系。

四、发展目标

群众体育生活化水平大幅提升。基本建成亲民、便民、利民、共享的全民健身公共服务体系，全民健身场地设施、组织网络进一步完善，群众科学健身水平不断提高，群众健身活动、品牌赛事和特色赛事更加深入广泛开展。经常参加体育锻炼的人数比例达到42%左右。

竞技体育集约化格局全面优化。贯彻奥运争光计划，项目布局均衡合理，资源不断优化整合，人才梯队建设体系完善，总体实力进一步提升。

体育产业市场化成效明显。基本建立内蒙古特色鲜明、布局结构合理、产品和服务丰富的体育产业体系，产业规模、从业人数、经济效益在自治区国民经济中占有较重要地位。到2020年体育产业增加值占地区生产总值的比重达到1%左右。

足球大区的雏形基本形成。体制机制基本理顺，足球人口明显增加，基础设施基本完善，优秀人才初步显现，联赛组织和竞赛水平显著提高。

"十三五"时期体育发展主要量化指标

序号	项目	主要指标	2015年	2020年	指标性质
1	群众体育	经常参加体育锻炼人数比例	40.3%	42%左右	约束性
2		人均体育场地面积	1.66平方米	2.5平方米	约束性
3		公益社会体育指导员	3.9万人	5万人	约束性
4		《国民体质测定标准》合格率	85.9%	90%以上	约束性
5	竞技体育	主要竞赛成绩 2016年里约奥运会		1枚奖牌	约束性
6		2020年东京奥运会		2枚奖牌	约束性
7		2018年雅加达亚运会		4枚金牌	约束性
8		2017年天津全运会		6枚金牌	约束性
9		2020年全国冬运会		争取优异成绩	约束性
10		队伍建设 运动员 在役运动员国际级运动健将	15名	25名	预期性
11		在役运动员运动健将	146名	180名	预期性
12		教练员 优秀运动队具有副高级以上职称的教练员	53名	90名左右	预期性
13		裁判员 国际级裁判员	4名	8名以上	预期性
14		国家级裁判员	34名	60名以上	预期性
15		后备力量建设 竞技体育高水平后备人才基地	53个	60个以上	预期性
16		自治区注册青少年运动员	2.6万人	4万以上	预期性
17	体育产业	体育产业增加值占地区生产总值的比重	–	1%左右	预期性
18		体育服务业占体育产业比重	–	30%	预期性
19		体育彩票销售量	120亿元	240亿元	预期性
20		创建国家级体育产业基地（示范单位）	–	1个	约束性
21		创建自治区级体育产业基地	–	20个	约束性
22		培育国际国内品牌赛事数量	–	3个以上	预期性
23	青少年体育	体育传统项目学校数量	140所	170所	预期性
24		篮球、排球特色学校	60所	150所	预期性
25		青少年体育俱乐部	200所	300所	预期性
26	足球改革发展	足球人口	30万	300万	预期性
27		注册球员数量	–	30万人以上	预期性
28		足球特色学校数量	613所	2400所左右	预期性

第三章 重点任务

一、完善全民健身公共服务体系

实施《内蒙古自治区全民健身实施计划（2016—2020年）》，建设惠及全区人民的全民健身公共服务体系，推动体育融入群众生活、服务群众生活，为提高群众身体素质和生活质量服务。

（一）强化政府公共体育服务职责

形成政府主导、部门协同、全社会共同参与的全民健身"大群体"工作格局，提升全民健身现代治理能力。全民健身事业纳入当地国民经济和社会发展规划，全民健身经费纳入当地财政预算，全民健身工作纳入当地《政府工作报告》。

（二）完善全民健身设施建设

打造"10分钟健身圈"，新改扩建的居民区，按照人均室内不低于0.1平方米或者室外不低于0.3平方米的标准配套建设体育健身设施，并与主体工程同步设计、同步施工、同步投入使用。盘活存量资源，改造一批旧厂房、仓库、老旧商业设施等用于体育健身。加强城乡结合地和公园、绿地、广场等公共场所的体育设施建设。高标准完成中央资金支持的全民健身设施建设项目，实施基础设施建设提档升级工程，建设一批社区多功能运动场。实现旗县（市、区）全民健身活动中心、苏木乡镇小型全民健身活动中心、嘎查村全民健身活动站点全覆盖。在苏木乡镇建设一批小型全民健身馆。

（三）健全全民健身组织网络体系

各旗县普遍建有体育总会、行业体育协会、单项运动协会等体育社团，城市社区、苏木乡镇都建有体育组织，形成遍布城乡、规范有序、富有活力的社会化全民健身组织网络。加强社会体育指导员队伍建设，形成组织健全、结构合理、覆盖城乡、服务到位的全民健身社会指导员队伍。探索社会体育指导员与人群和项目相结合的新模式，提升社会体育指导员的技能和素质。加大职业体育社会指导员的培训力度，加快认证步伐。

（四）广泛开展全民健身活动

完善全民健身活动体系，拓展全民健身活动的广度和深度。大力发展球类、健步走（跑）、广场舞、骑行、登山、徒步等群众喜爱、广泛参与的运动项目，积极培育冰雪、足球、龙舟、赛车、马术、航空等具有消费引领特征的时尚运动项目，扶持推广武术、太极拳、健身气功等民俗民间传统运动项目，鼓励开发适合不同人群、不同地域特点的特色运动项目。继续实施"一地一品牌，一地一特色"的群众性品牌赛事创建活动，持续扩大"百县万人"系列赛、"男儿三艺"大赛等全民健身品牌活动的社会影响力。倡导机关、社会团体、企业事业单位和其他组织每天健身一小时，组织开展工间操或其他形式的健身活动。

（五）完善全民健身科技服务体系

建立自治区、盟市、旗县（市、区）和苏木乡镇（社区）四级体质测定与运动健身指导站网络。创建一批科学健身示范区，建设国民体质测试仪器和全民健身器械物联网，促进智能测试与传统测试的高度融合。鼓励有条件的组织和个人开办康体、体质测定和运动康复等经营实体。广泛开设全民健身大讲堂，宣传普及科学健身知识。建设内蒙古体育医院，推动体育科研、体育医疗服务大众、向基层延伸。实施"互联网+全民健身"入户工程。

（六）大力发展少数民族传统体育

大力推广马术、搏克、射箭、曲棍球、驼球、抢枢、布鲁、安代操、筷子舞等有发展空间的民族类项目，挖掘整理优秀民族民间传统体育项目，争取纳入"非物质文化遗产"名录。支持学校将民族传统体育项目纳入体育课程内容，扶持少数民族传统体育项目社会组织发展，鼓励和促进开展少数民族传统体育健身活动。办好自治区第九届少数民族运动会。

（七）提升青少年体育发展水平

进一步加强青少年体育俱乐部、体育传统校和青少年户外体育活动营地建设。广泛开展"阳光体育夏令营""百万青少年上冰雪""俱乐部活动月""体育项目进校园"等青少年公益体育活动和运动项目技能培训，促进青少年养成体育爱好，掌握一项以上体育运动技能。

（八）保障老年人、残疾人的健身权利

加强对老年人、残疾人群体开展体育活动的组织与领导，切实保障老年人、残疾人体育健身权利。建设一批适合老年人、残疾人开展健身活动的公共体育设施，培训一批服务老年人、残疾人的社会体育指导员和志愿者，扶持老年人健身社会组织，推广适合老年人、残疾人群体的日常健身活动项目、科学健身方法，加大供给力度，提高精准化服务水平。

二、增强竞技体育综合实力

（一）调整优化项目布局

坚持奥运战略和全区竞技体育一盘棋思想，突出自治区优秀运动队主力军建设地位，动态调整和科学配置资源，巩固和加强传统优势项目（马术、拳击、摔跤、柔道、射击、竞走、马拉松、曲棍球等），调整和挖掘潜优势项目（铁人三项、现代五项、射箭、武术、跆拳道、乒乓球、举重等），培育和做大新兴项目（冬季项目、网球、橄榄球、自行车）。

（二）加强自治区优秀运动队建设

加强运动员队伍建设，提高科学选材水平，实施运动员因材施教和个性化训练培养。注重运动员全面发展，推进体教融合，加强文化教育和思想素质培养。落实国家和自治区的相关政策，不断完善运动员聘用、退役和保障机制。加强教练员队伍建设，鼓励扶持教练员到高校或其他国家地区进修学习；改革教练员考核方式，建立完善量化考核指标体系；完善教练员表彰奖励的制度化和常态化机制；实施"引进来"战略，面向世界招聘高水平教练员和专家，带动本土教练员执教水平和综合素质的提高。建立优秀运动队竞争和激励机制，严格运动员、教练员选拔办法和选拔标准，形成进出有序、科学合理的管理体系。创新重点项目复合型训练团队，整合人力、物力和财力优势，促进管理、训练、科研、医疗、保障一体化。

（三）完善后备人才培养体系

完善优秀运动队人才培训体系，扩大内蒙古体育职业学院的办学规模并提高办学效益，完善盟市体校办学机制，实现旗县青少年体育训练组织全覆盖，形成自治区优秀运动队、体育职业学院和盟市体校及旗县（市、区）青少年体校、体育传统项目学校、民办体育类学校、青少年体育俱乐部高中初三级训练体系。

推动各级体校与体育项目传统校联合创办适合学校开展的各项目高水平运动队。鼓励支持自治区优秀运动队和各级体校与自治区大中专院校、中小学开展联合办学、体育训练、体育比赛和人才培养等合作活动。鼓励支持社会力量重点开展足球项目、冬季项目和自治区重点竞技体育项目的青少年训练和竞赛活动。加强青少年体育赛事管理。教育、体育部门每年联合发布全区青少年赛事计划。

（四）提高体育科研保障水平

加大对体育科技的投入力度，改善科研条件，提高科研人员业务水平，逐步扩大体育科研服务的领域，提高服务质量。加强科研部门与训练部门的合作，充分发挥体育科研在训练中的先导作用和攻关作用。

（五）加强高水平后备人才基地建设

开展各层级高水平后备人才培养基地认定工作，鼓励盟市体校开展高水平体育后备人才基地申报工作，对国家体育总局认定的基地给予重点经费资助。开展自治区级综合性和单项高水平后备人才基地认定工作，制定认定标准、认定办法和资助办法，对达到相应认定标准的给予经费资助。

（六）夺取运动成绩和精神文明双丰收

在2016年里约奥运会、2017年天津全运会、2018年雅加达亚运会、2020年内蒙古全国冬运会、2020年东京奥运会等国内外重要赛事上，争取创造优异的运动成绩。狠抓作风建设，严肃赛风赛纪，加强反兴奋剂工作。

三、壮大体育产业规模

贯彻落实国务院《关于加快发展体育产业促进体育消费的若干意见》及《内蒙古自治区人民政府关于加快发展体育产业促进体育消费的实施意见》，提升发展规模、质量和水平，不断丰富体育产品和服务供给，推动体育产业成为扩大居民消费和推动经济转型升级的重要力量。

（一）培育市场主体

培育自治区级体育产业基地和重大体育园区。鼓励有条件的盟市成立体育产业集团或公司，吸引社会资本参与体育产业各领域发展。支持和引导非公有制经济主体以资本、技术、信息等多种形式，参与体育市场开发和设施建设。创新体育场馆管理体制和运营机制，推进大型体育场馆免费或低收费向社会开放，发挥体育场馆与体育设施的社会效益和经济效益。支持企业开展体育用品研发和生产，培育本土体育用品制造业品牌企业，鼓励引进国内外知名体育制造企业，扶持一批具有市场潜力的中小型企业。扶持体育培训、策划、咨询、竞技、营销等企业发展，鼓励区内外、国内外大型健身俱乐部在我区开展连锁经营，鼓励对大型体育赛事充分进行市场研发。鼓励其他主体以土地、房产等资产出资，参与体育园区建设，鼓励有条件的旗县（市、区）在本行政区商业和工业园区内，规划建设体育产业中心。

（二）优化产业结构

进一步优化体育服务业、体育用品业及相关产业结构，着力提升体育服务业比重。大力培育健身休闲、竞赛表演、场馆服务、中介培训等体育服务业。实施体育产业精品工程，支持各地区打造一批优秀体育俱乐部、示范场馆和品牌赛事。积极支持民族体育用品制造业创新发展，加大科技创新力度，提升传统体育用品质量水平，提高产品科技含量。

突出资源特点抓好特色体育产业。依托足球改革发展试点省资源发展足球产业项目；依托草原资源发展夏季体育产业项目；依托冰雪资源发展冬季体育产业项目；依托沙漠资源发展赛车体育产业项目；依托畜牧资源发展马术产业项目；依托民俗资源发展民族特色体育项目。重点规划建设国家级北方足球训练基地和北方青少年足球夏令营活动基地。重点打造以"车""马""冰雪""那达慕"为主的体育项目品牌：以鄂尔多斯市、阿拉善盟、包头市、通辽市等盟市为重点，打造赛车、摩托车和休闲汽车户外营地，塑造具有自主品牌和经济效益的汽车、摩托车体育竞赛和自驾旅游项目；以兴安盟、锡林郭勒盟、呼和浩特市、鄂尔多斯市等盟市为龙头，做大做强全区马术产业，培育品牌马术赛事，打造内蒙古马术节以及8·18赛马节等马术项目，逐步形成以竞技马产业为主的品牌赛事和知名企业；在呼伦贝尔市、赤峰市、兴安盟等盟市挖掘内蒙古冰雪产业优势和特色，打造具有民族、地域特色的冰雪品牌；在呼伦贝尔市、锡林郭勒盟、乌兰察布市等盟市推动那达慕等少数民族传统体育项目发展，同时推动巴彦淖尔市龙舟和村道自行车以及乌海体育旅游城市等建设。做好体育彩票销售工作。进一步完善体育彩票市场管理制度，积极创新体育彩票市场形态，稳步扩大市场规模，加强体育彩票公益金的使用管理绩效评价。

（三）促进融合发展

创建"体育+其他产业"模式，促进体育产业与教育、健康、文化、旅游、传媒、信息、金融等行业融合发展。促进康体结合，加强科学健身指导，推广"运动处方"，发挥体育锻炼在疾病防治及健康促进等方面的积极作用。大力发展运动医学和康复医学，挖掘和发挥中蒙医药在运动康复等方面的优势作用。支持社会团体、企事业组织和个人兴办体育健康咨询、体质监测、锻炼指导和运动康复等经营服务实体。加强体育与养老产业的结合，发展老年群体的体育服务。深化体旅融合，充分发挥具有民族文化特征的传统体育项目、体育赛事、体育活动优势，构建由草原体育旅游品牌、冰雪体育旅游品牌、沙漠体育旅游品牌、森林体育旅游品牌、少数民族节日体育旅游品牌、民族体育赛事旅游品牌组成的体育旅游产品体系。体育、旅游、文化部门建立联合工作机制，共同打造一批重大体育旅游项目，加强宣传推广。鼓励交互融通，以体育设施为载体，打造城市体育综合体，推动体育与住宅、休闲、商业综合开发，将体育用地与居住绿地、公园绿地融合。支持教育、科技、金融、地产、建筑、交通、制造、信息、食品药品等企业开发体育领域产品和服务。推动区域融合发展，鼓励各盟市联合建设和发展体育产业项目、联合申报国家级区域体育产业重点示范项目或联合申办高水平体育赛事活动。推动内蒙古体育产业融入京津冀协同发展经济圈，挖掘内蒙古体育产业在"向北开放"中的潜力，推进与"一带一路"沿线国家的体育产业合作发展，提升体育产业发展水平。

四、开创足球改革发展新局面

全面落实《内蒙古自治区关于贯彻落实中国足球改革发展总体方案的意见》，开创足球改革发展新局面。

（一）强化足球基础设施建设

将公共足球场地等基础设施建设纳入本地区国民经济和社会发展规划，把兴建足球场纳入城镇化和新农村、新牧区建设总体规划。编制《内蒙古足球运动基础设施建设规划（2015—2020年）》。在呼和浩特和包头市分别建成国家（北方）足球训练基地和国家（北方）青少年足球夏令营活动基地。通过新建或改造，实现每个盟市拥有1个自治区级足球训练基地和1个自治区级青少年足球夏令营活动基地，每个旗县（市区）拥有1个盟市级足球活动场地。

（二）大力发展校园足球和社会足球

完善幼儿园、中小学足球教学大纲，完善校园足球特色学校管理办法，合理布局青少年校园足球特色学校。构建稳定的校园足球联赛体系，建立健全校园足球联盟运作机制，广泛开展青少年校园足球竞赛和活动，加强校园足球师资队伍建设，提高校园足球活动水平。扶持有条件的高校创办大学、附属中学、附属小学、附属幼儿园"阶梯式、一体化"足球学院。重点支持内蒙古师范大学、内蒙古科技大学、赤峰学院、呼伦贝尔学院等开展试点工作。

鼓励机关、企事业单位、人民团体、部队组建或联合组建足球队开展活动，扶持社区开展形式多样的群众性足球活动。工会、共青团、妇联等人民团体充分发挥各自优势推进社会足球发展，促进社会足球人口不断扩大。

（三）加强职业足球队伍建设

重点发展内蒙古女子足球队，强化青少年足球训练体系建设，拓展足球运动员成长渠道和空间，引导足球俱乐部健康稳定发展。鼓励各盟市引进职业足球俱乐部。每个盟市至少组建男、女各1支代表本地区足球最高水平的职业或准职业足球队伍。

（四）实施"人才强足"工程

积极引进国内外高水平足球教练员和培训讲师队伍，对全区教练员、裁判员、教师实施规模化培训。加强裁判员、科研医务人员、俱乐部经营管理人员、赛事运营管理人员等人才队伍建设，切实保障足球从业人员的各项待遇。到2020年实现校园足球、职业足球、社区足球、职工足球专兼职教练员、裁判员、新闻管理人员、足球教练员讲师、社会足球指导员全覆盖。

（五）健全足球协会组织

按照政事分开、权责明确、依法自治的原则，加强内蒙古足球协会的建设，努力形成覆盖全区、组织完备、管理高效、协作有力、符合足球改革发展试点省区要求、适应现代化足球管理运营需要的协会管理体系。

（六）完善联赛竞赛体系

以校园足球联赛为重点，大力开展社会足球、准职业足球等系列联赛，逐步形成赛制稳定、等级分明、衔接有序、遍及城乡的竞赛格局。广泛开展大学、高中、初中、小学和幼儿园（简称"4+1"）校园足球"4+1"联赛，办好社区、职工和青少年足球联赛，重点打造内蒙古自治区准职业足球联赛（设超级、甲级和乙级三个层级）。积极申办国际、国内高水平足球赛事，培养锻炼本土赛事运营团队；积极创办有我区特色的国际、国内知名足球赛事，打造赛事品牌，培育足球市场。通过联赛竞赛杠杆，带动并促进足球产业发展，满足群众欣赏高水平足球比赛的需求。

五、办好第十四届全国冬运会

（一）加强赛事筹备的组织领导

各级政府、各有关部门组建赛事筹备领导机构，建立完善赛事筹备工作机制，落实资金、人员、场地、设施等相关任务，确保赛事筹办工作顺利进行。

（二）大力发展群众性冬季运动

广泛开展群众冬季项目健身活动。打造内蒙古特色冰雪活动，培育各级冰雪体育赛事，开展冰雪嘉年华和群众冰雪健身体验活动。鼓励社会力量开展冰雪项目挖掘、推广和国际交流活动。培训冬季项目社会体育指导员，指导冬季运动。积极推广青少年冬季运动。在全区大、中、小学广泛普及和推广冬奥会、冬运会及冰雪知识，覆盖率达到100%。支持鼓励开展各种形式的青少年冰雪活动，鼓励学校和青少年体育俱乐部在寒假开展冬令营。打造自治区"百万青少年上冰雪""雪地足球"等冬季体育活动品牌。鼓励有条件的学校引进冬季运动项目体育教师，发展自治区冬季体育项目特色学校。

（三）加快提升冬季项目运动水平

优化冬季运动项目结构，统筹冬季运动项目发展。加强冬季运动项目队伍建设，引进和培养一批高水平的冬季项目运动员，选拔配备一批优秀的教练员、管理人员和科研保障团队。鼓励社会力量组建职业队或俱乐部，构建多元一体的冬季运动项目发展模式。全力做好第十四届全国冬运会的备战工作，争取办赛水平、参赛成绩和精神文明全面丰收。

（四）建设多元化的冰雪场地设施

以全民冰雪场地设施为主，高水平比赛训练冰雪场地设施为辅，科学规划和建设冰雪场地空间布局，拓展冰雪设施网点服务范围。鼓励公共文化体育设施与冰雪场地设施共建共享。在重点盟市实现旗县（市）区冬季项目运动场（馆）全覆盖，在有条件的旗县（市）区建设一批冬季项目运动场（馆）。高质量建设内蒙古冰上运动训练基地。

六、创新体育赛事运行机制

办好专业性赛事，充分发挥发现人才、锻炼队伍、积累经验、提高竞技实力的作用。转变工作作风，做到量力而行、量入为出、廉洁办赛、节俭高效。注重青少年运动员的综合素质培养和全面发展，青少年赛事实行体能测试和文化测试准入制。放开群众性赛事，广泛动员社会力量参与群众体育活动，引导支持体育社会组织等社会力量举办群众性体育赛事活动。搞活商业性赛事，加强与国际国内体育组织等专业机构的交流合作，充分依靠市场力量，规范竞争行为，激活体育资源。积极引进国际、国内精品赛事，加强与国际、国内体育组织的交流合作，策划引进和申办一批高水平的足球和冬季项目等精品赛事，推动我区特色赛事和精品赛事的培育和发展。

转变政府职能，加快赛事管办分离，进行分级分类管理和服务，优化赛事办赛流程、空间布局，区分办赛主体责任，制定权责标准。以政府购买体育服务为牵引，鼓励社会力量承担自治区比赛任务，引入第三方赛事评估和安保服务，控制社会办赛风险。加强裁判员培养管理，壮大裁判员队伍，提升裁判员水平。办好2018年全区第十四届运动会。

七、繁荣发展体育文化

高度重视体育在提高人民身体素质和健康水平、促进人的全面发展，丰富人民精神文化生活、推动经济社会发展，激励全国各族人民弘扬追求卓越、突破自我的精神方面的重要作用，深入挖掘我区特色的体育文化特别是民族传统体育运动的文化内涵，建设体育文化载体，加强体育文化宣传，充分发挥体育在弘扬民族文化、促进民族团结、维护边疆稳定和加强对外友好交流中的作用和功能，不断提升内蒙古体育文化的影响力。大力开展体育社会科学研究，加强成果转化。支持开展体育美术、体育集邮、体育收藏、体育影视、体育文学创作等体育文化活动，出版《内蒙古体育志》，创编《内蒙古体育年鉴》，同时编辑出版一批体育文化书刊，成立内蒙古体育信息宣传中心，建设好内蒙古体育博物馆，积极开展系列体育文化活动，积极办好2017年中国体育文化、体育旅游博览会。

八、积极开展对外体育交流与合作

充分挖掘、发挥体育在贯彻"一带一路""向北开放"战略中的独特功能和作用。坚持和完善中俄蒙体育"五大交流机制",办好中俄蒙国际青少年运动会和老年人运动会,大力开展中俄蒙飞镖、驼球、搏克等国际性健身赛事活动,争取建成若干以我区重点运动项目如拳击、冰雪、足球、摔跤为核心的人才联合培养基地。加强与朝鲜、韩国、香港、台湾、澳门等国家和地区的体育交流工作。面向世界全面开展足球运动国际交流活动,促进我区足球改革发展试点工作深入开展。

九、加大体育信息服务工程建设力度

把握"互联网+"的产业融合发展趋势,搭建体育信息管理平台,提高对外服务、对内管理、横向交流的综合服务水平。实施"互联网+全民健身"入户工程,积极开发、推广"掌上健身指导平台"手机终端,实现科学健身指导与群众科学健身需求无缝对接。建设内蒙古竞技体育数据库,为科学训练提供科技支撑。建立体育统计体系,将体育统计纳入国民经济和社会发展统计体系,实现体育统计的科学化、制度化。充分利用新媒体,建立内蒙古体育微信和客户端,开辟体育宣传新领域。

十、实施重大项目工程建设

科学规划重大项目工程,高标准完成各项工程建设任务,为全民健身、竞技体育和体育产业发展创造更好条件。

专栏 十三五时期体育重大项目工程

足球基地建设:建设国家北方足球训练基地、国家北方青少年足球夏令营活动基地,建设内蒙古足球海南训练基地;盟市建设自治区级足球训练基地,旗县建设盟市级足球训练基地。

竞技体育设施建设:建设内蒙古体育训练中心、内蒙古体育局武川训练基地综合训练馆、内蒙古马术馆,改建内蒙古赛马场。

冰雪运动基础设施建设:建设内蒙古冰上运动训练基地,在有条件的旗县(市区)建设一批冬季运动项目训练场(馆)。

基层公共体育服务设施建设:实施基础设施建设提档升级工程,到2020年,实现旗县(市、区)全民健身活动中心、苏木乡镇小型全民健身活动中心、嘎查村全民健身活动站点全覆盖。

第四章 保障措施

一、强化组织领导,统筹推动发展

构建完善政府主导、部门协同、全社会共同参与的体育工作格局,加强体育工作的组织领导。建立体育局与发改、财政、国土、教育、文化、卫生、旅游等相关部门的长效协调工作机制,促进资源共享,协同提升公共服务水平。充分发挥各级工会、共青团、妇联和社会组织的积极作用,统筹推动体育发展。

二、加强依法治体,完善政策法规

健全完善政策法规体系,研究制定相关配套措施。落实国家和自治区政府规定的体育产业优惠、资金扶持、土地征用、人才引进等政策。深化行政审批制度改革,全面推进依法行政。切实推进简政放权、放管结合、优化服务改革任务,建立行政清单统一管理和对外公开制度,进一步细化审批标准。规范行政执法程序,完善行政执法协调机制,构建权责明确、衔接有序、传导有效的行政执法体系。进一步规范和细化各项行政处罚事项裁量基准。统一规范行政执法文书。加大依法行政培训力度,强化依法行政能力建设。深入开展领导干部、各级体育工作人员依法行政培训,加强执法人员资格管理,建立完善执法人员培训体系。积极开展体育法制宣传活动。推行政府法律顾问制度,加强体育法制队伍建设。

三、有序实施规划,落实责任监管

保证自治区、盟市、旗县(市、区)各级体育规划相互衔接,实现覆盖全区的战略规划体系。认真做好规划衔接与细化工作,确保条线之间、层级之间目标一致。对城乡区域确定差别化的目标任务、考核体系和政策措施,推动城乡体育协调发展。加强对规划实施的管理和监督。对发展指标进行逐年逐项分解,落实责任人、责任部门、完成时限,确保各项工作保质、保量、按时完成。加强对重点工作、重点工程的督促检查,对规划实施情况进行中期评估,检查规划落实情况,必要时对规划目标进行适当调整。

四、实施人才强体，加强体育队伍建设

实施"高水平人才梯队工程"。重视和发挥人才在体育事业发展中的关键作用，充分开发国内外人才资源，统筹推进体育管理人才、竞技体育专业人才、社会体育指导员、体育科技和体育产业人才的队伍建设，不断提高体育人才队伍素质。创新人才管理机制，进一步完善政策扶持和激励机制，改善选人用人机制。形成完备的发现人才、培养人才、使用人才、激励人才、留住人才的体制机制。

五、加大政府投入，拓宽融资渠道

加大财政投入，将体育事业经费、体育基本建设资金以及公共体育设施建设列入财政预算，保证财政资金投入，满足人民群众的健身需求以及青少年训练需求，保证人均全民健身活动经费每年随财政收入按比例增长。创新体育投融资模式，促进体育投融资体制改革，采用政府购买服务、公私合作模式（PPP）、体育基金等多种模式推动公益性体育事业发展。发挥政府资金的带动作用和杠杆作用，引导社会资本参与体育项目建设。

辽宁省体育事业发展"十三五"规划

"十三五"时期是辽宁省全面建成小康社会的决胜期,是全面深化改革和推进经济社会转型发展的攻坚期,也是体育事业发展的重要战略机遇期。为促进辽宁体育事业全面协调可持续发展,实现体育强省战略目标,充分发挥体育在推动新一轮辽宁老工业基地振兴等方面的独特作用,根据党中央、国务院的总体部署和"十三五"时期我省体育发展面临的新形势,特制定本规划。规划期为2016年—2020年。

一、"十三五"时期辽宁体育事业发展面临的机遇和挑战

(一)"十二五"时期我省体育事业发展成就显著

群众体育蓬勃发展,全民健身公共服务体系建设不断加快。全省经常参加体育锻炼的人数占全省人口的41.16%,城乡居民达到《国民体质测定标准》合格以上的人数比例为83.9%,人均体育场地面积达到1.69平方米,每万人体育社会组织达到0.87个,每千人公益社会体育指导员为1.78人。全省市、区县全民健身工作基本实现"三纳入"全覆盖,并向"多纳入"拓展;竞技体育硕果累累,奖牌成绩位居全国前列。在2012年伦敦奥运会上,我省共有41名运动员出战,获得5枚金牌、2枚银牌、2枚铜牌的优异成绩。在2013年第十二届全运会上,我省代表团共获得56枚金牌、145枚奖牌、总分3143分,团体总分排名全国第一,金牌及奖牌排名全国第二,全面超过上届全运会,并获得体育道德风尚奖。2014年成功举办了辽宁省第十二届运动会,吸引了青少年、职工、老年和大学生广泛参与,参赛人数达15000多人。青少年组有1人超1项全国青年纪录,52人创42项辽宁省青少年纪录。在2014年仁川亚运会上,我省共有65名运动员参加了21个大项、61个小项的比赛。共获得17枚金牌、17枚银牌、11枚铜牌,金牌总数、奖牌总数位居全国前列。全面贯彻落实国务院《关于加快发展体育产业促进体育消费的若干意见》,体育产业初具规模,2014年全省体育产业增加值为192.76亿元,比2013年增长13%,占全省GDP比重的0.67%。体育彩票连续5年实现两位数增长,5年累计销售达211.17亿元;体育人才队伍的建设力度不断加大,体育法制建设得到加强。2011年,省政府办公厅转发了由省体育局、省教育厅、省财政厅、省人力资源社会保障厅共同起草的《关于进一步加强运动员文化教育和运动员保障工作实施意见的通知》,2011年省政府颁布了《辽宁省体育竞赛管理办法》,2012年省人大通过了《辽宁省全民健身条例》等,进一步建立健全了优秀运动员选拔招生制度、就业转岗培训制度、运动员伤残保险制度、伤病医疗特殊补助制度和退役运动员就

业安置优惠政策。

（二）"十三五"时期我省体育事业发展存在的矛盾和问题

在群众体育领域，人民群众日益增长的多元化体育需求与体育有效供给不足的矛盾依然突出，全民健身公共服务体系有待进一步完善，体育健身设施和服务供给依然不足，体育资源分布不均，公共体育场馆利用率低，学校体育场馆开放率仅为41.01%；在竞技体育领域，我省运动项目发展还很不均衡，传统优势项目如足球、篮球和排球近年来在国内的排名也逐渐降低，田径、游泳等基础大项与发达省份相比还有较大差距，一些项目的发展基础比较薄弱；在体育产业方面，发展体育产业的体制机制不活，政策制度不完善，市场规模不大，产业结构不合理，对于无形资产的体育彩票的运营处于成熟阶段，而对于有形资产的包括闲置土地、房屋、场馆、设施、设备等的经营和投资尚处于起步阶段，具有传统优势的我省体育用品制造业产品技术含量较低，还处在来料加工和代销为主的原始阶段。体育工作发展理念需要不断更新，体育发展思路需要不断拓展，体育理论、政策研究、人才队伍建设仍需要不断加强。地区之间、城乡之间体育发展不平衡的问题仍旧比较突出。

（三）"十三五"时期我省体育事业发展面临的形势

"十三五"时期是实现我省体育事业全面协调可持续发展的改革攻坚期，机遇与挑战并存。十八届三中、四中、五中全会和国务院《关于加快发展体育产业促进体育消费的若干意见》将健康中国与全民健身建设上升为国家战略，促进全民健身与竞技体育、体育产业协调发展，为我省体育发展提供了良好的政策环境。新一轮东北振兴和"一带一路"建设、京津冀协同发展、长江经济带等重大国家战略同步实施，使辽宁的发展动能和优势得到充分释放，为促进我省体育事业快速发展和产业结构优化升级提供了有力支撑。北京张家口携手筹办第24届冬奥会和辽宁全运会后效应，将继续激发群众参与运动热情，扩大运动消费，助力发展我省冬季运动项目。以"互联网+"为标志的新一轮创新发展浪潮已经到来，移动互联网、物联网、大数据与云计算成为我省体育领域创新发展提供核心技术。与此同时，国际金融危机深层次影响仍在持续，我省经济增速下滑压力依然严峻，辽宁经济新常态对实现体育全面协调可持续发展提出了新挑战。

二、"十三五"时期辽宁体育事业发展的指导思想、发展理念和发展目标

（四）"十三五"时期我省体育事业发展的指导思想

以邓小平理论、"三个代表"重要思想、科学发展观为指导，全面贯彻党的十八大和

十八届三中、四中、五中全会和习近平总书记系列重要讲话精神，按照省委、省政府"四个驱动"战略部署，以深入实施全民健身和健康中国国家战略为出发点，以全面提升体育治理体系与治理能力现代化水平为主线，处理好政府、市场和社会的关系，破解制约体育事业发展的突出矛盾与问题，进一步推动全省群众体育、竞技体育、体育产业、体育文化等全面协调发展，为全面建成小康社会、实现辽宁老工业基地全面振兴做出贡献。

（五）"十三五"时期我省体育事业发展的基本理念

——坚持深化改革。始终坚持服务于辽宁老工业基地全面振兴建设，不断探索各项体育工作与我省经济社会发展相适应的特点与规律，全面深化体育各领域改革，转变政府职能，大力简政放权，减少微观干预，激发体育市场活力，积极引导社会力量参与体育事业发展，不断探索和完善具有辽宁独特特色的体育事业发展道路。

——坚持创新驱动。始终坚持把创新作为我省体育事业可持续发展的原动力，加快构建具有辽宁特色的体育创新体系，激发各个主体的创新活力，推进理论创新、技术创新和制度创新，探索体育发展的新模式、新机制、新办法，解决体育事业发展中的突出矛盾与问题，实现我省体育领域的大众创业、万众创新。

——坚持统筹协调。始终坚持推动体育事业与我省经济社会协调发展，紧紧围绕省委、省政府中心工作，主动融入经济社会改革发展大局；加强与国家体育事业发展战略有机衔接，统筹发展群众体育、竞技体育、体育产业以及其他各项体育工作，形成辽宁体育事业与国家体育事业、与辽宁经济社会发展相互衔接、相互促进的态势，形成辽宁体育事业各项工作全面发展的格局，产生全面发展合力。

（六）"十三五"时期我省体育事业发展目标

——完善覆盖城乡的全民健身公共服务体系。以《辽宁省全民健身条例》和《辽宁省全民健身实施计划》为依据，提出"十三五"时期经常参加体育锻炼的人口比例达到43%以上，国民体质监测合格率达到92%以上，人均体育场地面积达到1.8平方米，每一千人拥有社会体育指导员达到3名。保证学生每天参加体育锻炼时间不少于1小时，每年至少举办一次全校运动会，使学生在高中毕业前至少掌握1～2项体育技能，并养成经常参加体育锻炼的习惯。加强青少年体育俱乐部及户外营地建设。创建省级和国家级青少年体育俱乐部400个以上，创建40个省级以上青少年户外体育营地。

——竞技体育核心竞争力稳步增强。坚持科学布局，优化结构，大力发展群众喜闻乐见、具有辽宁特色、能够为国争光的竞技体育项目。以备战2016年巴西奥运会和2017年全运会为主线，在奥运会、亚运会、青奥会、全运会等重大国际国内比赛中取得优异成绩，力争在群众基础好、影响力大的三大球项目、乒乓球和羽毛球项目上有所突破和提高。加快足球项目的改革发展，为国家输送更多优秀足球人才。组织好2018年辽宁省第十三届运动会，使青少年参赛人数由第十二届省运会的7000人增加至8000人，并扩大社会参与面。

加强体育后备人才基地建设，创建不少于80个省级单项体育后备人才基地，在县（区）创建不少于30个省级体育后备人才输送基地。

——体育产业实现健康可持续发展。以国务院46号文件为指导，认真落实《辽宁省人民政府关于加快发展体育产业促进体育消费实施意见》，按照"一带两路三核九区"的布局，到2020年，体育产业增加值每年以高于同期GDP的速度增长，体育产业总规模超过1200亿元。积极争取创建省级体育产业基地，举办具有国际影响力品牌赛事1～2次，基本实现我省体育产业布局合理、功能完善、门类齐全的，与辽宁经济社会发展水平相适应的体育产业体系。

——打造体育文化资源核心竞争力。提高对体育文化重要性的认识，完善体育文化工作的组织体系和工作机制，使体育文化建设能够有组织、有计划地开展实施；大力开展运动项目文化建设、鼓励和支持各运动项目协会和体育组织开展有特色的文化建设和推广活动；建立与完善政府推动、市场导向、全民受惠、蓬勃有序的体育文化市场体系。加强体育法制建设，建立健全体育市场监管体系。强化体育科技支撑作用，抓好体育重点领域人才队伍建设。

专栏1　"十三五"时期我省体育发展主要指标

项目	指标	单位	属性	2015年	2020年
群众体育	经常参加体育锻炼人数	%	预期性	41.6	43.5（国家）
	国民体质监测达标率	%	预期性	89.7	92（国家）
	人均体育场地面积	平方米	约束性	1.69	1.8（国家）
	社区体育指导员数	人/千人	约束性	1.78	3
	省和国家级青少年俱乐部	个	约束性	313	400以上
	省级以上青少年户外体育营地	个	约束性	30	40以上
竞技体育	在重大国际比赛中获得的冠军次数	个	预期性	32	全国前列
	组织2018年辽宁省第十三届运动会和各项年度青少年竞赛	人	预期性	7000	8000
	省级单项体育后备人才基地	个	约束性	80	80以上
	县（区）省体育后备人才输送基地	个	约束性	30	30以上
体育产业	体育产业增加值	亿元	预期性	192.76（2014年）	高于同期GDP增长率
	体育产业总规模	亿元	预期性	587.28（2014年）	1200
	省级体育产业基地	个	预期性	无	若干
	国际影响力品牌赛事	个	预期性	无	1～2

三、落实全民健身国家战略，加快推动群众体育发展

（七）强化群众体育公共服务能力

全面贯彻落实《辽宁省全民健身条例》和《辽宁省全民健身实施计划》，强化体育公共服务职能，以全民健身设施建设、组织建设、活动开展、科学指导、科学评估等为主要内容的全民健身公共服务体系逐步完善。城乡居民健身意识进一步增强，经常参加体育锻炼人数进一步增加，身体素质明显提高。城乡基本公共体育健身设施、体育健身组织、体育健身指导员队伍和志愿者服务队伍数量和质量显著提高，城乡、地区群众体育发展差距进一步缩小。

（八）构建全民健身服务体系

强化全民健身服务体系建设意识，将全民健身服务体系建设纳入当地经济建设和社会发展规划，在资金、场地、机构和人员等方面为全民健身服务体系建设提供保障。加强各体育单项协会建设，强化对各类体育社团工作指导和服务，积极帮助有条件的乡镇建立体育单项协会，充分发挥体育协会、社团在群体活动中的纽带和桥梁作用。完善全民健身科学标准和规范体系，建立健全体质测试机构，推进有条件的社区和乡镇建立国民体质监测站，开展城乡居民日常体质测定和科学健身指导，进一步完善国民体质监测、体育锻炼标准、群众体育现状调查等各项制度的落实，将国民体质监测纳入常年体育指标统计。

（九）建设公共体育服务设施网络

建设以区县为中心、街道和乡镇为基础、方便社区居民日常体育锻炼所用基本公共体育服务设施网络。落实《辽宁省全民健身条例》关于公共体育场馆向社会开放的规定，发挥各市"一场三馆一中心"的作用，为群众提供健身服务。将全民健身设施建设纳入各级政府绩效考评，纳入城市建设规划和土地利用规划，合理规划建设群众健身场所。鼓励和支持企事业单位、社会团体和个人投资兴建体育健身场所。

专栏2　全民健身场地设施建设

开展城市街道室内健身设施和农村乡镇体育健身中心建设，行政村农民体育健身工程数量覆盖率达到98%。努力实现到2020年，全省公共体育场馆数量达到300个，开放率达到95%；学校体育设施达到6000个以上，开放率为50%，人均体育场地面积达到1.8平方米以上的目标。

（十）加强社会体育指导员队伍建设

充分发挥我省体育院校和大专院校体育系的作用，加强社会体育指导员培训工作，完善社会体育指导员登记注册制度，规范社会体育指导员管理，建立社会体育指导员网络信息平台。完善社会体育指导员激励机制和经费投入机制，政府以购买服务的形式，推行社会体育指导员公益岗位制度，为社会体育指导员工作开展创造必要条件。

（十一）开展全民健身十大品牌活动

积极推行《普通人群体育锻炼标准》，广泛开展群众性体育活动，着力营造崇尚体育健身的氛围，吸引城乡居民坚持参加体育健身活动。各级政府要将本地区《全民健身实施计划》纳入社会整体发展规划和目标管理体系。各体育行政部门要利用全民健身日、节假日等组织开展各种群众体育活动，引导广大市民自觉参与全民健身。大力推行体育名城创建活动，形成一市一品牌。举办好全民健身运动会、残疾人运动会、少数民族运动会。

（十二）着力发展青少年体育运动

深入贯彻实施《青少年体育活动促进计划》，加强和促进青少年体育组织建设，增加数量，扩大覆盖面；积极推进成立省级青少年体育俱乐部联合会；支持各级单项运动协会和项目管理中心成立青少年体育活动组织指导机构；积极指导各级青少年体育组织开展活动，逐步扩大"百万青少年上冰雪"，青少年体育俱乐部联赛、体育传统项目学校单项竞赛、青少年户外体育夏（冬）令营等活动的参与范围和规模；开展丰富多彩的校内外足球活动，扶持足球特色学校和小足球俱乐部的发展，以特色带动普及，扩大青少年足球人口规模。

专栏3　青少年公共体育服务体系建设

努力拓宽青少年业余体育活动项目，陶冶情操，锻炼体魄，使广大青少年体质有所增强。到2020年，创建省级和国家级青少年体育俱乐部数量达到400个以上，省级以上青少年户外体育活动营地达到40个，全省建立1000所足球特色学校，与省教育厅共同配合，每年定期举办学生四级足球联赛。积极开展"阳光体育运动"，保证学生每天参加体育锻炼的时间不少于1小时，每年至少举办一次全校运动会；使学生在高中毕业前至少掌握1~2项体育技能，并养成经常性体育锻炼的习惯。

四、落实奥运争光计划，提高竞技体育综合实力

（十三）优化竞技体育项目布局

要以在奥运会、全运会和国际大赛上争创优异成绩为目标，进一步强化重点项目布

局。以社会影响广、群众基础强、市场效益好、群众关注度高、赛事关联度大、能彰显竞技体育核心竞争力的运动项目为重点，发展与辽宁体育强省地位相适应、相一致的竞技体育项目，并以此作为强项，实行政策倾斜、人财物聚焦，力争在国际体坛上有所作为，展现和谐向上拼搏的辽宁体育精神。

专栏4　竞技体育重点项目建设

加强职业体育的管理和扶持，对于人民群众喜闻乐见、影响力较大的三大球项目和乒乓球、羽毛球等项目，要加强对联赛主场的管理和运营，并力争在成绩上有所提高和突破。在"十三五"规划实施的五年间，力争足、篮、排三大球取得好成绩。

加快足球项目改革与发展力度，努力把我省足球改革发展作为实现体育强省的重要举措，逐步建立完善足球管理体系，制定辽宁足球中长期发展规划，规划辽宁足球场地建设，形成足球事业与足球产业协调发展的格局。

继续保持辽宁项目特色，重点优先发展长距离-耐力型、大级别-力量型、隔网对抗-技巧性、集体项目-配合型项目的发展，并充分考虑在奥运会上成绩较好或具备较大潜力的项目。

（十四）做好重大赛事的备战参赛和组织工作

建立层次分明、职责清晰、任务明确、计划周密、措施完善、保障有力、奖惩严明、运转有效的组织管理体系和工作制度，确保完成好奥运会、冬奥会、亚运会、青奥会等重大国际比赛的备战参赛任务，巩固传统优势项目地位，扩大新的优势项目范围，基础大项和集体球类项目实力有所增强。认真组织2018年辽宁省第十三届运动会和各项年度青少年竞赛，使我省十三运会青少年组参赛人数由十二运会的近7000人增加到8000人；通过组织年度青少年竞赛和省运会，促进我省青少年业余训练人数有效增加。

专栏5　"十三五"时期备战的各项赛事

1. 2016年巴西里约第三十一届夏季奥运会；
2. 2016年挪威第二届冬青奥会；
3. 2017年日本札幌第八届亚冬会；
4. 2017年印尼第三届亚青会；
5. 2018年韩国平昌第二十三届冬奥会；
6. 2018年印尼第十八届亚运会；
7. 2018年阿根廷第三届青奥会；
8. 2020年日本东京第三十二届夏季奥运会；

9. 2016年新疆第十三届全国冬运会；
10. 2017年天津第十三届全运会；
11. 2019年山西第二届青运会；
12. 2020年第十四届全国冬运会。

（十五）积极完善竞赛制度体系

充分发挥竞赛的杠杆作用，积极推进竞赛制度完善和改革，进一步协调理顺体育内部关系，引导运动项目优化结构，逐步建立适应辽宁实际情况并符合现代竞技体育发展规律和国际体育形势的，由国家和社会办相结合、集中与分散相结合，多方位、多层次、多元化的体育竞赛体系。

（十六）加强竞技体育人才队伍建设

加强教练员队伍的梯队建设，突出科技在现代竞技体育中的引导作用，充分发挥科技对训练的指导和支持作用，从结构上优化我省教练员队伍；建立、强化科研团队建设，以运动员和教练员的需求为出发点，紧密联系训练实践，不断强化科研、体能、康复在训练中的综合应用，不断提高科学训练水平；加强对训练干部、管理人员业务能力的培养，注重学习与培训，逐步建立一支业务精、能力强、爱岗敬业的竞技体育管理团队。

（十七）加强后备人才培养与梯队建设

加强后备人才培养工作，充分利用后备人才基地和传统项目学校的创建，发挥学校、俱乐部以及协会在青少年体育后备人才培养中的作用，努力扩大后备人才规模，提高业余训练水平；进一步完善后备人才选拔制度，通过量化标准，不断提高科学选材的成功率；做好各级队伍的梯队建设，要重点研究，精心设计年轻运动员的培养方案和成才措施，想方设法对他们进行科学、合理的训练，更快更好地发展他们的竞技能力，以充实我们备战综合性大赛的人才梯队。

（十八）加强裁判员队伍管理与建设

要打破裁判员培养的常规模式，努力培养高水平裁判群和提升骨干裁判数量，努力推荐和支持优秀人才进入国家各项目协会裁判委员会；要加强对教练员的培训，使他们能够及时把握与应用现代训练理念，不断提高他们超前与创新的思维，具备较强的统筹管理与协调能力；要加强对年轻裁判员的培养与使用，对业务能力强、思想过硬、热爱裁判工作、外语和沟通协调能力较强的，要重点培养、重点使用、重点推荐，不断提升我省各项目裁判员的整体水平与素质。

（十九）实施运动员就业、创业保障工程

加大落实运动员激励保障政策的工作力度，深化"职业规划从运动生涯开始"工作，完善退役运动员职业转换社会扶持体系；积极探索适应市场经济体制要求的退役运动员就业安置办法，拓宽就业安置渠道；完善运动员职业转换过渡期制度，建立培训基地，设立培训基金，健全培训制度，通过文化素质教育、职业辅导培训、职业技能鉴定、创业培训等，提高运动员的综合素质、就业能力和社会竞争力。

（二十）继续巩固和加强国家训练基地建设

继续充分发挥我们举办第十二届全运会的场地设施优势，加大国家级训练基地的建设与申报力度，"十二五"期间我们已有1个综合训练基地和7个单项训练基地被国家命名，"十三五"期间我们要在质量上和数量上下足功夫，力争达到再有1个综合训练基地和5个单项训练基地申报成功，创建不少于80个省级单项体育后备人才基地，在县（区）创建不少于30个省体育后备人才输送基地。

（二十一）打造一流体育作风省份，狠抓赛风赛纪和反兴奋剂工作

狠抓赛风赛纪和反兴奋剂工作，加强体育行业作风建设，净化赛场风气。不断完善竞赛规则和规程，建立健全体育赛事的仲裁制度和赛风赛纪的监督、检查、认定和处置机制。加大反兴奋剂的管理、教育宣传和处罚力度，完善我省反兴奋剂工作网，通过报刊、网络、多媒体以及各种实际案例等多种形式对所属人员进行反兴奋剂的宣传教育，从思想上形成自觉抵御和防范兴奋剂的意识，全面提高所属人员遵章守纪的自觉性。

五、促进体育消费，扩大体育产业规模

（二十二）创新体制机制

建立省级体育产业发展联席会议工作制度，共同制定落实体育产业政策，将体育产业纳入辽宁省支持文化产业和新兴服务业发展的政策框架，健全体育产业项目评价与筛选机制。转变政府职能，全面清理不利于体育产业发展的有关规定，取消商业性和群众性体育赛事活动审批。鼓励社会资本承办赛事，加强省级体育项目、体育赛事资源与各市的战略性合作，推进体育行业协会与行政机关脱钩，将适合由体育社会组织提供的公共服务和解决的事项，交由体育社会组织承担。推进职业体育改革，鼓励以足球、篮球、排球等为代表的集体球类项目和以网球、拳击、台球、跆拳道、击剑、高尔夫球等为代表的个人项目走职业化发展道路，支持教练员、运动员职业化发展。支持社会资本参与组建职业体育俱乐部和专业体育表演团队，鼓励发展职业联盟。创新体育场馆运营机制，完善场馆管理体

制，转换运营机制，盘活存量资产，完善配套服务，开展多种经营，加快实现"管办分离"运营与管理模式。增强省内重点体育场馆复合经营能力，组建辽宁体育场馆联盟，拓宽服务领域，延伸配套服务，实现最佳运营效益。

专栏6　体育产业政策体系建设

> 建立健全健身消费政策。各级政府要将全民健身经费纳入财政预算，安排一定比例体育彩票公益金等财政资金，通过政府购买服务、发放体育消费券等多种方式，支持群众健身消费。
>
> 完善税费价格政策。认真贯彻落实国家和我省相关税费价格政策，保证体育类组织、企业，按照相关规定，依法享受水、电、气、热价格政策和有关税收优惠政策。
>
> 完善规划布局与土地政策。将公共体育设施和体育产业发展用地纳入城乡规划、土地利用总体规划和年度用地计划。认真落实新建居住区和社区按室内人均建筑面积不低于0.1平方米或室外人均不低于0.3平方米执行等规划布局和土地政策。
>
> 完善人才培养和就业政策。鼓励有条件的高等院校培养各类体育产业经营管理专业人才，开展各类体育职业教育、技能培训。加强校企合作，多渠道培养复合型体育人才。将体育企业创业孵化、创新创业人才培养纳入我省的相关政策之中。
>
> 完善无形资产开发保护和创新驱动政策。加强对体育组织、体育场馆、体育赛事和活动名称、标志等无形资产的开发和利用，建立体育资源交易平台，促进体育产业资源的合理流动。

（二十三）培育发展体育事业的多元主体

加大财政金融扶持力度，研究设立体育产业专项体育引导基金，推广运用政府和社会资本合作（PPP）等多种社会众筹发展群众性体育事业的模式，支持引导社会资本参与体育产品和服务供给、场馆设施建设运营、体育赛事活动举办和职业体育发展。加快体育产业行业协会建设，鼓励支持体育市场主体成立相关的行业协会，引导体育用品、体育服务、场馆建筑等行业发展。鼓励文化旅游、教育培训、网络传媒、健康养老等相关企业进军体育产业，提供体育产品和服务。引导体育企业做强做精，着力扶持、培育一批有自主品牌、有比较优势、有竞争实力的体育产业企业。组建辽宁体育产业发展集团，鼓励有条件的市成立体育产业集团，为辽宁体育产业强省战略奠定基础。鼓励各市开展体育产业基地建设，努力培育一批区域性体育产业合作项目和基地，鼓励创建国家级体育产业基地。

（二十四）改善体育产业的布局和结构调整

按照"一带二路三核九区"的产业布局，构建特色鲜明、功能互补、空间集约的体育产业布局，促进辽宁体育产业实现创新发展。大力发展足球产业，将发展足球运动纳入各地经济社会发展规划，制定辽宁省足球发展中长期规划和足球场地设施建设规划。加强足球管理体系建设，积极开展职业足球、校园足球、专业足球和社会足球活动，创新足球运动管理模式和理念，鼓励社会力量和资金参与足球产业建设和管理。积极培育和发展足球产业市场，构建全方位、全过程足球产业链。以北京张家口携手筹办第24届冬奥会为契机，加快冰雪产业发展，以冰雪运动等特色项目为突破口，促进健身休闲项目的普及和提高。制定辽宁省冰雪运动发展规划，引导社会力量积极参与建设冰雪运动场地，支持各市开展冰雪产业基地建设，促进我省冰雪运动繁荣发展，形成新的体育消费热点。

专栏7　"一带二路三核九区"体育产业布局建设

"一带"——围绕辽宁沿海经济带建设，推动重要赛事、重大体育产业项目布局，打造沿海体育运动休闲产业带。"二路"——依托沈大高速公路、京沈高速公路便捷、快速的互联互通网络，延伸以市场流、产品流、观众流为特色的体育产业链，促进两路沿线城市间体育产业资源多向流动。"三核"——发挥以沈阳为中心的传统体育核心区、大连蓝色体育核心区和辽西体育商贸核心区的聚集效应。"九区"——形成以体育运动服务、职业赛事表演、体育用品产销、冰雪体育产业、水上运动产业、山地户外运动、城镇运动休闲、滨海湿地运动、生态运动健康为功能区的支撑体系。

（二十五）立足体育行业，促进体育与其他行业的融合发展

推动体育与养老服务、文化创意、设计服务和教育培养等融合。大力发展运动医学和康复医学，建立体育与医学院校联合培养具有运动医学、体育保健康复专业知识的高水平体育康体人才。支持金融、地产、建筑、交通、制造、食药、信息等企业开发体育领域产品和服务。鼓励科技含量高的体育装备类、辅助类、康复类产品的研发、制造和销售。引导互联网企业与体育企业的对接，创新服务平台和运营模式。引导有条件的区县发展户外营地、徒步骑行服务站、汽车露营地、航空飞行营地、船艇码头等设施，推动体育产业与旅游业、高端制造业联动发展。

（二十六）丰富市场供给

完善体育基础设施，在全省各市建有"一场三馆一中心"（体育场、综合体育馆、游泳馆、网球馆和全民健身中心）的基础上，进一步加强公园专项体育设施和社区活动场地设施建设，升级改造一批便民利民的中小型体育场馆、公众健身活动中心、户外多功能球场、健身步道等场地设施。强化资源整合，充分开发利用城市公园、公共绿地、郊野公园、沿河沿湖沿水库堤坝滩地城市空置场所等建设群众体育健身设施。挖掘我省老工业基地的潜力，盘活存量资源，改造旧厂房、仓库、老旧商业设施等用于体育健身。发展体育休闲项目，充分利用气候和地理条件优势，积极开展冰雪运动项目。支持有关地区利用独特的地理、空间等条件，发展航空体育运动、特色体育休闲项目、滨海体育旅游和健身活动、民族特色体育活动等。丰富体育赛事活动，加强与国际、国内体育组织和各类体育协

会的合作，积极引进和申办国际一流和高等级重大国际国内体育赛事。积极探索自主品牌体育赛事的培育，创建俱乐部和运动队联盟。鼓励机关团体、企事业单位和大中小学校广泛举办各类体育比赛，支持体育社会组织等社会力量举办群众性体育赛事活动。完善赛事产业链，开发赛事衍生产品，发挥赛事综合拉动效应。

六、扩大宣传与对外交流，加强体育文化建设

（二十七）打造辽宁特色体育文化体系

要结合我省得天独厚的体育文化资源和厚重的体育文化基础以及辽宁地域民族文化和人文特点，充分挖掘地域体育和少数民族传统体育的文化因素，培育特色体育文化，构建符合我省社会和文化发展的体育文化体系。鼓励和推动运动项目协会与体育组织进行运动项目文化建设，逐步形成一批具有辽宁特色的有社会影响的运动项目文化，丰富我省体育文化内容，满足我省广大人民群众的健身和体育娱乐需求。

（二十八）加强体育文化宣传和对外交流

充分利用省内外大型赛事及各类大型群众性体育活动，积极开展各类体育文化宣传与活动。高度重视各类体育文化会展活动，鼓励各市体育部门和体育组织建立自己的荣誉室、名人堂等体育文化窗口，促进城市社区和农村体育文化站点等基层体育文化阵地建设，不断完善各类体育文化设施。积极开展对外体育文化交流，特别是借助国家"一带一路"外向发展战略实施机遇，努力打造我省新的体育文化交流传播平台，使有特色的辽宁体育文化行业和产品走向世界，扩大国际影响力，带动体育产业国际化发展。

七、强化保障措施，促进规划落到实处

（二十九）加强组织领导

各级政府要把体育事业与体育产业发展的目标任务纳入经济社会发展的总体规划，纳入党委政府重要议事日程，建立健全体育工作领导协调机制，设立全民健身、竞技体育、体育产业发展联席会议或领导机构，协调解决体育事业与体育产业发展中的重大问题，推进体育事业与体育产业的发展；各级体育部门要强化规划落实，加强与发展改革、财政、税收、金融、国土等部门的联系与合作，促进资源共享，协同提升公共服务水平。

（三十）加大投入力度

各级政府把体育事业经费、基本建设资金列入本级财政预算和基本建设投资计划，增

加对体育事业的投入，确保体育事业经费随着财政收入增长而逐步增加；要建立和完善公共体育服务的政府采购制度，加强体育投入的绩效考核，提高体育投入资金的使用效益；要按规定管理和使用好体育彩票公益金，充分发挥其社会效益；进一步拓宽体育发展的投融资渠道，鼓励国内外企业投资我省体育产业，鼓励民间资本投资大众体育健身，推广与运用政府和社会资本合作的竞技体育发展模式，积极吸引社会资本参与体育事业的发展。发挥政府资金的带动作用和杠杆作用，设立由社会资本筹资的体育事业投资基金，有条件的市区可设立体育发展专项资金，对符合条件的企业、社会组织给予项目补助、贷款贴息和奖励。

（三十一）落实政策法规

研究制定国家相关政策的实施细节，落实支持体育事业与体育产业发展的财政、金融、税收、土地、能源等方面的政策；贯彻落实我省制定并颁布的《关于进一步加强运动员文化教育和运动员保障工作实施意见的通知》《辽宁省体育竞赛管理办法》《辽宁省全民健身条例》《辽宁省人民政府关于加快发展体育产业促进体育消费的实施意见》，以确保我省体育事业各项工作顺利实施；建立体育部门依法行政的制度体系，切实加强对各类职业体育俱乐部、各单项协会体育经营性场所的指导、监督、管理和服务；加强体育经营活动的安全监管，规范高危险性体育项目，加强日常监督检查和技术指导。

（三十二）做好体育事业的基础性工作

继续加大辽宁竞技体育管理信息系统的建设力度，提高信息化管理水平，扩大辽宁竞技体育信息的应用范围；要进一步组织和完善体育事业和体育产业统计工作，加强全民健身、体育消费、体育旅游等专项统计工作，为制定相关政策提供科学依据；要加强体育标准化建设，推进国际间的交流与合作；要进一步整合体育信息资源，逐步构建体育资源网络信息平台，推进体育行政管理和体育项目管理的信息化，加强全民健身信息服务系统、体育赛事信息管理系统、体育场馆信息服务系统的建设。

（三十三）加强监督落实

加强本规划与各级体育规划相互衔接，确保条线之间、层级之间目标一致，重视与国家有关专项规划以及各地方经济社会发展规划的协调；建立明确的工作目标与责任制度，落实责任人、责任部门、完成时限，形成责任明确、措施有力、联动高效、问责到位的体育工作格局；制订各项工作计划和方案，将"十三五"时期体育发展指标进行逐年逐项分解，精心组织实施；落实督促检查，完善绩效评估、动态调整和监督考核机制；建立中期评估机制，分析检查规划实施效果，必要时对规划目标进行适当调整，保障和推进本规划的顺利实施。

吉林省体育发展"十三五"规划

"十三五"时期是贯彻落实"四个全面"战略布局全面建成小康社会的决战时期，是积极推进吉林老工业基地转型升级的攻坚时期，也是建设冰雪运动强省、推进体育实现新发展、新跨越的重要时期。为了充分发挥体育在保障和改善民生、推动社会进步方面的重要作用，根据省委、省政府总体部署和"十三五"时期体育发展面临的新形势、新任务、新要求，制定吉林省体育发展"十三五"规划。

一、"十三五"时期吉林省体育面临的机遇与挑战

（一）"十二五"时期体育成就显著

"十二五"时期，在省委、省政府的正确领导下，在全省人民的大力支持下，全省体育战线团结一心，拼搏进取，以成功举办第十二届全国冬运会为契机，推动体育各项工作全面进步，取得了显著成就。构建公共体育服务体系取得新成效。全民健身活动丰富多彩、遍及城乡，形成了长春净月瓦萨冰雪节等众多全民健身赛事活动品牌，广大人民群众的身体素质和健康水平不断提高，经常参加体育锻炼的人数不断增加，占总人口比例的32%；公共体育场地设施不断增加，人均体育场地面积达到1.5平方米，突出了便民利民实用的特点；体育总会、协会、俱乐部等体育社会组织发展迅速，社会化、实体化、规范化水平不断提高，社会体育指导员达到44000人，超额完成1.5‰的计划指标，全民健身志愿服务得到常态化发展；全民健身宣传和科学健身指导工作形式多样，效果显著，形成了较为浓厚的全民健身活动氛围。竞技体育水平稳步提升。"十二五"时期我省运动员共夺得世界冠军68个、全国冠军300个，为国家和省赢得了荣誉。在2012年第十二届全国冬运会上创造历史最好成绩；在2012年伦敦奥运会上，我省选手获得1枚金牌、4枚银牌、2枚铜牌，创造参加夏季奥运会最佳成绩；在2013年第十二届全运会上，我省金牌、奖牌、总分三项指标均超上届；在2014年索契冬奥会上，我省选手获得2枚金牌、2枚银牌和1枚铜牌，创造我省参加冬奥会历史参赛人数最多、参赛项目最全、参赛成绩最好的纪录。圆满完成了第十二届全国冬运会的承办以及第十七届省运会的组织工作。体育产业发展不断壮大。居民体育消费迅速增长，从业人员不断增加，体育彩票发行额不断刷新纪录，为体育发展筹集大量资金。体育产业正在成为我省现代服务业新的增长点和国民经济的新亮点。关系到体育发展的战略性、基础性、保障性工作取得重大进展，体育政策法规体系进一步完善。《关于进一步加强运动员文化教育和运动员保障工作的实施意见》《吉林省全民健

身条例导读》《吉林省运动员文化教育督导检查办法》《吉林省运动员文化教育工作联席会议制度》和《吉林省体育传统项目学校评估检查办法》等一系列重要体育政策文件颁布实施，为体育改革与发展提供了重要保障。体育人才队伍建设的力度不断加大，体育科技、体育教育、体育宣传等事业取得长足发展，吉林体育学院学科专业建设成效显著，科研、教研取得成果，服务国家及吉林省竞技体育水平不断提升。"十二五"时期体育的发展与进步，对国民经济和社会发展做出了应有贡献。

（二）"十三五"时期面临的主要矛盾和问题

人民群众日益增长的体育需求与体育有效供给不足仍然是我省体育发展的主要矛盾。在群众体育领域，政府提供的公共体育服务和产品、群众体育场地设施、组织体系、科学健身指导等方面与群众需求存在一定差距；竞技体育综合实力不强、后备人才不足、一些项目的发展基础比较薄弱、项目发展不均衡，赛风赛纪和反兴奋剂工作还需持续加强；体育产业仍然处于发展初期，产业结构不合理、政策制度不健全、市场管理不规范、市场规模不大，市场机制配置体育资源的作用尚未充分有效地发挥；体育发展观念需要进一步转变，体育管理体制改革有待深化，体育管理科学化、法治化水平有待提高，体育理论建设、政策研究、队伍素质等方面都面临新形势下发展与改革的严峻挑战。"十三五"时期必须迎难而上，奋力拼搏、努力解决阻碍和制约体育发展的矛盾与问题。

（三）"十三五"时期的形势和任务

"十三五"时期是吉林省体育大有可为的重要战略机遇期。全面建成小康社会为体育增强人民体质，振奋和凝聚民族精神，服务社会民生提供广阔舞台。党和国家高度重视体育工作，习近平总书记多次对体育作出重要批示和指示，国务院把全民健身上升为国家战略，为体育发展指明了方向。国务院下发《关于加快发展体育产业促进体育消费的若干意见》、国务院办公厅下发《中国足球改革总体方案》等，为体育发展规划美好未来。我国从体育大国向体育强国迈进，筹办备战北京冬奥会，省委省政府提出建设冰雪运动强省的目标，社会对群众体育、竞技体育、体育产业、体育文化的极大需求，都为我们做好体育工作提供了强大的动源。吉林老工业基地转型升级和互联网+等科技革命，为体育创新发展提供了新的引擎。体育正在以前所未有的广度和深度融入社会生活、文化生活和经济生活，体育多元价值不断拓展和显现，地位和作用日益突出。我们必须以更加宽广的视野和更加强烈的责任感，迎接新的机遇和挑战，进一步明确发展目标，坚定信心，加快改革，统筹规划，扎实推进各项工作。

二、指导思想、发展目标和基本原则

（四）指导思想

以邓小平理论、"三个代表"重要思想和科学发展观为指导，全面贯彻党的十八大和十八届三中、四中、五中全会与习近平总书记视察吉林重要指示精神，坚持以"四个全面"战略布局为引领，坚持创新、协调、绿色、开放、共享发展理念，坚持体育引领社会生活新风尚，以满足人民群众不断增长的体育需求为宗旨，以建设冰雪运动强省为目标，以转变体育发展方式为主线，以改革、发展和创新为动力，走出一条有我省特色的发展道路，实现体育全面协调可持续发展，为全面建成小康社会、构建和谐吉林做出积极贡献。

（五）总体目标

根据我省"十三五"总体部署和建设冰雪运动强省的目标要求，进一步夯实体育发展的社会基础，提升体育发展水平和效益，改善发展结构和质量，加快完善公共体育服务体系，提高公共体育服务水平，促进体育事业和体育产业全面发展。群众体育再上新台阶，竞技体育整体上水平，体育产业快速发展，体育文化繁荣进步。依法治体、依法行政意识和能力显著提高。体育科技、体育教育、体育法制、人才培养、行业作风、体育外事、体育宣传、安全生产等工作水平明显提升，促进体育管理的科学化、法治化、现代化。

主要具体目标是：

——群众体育再上新台阶。贯彻落实全民健身国家战略，积极推进全民健身与全民健康深度融合，完善全民健身公共服务体系，努力满足人民群众健身需求，保障人民群众参加体育活动的权利。城乡居民体育健身意识进一步增强，全民健身活动内容更加丰富，身体素质和健康水平明显提高。到2020年，经常参加体育锻炼的人数达到800万以上，占适龄人口的36%；城乡居民达到《国民体质测定标准》合格以上的人数在92%以上；各类体育场地达到2.5万个以上，人均体育场地面积达到1.8平方米以上；城市普遍建有"15分钟健身圈"，街道（乡镇）、社区（行政村）实现公共体育健身设施100%全覆盖；公共体育设施的开放率达到80%以上；有条件的市州和县（市）区实现"五个一"工程全覆盖；大众冰雪体育项目基础建设显著增加，为实现冰雪运动强省目标奠定基础；建立相对完善的全民健身组织网络体系；形成具有地方特色和品牌的全民健身活动；推进全民健身与体育产业融合发展。

——竞技体育整体上水平。坚持奥运争光计划，全面提升我省竞技体育整体实力。巩固和扩大优势项目，强化潜优势项目，提高基础大项和篮球、足球等热点项目整体水平，落后项目力争有所突破，加大后备人才培养力度，不断提高人才培养的质量和效益。合理布局我省竞技体育项目，在冬季项目和夏季项目均衡发展的基础上，加大对冬季项目的扶持力度，努力实现我省由冰雪体育运动大省向冰雪运动强省迈进。结合运动项目需求和自然资源等因素，加大体育场馆设施、基地建设，努力满足各级各类运动队伍对运动场地、设施的需求。建立运动队训练质量管理体系，培育多层次的竞技体育赛事体系，健全竞技体育人力资源培养体系，努力实现我省运动员在冬夏奥运会、冬夏全运会上新的突破。

——体育产业实现快速发展。基本建立突出冰雪体育产业、布局合理、门类齐全、功能完善的具有吉林省特色的体育产业体系。总规模达到600亿元。实现体育产业增加值占全省GDP的0.53%以上，成为推动我省经济社会持续发展的重要力量。

——体育文化繁荣进步。体育项目文化建设和文艺创作有新的发展，中华体育精神进一步得到弘扬。体育文化在体育发展中的地位更加提高，多元价值更加显现，在培育和践行社会主义核心价值观中的作用更加重要，提升我省体育形象和影响力。

（六）"十三五"时期发展全省体育基本原则

——坚持立足全局，服务中心。充分发挥体育在促进经济建设、政治建设、文化建设、社会建设、生态文明建设以及对外交往中的综合功能和独特作用，在社会主义现代化建设大局中准确把握体育定位，把体育发展融入我省发展战略中。

——坚持以人为本，服务民生。把增强人民体质、提高全省人民身体素质、健康水平和生活质量，促进人的全面发展作为体育工作的出发点和落脚点。满足人民群众不断增长的体育需求，真正实现好、维护好、发展好最广大人民群众的健身利益，做到体育发展为了人民，体育发展依靠人民，体育发展成果由人民共享。

——坚持深化改革，创新驱动。处理好继承与创新的关系，不断探索各项体育工作与社会主义市场经济相适应的特点与规律，努力实现理论创新、科技创新、制度创新、管理创新。进一步转变发展观念，创新发展模式，提高发展质量，加快体育发展由粗放型向集约型转变，体育管理由经验型向治理现代化转变。

——坚持统筹兼顾，协调发展。促进群众体育与竞技体育协调发展，促进体育事业与体育产业协调发展，夏季项目与冬季项目协调发展，促进不同地区、不同领域、不同行业体育协调发展，促进奥运项目与非奥运项目、群众喜爱的大众体育项目与传统体育项目的协调发展，处理好当前与长远、重点与一般、规模与效益的关系，全面推进体育发展。

——坚持科技兴体、人才强体。牢固树立人才资源是第一资源、科学技术是第一生产力的观念，重视和发挥科技、教育、人才在体育发展中的关键作用。坚持体育发展依靠科学技术进步，科学技术发挥先导作用的理念，依靠科技和教育发展，提高体育队伍素质并发挥各类人才作用。

——坚持文化固本、依法治体。通过体育促进并建立健康、科学、文明的生活方式，塑造积极、健康的价值观和人生观。充分发挥体育在建设社会主义先进文化中的作用和功能，让体育成为社会主义先进文化的传播者和创造者，成为社会主义核心价值观的倡导者和先行者。增强体育法治观念，加强体育法制建设，依法行政、依法治体。

——坚持党的领导，固本强基。必须认真落实党中央、国务院和省委、省政府发展体育工作的一系列指示精神，进一步把思想和行动统一到党和国家对体育发展的战略部署上，全面贯彻从严治党要求，坚定不移推进反腐倡廉，加强体育队伍思想政治与行风建设，积极应对各种风险挑战，为体育改革与发展提供更为坚实的政治保障。

三、努力提高群众体育发展水平，服务民生

（七）加强公共体育设施规划和建设

推动制定公共体育设施建设规划，促进建设以市州、县（市）区为中心、街道（乡镇）为基础、方便居民日常体育锻炼的公共体育设施网络。落实国家对公共体育设施规划、建设用地指标的有关规定，将公共体育设施建设纳入城市建设规划和土地利用规划。加大资金扶持力度，鼓励社会力量兴建公共体育设施。加强指导监督，提高公共体育设施建设的质量和效益。

推进全民健身设施建设。以市州、县（市）区体育设施"五个一"工程建设为重点，打造城市"15分钟健身圈"。街道（乡镇）、社区（行政村）建有便捷、实用的全民健身设施。力争实现市州、县（市）区公共体育设施全覆盖。推进全民健身场地设施建设"提档升级"。加强全民健身步道和轮滑场地建设。同时，加大对滑冰场、小型室外冰球场和滑雪场的扶持力度，满足开展"玩冰踏雪·健康吉林"系列冰雪体育活动和全民冰雪健身体验的需求。

（八）进一步推动公共体育场馆、学校场馆向公众开放

完善和落实各级政府及相关部门促进体育场馆开放的政策，推动政府购买服务，逐步建立相应的开放条件和标准、财政补助、保险、收费标准、安全管理规范、责任追究等制度和机制，定期进行检查评估，努力扩大体育场馆开放范围，盘活体育场馆资源。

（九）健全各级各类全民健身组织网络

切实转变政府职能，实现管办分离，积极培育多元体育社会组织，建立健全"4+X"协会模式（4是指体育总会、社会体育指导员协会、老年人体育协会、农民体育协会，X是指具有本地特点的若干单项体育协会），积极发挥各级体育总会、单项体育协会、俱乐部以及其他社会力量在组织开展各项全民健身活动和赛事方面的重要作用，形成社会多元办体育的新局面。地方体育行政部门要对基层体育社会组织的规范化建设给予积极的引导和扶持。

（十）加强社会体育指导员队伍建设，积极开展全民健身志愿服务

加大各级社会体育指导员培训力度。进一步提高社会体育指导员上岗率，实现直接服务群众超过50%、获得国家职业资格证书达到9千人以上的目标，其中冰雪、足球运动社会体育指导员数量能够满足需求。组织优秀运动员、教练员、体育科技人员、体育教师和社会热心人士开展全民健身志愿服务。

（十一）广泛开展全民健身活动

以全民健身日、法定节假日、民族传统节日、重大活动、农闲季节等为节点，开展具有地域特色和民族传统的全民健身活动，培育和打造全民健身活动品牌。定期举办各类人群全民健身运动会以及社会体育指导员技能展示交流等全民健身比赛和活动。创新组织"全民健身百日行"系列健身活动、"玩冰踏雪·健康吉林"系列冰雪体育活动和"全民健身日"活动。制定全民冰雪运动推广普及计划，组建全民冰雪健身专家智库，发挥各级社会体育指导员作用，提高大众冰雪运动项目普及率，积极打造大众冰雪项目精品赛事。开展好"三大球"、游泳、田径等群众喜闻乐见的群众体育赛事活动。

（十二）重视开展青少年体育

落实国家《青少年体育振兴计划》，提高广大青少年身体素质和健康水平。全面贯彻落实《中共中央国务院关于加强青少年体育增强青少年体质的意见》（中发〔2007〕7号）精神，进一步推动和健全学校体育工作机制和督导制度。动员和组织社会各方面力量开展青少年体育活动，扩大参与范围、规模，不断丰富活动内容、形式，建立长效化活动机制，不断提高科学化、制度化水平。大力推动全省"百万青少年上冰雪活动"，全省青少年冬令营、夏令营、训练营及各级各类青少年体育竞赛活动，鼓励支持各地开展青少年国际体育交流合作，支持各级各类学校参加全国学生运动会和各类赛事。

（十三）积极推进农村体育和职工体育

组织开展各种贴近农民生活实际、因地制宜、丰富多彩的体育健身活动，丰富广大农民业余文化生活，培养科学文明的生活方式，推进广大农村地区的和谐社会建设。切实加强职工体育工作的组织领导，建立和完善各级职工体育协会、俱乐部等体育组织；加大对专（兼）职体育干部的培训力度；落实机关、企业事业单位的工间（前）操制度；定期举办多种形式的职工体育健身展示和竞赛活动。

（十四）加强对老年人、残疾人、少数民族等人群体育活动开展的指导

充分发挥老年人体育协会的作用，加强老年人体育活动队伍建设和宣传工作，积极引导老年人参加体育锻炼活动。加强对残疾人体育活动的指导服务，培养适应残疾人需要的

体育健身指导人员；加强对特殊人群体育的科学研究，研制与推广适合特殊人群的体育健身新项目、新方法。建立健全各级少数民族体育协会，注重培养少数民族体育教师、社会体育指导员和高水平运动人才；积极挖掘、推广和培育具有地方特色的少数民族传统体育健身项目，完善少数民族传统体育培训与示范基地功能；办好全省少数民族传统体育运动会。

（十五）加强国民体质监测和科学健身指导

加强体医结合，突显省、市州、县（市）区三级国民体质监测中心（站）作用，街道（乡镇）、社区（行政村）依托卫生服务机构，建立国民体质监测站点，强化基层卫生医疗机构的服务功能。积极开展体质测定和运动能力评估，不断提高科学健身指导服务水平。

四、提升竞技体育综合实力，为经济社会发展服务

（十六）优化项目结构，促进竞技体育均衡发展

搞好设项布局，实施跨界选材、科技助力，实现冬夏两线协调发展。大力发展冬季项目。扩面增点，突出重点，巩固和加强优势项目，发展传统项目，适当增加金牌多、投入少、见效快、社会效益高的新项目。改组省冬季运动管理中心，组建省冰上和雪上运动管理中心，加强冰雪分线管理力度，为发展冰雪运动提供组织保障，做好与国家体育总局共建冰雪项目国家队和国家青年队工作，以此促进我省冰雪运动发展。加强冰雪项目训练基地和省雪上运动管理中心北大壶滑雪场训练基地建设，为发展冰雪运动、备战冬奥会提供良好的训练条件。各地区根据本地区场地、人力资源情况，调整并严格按规定规范使用省直下放至各地区的优秀运动队编制，合理调整和新增冬季项目。部分项目成立省集训队、省队。充分利用全省各地区冰雪体育资源。适时了解和掌握国家体育总局最新战略目标和部署，动态调整我省冬季运动项目布局，主动承担北京冬奥会任务、为国家输送人才。调整和完善夏季项目布局。结合我省现有场馆、运动员、教练员、科医人员等实际情况，整合资源、优化配置，确定发展目标，在突出优势项目的同时，兼顾潜优势项目的发展，提升整体竞争实力。大力推进部分项目社会化发展。对群众喜爱、适合社会开展的篮球、足球、网球、羽毛球、游泳、跆拳道等项目，采用政策或资金扶持等方法，鼓励社会创办、联办高水平运动队。明确后备人才队伍的长期培养方向和发展布局。积极探索后备人才培养的新思路，储备人才、厚积薄发，确保人才梯队建设有序衔接，事业可持续发展。

（十七）加强单项体育协会建设，打造体育竞赛体系

鼓励和扶持竞技体育单项协会的建设和发展。鼓励社会力量参与各运动项目协会建设，组织和举办多种形式的比赛、活动，扩大对外交流，打造适应项目发展和广大青少年需求的体育竞赛体系。努力培育品牌赛事，通过体育赛事提高举办地知名度。科学制订第

十八届省运会周期竞赛相关政策，做好各项组织工作，确保各项竞赛圆满成功。鼓励各市州申办综合性运动会和单项国际国内高水平比赛。

（十八）做好奥运会、全运会备战参赛组织工作

提升竞技运动水平，努力向国家队多输送高水平人才。加强对运动员的体能康复保障和思想激励教育，努力在2016年奥运会和2018年冬奥会上实现新的突破，为备战2022年冬奥会打下坚实基础。根据项目布局优化资源配置，全力备战第十三届全国运动会，确保我省进入决赛运动员数量上和运动成绩上都有提升的同时，建设第十四届全运会的人才梯队。

（十九）加强教练员、裁判员和竞赛管理人员队伍建设

加强教练员的培养和选拔工作。制定教练员岗位培训和注册管理制度，全面提升教练员业务能力和综合素质。积极参与总局"精英教练员双百培养计划"，并参照制定我省教练员培养计划。积极参与教练员国际交流，多种渠道引进国际、国内高水平教练员，引入先进训练理念、手段和方法，科学训练。充分利用现有资源，合理利用外力，为各项目优秀运动队及组建复合型教练团队提供全方位保障。改革裁判员管理模式。有序组织裁判员培训、考核、注册、认证、选派等工作，加强我省各项目裁判员队伍建设。建立竞技体育人力资源培养体系。有计划地培养一批高层次体育竞赛管理人员、裁判员和竞赛相关工作人员。积极推荐具备条件的人员争取全国、国际单项协会技术官员资格，积极培训和推荐退役运动员等具有专业知识的人员以冬奥会竞赛体育专项志愿者等身份参与2022年冬奥会的筹备和服务工作。

（二十）加强运动员文化教育

全面贯彻落实国家和省《关于进一步加强运动员文化教育和运动员保障工作的指导意见》精神，义务教育阶段运动员文化教育工作普遍纳入国民义务教育序列，形成较为完备的青少年运动员文化教育保障体系。将公办体育运动学校的文化教育经费纳入同级财政预算，并逐步加大经费投入，不断改善办学条件。把文化教育纳入地方各级各类体校办学水平考核中。落实联席会议制度和督导制度，联合开展文化教育检查督导，积极探索文化教育模式，促进文化教育工作。

（二十一）完善运动员保障体系

完善并落实各项激励和保障政策，切实维护运动员切身利益。确保运动员享受相应的社会保险待遇，完善优秀运动员多层次医疗保障体系。积极争取协调省直相关部门，进一步拓宽规范做好优秀退役运动员就业职业发展工作。培养提高运动员综合素质和就业能力。加强退役运动员职业鉴定工作，构建和完善运动员职业转换社会扶持体系，帮助运动员顺利实现职业转换，解决就业难问题。

（二十二）加强运动队思想政治工作和道德作风建设

以运动员为主体，以爱国主义教育为核心，深入持久地开展理想信念教育和职业道德教育。大力培养无私奉献精神、坚忍不拔意志、顽强拼搏作风，把提高运动技术水平与培养有理想、有道德、有文化、有纪律的合格人才结合起来，使运动队成为政治合格、作风顽强、技术过硬的优秀群体。

（二十三）狠抓行业作风建设

净化赛场风气、促进公平竞争。加大对弄虚作假、徇私舞弊、执裁不公、扰乱赛场秩序等违规违纪行为的处罚力度，营造公平、公开、公正的竞赛环境。成立反兴奋剂工作专门机构，全面贯彻落实《反兴奋剂条例》，加大各训练单位反兴奋剂工作力度，完善赛风赛纪和反兴奋剂宣传教育、监督检查、依法治理工作体系建设，全面提升我省反兴奋剂工作的法制化、规范化水平。

五、积极培育体育产业增长点，为经济发展增添活力

（二十四）优化体育产业结构

以冰雪体育为重点，围绕体育健身休闲、体育竞赛表演、体育中介服务等产业形态，打造以长春为中心，辐射长白山区域、松花江、鸭绿江、图们江流域、松辽平原以及西部草原的冰雪体育、山地运动、户外健身、民族体育四大体育产业集群，支持创建国家冰雪体育产业基地和国家体育旅游示范区。建立区域间协同发展机制，形成体育产业良性互动的发展格局。

（二十五）发展冰雪体育产业

以2022年冬奥会为契机，加快冰雪运动强省建设，重点加强吉林北大壶、长春莲花山、长白山高原冰雪训练基地滑雪场建设，使之成为冬奥会训练基地和全民雪上运动及滑雪产业基地。推进抚松长白山国际度假区滑雪场建设与运营，延长产业链，引入先进的管理理念与管理团队、国际品牌赛事及国际培训体系与等级标准，建成国内一流、国际知名的冰雪运动产业基地，带动全省冰雪运动普及与发展。力争到2020年实现各市州建有滑冰馆，2022年，全省各级各类滑冰场总数达到500个以上、滑雪场达到60座以上。

（二十六）发展山地运动产业

依托长白山脉资源优势，广泛开展徒步、露营、探险、攀岩、山地穿越、定向越野、山地自行车、山地摩托车、野外生存等项目。在符合相关规划的地域建设以户外运动小

镇、旅游度假村、山间营地、体育训练营地、服务区为保障基地，山涧小道、健身步道、自驾游线路为轴线，各类山地户外运动项目为支点的融运动、旅游、度假、养生为一体的山地运动产业。

（二十七）发展体育健身休闲产业

大力开展全民健身活动，积极引导各地因地制宜发展滑冰、滑雪、武术、体育舞蹈、冬季龙舟、漂流、垂钓、登山、自行车、汽车自驾游、拓展、健身、健美等体育健身休闲娱乐运动项目。倡导开展适合老年人特点的休闲运动项目。通过发展体育健身娱乐项目，营造健身氛围，丰富市场供给。

（二十八）发展体育竞赛表演业

主办或承办国际冰雪体育比赛、中超足球、CBA篮球、长春瓦萨国际滑雪节、环长白山自行车赛等高水平比赛，培育打造若干个具有较大影响力的国际国内品牌赛事。积极开发冠名权、特许商品经营权、运动员肖像权、广告经营权、赛事转播权以及衍生产品，延伸体育赛事产业链。

（二十九）发展体育中介服务业

支持体育中介组织发展，广泛开展赛事推广、体育广告、技术培训、信息咨询、体育保险等中介服务。规范体育经纪人管理，支持退役运动员发挥业务精通优势，开展体育经纪人业务，造就一支高素质体育经纪人队伍。加强对明星运动员、优秀教练员等无形资产的开发。

（三十）发展少数民族体育产业

挖掘、整理和利用朝鲜族、蒙古族、满族等少数民族体育文化资源，积极发展少数民族体育产业。打造秋千、跳板、赛马、摔跤、珍珠球等一批民族民俗传统体育活动。开发少数民族民俗特色体育衍生品市场，创新发展体现地方特色的民族民俗传统体育产业。

（三十一）引导和培育体育制造业

扶持一批能够生产一般体育器材的中小企业，重点培育一批生产冰雪体育运动器材、体育健身器材和运动服装制造的企业，打造有吉林特色的体育制造业，提供适应群众需求、丰富多样的体育运动产品。

（三十二）培育多元体育产业主体

进一步优化市场环境，完善政策措施，加快人才、资本等要素流动，通过引进、转移、嫁接、联合、兼并、重组等多种方式引导有实力的企业发展体育产业。培育一批市场潜力大、创新能力强、发展理念新的体育产业龙头企业。鼓励制造、软件、传媒、金融等领域骨干企业进入体育产业领域，参与或支持体育市场开发、场馆建设、赛事承办。

（三十三）做好体育彩票管理工作

贯彻《彩票管理条例》，进一步完善体育彩票市场销售管理相关制度，健全彩票销售监督机制。丰富体育特色彩票品种，加强销售渠道建设，提高管理、服务和营销水平。努力开拓市场，扩大销售渠道，争取销售额稳步增长。进一步强化基础管理工作，确保体育彩票安全、稳步、持续发展。加强体育彩票公益金使用管理和公益宣传，提高使用效益，提升体育彩票的公益形象。

（三十四）引导和规范职业体育的发展

拓宽职业体育发展渠道，鼓励足球、篮球、网球、羽毛球、乒乓球等项目走职业化道路，支持教练员、运动员职业化发展。扶持和发展好长春亚泰足球俱乐部、延边长白山足球俱乐部、长春女足、东北虎男篮俱乐部、省乒乓球俱乐部。鼓励和支持企业参与职业体育的发展，充分发挥体育俱乐部和单项体育协会的市场主体作用。

（三十五）探索互联网+体育产业模式

各地要研究制订"互联网+体育产业"行动计划，推动移动互联网等与体育产业结合，寻求发展商机，促进体育产业纵深发展，发挥互联网在社会资源配置中的优化和集成作用，将互联网的创新成果深度融合于体育产业领域之中，提升体育产业的创新力和生产力，形成体育产业发展新形态。

（三十六）推动体育与其他业态融合发展

促进体育与健康服务业、旅游业、信息技术服务业融合发展，推动体育产业与养老服务、文化教育、新闻出版、金融地产等多种产业融合，促进体育文化创意、体育培训、体育咨询、体育传媒、体育会展、体育销售等业态竞相发展。

（三十七）创新体育场馆运营机制

积极推进场馆管理体制改革和运营机制创新，引入和运用现代企业制度，激发场馆活力。推行场馆设计、建设、运营管理一体化模式，将赛事功能需要与赛后综合利用有机结合。鼓励场馆运营管理实体通过品牌输出、管理输出、资本输出等形式实现规模化、专业化运营。增强大型体育场馆复合经营能力，拓展服务领域，延伸配套服务，实现最佳运营效益。

（三十八）抓好重大工程规划和建设

推进实施事关全省体育发展的重大工程的规划和建设。一是完善吉林省体育训练基地；二是力争到2020年实现各市州均建有滑冰馆；三是建设吉林省青少年体育活动中心；四是建设吉林省足球训练基地；五是吉林北大壶滑雪场、长春莲花山滑雪场、长白山高原冰雪训练基地要根据备战北京冬奥会训练比赛需要进行改扩建；六是资助市县全民健身场馆的建设；七是支持吉林体育学院规划建设冰雪体育用品研发中心。

六、深化体教结合，促进体育后备人才培养

（三十九）加强体育后备人才培养

深化体教结合工作，建立职责清晰、利益共享、责任共担的体教结合机制。建立政府主导下的部门联席会议制度和工作协调机制，形成以体育行政部门为主，体育、教育行政部门各负其责的体育后备人才管理体制和运行机制。强化县级体育部门培养竞技体育后备人才的责任，促进县级业余训练实现形式和途径多元化。鼓励和支持社会力量参与青少年体育发展，积极探索竞技体育后备人才培养、交流、输送多元化机制。继续开展争创国家级高水平后备人才基地和完善省后备人才基地评估办法，提高办学质量和效益。

（四十）广泛开展课余体育训练活动

鼓励中小学校形成校园特色体育品牌。鼓励学校建立"一校一项""一校多项"的训练队伍。广泛开展冰雪体育运动和校园足球活动。通过组建不同形式的学生运动队，开展丰富多彩的课余体育训练活动，发挥体育竞赛杠杆的作用，提高学生运动技术水平和身体素质。

（四十一）加强青少年业余训练体系建设

完善体育传统校和青少年体育俱乐部——业余体校——体育运动学校三级业余训练体系；实现业余训练社会化、多元化发展新格局。加强竞技体育后备人才培养体系建设，完善体育后备人才基地——体育重点项目班（希望班）——优秀体育后备人才苗子队伍运行机制，不断提升体育后备人才培养输送的质量和效益。加强青少年业余训练科学选材工作，建立健全各项目选材标准及办法，科学训练、系统培养。建立青少年运动员训练档案制度。

（四十二）抓好各级各类业余体校建设

推进各级各类业余体校规范化建设，突出抓好教练队伍、场地设施、项目布局、经费

保障等基础性工作。同时，充分发挥我省各运动项目管理中心的项目布局和项目指导作用，强化业余训练工作机制，进一步提升我省青少年运动训练的专业化水平。

（四十三）发挥体育运动学校的人才培养作用

进一步完善各级体育运动学校招生、学生管理、文化教育、运动训练等工作机制，扩大办学规模，提高办学质量。加大输送激励力度，调动各地培养输送体育人才的积极性。

（四十四）积极探索社会力量培养后备人才新模式

加强青少年体育俱乐部建设，积极探索社会力量兴办青少年体育的新模式。鼓励支持社会组织兴办青少年体育，推动我省青少年体育后备人才的多元化培养。

（四十五）加大青少年体育管理队伍培训力度

制定和实施青少年体育管理培训计划，加大各级各类体校、体育传统项目学校、青少年体育俱乐部等管理人员的培训力度，努力提高体育管理者、体育教练员、体育教师的管理水平和执教能力。

（四十六）发挥高校培养体育人才的优势

鼓励体育院校兴办优秀运动队。继续挖掘吉林体院等高校潜力，力争在多形式联办高水平运动队上再有作为。鼓励普通高校开展竞技体育项目教学，并在教学基础上实现项目知识、技能普及，逐步引进高水平教练员、运动员，进而组建高水平运动队，形成学校品牌项目。

七、深化重点领域改革，增强发展活力

（四十七）转变政府职能

进一步厘清政府权力边界，减少审批事项，放宽市场准入，研究和制定对放权事务的事中事后监管制度，清晰界定体育行政部门权力清单和责任清单。

（四十八）深化足球改革

按照《中国足球改革发展总体方案》要求，制定近、中、远期足球发展规划；按照政社分开、权责明晰、依法自治的原则完善各级足球协会建设，并充分发挥其在发展足球运动中的作用；改革和完善足球俱乐部建设和运营模式，鼓励社会多元投资建设足球俱乐部，积极打造以长春、延边为重点的高水平品牌职业足球俱乐部；健全完善青少年足球竞赛体系，建立大学、高中、初中、小学四级足球联赛机制；大力推进校园足球，扩大校园

足球普及面，支持创建校园足球特色学校；普及社会足球，鼓励社会兴办各类足球俱乐部，广泛开展各类人群的足球竞赛和活动，推动大众普及；完善投入机制，多渠道筹集资金，统筹使用本级财政资金和上级补助资金，对青少年足球后备人才队伍建设等足球改革发展给予倾斜；以长春和延边为龙头，带动全省足球发展，探索形成具有我省特色的足球改革发展之路。

（四十九）推进体育协会和行政机构脱钩改革

根据中央办公厅、国务院办公厅有关文件精神，按照我省统一部署，积极探索构建政社分开、权责明确、依法自治的现代体育组织体制，稳妥推进体育法人协会与行政机关脱钩工作进程，厘清行政机关与体育法人协会的职能边界，促进体育法人协会成为依法设立、自主办会、服务为本、治理规范、行为自律的社会组织。创新管理体制和运行机制，充分发挥体育社会组织在经济发展新常态中的独特优势和应有作用。

（五十）推进体育事业单位分类改革

科学界定体育事业单位性质和分类，做好事业单位职能、内设机构和编制人员管理。按照政事分开、事企分开和管办分离的要求，以促进公益事业发展为目的，以科学分类为基础，以深化机制体制改革为核心，总体设计、分类指导、因地制宜、先行试点、稳步推进，进一步增强事业单位活力，不断满足人民群众和经济社会发展对公益服务的需求。

八、加强党的建设，打造过硬体育队伍

（五十一）加强党的建设

以执政能力建设和先进性建设为主线，坚持党要管党、从严治党，贯彻为民、务实、清廉的要求，以坚定理想信念为重点加强思想建设，以造就高素质党员、干部队伍为重点加强组织建设，以保持党同人民群众的血肉联系为重点加强作风建设，以健全民主集中制为重点加强制度建设，以完善惩治和预防腐败体系为重点加强反腐倡廉建设。在全体党员中开展经常性"学党规党章、学系列讲话，做合格党员"学习教育。

（五十二）加强党风廉洁建设

严格按照中央八项规定和《中国共产党党员干部廉政准则》《中国共产党纪律处分条例》要求及省委具体规定，持续践行"三严三实"，持续推进省委巡视组反馈意见的整改落实工作，使党风廉洁建设不断取得实效。建立健全党风廉洁建设各项规章制度，认真履行"两个"责任，靠制度管人，按制度办事，不断提高领导干部的政治意识、规矩意识和纪律意识，从根本上杜绝违法违纪问题的发生。

（五十三）加强干部队伍建设

进一步强化领导班子建设，全面贯彻《中国共产党党组工作条例》等制度规定，切实提高领导班子的议事决策能力和水平，增强班子凝聚力和战斗力，树立团结、务实的良好社会形象。进一步加强干部队伍的思想建设和作风建设，彻底解决干部缺少责任感和紧迫感、思想懈怠、行动庸懒、作风漂浮、工作无序、不守纪律等突出问题，建设一支拼搏进取、敢于担当、清正廉洁、勤勉务实的体育队伍。

九、推进依法治体，提升体育法治化水平

（五十四）提高依法行政、依法治体的水平

增强依法行政的自觉性，提高运用法律手段解决体育实际问题的能力。建立健全各项规章制度，完善科学、民主和依法决策机制。推进体育政务公开。

（五十五）进一步完善和加强体育法规制度建设

加紧调研和制定经营高危险性体育项目监管、规范体育市场等体育规章和规范性文件，完善体育法规体系。加强对体育法律法规和规章贯彻落实情况的监督检查，促进体育健康发展。

（五十六）深入开展体育法制宣传教育

实施体育系统法制宣传教育第七个五年规划，扎实有效地开展体育法制教育活动。加强对体育法制的媒体宣传和信息传播。

（五十七）提升安全生产监管能力

积极推进安全生产制度建设，完善安全生产监管体系，强化安全生产工作措施，努力营造良好的安全生产环境。

十、文化科技兴体，完善体育发展各项保障措施

（五十八）深化体育科技管理体制改革

加强群众体育、竞技体育的科研工作。创新机制，提升体育科技成果转化水平。加强政策引导，以实践需求为导向，以体育科研所和有关高校为主要科研力量，整合省内外技术与人才资源优势，建立体育科技资源布局合理、配置优化、适应我省体育发展需要的体

育科技管理体制和运行机制，全面提升体育科技创新能力和科学研究水平。充分发挥高等院校、科研院所作用，建立体育智库。

（五十九）进一步完善竞技体育"科医训一体化"的科技服务保障体系

研究制定"科医训一体化"实施方案，积极组织各级科研攻关课题研究。加快体育科研、医疗人才培养和引进，加强运动队科研、医疗服务保障工作。优化科技服务功能，促进科研部门与运动训练协同运行，建立覆盖优秀运动队训练的科技保障平台，加强运动创伤防治与康复、医务监督和运动营养工作。

（六十）实施人才强体战略

坚持"服务发展、人才优先、以用为本、创新机制、高端引领、整体开发"的人才发展指导方针，建立完善体育人才培养开发、选拔任用、激励保障等机制。加大体育党政人才、全民健身服务和管理人才、竞技体育人才、体育经济人才、体育专业技术人才等体育重点领域人才的培养和引进力度。建立有利于各类人才脱颖而出的环境，完善有利于各类人才成长的激励政策，促进形成数量充足、素质优良、门类齐全、结构合理的体育人才队伍。

（六十一）全面推进体育文化建设

努力挖掘和发挥体育在建设社会主义先进文化，振奋民族精神，增强民族凝聚力，引领积极健康的社会价值观，建立科学文明的生活方式，提升生活质量过程中的作用。弘扬以爱国主义为核心的中华体育精神，积极倡导奥林匹克精神。重视对民族传统体育文化遗产的挖掘、整理、保护和利用，努力扩大体育文化的影响力。加强运动项目和运动队文化建设，倡导文化育人，不断提高运动员的文化素养。

（六十二）加大体育宣传力度

创新体育宣传体制机制，积极探索互联网+体育宣传新模式。利用赛事资源，打造体育电视传媒新平台。进一步完善和强化官方网站功能，利用微博、微信等互联网平台，及时发布新闻动态，弘扬体育精神，传播正能量；加强体育宣传，为体育发展营造良好的舆论氛围与社会环境。加强宣传干部队伍建设，不断发展壮大体育宣传力量。

（六十三）强化政府公共体育服务职能

强化与各级政府和相关部门的协商互动机制，促进各级人民政府按照相关法律法规规定，县级以上各级人民政府应当将体育事业经费、体育基本建设资金列入本级财政预算和基本建设投资计划，将公共体育设施建设纳入本级国民经济和社会发展规划，并随着国民经济的发展逐步增加对体育事业的投入。认真研究基本公共体育服务内容和范围，确定并公开政府购买服务内容和细目，明确政府及体育主管部门的责任，扩大公共体育服务的覆盖面，提升公共体育服务质量，推进城乡公共体育服务均等化。进一步完善支持体育发展的财政、金融、税收、土地、能源等方面的政策。充分发挥各级工会、共青团、妇联、各行业和社会各界办体育的积极性，推动建立健全体育工作领导协调机制，统筹协调体育发展。

（六十四）推进体育信息化建设

进一步整合体育信息资源，拓宽采集渠道，加强信息服务，推进体育信息化建设。搭建体育资源网络信息平台，实现体育信息资源共享，推进体育行政管理和体育项目管理的信息化，加强体育赛事信息管理系统开发和体育场馆信息化建设。

黑龙江省体育改革发展"十三五"规划

"十三五"时期，是我省贯彻和推进"四个全面"战略布局、加快东北老工业基地振兴、全面实现建成小康社会的决胜阶段，也是体育全面发展的重要战略机遇期。为推动我省体育全面协调可持续发展，努力建设体育大省，充分发挥体育在建设健康龙江、推动经济社会发展，着力完善体制机制、推进结构调整、鼓励创新创业、保障和改善民生、加快老工业基地振兴中的独特作用，根据国家和省的总体部署及"十三五"期间我国体育改革发展的新形势、新要求、新目标，制定本规划。

一、我省体育发展面临的形势

（一）"十二五"时期我省体育发展成就显著

在党和政府的关心重视下，全省体育战线紧紧围绕国家和省战略部署，坚持体育服从服务于经济社会发展大局，服务于民生，各级政府加大对体育的投入，社会参与体育热情进一步提高，体育发展综合实力进一步增强，开创了我省体育发展新局面。

体育改革步伐加快。大力实施《黑龙江省体育工作综合评价体系》，推动体育领域行政审批制度改革，建立行政权力清单制度。完善政务信息公开平台建设，转变了政府职能，提高了依法行政能力；组建了哈尔滨冰雪运动学校和黑龙江冰雪体育职业学院，开创了体教结合和复合型体育人才培养的新模式；以各类体育俱乐部、社会体育组织为基础的新型社会体育组织体系迅速发展壮大，管理体制改革稳步推进，体育各领域改革日益深化。全民健身蓬勃发展，公共服务体系不断完善。截至2015年年底，全省经常参加体育锻炼的人数比例为33%，城乡居民达到《国民体质测定标准》总体合格率为87.8%，优秀率为12.7%；人均体育场地面积为1.24平方米，利用体育彩票公益金共建设各类全民健身场地和设施10263个，基本实现了城乡全覆盖；社会体育指导员人数达到43000多，占人口总数的0.11%，有6800多名社会体育指导员获得国家职业资格证书；建立了省及13个市（地）级、75个县（区）级国民体质测定与运动健身指导站，国民体质测定和健身指导服务体系初步形成；全民健身组织网络不断健全，参与体育和健身活动方式日趋多样。竞技体育综合实力不断增强。适应竞技体育发展需要，在省和5个市（地）建成11座大型或综合型体育设施，在海南临高建成1个冬季训练基地，明显改善了训练竞赛条件；冬季项目优势进一步巩固，夏季重点项目有所突破，实行"五位一体"训练保障机制，提高了运动水平。"十二五"期间，我省运动员共获得世界冠军48个，平、破、超世界纪录3次，获全国冠军141个，8次打破全国纪录。特别是我省运动员分别夺得索契冬奥会和2011年世界田径锦标赛女子速度滑冰和女子铁饼冠军，实现了重大历史突破。竞技体育后备人才培养机制进一步完善，在训人数有所增加，训练质量和成绩不断提高。体育产业迅速发展。体育彩票销售额达237亿元，为全民健身和体育事业发展提供了强有力支撑。体育健身娱乐市场规模逐步扩大，体育经营项目不断拓展，竞赛表演市场得到规范和发展，职业体育指导人员培养力度加大，体育服务质量意识日益增强。积极贯彻落实《黑龙江省加快体育产业发展促进体育消费的实施意见》，组建黑龙江省体育产业集团，建立了省体育产业发展引导资金制度，加快产业体系创新、结构调整步伐，体育产业在经济发展和转型升级中的位置日益突显。体育法治化进程加快。以体育制度建设、行政执法、市场监管、安全监察为重点的体育依法行政服务和监督管理体系不断完善。体育人才队伍建设得到加强，体育科技、文化、教育、宣传等工作进一步发展，体育对外交往不断扩大。体育行业作风和反腐倡廉建设取得积极成效。

（二）"十三五"时期我省体育发展存在的主要矛盾和问题

体育的改革发展与全面深化改革的总体要求，与经济社会发展、与人民群众日益增长的多元化体育需求仍不相适应，新旧矛盾交替存在和新问题的产生成为显著特征。

体育与经济社会协调发展的机制有待完善，全社会共同参与体育发展的理念和工作格局尚未形成，传统体育社会组织体系和管理模式与新形势、新需求还不相适应，依法治体、科学发展的水平和能力有待进一步提高。体育基础设施薄弱、全民健身设施和服务供给不足仍是重要的制约因素。地区之间、城乡之间、不同人群之间的体育发展仍不平衡，社会体育组织的作用尚未得到充分发挥，扶持政策和激励机制还不配套，群众体育的深入普及和品牌活动挖掘、社会各方面开展全民健身的协同能力有待提高。竞技体育组织结构和管理、运行机制改革需要进一步深化，夏季项目总体实力与先进省份差距较大，球类等集体项目竞技水平低位徘徊，基础大项竞争力不足，优秀后备人才匮乏，足球等职业体育项目突破乏力。随着新开展冰雪项目的省份不断扩大，冬季体育强省地位面临严重挑战。体育产业总量小与结构不健全并存，对经济发展的拉动作用还不明显，体育消费品和装备生产是我省体育产业结构中最大的短板，体育经营单位整体实力不强，体育服务质量监管机制亟待进一步建立和加强，体育产业多部门协同推进机制尚需健全和完善。体育科研和技术创新不足。

（三）"十三五"时期全省体育发展面临的形势

"十三五"时期，全面建成小康社会的攻坚任务，将使体育在经济社会建设和融入人民群众生活中的地位与作用更加突显，体育事业将进入一个新的发展阶段。经济新常态对体育与经济社会的统筹协调发展提出了新任务，体育融入社会建设的现实任务对政府的体育治理水平提出了新要求，人民群众日益增长的多元化体育需求对体育工作提出了新期盼。

"十三五"时期是加快体育大省建设步伐、巩固和拓展冰雪体育强省优势的重要战略机遇期。政治领域清风拂面，昂扬向上，全面深化改革和依法治国战略将为体育事业改革和快速稳定发展注入新的强大动力。全面建成小康社会将为体育增强人民体质、服务社会民生开辟广阔空间，经济转型升级和全民健身战略将给体育产业快速发展并成为国民经济新的增长点提供新引擎，互联网+等科技革命将强力助推体育改革和创新发展，社会整合与社会建设、各领域的改革发力为体育社会功能的发挥和协同融合发展提供了更大的舞台，2022年北京冬奥会为我省体育发展带来了难得机遇。

为此，我们要准确把握体育面临战略机遇期的深刻变化，积极有效地应对各种复杂因素和矛盾的挑战，用新理念、新思维、新措施，坚定不移地深化改革，开创新局面，拓展新境界，扎实有效地推进各项工作，实现全省体育事业全面协调可持续发展。

二、"十三五"时期体育发展的指导思想、基本原则和目标

（四）"十三五"时期体育发展的指导思想

全面贯彻党的十八大和十八届三中、四中、五中、六中全会精神，以邓小平理论、"三个代表"重要思想、科学发展观为指导，深入贯彻落实习近平总书记对体育工作的系列重要讲话与指示精神，按照"五位一体"总体布局和"四个全面"战略布局要求，牢固树立"创新、协调、绿色、开放、共享"发展理念，以服从服务经济社会发展、服务健康龙江、服务民生为着眼点，以提高体育发展质量和效益、全面提升体育治理体系和现代化治理能力为主线，转变体育发展方式，加快发展体育产业，激活大众体育消费，进一步提高竞技体育整体水平，不断满足人民群众日益增长的多元化体育需求，充分发挥体育在全面建成小康社会中的独特和重要作用。

（五）"十三五"时期体育发展遵循的基本原则

——坚持改革引领。坚持体育服从服务于国家和全省经济社会发展大局，以改革为引领，积极探索符合国情、省情和经济社会发展需求，有利于民生、有利于体育全面发展的管理体制、运行机制和发展模式。转变政府体育管理职能，整合社会资源，激发市场活力，构建社会力量参与体育发展的新格局。

——坚持创新驱动。坚持把创新作为转变体育发展方式，破除阻碍体育事业发展羁绊，提升发展质量，拓宽发展空间，厚积发展优势，将创新贯穿于体育各项工作、任务之中，大力推进理论创新、制度创新和技术创新。

——坚持依法治体。坚持运用法治思维和法治方式发展体育事业，深入推进科学立法、民主立法。以体育法为基础，加快地方体育法规体系建设，规范体育市场，依法保障公民体育权利，优化体育发展法治环境，建设和完善职能科学、权责法定、执法严明、公

开公正、廉洁高效、守法诚信的体育依法行政体制。

——坚持统筹协调。坚持牢牢把握国家和省对经济社会及体育事业发展的总体布局，正确处理体育发展中的各种重大关系，以增强发展整体性、协调性为重点，积极推动体育与经济社会协调发展，促进体育事业与体育产业协调发展、竞技体育与群众体育全面发展，促进城乡体育和区域体育协调发展，使全体人民共享体育改革发展成果。

——坚持融合发展。坚持开放、包容、借鉴、合作，加快体育新体系的构建和传统体系的战略转移步伐，推动体育融合发展。积极打造空间平台、机制平台、品牌平台，加强体育与教育、旅游、文化、卫生等部门和互联网等其他领域的合作，资源共享、相互借重、取长补短、优势互补，实现体育服务、体育产品的升级、技术进步和兼容发展。

（六）"十三五"时期体育发展目标

根据国家"十三五"时期的总体部署和国家体育发展目标要求，到2020年全省体育发展的主要目标是：

——体育管理体制和运行机制改革创新取得新突破。与经济社会协调发展的体育管理体制和运行机制改革取得积极进展，政府引导、市场参与、社会协同的现代体育治理体系初步形成，体育领域基础性制度体系基本建立，人民群众参加全民健身的环境得到显著改善，政府体育公信力进一步提高，体育产业新体制初步建立。

——全民健身活动和公共服务体系进一步普及健全。到2020年，人民群众的体育健身意识普遍增强，经常参加体育锻炼的人数达到1380万，占人口比例达到36%，人均体育场地面积达到1.65平方米，城乡居民达到《国民体质测定标准》合格以上的人数比例达到92%。政府引导、社会运作、体育监管的全民健身组织体系、活动竞赛体系创新取得显著成效，省市县三级国民体质测定和健身指导服务体系、全民健身设施保障体系基本完善，服务于全民健身的国民体质数据库建设和应用研究取得重大成果。全民健身成为健康龙江行动的有力支撑，群众体育事业发展达到新水平。

——竞技体育的综合实力和竞争力显著提高。以改革为引领的竞技体育管理体制和运行机制彰显活力，竞技体育发展质量和效益得到明显提升，发展后劲日趋增强。符合我省冬夏两线作战特点和发展要求的项目结构与布局得到调整优化。田径和游泳等基础大项及篮球、足球等集体球类项目发展水平不断提高，冬季和夏季优势项目进一步巩固扩大，职业体育发展进程取得阶段性突破。力争2016年夏季奥运会参赛人数、参赛项目和参赛成绩有所增加与提升，2017年全运会金牌和奖牌总数居中游偏上水平，2019年全国青运会实现运动成绩新超越；2020年全国冬运会保持领先水平，代表国家队参加2018年和2022年冬奥会运动员占总人数的40%以上，并为国家做出突出贡献。

——体育产业规模扩大、结构改善，发展步伐明显加快。到2020年，基本建立布局合理、功能完善、门类齐全的体育产业体系，体育产业总规模超过600亿元，占全省国民生产总值的1%，体育服务业增加值占比超过体育产业增加值30%，体育产业从业人员超过16

万人，体育产品制造业形成雏形，体育消费规模和水平明显提高，体育消费额占人均居民可支配收入比例超过2.5%。

——体育科技和技术创新对体育改革发展的贡献率加大。符合体育发展规律和国情、省情的新型体育科研保障体系创新初见成效。重点实验室建设和重点科研仪器设备提档升级基本完成。体育科技服务和合作领域进一步拓展，以提高科学训练水平和运动成绩为重点，并向全民健身和体育产业发展辐射的应用研究取得一批重要成果。体育科技信息多功能服务平台改造和信息化建设达到预期目标。

——体育教育和人才培养体系建设、创新取得成效。全省体育人才结构明显改善，布局更加合理，初步形成比较完备的竞技体育、社会体育、体育产业人才培养体系，体教结合、体社结合的新型体育人才培养模式创新成效显著。以黑龙江冰雪体育职业学院为重点、体育院校为依托的高素质、高技能复合型职业人才培养和特色优质专业建设取得突破性进展。

——体育依法行政服务体系更加健全，法治环境更加优化。以体育法为基础的地方体育法规制度建设取得新突破，基本形成体育法治实施体系、监督体系、保障体系，建设完成为公众服务的体育依法行政信息平台，基本建立全方位的体育市场监管机制，各级体育行政部门依法行政能力和水平明显提高。

专栏1　黑龙江省体育事业改革发展主要指标

序号	指标	单位	属性	2015年	2020年
1	经常参加体育锻炼人数	%	预期性	33	36
2	国民体质监测达标率	%	预期性	87.8	92
3	人均体育场地面积	平方米	约束性	1.24	1.65
4	社区体育指导员数	人/万人	约束性	11	15
5	省级体育后备人才基地	个	约束性		115
6	注册运动员人数	人	约束性		9000
7	体育产业总规模	亿元	预期性		500
8	体育产业占GDP比重	%	预期性		1.0
9	体育产业从业人数	万人	预期性		16
10	体育服务业增加值比重	%	预期性		30
11	体育消费额占居民可支配收入比例	%	预期性		2.5

专栏2　黑龙江省体育领域主要基础性制度体系建设

序号	制度名称	效果
1	黑龙江省体育系统购买公共服务清单制度	加大简政放权力度，通过清单制度建设，拓展购买体育公共服务领域，形成政府投入、社会组织运作、体育行政部门监管机制，提高公共服务供给量和水平。
2	黑龙江省省级体育社团扶持管理办法	加大对省级公益类体育社团扶持、指导力度，激发其自我发展、自我完善活力，发挥其在推动我省全民健身活动和本项目规范发展中的引领作用。
3	黑龙江省全民健身设施建设维护管理办法	优化全民健身设施投放建设布局，形成投放建设、维护管理、监督保障常态机制，提高安全质量和保有率，发挥群众身边场地的重要作用。
4	黑龙江省体育经营服务质量信用信息公示制度	通过建立完善体育市场主体质量信用信息相关制度和公示平台，推进体育市场诚信体系和保障机制建设，加快标准化建设，提高体育经营服务和产品质量。
5	黑龙江省国民体质测定、健身指导数据库建设、应用管理办法	通过全省国民体质测定和健身指导站三级网络全覆盖，推动数据库建设，实现数据信息共享，为全民健身活动的宏观管理、科学指导提供依据。

三、以改革为引领，全面推进体育管理体制和运行机制的调整

（七）转变政府体育职能

积极适应发展需要，全面加强体育社会管理职能，科学厘清政府体育权力边界，深化管办分离，以强化顶层设计、宏观调控、政策引导、制度规范、督办落实为重点，推进体育管理体制创新。坚持放管结合，减少审批事项，放宽体育市场准入，实施市场主体诚信制度，加强事中事后监管，提升政府体育服务水平和行政效率。把适合由市场和社会承担的公共体育服务事项，按照法定方式和程序，交由具备条件的社会组织和事业单位承担，完善政府购买服务政策，形成政府投入、社会组织运作、体育行政部门监督管理的公共服务指导监管体系。

（八）推进社会体育组织和单项体育协会改革

强化体育行政部门对各级各类社会体育组织的指导、服务和管理职能，按照政府引导、政策扶持、行业自律、分类指导、规范发展的原则，积极推进新型社会体育组织网络和管理体系的改革创新，充分发挥其在组织和发动群众开展全民健身中的作用。重点抓好各级区域性群众体育社团改革，推进管办分离，健全内部管理和治理结构，加强组织能力建设，加大扶持力度，激发自我发展活力。按照国家关于单项体育协会与行政机关脱钩改

革的精神，稳步推进省级单项体育协会改革试点工作，及时总结经验，引领各级各类体育协会改革发展。

（九）积极探索和推进运动训练体制改革

以落实"奥运争光计划"、夯实优秀后备人才基础、提高全省竞技体育水平为目标，巩固完善业余体校—体育运动学校—省市优秀运动队"一条龙"训练体制。积极探索和推进"资源共享、责任共担、人才共育、特色共建"的体教结合人才培养体系工程建设。引导和鼓励社会参与竞技体育训练与人才培养，促进运动训练体制和体育人才培养体系多元化、社会化的形成与有机衔接。调整完善后备人才输送奖励机制，为提高我省竞技体育的综合竞争实力提供体制保障。

（十）加快全省足球改革和发展步伐

实施《黑龙江省足球改革发展实施方案》，按照政府引导、教体融合、社会参与、多方协作、突出特色的要求，构建和形成体育、教育、社会相互配合，普及与提高相互促进，运转高效、协调有力、保障到位的新型管理体制和运行机制。改善足球发展环境，理顺足球管理体制，创新足球人才培养体系。搞好青少年足球、社会足球训练网点和足球场地设施的重点布局与工程建设，推进普及足球运动开展的场地建设。改革完善足球竞赛制度，抓好各类足球队伍的建设发展和提高。大力引导和扶持职业足球俱乐部发展，培育发展足球产业。

四、加大全民健身战略实施力度，推动群众体育蓬勃发展

（十一）积极完善全民健身与全民健康深度融合服务体系

切实抓好《黑龙江省全民建身实施计划（2016—2020）》目标任务的分解及实施，强化工作推进和落实。加快构建公平可及、科学合理、内容完备、保障有力、惠及全民的基本公共体育服务体系建设步伐，逐步实现基本公共体育服务的区域、城乡和人群的均等化。推进公共体育服务示范区建设，研究制定保障标准、服务标准、技术标准和评价标准，探索建立符合我省实际的公共体育服务标准体系。建设基本公共体育服务信息平台。创新全民健身组织、活动、服务和发展方式，加快体育社会化进程，形成政府引导、社会参与、市场运作、政策保障、融合发展的多元化公共体育服务运行机制。

（十二）大力推进社会体育组织体系和网络建设

培育和发展由区域性体育协会、单项体育协会向健身俱乐部及社区、乡村辐射的社会体育组织，由区域性社会体育组织向机关、企事业单位辐射的职工体育组织，逐步形成架

构清晰、类型多样、服务多元、竞争有序的社会化群众体育组织网络。推动群众体育组织规范化和自身建设，提高综合服务能力。探索建立社会群众体育组织制度，为群众体育组织健康发展提供可靠的管理和保障机制。

（十三）加强全民健身休闲设施的建设和管理

按照配置均衡、规模适当、方便实用、安全合理的原则，科学规划和统筹建设符合相应标准的全民健身场地设施，着力构建县（市、区）、乡镇（街道）、行政村（社区）三级群众身边健身休闲设施网络，建设城市社区15分钟健身圈。提升各级公共体育设施功能，推动全民健身场地设施"55321"工程，实现行政村健身设施全覆盖。新建居住区和社区要严格落实配建全民健身设施的相关规定。无全民健身场地设施或现有设施未达到规划建设指标要求的居住区，要因地制宜配建全民健身设施。合理利用景区、公园、公共绿地及空置场所建设休闲健身场地设施。完善管理制度，加强健身场地设施管理维护与升级换代，破旧和到使用年限的健身设施维护与升级换代率达80%。盘活现有体育场馆资源，对大型体育场馆免费、低收费开放给予补助，探索建立中小型体育场馆免费、低收费开放补助机制。政府引导、社会参与，推动特色健身休闲设施建设。

专栏3　全民健身场地设施"55321"工程（到2020年）

建设范围	工程项目	注
市（地）级 实施"五个一工程"	一个全民健身中心、一个公共体育场、一个室内滑冰场、一个体育公园、一个国民体质测定与运动健身指导中心。	
县（市）级 实施"五个一工程"	一个全民健身中心、一个公共体育场、一个体育公园、一个国民体质测定与运动健身指导中心、一个可拆装式移动冰场。	1. 鼓励县（市、区）建设室内滑冰场设施。 2. 新建30个全民健身中心，县区全民健身中心覆盖率达到70%。 3. 季节性、可移动拆卸式滑冰场、冰壶场＞150个。
市辖区	鼓励有条件的按照县（市）级"五个一工程"标准实施。
乡镇级 实施"三个一工程"	一个标准篮球场、一套全民健身路径工程、一个健身广场（城市社区可选择社区多功能运动场代替篮球场，有条件的乡镇可建设不少于100平方米的室内健身室）。	1. 社区多功能运动场＞400个。 2. 笼式足球场、篮球场＞600个。
行政村 实施"两个一工程"	一套全民健身路径和一个标准篮球场。	
居民区（城市聚居区内或不超过15分钟步行距离内）、较大自然屯（100户以上） 实施"一个一工程"	一套全民健身路径或一个健身广场。	

（十四）丰富全民健身内容，促进体育与健康生活方式融合

大力打造和规范以健身辅导站点为基础，其他形式为补充的常态健身活动机制，促进健身内容多元化。积极引导"三大球"和冰雪运动等项目的普及开展。建立有效的群众体育竞赛体系和激励机制，结合地域文化、旅游休闲等资源，探索多元主体办赛机制。巩固和拓展具有区域特色、国际影响和可持续性的群众体育品牌活动与赛事。在黑龙江东部打造集健身、休闲、旅游等于一体的"一带两湖一岛"生态体育赛事和体验旅游精品线路。充分发挥社会体育指导员在全民健身活动中的组织和指导作用，完善培训体系和内容，提升专业技能和综合素质，建立群众体育志愿服务长效机制，满足群众多元需求和不同项目发展的需要。

（十五）加强科学健身指导，强化体育健康服务功能

建立和完善适应新常态下的科学健身指导服务机制，扩大国民体质测试与运动健身指导站覆盖面，探索与社会资源相结合的运行模式，逐步形成省级中心侧重业务指导、各地市指导站侧重管理和监督、各县（区）指导站侧重跟踪和服务的三级管理服务网络。提高固定人群体质测定比例，加强监测数据研究，完善科学健身指导服务体系，实现国民体质测试常态化和对不同人群的全覆盖。深入开展科学健身大巡讲"六进入"等主题宣传活动，搭建形式多样的科学健身知识宣传平台，推动科学健身知识和健康生活方式的普及。

五、以提高综合实力为重点，推动我省竞技体育科学调整和发展

（十六）体制创新，转变竞技体育发展方式

正确树立竞技体育核心价值导向，坚持以弘扬中华体育精神为主旋律发展竞技体育。积极推进竞技体育以政府办为主、向政府办与社会办相结合的多元化发展模式转变，扩大竞技体育参与面。积极探索建立职业体育发展新模式，选准突破口，鼓励具备条件的运动项目逐步向职业化方向转变。充分发挥竞赛杠杆作用，搞好全省竞赛体系的规划和顶层设计，完善综合性运动会和单项比赛组织与管理办法，初步形成有利于竞赛与训练紧密结合、社会积极参与、共同促进竞技体育发展的竞赛体制。

专栏4　转变竞技体育发展方式重点任务和措施

内容	工作重点	主要措施
高水平运动队建设	鼓励和支持体教结合、体社结合和高校、社会自主创办高水平优秀运动队。	加大政策支持和指导力度，建立制度保障体系和评估机制。
	冬季项目以巩固完善省优秀运动队为龙头，市（地）为基础的两级建队体制。	
	鼓励有条件的市（地）和高校在新增和拓展项目上承担省优秀运动队任务。	
推进职业体育发展	夏季项目以足球为突破口，冬季项目以冰球、冰壶为突破口，逐步向职业体育方向转变，扩大社会参与面，鼓励发展职业联盟，不断提升职业体育成熟度和规范化水平。	政府引导、科学规划，培育市场，依法明确职业体育发展主体，理顺各利益主体间关系，加强监管，逐步完善职业体育政策制度体系，优化发展环境。
创新竞赛体制	深化省运会竞赛改革，调整项目设置、参赛和计分奖励规定等。	▲健全完善全省综合性运动会和单项比赛组织与管理办法。 ▲建立竞赛名录清单制度。 ▲强化监督机制。
	明确全省各单项比赛名称、举办主体、程序、监管方式等。	
	探索建立全省职业体育联赛制度。	培育职业体育竞赛市场，制定职业体育竞赛管理办法，建立职业联赛决策和监督机制。
完善和创新竞技体育教练员管理体系	全面提升教练员素质，构建以"运动成绩、敬业精神、科学执教水平、创新理念、队伍管理能力"等为核心的较为完善的教练员执教管理评估制度。	利用政策杠杆，完善教练员人才队伍选拔、培养、储备、使用、梯队建设、奖惩和保障制度，建立教练员任职资格、注册、交流、选拔、任用、述职、考评和奖惩体系。发挥省直运动队高水平教练员作用，加大对市地基层教练员培养力度，完善教练员继续教育和培训制度，全面提升教练员综合素质。更新理念，加强中外教练员交流与合作。 加强和完善复合型训练管理团队建设和操作方法，明确团队构成、职责、工作制度等，构建符合现代运动训练发展要求的训练组织形式与优胜劣汰的动态管理机制。

（十七）优化项目结构和布局，提升竞技体育发展水平

根据我省区域和人才的特点，综合评估竞技项目发展潜力和价值，坚持有所为有所不为的原则，巩固扩大优势项目，强化和发展潜优势项目，调整一般项目。重点发展符合我省实际的国家奥运重点项目和省优势项目，争取田径、游泳等基础大项有较明显突破，潜优势项目上形成新的成绩增长点，提高球类等集体项目竞技水平。统筹协调非奥运项目发展，提高非奥运项目竞技水平。通过项目结构和布局调整、优化，形成省与地方、体育部

门与社会共同发展竞技体育的新格局。

专栏5　项目结构和布局调整重点

夏季项目类型	调整方向	主要措施
基础大项与球类集体项目	游泳、田径和篮球等普及与发展，推动雪地足球特色发展。竞技水平稳步提升，保持并适度扩大发展规模，提高项目注册运动员人数。鼓励和引导各市地协调发展。	引导、鼓励、推进社会组织、院校、企业、俱乐部等主体多元化方式参与项目发展，加快全省规划、培养和项目配置，扩大我省夏季项目发展布局，充分利用各市地现有训练条件与设施。强化政府部门综合管理职能，分阶段分项目推动协会化发展。积极申办国内外高水平赛事。
优势和潜优势项目	巩固和扩大田径、拳击、摔跤、女子乒乓球、射击、自行车、散打等优势。	加大培育核心竞争力，加强优势项目群开发，扩大优势项目数量。总结优势项目优异成绩经验，在技战术创新、训练理论、训练理念、训练方法、组织管理、团队建设、人才培养模式等方面保持前沿地位，注重成功经验的有效推广。潜优势项目应借鉴优势项目，系统总结局部成功经验，以点带面，扩大优势小项数量，力争在部分小项上形成人才集团优势。组织专家团队，加强对训练规律研究，加强专项训练理论建设，集中力量构建深刻把握项目训练竞赛规律、理念与方法先进的复合型训练管理团队。
一般项目	柔道、举重、跆拳道、游泳、射箭、篮球、女子手球等实现突破。	缩短战线，突出重点，优化人财物等资源配置，加强复合型专家团队建设，认真学习其他省区市的成功经验，探索训练竞赛规律，力争有所突破。

（十八）加强训练创新，提高竞技体育科技含量

坚持把理论、理念和技战术、科学管理创新作为促进竞技体育发展和突破的主要驱动力。积极学习和引进国内外前沿训练理论、训练方法和技战术，结合项目特点和实际，在吸收中创新、在创新中突破。发挥优势项目的指导示范作用，加强对运动训练过程的监控，分项试点，试行制定训练效果量化评估办法。加强和完善复合型训练管理团队建设和操作方法，明确团队构成、职责、工作机制等，构建符合现代运动训练发展要求的训练组织形式与优胜劣汰的动态管理机制。高度重视体能训练在竞技体育中的基础决定作用，建设全省示范性综合体能训练中心，培养专项专职体能教练。完善省、市优秀运动队组建、选拔、竞争和激励机制，健全和创新投入、训练、管理、评估和重大赛事运动员选拔、体育人才省内合理有序流动等配套制度体系。

（十九）切实做好奥运会和全运会等重大赛事的备战及参赛工作

坚持和完善举省体制，制定和实施《青运会、全运会和奥运会备战工作计划》，正确处理和理顺备战青运会、全运会与奥运会、省与国家备战奥运会、省与地市备战的关系，

建立层次分明、职责清晰、任务明确、计划周密、措施保障有力、运转有效的大赛备战组织管理体系和工作制度，确保运动成绩的新突破。积极鼓励、引导和推进地方、高校与社会组织参与省优秀运动队备战参赛工作。健全完善省优秀运动队竞争、奖惩机制和训练质量管理评估机制。加强训练基地建设，进一步改善训练条件。

（二十）加强运动员文化教育，推进保障体系建设

完善运动员文化教育常态化机制，密切政府职能部门之间配合，健全体育运动学校运动员文化教育督导和联席会议制度，推动义务教育阶段文化教育工作纳入教育管理序列。加强运动员在役期间文化教育工作，进行省队文化教育示范点建设。继续完善运动员收入分配机制，制定有效的运动员津贴奖励政策。与国家社会保障制度相衔接，努力构建全方位、多层次的运动员社会保障体系。实施运动员职业发展专项规划，强化职业技能培训，引导和鼓励退役运动员积极从事全民健身服务、学校体育、体育产业经营开发等工作，逐步建立完善自主择业、自主创业、双向选择、组织安置等多渠道就业结构。

（二十一）强化行业作风建设和反兴奋剂工作

加强以赛风赛纪为核心的体育行业作风建设，落实主体责任和监督责任，加大监督和问责力度，严厉打击弄虚作假、徇私舞弊、执裁不公等违规违纪行为。完善裁判员选派与监督管理，建立赛风赛纪和反兴奋剂综合治理长效工作机制与制度体系。落实反兴奋剂教育资格准入，加强反兴奋剂知识宣传教育，完善反兴奋剂管理体系，做好参加各类运动会的赛风赛纪教育和反兴奋剂工作，营造公平、公正的竞技体育工作氛围和风清气正的良好竞赛环境。

六、以2022年冬奥会为契机，进一步巩固冰雪体育强省地位

（二十二）发挥地缘优势，推动冬季运动项目普及与发展

充分利用我省地理环境和自然资源，大力普及群众性参与冰雪活动。积极拓展群众喜闻乐见、有市场潜力的花样滑冰、冰壶、冰球和单板滑雪等冰雪健身休闲项目。加大冰雪运动进校园力度，扩大参与冰雪活动覆盖面和群众基础。鼓励和支持有条件的企业等社会组织和个人成立冰雪运动俱乐部、培训学校。加强对群众参与冰雪技术指导骨干队伍建设，建立常态培训机制。积极打造黑龙江"赏冰乐雪"等群众性冰雪系列活动品牌和具有我省特色的大众冰雪品牌赛事，扩大冰雪品牌知名度。

（二十三）着眼2022年冬奥会，巩固扩大冬季项目优势

以振兴我国冰雪运动和服务北京2022年冬奥会为目标，调整优化冰雪竞技项目结构布

局，在巩固和发展我省短道速滑、花样滑冰、速度滑冰、冰壶、自由式滑雪空中技巧、单板U型场地技巧优势项目的同时，重点发展冰球和高山滑雪项目，大力扶持和提升越野滑雪和自由式滑雪潜在优势项目发展水平。按照冬奥会设项需求，增设和发展北欧两项、跳台滑雪、单板滑雪大跳台及单板滑雪坡式障碍、单双板滑雪障碍追逐等新项目。进一步挖掘优势大项和基础项目中的潜优势小项，扩大参加冬奥会覆盖面，培养新的成绩突破点和增长点，提高我省对国家在冬奥会上的贡献率。

（二十四）整合资源，创新机制，大力提升冬季运动竞技水平

充分调动省与市地、体育部门与高校、社会共同发展冰雪竞技运动的积极性，做到资源共享、优势互补、形成合力。精心打造各项目省优秀运动队，巩固和完善市地优秀运动队，以合作、联办等形式，鼓励和扶持有条件的市地、高校及社会组织参与组建新增项目（小项）省优秀运动队。完善冰雪项目技战术发展研讨机制，抓好高水平教练员团队建设。

（二十五）加强重点设施建设，服务备战冬奥和冰雪运动发展

积极规划和大力推进方便群众参加冰雪运动的全民健身设施工程建设，鼓励企业、社会组织和个人投资建设冰雪体育场地设施。结合训练、比赛、项目发展和备战2022年冬奥会的需要，加强以省、市为重点的冰雪项目重点公共体育和训练设施建设，努力打造和构建集训练、比赛和为大众开展冰雪运动服务于一体的全省冰雪体育设施网络。发挥我省国家冰雪训练基地和其他训练基地的作用，完善配套设施，为国家备战2022年冬奥会和我省冬季运动技术水平的提高，提供高质量的保障。

专栏6　冰雪项目重点建设和改造工程

重点工程	重点项目
亚布力滑雪场建设工程	北欧两项、冬季两项场地建设改造。 跳台滑雪K40场地。 跳台滑雪K50场地和小场地（用于少年和女子训练）。 跳台滑雪K90场地夏季训练草坪。 4条能够举办世界比赛的高山滑雪场地。
省海南临高训练基地新建工程	自由式滑雪空中技巧夏季训练跳水池。
哈尔滨市奥体中心工程	体育馆（冬夏并用）。 综合训练馆（花样滑冰、冰球、冰壶、短道速滑4块场地）。
省冰上训练基地改造工程	冰上场地设施完善、提档升级。

七、加快青少年体育发展，优化后备人才基地建设

（二十六）大力发展青少年体育

全面推进和实施国家《青少年体育活动促进计划》，加强和拓展青少年体育俱乐部、体育传统校和具有龙江特色的青少年户外体育活动营地等建设，重点打造"科学健身校园行""青少年夏（冬）令营""百万青少年上冰雪"等品牌活动。建立各级政府、教育和体育等相关部门、社会团体和组织共同发展青少年体育的推进机制。以政府购买服务的形式组织开展公益性青少年体育活动、技能培训、体质监测、科学知识普及和健身指导服务，资助品牌性青少年体育活动和赛事。大力开展以"三大球"、冰雪、基础项目和传统项目为重点的运动项目进校园活动。开展青少年体育国际交流与合作。

（二十七）构建主体多元的青少年体育人才培养体系

坚持政府支持，体育、教育部门引导，社会共同参与的原则，拓宽青少年体育人才培养渠道，创新培养体系和运行机制。倡导各级各类学校因地制宜开展校内体育活动，组建适合学校特点的体育项目运动队。巩固和完善体育传统项目学校管理体制。鼓励社会培养青少年体育人才。积极构建青少年体育社会服务体系，满足青少年多样化、个性化的体育需求，实现趣味、爱好、增强体质和体育项目专项培养的有机结合。

专栏7　主体多元化青少年培养体系构建

体系构成	任务内容	方向或目标
政策制度体系	制定政府青少年公共体育服务投入、扶持政策和政府购买服务、服务评价制度等配套制度，完善体育传统项目学校管理制度。	建立政府青少年体育保障制度体系。
学校体育教育	加强学校体育课教育、积极推进"三大球"和体育基础项目、传统项目进校园，探索建立学校运动队训练体制。优化体育项目传统学校布局，实现中小学传统项目对口衔接。	增强体质、培养学生的体育爱好和兴趣，选拔具有培养潜能学生进入校队进行专项培养，发挥学校在青少年体育人才培养中的重要作用，调整后的体育传统项目学校达到300所。
社会服务体系	引导各级各类体育单项协会以各种形式，参与青少年专项体育人才培养。鼓励社会组织、个人举办青少年体育俱乐部。建立和实施儿童青少年（6~19岁）人群健身活动和体质状况抽测制度。	
活动基地建设	建立和规范各级各类青少年户外体育活动基地（包括冬令营和夏令营基地）。	省级命名基地3至4个；每个市（地）1至2个。

（二十八）加强高水平体育后备人才基地建设

通过优化资源配置、调整项目布局、完善保障体系，提升省级体育项目后备人才基地的质量和发展水平，增强我省竞技体育可持续发展能力。充分利用学校和社会资源，坚持体教结合、体社结合，以单项基地创建和组织训练营活动为抓手，进一步优化省级体育项目后备人才基地结构，探索政府购买后备人才服务输送机制。根据我省竞技体育项目布局和特点，搞好体育项目后备人才基地与优秀运动队的有序衔接。积极改善教学训练条件，强化教练员综合素质和执教能力。完善后备人才基地保障制度和评估体系，提升体育项目后备人才基地输送率和成才率。

（二十九）完善青少年体育竞赛体系

坚持普及与提高、培养兴趣与选拔人才相结合，搞好青少年体育赛事体系改革与创新的顶层设计。发挥竞赛对青少年体育教育和训练工作的指导作用，探索区域联盟、城际之间、校际之间、俱乐部之间的赛事形式，增加竞赛种类，扩大竞赛覆盖面，逐步形成赛制稳定、赛程规范、结构科学、衔接有序的竞赛格局。严格按照青少年身体、心理、训练成长规律，科学合理安排竞赛，公开赛事举办目录，通过市场机制引入社会力量承办青少年体育赛事，探索建立向社会力量购买青少年体育赛事制度。积极打造品牌赛事，开展夏（冬）令营赛事活动，丰富活动内涵。

八、开拓创新，搞好产业结构调整，加快体育产业发展

（三十）优化体育产业布局

改造产业结构，打造地区特色。从省情及地域特点出发，以冰雪体育产业为基础，以健身休闲为重点，以品牌赛事打造为依托，以科技创新为引领，做到"冰天雪地和绿水青山"资源相结合，构建以哈尔滨为轴心，哈牡绥冰雪健身休闲产业带、哈大齐体育制造产业带、哈伊生态户外体育旅游产业带、哈佳水上休闲产业带和黑龙江、乌苏里江界江国际赛事产业带为拓展延伸的体育产业发展框架。突出哈尔滨、齐齐哈尔、牡丹江、佳木斯、伊春等体育特色产业城市圈，形成全省上下衔接、纵横交错的产业布局。

（三十一）推进体育产业体制机制创新

从供给侧和需求侧两端发力，加大改革力度，建立健全体育产业发展制度体系和管理机制。把加快体育产业及健身休闲业发展和促进体育消费目标任务纳入国民经济和社会发展规划，建立发改、体育、工信、教育、财政、人社、国土资源、住建、文化、旅游等多部门参与的体育产业发展工作协调机制，形成体育产业发展联席会议制度。持续推动"放

管服"改革,通过市场机制,积极引入社会资本举办赛事。着力推进各类体育场馆管理体制改革和运营机制创新,支持鼓励城市社区建设集培训、健身、竞赛、表演、康复等于一体的健身休闲服务综合体。制定健身休闲业实施计划。完善体育及相关产业分类标准和统计制度,建立评价与监测机制,将体育产业和体育事业统计列入国民经济统计体系,定期开展体育产业和体育事业调查。

专栏8　黑龙江省体育产业发展引导资金机制效能

序号	内容	效能或目标
1	制定《黑龙江省体育产业引导资金使用管理办法》。	规范资金使用范围、主管部门、扶持对象、基本原则、条件标准、审批程序、投入方式,强化监管措施。
2	将体育产业引导资金列入省财政预算。	2016至2020年,每年引导资金不低于5000万元。
3	以入股扶持、推动资金增值、增效为主,资助、奖励为辅,建立体育产业发展引导资金良性循环机制。	以形成产业引导资金投入、监管、增效、回笼、再投入循环机制为目标,推动资金增值、增效,激发体育企业自我发展活力,充分发挥其促进体育产业发展的作用。
4	以支持冰雪体育产业、体育企业科技创新、体育产业孵化器、健身健康服务、大型体育场馆运营、体育装备研发生产销售等重大项目为重点。	打造我省体育产业旗舰型企业、体育产业园,重点冰雪体育产业基地、健身服务基地、体育装备研发生产基地等,以若干支柱骨干型企业的形成,奠定我省体育产业的基础。
5	制定促进体育产业发展的税费优惠、土地使用等相关配套政策。	引领大众创业、万众创新,促进体育高新技术类和健身服务类企业的快速发展。

(三十二)促进竞技体育优势资源与体育消费服务的融合

大力发展体育培训服务产业,在滑冰、滑雪、冰壶、棋牌和跆拳道等竞技体育优势和群众较普及的项目上,加强高水平运动员、教练员与体育消费群体的交流,建立系统的专业服务和技术指导培训教育体系,扩大影响力,促进体育培训教育品牌产业的发展。积极改善健身休闲消费环境,深挖消费潜力,完善消费政策,引导消费理念。

(三十三)发展特色优势项目

整合资源,强化黑龙江体育产业集团建设,做强做精。以亚布力滑雪旅游度假区为核心,延长产业链,扩大产业规模,将亚布力建设成国内一流、国际知名的体育产业基地。推进冰雪资源与其他运动项目实现有机融合,将冰雪马拉松、雪地足球等打造成具有我省特色的国际赛事品牌。发挥我省独特户外生态旅游资源优势,打造具有一定国际知名度的精品线路,充分利用体育旅游精品项目的资源及赛事效应,带动群众户外体育活动开展。

专栏9　体育休闲健身产业发展重点突破项目

项目	主要任务	目标
组建黑龙江省体育产业集团	在现有子公司基础上，拓展业务范围，成立新的子公司，完成产业集团组建，并在业务发展上形成一定规模。	打造体育产业旗舰型企业，引领全省体育产业项目发展。
体育产业园建设	以冰雪体育器材、设备为重点，吸引国内大型体育用品制造业落户我省，打造体育产业园区。引导有实力和基础的地方企业，参与研发和打造自主体育用品品牌。	填补我省体育产业结构短板。
打造绿色生态体育赛事和体验旅游精品线路	在镜泊湖、兴凯湖以及沿黑龙江、乌苏里江和黑瞎子岛区域，发展汽车露营营地、户外营地、徒步骑行服务站、舰艇码头等设施，打造以汽车、自行车、徒步、垂钓、龙舟集健身、休闲、旅游为一体的"一带两湖一岛"北大荒绿色生态体育赛事和体验旅游精品线路。	形成具有我省特色的体育赛事和旅游精品项目。
推进体育智能化公共体育服务电子商务平台建设	推行"互联网＋体育"行动计划，大力推行智能化体育场馆项目建设与推广，扶持企业开发运用大数据平台和研制开发可穿戴智能化运动装备与器材。	满足和方便群众参加健身的需求，引领健身休闲产业发展。

（三十四）培育多元主体

充分利用我省独特地理优势和自然特点，积极申办中国体育用品博览会。扶持有条件的市地建立体育科技产业园、孵化器、体育产业资源交易平台，并给予政策扶持。鼓励新建或引进体育制造企业，重点扶持冰雪体育器材装备的技术研发及生产。建立体育赛事主办权名称、标志自愿注册制度，通过冠名、合作、赞助、广告、特许经营等形式，加强对体育组织、体育场馆、体育赛事和活动名称、标志等无形资产的开发，探索重大赛事转播权出让招标办法。

（三十五）稳步扩大体育彩票市场规模

全省体育彩票年销量增幅不低于全省GDP增幅，且不低于6.5%，总销量不低于355亿元，市场份额力争保持领先地位。销售渠道规模持续扩大，销售网点总数超过10000个。丰富游戏品种，开发我省特色游戏品种。不断完善技术系统，确保安全运行。

九、实施科教兴体工程，加快人才队伍建设

（三十六）建立完善体育科技创新和服务体系

积极适应竞技体育、全民健身、体育产业发展和体育领域大众创业、万众创新对体育科技服务的需要，整合全省体育科技资源，优化布局和配置。通过体制创新机制创新，充分发挥省体育科研所的龙头作用和我省高等院校科研资源优势，激发省体育科学学会在科技创新和科技服务中的活力。探索改革体育科技投入机制，以购买公共服务、积极引入社会资本、科企合作、纵横联合等多种形式，为科技创新和成果转化提供可靠的政策和资金保障。

专栏10　体育科技创新和服务体系改革方向和措施

事项	主要内容
体育科研体制创新	研究制定省体育科技改革发展实施方案，优化省体育科研所机构设置，建立与高等院校科研合作机制，推进省体育科学学会参与体育科技创新和服务体系的改革调整，适应竞技体育、群众体育、体育产业对体育科技创新和科技服务的需要。
优化体育科研布局	以省体育科研所为龙头，探索和推进较大城市体育科研阵地、与高等院校合作体制等建设，初步形成体育科研、科技服务网络布局。
探索完善政策配套制度和投入机制	完善促进体育科技创新和服务体系发展的扶持和配套政策，加大政府对体育科技创新投入，建立购买体育科技服务制度和清单，完善引入社会资金政策，倡导科技创新的科企合作，通过科技入股和企业资金入股等方式，为激发体育科技创新的活力提供可靠的保证。

（三十七）加强基础设施建设，增强体育科技攻关和服务能力

适应发展和科技攻关需要，加大推进重点科研设施设备的改造升级力度，完成设在我省的国家体育总局和省级冬季项目重点实验室改造项目，建立夏季项目中心实验室和临高训练基地实验室，强化基础性、前沿性技术和共性技术研究平台建设，提高实验室科学管理水平，促进高效运行。改善高水平训练基地科技条件，做好科技服务基础设备器材的更新和配套，为强化体育科研和科技服务能力，提供可靠的物质基础保障。积极改善重点市（地）体育科研条件，大力提升地方体育科技基础研究和应用研究的能力和水平，扩大体育科技服务领域和范围。

（三十八）面向体育发展，推动科技创新和成果转化

坚持体育科研和科技服务面向体育发展实践，强力推动科技创新和成果转化。以运动

促进健康、运动处方、科学健身指导与服务为重点，开展全民健身理论与方法的研究与应用。以运动成绩突破为目标，充分应用多学科科技成果，加强多应用领域研究，解决重点运动项目关键技术问题。推进体育科技平台建设，提高体育科技工作信息化和全方位服务水平，提升黑龙江体育科技信息网等信息化平台功能，建设"黑龙江省体育科学化训练信息平台"，建立省市两级国民体质数据库和全民健身重点研究基地及运动健身科学诊断与指导系统。广泛应用体育科技数字技术，推进数字技术在运动训练与竞赛、体育科研、体育信息与管理中的广泛应用和作用的提升。

（三十九）加快人才队伍建设，完善体育人才培养体系

制定全省体育人才资源统筹规划和管理办法，建立全省体育人才库。加强管理和教育培训，提高体育部门各类人才的业务素质和能力。加强黑龙江冰雪体育职业学院特色专业和重点学科建设，加大学科带头人的培养和培训力度。

十、推进依法治体，优化体育发展法治环境

（四十）深入推进依法行政，加快法治体育建设

依法履行政府体育职能，运用法治思维推进体育领域各项改革和管理公共体育事务。不断完善和推进各级政府体育行政部门机构、职能、权限、程序、责任的科学化、规范化、法定化，强化法治意识。进一步健全依法决策机制，严格重大决策法定程序和合法性审查机制。建立完善体育行政部门法律顾问制度，加快依法行政相关配套制度建设。建设体育依法行政综合服务信息平台。完善依法行政监督机制，开展依法履行行政行为情况、推进依法行政重点工作落实情况的专门监督和专项检查。大力推进体育法治宣传教育，提高依法行政意识。

（四十一）加强地方体育法规体系建设

加强体育重点领域立法，加快以保障公民体育权利、规范体育市场秩序、提高体育服务质量、促进体育产业发展等为主要内容的地方体育法规和体育技术法规体系建设。健全对现行体育政策、法规定期清理制度，做好地方体育法规规章与国家体育法律法规的衔接。

（四十二）强化体育行政执法，优化体育发展法治环境

完善体育行政执法制度，规范执法流程，明确行政执法权限和层级边界，减少层次，推进全省体育行政执法体系和机制创新，提高行政执法效率。建立体育行政执法常态机制和执法全过程记录制度，组织开展贯彻落实体育法律法规和规章情况的监督检查。

（四十三）加强体育市场监管，保障产品和服务质量及安全

加强对以高危险性体育项目（含实行国家强制性标准体育项目）经营场所和活动为重点的安全监管，强化日常监督检查，严厉查处无证无照经营等违法行为。探索建立体育服务质量检测机制，建立产品质量检测、抽查制度，确保设施设备和管理服务符合要求，消除安全隐患。积极推行国家职业资格证书制度，加强体育行业特有工种职业技能培训基地建设和职业技能鉴定工作，提高体育服务从业人员的专业素质、科学指导能力和服务质量。

专栏11　体育依法行政重点推进项目

序号	内容	效果
1	省、市两级体育市场主体名录库和年度统计汇总制度	为体育市场监管和社会监督提供管理主体依据。
2	社会体育组织守法诚信褒奖和违法失信惩戒办法	推进体育市场诚信建设，规范社会体育组织和市场主体行为。
3	违法和失信企业及社会组织清单通报制度	建立体育市场监管联动机制。
4	体育服务质量检测实施办法	建立体育服务设施设备检测常态和抽查机制，确保人身安全。
5	体育依法行政综合服务信息平台建设	全面推行体育政务和依法行政信息公开。
6	黑龙江省体育竞赛管理规定重新修订	完善体育竞赛市场监管的法律制度和措施。
7	黑龙江省体育服务质量监督立法	为加强体育服务质量监督提供法律依据。

十一、加强体育文化建设，提高体育宣传和对外交往工作水平

（四十四）大力促进体育文化的发展和繁荣

加快体育文化建设步伐，将中华体育精神与具有龙江特色的新时代体育精神紧密结合，培育和传播具有社会主义特色、龙江特点的体育文化。积极推进以冰雪体育为特点的运动项目文化建设，加强品牌开发，培育和建设内涵丰富的新时代冰雪体育文化。加强体育发展和运动项目历史沿革的梳理，做好历史资料的收集、保护和发掘，积极推进体育史志编撰工作。筹建以龙江冰雪为主题的冰雪体育文化长廊和冰雪体育博物馆，全面展示我国冰雪体育发展历程。

（四十五）充分发挥体育宣传与舆论引导的多功能作用

坚持体育新闻宣传的正确舆论导向，加大对全民健身和体育产业等重点领域的宣传力

度，满足广大群众对体育赛事观赏、科学健身知识掌握、健身运动参与、体育彩票公益金使用情况和体育消费引导的需要。探索建立实时追踪、动态分析的舆情研判机制和及时高效、应对合理的舆论引导机制。加强体育新闻宣传的顶层设计，提高新闻宣传的驾驭能力，为体育发展和改革营造良好的舆论环境。加强体育各部门与新闻媒体之间的交流合作，积极做好体育新闻、信息发布和政府信息公开，回应社会关切。

（四十六）扩大对外体育交流与合作

进一步扩大与兄弟省市和国际体育的交流与合作领域，由竞技体育、群众体育等单一的体育交流与合作，向体育产业、体育科研、体育文化、体育人才交流等全方位的交流与合作延伸。继续实行"请进来、派出去"的合作方式，引进先进管理理念、技术和人才，加快我省体育改革开放和发展步伐。充分利用我省地缘优势，围绕"中蒙俄经济走廊"黑龙江陆海丝绸之路经济带建设，推进对俄全方位体育文化交流合作。继续做好与日本、韩国、朝鲜、台湾等周边国家和地区体育交流工作，学习、借鉴周边国家优势体育项目的成功经验，促进我省竞技水平的提升。扩大体育交流与合作层次，深化与周边国家地方、民间体育组织和项目、活动交流，由省市为主扩大到县域体育的交流，使民间体育交流项目、活动品牌化，助力地方经济社会和体育事业的发展。加强与各类国际体育组织的沟通、联系与合作，积极申办以冬季项目为重点的高水平世界体育比赛。

十二、加强组织领导，强化措施，促进规划的全面落实

（四十七）强化政府对发展体育的组织领导和服务功能

各级政府要高度重视体育工作，并作为重要的民生工程，把体育发展纳入当地国民经济和社会发展总体规划，依法将体育经费、全民健身经费、基本建设资金列入本级财政预算和基本建设投资计划，协调有关部门完善落实体育发展的配套政策。各级体育行政部门要强化规划落实，在政府的领导下，加强与发展改革、财政、税收、金融、国土等部门的联系合作，建立健全体育工作领导协调机制，及时解决体育发展中的新情况、新问题。

（四十八）积极引导，拓宽体育的社会投、融资渠道和方式

建立和完善政府购买公共体育服务制度、体育产业引导资金管理制度，加强体育投入的绩效考核，提高体育投入资金的使用效益。创新和健全政府与社会资本合作机制，积极引导社会资本举办体育，推动体育发展参与主体与提供方式的多元化。鼓励和支持社会对促进体育发展的各类捐赠、赞助，完善鼓励政策，严格程序、规范管理，保护捐赠、赞助企业和社会组织的合法权益与积极性。

（四十九）加强重点项目建设，进一步改善公共体育基础设施

搞好全省重点公共体育设施的规划和建设，为大型体育活动、竞赛及体育后备人才培养的开展提供可靠的设施保障。新建和扩建一批省、市重点公共体育设施和训练设施。全面抓好黑龙江冰雪体育职业学院建设和发展，完成所有配套项目建设。

（五十）健全完善体育工作评估制度，强化目标责任制

结合规划任务，完善黑龙江省体育工作综合评价体系，形成体育系统各职能机构、各层级责任明确、措施有力、联动高效、问责到位的体育工作推进机制。要将"十三五"规划的目标任务逐项分解，融入年度工作计划、专项计划和方案之中，明确责任措施和工作进度，精心组织、积极实施，形成上下目标一致，横向相互配合，任务措施配套，工作成效突出的规划推进机制。

（五十一）跟踪问效，强化规划的监督落实

本规划的实施要与国家、省国民经济和社会发展第十三个五年规划和国家体育发展"十三五"规划紧密衔接，与地方经济社会发展规划相协调。健全规划年度考核、中期评估和终期全面检查制度，加强任务督导和落实情况测评，坚持问题导向，及时跟踪分析规划实施情况，在发现问题中强化措施，在解决问题中稳行致远，确保规划的各项指标、任务全面完成和落实，实现全省"十三五"体育改革发展的新突破。

上海市体育改革发展"十三五"规划

体育改革发展是促进本市经济社会全面发展、提升市民生活质量和幸福指数、建设社会主义现代化国际大都市的重要内容，也是上海当好全国改革开放排头兵和创新发展先行者的重要任务。根据《上海市国民经济和社会发展第十三个五年规划纲要》，编制本规划。

一、发展现状

"十二五"时期，在市委、市政府的坚强领导下，在国家体育总局的有力指导下，在各级政府和各有关部门、单位的共同努力下，上海体育各项工作取得了显著成绩。

（一）全民健身服务体系不断完善

修订《上海市市民体育健身条例》，制定《上海市全民健身实施计划（2011—2015年）》，全面推进"全民健身365"。创新全民健身赛会制度，创办市民运动会和市民体育大联赛，首届市民运动会吸引了631万人次参与，共有514万人参与三届市民体育大联赛。根据第六次全国体育场地普查，全市共有体育场地38600个，总场地面积4155.69万平方米，人均体育场地面积1.72平方米。共建有健身苑点9905个，社区公共运动场390处，农民体育健身工程1033个，百姓健身步道317条，百姓健身房125个，百姓游泳池37个。经常参加体育锻炼的人数比例达到40.8%。区级体质监测中心实现全覆盖。国民体质综合指数连续三次蝉联全国第一。

（二）竞技体育运动成绩有所突破

上海体育健儿在2012年伦敦奥运会上获得3枚金牌、5枚银牌、2.5枚铜牌，奖牌总数居各省市之首，圆满实现了境外参赛成绩超越历届、对中国体育代表团的金牌贡献率超越上届的目标任务。2013年第十二届全运会共获得45枚金牌、48枚银牌和36.5枚铜牌共129.5枚奖牌，总分2460分，位列全国省市综合排行榜第四位。2014年仁川亚运会，共有29名上海籍运动员在11个奥全运大项、30个小项上获得了37枚金牌，为中国实现亚运会金牌榜和奖牌榜第一作出了贡献。2015年首届全国青年运动会，上海体育健儿获得30枚金牌、19枚银牌、28枚铜牌，决赛人数、决赛项目和金牌总数均超过历届城运会。帆船项目实现了中国奥运史上金牌零的突破，打破了欧美对海上运动的垄断。2011—2015年，上海运动员共有52人次获得奥全运项目世界三大赛冠军。

（三）体育赛事影响力持续提升

成功举办了第十四届国际泳联世界锦标赛、国际滑联花样滑冰世界锦标赛和短道速滑世界锦标赛等国际重大单项体育赛事，充分显示出上海承办国际体育大赛的综合实力。5年来，上海共举办全国性以上体育赛事680次，平均每年举办136次。其中，国际性赛事占40%。上海已经形成以F1中国大奖赛、上海ATP1000网球大师赛、国际田联钻石联赛、上海国际马拉松赛、汇丰和宝马高尔夫球世界锦标赛、世界斯诺克上海大师赛、崇明自行车赛、上海环球马术冠军赛、NBA国际系列赛、国际滑联"上海超级杯"等冰上赛事、国际体育舞蹈大奖赛总决赛和城市定向挑战赛十二大品牌赛事为核心，以各区县"一区一品"赛事和各类特色商业性精品体育赛事为支撑的高级别体育赛事集群，对提高市民生活质量、促进体育消费、扩大城市国际影响，发挥了积极作用。

（四）体育产业规模逐步扩大

发布实施《上海市人民政府关于加快发展体育产业促进体育消费的实施意见》（沪府发〔2015〕26号），体育产业进入历史发展新阶段。健身休闲服务业方兴未艾，游泳、球类、跆拳道、击剑等各种形式的俱乐部不断涌现。稳步推进职业体育发展，三大球项目市场化进程加快。体育中介市场规模不断扩大，国外品牌体育经纪公司纷纷进驻上海。全市体育彩票销售增长速度明显加快，5年的销售总量达217亿元，是"十一五"时期的4倍。体育产业与其他产业融合度不断增强，出台了《体育旅游休闲基地服务质量要求及等级划分》地方标准。全市体育及相关产业总产出达到420亿元，年均增幅13.1%，体育服务业所占行业结构比重接近五成。

与此同时，体育科教、体育人才、体育宣传、体育法制以及体育文化等工作取得了长足发展，开创了新的局面。

二、机遇与挑战

"十三五"时期，上海体育既处在可以大有作为的战略机遇期，也面临诸多矛盾和严峻挑战。

从机遇上说，当今世界体育经济、体育文化、体育民生已成体育发展的重要驱动力，体育将渗透到经济社会的方方面面，各大都市纷纷调整体育政策，抢占国际竞争制高点。纽约、伦敦、巴黎、东京等国际大都市都在制定新的发展战略，将体育作为战略性资源营销和运作，发挥体育的独特作用。党中央、国务院对体育作出了一系列重大决策部署，我国成功申办2022年冬奥会，将全民健身上升为国家战略，将体育作为全面深化改革、促进经济社会发展的重要内容，极大地激发了体育发展活力。市委、市政府高度重视体育工作，上海体育的发展指数位居全国前列，硬件建设和软件建设具备了由大向强转变的基础，竞技体育人才培养体系、全民健身公共服务体系、体育竞赛运作体系、依法管理体系等多方面的经验可供全国借鉴，体育事业发展的良好氛围逐步形成，体育作为公共服务、社会治理、经济发展、改善民生、文化娱乐的功能正在产生积极而深远的作用和影响，上海体育将迎来新一轮的发展高潮。

从挑战上说，上海体育发展仍面临诸多矛盾和问题。广大市民的体育需求与供给不足之间的矛盾十分突出，市场在体育资源配置中的决定性作用尚未充分发挥，体育场馆、体育版权等大量体育资源未有效开发，公共体育供给社会化、专业化运作机制有待完善，竞技体育核心竞争力不强，体育产业能级不高，体育发展水平与现代化国际大都市地位不相适应。体育强市建设面临激烈竞争，亟须塑造特色竞争优势；体育事业发展面临系列、深层次、结构性矛盾，亟须从传统的管理模式向创新管理服务模式转变。上海体育发展要更高、更快、更强，很大程度上取决于重点领域和关键环节的改革能否取得重大突破。因此，必须加快推进体育的创新转型。

三、指导思想和目标

（一）指导思想

以邓小平理论、"三个代表"重要思想、科学发展观为指导，深入贯彻党的十八大，十八届三中、四中、五中全会和习近平总书记系列重要讲话精神，坚持"四个全面"战略布局，树立创新、协调、绿色、开放、共享的发展理念，把增强市民体质、促进人的全面发展作为体育发展的出发点和落脚点，推动体育发展方式逐步从行政主导向行政服务和市场推动相结合转变、从政府办体育向扶持引导社会办体育转变、从体育部门主管向多部门联动转变，全面提升体育治理体系与治理能力现代化水平，不断满足市民日益增长的体育需求。

（二）基本原则

1. 坚持文化引领。从中国梦、强国梦和民族未来的高度认识体育。深化对体育文化的挖掘，大力弘扬为国争光、无私奉献、科学求实、遵纪守法、团结协作、顽强拼搏的体育精神。充分发挥体育的多元功能作用，为上海国际化大都市建设作出贡献。

2. 坚持以人为本。落实全民健身国家战略，推进健康上海建设，把体育真正作为促进人的健康和幸福、与社会和谐发展的一项利国利民的全民事业来抓好，让体育成为上海市民的生活方式，在共建共享中增加获得感和幸福感。

3. 坚持改革创新。以开放促改革，以改革促发展。完善市场机制，促进体育资源在全市乃至全国范围内的流动。加快政府职能转变，创新管理和服务方式，不断探索都市型体育发展的特点和规律。

4. 坚持统筹协调。遵循现代体育发展内在规律，促进体育和经济社会发展相协调，均衡发展和质量提升相并举，公共服务和产业发展相并重，确保体育事业与体育产业、全民健身与竞技体育、奥运项目与非奥运项目全面发展。

（三）发展目标

围绕2025年基本建成全球著名体育城市的奋斗目标，到2020年，形成体育氛围浓烈、体育事业繁荣、体育产业发达、体育品牌凸显、体育人才辈出、体育交流活跃、体育要素集聚的全球著名体育城市基本框架。立足上海，为打造世界一流的国际体育赛事之都、国内外重要的体育资源配置中心、充满活力的体育科技创新平台奠定坚实基础，使体育与全市经济社会发展水平更相适应，与市民体育需求更为匹配，对城市的影响力更加提升，为我国体育强国建设作出突出贡献。

（四）主要指标

1. 公共体育服务体系更加完善。人均体育场地面积达到2.4平方米，市民健身意识显著增强，经常参加体育锻炼的人数占常住人口的比例达到45%左右。将全民健身作为城市发展战略，建立以公共体育服务为导向的政府业绩评价体系，实施体育基本公共服务均等化、标准化和问责制，逐步形成"政府主导、市民主体、社会参与、部门协同、市场运作"的公共体育服务发展格局。全民健身各项指标达到中等发达国家水平。

2. 竞技体育综合实力不断增强。体教结合持续深入推进，青少年体育后备人才培养体系不断完善，业余训练质量明显提高。形成上海竞技体育强队、强项、强人的体制机制，力争更多教练员和运动员入选国家队，培养更多具有国际影响力的世界冠军，确保1~2个项目占据世界体坛领先位置，为我国参赛东京奥运会做出贡献；2017年第13届天津全运会上，取得精神文明和运动成绩双丰收。

3. 职业体育发展水平明显提高。不断探索适合我国国情和上海特点的职业体育发展道路。努力培育足球、篮球、排球"三大球"文化，提升"三大球"群众参与度和运动技术水平。职业体育运营模式和运动成绩有明显进步。科学编制和有力实施足球改革发展规划，扩大足球人口，完善足球赛事体系，校园足球特色学校达到500所，形成市区职业、半职业足球竞赛体系，提升足球运动水平。男足跻身全国前列并在亚冠联赛中取得好成绩，女足保持全国一流强队行列。

4. 体育产业市场活力充分释放。进入体育产业领域的社会资本显著增加。健身休闲、竞赛表演、场馆服务、中介培训、信息服务、体育用品及销售等体育产业各门类全面发展，产业组织形态和集聚模式更加丰富，建立一批体育产业基地和特色项目，涌现一批创新能力强的体育企业集团和合格供应商，形成高品位、高品质的赛事体系，人均体育消费支出位居全国前列。体育产品和服务层次更加多样，供给充足。体育产业总规模超过1500亿元，成为新的经济增长点。

表 "十三五"时期上海体育发展的主要指标

序号	指标名称	单位	属性	2020年
1	经常参加体育锻炼的人数比例	%	预期值	45左右
2	体育场地面积	万平方米	预期值	6100
3	体育产业总规模	亿元	预期性	1500
4	社会体育指导员占本市常住人口比例	‰	约束性	2
5	万人拥有体育健身组织数量	个	预期值	20
6	市民体质监测达标率	%	预期值	96
7	学校体育场地开放率	%	约束性	86
8	每年承办全国性以上体育赛事数量	次	预期值	140左右
9	体育传统项目学校数量	所	约束性	1000
10	注册青少年运动员数	人	预期值	25000

四、主要任务

（一）大力开展全民健身，完善公共服务新体系

结合"健康中国2030"等总体发展战略，推动全民健身和全民健康深度融合，加快完善现代公共体育服务体系，切实保障市民参加体育健身活动的权利，使体育健身行为和体育生活方式成为更多市民的选择。

1. 进一步健全体育基本公共服务制度。按照"保基本、补短板、兜底线"的要求，在公共体育设施开放和全民健身指导服务上让全体市民享有基本、均等、便利的体育服务。公共体育场馆、社区体育设施每周累计开放时间不少于56小时，全民健身日免费开放；学校体育设施开放率达到86%，每周累计开放时间不少于21小时；社区健身苑点、百姓健身步道、农民体育健身工程常年免费开放。加强全民健身公益性健身指导服务，社会体育指导员占常住人口的比例达到2‰。积极推进非基本公共服务市场化、社会化。

2. 进一步完善社区体育健身设施。合理布局全民健身设施，充分利用社区、沿江、公园、林带、屋顶、人防工程、办公楼宇、旧厂房、仓库、老旧商业设施等，并与教育、卫生、文化等功能设施相融合，重点建设一批便民利民的中小型体育场馆、市民健身活动中心、户外多功能球场、健身步道、自行车健身绿道等场地设施，形成15分钟体育生活圈。鼓励社会力量投入建设和运营管理小型化、多样化的活动场馆和健身设施。充分挖掘现有设施的潜力，完善相关政策措施，积极推动各级各类公共体育设施免费或低收费开放，体现公益性特征。坚持建管并举，建立健全社区、单位公共体育设施管理机制，提高公共体

育设施的完好率、利用率和开放率。

3. 进一步增强市民健身素养。加大终身体育锻炼理念宣传力度，广泛开展体质健康教育，加强科学健身知识普及，提高群众体育的专项化水平。建立恰当的激励机制、科学的组织机制和有力的保障机制，充分发挥各类体育社会组织、社会体育指导员、志愿者和体育社会工作者的作用，鼓励扶持各类民间体育团体发展，倡导市民人人喜爱并参加1~2项健身活动，全面提升市民主动参与体育活动的程度，促进体育健身逐渐融入市民生活。探索建立体医结合健康服务模式，构建科学合理的运动指导体系。

4. 进一步丰富体育健身产品。加快发展足球运动和冰雪运动，大力发展篮球、排球、路跑、自行车、网球、游泳、帆船、航空、赛车、跆拳道、马术、飞镖、击剑、射箭、极限、房车露营、电子竞技、智力运动、广场舞等群众喜闻乐见和具有前沿、时尚、消费引领特征的运动项目。大力推广武术、龙舟、舞龙舞狮以及健身气功、木兰拳、九子、练功十八法、门球、太极拳、海派秧歌等传统体育项目。积极搭建群众体育活动平台，因地制宜开展多种形式的体育健身活动，推动职工体育、学校体育、老年人体育、残疾人体育和社区体育等的全面发展。与促进体育消费密切结合，办好第二届、第三届市民运动会和市民体育大联赛等活动，形成特色品牌。

5. 进一步强化青少年体育服务。大力实施国家青少年体育活动促进计划，推进阳光体育运动，打造学校、社区、家庭"三位一体"的青少年体育活动模式，推广"快乐体育"理念和项目。依托市区公共体育场馆、体校和学校场地，积极建设市区两级青少年校外体育活动中心。促进公共体育场馆向学生免费或优惠开放。扎实推进学校体育"三课、两操、两活动""每天校园锻炼1小时"；青少年掌握两项以上体育运动技能，人人游泳活动达标率超过85%，逐步养成终生参与锻炼的习惯。充分发挥青少年体育俱乐部在课外体育活动开展和后备人才培养方面的积极作用，建设300所国家级和市级青少年体育俱乐部。加强青少年体育健身指导人员培养。强化体教结合工作督导，促进体教融合发展，加强学校体育工作绩效评估和行政问责。

（二）提升科学训练水平，打造竞技体育新优势

坚持以弘扬奥林匹克、中华体育和上海城市精神为主旋律发展竞技体育，不以竞技比赛成绩作为衡量体育工作绩效的唯一标准。着力抓好科学选材、科学训练、情报信息和科学保障，努力提高竞技体育的发展内涵、训练水平和综合效益。

1. 转变竞技体育发展方式。制定转变竞技体育发展方式实施方案。调整项目布局，巩固扩大优势项目，强化潜优势项目，调整一般项目，走精兵之路。着力抓好田径、游泳、水上运动三个基础大项以及体操、射击射箭、乒乓球、羽毛球、现代五项等奥运项目的发展。坚持市队区办、市校联办、市企合办、协会共办等多种模式，逐步将群众喜爱、有市场潜力、社会关注度高的竞技体育项目办到各区、企业、学校、协会去，引导社会力量参与开展竞技体育，使1/4的运动项目由社会力量承办。在橄榄球、摔跤、击剑等项目与相

关区、高校联办的基础上，将马术、跆拳道、网球、高尔夫球等项目推向市场和社会组织。推进北冰南展工程，提高冰上运动竞技水平。

2. 提升竞技体育训练效益。着力建设集训练、竞赛、教学、科研、康复、交流、培训等功能的崇明国家级体育训练基地、东方绿舟体育训练基地、射击射箭运动中心，打造上海竞技体育训练新格局，建立科学高效的运行机制。坚持"从难、从严、从实战出发，大运动量训练"的原则，遵循运动队训练、竞赛、管理规律，打造上海竞技体育的优势项目和明星。健全人才培养机制，建立完善运动员、教练员聘用、录用标准，在某些具备条件的项目上，成立教练员工作室，吸引国内外优秀教练和专家来沪工作，创新培育精兵强将的新模式。加强科技创新和医疗保障，构建"科研、体能、康复、营养、教育"融训练管理为一体的制度。坚持优质资源与承担任务相挂钩、表彰奖励与完成任务相一致，经费投入与绩效评价相配套，加大对重点项目的投入，制定各项目绩效评估办法。加强运动员文化和思想政治教育，抓好赛风赛纪和反兴奋剂工作。

3. 建立多元化后备人才培养机制。促进人才培养主体的多元化，调动社会组织、市场力量和家庭（个人）主动投入体育人才培养的积极性，注册青少年运动员数达到2.5万人，并逐步使后备人才形成体校、学校、社会、个人4∶3∶2∶1的比例格局。充分发挥体育系统主渠道作用，做强做大两所市级体校，以国际化为方向，不断提升办训办学的专业化水平，凸显其精英后备人才培养的示范、引领和枢纽作用；加强国家高水平后备人才基地、重点业余体校建设，提升后备人才培养效率。把学校作为竞技体育人才培养的重要基地，从激发学生体育兴趣出发，扎实做好体育课、课外体育活动、校内和校际体育竞赛活动；切实加强青少年体育俱乐部建设，推进市、区两级体育传统项目学校发展，完善"一条龙"课余训练体系，扩大项目布局，普及项目发展，让更多的优秀运动员从学校走出来。引导和鼓励社会力量参与后备人才培养，开展青少年体育培训、教练员培养及青少年体育赛事活动，成为我市培养高水平竞技体育后备人才的重要阵地。深入实施青少年竞技体育后备人才培养雏鹰计划，完善选材育才中心建设。办好市运会、市学生运动会、市青少年体育十项系列赛等各类青少年体育赛事。

4. 显著提高职业体育发展水平。拓宽职业体育发展渠道，推进具备条件的运动项目走职业化道路，支持教练员、运动员职业化发展，跟进编制、经费、引进和安置等政策的改革。积极推进足球、篮球、排球、乒乓球、羽毛球、网球、高尔夫球、马术、帆船、赛车等职业化运动项目发展，建设高水平职业俱乐部。鼓励具备较好市场基础的运动项目试点运动员、教练员商业权益和所有权益分离。鼓励和引导市优秀运动队与企业合资组建投资职业体育俱乐部。逐步建立政府监管、协会主导、职业俱乐部等主体自主自律的管理体制。探索形成比较健全的多种所有制共同发展的上海职业体育格局。

（三）引导培育体育消费，促进体育产业新发展

发挥市场配置体育资源的决定性作用，鼓励引导体育消费和各种所有制体育企业健康

发展，为稳增长、促改革、调结构、惠民生贡献更大力量。

1. 积极培育体育健身休闲产业。打造若干各具特色、功能复合、高度发达的体育产业功能集聚区，重点规划体育产业总部基地、体育用品研发基地、体育创新创业孵化基地。支持开发、规划布局、评定建设集运动、康体、养生、商业、娱乐、体验等多样化、综合性体育休闲产品和体育旅游休闲基地，满足广大市民个性化体育旅游、体育休闲需求。支持各区根据当地自然人文资源特色举办各类体育活动，丰富体育活动内容，提升大众体育消费。重点打造上海体育场商业圈、徐汇滨江带、黄浦滨江带、浦东滨江带、杨浦滨江带、崇明户外运动休闲、青浦淀山湖帆船、奉贤滨海体育休闲、浦东滴水湖水上休闲等具有地域特色的品牌项目。公共体育场馆在保证公益属性的前提下，将其打造为以体育健身服务为主的功能多元的综合体和体育产业集群。

2. 重点发展体育竞赛表演市场。着眼于市场化、国际化和专业化的发展方向，统筹赛事布局，引进培育与国际大都市功能相匹配的顶级赛事，巩固培育自主品牌赛事，支持各区和社会开发举办各类特色赛事，形成上海特点的赛事体系，每年举办140次左右高品质、高效益、高辐射力的全国性以上体育赛事活动。切实发挥体育赛事的引领、溢出和乘数效应，加强体育赛事与商业资源的联动，积极服务参赛、观赛人群，打造吸引力强、体验度佳的城市体育嘉年华品牌。完善赛事市场体系，发展体育人才市场、体育中介市场、体育媒介市场、体育广告市场、体育保险市场和赛事文化及用品市场，形成以体育竞赛表演市场为主体，各类专业配套市场为支撑的市场格局。定期公开赛事举办目录，完善体育赛事评估体系，扶持民间赛事企业，搭建政府支持社会力量举办赛事的服务平台。不断规范赛事市场，切实保障参与者权益，各级协会对赛事运作过程予以指导服务、协调和监督。办好国际体育赛事文化与用品博览会、国际精武武术文化节等体育活动。

3. 大力吸引社会资本参与投资。推广和运用政府和社会资本合作等多种模式，吸引社会资本进入体育产业领域，建设体育设施，开发体育产品，提供体育服务。拓宽体育产业投融资渠道，支持符合条件的体育企业上市、发行企业债券、公司债、短期融资券、中期票据、中小企业集合票据等非金融企业债务融资工具。支持扩大对外开放，鼓励境外体育企业在沪设立地区总部或分支机构。鼓励保险企业推出多样化体育保险产品。支持发展智能运动装备、运动功能饮料、营养康复保健食品药品的研发、制造和销售。大力培育多层次、多形式的体育类中介组织。引导有实力的体育企业以资本为纽带，实行跨地区、跨行业、跨所有制的兼并、重组、上市，着力打造2~3家国内一流、国际知名骨干体育企业，培育5~10个以体育场馆为载体的大型城市体育服务综合体。积极扶持中小微体育企业发展。

4. 构建体育产业服务平台。发挥体育产业的综合效应和拉动作用，推动体育与旅游、文化、商业、健康、科技、教育、传媒等相关产业良性互动。探索建立上海体育产权交易平台，推进赛事举办权、赛事转播权、运动员转会权、无形资产开发权等具备交易条件的资源公平、公正、公开流转，开发试行集版权、股权、物权、债权等于一体的体育产权交易。完善自贸试验区体育服务产业链条，助力上海体育产业率先发展。完善体育技术成果转化机制，加强知识产权运用和保护。鼓励有条件的经营性事业单位转为企业，探索推进国有体育企业的股份制改革。完善体育市场监管工作机制，加强市场诚信建设，建立健全信用监督和失信惩戒制度。建立健全体育产业统计制度和指标体系。扎实做好体育彩票销售渠道、品种、技术和安全管理工作，确保上海体育彩票市场健康发展。

（四）推进足球改革创新，开创足球发展新局面

全面贯彻落实国务院印发的《中国足球改革发展总体方案》，充分认识足球的价值和规律，大力发展校园足球、社会足球和足球产业，提升足球运动水平，推进足球强市进程，打造上海亮丽的足球风景线，努力创造具备承办世界重大足球赛事的条件。

1. 抓改革，创新足球管理体制机制。将足球改革发展纳入政府重要议事日程，建立健全市足球改革发展联席会议制度，统筹推进上海足球改革发展。根据《中国足球改革发展总体方案》，制定具体实施意见。按照"政社分开、权责明确、依法自治"的原则调整组建市足球协会，改变市足球协会与市足球运动管理中心两块牌子、一套人马的组织构架，积极稳妥推进人员岗位转换。加强足球协会自身建设，修订《上海市足球协会章程》，完善市、区两级足球协会组织体系，科学设置足球协会内部机构，增强足球协会自我造血功能，广纳贤才，吸收不同领域优秀人才充实工作队伍。支持崇明创建足球区，探索推进校园足球、社会足球、职业足球联动发展。

2. 抓基础，完善足球发展工作格局。发挥足球育人功能，加大校园足球普及力度，推进校园足球联盟发展，让更多青少年学生热爱足球、享受足球。改进完善足球竞赛体系，培育校园足球联赛、青少年足球俱乐部联赛、青少年足球锦标赛、城市足球业余联赛等有序衔接的市级足球竞赛体系，探索建立"上超""上甲""上乙"准职业联赛机制，引进国际高水平足球邀请赛、对抗赛，支持各类足球赛事活动，着力打造上海足球赛事品牌。鼓励兴办足球学校、精英学院和青训机构，建设科学多元的足球培训体系。鼓励有条件的高校开设足球专业。建立健全专业足球训练体系，推进校园足球和职业足球青训体系互促共进，稳步扩大足球后备人才队伍。大力支持中超、中甲、中乙等职业及准职业俱乐部，提高其联赛成绩。培育稳定的球迷群体和积极向上的足球文化。推动社会足球加快发展，不断扩大足球人口规模，全市参与足球活动的人数达到100万。

3. 抓保障，建立足球改革发展支持体系。将足球改革发展工作纳入全面深化改革的重要内容，将足球事业和产业发展纳入经济社会发展规划，将足球基础设施建设纳入土地利用总体规划，将足球工作落实情况纳入政府工作评估体系，加大对足球发展的投入。健全足球人才培养、选拔、使用引进及评聘机制，通过政府购买服务，为高水平教练员或退役运动员提供流动性工作岗位。新建或改建符合专业标准的足球场，利用现有设施建设市级足球训练基地和青少年足球夏令营活动及培训基地；各区充分利用现有足球场地，建设1个区级足球训练基地和1个区级青少年足球夏令营活动及培训基地。各级各类学校要因地

制宜，通过新建、改建或共用，每校至少拥有1块适用足球场地。在学校、公园、绿地、沿江沿河、绿化带、屋顶及空置场地等开辟和铺设500片标准或非标准足球场地。鼓励社会力量建设足球场地，提供公益性服务。体育、教育部门在经费安排时对足球改革发展给予倾斜。

（五）完善体育基础设施，加快场馆建设新步伐

以群众喜闻乐见、普遍参与的项目为重点，积极布局公共体育设施建设，到2020年，本市体育场地面积达到6100万平方米，人均体育场地面积达到2.4平方米（按2500万人口计算）。

1. 重点建设公共体育设施。市级层面，建成现代化、高智能、国际一流水准的崇明国家级训练基地；提升上海体育场、东方体育中心、江湾体育场的功能，将其改造成以体育赛事表演为主，融合时尚娱乐、会展旅游等的综合性体育城；规划建设符合国际标准能举办国际大赛的足球、篮球、马术比赛场馆，以及虹桥体育中心、帆船帆板、水上船艇、航空运动、军体科技运动基地等设施；适时启动国际赛车场周边区域的规划建设；考虑远期城市、人口及上海举办特大型国际赛事的发展趋势，做好规划、预留场地和发展用地。区层面，加大区级体育中心升级改造力度，全面推进"一场一馆一池"建设，新建崇明新城、奉贤、青浦、临港、川沙、静安等区级体育中心，协调建设桃浦中央公园体育设施，打造崇明运动休闲岛。街镇层面，以行政区域（或5平方公里、10万人口）为服务范围，因地制宜推进市民健身活动中心建设。加强体绿结合，推进外环绿带、滨江自行车健身绿道建设，规划布局体育主题公园5个、体育休闲基地12个。引导、支持社会力量投资建设浦东临港全球最大的室内滑雪场、青浦淀山湖国际帆船港、世博万国击剑馆等设施。

2. 提高公共体育设施综合利用率。公共体育设施全面向社会开放，方便市民开展体育活动，提高体育设施的利用率。通过政策保障、购买服务、经济补偿、部门合作等多种方式进一步加大教育等系统体育设施对外开放程度。加强学校内体育设施建设的达标管理，推进新建学校体育设施相对独立建设，开展存量学校体育设施的分隔工程。试点并推广学校体育设施分时段委托社会组织管理的办法，加强对学校的场地开放。推进体育设施租赁项目清理工作，清退被占体育场地，采取经费倾斜和公益性服务补贴等措施，保障场馆对外公益性开放。采取有效措施，为学生、老年人、残疾人参加体育健身活动提供便利条件，并在一定时间和范围内对其优惠或者免费开放。各公共体育场馆拓展服务内容，建立健全体质测定、健身指导、能力评定、宣讲知识和技能培训等，不断提高设施使用率和服务质量。开发高度智能化、网格化和互动化的科学健身场馆，构建联网的信息服务功能平台，提供场馆预订、私教预约、运动社交、运动康复等服务，建设推广智慧体育场馆。

3. 完善公共体育设施管理制度。积极推进公共体育场馆管理体制改革创新，引入和运用现代企业制度，激发场馆活力。整合现存体育场馆资源，优化机关团体、企事业单位的运动场馆资源配置。通过所有权、经营权的合理分配，鼓励社会资本以独资、控股参股、

特许经营等方式参与体育场馆的建设运营，完善体育场馆公益性服务标准和评估体系，推行公共体育服务设施委托管理和社会化运营机制。制定鼓励吸纳社会资金兴建体育场馆设施的优惠政策。加强基层公共体育设施建设和日常维修维护，推进基层公共服务设施统筹规划、综合利用、共建共享。充分利用现代信息技术手段，建立全市统一的体育场地统计报表制度、体育设施基本信息在线直报及实时更新系统。

（六）培育体育社会组织，形成多元发展新格局

加快改革体育社会组织管理制度，规范和促进体育协会更有效地发挥作用，厘清政府与社会的关系，形成政社分开、权责明确、依法自治的现代体育社会组织的格局。

1. 调整改革体育社会组织。按照"政社分开"的要求，改革市级体育协会，使之成为具有公益性、代表性、专业化、权威性的社团法人。体育社会组织在机构、职能、资产、财务、人员及党建、外事等方面与行政机关脱钩，在内部机构设置、工作计划制定、财务和薪酬管理、人事管理、国际专业交流等方面拥有自主权，由原来政府的"伙计"转变为"伙伴"，真正确立体育社会组织的法人地位。分类分步分批进行试点，制定脱钩方案和支持、监管政策。通过政府购买服务方式，把能够由体育社会组织做的事情交给体育社会组织，发挥体育社会组织在政府决策参谋、标准制订、调查研究、活动组织、宣传推介、合作交流等方面的独特优势和应有作用。

2. 增强各级体育总会功能。进一步研究明确体育行政部门和各级体育总会的职能定位，将事务性、执行性、操作性的工作逐步转移到体育总会等体育社会组织，使体育总会成为体育领域事务工作的主体，成为承上启下的枢纽型组织，成为体育社会组织培育服务中心。各级体育总会督促各协会履行市场调节、行业自律、监督服务、维权救济及项目发展的职能。对各级体育总会进行体制性、结构性、功能性改造和创新，完善内部组织机构，提升体育总会的管理和服务能力，使其体现民间性、权威性、代表性，逐步形成覆盖全市、组织完备、管理高效、协作有力的管理体系。创新做好市体育总会换届工作，修订完善《上海市体育总会章程》。

3. 优化体育社团发展环境。通过特许经营、公建民营、民办公助等模式，支持社会力量举办非营利性体育机构，研究制定优惠政策，鼓励国际体育组织或分支机构落沪。依法开展体育社会组织登记和监管。制定符合体育行业特点的活动准则和行为规范，不断优化体育社团等级评估工作，建立信息披露制度、重大事项报告制度和公众投诉制度，通过项目委托、购买服务和政策扶持引导体育社会组织健康发展。制定出台体育社会组织购买服务办法，进一步完善配套政策。落实体育社会组织税收优惠政策，拓宽体育社会组织筹资渠道。加强体育社会组织人才队伍建设，将其纳入体育人才培养统一规划，造就一支专业化的体育社会组织人才队伍。完善体育社会组织的内部治理结构，加强体育社会组织绩效评估，完善财务公开，接受审计和监督，健全协会党的组织机构。

（七）繁荣发展体育文化，建设体育文化新高地

深化对体育的认识和理解，弘扬有文化的体育，把体育文化建设渗透到体育工作实践中，发挥体育健身、强心、益智、乐群的突出功效，并以丰富的体育文化、体育精神影响人、教育人，成为上海国际大都市不可或缺的文化符号和城市印记。

1. 大力培育体育文化品牌。加大体育公益广告宣传力度，利用报刊、电视、网络等媒体，普及体育知识，营造良好的体育氛围。着力培育品牌赛事、品牌俱乐部、品牌健身活动，扩大其影响力。打造本土体育品牌，进军国际舞台，提升全球知名度。大力发展体育赛事、体育会展、健身娱乐、体育传媒、体育出版、音像制品、体育广告、集邮收藏等体育文化创意产品市场。结合国际奥委会《奥林匹克2020议程》改革计划，认真开展奥林匹克更贴近青年、吸引青年和有利于青年的实践活动，积极传播奥林匹克文化。支持引导体育明星参与公益活动。充分利用影视、文学、音乐、美术、舞蹈、绘画、雕塑、动漫、摄影等各类文化形式，开展体育文化艺术创作，形成上海体育文化高地。

2. 抓好体育文化阵地建设。建成国际乒联上海博物馆和中国乒乓球博物馆。研究建设上海体育博物馆。提升上海体育学院中国武术博物馆、虹口精武武术及其博物馆、宝山龙舟博物馆、嘉定武科博物馆以及各类收藏馆的等级和水平，积极推动各地因地制宜建设各类体育博物馆、陈列室、荣誉室、纪念馆、名人堂，发挥其体育文化重要载体作用。完成上海体育志编撰工作。加强对外滩源、江湾体育场、华东政法大学健身馆、上海体育俱乐部等体育文化遗产的挖掘和保护工作，重视对养生、武术、气功、棋类、"三龙"（天龙——风筝、地龙——舞龙、水龙——龙舟）等民族、民俗、民间传统体育文化的整理和利用工作，加强对九子、木兰拳、易筋经、城市定向越野、手杖操等上海优秀体育项目的继承和推广工作。

3. 构建智慧体育大平台。创造体育与其他文化门类、新媒体的互动平台，是构建体育文化大平台的必要手段。上海公共体育数字支撑平台以体育数字资源库为内容支撑，通过资源共享、智能调度、应用服务、舆情分析等系统建设，实现全市体育资源库群的互联互通。以公共体育场馆为主体，为市民提供场馆预订、场馆地图、健身指导、信息咨询、赛事观赏、网上互动等，形成结构合理、网络健全的数字化服务体系，用户可通过电视、手机、电脑等收看、查询、阅读，满足用户随时、随地、随身得到体育的公共服务。以试点、分层、分级、分布、分阶段推进，打造集知识性、趣味性、互动性、指导性于一体的公共数字体育的服务，大幅度提升公共体育服务的效能。

（八）转变政府体育职能，创新体育治理新机制

正确履行政府的体育职能，加快形成权界清晰、分工合理、权责一致、运转高效、法治保障的政府机构职能体系，真正将体育行政部门的工作重心放到规划布局、制定政策、加强监管、完善服务、推进立法上来。

1. 提升依法行政工作水平。推行体育行政部门权力清单、责任清单制度。深化体育行政审批制度改革，对取消、下放、转移的审批事项，加强事中事后监管；对确需保留的市级体育行政审批事项形成目录清单，规范程序，提高透明度。深化体育赛事分类管理制度改革，取消商业性和群众性体育赛事活动审批。推进行政审批标准化建设，建立健全项目审批《业务手册》和《办事指南》。完善体育行政执法制度。健全体育部门法律顾问制度。加快构建行政监督、信用管理、行业自律、社会参与相结合的综合监管体系，突出发挥信用管理在事中事后监管中的作用，将重大体育违法违规行为信息纳入公共信用信息平台，加大失信惩戒力度。进一步加大体育部门政府信息公开力度。完善区县体育工作综合评价体系，从全民健身、竞技体育、体育产业、体育文化等方面综合评价区县政府体育工作。

2. 构建现代体育管理体系。建立大体育管理体制，注重与文化、教育、旅游、绿化、卫生、科技、商业和金融等方面的跨界融合，制定融合发展行动计划。优化体育行政组织结构，按照精简统一效能原则，科学配置体育行政机构部门、权力和职能，明确各类直属机构的功能定位、规格体系、运行关系，形成各就其位、各司其职、各负其责、分工协作的机构设置新格局。加快事业单位分类改革，推进事业单位和体育社团"去行政化"，增强事业单位和体育社团发展活力。以产权制度改革为重点，深化国有体育单位转企改制。健全公共体育产品和服务招投标采购机制。推广政府购买服务，完善政府购买服务政策，制定政府购买服务指导目录，建立合格供应商制度，将适合市场化方式提供的事项，交由具备条件的体育社会组织、机构和企业承担，逐步建立起能办事、少养人的新机制。

3. 完善体育法规体系建设。加快制定《上海市体育产业促进条例》，修改《上海市体育场所管理办法》和《上海市体育竞赛管理办法》。完善高危体育项目监管、体育培训服务业认证认可、体育场所登记、基础公共体育服务规范等制度，使体育事业与体育产业互为促进、协调发展。适应改革发展要求，根据法律法规和重大政策调整等情况，加强体育部门政府规章、规范性文件的即时清理，避免法律冲突。健全体育纠纷多元化解决机制，积极支持国际体育仲裁院上海听证中心发展，将其建设成为亚太国际体育仲裁中心，研究设立上海体育仲裁机构。

（九）加快扩大开放步伐，提升体育城市新优势

主动融入全球化进程，充分发挥体育优势，有效畅通各类国际体育优质资源进入渠道，拓展国际交流合作平台。

1. 构建与国际体育接轨的制度环境。立足国际视野，逐步建立与国际体育通行规则接轨的服务、评价标准体系，在体育发展理念、发展方式、运营管理、评估认证等方面充分借鉴国际惯例和先进经验，分阶段有重点地进行国际化试点。提高体育发展的国际化、市场化和法治化水平，拓展国际体育机构落户的公共空间，组织开展国际体育志愿服务、民间国际体育交流，打造开放式的国际体育交流和涉外服务平台，出台优惠政策，逐步形成与国际体育通行规则相一致的制度环境，迈入全球体育城市行列。

2. 建设多元的国际化体育服务载体。加快完善和布局与全球体育城市地位相匹配的国际体育会议与论坛、信息交流、机构入驻、服务贸易、人才与产权交易、奥林匹克文化与精神传承等功能，打造全球体育重要节点城市。提升上海全球体育城市地位，依托上海城市金融贸易、自贸试验区和全球科技创新中心等综合优势，吸引和培育高等级国际知名体育企业总部、区域总部、专业分支机构集聚，支持科技含量高的创新型体育产品以及新业态、新模式在上海先行先试。支持国际体育仲裁、体育保险、体育旅游、体育劳务、体育赛事、体育养生、体育租赁、体育金融、体育培训等服务业发展，提升上海全球体育资源配置能力。

3. 凸显上海体育对外交流窗口。充分发挥国际体育仲裁院上海听证中心、国际著名体育用品品牌企业驻沪机构、上海体育学院、上海非物质文化遗产（体育项目）、国际乒联上海博物馆、重大国际体育赛事等资源优势，推动其提升成为上海国际体育交流重要窗口和桥梁。放大上海品牌的溢出效益，吸引更多、更具市场效益和更有影响力的赛事在上海举办。建设国际体育智库，聘请国际名人为上海体育大使，发布年度亚太城市体育赛事发展报告和指数。推进精武武术、上海国际大众体育节、上海坐标·城市定向挑战赛等项目的品牌输出，建立以上海友城为主渠道的国际体育交流联盟。加强上海与长三角城市之间的体育融合、协同、共赢发展，推进与港澳台体育的密切交流。

五、保障措施

（一）加强体育规划引领

将体育发展规划纳入市和区国民经济和社会发展规划，将公共体育设施建设纳入城乡规划，将体育事业和体育产业纳入政府目标考核内容。编制和调整城乡规划、土地利用总体规划和功能区规划时，充分考虑相关体育项目、设施的空间布局和建设用地。

在区域开发中，统筹考虑居民体育需求，加强设施建设，合理优化布局。加强各区体育规划与发展的分类指导，防止重复建设。各有关部门要加强沟通协调，密切协作配合，形成工作合力，研究并落实体育事业和体育产业的各项政策措施。

（二）加强财政金融扶持

全市各级政府要将全民健身工作经费列入本级财政预算。加大投入力度，安排投资支持公共体育设施建设。通过政府购买服务等多种方式，积极支持群众健身消费，鼓励公共体育设施免费或低收费开放。完善和优化本市促进体育发展财政专项资金扶持范围和方式，统筹安排公共财政资金和体育彩票公益金，支持职业化体育、品牌体育赛事、体育场馆公益性开放、非营利性体育社会组织等进行改革。本市其他各类产业发展专项资金也要对符合条件的体育产业项目加大政策扶持力度。引导体育要素和风险投资市场发育，鼓励符合条件的体育企业在证券、债券市场融资；创新支持方式、探索建立政府引导、社会资本共同参与的体育产业投融资机制。

（三）加强人才队伍建设

制订全市体育人才队伍建设规划。整合全市资源，完善市、区、社会组织三级体育培训网络体系，共建体育人才教育培训基地，提高培训的覆盖面和参训率，重点对一线服务人员、专业技能人才和行业领军人才的培训。持续推进教练员"百人计划"，不断强化教练员队伍建设。完善人才评估体系和激励机制，对体育事业和体育产业作出突出贡献的集体和个人按规定进行奖励和资助。支持高等院校、科研机构开展国际国内合作，建立体育教学、科研和培训基地。激励引导各类高层次体育人才在上海创新创业。进一步做好退役运动员就业安置工作，完善运动员职业转换社会扶持体系。

（四）加强科技创新支撑

围绕健康体育、生态体育、精品体育、智慧体育"四个体育"部署重点任务，整合现有科技资源，加快推进体育科技管理体制机制改革，构建较为完善的体育自主技术体系。优化创新创业环境，大力发展应用技术创新和服务体系，制定体育科技重点项目目录和相关扶持政策，引导和鼓励全市科研院所和高校研究、创新、开发各类体育科技产品。

六、组织实施

（一）完善规划体系

落实《全民健身条例》，发布《上海市全民健身实施计划（2016—2020年）》。制定体育基本公共服务、竞技体育、青少年体育、体育产业、智慧体育、足球运动、棋牌运动等子规划，形成以本规划为统领，各规划统一衔接、定位清晰、功能互补的规划体系。

（二）创新实施机制

分解本规划目标任务，制订年度工作计划，明确牵头单位和工作责任，跟踪分析规划实施情况，建立完善指标动态调整机制，促进本规划顺利实施。

（三）加强督查落实

实施本规划年度监督、中期评估和终期检查制度，实施重点任务和各区体育工作督查制度，确保本规划目标任务如期完成。

江苏省体育发展"十三五"规划

为统筹规划"十三五"时期体育改革与发展,根据江苏省国民经济和社会发展"十三五"规划纲要和国家体育总局体育发展"十三五"规划的要求,结合江苏体育实际,制定本规划。

一、"十二五"时期江苏体育取得显著成绩

"十二五"时期,全省体育系统认真贯彻省委省政府的决策部署,紧紧围绕推动科学发展、建设体育强省的主题,深化体育改革,转变体育发展方式,顺利完成了"十二五"规划确定的主要目标和任务,全省体育事业呈现率先发展、科学发展、协调发展的良好局面,11个省辖市建成体育强市,56个县(市、区)获得体育强县称号,11个省辖市、86个县(市、区)建成省级公共体育服务体系示范区。

全民健身体系不断健全。12个省辖市建成功能齐全的体育中心和5000平方米以上的全民健身中心,90%以上的县(市、区)建成"新四个一"工程,建成城市社区"10分钟体育健身圈",新建健身步道6500公里,基本实现行政村体育设施全覆盖,人均公共体育场地面积达2.01平方米,高出全国平均水平0.55平方米。体育社会组织网络健全,共有县级以上体育社团3237个、各类体育俱乐部11653个、团体会员15000余个、个人会员170万余人。社会体育指导员24.4万人,万人拥有社会体育指导员30人,建成市级以上体质测定与运动健身指导站70个,全民健身电子地图实现全覆盖。全民健身活动广泛开展,经常参加体育锻炼的人数比例达35%,全省国民体质合格率达92.1%。

竞技体育实力稳中有升。省优秀运动队多元化办队局面基本形成,与南京、苏州、常州、无锡市体育局以及南京工业大学、海澜集团等联办或共建29个项目。职业体育迈出新的步伐,8支职业体育俱乐部参加全国职业联赛,江苏舜天足球队首获全国足协杯冠军。竞技运动水平不断提升,在伦敦奥运会上,6人次获3.5枚金牌,金牌贡献位居全国第四;在广州亚运会上,36人次获19枚金牌,比赛成绩全面超上届;在第十二届全运会上,获得45枚金牌并列第四名,综合排位第五名;在第一届全国青运会上,获得金牌34枚,金牌、奖牌、总分均列全国第二,南京市代表团金牌、奖牌、总分均列全国第二。

青少年体育切实加强。体教结合机制不断完善,积极开展青少年阳光体育运动联赛,大力发展校外足球、篮球等项目活动中心,与教育部门共同推进学生体质健康促进行动计划、农村中小学运动场地塑胶化建设工程。校园足球活动大力开展,创建618所全国校园足球特色学校。后备人才培养成效显著,创建37所国家级后备人才基地(总数并列全国第

一)、36所国家级单项体育后备人才基地、43所省级后备人才基地，创建23所国家级体育传统项目学校。常年坚持业余训练人数达2.1万以上。

体育产业日益壮大。加快发展体育产业促进体育消费政策体系更加完善，省体育产业集团正式挂牌成立。省级体育产业发展引导资金拉动效应明显，五年来累计投入4亿元扶持569个项目，带动社会投资近240亿元，财政投入乘数比达1:60。命名省级体育产业基地59家，涌现一批年销售额在5亿元以上的大型体育企业。五年来累计发行体育彩票808.09亿元，筹集体彩公益金226亿元，荣获全国体彩销量"十连冠"。体育培训、体育康复、体育旅游等新兴业态加速发展，产业结构进一步完善和优化。体育产业规模快速增长，2014年体育产业增加值为716.82亿元，4年复合增长率达21.3%。

体育竞赛提档升级。成功举办南京青奥会和亚青会、第十八届省运会，国际奥委会主席巴赫盛赞南京青奥会"完美无缺"。五年来，共举办承办全国以上体育赛事1221项，其中国际赛事339项，数量和质量连续多年居全国前列。成功举办了第29届世界乒乓球锦标赛、国际田联竞走世界杯，形成了环太湖国际公路自行车赛、扬州鉴真国际半程马拉松赛等一批自主品牌赛事，提升了举办城市的形象和影响。体育赛事审批改革掀起了马拉松赛事热，拉动了体育及相关产业发展。

体育科教、体育人才、体育宣传、体育法制以及体育文化工作都取得了长足发展。但是也要清醒地看到，江苏体育发展中的不平衡、不协调、不可持续的深层次矛盾和问题尚未得到根本解决，主要是体制机制障碍有待破除，市场配置资源能力不强，社会组织作用发挥不够；政府职能转变尚未落实到位，市场监管职能有待加强；竞技体育面临转型发展和保持成绩的双重压力，相关配套政策、社会支持氛围相对缺乏，改革方向和措施难以抉择；社会的体育意识和体育文化仍需培育，体育可持续发展的土壤还不够丰厚；人才队伍建设还不能适应快速发展的体育工作实际，高素质复合型体育管理人才仍然缺乏。

二、"十三五"时期江苏体育发展面临的形势与任务

（一）面临形势

"十三五"时期，是深入贯彻落实习近平总书记系列讲话特别是视察江苏重要讲话精神、推动"迈上新台阶、建设新江苏"取得重大进展的关键时期，是率先全面建成小康社会决胜阶段和积极探索开启基本实现现代化建设新征程的重要阶段，江苏体育面临着率先发展、跨越发展的重要机遇期。党的十八大以来，新一届党中央领导集体高度重视体育工作，作出了一系列的决策部署，把全民健身上升为国家战略，成功申办2022年冬奥会，体育将迎来新一轮的发展高潮。从公共服务来看，将进一步转变体育的政府职能，更多更好地发挥市场和社会的作用，实现政府、市场、社会多元主体之间的合理定位和良性互动，进一步扩大公共体育服务产品和多元供给。健康中国和健康江苏建设为体育发展提供新动

力，体育在前移健康关口、预防疾病发生、提高生活品质方面的重要作用，将得到高度重视和充分利用。从发展方式来看，经济发展新常态对体育发展提出新要求，供给侧结构性改革和"互联网+"行动计划实施，为体育发展提供了更为广阔的空间，体育的产业功能和价值将会得到极大的开发与利用，逐步实现与文化、教育、健康、旅游、科技、传媒等相关产业的深度融合，对于满足人民群众多样化的体育需求、保障和改善民生、扩大内需、增加就业、培育新的经济增长点，将产生积极而深远的影响。从深化改革来看，行政审批改革和事中事后监督力度将不断加大，体育社会组织将更多地承接政府职能转移，在公共体育管理和服务事务中发挥更大作用。国家层面的足球和全运会改革顶层设计，商业性和群众性竞赛审批权限取消，体育社会组织改革的整体推进，将加快体育管理体制机制改革步伐，推动体育发展方式快速转变。

（二）发展理念

总的来看，"十三五"时期，江苏体育既处于可以大有作为的战略机遇期，也面临着诸多矛盾和严峻挑战。必须贯彻创新、协调、绿色、开放、共享发展理念，按照省委省政府"五个迈上新台阶"和"八项工程"部署要求，与时俱进拓展和优化调整江苏体育发展战略。

——始终坚持创新发展，以改革创新为主引擎，进一步简政放权，完善市场机制，创新服务方式，积极培育社会力量参与体育发展，不断推进理论创新、制度创新、科技创新、文化创新，使创新驱动成为江苏体育转型发展的鲜明特征。

——始终坚持协调发展，正确处理发展中的重大关系，加大经济薄弱地区体育扶持力度，推动体育资源在区域之间、城乡之间合理配置，推动群众体育和竞技体育全面发展，推进体育事业和体育产业协调发展。

——始终坚持绿色发展，充分发挥体育的低碳环保优势，加快建设健身步道、体育公园、户外营地等生态设施，大力发展体育竞赛表演、健身休闲等绿色产业，促进资源节约型、环境友好型社会建设，形成人与自然和谐发展的新格局。

——始终坚持开放发展，主动融入国际体育事务，积极申办高水平国际体育赛事，更好地服务改革开放大局。向社会全面开放体育资源，促进体育与教育、文化、旅游、卫生、科技等行业深度融合，在扩大开放中拓展体育发展新空间。

——始终坚持共享发展，把增进人民福祉、促进人的全面发展作为体育工作的出发点和落脚点，切实加强各类人群体育，进一步完善群众身边的体育设施、体育组织和体育活动，推进基本公共体育服务均等化，让人们共享体育带来的健康和快乐。

（三）指导思想

"十三五"时期，全省体育工作要以习近平总书记视察江苏重要讲话精神为引领，深入贯彻习近平总书记关于体育工作系列重要讲话和批示精神，按照健康中国和健康江苏建设的部署要求，坚持以增强人民体质为根本任务，大力实施全民健身国家战略，全面深化体育改革，加快体育工作由要素驱动向创新驱动转变，积极构建有利于科学发展的体制机制，深入推进公共体育服务体系示范区建设，着力完善功能明确、网络健全、城乡一体、惠及全民的公共体育服务体系，建成与"强富美高"新江苏相适应的体育强省，苏南有条件的地方在探索基本实现体育现代化的路子上迈出坚实步伐，为迈上新台阶、建设新江苏，推动我国由体育大国向体育强国迈进作出积极贡献。

（四）目标任务

"十三五"时期，江苏体育发展的主要目标是：

——基本公共体育服务更加完善，人民体质和获得感进一步增强。按照均等化、全覆盖、可持续的要求合理配置体育资源，城乡体育设施建设数量和功能进一步提升，人均体育场地面积达2.5平方米。全民健身活动广泛开展，全省经常参加体育锻炼人数比例达39%以上，国民体质合格率达93%以上。全省县级以上体育社团总数达到4000个、团体会员2万个、个人会员200万人，各类体育俱乐部达1.5万个。万人拥有社会体育指导员35人。

——竞技体育综合实力保持全国前列，形成稳定的江苏优势项目群。建立竞技体育科学评价体系，发展方式进一步优化，多元办队格局更加完善。参加第31届奥运会力争参赛项目、参赛人数、参赛成绩，以及获得全国体育事业突出贡献奖数量位居全国前列。参加第32届奥运会力争运动成绩与精神文明双丰收。参加第13届全运会取得优异成绩，并获得体育道德风尚奖。职业体育俱乐部保持在10支以上。

——青少年体育工作实现更大发展，青少年体质水平和后备人才培养效益同步提升。《国家学生体质健康标准》全面实施，青少年体育锻炼习惯逐步养成，每人熟练掌握1~2项以上运动技能。足球、篮球、排球进校园活动深入开展，足球、篮球等青少年校外活动中心达35所。优秀后备人才科学选材体系逐步完善，全省业余训练运动员人数稳定在2.2万以上。

——体育产业规模和质量同步增长，群众体育消费得到较大提升。体育产业规模发展、集约发展、创新发展水平位居全国前列，总规模超过5000亿元，体育产业从业人员达到110万。更多体育企业向服务业延伸，体育产业链拉长、附加值提高，体育服务业增加值占体育产业增加值达到35%左右。全省体育彩票五年销量达700亿元，继续保持全国领先地位。

——体育竞赛综合效益显著提升，经济社会发展促进作用得到充分发挥。体育竞赛对扩大城市影响、促进体育消费增长的作用明显增强，申办国际重大赛事5项以上，承办全国高水平赛事100项以上，培育1~2项国际一流、具有自主知识产权的品牌赛事。体育竞赛管理体制机制进一步完善，体育竞赛市场化、社会化、规范化水平不断提升，以社会力量投入为主体的办赛数量显著增加。

——体育科教人才水平明显提升，支撑体育事业科学发展能力明显增强。体育科教综合实力保持全国前列，取得一批国内有影响力的科研成果。人才队伍结构趋于合理，省优秀运动队高级职称教练员比例达55%，涌现一批奥运冠军、世界冠军运动员及国际级体育健将，国家级以上裁判员数量占总量比例达9%，管理、经营性人才比例明显提高，高级职称或国家级以上人才占专业人才数量比例达40%。

——体育文化建设迈出新的步伐，体育素养成为个人全面发展能力之一。以体育项目为重点的体育文化内涵得到充分挖掘，参与体育健身、拥有以强健体魄为荣的个人发展理念和社会舆论氛围初步形成。中华体育精神、奥林匹克精神得到大力弘扬，践行社会主义核心价值观和传承中华民族传统美德成为体育强省新内涵，体育成为时代精神的倡导者和先行者。

三、深化体育体制机制改革

（一）转变体育工作政府职能

明确政社分开、事企分离、市场主导资源分配的改革路线图，加快推进简政放权、管办分离、放管结合、优化服务，强化规划制定、政策调节、市场监管、公共服务等职能。切实优化体育行政机构设置和职能配置，进一步理顺体育行政部门与事业单位之间的关系，修订完善行政部门和事业单位职能，科学配置行政权力事项。加大体育立法和政策研究力度，形成比较完善的体育政策法规体系。大力推进政府向社会购买公共服务，完善购买服务内容、标准、方式和程序。

（二）切实加强事中事后监管

深化体育部门行政审批制度改革，加快形成权界清晰、分工合理、权责一致、运转高效、法治保障的体育机构职能体系，从事前审批向事中事后监管转变，加快构建行政监管、信用管理、行业自律、社会参与相结合的综合监管体系，不断提升依法行政工作水平。注重加强部门协同监管，逐步推进建立与工商、公安、卫生等部门齐抓共管的工作机制，实现资源共享，形成监管合力。充分发挥信用管理在事中事后监管中的作用，将重大体育违法违规行为纳入公共信用信息平台，加大失信惩戒力度。大力推进政府信息公开，提高各级体育行政部门职责履行、权力运行的透明度，为新闻媒体、行业组织、利益相关主体和广大群众共同参与监督创造条件，促进社会共治共管。完善体育统计制度、标准和体系，为科学决策提供依据。

（三）推进事业单位分类改革

制订机构编制管理、收入分配等分类改革后续配套政策，充分激发事业单位活力。深入贯彻落实《事业单位人事管理条例》及《事业单位领导人员管理暂行规定》，进一步修订完善事业单位公开招聘、奖励处分等规章制度。重点推进事业单位由身份管理向岗位管理转变，实行事业单位领导班子和个人任期目标责任制，创新推进事业单位在编人员和非在编人员人事管理，调动事业单位各类人员的积极性和创造性。

（四）鼓励社会参与体育发展

充分发挥市场在资源配置中的决定性作用，促进体育领域资源全面开放，鼓励引导社会力量参与体育发展。推动公共体育服务供给侧改革，采用公共私营合作制（PPP模式）、政府购买服务、投资补助等多种方式，提高公共体育服务能力和水平，促进体育消费快速提升。深化大型公共体育场馆运营管理改革，推进所有权和经营权分离，鼓励社会资本以独资、控股、参股、特许经营等方式参与体育场馆建设运营，大力发展混合所有制运营主体。吸引社会力量参与竞技体育发展，鼓励多元投入职业体育，优化市县、高校、企业、协会联办省优秀运动队模式，推动有条件的运动项目走向市场。拓宽培养渠道，完善选拔机制，引导社会力量共同参与体育后备人才培养。推动体育社会组织社会化、实体化发展，鼓励社会组织在竞赛组织、技能培训、健身指导等方面参与市场运作，发挥体育社会组织的微观主体作用。

（五）完善体育社团管理体制

逐步取消行政机关、事业单位与体育协会的主办、主管、联系和挂靠关系，体育协会依法登记和独立运行，体育部门依据职能对体育社团提供服务并依法监管，逐步实行依照章程自主选人用人。对社会体育类单项运动协会实行政社分开，并探索一业多会；以足球改革为试点，推动竞技体育类单项运动协会形成权责明确、依法自治的实体。对已在体育社团中任职、兼职的公务人员，按相关规定进行逐步清理。建立独立自主、权责明确、运转协调、制衡有效的体育社团法人治理结构，完善民主选举、民主决策、民主管理、民主监督的自治机制。不断优化体育社团等级评估工作，建立信息披露制度、重大事项报告和公众投诉制度，省属体育社团实现3A级以上体育社团全覆盖，市属和县属体育社团实现2A级以上体育社团全覆盖，其中5A级达到20个以上。发挥好省发展体育基金会作用，推动体育公益事业发展。

（六）加快推进足球改革

建立健全江苏足球改革发展联席会议制度，足协与体育行政部门、事业单位脱钩，在足球业务、财务人事等方面自主行使职权。明晰足球协会、俱乐部、省江宁足球训练基地三者职能及其关系，俱乐部对教练员、运动员均实行合同制，省江宁足球训练基地承担提供全省足球训练、比赛、培训等保障。鼓励多元资本投入，支持有条件的大型企业、大型体育场馆采取单独组建、合作联办、冠名赞助等方式参与职业足球发展。制定足球竞赛活动规范、纪律处罚、行业救济等制度，完善裁判员、教练员和运动员约束机制，建立比赛监督和裁判监督分级管理体系。申办1~2项高水平国际足球赛事，参加1~2项国际足球赛事。普及发展社会足球，成立江苏省业余足球联盟，做大做强江苏业余足球联赛，规范业余足球竞赛活动程序和标准。每年培训100名以上足球一级裁判员、D级以上教练员和校外辅导员。编制全省足球场地建设规划。推动足球产品的产业开发，加强足球职业联赛相关衍生品开发。鼓励各级各类电视台直接或联合购买足球赛事转播权，引导新媒体参与足球赛事传播。

四、广泛开展全民健身运动

（一）加强基本公共体育服务

认真总结公共体育服务体系示范区创建经验，进一步提升公共体育服务内涵和结构，制定《江苏省公共体育服务体系指标体系2.0》，不断提升均等化、全覆盖水平，促进公共体育服务可持续发展。结合新型城镇化建设要求，颁布实施《江苏省公共体育设施建设基本标准》，制定《公共体育服务与新型城镇化建设指导意见》，统筹规划、科学布局、均衡配置城乡公共体育设施。重点建设一批便民利民的中小型体育场馆、全民健身活动中心、户外多功能运动场，推广拼装式游泳池、笼式足球、三人制篮球场等新型场地设施，建成一批体育公园和户外健身营地，加快构建城郊及乡村自行车道、健身步道等慢行交通网络，优化城市社区"10分钟体育健身圈"服务功能，打造一批省级体育公园。发挥基层综合性文化服务中心作用，推动基层体育设施与文化设施对接融合。实施体育精准扶贫，加大对农村和经济薄弱地区公共体育设施建设扶持力度，补齐基本公共体育服务短板。推进各级各类公共体育设施在特定时段和空间免费或低收费开放，建立节假日体育竞赛和全民健身活动信息发布制度。推动学校等企事业单位体育设施向社会开放。强化体育设施向社会开放管理，不需要增加投入或者专门服务的公共体育设施免费向社会开放，有偿向社会开放的公共体育设施对学生、残疾人、老年人和军人优惠开放。推动体育设施和活动与自然生态协调发展，支持宿迁打造生态体育城市。

专栏1 体育场馆免费低收费开放

按照国家体育总局、财政部的要求推进公共体育场向社会免费低收费开放要求，每年组织开放场馆补助工作，并对免费低收费开放情况进行公示。根据国家对大型体育场馆（甲、乙、丙类）的补助标准，对市县级场馆配套30%的补助资金，对省级场馆配套60%补助资金，同时新增了丁类场馆的补助标准。对未享受国家补助的市县区丁类场馆给予50%的补助资金，省级丁类场馆60%的补助资金。对补助资金的列支范围进行限制性规定，确保补助资金的使用规范。

（二）构建健身服务网络体系

坚持以供给引领、技术升级为导向，不断提升公共体育服务水平。提升省属体育社团工作基础和发展能力，确保每个协会都有一个特色项目，基本实现规范化、社会化、实体化、专业化运作。推动乡镇街道成立体育总会、社会体育指导员协会、老年人体育协会和2个以上单项体育协会，力争乡镇街道覆盖率达100%，有组织参加体育锻炼人数占经常参加体育锻炼人口比例达50%。加快发展各类体育俱乐部实体，高度重视群众自发组织的草根体育社团建设，扩大团体会员和个人会员数量。完善省、市、县三级国民体质监测网络，免费为城乡居民提供体质测定、健身指导和运动能力评定，定期发布国民体质监测报告。推广建设国家、省、市级体质测定与运动健身指导站，打造集体质测定、运动能力评估和健身指导等服务于一体的综合性平台，到2020年，在国民体质监测中心全覆盖的基础上，打造一批国家级和省级体质测定与运动健身指导站。创新社会体育指导员技能培训、分级管理等制度，提高社会体育指导员业务技能和综合素质，为其开展体育志愿服务提供条件。大力发展职业社会体育指导员，在一线从事健身指导服务的社会体育指导员比例超过三分之一。加强科学健身指导服务专家队伍建设。编制《江苏省公共体育服务指南》，构建覆盖全省的科学健身指导网络，采取建立电子地图等方式推动体育服务信息化进程。

（三）大力开展全民健身活动

施行《江苏省全民健身实施计划（2016—2020年）》，组织实施《国家体育锻炼标准》。定期举办全民健身日、全民健身运动会、农民体育节、老年人体育节等活动，丰富妇女、儿童、职工、残疾人、少数民族等各类人群体育活动形式和内容。打造"一县（市、区）多品"特色健身活动，组织创编、推广新优健身项目，推动城乡社区依托传统节日、体育赛事、重大庆典活动和民间体育资源，开展群众喜闻乐见、丰富多彩、特色鲜明的健身活动。加强健身气功站点管理，做好全国推广健身气功管理方式改革试点工作，开展国家体育总局推广的健身气功功法。建立运动项目全省业余联赛或健身俱乐部联赛制度，促进各级各类项目俱乐部发展壮大，探索建立业余运动等级制度。创新全省全民健身运动会组织方式，引导群众参与竞赛项目遴选，推动体育协会、俱乐部承办赛事，扩大社会参与面和影响力。鼓励体育社会组织、企事业单位举办群众健身活动。开展以社会体育指导员为主体，优秀运动员、教练员、体育教师、科技工作者、学生参加的全民健身志愿服务长效机制。鼓励有条件的地方和企业建设冰雪运动场地设施，大力开展群众性冰雪运动，推动我省冰雪运动普及发展。

专栏2　江苏省全民健身实施计划（2016—2020年）

> 积极贯彻全民健身国家战略，制定实施《江苏省全民健身实施计划（2016—2020年）》，加强对各级政府贯彻落实情况督查。抓住体制机制改革、政策规划制定机遇，做好顶层设计，转变政府管理职能、改进工作方法、提高管理水平、加强评价考核。坚持法治思维，在法律、法规范围内开展工作，不断提高运用法治思维进行科学决策、推动群众体育发展的能力。

（四）努力提升青少年体质水平

依托体育项目传统学校、青少年奥林匹克体育俱乐部等组织平台，广泛开展参与性强、普及面广、特色鲜明的青少年体育活动，不断扩大青少年有组织参与体育活动人数，逐步在中小学体育课中普及足球、篮球、排球等集体运动项目。实施《江苏省青少年校园足球振兴行动计划纲要（2015—2020年）》，构建青少年足球竞赛体系，发展校园足球特色学校1000所。加快推进足球、篮球等项目青少年校外体育活动中心建设。与教育部门共同实施《江苏省学生体质健康提升行动计划（2016—2020年）》，科学布局采集样本，定期发布青少年体质监测结果，为促进我省学生体质健康提供决策依据。鼓励学生积极参加校外全民健身运动，广泛开展青少年阳光体育活动，丰富校外体育活动形式和内容，让更多青少年走进大自然、走到阳光下，形成覆盖校内外的学生课余训练体系。完善竞赛选拔机制，畅通学生运动员进入各级专业运动队、代表队的渠道。鼓励优秀教练员、退役运动员、社会体育指导员、有体育特长的志愿人员兼任体育教师。

专栏3　青少年校园足球振兴行动计划纲要

> 实现我省青少年校园足球"百千万"普及工程，即创建超过100片供青少年校外活动使用的天然草坪标准足球场地、1000所校园足球特色学校、10000名注册校园足球运动员；形成以校园足球特色学校为基础、以校园足球后备人才示范学校为引领、以足球精英梯队为重点的青少年校园足球发展体系，争取江苏青少年足球运动水平在全国处于领先地位；形成常态化、规范化的青少年校园足球四级竞赛体系，广泛开展青少年校园足球主题活动；加强青少年校园足球人才建设工作；扩大青少年校园足球体育产品和服务供给。到2020年，在我省基本建立一个多渠道、多层次、相对完整并可持续发展的青少年校园足球人口普及和后备人才培养的双重体系。

（五）着力促进康体融合发展

加大体育与医疗、养老等融合力度，积极发挥体育在防病、治病、康复等方面的作用。引导社会资本开发新型运动康复装备、运动健身技术装备、可穿戴式运动设备等新型装备，促进科学健身。扶持省运动康复基地、省运动与健康装备工程中心发展，支持常州体育医院、淮安体育运动康复产业基地等建设。大力发展康体服务，引进和培育一批康体服务品牌项目，引导健身机构、医院、体检机构开展健康体检、体质测定、健康管理、运动康复等服务，打造慢性病运动防控平台。加大中医药运动康复的应用与推广力度，依托中医药高等院校，探索中医药运动康复与养生保健相结合的特色模式。整合媒体资源，建立覆盖全省的全民健身健康宣传平台，提高城乡居民的科学健身素养。总结推广医保健身一卡通经验，推动健康关口前移。

五、转变竞技体育发展方式

（一）优化运动队项目结构布局

动态调整奥运争光项目、全运夺牌项目和集体球类项目的组成，明确优势与潜优势项目、重点与一般项目，实施分类指导。在项目分类的基础上，进一步明确项目发展的方向和思路，做大做强奥运争光项目，狠抓尖子人才选拔与培养，保持和巩固优势项目地位，促进潜优势项目向优势项目转化，不断增强奥运争光项目的核心竞争力。切实加强全运夺牌项目，加强训练竞赛规律研究，重视训练理论建设和实践创新，坚持人才自主培养与外部引进相结合，不断提高教练员的业务能力和执教水平，着力培养具有发展潜力和竞争力的优秀尖子人才。制定集体球类项目中长期发展规划，加强一、二、三线梯队建设，大力培养集体球类项目灵魂球员和领军型教练员。强化竞争机制，加强训练创新，制定羽毛球、乒乓球、游泳项目振兴计划，做强做实手曲棒垒等优势项目（群）。按照项目分类特点，科学调整项目结构，对未完成全运会周期任务、绩效评估排名靠后的项目，采取划转、缩减和撤销等方式进行调整。切实做好轮滑转速度滑冰工作，组建江苏速滑队。

专栏4　竞技体育3113工程计划

深化竞技体育管理体制机制改革，努力发挥举国体制和市场机制两个作用；优化项目结构布局，整合资源配置，促进项目发展，努力提高足球、篮球、排球水平；全面加强人才队伍建设，努力培养竞技体育后备人才；切实加强复合型训练管理团队建设，创新训科医管一体化工作形式；继续推进竞技体育社会化，扶持职业体育发展，大力提升竞技体育核心竞争力和社会影响力，充分发挥竞技体育的社会功能和社会效益，推动江苏竞技体育均衡发展。

（二）创新运动队管理体制机制

深化项目（群）管理体制机制改革，坚持以项目（群）管理为主线的管理体制，逐步建立与完善责、权、利相统一的项目中心管理制度。完善年度与周期相结合的目标责任体系，修订目标考核办法，建立专家评价、社会评价与自我评价相结合的综合评估体系。完善省优秀运动队联办工作机制，出台《联办省优秀运动队实施意见》，不断拓宽市县、高校、企业、协会、俱乐部联办省优秀运动队渠道。以足球项目为试点，推进集体球类项目与高校优质教育资源融合，提高学校办队水平。创新训科医管一体化工作机制，推行复合型训练管理团队建设，建立以主教练为主，管理、科研、体能、康复、医务、营养、心理等多学科共同作用的团队工作模式。

（三）提升运动队综合保障水平

修订完善激励奖励政策体系，深化收入分配制度改革，探索建立有利于调动积极性的收入分配体系。出台省优秀运动队激励奖励系列政策，修订完善全运会奖励办法、教练员和领队晋升考核等有关政策，研究制定人才引进办法，完善运动员综合保障制度。以国家综合和各单项训练基地建设为抓手，探索集科研、训练、医疗、教育于一体的训练基地模式。完善退役运动员就业安置办法，充分利用职业介绍所、人才中介机构等公共服务就业资源，创新职业转换培训方式，拓宽组织安置、双向选择、自主择业、自主创业等多种渠道。切实加强运动员保险工作，建立以社会保障为基础、事业保障为激励、商业保险为补充的运动员保险体系。

（四）切实扶持职业体育发展

出台《关于加快江苏职业体育发展的意见》，积极探索符合江苏实际的职业体育发展模式，完善俱乐部法人治理结构，营造职业体育发展良好环境。以足球、篮球、排球、网球、羽毛球、乒乓球等项目为重点，鼓励和引导群众基础好、市场成熟度高的运动项目走职业化道路，推动其建立现代企业制度。支持俱乐部参加各级各类职业联赛，推动江苏职业男篮、职业男足联赛排名提升。支持有关项目的教练员、运动员向职业化发展，打造明星队员和教练。拓宽职业体育发展渠道，吸引更多社会资本参与职业体育，逐步形成管理规范、产权明晰、运转高效的体制机制。整合体育、教育资源，引导社会力量参与职业体育后备人才培养工作，初步形成多元化的职业体育后备人才培养格局。

（五）狠抓赛风赛纪和反兴奋剂工作

按照"谁主管、谁负责"原则，紧紧抓住"定责、履职、问责"三个环节，健全"一级抓一级、层层抓落实"的赛风赛纪责任落实机制。贯彻《反兴奋剂管理办法》和《体育运动中兴奋剂管制通则》，加强对参赛单位赛风赛纪和反兴奋剂工作的管理和监督。加大赛风赛纪和反兴奋剂工作的宣传与教育力度，组织实施好反兴奋剂教育资格准入制度。加强运动员行踪信息以及运动员肉食品、药品和营养品管理，坚决避免因违反行踪信息管理规定或误服误用导致兴奋剂事件的发生。

（六）健全后备人才培养体系

创建国家高水平体育后备人才基地，力争创建数量位居全国前列，努力提升省辖市青少年训练质量。加强基层青少年训练单位管理建设，推动县级青少年训练持续健康发展，扩大青少年训练规模。改革省运会青少年部竞赛办法，突出项目发展重点、后备梯队建设和人才输送贡献，调整训练结构，优化资源配置。实施教练员能力提升工程，加强教练员训练业务培训。指导各地"市队校办""县队校办"等联合办队项目布局，加强运动员文化教育，畅通运动员升学渠道。推进青少年竞赛制度创新，大力发展多层次、多样化的各类青少年体育赛事，精心打造青少年体育品牌赛事。建立健全青少年训练管理信息平台，创新人才选拔培养模式，提高科学选材、科学育才水平，提升人才培养的质量和效益。

六、加快推动体育产业发展

（一）促进产业转型升级

积极支持体育用品及相关产品制造业创新发展、转型发展，提高产品竞争力和附加值。加强体育用品业科技创新和品牌建设，开发一批技术领先、绿色环保、拥有自主知识产权、可替代进口的产品，鼓励发展体育用品智能制造、定制服务和电子商务。支持省体育产业集团做大做强，形成竞争优势和发展优势。加快培育一批骨干体育企业，积极支持中小微体育企业向专、精、特、新方向发展，利用众创空间等新型创业服务平台孵化培育一批创新型体育企业。采用招商引资、招才引智、项目合作等多种方式，吸引国内外大型体育企业和重点体育项目落户江苏，推动形成龙头体育企业和重大体育项目的集聚高地。充分发挥苏南（县域）国家体育产业基地引领作用，建设一批国家级和省级体育产业基地，培育一批产业层级高、投资规模大、带动能力强的体育产业重大项目，打造一批体育产业特色县（市）和体育器材、体育旅游等特色乡镇。鼓励和引导有条件的地区根据资源和产业优势，打造具有较大影响力的企业、品牌和园区。

（二）发展体育服务业

引导体育用品及相关产品制造企业鼓励开展个性化定制服务，引导更多制造型企业参与体育服务业发展，增加附加值，拉长产业链。以提升体育服务业总量和水平为重点，大力培育健身休闲、场馆服务、体育培训、体育表演等体育服务业，推动体育与健康、养老、教育、文化、传媒等行业融合发展。通过政策扶持、标准化推动、平台支撑等手段，进一步丰富体育旅游产品，延展相关产业链条，全面推动体育产业、旅游产业融合发展。拓展"互联网+体育"等新领域，打造扩大体育服务业发展空间。进一步完善体育产业专项资金管理办法，重点扶持体育服务业及新兴产业发展，五年专项资金总量不少于5亿元。实施体育健身俱乐部促进计划，采取产业专项资金扶持、政府购买服务、全省俱乐部联赛等政策，扶持一批较大规模的体育健身俱乐部。到2020年，全省体育服务业总规模超过1800亿元。

专栏5　体育健身俱乐部促进计划

指在拉动就业、增加税收等方面有较大贡献，具备独立法人资格，在县级以上工商部门登记注册的体育健身企业（俱乐部）或在民政部门登记的体育类民办非企业单位（俱乐部）。按照标准引领、专业运作、综合服务、科学管理的原则，创新体育服务内容、拓展承载空间、优化运营模式，完善健身消费政策，采取建立全省体育健身俱乐部联赛制度、业余运动等级评定制度，设立专项资金扶持体育健身俱乐部购买公共体育服务，推进体育健身俱乐部建设，到2020年建成1000个具有一定影响、较大规模的体育健身俱乐部，每个体育健身俱乐部推动体育消费500万元以上。

（三）扩大消费市场供给

积极发展健身跑、健步走、自行车等群众喜闻乐见的运动项目，着力推广武术、健身气功、舞龙舞狮、棋牌、龙舟等传统项目，鼓励兴办户外、马术、冰雪、极限运动等新兴项目，支持发展户外营地、徒步骑行服务站、汽车露营营地、航空飞行营地等设施。通过合作经营、连锁经营、托管经营、服务外包等方式改善运营管理，健全激励约束和绩效考核机制，完善服务标准和流程，提高运营效能和服务水平。在全省范围试行发放体育消费券，促进群众健身消费。依托大型建筑物或体育设施，打造集健身休闲、竞赛表演、体育培训、用品销售、商贸会展等多元功能的体育服务综合体，满足群众多元化多样性体育需求。推动体育产业与电子商务相结合，鼓励利用APP等手段扩大体育消费。

专栏6　体育服务综合体发展计划

以满足广大人民群众日益增长的个性化多样化体育需求为出发点和落脚点，以体育等大中型设施为基础，充分利用体育场馆的存量资源，遵循合理布局、突出特色、创新引领的原则，坚持政府引导、社会参与和试点先行、稳步推进，着力优化发展布局、创新体制机制、提升运营服务，在全省建设一批融体育、文化、休闲、商贸、旅游等多种服务功能于一体的、业态融合互动、功能复合多元、运行高效集约、辐射示范作用强的体育服务综合体。到2020年，全省建成40个左右体育服务综合体，省辖市和苏南有条件的县（市）建成数量占比达50%以上。

（四）提升体育竞赛效益

推进体育赛事审批制度改革，除涉及国家安全、政治、军事、外交等特定项目的体育赛事外，其他各类全省性和跨市的商业性或群众性体育赛事的审批一律取消。出台《江苏省体育竞赛管理办法》，对不影响赛事服务功能的，以财政性资金为主要来源的省级体育赛事，通过招标、购买服务等方式逐步推向市场。大力拓展竞赛市场，推进体育赛事市场化运作，鼓励和引导企事业单位、社会团体和个人注册成立体育赛事经营公司，以资本、技术、信息、服务等各种形式，引入国际知名赛事，创办群众性体育赛事活动，培育一批重点品牌赛事。到2020年，初步建立省级体育赛事运营联盟，扶持发展2~3家江苏本土的大型体育赛事运营公司和一批小型体育赛事运营公司，创建10项左右具有较高的商业潜力、社会效益和推广价值的高水平体育赛事。

打造具有江苏历史文化底蕴和品牌特色的赛事集群。充分发挥太湖流域经济、文化、生态资源优势，精心打造环太湖国际公路自行车赛、马拉松系列赛、竞走与行走多日赛和龙舟赛等，积极推动环太湖假日体育圈建设。做大做强扬州鉴真国际半程马拉松赛，精心组织好宿迁国际生态四项赛等品牌赛事。支持淮安市举办世界智力运动联盟智力运动精英赛，引导南京、无锡、常州、苏州、镇江等地打造马拉松精品赛事。支持苏南地区申办级别高、效益好的国际重大体育赛事，推动更多高水平赛事落户江苏，培育具有江苏特色的品牌赛事。扶持苏中、苏北地区稳步提升传统赛事的品牌效应，做大、做强、做优具有原创性、绿色生态等特点的体育赛事。支持南京市办好2016年世界速度轮滑锦标赛、2017年世界轮滑锦标赛和2019年世界男篮锦标赛，支持昆山办好2016年汤尤杯羽毛球团体赛。

（五）优化产业发展环境

完善吸引社会资本进入体育产业领域的政策措施，引导社会资本建设体育设施，开发公共体育产品，提供公共体育服务。建立省体育产业联席会议制度，定期会商研究体育产业有关问题。建立健全行政监管、社会监督与服务认证相结合的体育市场监管体系，完善经营高危险性体育项目管理。探索建立多部门联动综合执法机制，加大体育市场执法力度。健全标准体系，强化标准实施，提高体育产业标准化水平。搭建资源信息、金融资本、研究咨询等服务平台，公布体育产业专项调查统计数据、消费指数、研究报告和投资指南。充分利用广播、电视、报纸、网络、手机等媒体，引导大众树立科学健身理念、培养健康生活方式、养成体育消费习惯，形成加快发展体育产业、促进体育消费的良好社会氛围。

七、切实提高体育科教水平

（一）加快体育科技创新步伐

加强科研力量与训练需求结合，发挥多学科科研攻关的优势，研发专项训练设备，形成训练效果提升与训练设备研发的双翼效应。建立以大数据分析方法为基础的训练效果评价体系，实现训练过程可控，训练成效可知。适时建立融体能训练、康复训练、慢性病运动干预等多种服务手段和方法为一体的工作平台，提升综合服务能力，形成可复制可推广的综合服务模式。充分发挥江苏省公共体育发展研究院、江苏体育产业协同创新中心智库作用，促进体育科研成果在全民健身、竞技体育、体育产业等领域的转化和推广。组建江苏省体育产业研究院，搭建体育产业资源集聚和服务平台。充分运用省市体科所和高校科研力量，推动体育科研开放式合作，提升全省科研综合实力。

（二）着力加强体育教育工作

提升南京体育学院办学定位与发展目标，加强学科、专业、师资队伍建设，重视高层次人才引进和培养，不断提高办学办队质量，为社会培养各类体育人才。加快推进"体教结合"向"体教融合"转变，加强运动员文化教育，发挥运动员文化教育督导小组和定期会商制度的积极作用，强化业余运动员的文化教育，确保适龄运动员全部依法接受九年义务教育，保证基础教育阶段适龄运动员的文化学习时间。抓好省优秀运动队运动员的文化学习，进一步畅通优秀运动员进入高等学校学习渠道，建立运动员入学"绿色通道"，完善成人教育、远程教育等多种高等教育途径。加快体育运动学校管理体制改革步伐，不断拓宽业余运动员输送和分流渠道，做好业余运动员的就学和就业工作。

（三）提升智慧体育建设水平

以大数据、物联网、移动互联网、云计算等现代技术为基础，推动"互联网+"与体育领域深度融合，构建覆盖全省的"智慧体育"服务网络和平台。建设江苏体育产业大数据服务平台，推动产业链、市场业态、商业模式的重组与再造。建设全民健身信息服务平台，构建体育设施信息资源库，为市民提供体育场馆设施在线查询和预订、健身知识咨询和体育活动指导等公共服务。搭建智慧健康信息服务平台，构建健身指导图文信息、教学视频信息等知识库，建立市民健身、体质检测等电子档案，强化国民体质监测数据分析和利用。建立体育运动队可视化训练管理平台，通过视频监控、互联网传输、大数据分析等技术手段，实时掌握训练管理信息。建设大型运动会竞赛成绩统计分析系统，提升比赛成绩的统计分析功能。建设智能化体育资源交易和服务平台，采用线上定制、线下服务的模式，促进体育产业发展。搭建体育竞赛活动管理服务平台，构建线下线上信息平台，提供预告推介、参与报名、在线培训、互动交流、成绩发布等服务。建立"江苏体育赛事视频"播放系统，打造"苏体赛视"品牌，激活体育竞赛资源。建设移动办公平台，实现办公系统互联互通、移动办公、在线视频会议、人才在线培训等功能。支持无锡智慧体育产业园建设。

八、着力加强体育文化工作

（一）加强体育文化遗产保护和开发

充分吸取优秀传统体育文化养分，加强民族体育、民间体育、民俗体育保护和推广，重视对武术、气功、体育养生、龙舟、棋牌等传统体育项目文化的挖掘和整理，积极传承优秀中华文化和文明成果。支持南京打造世界体育名城、徐州打造国际武术文化名城、泰州打造中国棋城。开展体育文物、体育档案、体育文献等普查、收集、整理、保存和研究利用工作，建立相应的信息库。规划建设江苏体育陈列室，科学利用民国体育遗产、南京青奥遗产等资源，努力打造体育文化旅游目的地。支持中国体育博物馆南通分馆、南京奥林匹克博物馆、江苏体育彩票博物馆、江南棋院、何振梁与奥林匹克陈列馆建设。鼓励支持社会力量兴办各种体育博物馆等。

（二）强化体育文化产品生产和传播

组织开展体育文化作品"精品工程"，倡导并动员社会力量参与体育文化创作和生产，大量创作符合时代精神、体育内涵、江苏特色的体育文化产品，丰富人民精神文化生活。支持形式多样的体育题材文艺创作，鼓励有条件的地区开展体育影视、体育音乐、体育摄影、体育美术、体育动漫、体育标识、体育文化创意、体育收藏品的展示和评选等活动，推出更多的优秀体育文化作品。促进体育文化创意、体育传媒、体育会展、体育广告、体育影视等相关业态的发展，增强江苏体育文化产业竞争力，展示体育文化内涵和丰富多彩的体育文化魅力。推进与强势媒体合作，做大做精公共体育服务网络、报刊平台，制作一批体育主题宣传片。

（三）切实强化体育精神传承与弘扬

注重体育精神传承传播，倡导健康文明生活方式和人生观念，树立爱锻炼、会锻炼、勤锻炼的良好风尚和顽强坚韧、团结拼搏、积极进取、公平竞争的精神风貌。融入社会主义核心价值体系建设行动，发挥体育的精神引领作用，开展体育志愿服务，倡导文明观赛、文明健身等体育文明礼仪，促进思想道德建设和精神文明创建，传承中华民族传统美德。加强运动队思想政治教育，大力弘扬"祖国至上、敬业奉献、科学求实、遵纪守法、团结友爱、艰苦奋斗"的中华体育精神。注重南京青奥会人文精神开发利用，在广大青少年中普及推广"卓越、友谊、尊重"的奥林匹克价值观。坚持普及运动技能与挖掘文化内涵相结合，将全民健身和体育精神融入人的发展理念，起到教育人、引导人的作用。

（四）切实加强国际体育交流合作

坚持走出去与引进来相结合，进一步加强和扩大对外体育文化交流，积极推动中华体育文化走向世界，增强江苏体育文化软实力和影响力。借助重大国际赛事、活动、论坛等载体，加强与国际单项体育组织的交流与合作，邀请国际体育组织来江苏交流访问，打造对外交流合作平台。积极推进训练、科研、人才培养等方面的交流与合作，选送优秀教练员赴外学习培训，选派优秀项目教练员赴外进行短、中期执教。注重发挥省市体育总会和单项运动协会作用，鼓励各类体育协会参加国外友城的各类体育赛事。扩大体育产业交流合作渠道，鼓励和引导国际体育组织或个人以资本、技术、信息参与我省体育产业开发和实体经营，吸引国际体育经纪公司在江苏设立分支机构。加强与"一带一路"沿线国家和地区在群众体育、竞技体育、体育产业等领域的交流，积极参与对东南亚、西非等国家和地区的体育援外工作。

九、切实加强体育事业发展保障

（一）加强组织领导

各地要高度重视体育工作，把体育纳入经济社会发展总体规划，列入教育、文化、旅游以及服务业等专项规划，把体育经费、体育基本建设资金纳入财政预算。充分发挥各级工会、共青团、妇联、各行业协会和社会各界办体育的积极性。坚持典型引路，及时总结推广体育工作先进经验。完善规划体系，制定公共体育服务、竞技体育、青少年体育、体育产业、体育人才、健身气功、智慧体育、足球运动等子规划，形成以主规划为统领，各规划定位清晰、功能互补、统一衔接的规划体系。报请省政府印发《江苏省全民健身实施计划（2016—2020年）》。进一步加强县级体育工作，完善基层综合性文化服务中心体育职能，推动基层体育工作向乡镇（街道）、行政村（社区）延伸。

（二）构筑人才高地

深入实施"人才强体"战略，分类制订人才培养计划，积极推进"精英教练工程"，着重培养一批高水平运动员，培养引进一批高层次体育经营管理人才和体育科技人才，打造适应重大赛事承办需要的竞赛和裁判人才。出台《引进优秀体育人才工作实施办法》，坚持刚性引进和柔性引进相结合，鼓励用人单位通过咨询、讲学、兼职、周期聘用、短期借调、技术支持、项目合作等形式，引进高层次智力服务。加大政策支持和经费扶持力度，完善人才激励机制，鼓励运用社会力量引进优秀人才，为引进优秀人才提供经费支持。完善运动员就业安置政策，拓宽运动员就业安置渠道。加大高层次人才保障力度，在就医、培训、职称评审等方面给予扶持，改善引进人才的工作和生活条件。

（三）推进依法治体

深入贯彻全面推进依法治国各项部署，坚持依法治体、依法履职，完善科学、民主和依法决策机制。加大《江苏省全民健身条例》《江苏省体育设施向社会开放管理办法》等执法监督力度，推进《江苏省体育经营活动管理办法》修订工作。探索体育联合执法制度，开展全省体育系统法治工作和体育行政执法案卷评审调查，切实提高体育执法水平。进一步加强规范性文件制定工作，加大政府信息公开力度，完善行政权力清单和责任清单，推动行政权力公开透明运行。加强行政复议、行政诉讼、行政调解工作，依法保护行政相对人的合法权益。实施法制宣传教育第七个五年规划，在体育系统形成尊重法治、厉行法治的良好氛围。

（四）强化党风廉政

强化干部队伍政治思想工作，提升党员干部的思想政治素质，牢固践行"三严三实"，认真开展"两学一做"学习教育，把党建工作贯穿于体育工作的全过程，充分发挥党组织的战斗堡垒作用和党员先锋模范作用。加强党的组织建设，健全完善组织机构，严格落实党建制度，不断丰富主题教育活动、"三会一课"活动内容和形式。进一步落实党委的主体责任和纪委的监督责任，贯彻《中国共产党廉洁自律准则》和《中国共产党纪律处分条例》，严格执行党的政治纪律、组织纪律、廉洁纪律、群众纪律、工作纪律、生活纪律。坚持不懈地加强预防和惩治腐败体系建设，从严落实中央"八项规定"和省委"十项规定"精神，突出对窗口单位、赛风赛纪、反兴奋剂等重要关口的执纪监督，着力解决苗头性、倾向性问题，不断推进体育系统行风整治和作风转变，打造公平竞争、风清气正、干干净净的体育生态。

（五）创新实施方法

分解规划目标任务，细化本规划确定的发展目标、主要任务，明确牵头单位和工作责任。健全规划考核监督机制，采取自我评估和第三方评估相结合的方式，实施中期和终期评估。完善县级体育重点工作督查制度，根据年度工作计划，动态调整督查指标体系。定期邀请人大代表视察和政协委员调研体育工作，调动社会力量支持体育发展。完善新闻发布和新闻发言人制度，做好舆情应对工作。充分发挥各级体育记者协会作用，创新体育宣传策划手段，统筹用好传统媒体和新媒体，为体育工作创造良好舆论环境和社会氛围。

浙江省体育发展"十三五"规划

"十三五"时期是我省高水平全面建成小康社会、为"两富""两美"现代化浙江建设奠定坚实基础的关键时期,也是我省体育发展的重要机遇期、改革攻坚期。依据国家《体育发展"十三五"规划》《浙江省国民经济和社会发展第十三个五年规划纲要》的总体部署和我省体育发展面临的新形势、新任务、新要求,制定本规划。

一、现实基础与发展环境

(一)"十二五"发展成就

群众体育蓬勃开展。群众体育普及程度明显提高,基本公共体育服务均等化进一步改善。截至2015年底,全省已成功创建体育强县(市、区)71个,体育强镇(乡)1015个,体育先进街道184个,城市体育先进社区1661个,省级资助的小康体育村共26627个,直接带动各级财政投入体育事业60多亿元。体育场地设施建设进一步完善,根据2013年全国第六次体育场地普查结果,全省共有体育场地12.49万个,平均每万人拥有体育场地22.73个,人均拥有体育场地面积1.48平方米;截至2015年底,已建成国家级全民健身活动中心13个、省级18个,乡镇(街道)全民健身中心32个、中心村全民健身广场(体育休闲公园)393个,建设健身步道3500余公里,所有社区和行政村都建有体育健身场和健身点。公共体育设施和符合开放条件的公办学校体育场地设施免费或低收费向社会开放均达到100%。群众性体育活动蓬勃开展,圆满完成第八届全国残疾人运动会、省体育大会等重大群众性体育赛事的承办和举办工作。广泛开展"阳光体育运动",共创建省级阳光体育后备人才基地114个,省级青少年体育俱乐部384个,省级青少年户外体育活动营地49个,在校学生普遍达到《国家学生体质健康标准》基本要求。省、市、县三级均已建立体育总会,各级各类体育社团已达2978个,老年体协已覆盖街道、乡镇,建成省级社区体育俱乐部469个、省级乡村体育俱乐部6000多个、省级星级职工体育俱乐部189个、省级老年体育活动中心(俱乐部)433个,体育社团社会化实体化改革扎实推进。国民体质测试和科学健身指导组织网络进一步健全,全省有各级社会体育指导员和群众体育骨干12万余人,经常参加体育锻炼人数比例达到35.8%,城乡居民国民体质合格率保持在90.4%以上,"国民体质综合指数"位居全国第二。

竞技体育持续提升。"十二五"期间,共获得世界冠军64个、亚洲冠军65个、全国冠军459个,荣获"全国竞技体育突出贡献奖单位"。伦敦奥运会上浙江运动员取得4金2银2

铜，打破2项世界纪录和2项3次奥运会纪录，保持了自我国恢复参加奥运会以来届届有金牌的殊荣。韩国仁川亚运会上共获得35枚奖牌，打破2项亚洲纪录4项亚运会纪录。第12届全运会上，浙江代表团在金牌榜、奖牌榜和总分榜上均列第6位，综合成绩创历史之最。成功举办第十五届省运会，群众满意度达到93.38%。连续举办世界女排大奖赛北仑站等国际赛事，足球、篮球、排球、乒乓球、羽毛球等职业联赛踊跃开展。完善竞技体育院校化改革，成立省水上、射击射箭自行车、非奥项目三个运动管理中心。创建国家级体育后备人才基地13个、省级体育后备人才基地41个。竞技体育省队市办、社会办以及"体教结合"等步伐进一步加快。萧山训练基地、千岛湖国家水上训练基地、长兴国际射击中心等一批国家级训练基地完成建设并投入使用。

体育产业快速发展。体育产业体系不断完善，健身服务、竞赛表演、体育用品、场馆服务、体育培训等重点产业规模不断扩大，运动休闲、海洋体育等特色产业迅速崛起，体育文创、体育会展等新兴产业快速发展。拥有国家体育产业示范基地3个、国家体育产业示范单位2个、省级运动休闲基地8个，省级运动休闲旅游示范基地12个、精品线路10条、优秀项目52个；拥有省级体育用品制造业示范企业20个、省级体育服务业示范企业13个，形成了一批具有国际竞争力和影响力的体育品牌。2014年，全省体育产业总规模1209.1亿元，体育产业增加值354.8亿元，占地区生产总值比重为0.88%，体育服务业比重达30.1%。体育彩票年销量稳步递增，"十二五"期间我省体育彩票累计销售436亿元，共筹集公益金121亿元，位居全国第四位。

保障体系不断健全。深入推进简政放权、放管结合、优化服务，体育行政管理体制改革迈出新步伐。出台《浙江省游泳场所管理办法》，推进《浙江省全民健身条例》《浙江省实施〈中华人民共和国体育法〉办法》等地方性法规规章修订，制定《浙江省3~69周岁公民体质评价》等地方性体育标准，依法治体工作水平不断提高。体育科研和医疗保障工作进一步加强，基本形成了训科医一条龙的竞技体育保障体系，省水上运动国家重点实验室、浙江省国民体质与健身技术研究重点实验室通过验收，省体科所参与"中国游泳训练的关键技术突破与创新"项目荣获国家科技进步奖二等奖。智慧体育建设进一步推进。出台《浙江省人民政府办公厅关于进一步加强运动员文化教育和运动员保障工作的实施意见》，运动员文化学习和保障工作进一步加强，退役运动员学习深造、技能培训、就业安置途径进一步拓宽。体育对外交流渠道进一步拓宽、活动日益频繁、成果更加丰硕。深入开展党的群众路线教育实践活动、"三严三实"专题教育，党风廉政建设和体育行风建设有效推进。人才强体战略成效明显。

（二）存在的问题与不足

我省体育发展还存在着不少薄弱环节和亟待解决的问题。主要表现在：一是与我省经济社会发展要求和人民群众日益增长的体育需求相比，我省体育发展整体水平还有待提高，地区发展不平衡的问题比较突出，群众体育、竞技体育、体育产业三者协调发展还需进一步改进，尤其是群众体育的参与面和组织化程度有待提高，公共体育服务体系建设还需完善；竞技体育整体水平还不够强，三大球发展缓慢，优势项目厚度不够，潜优势项目有待挖掘，竞技体育市场化、职业化进程不快；体育产业总量偏小，结构不合理，竞争力不强。二是体育领域改革相对滞后，进展还不明显，传统思维、做法和机制对体育发展的惯性作用仍然较大，对新常态下体育发展面临的新情况新问题研究不够、应对不足，依法行政背景下体育改革形势严峻、任务艰巨。三是体育与经济社会融合发展有待加强，就体育论体育的现象还一定程度存在，现代体育的多元化功能有待挖掘，体育对经济社会发展的贡献力和影响力有待提升。四是体育发展的社会基础需要进一步夯实，体育与相关职能部门的协调配合有待加强，动员社会支持、整合社会资源能力有待增强，群众体育健身参与程度有待提升，依法治体、科学治体的工作机制有待健全，等等。这些问题需要在今后工作中引起重视，切实加以解决。

（三）面临的机遇和挑战

"十三五"时期，是我国全面建成小康社会的关键期，是我省高水平全面建成小康社会、建设"两富""两美"现代化浙江的关键期，也是我省体育深化改革、转型发展、全面提升的攻坚期。我省体育发展面临着新的形势，承载着新的使命，孕育着新的变革。

——"十三五"体育发展的新形势。体育是随着经济社会发展而发展的。经过30多年的改革开放，我国已经跃居为世界第二大经济体，是拉动世界经济的最大引擎，国际地位和影响力与日俱增，当前正按照"四个全面"战略布局推进中国特色社会主义各项事业，向着实现中华民族伟大复兴的中国梦奋进，到2020年将全面建成小康社会。浙江经济社会发展走在全国前列，2015年我省GDP总量达42887亿元，人均GDP达77862元，全省上下深入实施"八八战略"，朝着在更高水平上全面建成小康社会、建设"两富""两美"现代化浙江迈进。改革开放的丰硕成果为体育发展奠定了坚实的基础，实现中华民族伟大复兴的中国梦以及建设"两富""两美"现代化浙江的宏伟蓝图对体育的发展提出了新的更高的要求。特别是2022年第19届亚运会将在杭州举办，这是我省首次举办大型综合性体育赛事，这对于全面夯实我省体育发展基础、全面激发广大群众体育热情、全面促进体育整体发展，都是必须牢牢把握、充分用好的历史性机遇。

——"十三五"体育发展的新使命。随着体育越来越成为经济社会发展的有机组成部分，成为人们日常生活的有机组成部分，新时期体育承载着更加重要的使命。党的十八大以来，习近平总书记对体育工作作出了一系列重要指示，为新时期体育发展指明了方向。《国务院关于加快发展体育产业促进体育消费的若干意见》把全民健身上升为国家战略，把体育产业作为绿色产业、朝阳产业培育扶持，提出到2025年体育产业总规模超过5万亿元，成为推动经济社会持续发展的重要力量。这些要求，揭示了新时期体育的本质价值，推动体育向与经济社会各个领域融合发展转变，向促进群众体育、竞技体育、体育产业更加协调发展转变，向更好地发挥政治凝聚力、经济生产力、文化传播力、社会亲和力等综合功能转变。

——"十三五"体育发展的新变革。时代发展日新月异，社会进步一日千里，体育发展必须紧跟时代步伐，不断深化改革，实现与时俱进。党的十八届三中、四中全会分别作出了全面深化改革、全面推进依法治国的部署，特别是中央全面深化改革领导小组研究通过了《中国足球改革总体方案》，拉开了新时期体育改革的大序幕。在全面深化改革、全面依法治国的背景下，体育改革任务艰巨、形势逼人，必须以革故鼎新的智慧和勇气，主动打破阻碍体育发展、不合时宜的观念、做法和体制，建立和完善社会主义市场经济体制下、与依法治国相适应的体育发展的体制机制和工作格局，不断提升科学治体和依法治体水平。同时，以互联网为代表的新技术革命的深入发展，极大地影响和改变世界经济的发展进程，影响和改变人们的工作、生活方式，对改革体育运行机制和工作方式、对推进"互联网+体育"战略提出了新的时代课题。

新的形势、新的使命、新的变革，既为"十三五"时期我省体育发展带来了难得的机遇，也带来了严峻的挑战。

二、指导思想与发展目标

（一）指导思想

"十三五"时期我省体育发展的指导思想是：以马列主义、毛泽东思想、邓小平理论、"三个代表"重要思想、科学发展观为指导，深入学习贯彻习近平总书记系列讲话精神，以"四个全面"战略布局为统领，以"创新、协调、绿色、开放、共享"五大发展理念为引领，以"八八战略"为总纲，按照"干在实处永无止境、走在前列要谋新篇"的要求，坚持走创新发展、率先发展、转型发展、融合发展、特色发展道路，深入实施公共体育服务惠民计划，全面提升公共体育服务能力和水平，深入实施竞技体育争光计划，全面提升竞技体育的竞争力和贡献力，深入实施体育产业促进计划，全面提升体育产业发展规模和层次，深入实施体育综合改革工程，全面提升依法治体工作水平，着力打造"健康浙江"，努力建成"体育强省"，率先基本实现体育现代化。

（二）发展道路

把"创新、协调、绿色、开放、共享"五大发展理念与体育发展规律和浙江实际相结合，探索新时期我省体育改革发展道路。

——走创新发展道路。坚持以改革谋出路，以创新求发展，坚定不移地推进体育改革。大力推行体育行政管理体制改革，深化简政放权，加强体育系统"四张清单一张网"建设，打破束缚体育发展的体制障碍。大力推行以市场为导向的体育运行体制改革，加大体育社会组织社会化、实体化改革步伐，积极稳妥地推进竞技体育职业化改革，鼓励和支持社会资本投资体育产业。大力推进依法治体进程，健全完善体育法规和制度体系，提高依法行政工作水平，为体育改革提供法制保障。大力推进竞技体育院校化改革和育人模式创新，培养全面发展的竞技体育人才，推动浙江体育职业技术学院内涵建设和发展。

——走率先发展道路。充分发挥浙江市场取向改革起步较早、经济社会发展相对领先的优势，把体育发展的丰沃土壤和有利条件，转化为自我加压的干劲、自我鞭策的动力和自我超越的目标，进一步巩固优势、扩张优势，不断挑战我省体育发展的新高度。积极应对新时期体育改革发展面临的新形势新任务新挑战，敢于先行先试，善于克难攻坚，勇于创造经验，推动我省体育改革发展干在实处、走在前列。

——走转型发展道路。主动顺应社会发展的新趋势、人民群众对美好生活的新期待和新时期体育工作的新特点，推动我省体育从"政府驱动"的传统体育向"社会内生"的现代体育转型。牢固树立以人为本的价值取向，以人民群众充分共享体育发展成果为出发点和落脚点，打造让人民群众满意的快乐体育、和谐体育、民生体育；充分挖掘现代体育的多元功能，推动群众体育、竞技体育、体育产业协调发展，推动城乡体育均衡发展，推动区域体育联动发展，充分发挥体育在民生福祉、经济发展、社会治理、地区影响力等方面的积极作用；努力打造社会办体育的开放式格局，充分调动各方积极性，善于运用各类资源，加快形成"党委领导、政府负责、社会协同、公众参与"的现代体育工作格局。

——走融合发展道路。随着现代体育领域不断拓展、功能日益多元，体育与旅游、文化、教育、卫生等领域融合发展已成新常态。要自觉树立"体育+"发展理念，勇于打破"就体育抓体育"的藩篱，增强融合发展的自觉性；善于运用体育的自身优势和核心竞争力，牢牢把握融合发展的主动权；主动加强与相关部门的联动协调机制建设，不断完善融合发展的新规则。通过推行"体育+"模式，引领体育融合发展的新态势，打开现代体育发展新空间。

——走特色发展道路。坚持以特色求活力、以特色谋发展，从浙江经济社会发展的特点和体育工作的优势出发谋划、推动工作。充分发挥浙江市场取向改革起步早、市场机制较为成熟的体制优势，以及民间组织活跃、民间资本充裕、民营经济发达的资源优势，充分调动各类主体、各种资源参与体育、兴办体育的积极性，探索形成社会主义市场经济条件下具有浙江特色、符合体育规律的体育工作"浙江模式"。

（三）发展目标

"十三五"时期我省体育改革发展的总体目标是：围绕我省高水平全面建成小康社会和建设"两富""两美"现代化浙江的目标，推进体育与经济社会同步发展，保持浙江体育在全国走在前列的领先优势，到2020年基本建成"体育强省"，率先基本实现体育现代化。

具体目标是：

——公共体育服务能力和水平进一步增强。实施"四提升四覆盖"工程，基本建成

"全覆盖、高水平"的公共体育服务体系。提升群众身边的体育场地建设水平，实现"15分钟健身圈"便民体育设施全覆盖，新建、续建一批大型体育场馆设施、1000个社区多功能运动场，人均体育场地面积达到2.1平方米，新建社区和行政村体育设施覆盖率达到100%，公共体育设施和符合条件的学校体育场地设施开放率达100%。提升群众身边的体育组织水平，实现乡镇（街道）"1+5"体育社会组织网络全覆盖，"十三五"末达到每万人拥有体育社会组织2个，参加体育社会组织和基层各类体育队伍人数占总人口比例达到20%。提升群众身边的健身活动水平，实现常态化健身活动全覆盖，形成一批具有较强社会影响力的全民健身品牌活动项目，全省经常参加体育锻炼的人数比例达到38%以上。提升群众身边的健身指导水平，实现行政村（社区）社会体育指导员及乡镇（街道）体质测试网点全覆盖，全省各级注册社会体育指导员达15万人，每千人拥有社会体育指导员2人以上，国民体质监测合格率达到91%以上，在校学生普遍达到《国家学生体质健康标准》基本要求。

——竞技体育的优势和贡献力进一步扩大。竞技体育项目布局进一步优化，保持和提升游泳、射击、水上等优势项目竞争力，争取在羽毛球、场地自行车等潜优势项目上有新的突破，调整改进弱势项目，大力提升足球、篮球、排球三大球项目整体水平。科学训练体系进一步完善，竞赛成绩稳步提升，建成金牌教练工作室10个以上，培养优秀中青年教练100名以上（省队20名、基层80名），创建省级训练基地30个以上。保持奥运会届届有金牌的殊荣，第13届全运会上保持第二集团的领先地位，力争进入第一集团；体育后备人才培养体系进一步完善，形成以各级体校为骨干，以学校办体育、社会办体育为补充的多形式、多渠道、多层次的人才培养体系，每个奥运周期内创建国家高水平体育后备人才基地10个以上、省级各类高水平体育后备人才基地45个以上。竞技体育职业化改革稳步推进，足球改革取得突破进展，足球发展水平显著提升，全省校园足球特色学校达到1000所以上，新建和扩建足球场200个以上。浙江体育职业技术学院、省水上运动项目管理中心、省射击射箭自行车运动管理中心、省非奥项目运动管理中心多强竞争合作的良性发展格局进一步形成。

——体育产业的规模和层次进一步提升。符合浙江发展实际和资源禀赋的体育产业布局进一步形成，以运动休闲业、竞赛表演业为重点的现代体育服务业取得突破，以体育装备为重点的体育制造业显著提升，体育资本市场进一步发展。市场主体培育、体育产业平台建设大力推进，培育省级体育特色小镇10个以上，体育上市公司、运动休闲旅游（康复）基地和体育示范企业100个以上，引导1000亿各界资本投资体育产业，到2020年，全省体育产业总产出超过3000亿元，体育产业增加值的年均增长速度明显高于同期经济增长速度，在地区生产总值中的比重超过1.2%，体育服务业增加值占体育产业增加值的比重超过40%。体育产业发展的政策环境进一步优化。

——体育改革发展的保障和环境进一步优化。体育行政审批制度改革稳步推进，形成良性运转、动态调整的"四张清单一张网"格局。以市场化为取向的体育运行体制进一步完善，政府购买公共服务、竞技体育职业化政策体系进一步健全。体育法律法规建设进一步加强，基本建成与体育改革发展相适应的地方性体育法规体系和体育标准体系。全社会重视支持体育发展的氛围进一步形成，地方体育发展科学评估机制进一步完善。切实加强党建工作，全面落实主体责任，体育系统党风廉政建设进一步加强。

三、主要任务与重要举措

（一）实施"公共体育服务惠民计划"，全面提升公共体育服务能力和水平

以贯彻全民健身国家战略为契机，以"四提升四覆盖"工程为重点，深入实施"公共体育服务惠民计划"，多管齐下、多措并举，建设"全覆盖、高水平"惠及全省人民的公共体育服务体系。

1. 加强体育场地设施规划建设与管理利用。持续加强体育场地设施规划建设与管理利用，使之与城乡居民多样化、多层次的体育需求相匹配。全面加强全省体育场地设施规划。结合城镇化发展，统筹规划体育场地设施建设，形成合理的空间、功能布局。推进体育场地设施专项规划编制工作，将体育设施建设规划纳入当地城乡规划、土地利用总体规划和年度用地计划，合理安排体育用地需求。严格落实国家新建居住区和社区按室内人均建筑面积不低于0.1平方米或室外人均用地不低于0.3平方米的标准配套群众健身相关设施。重点加强改造利用，结合"三改一拆""四边三化"行动，有效开发利用城镇低效用地建设体育场地设施，积极改造旧厂房、仓库、老旧商业设施等用于体育健身。充分利用郊野公园、城市公园、公共绿地及城市空置场所等建设小型、简易、便民群众体育设施。鼓励基层社区文化体育设施共建共享。建设功能齐全、配套完善、布局合理的体育场地设施网络。合理布局大型体育场馆，在全省续建或新建浙江省全民健身中心、杭州市奥体中心、杭州市全民健身中心、宁波市奥体中心、温州奥体中心主体育场等一批大型体育场馆，满足各类大型体育赛事和全民健身活动的需求。大力发展社区多功能运动场，在全省实施城乡社区多功能运动场普及计划，合理规划、分级投入建设一批社区多功能体育设施，建成1000个社区多功能运动场。积极建设因地制宜、便民利民、形式多样的基层体育设施，实施小康体育村升级工程5500个，建成省级全民健身活动中心15个左右，乡镇（街道）全民健身中心、中心村全民健身广场（体育休闲公园）、轮滑公园等150个，拆装式泳池500个。"十三五"期末全省人均体育场地面积达到2.1平方米，新建社区和行政村体育设施覆盖率达到100%，基本形成城市"15分钟健身圈"。加强各类体育场地设施管理利用。进一步推进公共体育设施、学校体育场地设施、企事业单位体育场地设施向社会开放工作，通过抓信息公开、规范管理、服务提升、补贴扶持等措施，推动体育资源社会共享，实现所有公共体育设施和符合条件的学校体育场地设施100%向社会开放。推动《浙江省公共体育设施建设与管理办法》立法，健全公共体育场地设施建设与管理长效机制。

2. 巩固和健全体育社会组织网络。加强体育社会组织的扶持培育和服务管理，充分发挥其在全民健身中的主力军作用。积极稳妥地推进体育社团社会化、实体化改革。以体育单项运动协会、行业协会为重点，按照分类指导、分步推进的原则，推进体育社团社会化、实体化改革。实施"省级体育社团三年孵化计划"，按照政社分开、权责明确、依法自治的原则，分批分步将省级体育社团与省局脱钩。指导推动各市、县（市、区）同步推进体育社团社会化、实体化改革。加强对体育社会组织的管理、扶持和引导。着力加强各级体育总会建设，完善法人治理结构，健全完善省、市、县三级体育总会工作网络，积极推动体育总会工作网络向乡镇（街道）延伸，探索县级体育总会和规模较大、群众基础广泛的体育社会组织向乡镇（街道）延伸工作手臂，"十三五"期末力求每个乡镇（街道）实现"1+5"工作格局（即1个体育总会工作站，5个以上专业体育社会组织工作站），使体育总会真正成为体育社会组织之家。健全完善体育社会组织扶持政策措施，完善向社会购买公共体育服务机制，通过场地支持、骨干培训、项目承接等途径，发挥市场机制作用，把政府直接向社会公众提供服务事项，交由具备条件的社会组织承担。帮助培训各类体育社会组织骨干5万人。引导各类体育社会组织以提高服务能力为重点，进一步加强自身建设，完善相关规章制度，依据法律和各自章程规范运行、提升活力。加强体育社会组织的培育工作。实施体育社会组织培育工程，优化体育社会组织的发展环境和土壤，加强对"自发成立、自主管理、自我服务"的体育"自组织"的研究，加大规范引导和服务扶持力度，鼓励和支持社会力量积极成立体育社会组织，培育体育社会组织的千军万马。"十三五"期末，实现每万人拥有体育社会组织2个，参加体育社会组织和基层各类体育队伍人数占总人口比例达20%。

3. 打造全民健身活动平台。推动全民健身活动广泛深入开展，逐步实现项目化、机制化、经常化。到"十三五"末，全省经常参加体育锻炼的人数比例达到38%以上。打造一批全省性全民健身品牌项目。不断完善全民运动会制度，结合浙江地域特点和全民健身项目特色，重点抓好全省体育大会、海洋运动会、生态运动会、女子体育节、体育社团运动会、全民健身节、足球超级联赛、科技体育（模型）文化节、青少年学生阳光体育运动会等全省性全民健身运动活动，精心策划、健全机制，着力打造成全省性全民健身活动品牌。培育一批地方性特色品牌项目。从地方的资源禀赋和文化特色出发，按照"一市一品""一县一品"的要求，大力扶持和鼓励具有民族和地方特色的体育运动项目发展，重点抓好绿色体育、海洋体育、民俗体育等特色体育的发展，形成特色品牌。推进经常化、多样化全民健身活动。按照因地制宜、业余自愿、小型多样、就近就便的原则，推动球类运动、智力运动、太极拳、广场舞、健步走等群众基础广的全民健身活动在城乡蓬勃开展，形成基层"群众天天有活动、乡村（社区）月月有赛事、乡镇（街道）年年有运动会（体育节）"的局面。针对不同领域、不同群体的特点，大力开展全民健身推广普及，高度重视老年体育，加强老年体协以及各类老年体育活动俱乐部建设，大力推广适合老年人特点的体育项目，加大老年活动阵地建设和工作保障力度，全面提升老年体育工作水平；

以体育类游戏和学习基本体育动作、培养体育健身兴趣为主，大力普及幼儿体育；切实加强社区、农村、机关以及企事业单位全民健身，形成全社会蔚然成风的生动局面。

4. 健全全民健身科学指导机制。倡导科学健身理念，通过多种模式、多种载体提供科学健身指导服务，开展科学健身知识宣传，指导群众科学进行健身活动。大力推进国民体质监测与测定工作。根据全省人口分布情况，合理布局国民体质测定与运动健身指导站点。适应体卫融合发展的趋势，加强体卫结合，以购买服务的方式，依托乡镇（街道）基层卫生院场地和人员建立国民体质测定和健身指导点，实现资源共享、优势互补，"十三五"期间全省新建国民体质监测点300个。推进国民体质测定和健身指导常态化建设，深入实施《浙江省3~69周岁公民体质评价》，推广和实施《浙江省机关、企事业单位体育与体质监测标准》《国家学生体质健康标准》，将国民体质监测指标纳入社会发展综合统计指标体系，定期开展国民体质监测活动，定期向社会公布监测结果，"十三五"期末国民体质监测合格率达到91%以上。广泛深入普及科学健身知识。建设浙江省全民健身科技馆，广泛开展科学健身知识宣讲普及活动，倡导健康生活方式和科学运动方式，提高城乡居民体育健身科学素养。积极推广"运动处方"，提高体育健身的科学性、规范性和针对性。充分发挥省体育科学研究所等体育科研机构的作用，组织对重大理论和实践问题的科研攻关，注重促进科学健身成果的转化和应用性研究，研制推广体育健身新项目、新方法，不断提高全民健身科学化水平。加强社会体育指导员队伍建设。加强业务培训，拓宽培训学习渠道，创新培训方式，重视在各级学校中培养青少年社会体育指导员，注重吸纳优秀教练员、运动员成为社会体育指导员，增强社会体育指导员的业务素质。加强规范管理，健全完善社会体育指导员注册制度和激励机制。促进作用发挥，完善政府购买服务机制和考核评价机制，积极开辟科学健身知识宣讲、运动技能传授、健身锻炼指导、基层体育活动组织等社会体育指导员发挥作用的途径。"十三五"末，全省各级注册社会体育指导员达15万人，每千人拥有社会体育指导员2人以上。创新全民健身服务手段和方式。加快互联网在全民健身领域的应用，进一步推进覆盖体育场地设施、健身互动社交、健身咨询指导、国民体质监测等服务的全民健身综合信息服务平台建设，以信息化带动和促进全民健身事业发展。推进政府购买体育健身服务，扩大医保卡年度结余部分用于体育消费试点工作，引导商业保险机构，鼓励开发与全民健身服务相关的保险产品，依托专业体育医疗机构和运动休闲基地，探索建立运动康复产业园区。积极探索建立政府与民间、专业与业余相结合的户外运动求助体系。

5. 高度重视和推进青少年体育工作。着力加强体教结合工作，促进体育与教育的融合发展。深入开展阳光体育运动。认真贯彻落实国家《关于加强青少年体育增强青少年体质的意见》，推进体育传统项目（体育特色）学校及青少年体育俱乐部、青少年户外体育活动营地建设，扎实开展以青少年"阳光体育"为重点的校园体育活动，保证中小学生每天一小时的体育锻炼时间，在校学生普遍达到《国家学生体质健康标准》的基本要求，耐力、力量、速度等体能素质明显提高，掌握1~2项体育运动技能，提高学生体质健康水平。积极推进专项运动项目进校园工作。大力推动足球、篮球、排球等集体项目，积极推进田径、游泳、体操等基础项目，广泛开展乒乓球、羽毛球、武术等优势项目，着力实施"智力体育科技体育校园推广工程"，提高青少年学生专项运动技能。大力培养体育后备人才。推进省级体育传统项目学校阳光体育后备人才基地、各级青少年体育俱乐部建设，通过体教融合，培养输送体育苗子，促进体育后备人才队伍建设。切实加强体育师资培训工作。通过举办全省体育师资培训班和送科教下基层服务活动等方式，加强对全省体育师资的培训，不断提高体育教师、教练的业务水平和能力。

（二）实施"竞技体育争光计划"，全面提升竞技体育的竞争力和贡献力

充分发挥竞技体育的引领推动作用，稳步推进我省竞技体育改革发展，提升竞技体育的整体水平和社会影响力。

1. 调整优化竞技体育项目布局。按照"接轨总局、夯实基础、发挥优势、优化结构"的布局原则，调整优化我省竞技体育项目布局。巩固发展优势项目。保持和提升游泳、射击、水上等优势项目的竞争力，重点扶持建立一批省级训练基地。重点巩固和发展游泳项目领军优势，实施"游泳普及提升计划"，大力培育游泳项目人口，参加《国家游泳锻炼等级标准》达标人数每年增加2%；着力加强教练员、运动员和管理人员队伍建设，进一步整合资源、优化项目布局、完善后备人才梯队建设，促进后备人才培养；探索游泳项目保障团队体系化建设，着力培养适合游泳项目的科研、医务保障队伍。努力突破潜优势项目。重视人才队伍建设，不断挖掘和培养项目人才，提升教练员素质和执教水平，努力在羽毛球、场地自行车等潜优势项目上取得新的突破。调整改进弱势项目。根据奥运会项目设置和我省实际，坚持"有保有压"，对跳水、乒乓球等我国具有传统优势、目前在我省基础较弱项目加强科学论证、规划调整，淘汰一批落后项目，从调整项目结构、加强教练员队伍建设和后备人才体系建设等方面入手，提高训练技术水平，夯实弱势项目的发展基础。大力发展"三大球"项目。构建后备人才培养体系，加强三大球职业队、优秀运动队、高校队的合作共建，打破自成体系、相对封闭的人才培养瓶颈，加强沟通协调，有效整合资源，坚持统筹兼顾、优势互补、找准方向、共促发展。积极打造三大球品牌赛事，逐步优化完善赛事运作机制，提高办赛的规范化、科学化、社会化、市场化水平，为项目发展创造良好空间。积极普及群众性三大球运动，加强群众身边的三大球活动场地设施建设，健全三大球体育社会组织机构，切实打牢三大球运动群众基础。拓展新建冬季项目。根据国家体育总局"北冰南展"和3亿人开展冰雪活动的要求，结合我省实际，采用省队市办、社会办等形式，着力对冰上项目特别是短道速滑、花样滑冰、冰壶等项目进行布局和探索。

2. 提升竞技体育科学训练水平和竞赛成绩。坚持科学训练理念，提升竞技体育科学化训练水平，促进竞技体育人才的全面发展和竞技水平的不断提高。加强教练员队伍建设。组建"金牌教练员工作室"，依托奥运会金牌教练员和全运会两届以上冠军教练员，利用

团队力量、科研优势，科学规划项目发展人才培养战略，制订科学训练比赛计划及程序化参赛方案，进行训练竞赛攻关。实施优秀中青年教练员培养工程，开展我省中青年教练培养发展百人计划，建立学历教育、岗位培训和业务培训相结合的培训体系，全面提高教练员的业务水平，培养省队优秀中青年教练员20名，基层优秀中青年教练员80名。加大对入职教练的始业培训，不断充实壮大基层教练员队伍。完善运动员培养机制。坚持从粗放型向质效型转变，实施运动员因材施教和培养，重视挖掘有潜质的运动员，进行个性化训练。注重运动员的全面发展，加强运动员的文化教育和思想素质培养。进一步优化一、二、三线运动队伍的合理布局，优秀运动队伍规模稳中有升，国际、国家健将级运动员不断攀升。建立并完善运动员选拔档案信息库，跟踪每个运动员的阶段性成长。完善长效化后备人才选拔机制，积极开展后备人才训练营工作，为省优秀运动队储备优秀体育后备人才。积极争取运动员编制，适当增加教练员编制。加强科医保障建设。完善训科医一体化制度，将体育科技作为竞技体育人才培育的核心竞争力，在关键领域、关键技术上组织和实施科技攻关，取得一批在国内外有重大影响的科研成果。加强与省内知名医院的合作，在人员互派互动、资源整合等方面展开合作交流。建设8~10个省级优秀运动队科医保障团队，搭建国际、国内学习交流平台，培养提升科医保障团队素质水平。以省内统筹办班及高等院校培训学习为主，提升市、县科医人员能力水平。配齐用好基层运动学校、业余体校的科医保障设施设备，提升基层科医保障水平。加强备战工作。全力做好"1617""2021"周期备战工作，加强对奥运会、全运会等重大赛事备战、参赛工作的统筹协调、指导落实和监督检查。

3. 拓宽业余训练多元化路径。进一步完善业训布局，探索体育后备人才培养多元化路径，形成以各级体校为骨干，以学校办体育、社会办体育为补充，多形式、多渠道、多层次的后备人才培养体系。改革、调整、优化体校培养模式。加强对现有体校的评估，按照"扶优扶强"的原则，加大对基础较好、具备发展前景的体校的扶持力度，帮助其改善办学条件，提升办学质量。促进全省体校区域合理布局，打破体校的行政区划壁垒，拓宽跨区域联合培养、异地培养的途径。巩固和健全以体校为龙头，以省、市级及市布局训练基地为依托，以全省各地中小学为基础的学校分级负责业余训练工作体制，充分发挥"体教结合、资源共享"的优势，做到管理系统化、人才集聚化、训练科学化。大力推进校办运动队模式。将青少年业余训练纳入学校体育的轨道，各级政府在加大教育投入的同时，重视学校体育的发展，并积极鼓励、大力推广学校办运动队，使学校体育在普及的基础上发展、在发展的基础上提高，成为输送高水平体育后备人才的重要基地。积极探索社会力量参与青少年业余训练模式。鼓励和支持社会组织和企业依法办青少年业余训练，调动社会各界共同参与竞技体育发展的积极性。加强政策研究，切实改革体制机制，实现社会力量、学校办业余训练与体校在政策扶持、运动员输送及奖励等方面一视同仁、公平竞争的政策环境。

4. 积极稳健地实施足球改革。贯彻《中国足球改革发展总体方案》和《浙江省足球改革发展实施意见》，实施"足球改革振兴计划"，推进足球改革先行先试。大力发展职业足球。加快足球俱乐部现代企业制度建设，努力打造国内顶尖、亚洲一流的男子足球职业俱乐部，提升女子足球职业俱乐部水平，尽快进入全国女超行列，鼓励地方组建职业足球俱乐部。多渠道整合资源，筹建我省男女足球青少年训练中心暨足球学校，各市和有条件的县（市、区）建立相应的青少年训练中心。积极推进校园足球。2020年前，实现全省校园足球特色学校达到1000所以上，吸引近百万学生参与校园足球。同时，进一步完善全省校园足球小学、初中、高中、大学四级联赛。继续加大"黄龙足球种子计划"等公益推广活动的力度，建设试点学校50所。普及发展社会足球。推动全省各行各业组建各种类型的足球队和足球群体，开展丰富多彩、喜闻乐见的社会足球竞赛和活动。成立民间足球俱乐部，带动当地足球事业发展。努力完善足球赛事体系。推动建立省、市、县三级联赛，建立11、7、5人制和沙滩、笼式足球区域系列赛制，形成完善的全省足球赛事体系。从2016年开始推出浙江足球超级联赛，逐步打造成为全国富有影响力的区域性足球赛事。着力加强足球场地建设。兴建男子足球专业训练新基地，扩建桐庐女足训练基地，将其打造成规模更大、设施更齐全、功能更完善的国内一流足球基地；新建和扩建足球场200个、笼式足球场500个，建设一大批五人制、七人制足球场、沙滩足球场地等，加大校园足球场地设施建设力度，到2020年实现90%以上乡镇建有足球场。优化足球发展环境。政府以足球场馆等资源投资入股，实行政府、企业、个人多元投资，优化股权结构，完善社会资本投资足球产业的政策体系；提升职业俱乐部经营水平，加大足球无形资产开发力度，扶持足球产业发展；支持成立省足球发展基金会，加大彩票公益金支持足球公益活动力度，积极发展足球彩票；加强足协组织改革与人才培养，加强足球教练员队伍培训，积极引进足球专业高水平人才和向国外输送优秀青少年选手。

5. 推进竞技体育职业化进程。适应社会主义市场经济改革深化的步伐，积极探索竞技体育职业化改革道路。在足球项目先行先试的基础上，有序推进篮球、排球、网球、乒乓球、拳击、围棋等市场化程度较高、条件相对成熟的运动项目走职业化发展路子。拓展参与路径、完善扶持政策，广泛吸纳社会力量参与职业体育，努力壮大职业体育市场主体，积极培育职业体育市场。健全体育发展的地方性法规，依法明确职业体育发展主体，理顺各利益主体间的关系，切实维护各方合法权益，优化竞技体育职业化发展的社会基础、市场环境和法治保障。

6. 精心筹备2022年亚运会等重大赛事。以举办一届"绿色、智能、节俭、文明"的亚运会为目标，以杭州为重点，举全省之力高标准做好项目安排、场馆建设、组织运行等各项筹备工作。借亚运东风，推进全民健身和亚运经济发展。建立我省参加2022年亚运会后备人才库，争取更多浙籍运动员参赛并取得优异成绩。精心做好2017年全国学生运动会、2018年世界短池游泳锦标赛等重大赛事筹备举办工作，争取优异成绩、展示浙江良好形象。精心做好2019年第四届全国智力运动会的筹备工作，举办好浙江省首届智力运动会，以此为契机推动智力运动、科技运动在我省的普及提升。精心办好第16届省运会。

不断提升足球、篮球、排球、乒乓球、羽毛球等职业联赛的水平和影响力。努力申办国际重大赛事，积极承办全国性重大赛事，办好省级青少年计划内赛事，创新办赛模式，活跃办赛市场。

7. 完善竞技体育运行管理体制。建立符合竞技体育规律的运行管理体制，形成层次分明、职责清晰、任务明确、措施完善、奖罚严明、运转有效的运行管理体系。深化竞技体育院校化改革，进一步完善"一院三中心"的竞技体育管理格局。浙江体育职业技术学院坚持恪守"育人创佳绩"的办学宗旨，进一步完善训学研三位一体办学模式、训学融合育人机制、训科医一体化团队建设机制，启动奥林匹克运动员公寓建设，扎实推动内涵建设和发展；水上运动项目管理中心在巩固现有基础的同时，抓好基础设施建设，全方位提升软实力，确保水上项目的优势地位，切实打造浙江水上运动的金字招牌；射击射箭自行车运动管理中心着力加强场地设施建设和环境改善，加大队伍培养力度，积极打造成国家级训练基地；非奥运动项目管理中心着力坚持群众性与专业性相结合，启动浙江棋院建设，积极推进智力运动和科技运动的推广、普及与提升。积极拓展省队市办、高校办、社会办模式，形成合理布局，完善政策支持。加强省外合作交流，在优秀运动员培养、学训技术交流、竞技体育研究等各个领域加强协作、共谋发展。

（三）实施"体育产业促进计划"，全面提升体育产业发展规模和层次

贯彻落实国务院《关于加快发展体育产业促进体育消费的若干意见》及《浙江省人民政府关于加快发展体育产业促进体育消费的实施意见》，实施"体育产业促进计划"，加快推进我省体育产业发展。

1. 完善体育产业业态结构。从浙江实际出发，结合浙江的产业基础和资源禀赋，进一步完善体育产业业态结构。优先发展运动休闲产业。制定《浙江省户外运动专项规划》，依托我省山、海、江、湖等自然资源优势，推进体育与旅游、新农村建设融合发展，重点发展山地运动、水上运动、海洋体育等运动休闲产业，大力推进各级运动休闲基地建设，大力开展运动休闲体验和品牌赛事活动。全省规划建设各类健身步道5000公里、运动休闲驿站100个、汽车露营基地50个、航空飞行营地2个以上和帆船游艇码头8个以上。重点培育体育竞赛表演业。制定体育赛事中长期发展规划，开展品牌体育赛事培育工程，培育体育赛事承办主体，完善体育赛事运行机制，努力打造符合我省体育产业基础的三大球、自行车、赛车、马拉松、海钓、皮划艇、轮滑等特色赛事体系，形成以杭州马拉松赛、环太湖国际公路自行车赛、北仑国际女排公开赛、"衢州·烂柯杯"中国围棋冠军赛、龙游亚太汽车拉力赛等为代表，具有社会知名度和市场影响力的浙江体育品牌赛事。加强长三角体育赛事区域联动发展，打造"环太湖假日体育圈"。同时，积极申办和引进具有较大影响力的国际体育赛事。做大做强体育装备制造业。打造高端体育用品制造业基地，实施产业集群战略，提高运动装备制造业的创新与竞争能力。提升体育用品制造业发展层次，加快推进技术创新和技术改造，在运动休闲用品、运动器材制造等领域培育一批具有自主知

识产权的高端运动装备知名品牌，重点支持可穿戴运动设备和智能运动装备的研发和制造。积极引导体育装备制造业企业开展多领域经营活动，延长产业链。积极拓展新兴体育服务业。实施体育服务业精品工程，开展体育服务业示范企业认定工作，打造一批优秀体育俱乐部、示范场馆和品牌赛事，稳步提升体育服务业在体育产业中的比重。扶持发展体育影视、体育传媒、体育动漫、电子竞技等新兴体育服务产业，促进体育与旅游、文化、科技、会展、健康、传媒等领域的深度融合。大力培育体育中介服务业，鼓励发展体育中介组织，大力开展体育经纪、体育技术、信息咨询、体育保险等中介服务。着力提升全民健身服务业，通过政府购买服务等多种方式，积极支持群众健身消费，鼓励社会各种资本进入全民健身服务业。创新发展体彩业，以"打基础、扩群体、增销量"为目标，积极探索互联网时代体彩销售模式、运行机制创新，"十三五"期间我省体彩销售总额达525亿元，继续保持全国前列。大力提升场馆服务业水平，探索健身服务、体育培训、竞赛表演、运动指导、健康管理等多元化发展道路，支持黄龙体育发展有限公司等骨干企业做大做强，鼓励通过连锁等模式扩大品牌输出、管理输出和资本输出，提升场馆服务业规模化、专业化、社会化运营水平。制定体育场馆公益性服务购买机制和标准，鼓励各类体育场馆提供公益性服务。到2020年，全省体育产业总产出超过3000亿元，体育产业增加值在地区生产总值中的比重超过1.2%，体育服务业增加值占体育产业增加值的比重超过40%。

2. 优化体育产业空间布局。根据我省体育产业不同区域的发展基础和比较优势，坚持资源导向、突出特色、协调发展，不断优化我省体育产业空间布局，重点打造四大体育产业功能区。构建以四大都市区为核心的都市体育产业功能区。围绕杭州、宁波、温州、金华—义乌四大都市区，发挥体育资源集中的优势，针对城市人群的体育需求特点，形成以全民健身服务、竞赛表演、运动休闲、体育用品制造等为重点的城市体育产业发展格局。构建浙东南沿海海洋体育产业功能区。充分利用浙江作为海洋大省"港、渔、景、涂"资源丰富的优势，积极推进海钓、冲浪、帆船、帆板、游艇、摩托艇、野外素质拓展等海洋运动项目基地建设，把浙东南沿海打造成海洋体育产业功能区。构建浙西、浙南山地运动休闲产业功能区。充分利用浙江西部及南部低丘缓坡、绿色生态等山地资源，重点发展以冰雪、自行车、山地汽车、登山、徒步、攀岩、户外拓展等为主的运动休闲项目，着力打造浙西南山地运动休闲产业功能区。构建以八大水系等水资源为依托的水上运动休闲产业功能区。充分利用苕溪、京杭运河、钱塘江、甬江、椒江、瓯江、飞云江和鳌江八大水系以及千岛湖、太湖等湖泊的水体资源优势，大力发展水上降落伞、摩托艇、游艇、赛艇、皮划艇、龙舟、垂钓等运动休闲项目，着力打造水上运动休闲产业功能区。

3. 培育激活体育产业市场主体。推进体育产业孵化平台建设，发挥体育产业引导资金、各类体育投资基金的推动作用，培育和激活体育产业市场主体。推动一批体育龙头企业上市。大力扶持有实力的民营体育企业以资本为纽带，实行跨地区、跨行业、跨所有制的兼并、重组、上市，增强我省民办体育产业的整体实力，形成资本市场民办体育的"浙江力量"。积极引导绿城中国、浙江广厦、九龙山、莱茵体育等上市企业更大范围、更深程度投资体育产业；大力扶持发展基础较好的本土体育龙头企业上市，"十三五"期间培育5家以上体育上市公司，重点扶持1～2家运动装备制造企业上市。扶持一批重点骨干体育企业。体育用品制造领域以大丰集团、华鹰控股、飞神车业、金耐斯、天龙网球等为代表，竞赛表演领域以绿城足球、广厦篮球、稠州银行篮球等体育职业俱乐部为代表，运动休闲领域以九龙山、伊思佳、富士钓具等为代表，体育文创领域以浙报传媒、横店体育、鸵鸟足球等为代表，体育培训领域以宏优体育、悦达体育为代表，场馆运营领域以黄龙体育、冠洋体育、杜克体育等为代表，体育互联网领域以万航科技、小毛驴科技、动享网为代表，着力扶持、培育一批在体育产业各个领域有自主品牌、比较优势、竞争实力的重点体育企业，带动相关领域体育产业联动发展、整体提升。培育一批体育新兴潜力企业。全面落实国家扶持中小企业发展的政策措施，支持成立各类体育产业孵化平台，大力推动体育领域大众创业、万众创新，重点支持全民健身服务、竞赛表演、运动休闲、海洋体育、体育文创等领域"专、精、特、新"中小体育企业的发展。

4. 打造体育产业发展平台。积极为体育产业发展搭建平台，推动体育产业加快发展。努力培育体育特色小镇。在全省加快规划建设一批以体育元素为特色、产业基础扎实、示范效应明显的体育特色小镇，重点加强对平湖九龙山航空运动小镇、绍兴柯桥"酷玩小镇"、龙泉宝剑小镇、建德航空小镇、杭州富阳永安"飞翔小镇"、德清莫干山"裸心小镇"、宁海胡陈户外运动小镇、泰顺百丈时尚体育小镇、海宁盐官马拉松小镇、金华永康龙山体育小镇、鹿城时尚体育小镇、龙游汽车拉力特色小镇、六春湖高山滑雪特色小镇、庆元百山祖避暑乐氧小镇、临海经济开发区运动休闲产业小镇等体育特色小镇的扶持培育，"十三五"期间培育省级体育特色小镇10个以上，同时规划培育一批市、县级体育特色小镇。加强体育产业示范基地建设。进一步提升富阳、淳安、宁海国家体育产业示范基地建设，积极打造15个左右省级运动休闲基地以及一大批市、县级运动休闲基地。依托运动休闲基地，积极培育运动休闲、体育康复产业，探索建立体育康复产业园。推进体育制造业集群建设。培育、扶持富阳及淳安水上运动器械、慈溪垂钓用品、宁海户外运动装备、临海户外休闲家具、三门冲锋衣等户外服装用品、龙湾网球、德清户外休闲用品、永康武义缙云运动休闲车等健身休闲用品、平湖体育服装用品、龙泉宝剑等传统体育用品、江山及开化羽毛球等球类运动器材等10个以上体育制造业集群，增强规模优势和发展内涵，提高市场占有率和影响力。搭建体育产业展销交易平台。加强中国长三角国际体育休闲博览会、永康国际文教体育用品博览会、宁海国际户外用品展、义乌文体博览会等展会平台建设。加强体育产业区域发展合作。深化长三角地区体育产业协作与交流，整合长三角体育资源，探索建立长三角地区大型体育场馆联盟，尝试联动办赛、办展、办演，建立完善互惠互利互通的联动机制。

5. 健全完善体育产业扶持体系。进一步完善体育产业市场监督管理机制，创造良好的体育产业发展环境，推动体育产业加快发展。加强对体育产业的宏观管理。全面清理不利于体育产业发展的政策措施，切实落实现行国务院和省政府支持体育产业发展的税费价格、规划布局与土地政策,营造公开、公平的体育市场准入环境。建立各级政府体育产业发展联席会议制度,不断完善多部门合作的体育产业工作协调机制。加大对体育产业的融资支持力度。制定出台鼓励社会资本投资体育产业的政策措施,推动民办体育大繁荣大发展。支持各级政府产业基金引导推动社会资本设立各类体育产业投资基金,积极整合金融机构资源,拓宽体育产业发展的融资渠道。完善体育产业市场化运行机制。充分发挥市场在体育资源配置中的决定性作用,建立健全以市场为导向的运行机制。推动《浙江省体育竞赛管理办法》修订,全面取消群众性和商业性赛事审批,建立健全体育赛事多元化投入机制和多样化运营模式。推动形成全省体育产业相关权益市场化交易机制,推动赛事举办权、赛事转播权、运动员转会权与无形资产开发等的公平、公正、公开流转。完善政府购买公共体育服务机制,鼓励和引导体育企业向社会提供更多体育产品和服务。

四、深化改革与强化保障

主动顺应现代体育发展趋势,聚焦体育领域的突出问题和薄弱环节,深入实施体育综合改革工程,全面加强体育发展基础工作,健全完善新时期体育发展保障机制。

(一)全面推进体育行政管理体制改革。顺应行政体制改革的进程,下大力推进体育行政管理体制改革。加快转变政府职能。进一步明确自身工作职能和定位,处理好政府与社会、市场的关系,强化社会服务职能,积极推行政社分开、政企分开、管办分离。扎实推进体育系统政府职能向社会组织转移,按照公开公正、注重实效、稳妥有序、强化监督的原则,逐步把社会能自行解决、行业组织能自律管理的职能转移给体育社会组织,充分发挥体育社会组织在社会管理和公共服务中的作用。深化"四张清单一张网"建设。着力推进权力清单"瘦身"、责任清单"强身"、政务服务网功能提升,推动简政放权向纵深发展,进一步释放市场活力和社会创造力,同时加强事中事后监管和制度化建设,全面推进行政许可和权力事项公开透明运行。改革体育发展体制机制。顺应"政府驱动"向"社会内生"转变的现代体育发展趋势,着力打破制约体育发展的观念、体制、机制障碍,健全完善与市场经济、依法行政相衔接,行政手段、市场手段、法律手段相结合的体育发展体制机制。全民健身着力在强化政府公共体育服务职责的基础上逐步完善政府购买公共体育服务机制,竞技体育着力完善举国体制和职业体制有机融合、相互补充的运行体制,体育产业着力发挥市场在资源配置中的决定性作用,着力完善市场导向的产业发展机制。积极创新工作方式和手段,加快推进、努力完善"互联网+体育"工作运行机制。提升体育部门宏观管理能力,完善体育创强机制建设,进一步健全地方体育现代化评估体系。

(二)全面深化依法治体工作。认真贯彻《中共中央关于全面推进依法治国若干重大问题的决定》,积极推进依法治体工作,将体育发展全面纳入法治轨道。推进依法行政工作。进一步完善地方性法律法规体系,加强调查研究,大力推动公共体育设施建设与管理、体育竞赛管理等有关立法工作。加大体育普法宣传力度,定期开展对体育法律法规实施情况的监督检查。严格落实经营高危险性体育项目的许可和监管，规范体育市场发展。积极配合健全综合行政执法工作推进机制，认真研究，合理划分与综合执法部门的职责权限，加强源头监管和沟通协调，依法履行政策制定、审查审批、批后监管等职责，不断加强体育执法工作。加强体育标准化建设。完善地方体育标准体系，以公共体育服务和体育产业发展为重点，加快地方体育标准的制定。大力推进体育标准宣传贯彻，通过定期组织培训，开展研讨交流，提高体育标准的影响力。着力将体育标准纳入公共体育设施建设、政府采购体育设备和购买公共体育服务的准入门槛，使体育标准在规范和提升体育工作中更好发挥作用。加强浙江省体育标准化技术委员会建设，提高规范化和专业化水平。完善科学决策机制。逐步健全课题规划、领办、督查、成果评比奖励等制度，充分发挥浙江省体育改革发展研究会的作用，壮大体育研究工作者队伍，切实加强体育研究工作，提升我省体育系统科学决策、依法决策的能力和水平。

（三）全面加强队伍建设。以培养高层次、高素质、高技能人才为重点，统筹推进各类人才队伍建设，全面提升体育人才队伍整体素质。加强体育行政管理者队伍建设。深化干部人事制度改革，创新和完善干部选拔任用机制，健全领导班子和领导干部考核评价机制，形成有利于科学发展的用人导向。加强全省体育系统行政干部的教育培训，加大干部轮岗交流、上挂下派力度，不断提高政策理论水平和岗位履职能力，提升科学判断形势的能力、指导体育建设发展的能力和依法治体的能力。加大从优秀运动员中培养、选拔体育管理干部的力度。加强体育职业工作者队伍建设。创新人才培养模式，推进教练员、裁判员等专业体育队伍结构均衡、量质并举。积极开展体育行业特有工种职业技能培训和鉴定工作，规范高危体育项目市场准入和持证上岗制度，提高从业人员职业技能水平。加强体育高等教育和职业教育，支持有条件的高等院校开设有关体育专业，积极拓展浙江体育职业技术学院人才培养功能，大力培养体育经营管理、体育创意设计、体育科研、体育中介等市场急需的各类体育专业技术人才。加强体育社会工作者队伍建设。重点培养专业技能型社会体育指导员，加大社会体育指导员管理工作力度，提高其上岗率和服务实效。

（四）全面加强服务保障。进一步加强各类保障措施，为体育改革发展保驾护航。加强运动员文化教育和保障工作。认真贯彻落实国务院办公厅转发国家体育总局等部门《关于进一步加强运动员文化教育和运动员保障工作的指导意见》和省政府办公厅《关于进一步加强运动员文化教育和运动员保障工作的实施意见》，不断完善运动员文化教育和运动员保障工作的政策体系与长效机制，把运动员文化教育纳入教育发展规划，提升运动员文化教育的质量和水平。加大相关政策的落实力度，推动运动员保障工作重心从物质激励、福利保障等基础层面向人力资源的深层次开发转变。加强对运动员进行职业辅导、技能培训、就业指导、创业扶持等工作。进一步完善优秀运动员保障体系，落实运动员自主择业经济补偿标准和参加全国比赛奖励标准的动态调整机制。加强科医保障和反兴奋剂工作。切实做好新周期备战里约热内卢奥运会和第13届全运会科技、医务攻关和保障协调工作，发挥国家重点实验室科技攻关和人才培养的平台作用。加强省体育医院建设，加大投入力度，改革管理机制，努力建成硬件设施好、专业队伍强，拥有100张以上床位的全国一流的专业性体育医院。加强与省内高校及医院的合作，探索创新弹性合作机制，推动体育科研资源有效整合，使优质医疗资源更好地服务重点项目运动队。加强对基层科研工作的指导扶持，提高业余训练的科学化水平。加强对运动员就医用药和营养品使用与管理的监督。加强反兴奋剂工作，构建自上而下全覆盖的反兴奋剂管理体系。不断完善服务保障政策。从体育工作的特点和需要出发，不断完善教练员和运动员生活待遇、激励政策以及运动员退役安置等方面的政策。

（五）全面加强社会环境建设。积极改善体育发展环境，营造浓厚的体育文化氛围。加强体育文化建设。充分挖掘体育丰富的文化内涵，加强和改进体育文化传播与推广工作，鼓励打造浙江省体坛"十佳"评选等体育文化精品工程和体育文化品牌活动。加强体育信息发布、政策咨询、行业管理等，推动互联网、电子商务、移动终端、云技术、大数据等与体育结合，加快"智慧体育"建设。加强体育文史工作，启动浙江省体育博物馆建设，促进我省体育文化发展。加强体育宣传工作。加强体育系统宣传资源的整合，发挥体育宣传的集聚效应，建立统一、便捷、有效的信息平台。建立体育与媒体的合作平台，扩大浙江体育宣传领域。加强省体育局系统网站群建设与管理，推进网络评论员队伍建设，及时传递体育正能量和政府声音。增强全民体育意识。大力普及和推广体育运动知识，在全社会倡导全民体育、终身体育、社会体育的理念，形成全社会关心体育、参与体育、支持体育的浓厚氛围。

（六）全面加强党建工作。全面落实从严治党各项要求，认真开展"两学一做"学习教育，强化理论武装，夯实基层基础，落实党风廉政建设"两个责任"，进一步发挥各级党组织的战斗堡垒作用和共产党员的先锋模范作用，为我省体育改革发展提供坚强保证。深化体育阳光工程，自觉把权力的行使置于社会和人民群众的监督之下，强化阳光透明运作，防止滋生权力腐败。加大对赛风赛纪和兴奋剂问题的监督力度，坚持"零容忍"态度，严肃查处赛风赛纪和兴奋剂问题。

安徽省体育发展"十三五"规划纲要

为深入贯彻党的十八大和十八届三中、四中、五中全会精神，加快实现体育强省的发展目标，根据国务院《全民健身计划（2016—2020年）》、国家体育总局《体育发展"十三五"规划》和《安徽省国民经济和社会发展"十三五"规划》的总体要求，结合我省体育工作实际，制定本规划纲要。

一、回顾与展望

（一）"十二五"时期我省体育发展取得的成就

群众体育蓬勃发展。以贯彻《安徽省全民健身实施计划（2011—2015年）》为主线，强化体育公共服务职能，初步形成了覆盖城乡、具有安徽特色的全民健身公共服务体系。2011年、2012年我省连续两年获得国家体育总局"全民健身突出成绩单位"表彰。竞技体育实力增强。"十二五"时期我省运动员在国内外重大比赛中共获金牌161.5枚、银牌151枚、铜牌168枚。我省荣获国家体育总局"2012年伦敦第三十届夏季奥运会重大贡献奖"。体育产业快速成长。"十二五"期间，我省体育产业总产值年均增速超过30%，全省累计销售体育彩票179.24亿元，筹集体育彩票公益金44.25亿元。2015年出台了《安徽省人民政府关于加快发展体育产业促进体育消费的实施意见》（皖政〔2015〕67号）。体育发展环境有效改善。截至2015年年底，全省拥有体育场地67000个以上，场地面积8000万平方米以上，人均体育场地面积1.37平方米以上。2012年省人大常委会开展《安徽省全民健身条例》执法大检查。2013年省政府首次将"公共体育设施建设"列入对市政府年度目标绩效管理考核指标体系。2014年省人大常委会将《安徽省青少年体育工作条例》列入立法计划。体育文化在体育发展中的地位进一步提高，体育对外交流进一步拓展，体育行业作风建设和反腐倡廉工作明显进步，体育人才、体育科技、体育法治、体育教育、体育宣传等各项工作取得了新的成绩。

专栏1 "十二五"时期体育发展成果

全省15539个行政村实现农民体育健身工程全覆盖，建成66个国家级乡镇农民体育健身示范工程、679个乡镇全民健身广场、131个县（区）全民健身广场、40个"雪炭工程"、8个国家级全民健身中心；建成3573个全民健身苑、7个国家级和458个省级社区体育健身俱乐部、3个国家级全民健身户外活动基地、5800个省级全民健身示范晨晚练点；建成1个省级、16个市级和49个县级国民体质监测中心，全省第4次国民体质监测结果显示，全省国民体质总体合格率为91.4%；建成6个国家级、3所省级青少年户外体育活动营地、174个国家级和197个省级青少年体育俱乐部。各级各类体育社团达1768个，会员总数达143.3万人；认证74635名公益性社会体育指导员、2950名职业社会体育指导员；全省每年组织开展百人规模以上的群众体育健身活动超千次，每年超千万人次参加健身活动。

2011年在第7届全国城市运动会上，我省运动员获5枚金牌、7枚银牌、8枚铜牌；2012年在第30届奥运会上，我省运动员获1枚金牌、2个第四名、1个第五名、2个第六名和1个第七名；2013年在第12届全国运动会上，我省运动员获8.5枚金牌、29.5枚奖牌，女子手球勇夺冠军，实现了集体项目的历史性突破；2014年在第17届亚运会上，我省运动员获7枚金牌、3枚银牌、2枚铜牌；2015年在首届全国青年运动会上，我省运动员获5枚金牌、6枚银牌、12枚铜牌和40个优胜名次，合肥市代表团获得体育道德风尚奖。

2014年，全省体育产业总产出263.53亿元，同比增长58.75%，占全国的比重由上年的1.50%提升到1.94%。体育产业实现增加值81.34亿元，同比增长25.44%，占全国的比重由上年的1.79%提升到2.01%。体育产业从业人数超过10万人。

16个市规划建设了公共体育设施，15个市建有全民健身活动中心，拥有率为93.75%；42县（市、区）建有公共体育场，拥有率为67.74%；68个县（市、区）建有县级全民健身中心，拥有率为64.76%。

（二）"十三五"时期我省体育发展存在的主要矛盾与问题

目前，我省体育领域改革发展与全面深化改革的总体要求不相适应。人民群众日益增长的多元化体育需求与体育有效供给不足的矛盾仍然突出。体育管理部门依法治体、科学发展的能力有待进一步提高。全省公共体育场地发展相对滞后，人均体育场地面积低于全国平均水平，体育公共服务体系有待进一步完善。竞技体育管理体制和运行机制改革有待持续推进，基础大项和"三大球"等项目水平与先进省市相比有很大差距。青少年体质状况不容乐观，优秀体育后备人才储备仍然不足。体育产业规模偏小，结构欠优，区域发展不平衡，相关政策不配套。体育人才队伍建设还不能适应快速发展的形势需要，高素质体育管理和专业技术人才依然缺乏。体育文化在社会主义核心价值体系建设中的作用有待深入挖掘。

（三）"十三五"时期我省体育发展面临的形势

"十三五"时期，是深入推进"四个全面"战略布局，实现中华民族伟大复兴中国梦的关键时期，体育发展进入环境更加开放、任务更加严峻的改革攻坚期。经济新常态对体育与经济社会统筹协调发展提出了新任务，体育融入经济社会发展对政府的体育治理水平提出了新要求，当前体育发展的新态势对转变体育发展方式提出了新挑战。全面建成小康社会将为体育增强人民体质、服务社会民生开辟广阔空间，全面深化改革将为体育改革注入新动力，全面依法治国将为体育发展提供有力保障，全面从严治党将为体育事业构建风清气正的环境。全民健身国家战略和经济转型升级将不断推进体育产业成为国民经济新的增长点。"大众创业、万众创新"、互联网等科技革命将为体育各领域创新发展提供新引擎。承办国际国内重大体育赛事将不断提升体育的社会影响力，体育将成为安徽奋力崛起的标志性事业。

二、总体要求

（四）"十三五"时期我省体育发展的指导思想

以邓小平理论、"三个代表"重要思想、科学发展观为指导，全面贯彻党的十八大和十八届三中、四中、五中全会精神，深入学习贯彻习近平总书记系列重要讲话，以推进体育强省建设为目标，坚持改革创新和依法治体，突出安徽体育特色，调整结构和转变体育发展方式，发挥体育在推动经济、政治、文化、社会和生态文明建设中的作用，为推进健康安徽建设、打造创新型"三个强省"作出新贡献。

（五）"十三五"时期我省体育发展的基本原则

——坚持为民服务。把增强人民体质、增进人民福祉、促进人的全面发展作为体育工作的出发点和落脚点，发展人民民主，维护社会公平正义，保障人民平等参与体育、享受体育发展成果的权利，充分调动人民积极性、主动性、创造性。

——坚持科学发展。遵循现代体育发展内在规律，顺应社会发展新趋势，加快调整结构和转变体育发展方式，实现体育高质量、高效率、公平和可持续发展。

——坚持改革发展。进一步深化体育改革，积极探索市场在体育资源配置中的决定性作用和更好地发挥政府作用。加快转变政府职能，激发体育的市场活力，积极支持社会力量参与体育发展，不断完善中国特色的体育发展道路。

——坚持依法治体。进一步强化法治理念，增强法治思维，依法保障公民体育权利，健全公民体育权利救济渠道和方式。建设职能科学、权责法定、执法严明、公开公正、廉洁高效、守法诚信的依法行政体育体制。

——坚持党的领导。贯彻全面从严治党要求，落实党风廉政建设党委（党组）主体责任和纪检监察部门的监督责任，不断增强党的创造力、凝聚力、战斗力，不断提高党的执政能力和执政水平，确保体育改革发展沿着正确方向前进。

（六）"十三五"时期我省体育发展的基本理念

——创新驱动。不断推进体育领域内的理论创新、制度创新、科技创新和文化创新，创新体育发展模式，积极探索具有安徽特色的体育发展道路。

——统筹协调。坚持体育与经济社会发展相适应，增强体育工作的系统性和协同性，促进群众体育和竞技体育全面发展，推动体育事业与体育产业协调发展，注重城乡体育均衡发展，倡导区域体育联动发展，拓宽体育发展的新空间。

——绿色发展。大力倡导绿色、健康、休闲、节约、环保的体育理念和生活方式，结合我省特色休闲旅游业，做到体育与休闲旅游业的相互融合和相互促进，开辟体育发展的新路径，逐步打造健康、休闲的体育生态圈。

——开放合作。立足我省体育资源优势，拓宽视野，加强省内外体育资源领域的交流与合作，努力探索投资合作新模式，树立投资合作新典范，以互利共赢为纽带，构建广泛的利益共同体，提升体育发展的新境界。

——共享发展。积极培育和普及全民健身全民共享的理念。加快完善体育共建共享机制，着力推进基本公共体育服务均等化、标准化，把体育的共享元素融入到民众的生活当中，使群众有更广泛的体育参与度和更多的获得感，共享体育发展的成果。

（七）"十三五"时期我省体育发展的主要目标

总体目标：到2020年，基本建成与市场经济和社会发展相匹配的体育管理体制和运行机制，体育改革创新取得新成果，体育法治建设取得新成效，党风廉政建设取得新成绩，体育综合实力迈上新台阶，全民健身成为全面建成小康社会靓丽的名片。

——实施群众体育"全民健身，健康安徽"战略。深入贯彻国务院《全民健身计划（2016—2020年）》和我省实施计划，充分发挥全民健身的教育、社会和经济功能，形成多元主体协同合作、多种机制相互配合的全民健身事业发展新格局，建成更加完善的全民健身公共服务体系。

——实施竞技体育"奥运争光，全运争先"战略。坚持实施"巩固、提升、跨越"三步走发展思路。积极备战奥运会、亚运会、全运会和青运会。转变发展方式，优化项目结构，完善竞赛体系，突出训练创新，推进职业体育，全面提升我省竞技体育整体实力。

——实施体育产业"品牌引领，融合发展"战略。充分发挥体育产业关联度高、产业链长的特点，促进体育与旅游、文化、健康等产业融合发展。转变政府职能，完善体育产业体制机制体系；优化产业布局，丰富体育产业市场促进体系；落实优惠政策，完善体育产业支持体系；优化市场环境，构建体育产业发展保障体系。

——实施体育文化"价值引领，繁荣发展"战略。发挥体育文化在践行社会主义核心价值观、弘扬中华民族传统美德、传承人类文明成果和提升我省软实力等方面的独特价值和作用。将体育文化融入体育健身的全过程，培育运动项目文化，力争打造一批具有安徽特色的体育文化精品工程，办好一批社会效益显著的体育文化品牌活动，挖掘整理安徽地方优秀的体育传统文化，为社会主义精神文明建设服务。

三、主要任务

（八）推进群众体育生活化

有效实施《全民健身计划（2016—2020年）》和《安徽省全民健身实施计划（2016—2020年）》，全省经常参加体育锻炼的人数达到2500万以上，人均体育场地面积达到1.8平方米以上。群众科学健身意识普遍增强，健身休闲成为群众崇尚的生活方式。

（九）推进竞技体育集约化

贯彻落实《安徽省体育局关于深化优秀运动队管理体制改革实施方案》，大力构建"教、科、训一体化"的运动项目管理模式，加强运动员文化教育，加快优秀运动队"学院化"进程。以落实我省足球改革发展总体实施方案为契机，推进有条件的运动项目职业化、社会化、多元化的改革试点工作。

（十）推进体育产业市场化

到2020年，全省体育产业总规模超过1000亿元，逐步形成体育公共服务与市场服务相结合、体育事业与体育产业协调发展、体育产业与其他产业融合发展的体育市场，初步建成布局合理、功能完善、门类齐全、具有安徽特色的体育产业体系。

（十一）推进体育队伍专业化

到2020年，实现体育人才资源总量稳步增长，素质明显提升，教育培训进一步规范，经费投入稳步增加，体制机制不断创新。贯彻落实《全国体育人才发展规划》，统筹体育管理人才和专业技术人才的培养与使用工作。

（十二）推进体育设施现代化

省级规划建设新体育中心和全民健身活动中心，建设完善国家和省级综合型体育基地。推进市级"五个一"、县级"五个一"公共体育设施建设。推行公共体育场馆设计、建设、运营管理一体化模式，增强大型体育场馆复合经营能力，打造城市体育服务综合体。

专栏2　公共体育设施建设目标

省级：在滨湖新区建设新体育中心；在芜湖路体育局大院建设省级全民健身活动中心。

市级：全省50%以上省辖市建成中型体育馆、中型体育场、中小型游泳馆、综合型多功能全民健身活动中心和体育公园，达到承办全省综合性体育运动会的设施标准。

县级：50%以上县（市、区）建成中小型体育馆、中小型体育场、标准游泳设施、中小型全民健身活动中心和体育公园。其中，100%建成中小型全民健身活动中心，100%建成公共体育场（含标准足球场），达到承办全市综合性体育运动会的设施标准。

（十三）推进体育治理法治化

运用法治思维和法治方式推进体育改革，规范体育主管部门的职权，建立健全科学决策机制，建立健全体育纠纷多元化解机制，完善高危、大众体育项目法律保障，推行行政执法责任制。加强体育法律法规和制度建设，出台《安徽省青少年体育工作条例》，完善体育社团相关制度建设。开展法治宣传教育活动。

四、完善全民健身服务体系

（十四）完善基本公共体育服务职能

坚持以人为本、改革创新、依法治体、确保基本、多元互促、注重实效的工作原则，通过立体构建、整合推进、动态实施，加快建设水平较高、内容完备、惠及全民的基本公共体育服务体系和产业链、生态圈，提升全民健身现代化治理能力。着力推动基本公共服务在地域、城乡和人群间的均等化与标准化，重点扶持革命老区、贫困地区发展全民健身事业。把公共体育服务体系建设纳入当地国民经济和社会发展规划及基本公共服务规划，把相关重点工作纳入政府年度民生实事加以推进和考核，构建功能完善的综合性基层公共体育服务载体。开展基本公共体育服务满意度调查和实施效果评估。

（十五）构建覆盖全社会的全民健身组织网络

发挥省、市、县全民健身工作委员会统筹协调作用，加强省、市、县级体育总会建设，推进省级体育社团改革，推动其社会化、法治化发展，提高其承接体育竞赛和全民健身服务的能力。大力培育各类体育社会组织，构建布局合理、惠及城乡、社区、街道的体育社会组织网络体系。拓宽社会体育指导员的发展渠道，提升社会体育指导员的技能和综合素质，探索社会体育指导员与人群和项目结合的新模式。构建全民健身志愿服务组织网络，建立全民健身志愿服务长效机制。加强全民健身组织的政策法规制定，形成全民健身组织发展的管理和保障机制。

（十六）完善多层次宽领域的全民健身活动体系

定期举办县级以上全民健身运动会，搭建参与面广、规模大、持续时间长的大众体育竞赛平台，促进和带动全民健身普及发展。大力发展群众喜闻乐见的运动项目，积极培育具有消费引领特征的时尚运动项目，扶持推广民族民俗民间传统运动项目，开发具有地方特色的运动项目，建立有效的多元主体办赛激励机制，促进全民健身活动广泛开展。充分发挥地方的自然、人文资源，努力形成"一市多品，一县一品"的全民健身活动格局。

（十七）加快全民健身场地设施建设

按照配置均衡、规模适当、方便实用、安全合理的原则，科学规划和统筹建设全民健身场地设施，实施《安徽省关于加快构建现代公共文化服务体系的实施意见》和《"十三五"公共体育设施建设规划》，落实《中国足球中长期发展规划（2016—2050年）》《全国足球场地设施建设规划》和《安徽省足球改革发展实施意见》。重点建设中小型、亲民、便民、利民的全民健身场地设施，着力构建县（市、区）、乡镇（街道）、行政村（社区）三级群众身边的全民健身设施和城市社区15分钟健身圈。

专栏3　全民健身设施建设目标

乡镇（街道）：100%乡镇和50%以上街道建成"三个一"，即1个小型室内健身中心（1000平方米以上）、1个全民健身广场（2000平方米以上）、1个多功能球类运动场或笼式足球场。

行政村（社区）：100%行政村建有公共体育设施，其中50%以上建有室内体育活动室（100平方米以上）；城市社区体育设施覆盖率达到100%，其中50%以上建有"两个一"，即1个室内体育活动室（500平方米以上），1个室外健身广场（1000平方米以上）。

自然村（小区）：农村自然村和城市住宅小区公共体育设施覆盖率达100%。

（十八）发挥全民健身多元功能，引领全民健身开放发展

结合"健康中国2030"等总体发展战略，统筹谋划全民健身重大项目工程，发挥全民健身在促进素质教育、文化繁荣、社会包容、民生改善、民族团结、健身消费和大众创业、万众创新等方面的积极作用。

拓展全民健身理论、项目、人才、设备的对外交流渠道，推动全民健身向更高层次发展。传播和推广全民健身发展中的新理念、新故事、新人物和国家标准、优质产品，有效发挥全民健身在推广体育文化、增强国家软实力和提升安徽形象等方面的独特作用。

（十九）加强科学健身指导和宣传

建立覆盖全省的"互联网+全民健身"系统，建设国家级"体质测定与运动健身指导站"，培育市、县级国民体质监测机构优秀示范点，实现全省县级国民体质监测站全覆盖。开展不同人群国民体质测试工作，定期发布国民体质监测报告。组织开展科学健身主题宣传活动，引导各类媒体普及健身知识，推广健康生活方式，提高公众对科学健身的知晓率、参与率，提升运动健身效果。

（二十）加快青少年体育发展

实施"青少年体育活动促进计划"和"青少年体质强健工程"。加强体教结合，举办全省青少年"未来之星"阳光体育大会。大力加强体育传统项目学校、体育专项特色学校、青少年体育俱乐部和青少年体育户外活动营地建设。完善省市县三级青少年体育竞赛体系。成立安徽省青少年体育联合会，充分运用市场机制，不断增强其自身造血功能，提升青少年体育服务能力和水平。大力推动青少年校外体育活动场地设施建设。成立安徽省青少年体育研究中心，加强青少年体育政策理论研究。

专栏4　青少年体育组织建设目标

国家级体育传统项目学校20所以上、青少年体育俱乐部240所以上、青少年体育户外活动营地8个以上；争创国家示范性青少年体育俱乐部10个以上；全国青少年校外体育活动中心2个以上；省级体育传统项目学校200所以上、体育专项特色学校60所以上、青少年体育俱乐部260所以上、青少年体育户外活动营地8个以上。

五、完善竞技体育争光体系

（二十一）深化竞技体育体制机制改革

在巩固"18116"管理模式的基础上，积极探索竞技体育发展的新模式，充分利用社会资源，采取省队市办、俱乐部制、企业办队和高校办队等形式，推进有条件的运动项目职业化、社会化改革，形成政府与社会共同兴办竞技体育的大格局。实施"基础大项振兴工程""三大球振兴工程""优势项目扩优工程"。进一步完善竞赛制度改革，研究制定市场化赛事承办机制，积极支持冰雪运动"南展西扩"，推动运动项目协会社会化、法治化建设。

（二十二）系统扎实推进奥运会和全运会备战和参赛工作

贯彻实施《安徽省体育局备战第十三届全运会周期工作方案》，加强对备战奥运会和全运会工作的组织领导，努力完成2016年第31届里约奥运会和2017年第十三届全运会的参赛任务。进一步加强优秀运动队的思想政治工作。完善优秀运动队绩效评估和奖励机制，建立符合运动项目实际的复合型训练管理团队，提高训练质量和效益。积极备战2020年第32届东京奥运会。

（二十三）加强运动员文化教育与保障工作

贯彻落实《关于进一步加强和改进运动员文化教育和运动员保障工作的指导意见》，推进运动员文化教育常态化，将运动员文化教育贯穿运动员职业生涯全过程。培养运动员职业发展意识、规划运动员职业生涯和加强职业培训。落实优秀运动员进入高等院校学习的有关政策，继续完善运动员收入分配和激励保障政策。进一步做好退役运动员就业安置工作，引导和鼓励退役运动员积极从事全民健身服务、学校体育、体育产业经营开发等工作。加强青少年运动员文化教育工作，推动公办体育运动学校义务教育阶段文化教育工作纳入当地教育管理序列，完善青少年运动员文化教育联席会议制度和督导制度。

（二十四）实施"青少年体育塔基工程"，完善青少年体育后备人才培养体系

进一步加强各级各类体校规范化、标准化建设，构建主体多元的青少年体育训练体系。抓好各级各类高水平体育后备人才基地建设，改革、创新青少年体育竞赛制度，构建县、市、省一体化青少年竞赛体系。加快推进青少年体育法制化建设，不断完善青少年体育激励政策，鼓励社会力量参与青少年体育发展。建成青少年体育管理信息系统与科学选材监测站，提升青少年体育科学化管理水平。加强青少年体育教练员、辅导员（指导

员)、体育教师的人才队伍建设。

专栏5　高水平体育后备人才基地建设目标

国家高水平体育后备人才基地达到8个以上，国家级单项体育后备人才基地达到16个以上；省级高水平体育后备人才基地达到10个以上，省级高水平体育后备人才单项训练基地达到40个以上。

（二十五）积极推进足球改革

落实《安徽省足球改革发展实施方案》，充分发挥体育部门在宏观管理、基本建设、政策规范、市场秩序等方面的基础保障、服务、引导、监管作用。进一步改善足球发展的环境和氛围，制定《安徽省足球中长期发展规划》，促进我省足球持续健康发展。理顺足球管理体制，加强安徽省足球运动协会建设。校园足球蓬勃发展，建立完善常态化、纵横贯通的省、市、县、校的大学、高中、初中、小学四级足球竞赛体系。加强足球场地设施建设，普及发展社会足球，不断扩大足球人口规模，夯实足球发展基础。改进足球竞赛体系，完善职业足球俱乐部法人治理结构，充分发挥俱乐部的市场主体作用。

专栏6　足球改革目标

积极创建全国校园足球试点县区，鼓励各地先行先试，推动校园足球改革发展。推动建立大中小学校园足球队、足球俱乐部，组建大学、高中、初中、小学上下衔接、联系紧密的区域性校园足球联盟。创建全国校园足球特色学校，2020年达到1000所左右，2025年达到2400所左右。加强高校高水平足球运动队建设。鼓励普通高校组建高水平足球运动队，支持师范类高校组建高水平足球运动队，列入安徽省"一流学科专业和高水平大学"建设计划的高校必须组建高水平足球运动队。社会足球进一步推广普及，支持各类足球俱乐部发展壮大。建立省级足球人才培训和国家级足球训练基地，各市县分别建立省级、市级足球训练基地。加强足球场地建设。

（二十六）提升反兴奋剂工作水平

全面实施《反兴奋剂条例》和《反兴奋剂管理办法》，完善反兴奋剂管理体系，建立兴奋剂综合治理长效机制。全面开展反兴奋剂教育资格准入，实施"反兴奋剂进校园工程"。继续做好反兴奋剂的基础性工作，吸取和引进反兴奋剂新技术、新方法。在全省各级各类体校开展常规性反兴奋剂教育，将反兴奋剂工作向基层延伸。

六、完善体育产业促进体系

（二十七）改革创新体育产业体制机制，加快融合发展

加快政府职能转变，全面清理不利于体育产业发展的政策规定。取消商业性和群众性体育赛事活动审批，规范高危险性体育项目许可等审批事项。建立健全政府管理、行业自律、企业依法经营的体育产业管理体制。积极推进体育场馆管理体制和运营机制的改革创新，提高场馆的公共服务水平和复合经营能力。充分发挥体育产业对相关产业的带动作用，促进体育与文化、旅游等产业的融合发展。规划实施"健康安徽体育惠民工程121行动计划"。建设皖南国家体育产业基地、奇瑞汽车露营地、合肥大圩及紫蓬山体育特色小镇、徽杭古道体育产业基地、大别山体育旅游产业基地、芜湖红杨汽车休闲运动文化产业基地等项目。

专栏7　体育产业基地建设计划

> 体育产业基地（示范单位、项目）建设：推进皖南（县域）国家体育产业基地建设，统筹协调不同类型、不同区域、不同领域的省级体育产业基地发展，构建特色鲜明、类型多样、结构合理的体育产业基地布局。
>
> "十三五"期间，力争创建5个以上国家体育产业示范基地（示范单位、项目），培育建立10个以上省级体育产业基地和10个以上省级体育旅游产业基地。

（二十八）完善体育产业布局，丰富市场供给

以建设皖南（县域）国家体育产业基地为重点，抢抓长江经济带、"一带一路"、皖南国际文化旅游示范区等重大机遇，拓展体育产业重点工作线路图，做大做实四大功能区。坚持"政府引导、社会参与、市场运作"的办赛模式，培育我省品牌赛事和产品。加强服务引导、宣传推广，重点支持我省拥有的自主品牌、与全民健身密切相关的产品及企业，引导企业做好商标注册、技术研发、产品标准化等工作。

（二十九）加强体育产业资金扶持，落实优惠政策

用足用好省级体育产业扶持资金。鼓励有条件的地方设立体育产业专项资金，探索建立产业投资基金和创业引导基金等方式，撬动社会资本投资体育产业。各地要将体育设施用地纳入城乡规划、土地利用总体规划和年度用地计划，合理安排用地需求。各级体育主管部门要进入同级政府的规划委员会。重大体育产业项目应列入省重点项目库。新建居住

区和社区按相关标准规范配套群众健身相关设施，并与住宅区主体工程四同步。积极落实税费、价格等方面优惠政策。

（三十）推进体育产业标准化建设，促进居民消费

建立健全体育产品与服务地方标准体系，积极推进体育服务业标准化试点示范项目建设，积极创造条件成立省级体育行业标准化委员会。积极引导城乡居民体育消费。落实大型体育场馆及公共体育设施免费或低收费开放政策。鼓励各地通过政府购买服务等形式，适时推进健康宣传教育等公共卫生服务与全民健身有机结合，探索对特定人群发放体育消费券。强化体育经营场所安全生产监管职责。

专栏8　体育市场主体培育计划

> 鼓励有条件的地区设立体育产业扶持资金，引导已设立体育产业扶持资金的地区进一步优化资金使用方向，创新资金使用方式，提高资金使用效益。加快各级各类体育资源交易平台建设，推进我省"互联网+"体育健身网络平台建设，推进赛事举办权、场馆经营权和无形资产开发等具备交易条件的资源公平、公正、公开流转。
>
> 创新场馆运营管理模式，充分盘活场馆资源。鼓励行政机关和事业单位所属体育场馆引入社会资本和现代公司化运营机制，推进所有权和经营权分离改革模式，积极组建体育场馆联盟，支持各类球场、冰雪运动场地、健身步道、登山步道、体育公园、沿河沿湖健身带、健身器械场地、健身房（馆）建设。
>
> 培育品牌体育赛事。培育具有我省特色的马拉松、自行车、汽车越野等赛事。打造"健康安徽"环江淮万人骑行大赛等赛事，在节假日安排重量级、大型体育赛事，拉动群众体育消费。加强品牌赛事均衡布局，优化体育赛事结构，引导社会力量参与办赛。
>
> 高度重视安全生产工作。强化体育经营场所安全监管职责，建立安全生产长效机制，确保体育市场安全稳定发展。

（三十一）完善和创新公共体育设施运营模式

各地对公共体育设施日常运行和维护给予经费补助，保障体育设施的正常运行。积极探索通过"购买服务""以奖代补"等方式，引导社会力量参与提供公共体育服务。鼓励按照"管办分离"的原则，采取"公建民营""委托管理"等方式，通过招投标选定各类专业化的社会组织或企业负责管理运营，并落实财政、税收、金融和土地等优惠政策。

（三十二）做好体育彩票销售和资金管理工作

转变发展理念和发展方式，加快体育彩票销售创新步伐，拓展销售渠道，稳步提高体育彩票发行量。大力提高体育彩票市场占有率和增幅，注重发展质量。搞好体育彩票公益性宣传，加强公信力建设。认真贯彻《彩票管理条例》，进一步完善体育彩票市场管理制度。加强体育彩票公益金的使用管理绩效评估，不断提升体育彩票的社会形象。

七、完善体育科学文化支撑体系

（三十三）加大体育科技支撑力度

实施"体育科技支撑完善工程"，结合项目特点建立科学的训练监控与评估体系。加强竞技体育管理系统信息平台建设。加大对科研医务工作的投入力度，加强科医人才队伍建设，完善体能康复中心建设，筹建安徽运动康复保健研究院。发挥省运动创伤康复中心和体能训练中心的作用，建立运动生理基础实验室和赛前训练环境适应实验室，重视国家"机能监控与评定重点实验室"建设，构建科医工作数据平台和重点运动员机能检测与伤病治疗档案，培养一支专业、精干的体能康复团队，促进体能训练与运动专项紧密的结合，完善科医保障体系。

专栏9　体育科技计划

加强我省国家级"机能监控与评定重点实验室"建设，"十三五"期间在国家体育总局绩效考核中位居全国体育系统重点实验室前列。每年引进2~3名具有硕士学历以上的专业人才。到2020年，省科研所60%以上科研人员具有硕士以上学历，主持2项以上国家科研课题和5项省部级科研课题，科研人员每年发表学术论文至少1篇；完成对膝关节交叉韧带术后和肩袖损伤关节镜术后两种常见损伤的康复标准化流程。积极申请省科技部门专项经费，建立运动生理基础实验室和赛前训练环境适应实验室。

（三十四）壮大体育专业人才队伍

坚持人才优先发展，优化体育人才成长环境，完善体育人才培养开发、选拔任用、流动配置、激励保障机制。贯彻落实《党政领导干部选拔任用工作条例》，加强教育培训、交流轮岗和实践锻炼，不断提高领导干部队伍的素质和能力。提高竞技体育人才队伍质量，加强高水平专业人才队伍建设，构建符合现代竞技体育发展规律的复合型教练员团队。以国家和省高水平体育后备人才基地为龙头，发挥学校尤其是体育院校在后备人才培养中的积极作用。改善全民健身体育专业人才服务水平，加强培养社会体育指导员，探索与人群、项目和市场结合的新模式。培训体质测定与运动健身指导专（兼）职人员，探索与学校、体育健身指导站、社区医院等社会资源相结合的运行模式。扩大体育产业人才规模，加强各类高素质复合型体育管理人才队伍建设。

（三十五）加强体育文化建设和繁荣体育哲学社会科学

树立以参与体育健身、拥有强健体魄为荣的个人发展理念，发挥体育健身对形成健康文明生活方式的作用。倡导人人爱锻炼、会锻炼、勤锻炼、重规则、讲诚信、争贡献、乐分享的良好社会风尚。推进以运动项目文化为核心的体育文化建设，普及运动项目知识，挖掘运动项目文化内涵，扩大运动项目文化的社会影响力。推进体育文化阵地建设，研究建设安徽体育博物馆、安徽体育网上博物馆。开展体育文物、档案、文献等普查、收集、整理、保存和研究利用工作。加强民族、民间、民俗体育的挖掘、整理、保护和宣传推广工作，推动体育类非物质文化遗产申报工作。鼓励和支持社会力量参与开展体育文化活动和体育文艺创作。进一步扩大体育对外交流与合作，展示安徽良好形象。

紧密结合体育改革与发展实践，围绕体育发展中的重大理论与现实问题，开展体育哲学社会科学研究，建立3~5所省级体育人文科学研究基地，鼓励科研机构、高校建立体育智库，健全专家决策咨询机制，为体育发展提供咨询服务。

（三十六）加强体育宣传信息工作

坚持服务体育改革发展大局和团结稳定鼓劲、正面宣传为主的基本方针，唱响主旋律，弘扬正能量。加大对全民健身、重要赛事、体育产业、体育文化、典型人物等方面的宣传力度。加强媒体合作，拓展宣传平台，打造品牌活动，不断扩大安徽体育的知名度和影响力。借助大数据、云计算、移动互联网等先进技术，推进"互联网+体育"融合发展，加强政府网站、新媒体平台建设管理，拓宽信息渠道，整合信息资源，提升体育信息化建设水平和政务公开、信息公开的水平。加强宣传信息工作组织机构建设和宣传信息员队伍建设，重视发挥各级体育记者协会作用。

（三十七）加强安徽体育教育

深入推进优秀运动队学院化工作，探索学院和优秀运动队共赢的管理体制和运行机制。体育职业技术教育重点建设2~3个省级示范专业，力争建成1个国家级示范专业。推进体育职业技术教育"教学改革与教学质量工程"建设，学生职业资格考试通过率、毕业生就业率和社会满意度达到国内同类院校前列，学生的就业质量和就业对口率不断提高。拓宽与本科院校合作开办体育专业本科班、与中专学校联合招生培养人才的新路子。

八、完善体育发展保障体系

（三十八）转变政府职能

理清体育部门权力边界，简政放权，加强事中事后监管。研究制定体育工作综合评价体系，把体育重点工作列入政府政绩考核指标。进一步健全政府购买体育服务体制机制，完善资金保障、监督管理、绩效评价等配套政策，把适合由市场和社会承办的体育服务事项，交给具备条件的社会组织和企事业单位承担，逐步构建多层次、多方式的体育服务供给与保障体系。

（三十九）推进依法治体

深入贯彻国务院《法治政府建设实施纲要（2015—2020年）》的各项要求，制定依法行政工作方案和开展年度工作考核。完善体育部门法律顾问制度和体育智库。健全科学决策机制，确保体育发展各项决策有法可依、程序正当、过程公开、责任明确。加强体育行政执法人员培训，提高体育行政执法水平。承办省人大《安徽省青少年体育工作条例》立法交办的工作，构建公民体育权利法律保护体系。建立体育仲裁制度，完善体育协会对体育竞赛、反兴奋剂、运动员参赛资格等纠纷解决机制，建立体育行政复议和行政诉讼对体育纠纷解决的救济功能。开展"七五"普法教育。建立省市县体育工作考核评估体系，完善考核奖励办法。

（四十）加大体育事业投入

各级人民政府要依法保障体育事业发展需要，公共财政随着经济社会发展逐年增加经费投入，各级政府部门提取的体育彩票公益金应及时、足额用于体育事业。各地要将体育设施用地纳入城乡规划、土地利用总规划和年度用地计划，合理安排用地需求，建立稳定的体育设施建设投入保障机制，按照分级负担、各有侧重的原则，安排财政性专项建设资金和体育彩票公益金用于规划建设。纳入规划建设的项目，严格落实配套资金，确保建设项目不留资金缺口。鼓励机关、企事业单位和社会多渠道加大投入，增加体育设施数量。充分调动社会力量参与提供体育公共服务的积极性。

（四十一）创新体育社团管理方式

研究制定体育社会组织改革相关政策，大力引导、培育、扶持体育社团、体育民办非企业单位、体育基金会等体育社会组织发展，创新体育组织管理方式。加强各级体育总会作为枢纽型体育组织的建设，带动各级各类体育组织开展全民健身运动。稳步推进省级体育组织改革试点工作，及时总结和推广改革试点经验。

（四十二）加强党团建设

充分发挥各级体育行政部门党组（党委）领导核心作用、基层党组织战斗堡垒作用、共产党员先锋模范作用。坚持党组中心组理论学习制度，深入开展年度专题教育，巩固和深化专题教育成果，推进专题教育常态化、长效化。加强和改进基层党组织建设，抓好基础性工作，不断增强各级党组织的凝聚力、战斗力和号召力。加强和改进群团组织和社会组织党的建设工作，建立健全组织机构，充分发挥党组织在群团组织和体育社会组织作用。做好优秀运动队思想政治工作。

（四十三）狠抓反腐倡廉和体育行业作风建设

贯彻全面从严治党要求，推进党风廉政建设责任制落实，认真履行"一岗双责"。坚持将纪律和规矩挺在前面，加大重点岗位、关键环节反腐倡廉，围绕干部选拔任用和大额资金运转、基建项目、器材采购、场馆资源运行、赛风赛纪和反兴奋剂、体育社团等，加大监督检查力度。扎实推进机关效能建设和体育诚信体系建设，对违规违纪问题进行严肃查处，建立健全廉政风险防控体系，坚决纠正损害体育事业发展的不正之风，为体育事业健康发展营造风清气正的良好环境。

九、组织领导

（四十四）强化组织落实

各级政府要高度重视体育工作，依法将体育事业纳入当地国民经济与社会发展的总体规划，把体育经费、基本建设资金列入本级政府财政预算和基本建设投资计划。各级体育部门要加强与发展改革、财政、税收、金融、国土等部门的联系与合作，建立健全体育工作领导协调机制，加强沟通协调，研究和发现体育发展中的新情况和新问题，确保各项目标任务和优惠政策落实到位。选择有特点有代表性的区域和项目，建立联系点机制，跟踪体育发展情况，总结推广成功经验和做法。完善实施体育统计制度和分类标准，健全体育信息发布制度，为决策管理提供科学依据。

（四十五）做好体育扶贫工作

以体育需求为导向，创新体育扶贫的方式方法，实施精准体育扶贫，丰富革命老区、皖北贫困地区、边远山区的体育文化生活，提高当地体育发展水平。

（四十六）加强协调监督

省体育局会同有关部门做好本规划与国家有关专项规划和省经济社会发展规划相衔

接，建立目标任务考核制度，加大奖惩力度。建立健全动态调整机制，跟踪重大事项和重点工作实施情况，加强监督检查，确保本规划纲要目标任务如期实现。

《安徽省体育发展"十三五"规划纲要》名词解释

1. **全民健身公共服务体系。**是指政府为满足社会成员参与体育健身的基本需要，向全社会提供公益性体育服务产品所形成的系统性、整体性的制度安排。具体包括以政府为供给主体，政府、体育社会组织、体育企业等组织为生产主体的供给体系；以场地设施、健身指导、体育培训、竞赛活动、体育信息、体质监测等为主要内容的产品体系；以人力资源和财力资源为基础的资源配置体系；以绩效评估和监督反馈为保障的管理运行体系；以覆盖全社会为目标的服务对象体系。

2. **公共体育服务体系示范区。**指以保障广大人民群众基本体育权益为出发点，以政府为主导，选择一批试点地区，加大财政、税收、金融和土地等方面的政策支持力度，率先在全国建立功能明确、网络健全、城乡一体、惠及全民的公共体育服务体系，充分发挥典型的示范、影响和带动作用，为我国公共体育服务体系建设探索经验、提供示范，推动公共体育服务体系建设科学发展。

3. **全民健身活动中心。**指国家体育总局利用本级体育彩票公益金引导建设，以服务大众体育健身为主要任务，综合性、多功能、室内室外体育设施相结合、以室内体育设施为主的公共体育设施。

4. **城市社区多功能运动场。**指利用城市社区空间建设符合不同人群、特别是青少年特点的室外公共健身场地设施，包括笼式足球、笼式篮球、笼式排球、极限运动（轮滑、滑板）、乒乓球长廊、篮球长廊、健身路径、健身步道等体育设施。城市可结合当地实际，针对群众尤其是青少年的体育需求，从上述体育设施类型中选择建设项目，也可增设其他体育场地设施，但所建体育场地设施必须集中。

5. **城市体育服务综合体。**指将城市体育场馆设施建设与住宅、休闲、商业等业态融合，为参与体育竞赛、全民健身、体育培训的群体提供配套服务，拉长服务链，把场馆设施打造成为以体育为主题、功能丰富、综合配套齐全、可经营性强、充满活力的服务性实体。

6. **城市社区15分钟健身圈。**指在城市社区，居民从居住地步行或骑行不超过15分钟范围内，有可供开展健步走、广场舞、球类运动等群众性体育活动的场地设施。

7. **青少年体育促进计划。**指以广泛开展青少年体育活动、普遍增强青少年体质为目标任务，以活动、场地、组织建设为重点，统筹校内外资源，建立和完善学校、社区、家庭相结合的青少年体育网络与联动机制，加强政府、社会、学校、家庭、市场等协同促进青少年体育发展。

8. **青少年户外体育营地。**指由政府倡导，由体育彩票公益金资助，依托江河湖海、山地森林、公园景区等自然资源，按照一定标准建设与管理，具有相应服务设施，以户外体育项目活动为主要内容，培养青少年热爱大自然、热爱体育活动良好品质的青少年户外体育活动场所。

9. 国家示范性青少年体育俱乐部。指由国家体育总局命名，在规范性、服务基础、发展能力、服务效果等方面综合评价突出的国家级青少年体育俱乐部，经认定后命名为国家示范性青少年体育俱乐部，并给予相应的经费资助。

10. 复合型训练管理团队。复合型训练管理是集科研、体能、康复、营养、医务、管理训练于一体的新型管理训练方式。复合型训练管理团队以主（总）教练为核心，由相关领导、专项教练、体能教练、科研医务人员组成，并可根据项目特点和实际需要，吸纳相关专业人员参加。

11. 冰雪运动"南展西扩"。指充分发挥地域优势，合理利用气候资源，通过多种政策手段，采取多种形式，引导南方省市和西部地区广泛开展冰雪运动，形成冰雪运动在南北方、西部地区共同发展的态势，提高我国冬季运动项目的参与度和影响力，共同促进冬季运动项目可持续发展。

12. 国家体育产业基地。指由国家体育总局命名或认定的，在体育产业发展方面具备相当基础、规模和特色的地区，在体育产业重点领域具有较大影响力和较强竞争力的单位或机构。国家体育产业基地包括三种类型：一是以地区（县或县域集群、不设区的市、市辖区）为单位，命名为"（地区名称）国家体育产业基地"；二是以体育产业重点领域的知名企业或机构为单位，认定为"国家体育产业示范单位"；三是以持续运营的优秀体育产业活动或项目为单位，认定为"国家体育产业示范项目"。

13. 体育产业投资基金。《国务院关于加快发展体育产业促进体育消费的若干意见》中明确提出"政府引导，设立由社会资本筹资的体育产业投资基金"。体育产业投资基金是体育投融资机制创新，即在政府引导下，通过市场的手段将分散的社会资本汇聚起来，由专业化的投资管理机构进行运作。

14. 体育发展专项资金。《国务院关于加快发展体育产业促进体育消费的若干意见》中提出"有条件的地方可设立体育发展专项资金，对符合条件的企业、社会组织给与项目补助、贷款贴息和奖励"。体育发展专项资金是由地方各级政府结合自身经济实力和体育产业发展状况自行设立的财政扶持性资金。资金由地方财政解决，没有强制要求，也没有统一标准，重点用于引导、培育、扶持区域内体育产业项目、企业、社会组织等。

15. 国家体育产业联系点。指国家根据体育产业发展环境、体育产业体系、体育产业发展基础，选择一批有特点、有代表性的项目和区域建立体育产业联系点，在优化产业结构、完善产业政策、打造市场环境等方面开展先行先试，形成一批效益显著的特色产业、优势项目和赛事品牌，发挥区域辐射和产业扩散效应，为全国体育产业发展提供示范经验。

16. 可穿戴式运动设备。指应用穿戴式技术对日常穿戴进行智能化设计、开发出的可以在运动中穿戴的设备，如眼镜、手表、服饰及鞋子等，为使用者提供各种运动数据。

17. 反兴奋剂进校园工程。指为了防止青少年运动员在体育运动中使用兴奋剂，保护青少年运动员的身心健康，维护体育竞赛的公平竞争，在中等及以上学校、高等体育院校、体育运动学校和其他教育机构开设反兴奋剂教育课程或讲座，对学生进行系统化的反兴奋剂教育，提高学生的反兴奋剂意识，把掌握反兴奋剂知识作为青少年运动员入队、注册和参赛的必要条件。

18. 优秀中青年专业技术人才百人计划。指在全国体育系统选拔100名思想过硬、专业知识扎实、业务水平高、有较强的开拓能力，对本专业、本领域的发展动向和前沿水平有较深了解的从事自然科学、哲学社会科学研究及从事其他专业技术工作的优秀中青年专业技术人才，以5年为一个周期进行重点培养，为我国体育事业科学发展提供高水平智力支持。

19. "18116"模式。即由1所"安徽体育运动职业技术学院"、8个运动项目管理中心（安徽省重竞技运动管理中心、安徽省射击运动管理中心、安徽省水上运动管理中心、安徽省武术拳击运动管理中心、安徽省球类运动管理中心、安徽省体操击剑运动管理中心、安徽省田径游泳运动管理中心和安徽省训练基地管理中心）、1所"安徽省体育科学技术研究所"和全省16个市体育行政部门，共同组成我省竞技体育工作管理运行模式。

20. 基础项目振兴工程。以田径、游泳、水上和举重等运动基础大项为突破口，重点加强项目教练员队伍建设和后备人才梯队建设，深耕细作，扩大规模，提高水平。

21. 优势项目扩优工程。以射击、摔跤、手球、拳击、击剑等我省传统优势项目和潜优势项目为突破口，重点加强教研组复合型团队建设，强化训练理论与实践创新，加强国际交流，精雕细刻，提升实力。

22. 三大球振兴工程。以我省足球改革发展为契机，探索体育项目职业化的方式和特点，并适时向篮球、排球以及其他运动项目延伸及覆盖，大力推进体育职业化、社会化进程。

23. 健康安徽体育惠民工程121行动计划。指在全省16个省辖市本级和105个县（市、区），规划建设121个体育主题公园。体育主题公园由各级政府主导规划建设，分大、中、小三个等级，体育主题公园以体育为主，多产业融合，社会资本参与，全民共享，以满足群众运动休闲需要和发展融体育、文化、旅游、养老等于一体的大健康产业需要。

24. 四大功能区。指以合肥经济圈为中心，建设皖中体育健身竞赛产业集聚区，重点发展体育赛事、体育用品销售和体育数字运动、体育健身培训、体育旅游休闲、体育中介业等产业；以黄山、九华山、天柱山和太平湖等山水生态资源和旅游配套基础设施为依托，建设皖南体育旅游休闲产业集聚区，重点发展体育旅游、户外运动休闲、体育赛事、健身养生等产业；立足皖江城市带区位优势和产业基础，建设皖江城市带体育用品制造业集聚区，重点承接体育用品制造业转移，做大做强体育用品制造业；充分挖掘历史文化名城亳州及皖北地区民间民俗体育文化资源，建设皖北民间民俗体育健身产业集聚区，重点发展传统武术、养生健身气功等产业。

25. 四同步。新建居住区和社区要按相关标准规范配套群众健身相关设施，按室内人均建筑面积不低于0.1平方米或室外人均用地不低于0.3平方米执行，并与住宅区主体工程同步设计、同步施工、同步验收、同步投入使用。

福建省"十三五"体育事业发展专项规划

前 言

"十三五"时期是全面建成小康社会决胜阶段，是协调推进"四个全面"战略布局，实现中华民族伟大复兴中国梦的重要时期，也是全面深化改革、推进体育事业进一步加快发展的重大战略机遇期。编制好福建省"十三五"时期体育事业发展专项规划，对于明确新时期各项体育发展与改革任务，更好地发挥体育在推动我省经济社会再上新台阶、建设新福建中的独特作用具有重要意义。

本规划以国务院和省政府关于体育事业发展的系列决策部署和《福建省国民经济和社会发展第十三个五年规划纲要》为主要编制依据，主要阐明未来五年福建体育发展的总体要求、重点任务和保障措施，是制定实施各级体育发展规划和相关政策的重要依据，是加快建设体育强省的行动纲领。

本规划以2015年为基期，规划期限2016—2020年。

一、现状与形势

（一）"十二五"时期我省体育发展取得显著成就

"十二五"期间，全省体育系统认真学习贯彻习近平总书记关于体育工作的系列讲话和批示精神，坚决落实中央和省委、省政府决策部署，以打造体育强省为主线，围绕中心、服务大局、攻坚克难、改革创新，各项工作呈现出特色鲜明、充满生机、富有活力的强劲发展态势，福建体育的竞争力、亲和力、影响力、融合力达到了新的历史高度，受到国际奥委会、国家体育总局和省委、省政府的充分肯定。

群众体育蓬勃发展。全民健身公共服务体系逐步完善，由政府主导、部门协同、全社会共同参与的"大群体"工作格局基本形成，市、县全民健身工作实现"三纳入"全覆盖，并向"多纳入"拓展。群众体育组织健全完善，县级体育总会实现全覆盖，老体协、农体协已覆盖社区和行政村，全省街道乡镇级以上各类民间体育组织2970个，社会体育指导员总数达到66531名，每万人拥有社会体育指导员达到15.9人。全省人均场地面积达到1.80平方米，经常参加体育锻炼的人数比例达到39.3%，城乡居民达到《国民体质测定标准》合格以上的人数比例为90.1%，每年接受国民体质测试人数平均为21.81万人。全民健身运动会连续三年被列为省委、省政府为民办实事项目。各地突出地方特色，挖掘区域特色体育资源，结合传统文化和山水资源特色，打造全民健身品牌，基本形成"一市一品"或"一县一品"的赛事格局。

竞技体育成绩突出。"十二五"期间，我省运动员在参加国际、国内大赛中，共获得世界冠军42个，亚洲冠军43个，全国冠军160个，充分展示我省竞技体育综合实力。伦敦奥运会我省运动员获得2枚金牌、2枚银牌、3枚铜牌，为中国体育代表团取得境外参赛奥运会最好成绩作出了重要贡献，中国奥委会授予"特殊贡献奖"，省政府给予记三等功奖励。仁川亚运会我省运动员取得了34枚奖牌，创造了历届亚运会参赛人数最多、所获奖牌最多的历史最好成绩。辽宁全运会我省取得了18枚金牌、63.5枚奖牌的好成绩，创造了历届全运会参赛人数最多、所获奖牌最多的历史最好成绩。成功举办第一届全国青年运动会，我省运动员共获得32枚金牌、30枚银牌和32枚铜牌，金牌数、奖牌数和总分均位居全国第二，国际奥委会授予省体育局"体育与创新"奖杯，省政府给予省体育局记集体二等功，给予福州体育局、厦门体育局和福州市公安局记集体三等功。成功举办第十五届漳州省运会。

青少年体育稳步推进。率先在全国启动实施"青少年校外体育活动中心和场所"建设，累计投入7.63亿元建成88个青少年校外体育中心和785个青少年校外体育活动场所，较好地改善了青少年校外体育活动的基础设施。积极探索青少年校外体育活动中心运营管理模式并取得突破。组织中小学生体育六项联赛，参赛人数达65287。积极开展青少年"阳光体育活动"，完成全国性活动18项。开展"足球进校园活动"，人数达2万多，有效带动学校体育活动的开展。夯实后备人才培养基础，全省各级少儿体校在校生达15600人，全省中等专业体校在校学生达到1033人。积极推进国家、省级高水平体育后备人才基地和少体校"二集中"单位创建工作，命名国家高水平体育后备人才基地10所、省重点体育后备人才基地30所。

体育产业快速发展。体育产业发展政策不断完善，省政府颁布印发《关于加快发展体育产业的实施意见》《关于加快体育产业发展促进体育消费十条措施的通知》，设立体育产业专项资金，有力推动了我省体育产业在更高起点加快发展。2015年，全省体育产业总规模突破3000亿元，实现增加值近千亿元，增加值较2010年增长88%，从业人员达到70多万。全国体育产业增加值的21.8%由我省贡献，增加值占地区生产总值的比重居全国首位。泉州、厦门被列为国家体育产业联系点，福建匹克集团有限公司、361°国际有限公司列为国家体育产业示范单位。连续5年组团参加全国体育文化、体育旅游博览会。2015—2016年连续两届在我省举办中国国际体育用品博览会。全省体育彩票"十二五"期间累计销售301.53亿元，同比增长翻番，再创历史新高。全省体育基础设施建设投入不断加大，"十二五"期间全省体育设施建设投入近90亿元，新建体育场地达23000多个，其中体育彩票公益金投入累计达31.99亿元。

保障体系持续完善。依法治体取得新进展，取消商业性和群众性体育赛事审批，省级所有体育行政审批权限下放县市一级。闽台体育交流方兴未艾，借力闽台"五缘"优势与海峡品牌，闽台体育交流相关赛事和活动连续八届参加"海峡论坛"。体育行业作风建设和反腐倡廉建设有力推进，为体育事业发展营造了风清气正的良好环境。

（二）"十三五"时期我省体育发展存在的困难与矛盾

"十三五"时期，我省体育发展将进入更加严峻的改革攻坚期。人民群众日益增长的多元化体育需求与有效供给不足仍然是我省体育发展中存在的主要矛盾。全民健身公共服务体系有待进一步完善，公共体育场地设施存在重建设轻管理问题，学校和单位内部的体育设施对社会开放力度不大。全省体育组织分布不平衡、结构不合理，社会力量举办全民健身活动的扶持激励政策需要进一步完善。竞技体育核心竞争力不强，项目结构布局还不够科学合理，一些影响广泛的基础大项和集体球类项目水平较低。业余训练体制机制创新不足，青少年体育后备人才匮乏的局面没有得到根本改观。体育产业结构不尽合理，体育服务业在体育产业中的比重较低，区域发展不够平衡，体育产业各项基础工作还比较薄弱，高素质的体育产业人才匮乏。

（三）"十三五"时期我省体育发展面临的机遇

以习近平为总书记的党中央把体育作为中华民族伟大复兴的一个标志性事业，国家对体育的重视和支持将更加有力。全面建成小康社会、建设健康中国、全民健身上升为国家战略，为体育的发展与繁荣提供了重要机遇。

一是经济发展新常态对体育发展提出了新要求。中央提出深化供给侧结构性改革，为体育产业发展提供了难得的发展机遇。体育产业作为新兴产业、绿色产业、朝阳产业，完全有条件成为供给侧改革新的增长点。体育被列为六个新增的消费领域之一，成为推动经济社会持续发展的重要力量。

二是快速增长的体育需求为体育发展提供了新机遇。全面建成惠及全省人民的小康社会的新要求以及人民群众收入的稳步增长，使广大群众对体育的需求也日趋多样，竞技体育巨大的社会功能和综合效应越来越受到广泛关注。

三是"再上新台阶、建设新福建"为体育发展营造了新环境。中央关于支持福建进一步加快经济社会发展的意见以及中国（福建）自由贸易试验区、21世纪海上丝绸之路核心区、福州新区批复，为推进福建体育事业再上新台阶提供了良好的发展环境。省委提出"十三五"时期"再上新台阶、建设新福建"的目标以及省政府加快体育产业发展若干政策措施的相继颁布实施，为我省体育事业的发展提供了根本保证。

四是信息化、全球化、网络化的发展为体育发展提供了新动力。当前，科技领域迅猛发展，国家层面推进和实施的"中国制造2025""大众创业、万众创新"和"互联网+"极大地改变着人们的生产和生活方式，体育与经济、政治、社会和文化将产生更加积极全面的互动，体育发展前途光明。

面对难得的历史机遇，必须充分利用福建独特的区位优势和产业基础，统一思想，凝聚力量，抓住机遇，乘势而上，实现我省体育科学发展、跨越发展，在新的更高起点上推动我省体育事业全面协调可持续发展。

二、总体要求

（一）指导思想

全面贯彻党的十八大和十八届三中、四中、五中全会精神，深入贯彻习近平总书记系列重要讲话和对福建工作的重要指示，按照全面建成小康社会、建设体育强国的总要求，抓住中央支持福建进一步加快经济社会发展和"五区"叠加的历史机遇，围绕省委提出的"再上新台阶、建设新福建"新任务、新要求，进一步解放思想、深化改革，以增强人民体质、满足群众健身需求为根本出发点，以改革创新和科学发展为动力，以建设体育强省和健康福建为重要内容，充分发挥体育在推动经济、政治、文化和社会建设中的作用，为推动我省经济社会发展再上一个新台阶，努力建设"机制活、产业优、百姓富、生态美"的新福建做出积极的贡献。

（二）基本原则

坚持服务大局。坚持将体育事业发展融入新福建建设大局，准确把握体育在推进我省经济建设、政治建设、文化建设、社会建设、生态文明建设等方面的综合功能。

坚持科学发展。从体育发展的实际出发，遵循现代体育发展内在规律，顺应社会发展新趋势，实现体育更高质量、更有效率、更加公平、更可持续的发展。

坚持以人为本。坚持维护和实现人民群众的体育权益，不断满足人民群众日益增长的多元化体育需求。注重体育与健康、养老、医疗等领域良性互动，引导群众增强健身意识，科学锻炼身体，提高身体素质，形成良好的健康投资与消费理念。

坚持深化改革。坚持解放思想、实事求是、与时俱进，坚持问题导向、底线思维、法治理念，加快体育事业发展方式转变，破除制约体育发展的障碍。正确处理政府和市场的关系，充分发挥市场在体育资源配置中的决定作用，激发体育内在活力，促进体育市场化、社会化、生活化发展。

（三）主要目标

根据国家和我省"十三五"规划确定的任务目标与要求，深化体育重点领域改革，进一步完善体育管理体制和运行机制，促进群众体育、竞技体育、体育产业、体育人才队伍建设等各领域体育事业取得进一步发展，推进体育发展再上新台阶。

全民健身公共服务体系不断完善。全面实施《全民健身实施计划（2016—2020年）》。到2020年，群众体育健身和消费意识显著增强，经常参加体育锻炼的人数比例达到40%以上，全省人均体育场地面积达到2.0平方米以上，城乡居民《国民体质测定标准》合格率高于全国平均水平，社会体育指导员人数达到7万以上，每万人拥有社会体育指导员16人以上。全民健身基本公共服务覆盖各类人群，城乡居民的健身意识进一步增强。

竞技体育核心竞争力进一步增强。完善竞技体育管理机制，优化竞技体育项目结构，保持优势项目继续领先，力争潜优势项目取得突破。我省运动员参加2016年巴西里约第三十一届夏季奥运会、2020年日本东京第三十二届夏季奥运会、2018年印尼第十八届亚洲运动会成绩力争继续保持上届水平。2017年天津第十三届全运会、2019年山西第二届全国青年运动会赛会成绩继续保持全国前列。2018年宁德第十六届省运会实现办赛和参赛双丰收。

体育后备人才培养体系进一步健全。到2020年，基本形成学校、社会、家庭相结合的青少年体育公共服务网络和运行机制，构建较为完善的适应我省竞技体育发展需要的青少年体育后备人才培养体系，努力提升青少年体质健康水平，提高体育后备人才质量。国家级高水平体育后备人才基地保持10所左右，省级重点体育后备人才基地达到40所，省级体育传统项目学校达到220所。

体育产业规模和质量不断提升。到2020年，全省体育产业总规模达到5000亿元。体育产业就业人数占全省就业人数的比重达到3%，体育服务业增加值占全省体育产业增加值的比重达到10%，逐步形成多元主体共同发展的体育产业格局。力争把我省建设成为海峡两岸体育产业合作开发示范基地，全国规模最大、综合实力最强的省级体育产业基地，具有国际影响力的现代体育用品制造业基地和全国驰名的山水运动体育休闲旅游目的地。

三、深化重点领域改革创新，增强体育发展活力

（一）加快体育部门职能转变

推进简政放权、放管结合，进一步厘清政府权力边界，减少审批事项，放宽市场准入，实施负面清单管理模式，加强事中事后监管。研究制定体育工作综合评价体系，从群众体育、竞技体育、青少年体育、体育产业等方面综合测评体育工作业绩。进一步健全政府购买体育服务体制机制，制定政府购买体育服务指导性目录，完善资金保障、监督管理、绩效评价等配套政策，逐步构建多层次多方式的体育服务供给与保障体系。

（二）推进体育社会组织改革

落实国务院《行业协会商会与行政机关脱钩总体方案》，积极稳妥推进单项体育协会改革工作，及时总结和推广试点改革经验，推动各级各类体育协会改革，推进各级各类单项协会实体化发展，扶持单项体育协会承担政府公共服务职能。加大政策扶持力度，引

导、培育、扶持体育社团、体育民办非企业单位、体育基金会、自发性群众体育组织等体育社会组织发展。建立体育社会组织信用信息平台，着力规范体育社会组织服务行为。

（三）推进职业体育改革

稳步推进具备条件的运动项目走职业化道路，探索教练员、运动员职业化发展方向。鼓励具备条件的省级竞技运动队与社会资本合作成立职业化运动队，推动足球、篮球、排球、羽毛球、网球、乒乓球职业化、产业化发展。支持社会资本发展职业体育，允许社会化培养的运动员拥有参加省级赛事资格，鼓励进入各级专业运动队，并代表福建省参加全国和国际赛事。鼓励赴省外境外接受高水平的训练、培训。充分利用大型比赛创造的综合效应，合理利用全省竞技体育资源，转化成对福建经济、社会的有利影响。

（四）推进足球事业改革

根据《中国足球改革发展总体方案》和《中国足球协会调整改革方案》，制定实施我省足球改革发展规划，重点在足球场地建设、人才培养、办赛模式上有所突破。逐年加大经费投入，不断扩大足球场地面积，增加足球人口。体育部门要协同教育部门开展校园足球，依托社会力量探索职业化足球发展模式。支持足球俱乐部、足球县和足球传统校建设。

（五）推进体育场馆运营改革

积极推进体育场馆管理体制改革和运营机制创新，引入和运用现代企业制度，探索大型体育场馆所有权和经营权分离，采取特许经营、委托经营等方式提升场馆运营效能。扶持和培育一批体育场馆专业运营管理实体，支持其通过品牌输出、管理输出和资本输出等形式实现规模化、专业化运营。推行体育场馆设计、建设、管理和运营一体化，促进赛事功能需要与赛后综合利用有机结合。建立健全体育场馆服务标准，运用现代信息技术，提高体育场馆专业化、标准化、信息化水平。鼓励有条件的体育场馆发展体育商贸、体育会展、康体休闲、文化演艺、体育旅游等多元业态，建设体育服务综合体和体育产业集群。鼓励学校、机关、企事业单位的体育场馆设施创造条件向社会开放。

四、全面落实全民健身国家战略，加快推进群众体育发展

（一）完善全民健身公共服务体系

制定出台《福建省全民健身实施计划（2016—2020年）》，开展新周期计划实施与评估工作，夯实"政府主导、部门协同、全社会共同参与"的全民健身事业发展格局，完善全民健身公共服务体系。强化政府体育公共服务职能，逐年提高"三纳入"质量并向"多纳入"延伸。安排一定比例的体育彩票公益金等财政资金，通过政府购买服务等方式，支

持和引导社会力量参与全民健身，鼓励群众健身消费。

（二）加大全民健身场地设施建设力度

制定出台《"十三五"公共体育设施建设规划》，加大公共体育设施建设的投入和扶持力度，充分利用公园、绿地、广场、山地等建设公共体育设施，完善公共体育设施布局，确保公共体育设施建设全面纳入城乡建设规划和土地利用总体规划。加强便民、利民、惠民的中小型公共体育设施建设，继续将全民健身场地设施建设列入省委、省政府为民办实事项目。鼓励社会资本建设小型化、多样化的公共体育设施，政府以购买公共服务的方式予以支持。加快城乡公共体育设施提档升级和覆盖延伸，基本建成设区市、县（市、区）、乡镇（街道）、行政村（社区）四级公共体育设施体系。城市社区建成"15分钟体育健身圈"，新建居住区和社区公共体育设施室内人均建筑面积不低于0.1平方米或室外人均用地面积不低于0.3平方米。结合"美丽乡村"建设，完善农民健身工程，在乡镇、行政村（社区）实现公共体育设施全覆盖。推动各级各类公共体育设施免费或低收费开放，完善中小型公共体育场馆对外免费和低收费开放的补助政策，并逐步加大扶持力度。

（三）广泛开展全民健身活动

继续将省全民健身运动会列为省委、省政府为民办实事项目，广泛开展丰富多样、群众喜闻乐见的全民健身活动。突出福建山海优势，利用福建森林覆盖率高、山海具备、空气优良的地域优势，大力发展生态项目和海洋项目。继续发挥"一地一品，一行一品"的示范、引领、辐射作用，鼓励各地打造具有福建山水资源、人文优势、民族特色、区域优势和行业特色的全民健身品牌活动。重点引导"三大球"的普及开展，大力发展健身跑、健步走、广场舞、气排球、网球、自行车、轮滑、武术、游泳、登山运动等有发展空间的群众体育项目，推进全民健身生活化、社会化，促进项目人口的增长。支持和鼓励各级机关、企事业单位和社会组织举办不同层次、不同类型的全民健身活动。通过政府购买服务等方式，引导社会组织和社会力量开展全民健身赛事和活动。探索多元主体办赛的机制，政府由主办活动转向指导、支持和服务社会力量举办活动，统筹推进青少年、成年人、老年人及社区居民、农民、妇女、少数民族、残疾人等人群体育均衡发展，增加体育健身服务供给。广泛开展经常性老年人体育健身活动，着力打造一批老年体育健身活动品牌，办好老年人体育健身大会，以争创老年人健身康乐家园活动为抓手，全面推进老年体育工作。

（四）健全完善全民健身组织网络

继续发挥好各级体育总会、老年体育协会、农民体育协会等综合性、枢纽性体育社会组织作用，强化单项体育协会全民健身功能。优先发展和重点培育群众广泛参与的单项和综合性体育社会组织，注重培养网络、社区、草根等非正式体育社会组织的成长转化，着力培养立足基层、服务百姓的项目型体育社会组织。以规范化、实体化为目标，引导体育社会组织完善权责明确、运转协调、监督有效的治理结构，强化自我约束和自主能力，健全诚信服务和信息披露机制，促进体育社会组织依法设立、自主办会，服务为本、治理规范、行业自律。完善社会体育组织评估体系，实施第三方公开的绩效评估机制。

（五）加大全民健身科学指导和宣传力度

完善国民体质监测站点建设，开展体质监测和日常测定工作。积极推动移动互联网、云计算、大数据、物联网等现代信息技术与全民健身相结合，构建"智慧型"体育服务网络和平台，探索国民体质监测、全民健身活动状况调查网络化、信息化，提高全民健身管理的效率及科学化水平。鼓励有条件的地方试行"医保健身一卡通"制度，将个人医保卡结余部分用于体格检查、体质测评等。鼓励社会资本搭建健康管理、体质测定和运动康复等平台，推动健康咨询，推广"运动处方"。发展壮大社会体育指导员、全民健身志愿者队伍，创新社会体育指导员技能培训分级管理制度，提高社会体育指导员业务技能和综合素质。建立全民健身宣传的长效机制，开展全民健身公益巡回讲座，促进体育生活化、锻炼常态化，组织全民健身志愿者走街道、入社区、进农村示范科学的项目健身方法，普及健身知识等。引导群众树立科学健身的理念，养成健康文明的生活方式和体育消费习惯，形成以参与体育健身、拥有强健体魄为荣的个人发展理念和社会环境。

五、提升竞技体育水平，增强竞技体育综合实力

（一）加快转变竞技体育发展方式

进一步优化竞技体育发展环境，逐步形成政府办与社会办相结合的竞技体育管理体制，协调推动竞技体育与群众体育、青少年体育、体育产业良性互动发展。加强对竞技体育发展理论、训练理念、战术创新、组织管理等方面的研究和经验总结，使创新成为竞技体育发展的驱动力。统筹协调各市、各行业、高校的竞技体育工作，大力发展具有区域特点和行业特色的竞技运动项目。全面启动振兴"三大球"的系统工程，加强"三大球"后备力量培养和队伍建设，借助社会资源振兴"三大球"发展。

（二）提高竞技体育科学化管理水平

科学节俭办好宁德第十六届省运会，培养选拔我省竞技体育后备人才。健全竞技体育管理体系，继续完善竞赛项目责任人制度，实施竞聘上岗、年度考核的竞争机制，强化绩效考核，加强督导督查，落实奖惩制度。完善竞技人才选拔、培养、评价、流动和配置机制，建立运动员选拔档案信息库，适时跟踪运动员的阶段性发展。开展国字号教练员培养工程，实施"领军人才+团队"模式，培养造就并有针对性地引进一批高水平教练人才。出台福建省体育竞赛管理办法，调整竞赛结构，扩大竞赛规模，丰富竞赛种类，强化竞赛

监督，引导社会力量办赛，鼓励政府购买服务，逐步形成赛制稳定、管办分离、等级分明、衔接有序、遍及城乡的竞赛格局。提升运动训练基地建设和管理水平，集中力量重点建好现代化、专业化、科学化程度较高的国家级和省级训练基地。加强体育科技队伍和体育科研仪器设备建设，推进体育科技成果转化，提高运动训练科学化程度。

（三）做好重大赛事的备战参赛工作

认真贯彻落实《2011—2020年奥运争光计划纲要》，全面优化全运、青运攻关计划，狠抓重大赛事备战工作的综合协调与组织保障，确保完成好2016年巴西里约夏季奥运会、2017年天津全运会、2018年印尼亚运会、2019年山西青运会、2020年日本东京夏季奥运会以及其他重大赛事的备战参赛任务。实行金牌课题攻关激励制度，科学合理制定各运动管理中心的指标任务。进一步完善各类大型赛事参赛备战方案，创新训练管理，制定重点项目、重点运动员的倒计时备战计划，并按照时间节点有序推进。加大信息情报收集力度，积极建立信息分类供给和信息沟通机制，做到知己知彼，为备战及训练提供支撑。进一步优化我省竞技体育项目结构，以传统优势项目打下基本盘、以挖掘潜优势项目扩大夺分点，确保优势项目保持优势，潜优势项目加快发展，基础项目、弱势项目和集体球项目水平稳步提高。

（四）完善运动员文化教育和保障机制

继续贯彻落实《关于进一步加强运动员文化教育和运动员保障工作的指导意见》，加强运动员在役期间的文化教育工作，保障义务教育阶段运动员达到国家规定的基本教育教学质量要求，完善优秀运动员进入高等院校学习政策。规范运动员赛前文化测试工作，实行文化测试成绩与参赛资格挂钩，努力提升运动员全面素质。到2020年，力争我省所有优秀运动员完成基础教育，适龄优秀运动员接受高等教育率达到98%以上。继续完善各项运动收入分配和激励保障政策，确保运动员社会保障待遇全面覆盖。完善优秀运动员伤残保险基金、助学基金和退役保障基金，合理科学设置退役运动员自主择业经济补偿标准和发放程序。完善运动员职业转换社会扶持体系，进一步做好退役运动员就业安置工作，加大退役运动员创业扶持力度。

（五）全面强化正风肃纪工作

贯彻实施《反兴奋剂条例》《反兴奋剂管理办法》，继续加强反兴奋剂宣传教育工作，建立健全反兴奋剂长效工作机制，做好备战参赛的各类运动会的反兴奋剂工作。全面开展反兴奋剂教育资格准入，坚决纠正体育行业不正之风，坚持文明参赛、公平竞争，教育引导运动员、教练员和管理人员自觉抵御享乐主义、拜金主义和极端个人主义侵蚀，提升职业素养和职业道德，夯实体育事业健康发展的道德根基。开展以弘扬爱国主义、集体主义精神为主题的教育活动，加强运动员理想信念和励志教育。加大对弄虚作假、徇私舞弊、执裁不公、扰乱赛场秩序等违规违纪行为的处罚力度。

六、大力发展青少年体育，壮大体育后备人才队伍

（一）着力提升青少年体育公共服务能力

落实青少年公共体育服务职能，实施青少年体育活动促进计划，推动落实以公共财政为主渠道的青少年体育投入保障机制。加强适应青少年需求的体育设施建设，完善青少年校外活动中心软硬件建设，鼓励建设档次和标准更高的灯光篮球场、足球场、乒乓球馆、棒球场等青少年群体喜闻乐见的专业体育运动场所，并以公益普惠性原则向青少年开放。探索建设青少年体育校外辅导员队伍，为青少年学生开展校外体育活动提供科学、专业的技术服务。以省运会为龙头，以各项目年度锦标赛、冠军赛和中小学生体育联赛为主体，带动各市、县、学校广泛开展青少年体育竞赛，形成层层选拔、逐级输送、覆盖范围广、竞技水平高的青少年体育竞赛体系。促进各类青少年体育组织规范发展，积极创建青少年体育俱乐部及户外营地，评估认定100个省级青少年体育俱乐部，搭建青少年校外体育活动展示平台。

（二）积极推进学校体育发展

以阳光体育活动为抓手，积极推动青少年体育活动广泛开展，保证学生在校期间体育锻炼活动每天不少于1小时。省、市、县各级分别定期组织开展综合和单项青少年体育活动，充实青少年课外体育生活。学校、社区和家庭之间加强沟通与协作，经常组织开展多种多样的青少年体育活动。体育部门要会同教育部门，建立联动机制，科学规划全年青少年体育赛事，每年联合发布全省青少年赛事计划，推动各运动项目在学校中开展。完善省、市两级中小学生体育联赛体制机制。鼓励体育社会组织进入校园开展体育活动。

（三）完善竞技体育后备人才培养体系

加强各级体校建设，充分发挥省少体校后备人才培养的主渠道作用，着力抓好市、县（区）少体校建设，夯实体育后备人才培养基础。市、县（区）体校经费纳入本级财政预算，并和当地经济发展状况以及体育后备人才培养情况相适应。保障青少年运动员文化教育，将体校文化教育纳入普通教育序列，由地方财政按同类学校标准配建和保障办学经费，并根据国家办学条件和教育教学基本规定提高各级各类体校人均经费基本标准和人均财政拨款标准。大力推进少体校"三大球"工作，设立专项资金对组建"三大球"队伍，尤其是对薄弱项目足球和排球办学的少体校予以扶持。

积极开展各层级高水平后备人才培养基地认定工作，鼓励有条件的市、县（区）先做强做大国家和省级"基地"校，对条件稍差的市、县（区）可采取把少体校依托或办进重

点学校以及政府向社会组织购买服务等多种形式培养体育后备人才。对已命名的国家高水平体育后备人才基地和省级重点体育后备人才基地给予重点扶持，主要包括基础设施建设、训练器材更新、新增训练项目、人才引进。

七、优化体育产业结构，促进体育消费增长

（一）推动体育健身休闲业全面发展

拓展体育健身休闲的方式和途径，培育体育健身休闲产品，促进健身休闲业向专业化、功能化、品牌化方向发展。建立覆盖各类体育健身休闲项目的组织体系和竞赛体系，广泛开展群众喜闻乐见的运动项目。支持我省传统体育项目和少数民族运动项目发展，鼓励开发适合老年人特点的休闲运动项目。发挥中心城市的市场优势，提升都市健身休闲业品质。抓住城镇化发展机遇，发展中小城镇体育健身休闲市场。鼓励社会力量利用生态农业绿色资源积极开展农村特色体育健身休闲活动。

（二）完善体育竞赛表演市场化运行机制

加强体育赛事战略规划和布局，进一步优化体育赛事结构。出台《福建省体育产业专项资金体育品牌赛事项目资助扶持办法》《福建省体育产业专项资金地方传统体育赛事项目资助扶持办法》，推进省级竞赛赛制改革，探索完善综合性运动会、单项体育赛事的市场开发和运作模式，由政府主办的公益性体育赛事活动，逐步采用政府向社团、企业等购买服务的形式办赛。建立体育赛事评估机制，精心选择和引进一批适合我省举办的、有较大市场前景的体育赛事项目。充分发挥体育赛事对住宿、餐饮、旅游、通讯、交通、传媒、会展、广告等相关产业的拉动作用。鼓励和引导社会力量参与举办体育赛事，逐步建立和完善以市场为主的办赛机制，对承办国际国内重要赛事、采取市场化运作的单位给予重点扶持。鼓励和引导社会力量参与组建运动项目联盟或建立职业体育俱乐部。积极开展海峡两岸体育竞赛表演活动的交流与合作。依托省公共资源交易平台设立体育产业资源交易子平台，推进赛事举办权、场馆经营权、无形资产开发等具备交易条件的资源公平、公正、公开流转。

（三）加快体育用品制造业结构性转型升级

积极调整体育用品产业结构，大力发展高科技、高附加值的高端体育用品制造业，重点扶持和鼓励发展体育用品和健身器材制造企业。鼓励和引导体育用品制造龙头企业加大技术创新和技术改造，推动跨区域、跨行业、跨所有制兼并重组，推动转型升级。建立国际领先水平的体育用品质量测控中心和研发机构，推动技术革新、工艺优化和产品升级换代，提升产品技术含量和品牌附加值。落实省委、省政府《行动计划》，打造一批具有国

际竞争力的体育用品制造企业和自主品牌。引导和扶持我省体育用品业集聚发展，建设若干富有特色、在全国具有较大影响力的体育用品制造业基地和园区等。鼓励有条件的设区市加快组建符合现代企业制度的体育产业集团，充分利用我省体育制造业产业规模、资本实力和品牌集聚的优势，组建体育产业集团，推动龙头企业走多元化战略，带动体育服务业的配套和跟进发展，延伸产业链，提高市场竞争力。积极承接台湾体育用品业转移，大力吸引台湾企业来闽设立地区总部、配套基地、物流中心、营运中心和研发中心。支持发展闽台运动装备器材制造产业对接专业园区，鼓励建立与台湾运动装备器材产业配套的以及大陆台资企业所需的零部件、原辅材料中心，促进两岸产业对接进一步集聚、提升。

（四）大力发展体育中介培训业

加强不同运动项目培训标准的建设和推广，提高体育培训市场的专业化水平。逐步建立和完善社会办体育的市场机制，引导发展社会体育中介组织，制定政策扶植体育中介机构，培育以专业体育中介公司和兼业体育中介公司为主体的中介活动。逐步实现体育中介资源的市场化，加强体育中介市场的法制建设，推动体育中介业的规范发展。

积极开发一批体育特色培训项目，培训一批影响力大、受众广、效益好的体育培训机构，鼓励和引导各地积极开展与国际体育机构、著名职业体育联盟、俱乐部和明星合作，引进培育各类体育培训品牌和培训市场主体，创办一批高水平的、有品牌效应的国际体育学校，发展高端体育培训业。加快体育中介人才的培养，通过高校及体育产业协会开设体育经纪人培训班，建立体育中介从业培训制度。

（五）促进体育与相关产业融合发展

以资源整合为抓手，促进体育产业融合发展。积极整合省、市体育系统资源，推动体育传媒、体育会展、体育培训、体育动漫、电子竞技等新型体育服务业态，实现我省强势体育用品制造业带动体育服务业发展的模式。

积极促进体育与旅游融合，研究制定福建省体育与旅游融合发展的实施意见，大力发展运动休闲、运动体验、康体度假、赛事观赏、山野户外和民族民间民俗体育等旅游，推动每年创建10家以上体育旅游休闲示范基地，引领全省体育旅游新兴业态发展。

促进康体结合，培育发展体育健康服务产业，推动体育与健康服务业融合发展。发挥中医药在运动康复等方面的特色，提倡开展健身咨询和调理等服务。

推进体育与文化创意和设计服务融合发展，积极打造体育文化创意产业，加强体育文化服务业品牌建设。以体育设施为载体，推动体育与住宅、休闲、商业综合开发，将体育用地与居住绿地、公园绿地进行融合，打造城市体育服务综合体。积极打造体育创意产业园，鼓励可穿戴运动设备、运动健身指导技术装备、运动功能饮料和营养保健食品药品等研发制造营销。推动体育产业与电子商务结合，积极发展基于互联网的体育服务，发展形式多样的新型业态，培育新兴体育消费热点，促进互联网的新业态成为体育产业新的增长动力。

(六)全力抓好体育彩票工作

贯彻落实《彩票管理条例》和《彩票管理条例实施细则》，按照安全运行、科学发展和依法治彩的原则，进一步完善更加符合市场需求、有利于彩票事业发展的政策措施和管理制度。深化推进条块结合管理模式，明确省、市、县三级体育部门职责分工，不断提高管理效益。优化产品结构，打造以乐透型彩票为支柱、以竞猜型彩票为品牌、以即开型彩票为增长的产品结构，增强产品核心竞争能力。坚持多元化发展，大力拓展实体网点，不断提高网点的覆盖率，稳妥推进非实体渠道建设工作，全力提升网点竞争力。坚持防患于未然，加强科学决策和内控管理，强化发行销售风险防控体系，切实维护好体育彩票安全运营的生命线。加强体彩公益金的使用管理绩效评价，加大体育彩票宣传力度，不断提升公益品牌。

八、完善保障体系建设，促进体育事业全面发展

(一)提高体育依法行政能力

认真制定并贯彻落实全省体育系统法制宣传教育第七个五年规划，积极开展《全民健身条例》《公共文化体育设施条例》《福建省体育经营活动管理条例》《福建省公共游泳场所管理办法》等法律法规落实情况的检查调研。指导完善行政执法工作机制，明确自由裁量权，规范全省体育行政执法行为。强化基层体育部门执法力量，支持在大编制控制内调整增加县（区）综合执法大队人员，在执法大队职能中增加体育执法职责。把握深化改革的总方向，推进简政放权放管结合、转变政府职能工作，及时调整公布行政权力、公共服务事项清单和责任清单，建立行政权力清单运行流程图，健全行政权力运行电子平台，强化行政权力事中事后监管。

(二)加大体育科研工作力度

整合我省体育院校、科研院所、重点实验室和运动训练基地的优势资源，设立重点课题研究专项经费和国家重点专项课题配套经费，开展政策研究和应用研究，为体育改革发展、重大决策、科学管理提供咨询服务。进一步完善科医训一体化的科技服务保障体系，加强运动创伤防治与康复、医务监督与运动营养工作，探索建立体育康复医院，建立服务优秀运动队训练比赛的科技保障平台。以满足群众多元化健身需求为重点，开展全民健身重点领域和科学健身方法研究。支持现代科技成果向体育产业领域的转移与应用，加大知识产权保护和产权激励力度，促进体育企业的技术应用与成果的高效转化。

（三）加快体育人才队伍建设

优化体育人才成长环境，探索建立有利于调动体育人才积极性、创造性的收入分配体系，完善以能力素质为核心、以业绩和贡献为导向的科学化、社会化评价机制。构建政府、企业、高等院校和社会力量相互补充的多元化体育人才培养体系。积极响应国家体育总局"优秀中青年专业技术人才百人计划"，加大优秀中青年的培养和使用力度，重视优秀教练员和学科带头人的培养，改革和完善教练员岗位培训制度，提高竞技体育人才队伍质量。积极发挥高等院校、职业技术学院、体育专业培训机构的作用，鼓励省内高校联合探索体育创新创业人才培养模式，培养体育市场急需的各类体育专业技术人才和体育管理人才。鼓励体育企业引进国内外体育高端策划、经营管理等领军人才，鼓励体育职业俱乐部引进国内外优秀教练员与运动员，按规定享受相关待遇。

（四）推进体育文化建设

充分利用我省闽南文化、客家文化、妈祖文化、红土地文化、船政文化、畲族文化、朱子文化等独有的文化特色，深入挖掘富有福建特色的体育文化，传承咏春拳等我省传统体育非物质文化资源。加强优秀民族体育、民间体育、民俗体育的整理和推广。加强体育志编纂工作。提高《海峡体育》杂志采编质量，发挥福建体坛网作为官方网站的传播主渠道作用。

（五）扩大对外交流合作

抓住国家实施"一带一路"战略带来的机遇，创新与沿线国家在体育领域的合作机制。拓展国际体育赛事、体育法制、境外训练、康复以及体育科研等资源，扩大与国际体育组织、友好城市、港澳台地区的合作交流。借助"海峡论坛"的影响力，大力开展闽台体育交流赛事，积极推动两岸市、县基层青年社团和学生结对互动，密切闽台青少年交流交往。发挥海峡两岸（平潭）体育促进会的平台功能，合作举办大型体育赛事，引进推广棒垒球、水上运动、自行车、沙滩排球等特色民间体育活动，发展综合性体育休闲旅游服务项目。

九、加强组织领导，保障规划落实

（一）加强组织领导

各级政府要高度重视体育工作，将发展体育事业、建设体育场地设施、促进体育消费纳入地方经济、社会发展和城乡规划。体育部门要加强与发改、财政、税收、金融、国土等部门的联系与合作，建立健全体育工作领导协调机制。充分发挥各级工会、共青团、妇联和社会组织的积极作用，统筹推动体育发展。

（二）强化基础工作

加强体育产业统计工作，建立体育产业信息发布制度，探索体育产业统计的长效机制和重点业态的动态监测机制。加强省级体育标准化工作，积极宣传落实体育领域的国家强制性标准和推荐性标准，努力做好体育服务论证和体育安全生产监管工作。加强宣传工作，融合媒体资源，拓宽宣传渠道，创新宣传方式，为体育事业发展营造良好的宣传氛围和舆论环境。

（三）加大资金投入

各级政府要加大对公益性体育事业的扶持力度，将体育事业经费和公共体育设施建设纳入各级财政预算。完善体育事业多渠道投入机制，鼓励社会团体和个人参与投资发展体育事业。

（四）狠抓作风建设

贯彻全面从严治党要求，落实主体责任和监督责任，加大对体育行业重点领域的正风肃纪，强化监督和问责力度，建立惩防结合的源头治理体系，为体育发展营造风清气正的良好环境。

（五）加强监督落实

加强对规划实施的管理和监督，各地、各部门要根据本规划的要求，对发展指标进行逐年逐项分解，落实责任人、责任部门、完成时限，确保各项工作保质、保量、按时完成。加强对重点工作、重点工程的督促检查，对规划实施情况进行中期评估，检查规划落实情况，确保本规划目标任务如期完成。

山东省体育发展"十三五"规划

"十三五"时期是全面建成小康社会决胜阶段,是协调推进"四个全面"战略布局,实现中华民族伟大复兴中国梦的重要时期,也是体育发展重要战略机遇期。为促进我省体育事业全面协调发展,努力实现建设体育强省的目标,根据国家、我省国民经济和社会发展第十三个五年规划纲要以及"十三五"时期我省体育发展面临的新形势、新任务,制定本规划。

一、"十三五"时期我省体育发展面临的形势

(一)"十二五"时期我省体育发展取得显著成就

一是全民健身公共服务体系更加完善。全省各市全部建成了市级全民健身中心,76%的县(市、区)、83%的乡镇(街道)和73%的行政村建成了相应的健身设施,人均体育场地面积超过1.8平方米;连续5年成功举办全民健身运动会,累计举办比赛1.1万项次,参赛人数超过1000万人次;省、市两级体育协会达到655个,社会体育指导员超过19万人,科学健身指导能力得到很大提升。二是竞技体育成绩突出,巩固和扩大了领先优势。2012年伦敦奥运会,我省获得7金4银1铜的优异成绩,金牌数和奖牌数均创历史新高;2013年第十二届全运会,我省蝉联金牌、奖牌榜第一;2014年第十七届亚运会,获得25枚金牌,创境外参加亚运会历史最好成绩;在目前国家备战里约奥运会集训队中,我省的金牌点数量居全国第一位。三是体育产业步入了发展新阶段。据最新统计,全省体育产业总规模1304.9亿元,约占全国的11.9%,实现增加值477.9亿元,约占全国的13.4%,均居全国第四位。体育用品制造业在全国处于领先地位,涌现出泰山、英派斯等一批实力较强的龙头企业。体育彩票销量稳定在全国前三位,累计销售体育彩票638亿元,为我省体育事业发展筹措公益金80多亿元。2012年以来,我省每年举办的高水平国际国内体育赛事都超过100次,是全国体育赛事最为活跃的省份之一,成功举办海阳亚沙会、泰山国际登山节、东营国际马拉松、莱芜国际航空节、威海国际铁人三项赛等品牌赛事。四是体育改革工作稳步推进。按照试点先行的原则,在全民健身运动会办赛模式、省优秀运动队办队模式、体育协会政社分离、县级体校办学模式等方面进行了改革探索,取得了积极成效。通过5年的努力,全省体育工作向着建设体育强省迈出了坚实的一步,为今后的发展奠定了坚实基础。

（二）"十三五"时期我省体育发展面临的挑战

"十三五"时期，是我省体育工作改革创新的关键时期，面临着四大挑战。一是实施全民健身国家战略。目前，我省体育服务供给不足与群众需求日益增长的矛盾，是体育工作的主要矛盾，人均体育场地面积仅占体育发达国家的十分之一，健身服务指导体系很不完善，健身服务业发展规模较小，体育服务体系建设任重道远。二是推动体育产业跨越发展。国务院46号文件要求，"推动体育产业成为经济转型升级的重要力量"；省政府确定了2025年总规模6000亿的发展目标。目前，我省体育产业总体处于起步阶段，增加值占GDP比例仅为0.87%，远低于发达国家的3%；在规划引导和监管服务等方面欠缺经验、制度和人才，在拉动大众消费中仍有很大发展空间，推动体育产业跨越发展的任务十分艰巨。三是丰富竞技体育发展方式。我省竞技体育已经处于全国领先水平，但仍处于要素发展阶段，弱势项目还比较多，创新驱动力不足，运动员文化教育和后备人才培养存在不少问题，激发社会力量发展竞技体育不够，职业体育尚未建立起完善的发展机制，面对如何实现竞技体育继承创新、转型升级的巨大挑战。四是推进体育工作改革创新。体育改革已进入深化攻坚期，如何贯彻创新发展、协调发展、融合发展等新理念，构建全民健身、竞技体育、体育产业新型管理体制和运行机制，与多部门融合协作，更好地发挥政府作用和市场机制决定性作用，是体育改革创新的重大课题。

（三）"十三五"时期我省体育发展面临的机遇

以习近平为总书记的党中央把体育作为中华民族伟大复兴的一个标志性事业，国务院做出了加快发展体育产业、促进体育消费的重大部署，省委"十三五"规划建议和省政府工作报告都对体育工作提出了明确要求。"十三五"时期，国家和省对体育的重视和支持将更加有力，为体育繁荣发展提供了重要机遇。全面建成小康社会、建设健康中国和筹办2022年北京冬奥会等，将进一步营造崇尚运动、全民健身的良好氛围，培育健康绿色生活方式，促进全民健身意识的增强和体育事业的发展。经济发展新常态和供给侧结构性改革，对体育与经济社会的协调发展提出了要求。山东是人口大省，山东人热爱体育，体育需求在快速增长；全省人均GDP已达到1万美元，城镇化率达到56%，体育产业完全有条件和潜力成为未来我省经济发展新的增长点。全面深化改革和依法治国的战略部署，将为体育改革注入新动力；事业单位分类改革和体育社团改革，将进一步消除社会力量办体育的体制机制障碍，体育组织化水平和社会化程度将快速提升。把握"十三五"时期体育发展机遇，必须更新理念，拓宽视野，深化改革，在新的更高起点上推动我省体育全面协调可持续发展。

二、"十三五"时期的指导思想、发展理念和发展目标

（四）指导思想

全面贯彻党的十八大和十八届三中、四中、五中全会精神与习近平总书记系列重要讲话精神，坚持建设体育强省的战略定位，把增强人民体质、提高健康水平作为根本目标，以促进全民健身、竞技体育、体育产业协调发展为主要任务，解放思想、深化改革、开拓创新、激发活力，努力在实施全民健身国家战略、巩固提高竞技体育水平、繁荣发展体育产业上取得新的突破，加快建设体育强省步伐，为决胜全面建成小康社会作出应有贡献。

（五）发展理念

——创新发展。把创新摆在推进体育发展的核心位置，充分激发各类主体的创新活力，积极推进理论创新、制度创新、科技创新、文化创新，探索体育发展新模式。

——协调发展。积极推动体育与经济社会协调发展，促进群众体育、竞技体育、体育产业协调发展，推动城乡、区域体育均衡发展。

——绿色发展。充分发挥体育行业绿色低碳优势，倡导健康生活方式，推进健康关口前移，提高生活质量。倡导体育设施建设和大型活动节能节俭，挖掘体育在建设资源节约型、环境友好型社会中的潜力。

——开放发展。加强体育与社会相关领域、相关部门的沟通与协作，积极吸引社会力量共同参与体育发展。加强体育对外交往，积极借鉴国际体育发展先进理念与方式。

——共享发展。加快完善体育共建共享机制，做到发展为了人民、发展依靠人民、发展成果由人民共享。

（六）主要目标

根据全面建成小康社会的总体部署和加快建设体育强省的战略目标，深化体育重点领域改革，促进群众体育、竞技体育、体育产业协调发展，推进体育发展迈上新台阶。

——体育重点领域改革创新取得突破。加快政府职能转变，创新体育社会组织管理和体育场馆运营，推进教体结合等融合发展，推进足球项目改革试点，探索发展职业体育，逐步完善与经济社会协调发展的体育管理体制和运行机制，基本形成政府主导、市场参与、社会协同的现代体育治理体系。

——全民健身国家战略深入推进。全省经常参加体育锻炼人数达到38%以上，健康素质主要指标位居全国前列；人均体育场地面积达到2.0平方米以上，县（市、区）公共体育场、乡镇和农村社区（行政村）健身设施、新建社区配套体育设施覆盖率达到100%，县级以上主城区建成"15分钟健身圈"；所有市、县（市、区）和80%以上的乡镇（街

道）及有条件的村（社区）建立健全体育总会，省市县三级单项体育协会分别达到70个、700个和3000个以上，全民健身站点达到每万人8个以上，获得社会体育指导员技术等级证书的人数占总人口比重达2.3‰。

——竞技体育综合实力进一步增强。奥运争光计划深入实施，对竞技体育发展规律和项目制胜规律的认识进一步深化；打造一批具有国际竞争力的优势项目，提升一批潜优势项目和弱势项目，加快发展足球、篮球、排球等集体项目；后备人才培养体制机制更加完善，国家级后备人才基地数量和全省业训规模保持在全国前列，"教体结合"办体校改革取得明显成效；参加国际国内大赛继续争创优异成绩，在2016年第三十一届里约奥运会、2020年第三十二届东京奥运会、2018年第十八届雅加达亚运会上对国家的贡献继续位居全国前列，在2017年第十三届天津全运会保持领先优势。以2022年北京冬奥会为契机，有计划地推进我省冬季项目发展。

——体育产业规模和质量明显提升。基本建立布局合理、优势突出的体育产业体系；体育产业增加值的年均增长速度明显快于同期经济增长速度；体育产业总规模超过3000亿元，体育服务业增加值占体育产业增加值的比重达到25%以上，省级体育产业基地20家以上；全民健身科技服务和体育企业创新研发能力显著增强。

——体育文化在体育发展中的影响进一步扩大，在培育社会主义核心价值观中的作用更加突出。培育运动项目文化，力争打造一批高质量的体育文化精品工程，办好一批社会效益显著的体育文化品牌活动，把丰富多彩的体育文化理念融入到体育事业发展的各个环节，为精神文明建设增添力量。

三、深化重点领域改革创新

（七）加快政府职能转变

进一步减少审批事项，放宽市场准入，加强事中事后监管。研究制定体育工作综合评价体系，从群众体育、竞技体育、体育产业、体育文化等方面综合测评政府体育工作业绩。进一步健全政府购买体育服务体制机制，完善资金保障、监督管理、绩效评价等配套政策，制定政府购买体育服务指导性目录，把适合由市场和社会承担的体育服务事项，交由具备资质条件的社会组织和事业单位承担。

（八）创新体育社会组织管理

落实《行业协会商会与行政机关脱钩总体方案》，研究制定省体育总会和省级单项体育协会改革试点方案，稳步推进单项体育协会改革试点工作，及时总结和推广试点改革经验，推动各级各类体育协会改革。创新体育社会组织管理方式，大力引导、培育、扶持体育社团、体育民办非企业单位、体育基金会、自发性群众体育组织等体育社会组织发展。

（九）实施足球改革

落实《中国足球改革发展总体方案》和《中国足球协会调整改革方案》，研究提出我省足球改革发展和足协调整改革的具体实施方案，充分发挥政府在宏观管理、基本建设、政策规范、市场秩序等方面的基础保障、服务、引导和监管作用，指导山东省足球协会切实履行领导和治理足球的任务。以青少年为重点，普及发展社会足球，不断扩大足球人口规模，夯实足球发展基础。

（十）开展小球改革试点工作

参照国家足球改革发展方案，研究提出山东省小球运动管理中心改革方案，组建山东省小球运动联合会，积极稳妥地推进脱钩改革，将小球运动发展的具体业务工作交由小球运动联合会负责，并研究落实过渡期扶持政策和过渡期后的长效支持机制。及时总结足球改革和小球改革试点经验，为推进其他项目改革提供借鉴。对非奥运项目体育单项协会全部实行政社脱钩、管办分离改革，积极开展奥运项目体育单项协会脱钩分离改革试点工作，研究制定脱钩后的监管服务措施。

（十一）创新体育彩票管理体制和运行机制

继续大力实施体育彩票工作"一把手"工程，进一步完善以垂直管理为主体、条块结合的管理体制；调整强化省体育彩票管理中心的机构设置和工作职能，加强体育彩票人员编制计划管理，完善员工职级考核评定办法和绩效工资制度；重点加强县级体育彩票工作，组建县级体育彩票销售中心；完善公益金分配办法和销售经费使用办法，促进体育彩票工作安全高效运行。

（十二）改革县级体校办学模式

继续坚持"教体结合"的原则，以改革县体校文化教学工作、依托一所普通学校联办体校、依托多所普通学校联办体校3种模式为主体，逐步将县（区）级体校改革为教育、体育部门共同负责、优势互补、融合发展的新型体校，努力实现"县县有体校"的目标。

（十三）创新体育场馆运营

积极推进体育场馆管理体制改革和运营机制创新，引入和运用现代企业制度，激发场馆活力，提升智能化管理和服务水平。完善对体育场馆公益性服务购买机制和标准，健全公益性开放评估体系。推行场馆设计、建设、运营管理一体化模式，将办赛需求与赛后综合利用有机结合。增强大型体育场馆复合经营能力，拓展服务领域，延伸配套服务。

（十四）推进职业体育改革

积极探索社会主义市场经济条件下职业体育的发展方式，优化和规范职业体育发展环境，依法明确职业体育发展的主体，鼓励具备条件的运动项目走职业化道路。完善职业体育的扶持、调控措施和政策制度体系，扩大职业体育与社会资本的融合，逐步提高职业体育的成熟度和规范化水平。理顺各利益主体间的关系，切实维护各方合法权益。

四、大力实施全民健身国家战略

（十五）统筹建设管理公共体育设施

出台《山东省"十三五"公共体育设施建设规划》和省市县三级《公共体育设施布局规划》，将体育设施用地纳入城乡规划、土地利用总体规划和年度用地供应计划。依法落实全民健身设施配套建设工作，促进新建居住区和社区按国家规定配套群众健身设施。加大对城市社区和乡镇公共体育设施的投入，支持利用有条件的公园、广场、公共绿地及空置场所，统筹推进公共运动场项目建设。扶持建设公共运动场、多功能运动场、足球场、拼装式游泳池等室外健身设施。按照人口规模和服务半径，规划建设乡镇（街道）和村（社区）文体广场。积极构建城镇（社区）15分钟健身圈。认真落实扶贫工作要求，以设施建设为重点，加强革命老区、贫困地区的体育设施建设。完善落实公共体育设施安全标准，加强公共体育设施安全监管。制定体育场馆设施开放标准和服务标准，探索建立公共体育场馆免费、低收费开放补助机制，探索推进学校、企事业等单位体育场地对社会开放。依法推行公共室外健身设施国家标准，落实公共体育设施产权单位的管理维护责任。推广运用政府和社会资本合作模式（PPP），制定政策支持社会力量投资建设公共体育场馆、提供体育服务、参与场馆运营。

（十六）积极构建全民健身组织网络

加强各级体育总会建设，带动各级各类单项、行业和人群体育社会组织健康发展。完善政府向社会组织购买全民健身公共服务政策和清单，建立扶持发展长效机制。对城乡社区体育类社会组织实行登记备案双轨制，培育和扶持基层俱乐部等形式的体育社会组织，鼓励自发性健身团队和站点依法依规转化为固定的健身组织，引导网络体育组织和"健身带头人"健康发展。健全体育组织志愿服务制度，完善服务管理制度和服务方式，实施以"进社区、进农村、进学校、进企业、进机关"为主题的全民健身志愿服务活动和大学生志愿服务计划，创新志愿宣讲模式，完善激励约束机制，提高全民健身志愿者积极性。发展壮大社会体育指导员队伍，试行社会体育指导员等级制与星级制并行做法，推行社会体育指导员挂靠站点制度，落实在岗实名制。鼓励"三支一扶"大学毕业生、大学生村官、志愿者等专兼职从事基层健身指导服务工作。依托各级全民健身活动中心建立社会体育指导员配送中心，整合职业社会体育指导员和公益社会体育指导员资源。

（十七）广泛开展全民健身活动

继续组织好山东省全民健身运动会，深化上下联动组织模式，提高项目覆盖率，丰富组织模式，重点向农村和社区倾斜，推动体育活动向基层延伸，确保各级各类赛事活动安全有序。进一步开展好各类人群综合性赛事，围绕元旦、5月全民健身月、8月8日全民健身日等重要时间节点，策划组织主题健身活动，确保赛事活动安全有序。支持推广民间草根健身活动，充分利用"互联网+"模式，开展"五棋一牌"、在线体感等赛事活动。进一步普及开展球类项目、基础项目、新兴项目、民族民间传统健身项目、休闲健身项目五大类运动项目。鼓励各地突出地方特色和时代特征，积极打造"一市一品牌、一县一特色"全民健身品牌特色活动。创新群众体育赛事组织模式，推动政府主导办赛向社会化、市场化办赛转变，建立多元主体办赛机制。指导支持单项体育协会研究制定运动项目业余等级锻炼标准、教练员认证体系，建立业余竞赛活动体系和激励机制。建立项目技能师资专家库，通过集中培训、网络技能传授等方式，普及推广各类健身项目，授予考核合格者相应项目的业余锻炼等级段位。

（十八）强化科技创新与融合发展

继续推进体质监测与运动指导站达标市创建，推动年度体质测试与健身人口抽测常态化。探索建立个人体质档案，提出个性化"运动处方"，指导个人根据体质和健康状况开展适合的健身活动。鼓励社会力量开办体质测定、健康咨询和康复理疗等各类机构。鼓励有条件的企事业单位、体育社会组织参与科学健身指导。建设全民健身新型智库，选聘各领域专家学者组成智囊团，开展全民健身专项研究。

（十九）大力推动各类人群体育协调发展

切实加强青少年体育，举办好青少年阳光体育大会和超体重少年儿童健康夏令营、游泳普及、校园足球等活动，深入开展大学生"走下网络、走出宿舍、走向操场"主题群众性课外体育锻炼活动。继续组织举办好全省大、中、小学生运动会，推动校外体育设施对青少年优惠或免费开放。重视发展老年人体育，健全各级老年人体育协会和基层老年人体育组织，支持公共和非公有制体育场地设施免费或低收费对老年人开放。实施"助残健身工程"，加强残疾人自强健身示范点建设，建立健全残疾人体育组织，办好全省残疾人运动会，推广残疾人健身项目。支持建立职工体育俱乐部和体育健身团队，实施工间（前）操制度，举办职工健身运动会，开展职工喜闻乐见的体育健身和竞赛活动，引导职工每周健身3~4次，每次不少于1小时。积极发展少数民族体育，建立健全少数民族体育协会，培养少数民族体育教师、少数民族传统体育项目教师、社会体育指导员和各类体育人才，开展少数民族传统体育项目教练员培训，举办以民族优秀体育项目为主要内容的体育竞赛和活动。

五、进一步提升竞技体育综合实力

（二十）改革创新竞技体育发展方式

坚持和完善举省体制，探索竞技体育社会化、市场化和职业化的多元化发展模式，逐步形成政府办与社会办相结合的多元化管理体制。发展创新管理机制，健全政策法规，完善制度，建立符合世界发展趋势、更加开放、充满活力的现代运行机制，逐步形成政府主导、开放共享、管理规范、产权清晰、运转高效、具有山东特色的竞技体育发展新格局。在我省棒球、短道速滑、马术等项目办运动队新模式的基础上，进一步推动企业、俱乐部和高等院校举办或联办运动队的积极性。开发开放所有运动队的有形和无形资产，多渠道、多形式提高运动项目的市场化和社会化水平，提高市场价值创造能力，扩大运动项目的影响力。

（二十一）进一步优化运动项目布局

实施好"三个一批"工程，进一步强化我省乒乓球、羽毛球、举重、跳水、体操、射击、柔道、击剑、射箭、田径、赛艇、游泳等奥运争光重点项目，努力培育一批具有国际竞争力的竞技强项。进一步加强田径、自行车、橄榄球、举重、赛艇、皮划艇、射击、柔道、乒乓球、射箭、游泳、帆船、帆板、摔跤、体操、武术、跆拳道、跳水、铁人三项、篮球、排球、足球等全运夺金优势项目，继续巩固和扩大在全国的优势地位。有针对性地加大对羽毛球、击剑、蹦床、手球、现代五项、拳击、网球、马术等全运潜优势项目和高尔夫、棒球等弱势项目的投入和攻坚力度。以足球改革为龙头，加快足、篮、排三大球的发展，研究制定省内竞赛、人才交流、体教结合、奖励机制、后备人才基地建设等方面对三大球项目的扶持政策，促进三大球竞技水平的全面快速提升。制定实施《冰雪运动发展规划》，促进冰雪项目的普及开展。

（二十二）进一步提高科学训练水平

加强创新驱动发展，紧紧围绕项目发展的新趋势，学习借鉴国内外项目发展提高的成功经验和国际前沿训练理论、训练方法，加强训练竞赛实践总结和学习，探索把握项目制胜规律。继续推行训练单位周期和年度训练质量建设目标管理考核评估，完善实施办法和考核内容，切实增强训练质量管理意识，提高备战训练参赛的组织和管理水平。深化复合型教练员团队建设，进一步配齐配强科研、医务保障人员和训练管理干部，健全运行机制，提高团队作战能力。坚持"三从一大"科学训练原则，把专项体能训练作为日常训练的重要组成部分和关键因素加以落实，加大体能教练培养和配备力度，研究国际专项体能训练的先进理念和方法，创新实践新的专项体能训练手段。

（二十三）加强体育训练基地建设

继续完善省体育训练中心后勤服务保障机制，优化资源配置，实现场馆设施的安全高效运行，打造全国一流的竞技体育"大本营"。健全广西北海体育训练基地组织机构，完善工作机制，发挥冬训基地作用。建成山东省（青岛）国家足球篮球学院、山东省（烟台）帆船帆板训练基地等项目并投入使用。在德国等体育发达国家，筹建山东省海外体育发展综合基地，作为我省足球、篮球、田径、自行车、网球、皮划艇、赛艇等项目向欧美优势运动项目、优秀体育文化学习的训练基地，并为国家队、为做强我省优势体育项目、保持竞技体育可持续发展奠定基础。

六、努力推动体育产业跨越发展

（二十四）强化政府扶持引导

全面落实国务院《关于加快发展体育产业促进体育消费的若干意见》和省政府实施意见，执行国家和我省出台的文化、服务业、健康、养老等方面的同等优惠政策，加大扶持力度。编制并实施体育产业发展规划，促进体育产业加快发展。充分运用"互联网+体育"模式，打造"线上线下"体育消费平台，做大做强省级体育产业资源交易平台和省级科学健身指导服务网络平台。加强对济南、青岛体育产业展厅的管理和指导，提升市场化运营水平。用好体育产业扶持资金和股权引导基金，规范运行程序，重点支持体育企业创新和小微企业、体育服务业发展等，促进创业创新和产业结构优化升级。建立体育产业统计制度，定期开展统计，发布体育产业研究报告。完善体育产业监督管理机制，规范市场主体行为，促进体育市场规范发展。

（二十五）优化体育产业布局与结构

结合各地产业特色，合理布局体育产业发展重点，逐步实现区域分工合作、良性互动发展格局。发挥国家级和省级体育产业基地的集聚效应和辐射带动作用，促进地区体育产业发展。进一步优化体育服务业、体育用品业及相关产业结构，不断提高体育服务业比重。大力发展体育培训、策划、咨询、经纪、营销和中介服务业，为社会提供专业化服务。完善扶持政策，鼓励社会力量举办健身俱乐部，开展第三方健身俱乐部星级评定工作。积极引进培育国际精品赛事和传统高水平赛事，扩大"鲁超联赛"项目范围，激活体育赛事市场。以体育场馆为载体打造多功能城市体育服务综合体，培育体育场馆专业管理运营公司，发展体育场馆运营业。进一步做大做强体育用品制造业，保持产业优势，促进转型升级。鼓励体育用品制造企业加强企业研发中心建设，采用新工艺、新材料和新技术，提高产品附加值和核心竞争力。

（二十六）壮大体育消费市场

利用各类媒体，加大体育文化宣传力度，引导广大群众增强体育健身意识，培育体育消费观念。安排一定比例体育彩票公益金等财政资金，通过政府购买服务等多种方式，积极支持群众健身消费，引导经营主体提供公益性群众体育健身服务。在医保基金结余比较多的地区，落实全省各市开展医保卡用于大众化、基础性健身消费的配套措施。加强体育场馆等体育消费基础设施建设与改造，利用产业结构调整机遇，引导和支持社会力量将服务业等行业的闲置房产改造为体育健身场所。制定公共体育场馆设施开放标准和服务标准。鼓励有条件的学校对体育场馆和场馆区域进行物理隔离改造，在教学活动之外的时间向社会开放。加强高危险性体育项目经营活动的许可管理，保障健身群众人身安全。

（二十七）培育体育市场主体

向社会资本全面开放体育市场，运用政府与社会资本合作等多种模式，吸引社会资本参与体育产业发展。着力培育发展一批有较强市场竞争力的体育骨干企业，打造国际知名体育企业和国际名牌体育产品。鼓励体育优势企业、优势品牌和优势项目"走出去"。依托公共就业服务体系和中小企业公共服务平台，开展自主创业培训和辅导，帮助个人创办小微体育企业、提高经营管理水平和多渠道开拓市场。鼓励境外资本投资体育产业，引进一批国际知名体育企业和体育品牌。健全各级体育总会，协调和指导各级体育协会的建设发展。对城乡社区体育类社会组织实行登记备案双轨制，促进基层体育社会组织快速发展。

（二十八）促进体育产业与相关产业协调发展

积极整合体育、文化、旅游、休闲、养生、农业、物流等各方面资源，发展具有地域特色的体育休闲旅游产业。大力发展运动医学和康复医学，促进体育与运动康复、医疗卫生融合发展。积极推进商业与体育融合发展，鼓励各地利用大型购物中心，建设多功能的购物、健身、娱乐综合体。积极推动体育与养老服务、文化创意和设计服务、教育培训等融合发展，支持金融、地产、建筑、交通、制造、信息、食品药品等企业开发体育领域产品和服务，促进体育传媒、体育会展、体育广告、体育影视、体育物业、体育文学创作等新型业态发展。加强体育产业行业协会、体育产业联合会等建设，培育发展多形式、多层次、多门类的协会和中介组织，促进各业态协调发展。

（二十九）做好体育彩票工作

转变发展理念和发展方式，大力推进体育彩票的公益属性、发展质量和公信力建设。

完善体育彩票管理体制和运行机制，制定体育彩票公益金管理使用办法和资助扶持项目管理办法，建立绩效考核评价体系和跟踪问效机制，提高体育彩票公益金使用效益，不断提升体育彩票的社会形象。适应发展趋势，完善销售渠道，稳步扩大市场规模。加强业务费的规范管理，加强专业管理人才、站点销售人才和彩民队伍的建设，推动全省体育彩票工作安全健康可持续发展。

七、进一步加强青少年体育工作

（三十）广泛开展青少年体育活动

进一步加强"教体结合"，深入实施"学生体质提升计划"，加强学生体育竞赛活动组织、体育教师培训等工作；广泛开展大中小学体育联赛和校园足球活动，并坚持重心下移，督促市、县和学校层层举办；进一步开展好青少年游泳普及活动和超体重少年儿童健康夏令营，实现各市举办活动"全覆盖"，并积极向县区级城市延伸。进一步加强青少年体育俱乐部建设，每县（区、市）至少建设省级以上青少年体育俱乐部5个。每市至少创建1所国家级青少年体育户外营地或校外活动中心。

（三十一）完善青少年体育训练网络

努力构建以学校体育为基础，以省市县三级体校为骨干，以国家级和省级高水平体育后备人才基地为重点，以体育传统项目学校、青少年体育俱乐部和民办体校为补充的多元化、多层次青少年体育训练网络。"国家高水平体育后备人才基地"保持在35所以上，国家级体育传统项目学校达到40所以上，省、市、县级青少年体育训练单位争取达150所以上，在训人数达到3.5万，训练单位和参训人数均保持全国领先。

（三十二）形成完善的青少年体育竞赛体系

以省运会为龙头，以各项目年度锦标赛、冠军赛和学生体育联赛、青少年体育俱乐部联赛为主体，带动各市、县、学校广泛开展青少年体育竞赛。进一步推进全省各项目锦标赛、冠军赛、中小学生体育联赛、俱乐部比赛等管办分离，鼓励社会力量成立青少年体育项目协会、俱乐部，积极举办青少年竞赛活动。

（三十三）健全青少年体育社会组织

积极探索组建全省青少年体育俱乐部联合会、体育运动学校联合会等青少年体育组织，承接体育行政部门对俱乐部管理职能转移，实现青少年体育工作多元化治理。探索构建青少年公共服务平台，对全省青少年体育俱乐部实行免费注册，对俱乐部训练、参赛、发展会员等情况进行动态管理，优化青少年报名参加体育比赛、活动的公共服务。

八、进一步加强体育人才队伍建设

（三十四）打造金牌教练员队伍

全面落实《教练员注册管理办法》，加强教练员综合素质培养，不断提高教练员整体执教水平。以入选"国家精英教练员双百培养计划"为目标，大力实施"金牌教练员工程"，探索实行教练员岗位竞聘制，努力培养一批拔尖型教练员人才。加大优秀青年教练员培养力度，完善继续教育和岗位培训，深入开展训练公开课活动。进一步规范外籍教练的聘用工作，发挥外教的经验优势和专业智慧提升训练水平，学习外教先进的理念方法提高本土教练的执教能力。

（三十五）抓好运动员队伍建设

完善《山东省运动员全国注册工作管理办法》，进一步规范我省运动员的首次注册、年度确认、协议交流和双重注册工作。遵循人才培养规律，对优秀后备人才进行重点培养和保障，提高选材成功率。科学论证评估运动员发展趋势，鼓励优秀运动员继续拼搏、训练参赛，再立新功。抓好省运会的集训选材工作，为充实组建全运队伍选拔优秀人才。探索实施运动员绩效工资改革，激发运动员刻苦训练、为国争光的积极性。

（三十六）重视高水平裁判员队伍建设

将高水平裁判员纳入备战工作体系。发挥裁判员熟悉竞赛规程、规则的优势，积极为运动队提供规则解析、技术指导、对手分析等专业服务和支持，提高训练的针对性和实效性。围绕我省重点项目，培养和输送一批思想品德好、业务能力强、执裁水平高的裁判员，争取承担更多重大体育赛事执裁任务。

（三十七）加强优秀运动队文化教育

认真落实国家和省关于加强运动员文化教育的意见，建立健全考核评价机制，完善管理制度，保障各级运动员参加适龄阶段的文化学习。完善省教练员学院的教学条件和培训设施，统筹做好现役运动员职业培训、运动员职业转换期培训。积极筹建"3+2"大专，申请举办负责省优秀运动队12年基础教育的"运动员学校"，建立完善运动员文化教育和人才培养体系。

（三十八）加强体育职业技能培训和鉴定工作

以健全网络、扩大规模、提升质量为重点，与学校、培训基地、健身场馆、社区、俱乐部等联合，创建培训基地，加强训师资队伍建设，组建体育职业技能人才库，力争

"十三五"时期培养职业类社会体育指导员等2万人次以上。

九、深入实施科技兴体战略

（三十九）完善体育科技服务体系

加强体育系统科技服务体系建设，重点扶持市级体育科研机构发展，整合高等院校、体育科研院所和重点实验室等资源，搭建体育科研服务平台。加快建设省科学健身指导中心，依托科技和互联网技术，提高全民健身科技指导服务水平。积极承担国家、省部级重点科技项目，力争在几个领域建设国家级重点实验室。

（四十）健全科技团队管理体制和运行机制

加强科研和医务人员的集约化管理，形成职能清晰、衔接紧密的管理体制和运行机制。进一步加强重点保障机制建设，落实专家巡诊会诊制度，规范重点保障与基础保障的承接机制。加强伤病防护与康复工作，建立完善优秀运动员机能、伤病康复档案和运动营养品功效评估机制，不断提高科技为竞技体育服务的质量和水平。

（四十一）加强重点领域科研攻关和科技成果转化应用

着力提升重点研究室科研攻关和成果转化能力，突出做好竞技体育重点项目关键技术的攻关研究，提高运动训练科学化水平。开展科学健身指导服务创新，探索完善全民健身政务、资讯、服务等保障机制，为全民健身提供科学指导。鼓励引导科研单位与企业联合开展科学研究，支持泰山体育产业集团建好做强国家体育用品制造工程技术研究中心，提高体育产业创新能力和竞争力。

（四十二）完善反兴奋剂管理体系

认真宣传贯彻《反兴奋剂管理办法》和《体育运动中兴奋剂管制通则》，严格依法依规开展工作。完善省体育局反兴奋剂办公室工作职能，加强体育系统反兴奋剂网络建设，逐步形成覆盖体育各领域的管理体系。丰富反兴奋剂宣教教材，组建讲师团，开设反兴奋剂课程，建立宣传教育基地，推进反兴奋剂宣传教育工作常态化。推动省优秀运动队的反兴奋剂宣传教育由参赛准入向入队准入、注册准入深化，做好兴奋剂委托检查工作，建立运动员用药和食品安全保障体系。

十、切实加强体育文化建设

（四十三）促进体育文化发展繁荣

大力弘扬以爱国主义为核心的中华体育精神，培育和传播奥林匹克文化。加快推进运动项目文化建设，以大型赛事为平台，总结运动项目文化特点，提炼运动项目文化精神。做好体育历史资料的保护和发掘工作，举办运动项目文化推广活动，提升运动项目文化影响力。积极策划筹建山东体育博物馆，搭建体育文化展示、交流平台。结合国家文化发展战略，传承和推广优秀民族传统体育项目，保护和开发体育非物质文化遗产。

（四十四）加强体育宣传与舆论引导工作

充分利用广播电视、报刊、网络等各类媒体，开辟健身指导、知识普及、项目推广等专题专栏，策划制作一批群众参与度高、趣味性强、有影响力的体育节目，加强体育文化宣传。充分利用现代信息技术，逐步建立健全舆情研判机制和舆论引导机制，为体育发展和改革营造良好的舆论环境。继续做好信息发布和政府信息公开，积极回应社会关切。

（四十五）进一步扩大体育对外交流

继续坚持"请进来、走出去"的工作方针，做好专家、运动员、教练员的引进和输出工作；紧密联系我省体育工作实际，突出重点领域和薄弱环节，加强对外交流合作的针对性；继续拓展体育友好交流单位数量，提高交往质量，协助做好有关项目海外训练基地论证以及沟通协调工作。做好"十三五"期间奥运会、亚运会、全运会等重大赛事的外事服务保障工作。

十一、努力提升体育法治化水平

（四十六）深入推进依法行政

强化法治意识，坚持法定职责必须为、法无授权不可为，运用法治思维推进体育领域各项改革。积极推进政府职能转变，依法行使行政权力，积极履行部门责任，加强体育公共服务。建立健全重大行政决策机制，规范决策程序，确保行政决策的制度科学、程序合法、过程公开。

（四十七）加强体育立法工作

科学制定体育立法计划，加强公共体育设施、体育产业等重点领域立法，提高地方性法规和政府规章起草质量。修订《山东省全民体育健身条例》。加强规范性文件管理，做好文件合法性审查，落实规范性文件统一登记、统一编号、统一印发制度。

（四十八）提高体育执法水平

建立健全行政裁量权基准制度、执法全过程记录制度、行政执法档案管理制度、执法调查取证告知制度等，完善行政执法流程，规范行政执法文书，落实执法责任制。加强行政执法保障，落实行政执法经费。合理配置执法力量，加强体育执法人员教育培训，依法取得行政执法证件，提高执法能力和执法水平，促进严格规范公正文明执法。

（四十九）加强法治教育培训

营造体育系统学法守法尊法用法的良好氛围。各级体育部门领导干部和体育工作者，要持之以恒学法、坚定自觉尊法、严格自律守法、积极主动用法，养成遇事找法、办事依法、解决问题靠法的行为习惯。充分利用移动互联网等现代通讯手段，创新普法形式，提高普法效率，确保普法实效。

十二、切实抓好规划落实

（五十）加强组织领导

各级政府要高度重视体育工作，将体育发展纳入当地国民经济和社会发展的总体规划，把体育经费、基本建设资金列入本级财政预算和基本建设投资计划。各级体育部门要加强与发展改革、财政、税收、金融、国土等部门的联系与合作，建立健全体育工作领导协调机制。

（五十一）强化基础性工作

进一步加强体育事业和体育产业统计工作，健全体育信息发布制度。完善体育标准体系，提高体育标准化水平。实施体育领域的"互联网+"战略，加速体育信息化建设进程。

（五十二）狠抓反腐倡廉和行业作风建设

贯彻全面从严治党要求，落实主体责任和监督责任，加大对重点领域的正风肃纪，强化监督和问责力度，建立惩防结合的源头治理体系，为体育发展营造风清气正的良好环境。

（五十三）加强监督落实

建立目标任务考核制度，分解落实本规划确定的目标任务，实行规划年度监督、中期评估和终期检查制度。建立健全动态调整机制，跟踪分析规划实施情况，为调整目标任务和制定政策措施提供依据，确保本规划目标任务如期完成。

河南省体育发展"十三五"规划

"十三五"时期是我省全面建成小康社会的决胜阶段，也是加快建设健康中原、推进体育强省的重要时期。为充分发挥体育在促进经济社会发展、保障和改善民生方面的积极作用，为加快中原崛起、河南振兴做出积极贡献，按照省委、省政府的总体部署，结合"十三五"时期我省体育发展面临的新形势、新任务，制定本规划。

一、我省体育发展面临的机遇和挑战

（一）"十二五"时期我省体育发展成绩显著

"十二五"期间，我省体育事业全面、快速发展，取得了显著成绩。省政府印发了《河南省建设体育强省规划纲要（2013—2020年）》和《关于加快发展体育产业促进体育消费的实施意见》等一系列政策措施。全民健身活动广泛开展，经常参加体育锻炼人数快速增加，基层体育组织覆盖面不断扩大，全省社会体育指导员人数达15.68万，各类体育场地设施达8.2万多个，建成万座以上大型体育场馆21个，行政村和乡镇农民体育健身工程覆盖率达到75%，人均体育场地面积超过1平方米。竞技体育运动项目结构不断优化，核心竞争力持续提升，我省运动员取得奥运会金牌1枚、亚运会金牌12枚和全运会金牌14.5枚。体育后备人才培养成效明显，青少年运动员文化教育和社会保障制度逐步完善，创办国家高水平体育后备人才基地13个、国家单项高水平后备人才基地21个，全省业余训练注册运动员达2万多人。积极推进武术进校园活动，建设了一批校园足球特色学校。体育产业发展步伐逐步加快，体育产业基地建设扎实推进，从业人员日益增加，居民体育平均消费迅速增长，规模领域不断拓展。全省体育系统大型体育场馆均已对公众免费或低收费开放。持续推进体育彩票发行工作，五年来共销售体育彩票329亿元，为我省体育事业发展提供了有力的资金支持。体育办赛水平不断提升，体育文化建设日益深入，成功举办第七届全国农运会、第十二届全省运动会等大型体育赛事，郑州国际少林武术节、焦作国际太极拳交流大赛、郑开国际马拉松赛、安阳国际航空运动节、"三山（太行山、伏牛山、大别山）同登"群众登山健身大会、"万村千乡"农民篮球赛、信阳全国自行车公开赛、三门峡横渡母亲河等一批具有中原特色的体育赛事品牌影响力进一步增强。

（二）"十三五"时期我省体育发展面临挑战

从总体看，我省体育事业发展水平与先进省市相比还有很大差距。全民健身活动普及面较窄、经常参加体育锻炼的人数比例较低、人均体育场地面积不高，地区之间、城乡之间、各类人群之间体育发展不均衡的现象较为突出；竞技体育项目布局和结构有待优化，竞技体育后备人才选拔、培养、输送体系有待完善，体育科研、训练、医疗、管理、保障等资源有待整合，优秀教练员队伍和专业科技人才培养有待加强，优秀运动队竞争力有待提升；体育产业尚处于起步阶段，基础薄弱，规模较小；体育事业管理、协调、服务机制还不够完善，体育文化、科技、教育、宣传、法制等方面与发展要求还有差距。

（三）"十三五"时期是我省建设体育强省的重要阶段

随着经济社会的发展，人民群众对体育事业更加关切，党和国家对体育工作更加重视。十八大以来，党和国家出台了一系列支持体育事业发展的政策措施，全民健身已上升为国家战略，体育正处于国家深化改革的前沿，将在全面建成小康社会和现代化建设的进程中扮演愈加重要的角色。在新的历史条件下，必须抢抓机遇，明确目标，凝聚力量，乘势而上，扎实推进各项体育工作，加快建设健康中原、体育强省。

二、我省体育发展的指导思想、总体目标和基本原则

（四）指导思想

全面贯彻落实党的十八大、十八届三中、四中、五中全会精神，深入学习贯彻习近平总书记系列重要讲话精神，按照"四个全面"总体布局和创新、协调、绿色、开放、共享发展理念，深入实施全民健身战略，积极推进健康中原建设，把增强人民体质、增进人民福祉作为体育发展的根本任务；认真落实奥运争光计划，努力提高竞技体育水平，把提升我省竞技体育综合实力和核心竞争力作为重要使命；大力发展体育产业，促进体育消费，使其成为推动我省体育事业发展的有力支撑和我省经济发展的增长点。注重转变体育发展方式，增强体育事业内在动力，为建设健康中原、体育强省，加快中原崛起、河南振兴、富民强省作出新的更大贡献。

（五）总体目标

按照国家和全省"十三五"总体部署，进一步加快体育强省建设步伐。到2020年，建成规范有序的全民健身组织网络，打造更多独具各地特色的全民健身活动品牌，经常参加体育锻炼人数达到3500万，社会体育指导员人数达25万以上。城市体育场馆设施建设比较完备，城乡公共健身设施普及、便捷、适用，在城市社区建设15分钟健身圈，新建社区的体育设施覆盖率达到100%，乡镇、行政村公共体育健身设施覆盖率达到100%，人均体育场地面积力争达到1.8平方米。竞技体育实力不断增强，创建与国家优势项目衔接的优势项目群；基础设施和训练条件明显改善，集约化、科学化、系统化管理水平不断提升；我

省运动员在奥运会上具备夺金实力，在全运会上保持中西部领先水平，进入全国先进行列。体育产业发展规模不断壮大，结构进一步优化，居民人均体育消费显著增加；建成1~2个国家体育产业示范基地、5~10个国家体育产业示范单位和项目、40个以上省级体育产业示范基地（单位、项目），体育产业总规模力争达到1500亿元。体制机制改革不断深化，体育管理、服务的科学化、法制化、现代化水平明显提升，体育文化科研、教育宣传、法制建设、人才培养、信息网络、外事交流等工作扎实推进，体育发展方式不断创新，形成较为完善的体育发展体系和具有中原特色的体育发展格局。

（六）基本原则

——坚持创新发展。不断解放思想，深化体育改革，转变发展观念，创新发展模式，汲取当今世界体育发展最新成果，加快体育发展由粗放型向集约型转变，体育管理由经验型向科学型转变。积极探索"互联网+体育"的发展模式，打造智慧体育综合服务平台。

——坚持协调发展。坚持统筹兼顾，系统规划，促进群众体育、竞技体育和体育产业相互依托、相互促进、相互包容、深度融合发展。切实处理好整体与局部、当前与长远、统一与特色的关系，积极推动体育与经济社会的协调发展，推动城乡体育的均衡发展，推动区域体育的联动发展。

——坚持绿色发展。充分发挥体育的绿色低碳优势，推进健康关口前移，服务健康中国和健康中原建设。深入挖掘体育文化内涵和体育核心价值观，突出河南体育文化特色，培育武术等具有中原特色的运动项目和体育品牌，使体育元素融入蓝天、青山、绿水，通过体育传播先进文化和时代精神，推动华夏历史文明传承创新区建设。

——坚持开放发展。将我省体育发展融入中原经济区建设、体育强国建设，准确把握体育在中国特色社会主义建设和发展大局中的位置，充分发挥体育在助推经济建设、政治建设、文化建设、社会建设、生态文明建设等方面的综合功能。加强体育与社会相关领域的融合与协作，积极吸引社会力量共同参与体育发展。

——坚持共享发展。把提高人民群众身体素质和健康水平、促进人的全面发展作为出发点和落脚点，不断满足人民群众不断增长的体育需求，努力实现体育基本公共服务均等化，实现好、维护好、发展好最广大人民群众的利益，做到体育发展为了人民，体育发展依靠人民，体育发展成果由人民共享。

三、建立和完善全民健身服务体系，提高群众体育发展水平

（七）建立群众体育工作协同发展机制

全面贯彻实施《全民健身条例》，强化履行政府公共体育服务职责，提高全民健身公共服务水平，推动全民健身"三纳入"。以积极构建和完善建立设施建设、组织建设、活

动开展、健身指导、科学评估为主要内容，具有中原特点、地方特色的全民健身服务体系和评价体系，在资金、宣传、科研和信息化等方面为全民健身服务体系建设提供有效保障。加强体育系统内部资源整合，按照国家和省协会改革的要求，稳步推进协会与政府逐步脱钩，实现协会实体化。探索和建立群众体育、竞技体育、体育产业相互促进、协同发展的有效机制，构建政府主导、体育部门协调、多部门联动、全社会参与的"大群体"发展格局。

（八）广泛开展全民健身活动

积极推进《国家体育锻炼标准》落实，利用传统节日和农闲时节，组织开展春节期间全民健身系列活动、5月全民健身活动月、8月8日全民健身日活动、重阳节体育活动、"三山同登"群众登山健身大会、"万村千乡"农民篮球赛、"环中原"自行车公开赛、郑开国际马拉松赛、"乒动中原"乒乓球大众公开赛、中华轩辕龙舟大赛、老年人文体健身优秀节目大赛等参与面广的大型群众体育品牌赛事。大力挖掘、推广普及以少林太极、健身气功为代表的优秀传统体育项目，积极开展休闲体育、公园体育、广场体育、家庭体育和节假日体育活动，广泛开展不同层次、不同人群、不同类型的全民健身活动和竞赛。积极协助承办和参加2019年第十一届全国少数民族传统体育运动会，组织参加第三届全国老年人健身体育大会、残疾人运动会及各类群众性体育比赛和全民健身展示活动。

（九）加强场地设施建设和管理

抓住河南省全民健身中心（省奥林匹克中心）被列入全省"十三五"规划重点建设项目契机，统一规划，科学设计，加强协调，加快项目建设前期各项审批工作，力争2020年高质量完成一期工程项目建设，实现管理集约化、训练系统化、保障基地化，强化公共体育功能，成为弘扬先进体育文化的阵地。启动建设省体育中心综合体育馆工程，建设中原网球中心二期工程中心场地，与信阳市人民政府合力共建河南省水上运动训练基地。进一步加强城乡公共体育场地设施建设，加快体育场、室外体育活动广场、体育馆、游泳馆池和全民健身综合馆建设，做好管理、维护、改造、更新等工作，积极构建以省、省辖市大型体育场馆为主体，以县（市、区）场馆设施为支撑，以乡镇（街道）体育健身场所为基础，覆盖行政村（社区）的公共体育设施网络。支持和引导各级政府结合城镇化发展统筹规划体育设施建设，合理布点布局，重点建设一批便民利民的中小型全民健身场馆、户外全民健身活动中心、社区多功能运动场（足球、篮球项目为主）、拼装式游泳池、健身步道等场地设施，扶持革命老区和贫困地区健身场地设施建设。落实《全国足球场地设施建设规划》要求，全省各县级行政区至少建成2块标准足球场，有条件的新居住区要建成至少1块以上5人制足球场，建设、修缮足球场地达5000块以上。扎实推动各级各类公共体育设施免费或低收费开放，加快推进企事业单位体育设施、学校体育场馆向社会开放。

（十）建立健全全民健身组织网络

坚持以各级体育部门和体育总会、单项协会、行业协会为主体，以俱乐部和健身站（点）为依托，以社会体育指导员为骨干，以民间体育组织和全民健身志愿者为补充，构建全民健身组织网络。建立政府向社会力量购买公共体育服务机制，完善扶持体育社会组织发展的政策措施。积极完善城乡基层体育健身组织，切实发挥体育与文化、教育等部门合作共建的城市社区（农村乡镇）文化体育指导站（中心）的作用，发展、规范管理晨晚练点，充分发挥文化站（馆）、学校体育设施等共建文化体育活动站（中心）、青少年体育俱乐部的功能作用。会同民政、林业、园林部门，依托有条件的体育设施及广场、公园等，积极引导、扶持和建立不同类型的体育组织。进一步加强体育总会、单项运动协会、人群体育协会、行业体育协会及青少年体育俱乐部、社区体育俱乐部建设。继续稳步壮大社会体育指导员队伍，加大培训力度，提高上岗率。积极开展全民健身志愿服务。

（十一）广泛开展青少年体育活动

以学校、体校、公共体育设施及社会各类性质体育设施为依托，加强青少年体育俱乐部、体育传统项目学校和青少年户外体育营地等组织网络建设。到2020年，全省85%的县（市、区）建有青少年体育组织、校外活动中心和户外体育活动营地，建设120~150所武术特色学校。全面实施《国家学生体质健康标准》，确保在校学生普遍达到健康标准，积极配合教育等部门和社会力量，切实保障中小学体育课课时和体育"大课间"活动时间，帮助青少年掌握2项以上体育技能。广泛开展青少年健身活动、竞赛交流、科学健身指导和体质监测等服务，深入开展大学生"华光"、中学生"晨光"、小学生"曙光"体育活动，以及"千万学生阳光体育运动"，积极推进武术、足球、体操以及科技体育项目进校园，努力营造全社会关心青少年体育的氛围，促进更多青少年参与体育活动，全面提高青少年健康素质。

（十二）加强老年人、残疾人、妇女等人群体育活动的开展

贯彻落实国家体育总局等12部委《关于进一步加强新形势下老年人体育工作的意见》（体群字〔2015〕155号）和省委、省政府办公厅《关于加强老年人体育工作的意见》（厅文〔2013〕25号），重视支持老年人体育组织、场地建设和活动开展，充分发挥老年人体育协会的桥梁纽带作用，加强老年人体育活动骨干队伍建设和宣传工作，引导老年人积极参加体育活动，办好全省老年人体育健身大会。加强对老年人、残疾人、妇女等人群体育活动的指导服务，培养各类人群需要的体育健身指导人员。关注下岗失业人群、城镇贫困人口和城市农民工等弱势群体的身体健康，从政府、社会及个人三个层面构建完善的体育健身参与保障机制。

（十三）积极营造崇尚体育健身的社会氛围

加强科学健身方法和优秀项目的推广与交流，积极引进国内外先进科学的体育健身项目和方法手段，创新群众体育活动形式、内容，促进我省民族民间传统体育活动的开展。加强全民健身宣传，开展"终身体育"教育，普及科学健身知识，倡导健康文明生活方式，在全社会形成崇尚体育健身、积极参与健身的浓厚氛围。加强省国民体质监测中心（体育医院）建设，建立健全县级国民体质监测机构，开展城乡居民日常体质测定服务，开展专项体质测定服务活动，扩大体质测定服务人群范围，提高国民体质测定服务工作的普及率及覆盖面。充分发挥体育院校和体育科研机构科学研究与技术服务等方面的优势，积极开展全民健身应用研究和技术开发，为全民健身提供科学健身指导。

四、提升竞技体育水平，增强竞技体育综合实力

（十四）做好重大赛事的备战和参赛工作

全面抓好奥运会、全运会、亚运会等重大赛事的综合协调、组织和保障，建立决策科学、运转高效、信息畅通、分工明确、措施完善、保障有力的备战组织管理体系和工作机制，使备战工作科学化、系统化、规范化，实现运动成绩和精神文明双丰收。以推动训练和管理创新为重点，学习借鉴国外和国家队的先进训练理念和方法，注重体能康复训练比重和质量，着力构建训练、科研、医疗、管理、保障五位一体的复合型工作机制（团队），提高运动员专项水平和训练参赛综合能力。发挥主（总）教练训练管理的主导作用，加强训练、竞赛监控，完善科学的训练、竞赛评价体系，提升教练员的业务水平和执教能力，增强训练、竞赛的质量和时效性。积极申办全国综合性运动会或具有较大影响力的国际单项体育赛事，办好全省综合性运动会。

（十五）加强竞技体育专业人才培养和队伍建设

高度重视和着力推进教练、医务、科研及体育专业管理人才队伍的建设，进一步健全完善科学规范的人才培养机制，拓宽培养渠道，完善适应竞技体育发展需求的人才引进激励政策、制度，不断满足我省竞技体育可持续、快速发展的训练和竞赛需求。改革和完善运动员、教练员选拔任用培训机制，积极探索体制外体育人才使用模式。加强对竞技体育项目职业化、社会化发展研究，不断提升竞技体育项目职业化发展水平，力争组建多个在全国有影响的高水平职业俱乐部，职业化体育项目数量和参赛成绩居中西部前列。提倡和鼓励社会力量合办和联办专业队，积极探索大胆尝试省队市办、高校办、企业办等多元化发展模式。对于有积极性投资竞技体育的企业、团体、俱乐部等，在政策和资金等方面予以支持，搞活办队机制。按照"精一线、强二线、大三线"的结构模式，不断完善省专业

队项目结构体系，形成"三位一体"、相互支撑、统筹发展的良性态势。

（十六）完善竞技体育后备人才多元化培养模式

搞好运动项目规划布局，规范后备人才标准，完善评估奖励政策。加强体教结合，突出选材、培养、输送、跟踪四个环节，积极构建以基础教育阶段为基础，坚持以少年儿童体校、青少年体育俱乐部、体育传统项目学校、体育特色学校和社会力量兴办的后备人才培养机构为骨干，以高水平体育后备人才基地和公办体育运动学校为核心，实施竞技体育后备人才培养工程，形成规模、布局、结构合理的后备人才培养体系。建成青少年体育俱乐部1000个、体育传统项目学校1500所、体育后备人才基地105个，85%县区恢复县级业余训练，在训青少年规模大幅增长，竞技体育后备人才选材标准更加科学，形成多元化的竞技体育人才培养、训练模式和职业化的赛事联动发展模式。

（十七）大力发展"三大球"和冰雪运动

坚持以足球改革为突破口，制定"三大球"发展规划，逐步推行政社、政企和管办分开的"三大球"发展模式。改建省足球协会，明确职能定位，优化编制机构。建立完善"三大球"职业俱乐部制度，完善法人治理结构，提高专业化、规范化管理水平。鼓励多元资本投入和资本市场运作发展壮大"三大球"职业俱乐部，支持社会力量兴办"三大球"学校、业余俱乐部、训练营等培训机构。加强省青少年少林足球训练基地建设，探索少林武术与足球运动相融合的发展机制，力争三年打基础，五年见成效。引导地方政府结合实际建设"三大球"特色城市，打造具有较强竞争力的中原足球劲旅和一流的篮球、排球队伍。同时，拉长产业链条，扩大球类消费，促进市场繁荣。对接国家冰雪运动"南展西扩"相关政策，充分利用气候和地理条件建设一批冰雪运动场地，鼓励京广线以西地区发展冰雪运动，鼓励社会力量投资建设冰雪运动场地、兴办冰雪运动培训机构，支持省辖市和社会力量成立专业运动队。

（十八）做好运动员文化教育和保障工作

全面贯彻落实国务院《关于进一步加强运动员文化教育和运动员保障工作的指导意见》，积极采取措施，提高运动员的文化教育水平。加强体教结合，将青少年运动员文化教育纳入普通教育序列，做好运动员在役期间的文化教育工作，切实解决低龄运动员义务教育阶段的学籍问题。拓宽体育运动学校运动员培养输送渠道，继续落实退役优秀运动员免试进入高等院校学习的各项政策，为运动员就学、就业创造条件。加强对退役运动员就业的支持、培训和指导，鼓励退役运动员自主创业和自主择业。进一步完善竞技体育训、科、医、管、保一体化服务保障体系，加强全省体育科研基础建设，优化科技服务功能，促进体育院校、科研院所和重点实验室与优秀运动队、运动训练基地的协同运行，建立服务优秀运动队训练比赛的科技保障平台。

（十九）加强运动队思想政治和道德作风建设

深入持久开展理想信念和职业道德教育，大力弘扬河南体育精神，培养运动员为国争光的境界、无私奉献的精神、坚忍不拔的意志、顽强拼搏的作风，把提高运动技术水平与培养有理想、有道德、有文化、有纪律的人才相结合，使运动队成为政治合格、作风顽强、技术过硬的优秀群体。狠抓赛风赛纪和反兴奋剂工作，坚决纠正体育行业不正之风，切实维护赛场秩序，净化赛场风气，促进公平竞争。加大对弄虚作假、徇私舞弊、执裁不公、扰乱赛场秩序等违规违纪行为的查处力度。持续开展反兴奋剂宣传教育，建立健全反兴奋剂管理制度，加强兴奋剂监测、检查和惩处力度，提高反兴奋剂工作水平。

五、创建体育产业特色品牌，加快发展体育产业

（二十）优化产业布局

依托资源优势，发展具有地域特色的健身休闲产业，打造一批符合市场规律、具有市场竞争力的体育产业带、集群或基地。依托以郑州市为代表的大中城市，发展以体育竞赛表演、体育培训、健身休闲、体育高新技术、职业体育等为重点的产业。依托太行山、伏牛山、大别山的山水生态资源优势，开发建设体育旅游休闲产业带。依托郑州、焦作等地传统体育资源优势，打造少林武术和太极拳产业基地。充分发挥上街机场和安阳航空资源优势，发展航空运动，推动航空产业发展。积极开发其他传统体育项目产业、健身养生等产业，形成特色明显、科学合理的产业布局。

（二十一）完善产业结构

实施大健康产业计划，加强与卫生等部门协调合作，大力发展体质监测、伤病诊疗、健康咨询、运动处方、健身康复、体育培训、体育旅游等生活性服务业，形成完整的大健康产业发展链条，提高体育服务业在体育产业总值中的比重。鼓励发展体育策划咨询、体育中介服务、体育电子商务、体育会展、体育科研成果转化、运动装备租赁等服务业，努力培育和打造一批具有国际、国内影响力的职业体育俱乐部、品牌赛事和健身品牌。促进体育用品制造业发展，积极承接东部沿海体育制造业转移，鼓励国内外知名体育制造企业落户河南，支持鼓励一批本土品牌做大做强；支持体育用品制造企业推行先进标准和技术，提升产品质量水平；支持高新技术企业研发生产高附加值健身器材、可穿戴式体育设备，扩大健身器材和体育服装消费规模；支持电子商务、连锁经营、加盟营销等新型业态，带动体育用品制造与销售业的发展。

（二十二）改革竞赛体系

充分发挥省运会和年度竞赛杠杆作用，合理利用全省竞技体育资源，提高竞赛组织管理水平，建立健全符合青少年成才规律的分层次、分等级的青少年竞赛制度。加强对省运会赛制、设项、举办形式等方面的改革，扩大省运会的综合效应和社会影响力。加大政策引导，促进体育竞赛社会化，调动地方政府和社会力量办赛的积极性，逐步建立省、省辖市、县市区、乡镇和行业、企业集团等多层次体育赛事活动体系和多元化投入运营模式。完善事中、事后监管措施，推进全省综合性和单项体育赛事管理制度改革，公开赛事举办目录，建立完善体育、交通、安保、转播、通信、水电等部门保障体育赛事活动举办的有效机制。搭建政府支持举办体育赛事的公共服务平台，促进多方主体共同发展。

（二十三）创新运营机制

积极创新体育场馆运营，引入和运用现代企业制度，激发场馆活力，探索大型体育场馆所有权和经营权分离。鼓励场馆运营管理实体通过品牌输出、管理输出、资本输出等形式实现规模化、专业化运营。推行场馆设计、建设、运营管理一体化模式，将办赛需求与赛后综合利用有机结合。带动、支持中小型体育场馆的转型升级，增强大型体育场馆复合型经营能力，拓展服务领域，延伸配套服务，提高场馆利用效率，打造城市体育服务综合体。完善政府购买体育场馆公益性服务的机制和标准，健全场馆公益性开放评估体系。

（二十四）转变发展思路

推动体育投入主体多元化和投资渠道多样化，营造多种所有制经济、各类投资主体公平竞争的体育发展环境，依法保护投资者的合法权益，建立健全市场投资激励机制，调动各类主体办体育的积极性。大力引导社会资本进入体育产业领域，完善金融、资讯、科研、中介等体育产业发展链条，创新多元化的体育产业发展模式。支持体育企事业单位资源整合，成立体育产业发展集团。设立体育产业投资基金，对从事体育产业及相关领域、符合条件的企业或项目进行投资，放大财政资金杠杆效应，筹集资金加快河南体育产业发展。加强宣传和引导，更新群众体育消费观念，积极扩大群众体育消费。增强体育产品和服务的供给能力，提升体育产品与服务的质量，以优质的服务促进体育消费，满足消费者的多元需要。

（二十五）推进体育彩票发行工作

贯彻《彩票管理条例》，进一步完善体育彩票发行制度和市场管理制度，健全发行销售监督机制。加强销售渠道建设，丰富渠道种类，提高管理、服务和营销水平，不断挖掘市场深度，扩大彩民广度，提高研判精确度，提升品牌知名度，丰富体育特色彩票品种，激发市场新活力。加强体育彩票公益金使用管理和公益宣传，提高使用效益，提升体育彩票的公益形象。强化发行销售风险防控体系建设，确保体育彩票安全、健康、持续发展。

六、强化体育发展基础，提升体育综合管理能力

（二十六）提高体育行政执法水平

坚持管理与服务并重、处置与疏导结合，严格落实行政执法责任制，完善各级体育行政部门行政执法制度，及时梳理行政执法依据，界定执法权限，改进执法方式，实现法律效果与社会效果的统一。研究制定《河南省体育场地设施建设和管理条例》和《体育场地设施建设总体发展规划》。组织开展体育法律法规和规章实施情况的监督检查。树立社会主义法治理念，强化依法治体意识，提高运用法律手段解决体育实际问题的能力。抓紧制定促进公共体育服务、引导规范职业体育发展、推动体育社会组织建设、规范体育市场、强化体育行业作风等方面的法规、规章和规范性文件。加强全省单项体育协会管理制度建设，提高行业自律、依法治理水平。

（二十七）深化体育科技、教育和信息化改革

以体育运动实践需求为导向，以高等院校、体育科研院所和重点实验室为科研骨干，整合体育科技资源，全面提升体育科技创新能力和科学研究水平。提升体育科技成果转化水平，服务于竞技体育、全民健身和体育产业发展。改善体育系统运动员基础教育体制机制，切实提高运动员文化素质，推进体育高等教育和体育职业教育的改革发展，培养体育事业发展需要的各类人才。积极做好河南体育学院申办和建设工作。以"互联网+体育"为支撑，以智慧体育综合服务为抓手，整合我省体育信息资源，建设河南省智慧体育综合服务平台，打造集健身教学、场馆信息、竞赛服务、体育产业、运动处方等于一体的综合网络服务体系，全面提升我省体育信息化水平。

（二十八）深入实施人才强体战略

牢固树立人才第一的观念，切实加强各类体育人才队伍建设。以高层次体育人才和紧缺人才为重点，抓住培养、吸引和使用三个重要环节，提高体育人才培养的质量和数量，满足群众体育、竞技体育、体育产业经营，以及体育科技、教育、管理等方面的人才需求。采取多种形式，有计划、分步骤地开展各类体育人才培养和培训工作，加强对全省体育管理人员、教练员、裁判员、社会体育指导员和体育经纪人员的培养与培训。制定以能力和业绩为导向的体育人才评价机制，建立我省体育人才数据库。通过走出去和请进来的办法，大力引进和聘用高水平教练员、高级管理人员、优秀教师和各类专业技术人才。公开选拔和任用政治素质高、业务能力强的干部，加强年轻干部和后备力量的培养与锻炼。建立和完善人才激励机制，努力为各类人才健康成长、优秀人才脱颖而出营造良好环境。

（二十九）全面推进体育文化、宣传和对外交流工作

大力弘扬团结奋进、科学创新、务实重干、敢于担当、勇攀高峰、振兴河南的河南体育精神，全面推进体育文化建设，提升我省体育文化软实力和影响力。重视河南民族传统体育文化遗产及民族民间传统体育项目的挖掘、整理、保护和利用，强化体育文物征集和保护。规划建设中原武术文化交流中心、河南民族民间传统体育项目博物馆等一批重点武术文化设施，编撰完成《河南省武术志》，增强少林武术、太极拳等体育文化节会的国际影响力。打造荥阳楚河汉界世界象棋文化之都、洛阳中国围棋文化名城。加强体育对外开放，增强在科技、教育、人才培养、产业经营等方面的对外交流与合作意识。充分发挥少林和太极两大拳种发源地的资源优势，深化我省与国内外武术团体的交流与合作，支持武术特色院校赴"一带一路"沿线国家和地区开展合作办学或设立分校，组织和打造更多武术文化演出团体。重视和加强体育宣传队伍与新闻发布制度建设，发挥省体育记者协会作用，加强与媒体的沟通和合作，把握正确导向，弘扬体育精神，为体育事业的改革和发展营造良好的舆论氛围。

七、强化政策措施，完善保障体系

（三十）加强组织领导

加强与各级各有关部门的沟通与联系，切实履职尽责，密切协作配合，形成工作合力。按照《中华人民共和国体育法》《全民健身条例》等法律法规要求，把公共体育设施建设、全民健身等体育事业纳入本地国民经济和社会发展规划，把体育事业发展经费纳入同级财政预算，并随着财政收入的增加逐步增加。充分发挥工会、共青团、妇联、残联等社会团体及各行各业参与体育工作的积极性，健全完善协调机制，统筹推进体育工作开展。加强对各级体育总会、协会、俱乐部等社会组织的评价和监督，促进其合法、规范、高效运作。鼓励支持各地在体育竞赛组织、人才培养、市场开发等方面交流合作，促进不同区域体育协调发展。

（三十一）深化体育体制改革和机制创新

改革体育发展体制，创新体育运行机制，转变体育部门职能，推动政事分开、管办分离。鼓励和支持体育运动项目推行协会制、俱乐部制，推动运动项目社会化、产业化发展。建立完善体育基金制度，注重发挥体育基金在体育事业发展中的作用。积极推进体育事业单位分类改革，推进体育供给侧结构性改革，鼓励社会组织参与体育社会管理和服务，努力形成政府和社会共同推动体育事业发展的良好局面。

（三十二）建立健全体育相关政策制度

进一步协调落实各级政府直接投资或购买服务等方式，担起对公益性体育事业建设的主体责任，完善落实财政、金融、土地等方面支持体育发展的政策，以及体育产业享受国家对文化、旅游行业的各项税收、行政事业性收费优惠政策。推动体育投入主体多元化和投资渠道多样化，调动各类主体办体育的积极性，推进非基本公共体育服务市场化。加强体育市场规范管理，健全政策法规，完善监管机制，规范市场行为，建立严格、规范、公开、透明的市场准入制度，维护体育市场秩序，促进其规范健康发展。

（三十三）建立体育激励机制和运动员社会保障机制

积极协调县级以上政府及有关部门按照国家规定，对优秀运动员在文化教育、重新就业、社会保障等方面给予优待，协调各级机构编制、财政、人力资源社会保障、教育等部门做好退役运动员就业安置工作，重视、加强对运动员劳动、医疗等方面权益的保障工作，建立运动员伤残保险和医疗保险制度。加强对运动员职业转换的社会扶持，对退役运动员自主创业给予政策性支持。

（三十四）加强对规划实施的监督和管理

建立目标任务考核制度，实行规划年度监督、中期评估和终期检查机制。各级政府体育管理部门和有关单位要认真制定实施本地本部门"十三五"发展规划，健全规划实施的监管机制，采取切实有效的措施，对本地区、本领域体育规划实施情况进行严格监督，确保"十三五"规划各项任务落实到位，保障和推进体育"十三五"规划的顺利实施。

湖北省体育发展"十三五"规划

为促进我省体育全面协调可持续发展，充分发挥体育在建设健康中国、推动经济转型升级、推进湖北社会主义现代化建设，实现我省在中部地区率先全面建成小康社会目标等方面的作用，根据《湖北省国民经济和社会发展第十三个五年规划纲要》和《体育发展"十三五"规划》，结合新时期湖北体育发展面临的新形势、新任务、新要求，制定本规划。

一、"十三五"时期湖北体育发展规划背景

（一）"十二五"时期湖北体育取得的主要成就

——群众体育加快发展。体育场地建设提速，全省各类体育场地达79347个，人均场地面积达1.29平方米，全省有体育设施的行政村达21133个，覆盖率达82.9%。全民健身组织网络逐步健全。省、市、县三级体育总会健全，乡镇和街道体育组织实现了全覆盖，各级各类社会体育组织不断壮大，全省各级社会体育指导员12万人，所有市州和66%以上的县（市、区）成立了社会体育指导员协会。打造武汉国际渡江节、京山网球节等国际国内知名品牌赛事。成功举办湖北省第十四届运动会，完成第四次国民体质监测，采集有效样本6万个。

——竞技体育成绩斐然。在国际比赛中共获得冠军217项次、亚军118项次、季军78项次，其中奥运会项目最高水平比赛冠军54项次、亚军21项次、季军11项次；在各类全国比赛中，获冠军343项次、亚军343项次、季军381项次，其中，全运会项目全国最高水平比赛中冠军93项次、亚军106项次、季军129项次。竞技体育优秀后备人才培养体系不断完善。创建国家级高水平体育后备人才基地14个，国家级青少年体育户外活动营地4个。布局省高水平体育后备人才单项基地50个，国家级、省级体育传统项目学校56个、青少年体育俱乐部136个。

——体育产业方兴未艾。体育产业的政策体系不断完善，出台《关于加快发展体育产业促进体育消费的实施意见》；产业规模逐步扩大，2014年湖北省体育产业总规模达到446.13亿元，增加值213.37亿元，占GDP的0.78%。完成全国大型体育场馆运营管理改革试点，逐步提升场馆运营管理水平；大力培育湖北体育产业龙头企业，创建国家体育产业基地1个，国家体育产业联系点城市1个、国家体育产业示范单位1个、打造国家级体育旅游精品项目10个，"十二五"期间全省累计发行体育彩票158.7亿元。

——体育赛事（会）蓬勃发展。成功举办了武汉网球公开赛、汤尤杯羽毛球赛、亚洲乒乓球赛、亚洲男子篮球锦标赛、男子篮球亚洲杯赛、亚洲田径锦标赛、中国之队U22男足四国邀请赛、东亚四强赛和国际男子篮球明星挑战赛等一系列国际高水平赛事；承办中国国际体育用品博览会、中国体育营销论坛2014夏季峰会；成功申办2019年世界军人运动会。

——各项事业长足发展。全省体育系统党的建设得到加强；体育法治、宣传建设成效显著，获得"2011—2015年全国法治宣传教育先进单位"称号；体育人才队伍素质得到提高，体育科技实力得到提升，体育教育政策得到完善，体育文史、体育外事等工作得到长足发展。"十二五"时期体育事业的发展与进步，为全省经济社会发展作出了应有贡献，为"十三五"时期体育事业发展奠定了良好基础。

（二）"十三五"时期湖北体育发展面临的挑战和问题

"十三五"时期，我省体育发展进入了改革攻坚期。体育领域改革创新与体育强省建设的总体目标仍不相适应，体育与全省经济社会协调发展的机制有待进一步健全，人民群众日益增长的多元化、多样化的体育需求与体育资源供给相对不足的矛盾仍然突出，人均体育场地面积仍然偏低，设施结构布局不合理。尚未建成充分满足群众体育需要的全民健身公共服务体系，体育管理体制的改革尚需深化，相关部门协调联动机制有待加强，调动社会力量参与体育的政策措施尚不完善，支持和培育体育社会组织发展的体制机制尚不健全，体育社会化水平不高。一些影响力大的集体球类项目职业化发展滞后，竞技体育传统优势项目核心竞争力不强，结构布局不够合理，训练及管理科学化水平有待提升，高水平竞技体育后备人才和教练员存在结构性短缺，后备人才培养激励机制不健全，高素质复合型训练管理团队人才依然缺乏。体育产业总体规模不大与结构不完善并存，体育服务业比例偏低、种类偏少。体育文化的多元价值有待深入挖掘，运动项目文化的社会影响力有待进一步扩大，我省传统体育项目文化有待进一步整理和推广。

（三）"十三五"时期湖北体育发展的机遇

——健康中国与全民健身，为体育发展提供新机遇。习近平总书记关于"体育是中华民族伟大复兴的一个标志性事业"的重要指示，表明体育在全面建成小康社会中将承担更加重要的任务，党和国家对体育事业的重视和支持更加有力；健康中国和全民健身升级为国家战略，推动全民健身与全民健康深度融合，为体育发展提供新机遇。

——深化改革与创新发展，使跨界融合成为新趋势。在"四个全面"战略构想指引下，"大众创业、万众创新"将持续改变体育的运行方式，体育社会化、生活化、多元化发展愈加显著，以数据共享、资源共通、方法共用、人才共培等为主要途径的体育内部融合以及体教、体旅、体医、体科等跨界融合发展成为必然趋势。

——转型升级与经济新常态，对体育产业提出新要求。随着经济转型升级和发展进入新常态，体育成为消费升级、拉动内需的重要力量；供给侧结构性改革对体育与经济社会的协调发展提出了新要求，体育产业作为新兴产业、绿色产业、朝阳产业，未来将成为我省经济发展新的增长点。

——科技革命与产业革命，使智慧体育成为新亮点。以"中国制造2025"、"互联网+"行动计划、"大数据"战略为标志的新一轮科技与产业革命浪潮已经到来，移动互联网、物联网、大数据与云计算成为未来各领域创新发展的核心。现代科技的广泛应用，将成为体育参与者的个性化诉求，促使智慧体育发展成为必然趋势。

二、"十三五"时期湖北体育发展的指导思想、基本原则和总体目标

（一）指导思想

全面贯彻落实党的十八大和十八届三中、四中、五中全会精神，深入贯彻习近平总书记系列重要讲话精神，全面遵循创新、协调、绿色、开放、共享五大发展理念，围绕"四个全面"战略布局湖北实施，秉持"竞进提质、升级增效、以质为帅、量质兼取"方针，切实适应、把握和引领新常态省情体情的总体要求，将体育发展融入湖北经济社会发展的大局，以深化体育改革为动力，以增强人民体质、满足人民群众健身需求为根本出发点，放手发展群众体育，稳步发展竞技体育，突破性发展体育产业，繁荣发展体育文化，为建设体育强省奠定坚实基础，为建设"五个湖北"、实现在中部地区率先全面建成小康社会目标作出积极贡献。

（二）基本原则

——坚持以人为本。必须牢固树立以人民为中心的发展思想，以保障人民群众的体育权益为着眼点，充分调动人民参与体育的积极性、主动性、创造性，进一步激发和调动各方活力，不断满足人民群众日益增长的多元化体育需求。

——坚持科学发展。必须从省情体情发展实际出发，遵循现代体育发展内在规律，顺应社会发展新趋势，加快转变体育发展方式，实现更高质量、更有效率、更加公平、更可持续的发展。

——坚持深化改革。必须始终坚持以改革促发展，以创新促转型，破除体制机制障碍，充分发挥市场在体育资源配置中的决定性作用和更好地发挥政府作用，积极培育社会力量参与体育发展，开创具有湖北特点的体育发展格局。

——坚持统筹融合。必须充分发挥体育在促进我省经济建设、政治建设、社会建设、文化建设、生态文明建设中的综合功能和独特作用，助力湖北经济社会跨越式发展。

——坚持依法治体。必须进一步强化法治理念、促进依法决策、依法行政、严格执

法，把体育发展纳入法治轨道，切实保障公民体育权利。

——坚持党的领导。必须认真落实党中央、国务院发展体育工作的一系列指示精神，进一步把思想和行动统一到党和国家对体育发展的战略部署上，全面贯彻从严治党要求，坚定不移推进反腐倡廉，加强体育队伍思想政治与行风建设，积极应对各种风险挑战，为体育改革与发展提供更为坚实的政治保障。

（三）总体目标

完善全民健身公共服务体系，进一步增强人民体质、提高全民素质和生活质量；竞技体育核心竞争力稳步增强，实现跨越进位；体育产业和体育消费总规模不断提升，产业结构不断优化；改革创新体育治理体制机制；促进体育各领域全面协调可持续发展，为建设体育强省奠定坚实基础。

专栏1 湖北体育发展"十三五"规划主要指标

项目	主要指标	2020年
群众体育	人均体育场地面积	1.8平方米
	县级单项体育协会数量平均数	15个以上
	全省经常参加体育锻炼人数	1900万
	国民体质监测合格率	90%左右
	获得各级社会体育指导员等级证书人数	13万以上
	行政村体育设施	全覆盖
	城市社区15分钟健身圈	基本形成
竞技体育	2016年里约奥运会、2020年东京奥运会	每届夺得1枚（含）以上金牌
	2018年雅加达亚运会	6枚以上金牌
	2017年天津全运会	参赛成绩跨越进位
青少年体育	青少年体育俱乐部数量	100个以上
	体育传统项目学校数量	100所以上
	全省市州、直管市、林区布局国家级、省级体育后备人才基地	80%
	全省市州、直管市、林区布局青少年足球训练中心	90%
	布局各类青少年足球示范学校	100所以上

(续表)

项目	主要指标	2020年
体育产业	体育产业总规模	1300亿元
	体育产业增加值占GDP比重	1%
	体育消费总规模	650亿元
	从业人员数量	25万
	体育服务业增加值占体育产业增加值比重	35%
	国家级体育产业基地（含示范基地）数	5个
	省级体育产业基地数	10个
	体育产业重点工程数	10个

三、"十三五"时期湖北体育发展的主要任务

（一）推进融合共享，拓展群众体育新空间

深入贯彻实施全民健身国家战略，推进健康中国建设，以提高人民群众的健康指标和幸福指数为出发点，以全民健身生活化为导向，以基本公共体育服务均等化为目标，深化供给侧改革，丰富公共体育服务供给，完善全民健身公共服务体系，市州和部分县（市、区）打造一个以上在全省或全国有影响力的品牌赛事（活动），形成全民健身新时尚，人民群众健身意识普遍增强，身体素质明显提高。

1. 完善基本公共体育服务体系。以颁布并实施《湖北省全民健身实施计划（2016—2020年）》为主要抓手，落实目标任务和重大政策措施。充分发挥湖北省实施《全民健身条例》工作委员会的作用，省和各地根据实际，制定本行政区域的全民健身实施计划，提出本地全民健身事业发展的目标任务和具体措施，不断提高全民基本体育需求的保障水平。各级体育部门会同有关部门制定工作方案，明确职责分工，各司其职，共同做好全民健身组织网络、活动开展、设施建设以及各类保障性工作。以全民健身生活化为导向，加快建成覆盖城乡、功能完善、惠及全民的基本公共体育服务体系，开展基本公共体育服务体系示范区建设试点工作，逐步推动基本公共体育服务在地域、城乡和人群间的均等化。

2. 加强健身场地设施建设与管理。推进城乡健身场地设施建设，实现农村行政村体育设施全覆盖，打造城市社区15分钟健身圈。将公共体育设施纳入本地国民经济和社会发展总体规划以及城乡建设规划和土地利用总体规划，制定专项的公共体育设施建设规划，推进公共体育设施多元化、均衡化发展，推动户外体育设施建设，重点建设一批灵活多样、便民利民的健身场地设施。进一步盘活健身场地设施存量资源，推动体育场馆向公众开

放，提高场地设施的使用率。做好已建全民健身场地设施的使用、维护、管理与升级换代。推动公共体育场馆开放，确保公共体育场地设施和符合条件的企事业单位、学校体育场地设施向社会开放。探索建立中小型体育场馆免费、低收费开放补助机制。多渠道开发健身场地设施资源。鼓励各级政府和相关组织综合利用现有土地资源，多渠道开发体育场地资源。鼓励通过改造旧厂房、仓库、老旧商业设施等用于体育健身。支持社会资本投入健身设施建设，落实各类优惠政策，合理利用商业楼、写字楼楼宇空间和地下空间投资兴建健身场地设施。

3. 健全全民健身组织网络。推进社会体育协会改革。加强各级体育总会和单项体育协会建设，发挥各级体育总会的枢纽性作用，带动各级各类单项和体育社会组织的发展。支持有群众基础的项目成立单项和人群协会。推进"互联网+体育"的发展模式，引导、服务、规范全民健身组织网络健康发展。鼓励、引导公民加入互联网健身组织。加强全民健身站点建设，发展基层全民健身组织。各乡镇至少有一个全民健身组织，行政村至少有1~2名社会体育指导员。充分利用农民体育健身工程场地，开展形式多样的体育竞赛、健身活动。鼓励各地对健身站点试行经费补贴制度，扶持健身站点可持续发展，规范健身站点的管理。发挥社会体育指导员的作用。面向基层，面向农村，面向社区，以健身项目培训为重点，组织开展各级各类社会体育指导员培训，每年培训人数不少于5000。开展社会体育指导员进校园、进社区、进乡镇、进厂矿、进机关、进军营等活动，带动更多人群加入科学健身行列。构建全民健身志愿服务组织网络，建立全民健身志愿服务长效机制。

4. 广泛开展全民健身活动。构建全民健身活动体系。引导广大人民群众树立以健身促健康的新观念，推广参与性强、普及面广、易于坚持的健身休闲项目。大力推动"三大球"运动，在全社会广泛开展"我爱足球"等群众性体育竞赛活动，并建立完善的业余体育竞赛活动体系，使竞赛活动具有持续力。搭建全民健身激励平台，创新全民健身激励机制，探索多元主体参与机制，拓展激励的对象和范围。打造全民健身休闲品牌活动。扶持具有普及性的健身休闲活动，组织创编具有浓郁湖北地方特色的全民健身休闲项目，力争各市和有条件的县（市、区）打造"一市一品""一县一品"的全民健身休闲品牌赛事（活动）。策划组织好"8.8"全民健身日、"6.15"毛泽东题词纪念日等富有主题意义的活动。坚持推广广播操、工间操制度，大力开展职工体育活动。办好湖北省第十五届运动会。

5. 提升科学健身指导服务。加快健全省、市、县国民体质监测网络体系，扩大乡镇、街道监测站点；完善国民体质监测和全民健身活动状况调查制度；鼓励社会资本开办体质测定机构；推动现代信息技术手段与全民健身相结合，加强科学健身指导，提高人民群众科学健身意识和素养；发挥体育锻炼在疾病防治、健康促进等方面的积极作用，探索"体医结合"在全民健身工作中的作用，提倡开展健身咨询和调理等服务；创建全民健身公共服务平台，实现对外服务、对内管理、省市交流功能，定期向社会公布我省国民体质监测结果，提出应对措施；开办全民健身科学指导大讲堂，开辟媒体专题专栏，全方位、多角度传播科学健身知识。组织开展好第五次国民体质监测和全民健身状况调查活动。

6. 着力发展青少年体育运动。健全和完善政府主导、部门协调、社会参与、法治保障的青少年体育治理格局，不断扩大青少年体育公共服务的覆盖面。加快制定《湖北省青少年体育活动促进实施计划（2016—2020年）》，以青少年阳光体育大会为龙头，积极倡导科学健康的体育健身和生活理念，培养青少年体育素养及参与体育运动的兴趣和特长，推广体育健身方法，广泛开展"科学健身校园行""青少年足球四进校园活动""青少年夏（冬）令营"等丰富多样的青少年体育活动，大力推广普及足球、篮球、排球等运动，引导地方塑造有区域特色的青少年体育赛事或活动，促进青少年至少掌握一项运动技能，坚持每天锻炼一小时，养成终身体育锻炼的良好习惯，增强青少年体质。健全青少年意外伤害保险制度，完善青少年体质健康监测体系。

7. 保障特殊群体基本体育权利。构建政府主导、多元主体参与的特殊群体体育活动保障体系，探索"体养结合"机制，加大供给力度，提高精准化服务水平。充分发挥体育在应对人口老龄化问题中的积极作用，引导、支持各级老年人体协加强自身建设，加强老年人体育宣传工作，积极引导老年人参与体育活动。加强对老年人、残疾人等特殊群体开展体育活动的组织与领导，研制与推广适合特殊群体的日常健身活动项目、体育器材、科学健身方法。关注贫困人口和农民工等弱势群体参加体育活动，广泛调动社会力量，为贫困人口和农民工等弱势群体参加体育活动提供场地设施、科学指导等保障服务。

专栏2　助力放手发展群众体育工程

"十三五"时期，通过以奖代补的方式，在全省命名或资助一批全民健身汽车露营示范营地、老年人健身示范活动中心、全民健身户外休闲示范基地等项目，并援建一批农民体育健身工程、全民健身活动中心、多功能运动场（分笼式足球场、拼装式游泳池和多功能运动场地）等项目；打造一批全民健身精品赛事（活动）、湖北省概念马拉松赛事（活动）等全民健身示范活动；树立一批全民健身活动互联网示范传播平台、全民健身活动基层示范站点、全民健身示范协会、社会"三大球"示范俱乐部（球队）和社会体育指导员标兵。

专栏3　健身场地设施建设工程

县（市、区）有一个以上中型全民健身活动中心和两个以上公共体育场地，80%的乡镇有一个小型全民健身活动中心，农村行政村体育设施全覆盖。加强新建居民小区体育设施建设，打造城市社区15分钟健身圈。推动户外休闲健身场地设施建设，发挥我省自然条件的优势，建设以体育公园、健身广场、登山步道、绿道为主要内容的全民健身户外基地。加强对城市公园体育设施的规划和建设工作。支持在条件成熟的地区建设全民健身汽车露营（示范）营地，打造点面结合、纵横交错、辐射省内、外联周边的2小时全民健身汽车露营营地圈。结合美丽乡村建设，推进农民体育健身工程。

专栏4　青少年体育活动促进计划

创建国家、省级校外青少年体育俱乐部100个以上、体育传统项目学校100所以上。在全省市州、直管市布局青少年足球训练中心全覆盖，布局各类青少年足球示范学校（女足试点学校、特殊教育学校、留守和流动儿童学校、老少边远地区学校）100所以上，不断提高青少年公共体育服务的质量和水平。

（二）强化竞进提质，提升竞技体育新实力

合理布局项目，优化整合资源，加强精兵梯队和后备人才队伍建设，切实提升竞技体育的综合实力和可持续发展能力，在2016年里约奥运会、2017年天津全运会、2020年东京奥运会等重大赛事中取得佳绩。

1. 优化竞技体育项目结构。坚持和完善竞技体育举国体制，优化布局，重点突破，提高效益。重点发展拥有群众基础、历史传统的具有核心竞争力特征的项目，突出打造"小、巧、水、重"优势项群，深入发掘潜优势项目，加强基础大项投入。贯彻"三大球"改革新政策，推动"三大球"项目进校园，推进三大球职业俱乐部发展；贯彻《中国足球改革发展总体方案》，扎实推进湖北足球改革发展；进一步理顺备战奥运会与备战全运会的关系，坚持抓全运促奥运，促进奥运及非奥运、全运及非全运会项目协调发展，制定项目发展计划；支持和鼓励各地方、各行业重点发展符合自身条件和特点的运动项目，形成地方优势和特色。

2. 做好重大赛事的参赛和筹办工作。做好2016年第31届里约夏季奥运会、2017年第13届天津全运会、2020年第32届东京夏季奥运会等重大赛事的备战参赛工作，力争取得优异的运动成绩。鼓励和支持各市、州申办国际国内高水平体育赛事，鼓励赛事申办和举办引入科学论证和民主决策程序，提高人民群众参与度及支持度；加强体育赛事的市场化运作能力与水平，努力打造国内外有影响的固定品牌赛事。以"共享友谊盛会、同筑和平未来"为主题，按照"展示大国形象、聚集强军目标、注重开放共享、坚持节俭高效"的原则，统筹军地优势资源条件，精心设计、精准筹备、精确运行、精细保障，全力筹办好第七届世界军人运动会。

3. 加强竞技体育后备人才和精兵梯队建设。优化运动项目结构，构建主体多元的后备人才培养体系，开展各层级高水平后备人才培养基地认定工作，提高科学育才选材水平。强化精兵梯队建设，组建竞技体育优势项目省直业余训练单项学校，采取集约型培育方式，提高青少年运动员成材率，构建青少年运动员科学培养支撑体系，推动优秀青少年运动员个性化发展，培养国际体育人才，广泛参与国际体育事务。探索支持和鼓励市县、高校、企业发展符合自身条件和特点的运动项目或承担一线运动队训练任务。

4. 提高竞技体育综合绩效。深入探索、积极总结竞技体育发展规律、运动项目制胜规

律、备战训练参赛规律、运动队伍管理规律，打造省优秀运动队复合型训练管理团队，切实提高竞技体育的管理水平和效益；重视体育科研医疗保障工作，加强竞技体育训练理论科学研究，加快构建体育科学、医疗康复保障体系，提高科研攻坚能力和水平，创新训练方法，提升运动训练水平；加强训练监控，建立和完善省优秀运动队科学训练考核评估体系，形成竞争有序、科学合理的管理体制。

5. 完善运动员文化教育与保障体系。推动运动员文化教育常态化，全面开展运动员职业意识养成教育，落实优秀运动员进入高等院校学习的各项政策。保证运动员文化学习时间，帮助运动员平衡学训关系，提升运动员文化教育质量，全力解决运动员后顾之忧，开展教体深度融合试点，引入社会力量创新教育模式。继续完善运动员收入分配和激励保障政策，全面落实运动员社会保障制度全覆盖。积极支持省级体育训练基地运动医疗康复部门建设，提升运动医学专业人才队伍水平，强化运动性伤病防治措施，着力保证防治工作质量。完善训练基地硬件设施建设，改善运动员训练和生活条件。

6. 构建和完善运动员职业转换社会扶持体系。积极协调人力资源和社会保障、编制、教育、财政等部门，切实做好退役运动员就业安置工作。引导和支持退役运动员进入高等学校和各类职业学校培训学习，通过职业教育和培训，结合体育行业职业技能鉴定，培养体育职业技能，帮助其适应社会需求，提高综合素质和就业能力，引导和鼓励运动员开创多元化就业创业格局，放宽职业生涯规划视野。制定相应就业扶持政策，拓宽运动员就业渠道，帮助运动员实现职业转换，坚持并完善退役运动员自主择业经济补偿制度，根据我省经济发展水平，建立适应经济社会发展水平的补偿标准动态增长机制。对取得奥运会、全运会金牌的退役运动员，落实有关安置政策。

专栏5　"三大球"发展行动计划

基本形成适应我省社会、经济、文化发展需要，具有我省特色符合现代"三大球"发展规律和趋势的项目管理体制与运行机制，竞技运动水平明显提高，专项运动活动场地数量和设施条件建设进一步加强。形成完善的后备人才培养体系，"三大球"人口数量和质量有较大提升。形成全社会健康的、积极参与的项目文化，大力扶持各级各类单项协会、俱乐部和竞赛组织发展，加大对各级各类教练员和裁判员的培训力度，建立完善的竞技及业余比赛机制。职业化程度进一步发展，构建较为稳定的"三大球"产业体系。

足球：加强足球管理体制和运行机制改革；以"大格局"为抓手，充分调动政府和社会多个层面积极性，让更多资源参与到足球事业中来；加大省足协改革力度，鼓励支持各市州（县市区）成立足协或民间足球俱乐部；围绕"多出人才，竞技水平上台阶"这个核心，建立以职业足球队、备战全运专业队、青训性质的后备队的三级足球体系；促进U系列男、女足青少年梯队建设（男足U10、U11、U12、U14和女足

U12）；并培养一批具有较高足球专业素质的青少年足球教练员、裁判员和志愿者队伍。坚持青少年足球训练的人数达到6000以上，省U系列选拔队达到250~300人的规模；各级青少年足球教练员600人，校园足球指导员2100人，裁判员600人；加强省属足球基地建设（体职院足球基地、姑嫂树足球基地），建设一批校外青少年足球训练中心和社区公共小足球场，其中在全省兴建和命名18个省级青少年训练中心和30个"社区（校外）青少年足球活动中心"，与校园足球场地互补。到2020年我省足球项目至少拥有一支中超俱乐部。鼓励社会力量成立业余足球俱乐部，力争到2018年，开办我省由社会组织主导的业余足球联赛。

篮球：2017年力争第十三届全运会上男女篮球四支队伍全部出线，其中，1~2支队伍进入前八名，输送2~3名运动员进入国家集训队。2020年前，如果CBA联赛政策放开（扩军或采用升降级），湖北力争以职业男篮俱乐部队进入CBA联赛，女篮力争打进WCBA常规赛，努力缩小与国内强队先进水平的差距。根据加强一线、强化二线、成立三线、普及四线的思路，扩大篮球基地数量，力争在2020年前由现在的3个基地增至5个，完成后备人才队伍布局建设全覆盖，争取注册人数逐年递增10%。进一步完善湖北省青少年竞赛体系，加强U12系列竞赛管理体系工作，注重与全运会年龄阶段、青年运动会年龄阶段衔接的运动员注册、训练、比赛的追踪。紧密与教育厅联系与合作，大力推进篮球项目进校园活动，建立篮球传统项目学校评估体系，增加省级篮球传统项目学校的数量，指导地市级篮球传统项目学校的开展。

排球：2016年成年男排力争取得全国男排联赛资格；2017年在第十三届全国运动会上，排球项目男子成年组与青少年组双双取得出线资格（前十二名），并力争有一支队伍打进前八名，男子沙滩排球项目有两支队伍（4人）获得全运参赛资格，并有一支打进前八名；2019年第二届全国青少年运动会男子青少年组取得参赛资格，力争进入前十名。开展排球项目的地市州数量达到10个以上；国家级后备人才基地数量达到4个以上，建立6~8个省级后备人才训练基地；每年开展两项青少年排球比赛和一项沙滩排球比赛；继续强化和落实"体教结合"发展之路，排球项目注册运动员数量达到700人以上；力争引进国内、外优秀教练员1名。

专栏6　竞技体育转型突破建设工程

树立科学发展的体育事业政绩观，充分认识竞技体育的多元功能和综合社会价值，真正实现社会资源和力量的整合。深入探索、积极总结竞技体育发展规律、运动项目的制胜规律、备战训练的参赛规律、运动队伍的管理规律，打造省优秀运动队复合型训练管理团队，切实提高竞技体育的管理水平和效益；重视体育科研医疗保障工作，加强竞技体育训练理论的科学研究，加快构建体育科学、医疗服务保障体系，提高科研攻坚能力,提升运动训练的水平;加强训练监控,创新身体功能训练的理念和方法,建立和完善省优秀运动队训练评估办法,使运动队管理向规范化、专业化、科学化转变。各级要大力抓好赛风赛纪和反兴奋剂工作,做到公平竞争,干净竞赛,促进体育健康发展,提高体育社会公信力。

实施"奥运夺金续辉煌、全运进位可持续"发展战略,实现重大国际国内比赛运动成绩和精神文明双丰收,为国争光、为省添彩。2016年里约第31届夏季奥运会、2020年东京第32届夏季奥运会,力争入选国家队的运动员人数增加,全力保障我省在国家队重点运动员提升竞技实力,确保金牌不断线;2017年第13届天津全国运动会,巩固我省传统优势项目,拓展潜优势项目,基础大项和集体球类项目有所进步,竞技体育整体实力和参赛成绩跨越进位;2018年第18届雅加达亚运会等区域性运动会和世界锦标赛上,力争入选国家队运动员和夺得奖牌数增多;2019年第4届全国智力运动会上,保持全国领先地位,稳中有进。

专栏7 "十三五"时期举办或参加的国际国内省内重要赛事

国际赛事:
1. 2016年巴西里约第三十一届夏季奥运会
2. 2018年印尼雅加达第十八届亚洲运动会
3. 2019年第七届世界军人运动会
4. 2019年世界杯男子篮球赛
5. 2020年日本东京第三十二届夏季奥运会
6. WTA武汉网球公开赛
7. 世界飞行者大会
8. 武汉国际横渡长江节
9. 武当国际武术节
10. 武汉国际赛马节
11. "大梁子湖"国际体育大赛
12. 宜昌国际龙舟节
13. 武汉国际马拉松
14. 环中国国际公路自行车赛(湖北赛段)

国内赛事:
1. 2017年天津第十三届全国运动会
2. 2019年第4届全国智力运动会
3. 2019年全国民族运动会

4. 2019年全国残疾人运动会

5. 百里荒越野挑战赛

6. 神农架山地徒步大会

7. 中国（京山）网球节

8. 全国"万城千村"健身气功交流展示赛（湖北站）

9. 中国登山步道挑战赛（黄石站）

10. 挺进大别山——中国黄冈系列漂流赛自行车赛

省内赛事：

1. 2018年湖北省第十五届运动会

2. 2018年湖北省第九届少数民族传统体育运动会

3. 木兰山登山挑战赛

4. 襄阳汉江流域龙舟赛

专栏8　后备人才培育工程

建立完善以重点优势项目单项学校和国家、省高水平体育后备人才基地为重点，以各级各类体校、少儿体校为主体，以体育传统项目学校、青少年体育俱乐部为补充的后备人才培养体系，选拔培育优秀苗子，组织开展训练营活动，实施专项业务指导，基层训练检查督导，绩效评估监管等制度，大力推广"一地一品"特色办训，鼓励支持社会力量参与青少年训练，拓宽人才培养和选拔平台，探索社会化、多样化人才培养模式，严格按照《全国青少年奥运项目教学训练大纲》系统开展训练，提高身体素质，传授专项技术，夯实后备人才培养基础。

精兵梯队建设目标：A点（国家队层面），我省在国家队的运动员人数，2017年不少于80人，2020年不少于100人。B点（省一、二线运动队层面），一二线运动队运动员人数，2017年达到800人规模，其中国际级和国家级运动健将达到15%以上，一级运动员达到60%以上；到2020年，国际级和国家级运动健将达到20%以上，一级运动员达到70%以上。C点（省三线队伍层面），三线运动队运动员人数，2017年达到800人（其中试训队员300人、集训队员500人），每年输送运动员达到省优秀运动队进队人数的80%；2020年达到省优秀运动队进队人数的90%。

（三）推动转型升级，增强体育产业新活力

体育产业形成政府引导、市场驱动、社会参与，规模化、集约化、创新化发展的格局；体育产业门类齐全，组织形态和集聚模式丰富，结构合理，体育服务业的比重显著提升，体育产品和服务层次更加多样，成为推动我省经济转型升级的重要力量。

1. 优化体育产业布局。将体育产业发展纳入地方经济社会发展的总体规划布局。与湖北"两圈两带一群"战略相结合，与城市等级规模重组相结合。形成建立一个核心发展区——武汉市，夯实西部和东部两条产业带。发挥"一主两副"中心城市在带动全省体育产业发展的引领示范作用，建立武汉市国家级体育产业联系点和襄阳、宜昌两个省级体育产业联系点。培育鄂州大梁子湖运动休闲度假基地、荆门高新区国家体育产业基地、神农架高山滑雪运动休闲基地和荆门、荆州和武汉汉南航空运动休闲基地四个产业增长极，建立N个产业基地和园区的"1234+N"的体育产业发展格局。

2. 激活市场主体活力。推进体育项目职业化改革，制定我省职业体育发展政策措施，建立和完善职业体育政策制度体系，明确经营主体产权关系，倡导建设职业经理人模式下的现代体育企业，引导职业俱乐部完善法人治理结构，充分发挥俱乐部的市场主体作用。鼓励社会资本采取单独组建、合作联办、冠名赞助等方式参与体育产业经营。完善竞赛管理办法，探索综合性运动会、单项体育赛事的市场开发和运作模式，鼓励支持各类市场主体依法组织、承办体育赛事。鼓励各地市建立体育产业集团，培养体育产业龙头企业，实现体育产业规模化、效益化增长。

3. 引导体育消费。制定促进居民体育消费的政策，增加政府购买公共体育服务资金投入，为广大群众提供更多更优质的公共体育服务，培养运动兴趣，养成运动习惯，引导群众进行体育消费。鼓励企事业单位提供一定经费用于开展职工体育活动；鼓励提高体育服务的安全性、多样性和舒适性，吸引各类人群参与健身运动。深入推动体育消费与信息消费相融合，加快推进体育产品和服务生产、传播、消费的数字化、网络化进程，拓展线上线下相结合的体育消费新空间。积极开发群众体育消费金融产品，培育和壮大体育消费金融市场。鼓励体育类电子商务平台发挥技术、信息、资金优势，为体育消费提供优质服务。

4. 构建完备体育产业链条。重点发展体育服务业，创建一批健身服务品牌，不断满足人民群众日益增长的体育需求。拓展体育培训市场，建设足球、网球学院等一批具有国际影响的体育培训品牌。积极培育体育中介市场，发展中介组织，不断拓展体育技术、信息咨询、体育保险等中介服务。着力拓展体育高端装备制造业，发挥湖北体育高科技优势，加大技术创新和自主研发，开发科技含量高、拥有自主知识产权的体育产品。深化场馆运营管理体制改革，探索体育场馆多元建设管理模式，推动体育场馆业快速发展。培育"体育+"产业业态跨界融合发展，加强与旅游、文化、科教、卫生、广电等部门合作，共同整合资源，延伸发展体育旅游、体育康复、体育建筑、体育会展、体育传媒等相关业态市场。

5. 强化体育产业大平台建设。通过规划引导和政策扶持，打造一批具有国际影响力和鲜明特色的载体平台，鼓励金融资本支持，引领和带动全省体育产业发展。分层次打造体育产业特色城市、体育产业集聚区、体育产业示范企业、体育产业服务平台四类产业载体。建立若干集体育科技研发、产业孵化、产品交易、人才培训于一体的服务平台，为体育产业规模化、集约化、专业化发展创造条件。鼓励国有企业与有关机构联合设立体育产业投资基金对接湖北体育产业项目库。支持湖北省体育产业集团直接参股省内体育企业，快速拓展集团业态，助力体育产业中小企业发展。出台扶持小微企业发展的金融政策，加强省体育产业引导资金的使用和管理。以扩大体育产业影响力、促进合作交流为重点，积极打造各类展会、论坛、服务咨询会、体育节庆等活动平台，不断提升体育产业发展层次和水平。

6. 推动"智慧体育"新业态。以大数据、物联网、移动互联网、云计算等现代信息技术为基础，完善全省的公共体育服务平台手机应用软件的功能和管理模式，积极整合线下场馆资源，创新体育服务内容，更多体现惠民利民效益，打造成为公共体育服务平台。鼓励开发智能体育设施和可穿戴智能运动装备。不断推进体育商贸电商交易平台建设，鼓励体育企业借助电子商务等新兴交易模式拓展业务。鼓励成立互联网体育金融平台，通过众筹等形式募集举办各类群众体育赛事活动资金。

7. 完善体育彩票销售体制机制。认真贯彻实施《彩票管理条例》，加强体育彩票安全监管，确保体育彩票安全运营。结合湖北实际，制定激励政策，完善体育彩票销售体制机制，调动体育彩票销售人员的积极性，扩大体育彩票销售规模。加强彩票销售网点建设，提高体育彩票市场占有率。建立健全各项规章制度，加强体育彩票公益金和发行费的管理，提高公益资金的使用效益。加强公益金的使用管理绩效评价，不断提升体育彩票的社会形象。

专栏9　场馆运营改革创新工程

引入PPP模式，加快各类体育场地设施建设步伐，鼓励建设社区体育中心、中小型体育场馆，政府在财政、税收、土地等方面给予支持。

实行企业化运营。事业单位体育场馆积极推进企业化运营，提高场馆的社会效益和经济效益。新建场馆引入第三方专业场馆运营机构，以提高场馆使用率，提高场馆运营管理水平。

打造智慧场馆，建立场馆智能管理平台、预订平台。引入优质企业打造示范性智慧场馆。

加大体育场馆免费、低收费力度。鼓励社会场馆免费、低收费开放，政府安排一定比例体彩公益金等财政资金，通过政府购买服务方式予以奖励或扶持。

打造场馆品牌赛事。依托场馆资源，开展系列赛、友谊赛、趣味赛等，鼓励场馆承办赛事常态化，通过自办或承办的方式，增加高水平赛事和群众业余赛事供给能力。

建设城市体育服务综合体。融入多元业态，推动体育与住宅、休闲、商业综合开发。

专栏10　体育消费促进工程

> 鼓励社会力量建设小型化、多样化、拆卸式的活动场馆和健身设施，利用旧厂房改造成体育场地，提高体育场地设施供给，政府以购买服务等方式予以支持。
>
> 鼓励体育健身休闲，提供群众参与度较高的体育服务，鼓励举办各类群众性体育赛事或在商业性体育赛事中安排部分低价票，政府以购买服务方式予以支持。
>
> 做好公共体育场馆免费、低收费开放，鼓励各类体育场馆设施向社会开放，通过政府购买服务等多种方式予以奖励和扶持。
>
> 适度扩大公共财政在体育消费上的支出，加大对城镇低收入居民、农村居民、少数民族地区、革命老区的体育器材用品援助。
>
> 制订个人体育消费奖励措施，支持企业开发体育消费金融产品。

（四）实施人才强体，增添体育发展新动能

发挥我省科教、人才资源丰厚的要素优势，深入实施"人才强体"战略。培养群众体育、竞技体育、体育产业、体育文化等领域人才；建立并完善体育人才培养、评价、选拔、交流、激励保障等机制；形成数量充足、素质优良、门类齐全、结构合理的体育人才队伍，打造湖北体育智库体系。

1. 壮大体育人才队伍。以提高竞技体育水平为核心，壮大竞技体育人才队伍建设，加大体教结合力度、教练员和裁判员队伍建设力度、体育科研和医疗保障队伍建设力度；改革教练员选拔任用机制，坚持和完善教练员竞争上岗制度，建立科学的教练员人才评价体系，制定实施年轻教练员培养计划，加大优秀教练人才的引进力度，为教练员能充分发挥指导作用、创造佳绩提供良好的环境。加大裁判员培养力度，加强裁判员管理监督，提高裁判员专业水平。以提高服务体育发展能力为重点，突出培养高层次领军人才和跨领域、跨学科、跨行业的体育人才梯队建设，培养与造就一批高水平的中青年体育科技团队。搭建国际化的体育科技人才双向交流平台，鼓励开展国际科研合作。

2. 健全体育人才工作机制。建立并完善体育人才培养、评价、选拔、交流、激励保障等机制，创造充满活力、富有效率、更加开放的人才制度环境，广聚天下英才支撑我省体育发展。打造开放机制，在全球视野下谋划人才工作，吸收借鉴国内外的成功经验，建立地区协调、国际接轨的政策体系，不唯地域引进人才、不求所有开发人才、不拘一格用好人才。打造集聚机制，围绕促进体育人才向产业、基层和经济一线集聚，打破户籍、地域、身份、社保、人事关系等刚性或柔性限制，健全引导人才向需求端流动、构建创新创业的政策措施。打造高效机制，围绕人才优势转化，建立更为灵活的人才管理机制，打通人才流动、使用、发挥作用中的体制机制障碍，最大限度地支持和帮助人才创新创业，提高人才资源对我省体育发展的贡献率。

3. 加大科研力度促进成果转化。强化体育科学研究与运用。坚持"自主创新、重点跨越、支撑发展、引领未来"的体育科技工作指导方针，重视战略研究，扶持基础研究。以体育强省和体育治理现代化为重点，加强体育发展战略和政策研究，为体育改革发展和重大决策提供咨询服务。以满足人民群众多元化健身需求为重点，开展人民群众健身重点领域和科学健身方法研究。加强体育产业自主知识产权产品研发和科技成果转化。以竞技体育科学训练为重点，着力解决重大运动项目关键技术研究和突破，将教练员、运动员和科研人员三者有机地整合成为一个整体，高水平的跨界整合实现"1+1>2"。加强省体科所、省内高校与国内外科研机构合作，整合资源，推进体科所以及体能与康复等重点实验室建设，研发并转化一批科研成果，打造湖北体育智库体系，拓展我省体育科技发展空间。

（五）弘扬体育精神，开创体育文化新局面

推动体育文化大发展、大繁荣和体育价值多元化建设，充分发挥体育在社会主义文化建设中的独特作用；依托运动项目，广泛传播其中蕴含的行为方式、思维模式、价值观念等信息，增强体育文化驱动力；培养和推广具有荆楚特色示范效应的体育赛事文化品牌，彰显地域文化魅力和影响力。

1. 推动大体育文化建设。弘扬以爱国奉献、团结协作、公平竞争、拼搏自强、快乐健康为核心的中华体育精神，践行社会主义核心价值观，狠抓作风建设，严肃赛风赛纪，展示精神风貌和道德风尚。注重挖掘运动项目文化内涵，积极推进以运动项目文化为核心的体育文化建设，弘扬运动员独特的精神、意志、心理、作风等先进文化，扩大运动项目文化的社会影响力。扶持和打造具有较大知名度、传播力、影响力、受到人民群众认可与欢迎的体育文化品牌。加强湖北优秀民族体育、民间体育、民俗体育的整理推广工作，保护和弘扬优秀的体育文化遗产。

2. 加强体育宣传与舆论引导工作。健全体育宣传工作机制，搭建有效信息平台，加强与媒体的沟通、协调和合作，充分发挥传统媒体和新媒体在我省体育事业发展中的积极作用。正确引导舆论，宣传全省体育改革与发展的经验、成就及体育工作中的先进人物和事迹，反对恶意炒作、制造和传播假新闻的行为，努力营造我省体育事业发展的良好舆论氛围和社会环境。重视体育对外宣传工作，积极、有效地扩大湖北体育在国内外体坛的影响。

3. 扩大体育交流与合作。推进省域范围内跨江跨区域合作，促进体育要素流动和资源整合；加强与国外体育组织、城市间交流和合作，促进优势互补、推动荆楚体育文化精品走向世界。建立开放性的服务意识与跨界合作意识，与产业界、传媒界、艺术界、文博界、广告界等密切合作，形成由政府、市场、社会、业界高度互动合作的新型体育文化运行模式，以推动全省体育文化的建设与发展。

四、突出规划引领，形成规划保障新格局

（一）加强组织领导

各地要高度重视本地区体育事业发展，把体育工作纳入经济社会发展总体规划、基本现代化目标内涵和科学发展考核评价体系；把体育经费、体育基本建设资金列入财政预算，并逐年增加；把体育工作纳入政府工作报告和年度重点工作安排。建立体育与发改、财政、国土、教育、统计等相关部门的长效协调工作机制，促进资源共享，协同提升公共体育服务水平。充分发挥各级工会、共青团、妇联和社会组织的积极作用，建立健全体育工作领导协调机制，统筹推动体育发展。

（二）坚持依法治体

切实加强依法行政，坚持"法无授权不可为、法定职责必须为"的原则，依法开展体育工作、依法履行政府职能；切实加强依法决策，建立健全并严格执行"公众参与、专家论证、风险评估、合法性审查、集体讨论决定"的决策制度；切实加强依法整治，依法严惩赛风赛纪、反兴奋剂、等级运动员审批和体育彩票公益金使用等领域的违纪违规行为；切实加强执法建设，加强体育执法意识、执法环境和执法队伍建设，积极配合人大开展体育依法行政监督检查，积极配合法治部门就依法行政开展专项执法检查工作。

（三）深化体制机制改革

进一步推进体育行政部门简政放权、放管结合、优化服务工作，减少审批事项，放宽市场准入，实施负面清单管理模式，探索建立加强体育审批事项事中事后监管新模式。进一步健全政府购买体育服务体制机制，完善资金保障、监督管理、绩效评价等配套政策，制定政府购买体育服务指导性目录，把适合由市场和社会承担的体育服务事项，按照法定方式和程序，交由具备条件的社会组织和企事业单位承担，逐步构建多层次、多方式的体育服务供给与保障体系。

（四）强化服务职能

各级政府要将公共体育服务体系建设纳入政府工作考核范围，以"保基本、广覆盖、可持续、均等化、公益性"为基本原则，深入研究、科学规划、认真落实基本公共体育服务的范围、标准、资源配置、供给模式及绩效评价等要素。

（五）做好扶贫援助工作

认真贯彻落实省委、省政府关于精准扶贫和对口援建工作的统一部署安排，以体育需

求为导向，实施对口援建、精准扶贫，落实资金、项目，建立全方位、宽领域的体育对口支援体系，创新扶贫工作的方式和组织形式，提高体育扶贫援助工作水平。

（六）建立规划实施保障机制

建立健全规划协调、分类实施、评估修订机制，保障规划顺利实施。要将本规划确定的目标和任务分解落实到各单位、各部门，纳入综合评价和绩效考核；要加强本规划与湖北省"十三五"规划和专项规划的协调衔接，确保发展目标、发展重点、项目布局和政策措施的协调一致；要按照本规划确定的重点工作，分类制订实施计划，保障规划目标顺利实现；要加强对规划实施的监督与管理，在规划实施过程中适时组织开展对规划实施情况的评估，根据评估情况及时修订规划，促进规划的实施。

名词解释

1. **全民健身公共服务体系**。指政府为满足社会成员参与体育健身的基本需要，向全社会提供公益性体育服务产品所形成的系统性、整体性的制度安排。具体包括以政府为供给主体，政府、体育社会组织、体育企业等组织为生产主体的供给体系；以场地设施、健身指导、体育培训、竞赛活动、体育信息、体质监测等为主要内容的产品体系；以人力资源和财力资源为基础的资源配置体系；以绩效评估和监督反馈为保障的管理运行体系；以覆盖全社会为目标的服务对象体系。

2. **基本公共体育服务体系**。指建立在一定社会共识基础上，由政府主导提供的，与经济社会发展水平和阶段相适应，保障基本民生需求的体育领域的公共服务体系。"十三五"基本公共体育服务体系建设要以增强人民体质、提高人民健康水平为根本目标，实现基本公共体育服务均等化、标准化，推进基本公共体育服务供给多元化和法制化。

3. **健康中国**。2015年党的十八届五中全会的公报中首次提出推进健康中国建设。习近平总书记在2016年全国卫生与健康大会上发表重要讲话，强调没有全民健康，就没有全面小康，要把人民健康放在优先发展的战略地位。

4. **全民健身**。国务院印发《关于加快发展体育产业 促进体育消费的若干意见》提出，营造重视体育、支持体育、参与体育的社会氛围，将全民健身上升为国家战略。

5. **体医结合**。体育运动与医疗相结合。即用体育运动的方式代替医疗，使身体回复健康。这是使康复人群、病症人群、病兆人群、亚健康人群迅速回归健康的最有效途径。

6. **体养结合**。指体育资源与养老资源相结合，实现社会资源利用的最大化。

7. **全民健身活动中心**。指利用本级体育彩票公益金引导建设，以服务人民群众体育健身为主要任务，综合性、多功能、室内室外体育设施相结合、以室内体育设施为主的公共体育设施。

8. **城市社区15分钟健身圈**。指在城市社区，居民从居住地步行或骑行不超过15分钟范围内，有可供开展健步走、广场舞、球类运动等人民群众性体育活动的场地设施。

9. **青少年体育活动促进计划**。指以广泛开展青少年体育活动、普遍增强青少年体质为目标任务，以活动、场地、组织建设为重点，统筹校内外资源，建立和完善学校、社区、家庭相结合的青少年体育网络和联动机制，加强政府、社会、学校、家庭、市场等协同促进青少年体育发展。

10. **复合型训练管理团队**。复合型训练管理是集科研、体能、康复、营养、医务、管理训练为一体的新型管理训练方式。复合型训练管理团队以主（总）教练为核心，由相关领导、专项教练、体能教练、科研医务人员组成，并可根据项目特点和实际需要，吸纳相关专业人员参加。

11. **国家体育产业基地**。指由国家体育总局命名或认定的，在体育产业发展方面具备相当基础、规模和特色的地区，在体育产业重点领域具有较大影响力和较强竞争力的单位或机构。国家体育产业基地包括三种类型：一是以地区（县或县域集群、不设区的市、市辖区）为单位，命名为"（地区名称）国家体育产业基地"；二是以体育产业重点领域的知名企业或机构为单位，认定为"国家体育产业示范单位"；三是以持续运营的优秀体育产业活动或项目为单位，认定为"国家体育产业示范项目"。

12. **体育产业投资基金**。《国务院关于加快发展体育产业　促进体育消费的若干意见》中明确提出"政府引导，设立由社会资本筹资的体育产业投资基金"。体育产业投资基金是体育投融资机制创新，即在政府引导下，通过市场的手段将分散的社会资本汇聚起来，由专业化的投资管理机构进行运作。

13. **体育产业引导资金**。引导资金从省财政预算和省级体育彩票公益金中分别安排，在省政府指导协调下由省财政厅、省体育局共同管理。引导资金主要用于扶持符合湖北体育产业发展总体规划和相关政策的体育产业，能够引导多种性质资本进入体育产业领域，引领新兴体育业态尽快形成和快速发展，明显提升体育产业项目、企业、社会组织等的自主创新能力和市场竞争力。

14. **国家体育产业联系点**。指国家根据体育产业发展环境、体育产业体系、体育产业发展基础，选择一批有特点、有代表性的项目和区域建立体育产业联系点，在优化产业结构、完善产业政策、打造市场环境等方面开展先行先试，形成一批效益显著的特色产业、优势项目和赛事品牌，发挥区域辐射和产业扩散效应，为全国体育产业发展提供示范经验。

15. **可穿戴智能运动装备**。指应用穿戴式技术对日常穿戴运动装备进行智能化设计，开发出可以在运动中穿戴的设备，如眼镜、手表、服饰及鞋子等，为使用者提供各种运动数据。

16. **体育消费**。指人们用于体育活动及相关方面的消费，主要包括用于购买体育服装以及运动器材，购买体育期刊、书报等实物型支出，用于观看各种体育比赛、表演、展览等所进行的观赏型的消费以及用于参加各种各样的体育活动、健身训练、体育健康医疗等参与型消费。

湖南省体育发展"十三五"规划

"十三五"时期是湖南协调推进"四个全面"战略布局的重要时期，也是经济转型的爬坡过坎时期，更是体育发展的重要战略机遇期。为充分发挥体育在保障、改善民生和推动社会进步方面的重要作用，促进全省体育事业的可持续发展，努力实现体育强省的建设目标，根据国家体育总局和省委、省政府"十三五"时期的总体部署及我省体育发展面临的新形势、新任务、新情况，制定本规划。

一、发展现状与机遇

（一）"十二五"期间湖南体育事业取得的成就

"十二五"期间，全省体育战线坚持群众体育与竞技体育协调发展，体育事业与体育产业齐头并进，实施"一大三带动"发展战略，推动各项体育工作深入开展。

群众体育通过"强基固本"，全民健身运动蓬勃发展。全省认真贯彻落实《湖南省全民健身条例》和《湖南省全民健身实施计划（2011—2015年）》，加大经费投入，加强场地设施和健身组织网络建设，积极构建公共体育服务体系。群众体育健身活动场地设施数量大幅度增加，"全民健身路径工程""雪炭工程""农民体育健身工程""广场工程"等一批健身工程的开展实现突破。共建设"雪炭工程"40个、农民体育健身工程24341个、全民健身室外路径3862套、乡镇（社区）多功能运动场294个、省级户外营地15个，修建了各具特色的体育主题公园、体育文化广场、登山步道、社区多功能公共运动场等。全国第六次体育场地普查结果显示，截至2014年底，全省已建成各类体育场地设施57565个，人均体育场地面积1.09平方米。全民健身体育组织网络不断完善。全省各类基层体育社团达2730多个，建有遍及城乡的各类项目健身指导站9000余个，拥有各级各类社会体育指导员56000余人。形式多样、富有特色的全民健身活动遍及城乡，形成了如全民健身日活动、全民健身节、全民广场舞大赛、全民健身挑战日活动等一大批规模大、参与人数多、示范性强、影响力久的全民健身活动品牌。同时，根据湖南的地域体育文化特色，打造"江、湖、山、道"全民健身活动新品牌和创建"一县一品"全民健身主题特色品牌活动。全省群众体育意识普遍增强，经常参加体育锻炼的人数占总人口数的比例近32%。

竞技体育通过"强基拓优"，整体实力不断增强。2012年伦敦奥运会，湖南有11名运动员入选中国体育代表团，并获得两枚金牌，且参赛项目较上届有所增多。2013年第十二届全运会，湖南获得了15枚金牌、13枚银牌、13枚铜牌，综合金牌榜居全国第十一位，中西部首位,并荣获了体育道德风尚奖。2014年第十七届仁川亚运会,湖南获得了16枚金牌、9枚银牌、5枚铜牌,创历届境外亚运会参赛人数、金牌数和奖牌数历史最多。"十二五"期间,湖南运动员共获世界冠军34个(其中奥运冠军两个),亚洲冠军64个,全国冠军229个。

青少年体育通过"四强工程",业余训练逐步走出低谷。全省现有各级各类体校89所,国家高水平体育后备人才基地14所,省级体育后备人才基地36所,体育后备人才重点县22个,体育后备人才重点校15所,各级各类体校在训人数12000余人;有国家级体育传统项目学校17所,省级体育传统项目学校126所,青少年户外体育活动营地4个,开展阳光体育系列活动的学校达1908所,参加活动人数达758万人左右。命名全省首批实施国家校园武术段位制试点学校175所;布点足球网校376所,参与校园足球活动人口达155000人。在2014年第十二届省运会中,参赛运动员7000余名,是规模最大、项目最全、参与运动员人数最多的一届。

体育产业通过强基增效,逐步形成以体育本体产业为主、多业并举的发展格局。2011年组建的湖南体育产业集团,随着规模逐步壮大,已成为湖南体育产业龙头企业。体坛周报社成功改制为体坛传媒集团股份有限公司,成为全国第一批真正改制成功的非时政类报刊出版单位,上市工作进展顺利。全省体育彩票销量逐年稳步攀升,"十二五"期间累计销售额达到152.33亿元。全省体育场馆在坚持公益属性的前提下,经营效益稳步提升。竞赛表演、体育旅游、体育用品销售、体育中介、体育培训实现了稳步发展,创造了良好的社会效益和经济效益。

与此同时,体育法制、体育宣传、体育教育、体育科技以及各项基础保障工作也都稳步推进,且富有成效。体育工作得到了社会各界的广泛认可。党风廉政建设坚持惩防并举,加强专项效能监察,有力保障了体育工作的健康稳定开展。

(二)湖南体育事业发展面临的主要矛盾和问题

一是公共体育服务体系还不完善,公共体育产品和服务还不能很好地满足人民群众日益增长的体育需求。全省市、县两级政府落实《全民健身条例》规定的"三纳入"工作还不到位,群众体育基础设施建设相对落后。群众体育活动场所开放力度不足,人均体育场地、人均体育消费和经常参加体育锻炼的人数仍处在较低水平。地区之间、城乡之间体育发展不平衡的问题仍然较为突出。

二是竞技体育训练设施条件落后。一些传统优势项目的竞技水平滑坡,高水平教练员和尖子运动员匮乏。新项目一时难见成效,落后项目振兴步伐依然艰难。后备人才培养渠道还不畅通、进出两难,县级业余训练基础弱化,各级体校数量减少。职业体育发展举步维艰,三大球门槛越来越高。

三是体育产业仍处于发展初期,总体规模小,产值较低。体育产业引导资金的配比太少,还未建立国家级、省级体育产业示范基地(示范单位、示范项目),龙头产业项目带动作用不够强，主导品牌不多。体育经营管理人才缺乏，体育企业结构单一、档次不高。市场管理机构缺位，对社会体育产业的管理、扶持、引导和监督的力度不够。

四是新一轮机构改革对体育工作带来的风险仍无法评估。机构削弱，管理人员减少，体育事业经费减少，体育专业人员边缘化等问题均不同程度存在。各类体育社会组织尚未健全，功能也未能完全激发。

（三）"十三五"时期是湖南体育事业发展的重要战略机遇期

"十三五"时期是全面建成小康社会的决胜阶段，是协调推进"四个全面"战略布局的关键时期。全面建成小康社会、建设健康中国为体育事业发展开辟了新空间，国家对体育的重视和支持将更加有力，这为体育繁荣发展提供了重要机遇。以全民健身上升为国家战略为标志，群众体育的广度与深度将不断拓展；以积极备战奥运会、亚运会、全运会等国际国内大型体育赛事为重点，竞技体育巨大的社会功能和综合效应受到全社会的高度重视；以全面落实《国务院关于加快发展体育产业　促进体育消费的若干意见》为抓手，体育产业将成为我省经济发展新的增长点，体育消费对经济发展的贡献将不断增强。体育在推动建设小康湖南、健康湖南，促进经济转型升级、增强凝聚力和文化竞争力等方面显示出独特作用。把握"十三五"时期体育发展机遇，必须明确体育事业发展目标，坚定信心，勇于挑战，统筹规划，扎实推进各项体育工作，促进我省体育事业全面协调可持续发展。

二、"十三五"时期体育事业发展思路

（一）指导思想

全面贯彻党的十八大和十八届三中、四中、五中全会精神，按照"四个全面"战略布局，紧紧围绕体育强省建设目标，牢固树立大体育观念，把增强人民体质、提高健康水平作为工作的出发点和落脚点。转变体育发展方式，增强体育事业内生发展动力，激发大众体育消费，全面提升我省体育综合水平。坚持改革创新，推进湖南体育事业稳步发展。

（二）总体目标

全面落实《湖南省全民健身条例》，促进我省群众体育均衡发展。加快完善公共体育服务体系，丰富体育产品，不断提高公共体育服务质量。转变竞技体育发展方式，全面提升我省竞技体育综合水平，保持在奥运会、亚运会、全运会等国际国内大赛中排名靠前的实力水平。体育后备人才培养可持续发展得到进一步改善。扩大规模，积极发展，促进体育消费，建立与我省经济发展水平相适应的体育产业体系。深化改革，完善机制，努力加强体育法制、体育科研、体育教育、体育文化、体育人才培养等工作，促进体育事业发展迈上新台阶。

（三）发展战略

坚持"一大两化三驱动"战略。"一大"，即坚持大体育发展方向，打破行业、部门的思想藩篱，促进体育与多领域、多行业融合，努力形成大体育的工作局面。"两化"，即精品化和特色化。精品化要形成品牌效应，达到以点带面的效果；特色化要求同存异，打造湖南特色项目。通过实现"两化"，群众体育要把"江、湖、山、道"打造成为湖南乃至全国的全民健身品牌；竞技体育要走集约发展、精兵之路；青少年训练要集中力量办特色体校、特色项目，夯实基础；体育产业要合理布局，整合优势资源，发挥集聚效应。"三驱动"，即群众体育以活动和场地建设为驱动，构建共享均等的公共体育服务体系；竞技体育以转型发展和项目结构优化为驱动，进一步增强综合实力和发展后劲；体育产业以体育与相关产业相融合、壮大规模、提高总量、丰富供给、完善市场为驱动，推动体育产业向规模化、集约化发展。

（四）基本原则

——坚持攻坚克难、创新驱动。坚持解放思想，立足省情，面向全国，进一步转变发展理念，创新发展模式，提高发展质量。坚持把改革创新作为体育事业发展的根本动力，强化问题意识，不断解决体育事业改革发展中的矛盾，转变政府职能，实施创新驱动发展战略。

——坚持以人为本，服务民生。坚持以增强人民体质、提高健康水平、促进人的全面发展为目标，切实把满足人民群众不断增长的体育需求作为体育工作的出发点和落脚点，让体育发展成果更多、更公平地惠及人民群众，让体育成为人民群众强身健体、愉悦精神、提升生活质量、实现全面发展的重要手段，成为小康生活的重要内容。

——坚持统筹兼顾，协调发展。坚持普及与提高相结合，实现群众体育与竞技体育全面发展，体育事业与体育产业协调发展，不同地方、不同领域、各类项目协调发展。

——坚持依法行政，依法治体。坚持依法开展体育工作，依法履行政府职能，运用法治思维依法推进改革和决策，形成尊重法律、遵守法律、维护法律的自觉意识，切实保障公民体育权利。

三、发展目标与任务

（一）大力发展群众体育

——全面落实《湖南省全民健身条例》，实施《湖南省全民健身实施计划（2016—2020年）》。到2020年，全省经常参加体育锻炼的人数达到2600万，人数比例达到34%以上，城乡居民达到《国民体质测定标准》合格以上的人数比例达到92%以上。各类体育场地达到6.5万个以上，人均体育场地面积达到1.5平方米以上。把全民健身事业纳入当地国民经济和社会发展规划,全民健身经费纳入当地财政预算,全民健身工作纳入本级政府目标管理。同时,将开展群众体育活动纳入单位文明创建,人均体育场地面积纳入各级政府目标责任考核体系,由"三纳入"升级为"五纳入"。全民健身经费随国民经济水平提升逐步增长。

——加大体育场地设施建设。到2020年,全省100%的市(州)、县(区)都建有全民健身活动中心,90%以上城市街道和农村乡镇建有便捷、实用的社区(乡镇)多功能运动场,农民体育健身工程实现全覆盖。合理利用户外营地、城市公园、公共绿地及空置场所等建设体育健身场地和设施。支持社会力量建设小型、多样的运动场地设施。开展冰雪运动设施建设试点。鼓励机关、学校等企事业单位的体育场馆设施向社会开放。

——打造全民健身区域特色品牌。利用各地独特的自然优势,加大"江、湖、山、道"全民健身品牌活动和"一县一品"特色体育项目县(市、区)创建工作力度。积极推进全民健身示范村和社区多功能运动场创建工作,办好全民健身节、徒步穿越大湘西、全民健身挑战日、群众性龙舟赛、山地户外健身大会等大型体育活动,打造成为全国有影响力的品牌活动。

——加强全民健身组织网络建设。发展并规范基层、农村体育协会和农民、老年人、妇女、残疾人、少数民族等人群体育组织,统筹规划、合理布局城乡基层健身站点。培育和扶持体育社会组织发展,加强体育社会组织管理,稳步推进单项体育协会改革试点,增加政府购买服务,加快社会化、实体化,不断提高承接政府职能转换能力。

——积极开展全民健身志愿服务。充分利用体育科研机构和高等院校优势资源,成立全民健身专家组。大力加强社会体育指导员队伍建设,建立全民健身志愿服务长效机制。加大对基层、农村社会体育指导员培训的力度,深入开展志愿服务工作。积极推进国民体质监测常态化,增强健身的科学性和实效性,力争到2020年使我省公益社会体育指导员比例达总人口的1.5‰。

——保障特殊群体基本体育权利。构建政府主导、多元主体参与的特殊群体体育活动保障体系。加强对老年人、残障人等特殊群体开展体育活动的组织与领导,研制并推广适合特殊群体的日常健身活动项目、体育器材、科学健身方法。将全民健身与扶贫攻坚相结合,实施精准扶贫,不断创新扶贫方式,丰富革命老区、民族地区和贫困地区人民群众的体育生活。

(二)稳步提高竞技体育实力

——转变竞技体育发展方式。坚持和完善竞技体育举国体制,逐步形成国家办与社会办相结合的竞技体育管理体制和投入评估体系。进一步提高发展质量和效益,不断优化竞技体育项目结构,抓好体育后备人才队伍建设。理顺职业体育发展思路,组建1~2个有影响力的职业体育俱乐部。不断在国际国内大赛中取得优异成绩,2016年里约奥运会、2020年东京奥运会力争夺得2~3枚金牌;2017年第十三届全运会继续保持我省实力在中西部领先。

——实施优势项目集群建设。巩固优势项目，提高项目核心竞争力。加强优势项目同群扩散，扩大优势项目数量。潜优势项目以点带面，努力在一些小项上形成人才集团优势，力争更多的潜优势项目转化为优势项目。

——加强竞技体育人才培养和引进。完善我省竞技体育人才的选拔、培养、使用、激励和保障制度，不断提高其文化素质、职业道德素质、综合素质和业务能力。坚持"筑巢引凤"引进人才，加大业务带头人的培养，积极引进和培养项目带头人，进一步增强竞技体育事业发展的整体实力。

——积极探索我省职业体育发展道路。适应职业体育发展趋势，推动我省职业体育发展。按照管理有序、发展可控、服务全运的原则，逐步组建足球、篮球、羽毛球、乒乓球、网球等项目的职业俱乐部。重点扶持推动湖南湘涛足球俱乐部、湖南勇胜职业篮球俱乐部冲进全国顶级职业联赛序列，开展以足球、篮球为主的各项赛事活动，提升其综合竞技实力。开发竞赛市场，打造精品赛事，重视职业体育赛事的品牌运营。优化和规范职业体育发展环境，形成政府主导、规划科学、依托市场、管理规范、产权清晰、运转高效的职业体育管理体制和运行机制，促进我省职业体育有序发展。

——加强运动员文化教育和保障工作。加强体育后备人才和专业运动队运动员文化教育，全面提高运动员综合素质。切实落实《湖南省退役运动员安置办法》，不断完善适应市场经济要求的退役安置制度，形成较为完备的职业转换社会扶持体系，做好退役运动员就业安置、就学深造、自主择业和经济补偿工作，在运动员就业信息服务、就业指导、搭建实习就业平台和开展创业扶持等方面进行新的探索，拓宽运动员职业转岗和职业培训渠道。进一步健全运动员收入分配等各项保障和激励机制。

——坚持科技兴体，增强科研服务水平。进一步加强科研攻关、科技服务和医疗保障工作，提高运动训练科学化水平。完善科研人员结构，引进高水平科研人员，加大科研人员培训力度，提升研究和服务水平。完善外聘科研专家服务制度，组成科技专家服务团队，为训练竞赛服务。建立反兴奋剂工作长效机制。

（三）增强青少年体质，重视后备人才培养

——健全青少年体育组织。大力加强和促进青少年体育组织建设，增加数量，扩大覆盖面，深化青少年体育俱乐部创建工作，成立湖南省青少年体育联合会，鼓励和支持地方各级成立青少年体育联合会。创建"青少年校外体育活动中心"，实现国家级青少年体育俱乐部数量达到100个以上，国家级体育传统项目学校数量达到35所以上，青少年户外体育活动营地数量稳步增加。

——不断提高青少年训练质量水平。加强和巩固青少年训练基础，制定湖南体育后备人才培养中长期发展规划，进行重点项目后备人才培养布局，重点发展具有本地区域特点的运动项目。加强县级青少年训练工作，扶持县级特色体校。健全教练员培训制度，完善教练员准入制度，全面提高执教水平，完善输送、成才、竞赛成绩和贡献等奖项的标准及

办法，促进全省在训青少年规模保持平稳增长，整体水平有较大提高。

——进一步深化体教结合工作。建立职责清晰、资源共享、责任共担的体教结合机制。广泛开展"青少年阳光体育运动"系列活动，协助教育部门开展在校学生每天一小时体育健身活动；实施《国家学生体质健康标准》，推行测试报告书制度和公告制度。大力推进足球、武术进校园等活动，扩大校园覆盖面，促进青少年体质健康。探索利用学校资源承办青少年体育竞赛的方式，扩大赛事规模。

——加强青少年体育竞赛管理。全面提高青少年运动员的综合素质，规范青少年运动员注册和交流管理工作，建立青少年运动员信息数据库，强化青少年运动员资格审查，加强身份管理，有效杜绝青少年体育竞赛中的身份及年龄等信息弄虚作假行为。组织好第十三届省运会。

（四）加快体育产业发展

——积极扶持体育产业发展。积极争取把体育产业列入省服务业发展总体规划，充分发挥省级体育产业发展引导资金作用，吸纳社会资本投资体育产业。科学制定体育产业发展规划，加强体育产业园（区）、产业基地（示范单位、示范项目）创建工作，鼓励各地因地制宜地发展区域特色体育产业。着力扶持一批具有竞争实力的体育骨干企业，培育体育市场主体，不断丰富体育服务产品供给，引导体育消费。建立体育产业统计体系，到2020年全省体育产业总规模达到1000亿以上。

——发展体育用品制造业。发挥湖南区位优势，积极引进国际国内知名体育用品制造公司落户湖南或设立分支机构，培育一批以自主知识产权、自主研发为主的体育用品制造企业，打造1~2个立足中南、辐射全国的体育产业园区。利用电视、互联网发展电视销售和电子商务，带动体育用品制造业发展。

——发展竞赛表演业。通过主办或承办足球、篮球、羽毛球、马拉松、搏击、环中国自行车、环洞庭湖新能源汽车拉力赛等国际国内高水平赛事，培育打造若干个具有较大影响力的国际国内品牌体育赛事，积极开发冠名权、特许商品经营权、运动员肖像权、广告经营权、赛事转播权以及衍生产品，延伸体育赛事产业链。

——发展健身运动休闲业。通过发展健身休闲项目，举办体育赛事活动，积极营造健身氛围，不断丰富市场供给。引导全省各地因地制宜地发展体育舞蹈、极限运动、徒步、航空体育、健身、健美、滑雪、龙舟、漂流、垂钓、登山、攀岩、自行车、汽车自驾游等健身休闲运动项目，重点打造沿湘江健身城市群和长株潭沿湘江风光带健身圈。结合我省新型产业优势，发展新能源汽车、跳伞、电子竞技等新型运动休闲项目。

——发展体育培训业和中介服务业。鼓励体育社会组织、高校、青少年体育俱乐部、青少年体育户外营地开展体育培训。大力发展体育职业教育，积极开展体育行业特有工种职业技能鉴定工作，创办布局合理、资质合格的体育行业特有职业培训基地，大力培养社会体育指导员和体育经纪人等专业型职业技术人才。大力发展运动员经纪业、赛事组织、体育信息咨询等中介服务业，培育一批运作规范、信誉好、竞争力强的体育中介服务机构。

——提升体育彩票销量。大力宣传体育彩票公益形象，拓宽销售渠道，创新销售模式和方式，建立健全激励机制和风险防范机制，提升规范化管理水平。加大对县级销售渠道的管理运营资金投入，进一步扩大我省体育彩票销售规模，到2020年力争使我省体育彩票年销量达到100亿元以上。

——促进体育与相关产业融合协调发展。完善体育产业链，推动体育与健康服务、体育文化创意服务、广告、传媒等行业的融合，促进体育传媒、体育广告、体育会展等相关业态的发展。以体育设施为载体，打造城市体育服务综合体，推动体育与住宅、休闲、商业综合开发。加快体育产业与健康服务业的融合，大力发展运动康复产业，鼓励社会资本开办康体、体质检测和运动康复等各类机构，培育体育康复产业。鼓励社会力量开发体育领域产品和服务。结合文化强省、旅游强省建设，大力推进体育与文化、旅游、广播电视的融合发展，支持大湘西、环洞庭湖、革命老区、风景名胜区等地打造一批精品体育文化旅游路线和体育文化创意项目。引导支持移动互联网+体育，利用云平台、大数据、APP等，积极拓展体育产业新业态。

——加强体育设施建设管理。合理规划和布局公共体育设施，认真做好政府投资建设的大型体育场馆及其配套设施的监管工作。积极探索公共体育设施的运营模式，努力提高设施综合利用率和运营能力。推动各级各类公共体育设施免费或低收费开放。做好省本级体育基础设施建设工作，抓好湖南奥林匹克体育中心、衡阳大浦通用机场、省水上中心、省体育场、贺龙体育馆、郴州基地、体育医院的建设及提质改造工作。

（五）加强体育文化建设

——充分发挥体育在大文化建设中的作用，积极开展内容丰富、形式多样的体育文化活动，鼓励和繁荣体育文艺创作，挖掘体育文化内涵，提升体育文化软实力。

——积极挖掘、整理和传承优秀体育文化遗产，加强优秀民族体育、民间体育、民俗体育资料的整理研究、推广传承和创新发展，做好优秀体育文化遗产的挖掘和保护工作。

——开展以项目运动文化为核心的运动项目文化建设，整理运动项目发展的历史沿革和文化底蕴，通过体育赛事、群众体育活动推动体育项目文化发展，普及体育项目知识，展示运动项目的人文内涵。

四、保障措施

（一）加强组织领导

各级政府要高度重视本地区的体育发展事业，按照《中华人民共和国体育法》《全民健身条例》和《湖南省全民健身条例》的要求，把体育事业经费、体育基本建设资金以及公共体育设施建设纳入本级国民经济和社会发展规划，确保体育事业各项投入与社会经济发展同步。各级体育部门要加强与发展改革、财政、税收、金融、国土等部门的联系与合作，建立健全体育工作领导协调机制。

（二）推进职能转变

改革和完善政府统筹、社会协同、市场支持和人民群众广泛参与的体育管理体制和运行机制，建立健全群众体育公共服务体系，积极转变竞技体育发展方式，创新体育产业发展机制，增强体育发展的生机与活力。体育部门要把工作重心放在制定发展规划、加强宏观调控、完善规章制度、提供公共服务、维护行业秩序上来，促进政事分开，管办分离。进一步发挥各级体育总会的作用，健全单项协会的自律机制，发挥行业管理职能，理顺体育行政部门与社会团体的关系。

（三）坚持依法治体

牢固树立社会主义法治理念，强化依法治体意识，增强依法行政的自觉性。推进体育政务公开，促进行政决策与管理的科学化和民主化。推进和完善体育立法，对《湖南省体育后备人才培养条例》和《湖南省体育经营活动管理条例》进行修订，对现行体育规章和规范性文件进行清理、评估和修改，制定配套的体育法规制度，进一步完善体育法规体系。加强市、县级体育行政执法机构和机制的建设，建立体育行政执法队伍，严格规范体育行政执法行为。

（四）坚持科教兴体

坚持体育科技重点研究领域优先发展，重视应用研究，扶持前沿研究，加强体育科技基础建设，做好全民健身的科学研究和省优秀运动队的科技支撑。在竞技体育方面加强对奥运会、全运会项目的科技支持和保障，着力解决重大运动项目关键技术研究面临的问题并力求突破；在大众健身方面，着力开展大众健身重点领域和关键技术的研究。促进体育基础教育、职业教育的发展和改革，培养体育事业发展需要的各类人才。

（五）抓好体育宣传

进一步加强提升体育社会形象的宣传与推广，完善体育宣传的工作体制和机制，加大对体育宣传经费的投入，加强体育宣传平台建设，重视发挥新媒体宣传的效能，为体育事业发展营造良好的舆论氛围。

（六）加强党风廉政建设

按照全面从严治党要求，落实党风廉政建设主体责任和监督责任。明纪立规，正风反腐，建立惩防结合的源头治理体系，营造风清气正的体育发展环境。强化执纪监督问责，将纪律和规矩挺在前面，加大对重要体育赛事、重点工程项目、重大资金管理与使用的监督力度。

（七）强化规划实施管理

健全规划实施的监管机制，建立目标分解考核体系，逐年逐项分解目标，实行规划年度监督、中期评估和终期检查验收。建立规划评估调整机制，定期对规划实施进行评估，根据评估结果，适时调整和修订规划。

附件：1. 湖南体育事业"十三五"主要发展指标
　　　2. "十三五"规划重大项目表

附件1

湖南体育事业"十三五"主要发展指标

项目（指标）	"十三五"末期达到
人均体育场地面积	≥1.5平方米
经常参加体育锻炼人数	2600万
经常参加体育锻炼人数比例	34%
公益社会体育指导员比例	1.5‰
各类体育场地	≥6.5万个
达到《国民体质测定标准》合格以上人数比例	≥92%
市（州）、县（市、区）建有全民健身活动中心比例	100%
街道（乡镇）、社区（行政村）建有多功能运动场比例	≥90%
农民体育健身工程覆盖率	100%
国家级青少年体育俱乐部数量	≥100个
国家级体育传统项目学校数量	≥35所
职业体育俱乐部冲进全国顶级联赛数量	1~2家
2016年里约奥运会、2020年东京奥运会	2~3枚金牌
体育产业总规模	≥1000亿
体育产业园区数量	1~2个
体育彩票年销量	≥100亿元

附件2

"十三五"规划重大项目表

序号	项目名称	所在地	建设内容	建设业主	项目属性	建设年限	总投资（亿元）	"十三五"计划投资（亿元）
1	湖南奥林匹克体育中心	湘潭市昭山示范区	1.全民健身基地 2.国家训练基地 3.体育产业基地 4.体育职业教育基地	省体育局	新建	6年	18	18
2	衡阳大浦机场	衡阳市衡东县	二类通用机场二期	省体育局	续建	5年	1.5	0.9
3	湖南省水上运动管理中心提质改造	常德市柳叶湖开发区	1.运动员综合服务中心 2.运动员科研教学体能训练馆 3.综合训练馆 4.地下停车场	湖南省水上运动管理中心	新建改建	4年	1	1
4	省体育场改扩建项目	省体育场	1.球类综合训练馆 2.全民健身大楼 3.游泳综合训练馆 4.体操教学综合馆	省体育场	改扩建	3年	1.5	1.5

广东省体育发展"十三五"规划

"十三五"时期,是全面建成小康社会、实现"两个一百年"奋斗目标的决胜阶段,是实现体育强国目标的关键时期,也是广东体育事业发展的重要战略机遇期。为促进广东体育事业全面协调可持续发展,努力实现体育强省目标,助力广东"三个定位、两个率先"目标的实现,根据国家体育总局《体育发展"十三五"规划》和《广东省国民经济和社会发展第十三个五年规划纲要》,特制定本规划。

一、"十三五"时期广东体育发展面临的形势

(一)"十二五"时期广东体育发展取得显著成绩

"十二五"时期,全省体育系统以中国特色社会主义理论体系为指导,深入贯彻习近平总书记系列重要讲话精神,全面贯彻落实十八大,十八届三中、四中、五中全会精神,围绕"三个定位、两个率先"目标,改革创新,奋力拼搏,各项工作取得显著成绩。

率先转变体育发展方式。"十二五"时期,是广东发展极不平凡的五年,我省先于全国进入经济发展新常态,广东体育主动适应、准确把握,采取有效措施积极应对,在全国率先转变发展方式。一是转变体育发展观念。树立正确的体育价值观,坚持以人民群众的幸福为本,切实把发展体育运动、增强人民体质、提高人民生活质量和幸福指数作为体育产业发展的中心工作。竞技体育走集约化的精兵之路,夺取高质量、有分量的金牌。二是实现"六个转变"。围绕"加快转型升级、建设幸福广东"的核心任务,推动体育发展理念、发展格局、发展模式、发展管理、发展主体、公共服务实现转变。三是加快转变政府职能。推进体育赛事活动审批制度改革、职业体育改革和体育社会组织改革,逐步实现政社分开、管办分离,将体育工作的重心更多地转向公共服务、市场管理和产业培育,加快构建现代公共体育服务体系。

群众体育蓬勃开展。全省经常参加体育锻炼人数达到3724万人,占常住人口的37.2%,高于全国平均水平。各类体育场地设施数量达14.7万个,人均体育场地面积达2.01平方米,继续保持全国领先。建设乡镇农民体育健身工程1139个,率先实现全覆盖。全省共建成绿道12000千米,新建社区体育公园367个。公共体育场馆向社会开放取得明显成效,全省有2387个公共体育场馆实现免费或低收费开放。连年成功举办大型全民健身活动、品牌活动和省级各单项群众体育赛事,平均每年举办各级各类群众性体育活动与竞赛5000多项次,参与人数超4000万人次。积极参加全国农运会、民运会、残运会等全国性综

合运动会并取得优异成绩。登记注册的体育社会组织数量达2938个，全民健身站点快速发展，作用明显。全省社会体育指导员人数达22.3万。国民体质监测网络基本形成，国民体质检测和科学健身指导步入常态化。

竞技体育实力增强。"十二五"期间，我省运动员积极参加国内外重要比赛，有7人次破世界纪录，141人次获世界冠军，94人次获世界亚军，64人次获世界季军；9人次破亚洲纪录，173人次获亚洲冠军；破22项次全国纪录，获681.5项次全国冠军。第30届伦敦奥运会，创造了我省自1984年以来境外参加奥运会的最好成绩。第十二届辽宁全运会，金牌总数创近几届异地作战历史新高。第十七届仁川亚运会，广东为中国竞技实力雄踞亚洲之首作出了突出贡献。第七届南昌城运会和第一届全国青运会，我省参赛地市均取得了优异成绩，并位居全国前列。省体育局多次获得省政府记功表彰，连续多次以排名第一的成绩获国家突出贡献奖。我省职业体育蓬勃发展，足球、篮球、高尔夫、马术、拳击等项目在国内外职业赛事中备受瞩目，成绩突出。

青少年体育基础扎实。目前全省拥有各级业余体校143所，省市两级传统校1086所（含国家级22所），在训人数约9万人。以省体校、广州、深圳为龙头，建立了三个省级示范基地和138个重点单项人才基地，实施示范基地交流办法，鼓励人才流动、资源共享。扶持创建了23所国家高水平体育后备人才基地，并以此为标准，促进各级各类体校建设。全省共有承担文化教育的28所体校，其中26所完成了文化教育"两纳入"。大力推行竞赛改革，成功举办了第十四届省运会。以省运会为杠杆推进年度竞赛，顺利实施了赛前运动员文化考试、体能测试工作并形成制度。举办国际赛事131项，全国赛事155项，省级赛事457项。配合教育部门大力推进学校体育发展，积极开展课外活动、青少年体育俱乐部活动和阳光体育活动，多次在全国比赛中取得优异成绩。成功举办了两届"省长杯"校园足球联赛，成立了首支校园足球指导员队伍。青少年公共体育服务体系日益完善，在全国率先成立了广东省青少年体育联合会，目前拥有各类体校、青少年体育俱乐部、企业等113个会员单位，并逐步扩大规模。

体育产业规模壮大。认真贯彻落实国务院《关于加快发展体育产业 促进体育消费的若干意见》，加快培育市场，促进产业升级。目前我省各类体育企业近万家，体育产业总量约占全省GDP的1.05%，居各省前列。幸福导向型体育产业体系逐步形成，健身娱乐、竞赛表演、休闲旅游等产业不断繁荣，体育用品制造业的层次和市场份额不断提升，大型体育场馆经营改革也初显成效。体彩销量稳步提高，"十二五"期间共销售629.07亿元，筹集公益金156.52亿元，居全国前列。体博会改革进一步深入，办展规模和水平逐年提升，已成长为国内第二、亚洲第三的体育用品博览会。

另外，"十二五"期间我省体育事业在政策法规、科研医疗、职业教育、宣传交流等方面，也取得了新成绩。

（二）"十三五"时期广东体育发展面临的主要矛盾和问题

"十三五"时期，我省体育发展面临新常态下的深度调整和转型攻坚。体育领域改革创新与体育强省建设的总体目标仍不相适应，体育与经济社会协调发展的机制有待进一步健全，人民群众日益增长的多元化、多层次体育需求与体育有效供给不足的矛盾依然突出。一些长期制约体育事业发展的薄弱环节和突出问题依然存在：全民健身发展尚未形成合力；粤东西北等欠发达地区全民健身投入相对不足，公共体育场馆设施差距较大；全省场馆设施开放还不能完全满足人民的健身需求；制约体育社会组织发展的体制机制障碍依然存在，体育社会组织尚不能完全承接政府职能转移；体教结合工作的体制性障碍依然存在，整合体教资源，促进青少年体育协调发展的机制支撑不足；在周期备战方面，明星尖子依旧不多，总体实力有待进一步提高，后备人才梯队建设仍需完善，县级业余训练基础薄弱。体育产业总体规模不大，占地区生产总值比重还比较低；产业结构还不尽合理，服务业比例和种类偏低；产业政策亟需进一步完善和细化。

（三）"十三五"时期广东体育发展面临的机遇

一是以习近平为总书记的党中央把体育作为中华民族伟大复兴事业的重要方面，全民健身上升为国家战略，国家对体育的重视和支持将更加有力，为体育繁荣发展提供了重要机遇。二是广东经济社会发展取得重大成就，综合经济实力和人民生活水平迈上新台阶，广大人民群众的体育需求日趋多元化、多层次，总量迅速增长。三是我国经济发展步入深化供给侧结构性改革，增速换挡、结构调整、动力转换的新阶段，我省经济发展的质量和效益持续提升，新一轮科技革命和产业变革蓄势待发。体育成为新的经济增长点，将在稳增长、调结构、惠民生、防风险中发挥重要作用。四是党中央、国务院以及省委、省政府高度重视，社会各界高度关注，我省体育健儿在国际、国内赛场上争金夺银，屡建奇功，为体育事业发展营造了良好的环境和社会氛围。

二、"十三五"时期广东体育发展的指导思想、基本原则、发展目标和发展理念

（四）"十三五"时期广东体育发展的指导思想

全面贯彻党的十八大和十八届三中、四中、五中、六中全会精神，深入贯彻落实习近平总书记系列重要讲话精神，按照五位一体的总体布局和四个全面的战略布局，以全面深化改革为根本动力，以创新驱动为核心战略，以提质增效为导向，以依法治体为根本保障，把增进民生福祉、服务健康中国作为开创广东体育工作新局面的出发点和落脚点，加快转变体育发展方式，推动广东体育全面、协调、可持续发展，加快建设体育强省，为实

现"三个定位、两个率先"目标做出贡献。

（五）"十三五"时期广东体育发展的基本原则

——坚持以人为本。坚持人民是推动发展的根本力量和以人民为中心的发展思想，把增进人民福祉、促进人的全面发展作为发展的出发点和落脚点，充分保障人民群众的体育权益，激发和调动各方力量，不断满足人民群众日益增长的多元化体育需求。

——坚持科学发展。从广东体育发展实际出发，正确把握新常态下经济社会发展的新特征，遵循现代体育发展的内在规律，顺应发展新趋势，加快转变体育发展方式，推动实现广东体育更高质量、更有效率、更加公平、更可持续的发展。

——坚持深化改革。充分发挥市场在资源配置中的决定性作用和更好地发挥政府作用，积极培育社会力量参与体育发展，坚持以改革促发展，继续先行先试，加快构建有利于广东体育事业科学发展的体制、机制。

——坚持依法行政。弘扬社会主义法治精神，牢固树立法治观念，运用法治方式和法治思维深化改革、推动发展，认真谋划和落实好全面推进依法行政、依法治体的思路和举措，不断开创广东体育法治新局面。

——坚持党的领导。坚决贯彻中央和省委省政府的决策部署，切实加强对全省体育事业发展的领导核心作用。全面贯彻从严治党要求，坚定不移地推进反腐倡廉，积极应对各种风险挑战，为广东体育发展"十三五"规划的顺利实施提供坚强政治保障。

（六）"十三五"时期广东体育发展的主要目标

按照广东2018年将率先全面建成小康社会、2020年迈入现代化建设新征程的战略部署，深化体育重点领域改革，建立健全体育工作新体制、新机制，把广东建设成为体育科学发展的排头兵，加快转变体育发展方式，探索中国特色社会主义体育发展的实验区，率先全面建成小康社会体育和基本实现社会主义现代化体育。

——推进全民健身国家战略。以增强人民体质、提高健康水平为目标，基本建成覆盖全人群、全生命周期、全健身过程的现代化全民健身公共体育服务体系，区域、城乡公共体育服务均等化总体实现，服务保障能力明显增强，人民生活水平和体质普遍提高，国民体质测定标准达到合格水平以上的城乡居民比例达到93%以上。

——竞技体育水平不断提升。以提高核心竞争力为目标，深入转变竞技体育发展方式，突出打造优势项目，提升"三大球"水平，足球发展水平全国领先。在国内外各项重大比赛中取得优异成绩，2020年东京奥运会、2018年雅加达亚运会上要为国争光，2017年天津全运会上要位居前列。推进职业体育发展，探索符合国情和市场规律并具有广东特色的发展模式。办好2019年世界杯篮球锦标赛（广东赛区）等国内外大赛。

——青少年体育工作全面发展。以提高青少年综合素质，加强和改进青少年体育工作为目标，推进体教结合，转变培养模式，加强各级体校建设，提高青少年体育训练水平，培养、输送一批高水平优秀后备人才，切实增强体育可持续发展的能力。

——体育产业发展不断壮大。以加快经济发展，积极发展和壮大体育产业为目标，建立完善的现代体育产业体系。体育产业增加值约占全省生产总值的1.4%，体育彩票销量位居全国前茅，培育形成政府保障群众基本体育公共服务、市场满足群众多元化体育消费需求，以及体育公共服务与市场服务相结合、体育事业与体育产业协调发展的良好局面。

——区域、城乡体育协调发展。以区域、城乡体育发展一体化为目标，加大对粤东西北地区的扶持力度，争取到2020年东西北地区全面实现小康社会体育，珠三角地区率先迈入现代化体育的新征程。

（七）"十三五"时期广东体育发展理念

坚持创新发展。创新是引领发展的第一动力，必须把创新摆在广东体育事业发展的核心位置，不断推动理论创新、制度创新、技术创新、管理创新等各方面创新，让创新贯穿全省体育工作的各方面，走出一条创新兴体的路子，在新的阶段再塑广东体育发展竞争新优势。

坚持协调发展。以协调的理念从整体和全局上把握广东体育发展，积极推动竞技体育与全民健身协调发展，体育与经济社会协调发展，不断增强各项工作的系统性和协同性，促进城乡体育均衡发展、区域体育联动发展，补齐发展短板，寻求并形成可持续发展后劲，提升广东体育发展整体效能。

坚持绿色发展。积极倡导健康生活方式，广泛开展全民健身活动，推进健康关口前移，提高广大人民群众的健康水平和精神风貌。大力开展户外健身活动，实现人与自然和谐发展。积极发展体育产业，为绿色发展提供有力支撑。

坚持开放发展。加强体育与相关部门沟通合作，充分调动全社会共同参与体育事业发展的积极性和创造性。借助广东作为改革开放前沿阵地的巨大优势，加强对外交流合作，提升体制、机制、技术、人才、管理等方面的交流合作水平，提升广东体育国际影响力，服务广东对外开放大局。

坚持共享发展。把增进人民福祉、促进人的全面发展作为体育发展的出发点和落脚点，抓住基本公共体育服务均等化这个主攻方向，加大投入、强化保障，着力于满足人民群众不断增长的体育需求，让体育成为人们追求幸福生活的一种方式，确保体育事业发展成果更多、更公平地惠及全省人民群众。

三、落实全民健身国家战略，加快推动群众体育发展

（八）不断完善基本公共体育服务

创新公共文化体育服务体制机制，积极探索和创新公共体育服务方式，大力开展公益性体育活动，加快建设水平较高、内容完备、惠及全民的基本公共体育服务体系。全面提

升公共体育服务标准,指导各地制定与当地经济社会发展水平相适应、具有地域特色的地方实施标准,建立基本公共体育服务标准动态调整机制。推进公共体育服务均等化,坚持普惠性、保基本、兜底线、可持续的原则,重点扶持粤东西北地区加快发展全民健身事业。整合利用现有城乡体育公共设施,统筹城乡公共体育设施布局,均衡配置公共体育资源,实现农村、城市社区公共体育服务资源整合和互联互通。

(九)加快推进城乡体育健身场地建设与管理

全省人均体育场地面积达到2.5平方米以上。按照配置均衡、规模适当、方便实用、安全合理的原则,科学规划、统筹建设公共体育场地设施,着力构建县(市、区)、乡镇(街道)、行政村(社区)群众身边的公共体育场地设施网络和城乡15分钟健身圈,新建居住区和社区体育设施覆盖率达到100%。县(市、区)重点建设一批便民利民的中小型体育场馆、全民健身中心、全民健身广场(公园)、健身步道等符合无障碍建设标准的公共体育场地设施。城市社区重点建设社区体育公园、社区多功能运动场、小型足球场、三人制篮球场、健身步道、绿道等符合无障碍建设标准的公共体育场地设施。农村(社区)重点推动基层综合性文化体育服务中心、农村社区综合服务设施建设,在有条件的行政村增配体育设施,增加建设灯光标准篮球场、中小型足球场、健身路径、健身步道等,并向自然村延伸。结合"寻找南粤古驿道,讲述广东好故事",办好围绕古驿道、古村落的体育赛事,与住建、农委、教育、文化、旅游等部门一道推动南粤古驿道、古村落活化利用,及农村户外体育健身步道建设。鼓励社会力量建设小型化、多样化的活动场馆和健身设施。

进一步盘活存量资源,做好已建公共体育场地设施的使用和管理。完善公共体育场馆和学校体育场地设施开放政策。大力推动体育场馆设施开放,公共体育场地设施开放率达到92%。鼓励符合开放条件的学校、机关、企事业单位、民营体育场馆免费或低收费开放,具备开放条件的全省公办学校体育场地设施向社会开放比例要达到65%以上。促进公共体育场地设施拓展服务领域,延伸配套服务,提升服务水平。鼓励社会力量参与现有场地设施的管理运营。

(十)广泛开展全民健身活动

立足全民共享,因时、因地、因需开展群众身边的健身活动,激发群众参与体育活动热情,增强群众体质。结合全民健身日、体育节、南粤幸福周活动等时间节点,组织开展全民健身大型主题活动。发挥社会体育组织作用,经常性组织开展面向基层、小型多样的全民健身活动。每周参加1次及以上体育锻炼的人数达到5000万人以上,经常参加体育锻炼的人数达到4200万人以上。鼓励单位为职工健身创造条件,倡导每天健身一小时。大力发展群众喜闻乐见的运动项目,积极培育具有消费引领特征的运动项目,扶持推广民族民俗民间传统运动项目。鼓励地方结合山川地貌、地域文化、旅游休闲等资源,打造一批具有岭南特色的品牌活动，形成"一市、一县、一乡（镇）、一品牌"。推动机关、团体、企事业单位、学校等举办各类体育活动，促进各类体育社会组织开展"一会一品"活动。

积极组织举办多层次、多样化的各类体育竞赛活动，办好全省体育大会和特定人群运动会，定期举办"百县足球赛""千镇百街乒乓球赛""万村农民篮球赛""百万职工广播体操比赛""千万人群广场舞展示大赛"等赛事。支持举办"徒步穿越丹霞山活动""奔向广东第一峰铁人三项挑战赛""南粤古驿道定向大赛"等群众体育赛事，使之成为品牌。加强与国际体育组织的交流合作，积极引进国际精品赛事落户广东。

（十一）释放体育社会组织活力

强化市和县（县级市、区）体育总会枢纽型体育社会组织的引领作用，带动各级各类体育社会组织发展，在民政部门登记注册的体育社会组织数量达到每万人0.5个以上。加强单项体协、行业和人群体协专业化服务能力建设，鼓励和支持社会力量兴办体育社会服务机构，完善街道、乡镇基层文化体育组织服务功能，重点培育发展城乡社区群众自发性健身组织和全民健身站（点），促进网络体育社会组织规范发展。

深化体育社会组织改革。推进体育社会组织加强自身能力建设，建立和完善法人治理机构，引导体育社会组织向生命力强、行业影响力大的独立法人组织转变，提高体育社会组织承接全民健身服务能力。制定体育社会组织发展扶持引导政策，加强分类指导，推进体育社会组织与行政部门脱钩，发挥体育社会组织办体育的积极性。扶持项目普及广、社会影响大、服务能力强、作用明显的体育社会组织的发展，发挥示范带动作用。支持建立体育社会组织培育孵化基地。建立体育社会组织综合监管体系，加强体育社会组织业务指导和行业管理，建立健全体育社会组织承接政府购买服务绩效评估体系，建立信息公开制度和社会信用评估制度，促进体育社会组织健康、有序发展。

（十二）提高科学健身指导服务水平

加强社会体育指导员服务站点建设，健全管理制度，加大社会体育指导员培训力度，扩大社会体育指导员队伍规模，获得社会体育指导员技术等级证书的人数达到每万人30名以上，获得社会体育指导员国家职业资格证书的人数达到2万人以上。完善指导员上岗激励机制，提高上岗服务比例，开展常态化健身指导服务。广泛开展全民健身志愿服务，努力为群众提供科学、优质的健身指导服务。完善省、市、县三级体质测定与运动健身指导站建设，按标准配备设备和人员，常年为群众进行体质检测、运动能力测评，传授健身技能、提供运动健身指导。在有条件的地方设立全民健身指导"公益性岗位"，乡镇（街道）建立"卫生+体质测试"站，整合医疗卫生资源，推行"一站式"服务。完善信息发布制度，定期公布国民体质测定结果，并将测定结果纳入社会统计指标体系。出版全民健身科普读物，普及科学健身知识，对群众体质水平和运动健身状况进行跟踪和科学研究。支持医疗机构研发运动康复技术，鼓励城市社区健身指导站与社区医疗机构联合开展康体服务，把全民健身纳入健康管理和慢性病防治的范畴，推广医保健身一卡通服务。加强健身气功站点建设，完善管理登记制度。

（十三）扎实推进青少年体育发展

以增强青少年体质为根本目标，不断完善青少年体育公共服务体系，形成更加清晰和完善的政府主导、部门协同、全社会共同参与的青少年体育发展格局。进一步强化协调共进工作机制，推进体教结合，积极助力学校体育发展，更新体育教育的理念。鼓励优秀教练员、退役运动员、社会体育指导员以及有体育特长的志愿者担任校外体育辅导员。大力培育青少年体育组织，开展青少年体育俱乐部、青少年体育校外活动中心、户外体育活动营地创建活动，积极支持社会力量参与各类青少年体育组织建设。全面实施"青少年体育活动促进计划"，大力开展阳光体育系列活动和主题群众性课外体育锻炼活动，做大做强广东省青少年体育嘉年华、快乐操场支教活动等一系列品牌项目。配合教育部门，进一步强化体育课和课外锻炼，切实保障学生每天一小时校园体育活动时间，在义务教育阶段实施"体育、艺术2+1项目"，让每个学生在九年义务教育阶段都能掌握1~2项体育运动技能，并养成良好的体育锻炼习惯。大力推动足、篮、排球等集体项目的开展，积极推进田径、游泳、体操等基础项目的开展，广泛开展乒乓球、羽毛球、武术等优势项目。积极改善青少年体育场地设施条件，促进青少年体育场地设施建设标准化，推动公共体育场地设施和符合开放条件的学校体育设施向青少年免费开放或低收费开放，开发适应青少年特点的运动器械、锻炼项目和健身方法。

四、落实奥运争光计划，增强竞技体育核心竞争力

（十四）转变竞技体育发展方式

全面树立正确的体育价值观和金牌观，发扬顽强拼搏为国争光、为民族争气的中华体育精神，充分发挥竞技体育多元功能和综合社会价值。坚持和完善竞技体育的举国体制，充分调动社会各方面参与竞技体育的积极性，形成政府为主导、部门协同、社会力量参与的竞技体育发展模式。进一步转变政府职能，深化改革，着力建立目标明确、责任到位、措施具体、管理规范、竞争有序、评价有据、奖罚分明的竞技体育管理体制和运行机制。

（十五）优化项目布局和结构

根据奥运会、全运会的项目设置，国家备战规划以及队伍建设情况，结合我省实际，综合评估竞技体育项目发展潜力和价值，以此规划我省经济体育项目发展布局。坚持突出重点、优化结构、提高效益。优势项目保持优势，潜优势项目加快发展，基础项目和集体球类项目水平稳步提高。鼓励全省各地重点发展符合本地实际、具有区域特点的竞技体育

项目。拓宽竞技体育项目的发展方式和途径，逐步形成多方参与、多元投入、竞争参赛的良性发展环境。

（十六）加强竞技体育人才队伍建设

充分发挥竞技体育举国体制优势，调动和发挥社会力量，完善各类竞技体育人才的选拔、培养、使用、激励和保障制度，通过吸收、培养和引进，着力打造一批高层次、高水平的训练、科研、医疗及体能、体疗、康复、信息分析等专业技术人才队伍。完善青少年体育训练网络，拓宽后备人才培养渠道，基本建立以"国家高水平体育后备人才基地"为龙头、各地级市体育运动学校为骨干、县区级少年儿童体育学校为基础、体育项目传统学校和青少年体育俱乐部等为延伸的四级青少年体育训练网络体系，促进各项目科学可持续发展。优化青少年体育项目结构和数量，提高项目发展效益。积极推进科训结合和科学选材、优化选材工作，完善青少年运动员选材指标体系，建立健全各类体校人才库。完善省青少年运动员注册数据库。完善政策机制，打通环节节点，实现青少年体育、专业体育、职业体育人才流动的有机衔接。加快体校办学标准化建设，加强运动员文化教育，促进青少年全面发展。

（十七）强化完善周期备战管理

强化队伍管理，深入推进备战方式转变，不断提升备战工作效益。强化周期备战过程管理，严格计划管理、进度管理和备战常规管理。进一步完善周期与年度相结合的评估体系，切实提高备战工作质量。强化备战支撑保障体系，加强运动队思想、作风和制度建设，完善科医工作运行管理体制机制，完善各项保障政策，提高后勤服务工作水平。

（十八）全面提高科学系统训练水平

深入研究把握项目特点规律、竞赛规律和训练规律，深入开展创新活动，努力探索科学训练先进理论和高水平训练方法。细化、完善系统训练工作体系，着力构建符合项目特点和比赛规律的科学系统训练模式。

（十九）积极推动职业体育发展

建立健全职业体育法规政策，制定我省职业体育配套管理办法。加强对职业体育，特别是民营职业体育的支持，参照、借鉴中改办关于足球改革发展的支持意见，加强对恒大淘宝、广州富力两支中超球队，广东宏远、深圳马可波罗、广州龙狮三支CBA球队为代表的三大球职业俱乐部的支持。建立完善工作体系和联络协调机制，充分发挥单项协会的组织作用，加强对职业体育的引导和服务。积极培育具有广东特色的职业体育精品，大力营造职业体育市场，积极引导、帮助职业体育俱乐部打造一批具有国际影响力的职业体育明星。大力引进承办国际高水平职业赛事，打造具有广东特色的国际性、区域性品牌赛事，满足群众的高层次观赏需求。

五、发展体育产业，促进体育消费

（二十）深化体制机制改革

推进政府体育产业职能转变。全面清理不利于体育产业发展的政策规定，凡是法律法规没有明令禁入的领域，全面向社会开放。加快全省综合性和单项体育赛事管理制度改革，取消商业性和群众性体育赛事活动的行业审批。及时公开年度省级体育赛事与体育活动综合目录、竞赛规程，对允许社会资本参与的大型国际国内赛事承办权实行公开招标。强化政府统筹规划和监管职能，建立行政监管、服务认证与社会监督相结合的体育市场管理体系。推动形成以政府引导为保障、以体育行业协会和服务组织为支撑、以体育企业为主体的体育产业发展机制。加快政事分开、政企分开、管办分离步伐，推进全省体育类社会组织与行政机关脱钩，推进协会实体化建设。通过政府购买服务等方式，推动体育社会组织承担部分公共服务事项。

推进竞技体育项目职业化发展。鼓励条件成熟的运动项目走职业化道路，支持教练员、运动员职业化发展。构建职业俱乐部对外交流与合作平台，推动职业俱乐部在管理、运营机制上与国际接轨。加快省内职业俱乐部现代企业制度建设，打造一批国内著名、亚洲有影响力的职业俱乐部。鼓励和支持各地采用有力措施，引导社会资本独立或参与组建体育职业俱乐部；政府在建设训练设施、引进高水平运动员和教练员、申办和参加职业联赛等方面给予支持。支持职业俱乐部积极参与制定职业联盟的行业规则。研究建立重大职业赛事政府奖励机制。试行国际教练员资质与国内职业资格互相认可制度。

（二十一）加快构建现代体育产业体系

统筹规划体育产业布局。加强规划引导，全面覆盖、重点建设"一圈双核四带多点"的体育产业布局，打造珠三角一小时体育圈，形成广州、深圳两个核心示范市，培育沿绿道、沿江、沿海、沿山体育产业带，建设覆盖面广、便利性强的点状体育产业功能区。分别以广东奥林匹克体育中心、天河体育中心、亚运城、广州大学城体育中心、深圳湾体育中心、深圳大运城等场馆群为中心，打造一批集全民健身、体育培训、竞赛表演、休闲娱乐、展示展销于一体的体育产业园区。加快深圳市国家体育产业基地建设，推动产业发展基础较好、生态资源丰富的地区申报国家体育产业示范基地。支持珠海横琴发展高端竞赛表演、体育培训、体育休闲业。依托珠三角县域经济发达的优势，培育一批体育产业特色县（市），进一步壮大县（区）体育产业综合实力。

优化体育产业结构。着力提升体育服务业在体育产业中的比重，大力发展体育娱乐业、竞赛表演业、体育彩票业、体育培训业、中介服务业、体育会展业等现代服务业。鼓励行业协会开展体育产业"十强评选",重点扶持一批优秀体育服务品牌、龙头企业和赛事活动。做强体育用品制造业,支持企业与高校、研究机构合作建立产学研一体的体育产品开发机制,大力发展高技术含量、高附加值的高端体育用品制造业。推动粤港澳国际体育用品博览会暨广东国际体育用品博览会、广东体育产业发展论坛、塘厦高尔夫球博览会逐步办成国内有影响力的体育资源交易、技术交流和宣传推广平台。

(二十二)加快发展健身休闲业

完善健身休闲服务体系,形成政府保障基本公共体育服务均等化,市场满足健身休闲多元化、多层次需求的新格局。完善健身休闲基础设施网络,以《广东省社区体育公园规划建设指引》为依据,充分利用城市"边角闲置地块"及街头绿地建设社区体育公园,提高城市体育设施配套建设水平。培育一批具有地方特色和市场竞争力的健身休闲骨干企业,引导体育类社会团体、基金会、民办非企业单位等社会组织发展壮大。鼓励各地结合当地资源推出特色鲜明的健身休闲产品和服务,支持各地打造或承办品牌赛事。充分发挥我省海岸线长的优势,鼓励发展帆船、帆板、摩托艇、水上摩托车、滑水、水上拖曳伞、潜水等各类滨海运动项目。挖掘市、县(区)健身休闲资源,提升体育旅游业比重,初步建成沿海、沿绿道、沿江(河)、沿滩户外运动休闲旅游目的地。推动航空运动、冰雪运动、极限运动、电子竞技、击剑、马术、高尔夫等特色运动项目健康发展,传承推广武术、龙舟、舞龙舞狮、风筝等民族传统体育项目,加强对相关体育创意活动的扶持。

(二十三)促进体育彩票科学发展

建立和完善符合政府管理、适应市场发展的广东体育彩票管理模式和运行机制。扎实推进产品培育,巩固竞猜型、即开型彩票优势,缩小乐透型彩票差距。加强地方产品研发,进一步优化本省体育彩票产品结构。夯实发展基础,到2020年,实体网点要突破1.5万个。加快科技兴彩步伐,积极探索产品及销售渠道新模式。创新选人用人机制,加快专业人才培训培养,建设高素质管理队伍和高技能水平销售大军。销售总量位居全国前列,力争"十三五"期间销量超千亿元,筹集公益金超250亿元。

(二十四)推动关联产业融合发展

大力扶持"互联网+"体育产业。鼓励体育产业利用互联网整合开发资源,开展商业模式创新。促进体育场馆的信息化、智能化、网络化管理和服务水平。鼓励手机应用程序(APP)、微博公众号、微信公众号等产品的开发应用。支持企业借助大数据及互联网交易模式拓展业务,构建线上线下相结合的体育服务模式。规范体育用品销售电商平台发展。依托互联网建设省级体育资源交易平台。

推动体育与旅游融合发展。开发沿绿道、沿江、沿海、沿山的体育休闲运动线路和体育旅游项目,支持海洋和丘陵山区体育旅游项目的优化布局和科学开发。以体育专业基地为基础，构建集体育训练、竞赛表演、健身休闲、体育培训、体育旅游观光于一体的体育旅游精品路线和景区。积极打造省级体育旅游示范基地。引导建设一批以体育运动为主题的公园。

推动体育与文化融合发展。大力支持体育产业与文化产业融合发展，打造有广东特色的体育传播产业。依托我省现有体育电视频道、新媒体、平面媒体和省体育总会资源，对接国际体育单项协会，争取国际知名赛事转播权在广东落地，以建设"体育全媒体"为重点，打造具有影响力的体育传媒品牌。加快培育和发展体育动漫、体育游戏、电子竞技、运动在线指导等体育新兴产业，重点培育一批体育与文化融合发展的重点项目和骨干企业。

促进康体结合。认真贯彻落实全国卫生与健康大会精神，树立"大健康"理念，推动健康事业与健康产业有机衔接，全民健身与全民健康深度融合，鼓励社会资本开办康体、运动康复、体育托管等各类机构。鼓励高校开展运动医学与康复医学研究，设置运动防护与康复相关专业。依托医疗机构和省级以上运动休闲基地，培育体育康复产业。大力推广科学健身与运动防护知识，支持在社区设立科学健身及老年运动康复指导与服务站点。

六、深入贯彻实施足球改革总体方案，推动广东足球科学发展

（二十五）加快推进我省足球管理机制的调整和改革

加快政社分开、管办分离步伐，推进全省足球社会组织与行政机关脱钩，推进协会实体化建设。体育行政部门从微观事务管理向宏观调控、市场监管、公共服务转变，加强对足协的业务指导和监督管理。调整改革广东省足球协会，按照政社分开、权责明确、依法自治的原则进行调整组建，完善社团法人治理结构。改革后的省足协，是具有公益性和广泛代表性、专业性、权威性的广东省足球领域社团法人，是负责广东省足球项目普及与提高工作的地区性自律机构，是代表广东省参加中国足协的唯一合法机构。各地级以上市足协参照省足协管理体制组建，按照章程以会员名义加入省足协，接受行业指导和管理。各级足协负责统一组织、管理和指导区域内足球运动发展，推动足球运动普及和提高。通过改革，逐步形成覆盖全省、组织完备、管理高效、协作有力、适应现代足球管理运营需要的协会管理体系。

（二十六）建立和完善全省足球竞赛体系

创建广东特色的品牌赛事。在中国足协指导下，积极申办重大国际赛事，努力培育国际品牌。支持有条件的地市、社会组织或企业承办国际赛事，支持职业俱乐部组织年度赛事。继续办好"省港杯""粤澳杯"和"穗、港、澳"小型足球赛，加强国际地区交流，提升广东足球运动水平，发挥足球运动影响力，为"一带一路"战略的实施作出贡献。

发展社会足球竞赛活动。以丰富群众体育文化娱乐生活、增强人民体质为目标，鼓励机关、企事业单位、社会团体组织开展各类足球竞赛活动，逐步建立省、市、县三级十一人制、七人制、五人制及沙滩足球联赛制度，营造良好的社会足球氛围。

完善青少年训练竞赛体系。充分发挥"省长杯"青少年足球联赛的带动作用，办好年度全省青少年比赛，实施校园足球四级联赛制度，以竞赛促进青少年足球培训工作深入开展。

（二十七）提高足球竞技水平

完善职业俱乐部发展体系。总结广东职业足球发展经验，研究和把握发展规律，制定和落实发展政策，构建政府引导、规划科学、依托市场、管理规范、产权明晰、运转高效的职业足球发展体系。鼓励政府、企业、社会组织、个人投资职业足球，支持各地政府以人才、资金、场地等多种形式，采取合作、合资、入股等多种方式，推动职业俱乐部发展。鼓励职业俱乐部使用城市中性名称，引导职业俱乐部长期稳定扎根，长远规划建设，促进职业俱乐部向地域化、稳定化、产业化方向发展，打造城市足球名片。到2020年，全省将拥有10个以上职业足球俱乐部，其中，1~2个足球俱乐部将处于亚洲领先地位。

加强省市优秀运动队的建设。围绕全运会、青运会等赛会目标任务，切实提高省市运动队竞技水平。按照"训科医"一体化的训练模式，组建专业团队，培养和引进高水平专业人才。加强队伍管理，提高科学训练水平，提升训练比赛成效。完善优秀运动队激励机制及升学就业、医疗保险等保障政策，营造良好的人才培养氛围。省市优秀运动队的建设与职业俱乐部的建设紧密结合，按照"政府推动、市场运作"的发展思路，充分发挥政府与市场的资源优势，科学规划和完善省市优秀运动队与职业俱乐部的衔接机制，不断壮大省市优秀运动队伍。支持运动员、教练员向职业化发展，畅通向职业俱乐部输送人才的渠道，支持职业俱乐部建设好一、二、三线队伍。

（二十八）积极培育足球人才

健全后备人才培养体系。加强统筹，合理布局，进一步健全以职业足球俱乐部为龙头，省市优秀运动队为重点，各级各类体校和青少年体育学校、青少年体育俱乐部、青少年培训中心为骨干，校园足球为基础的后备人才培养体系，到2020年各级接受系统训练的青少年达到2万人以上。各地级以上市建立青少年培训基地，各县（市、区）和有条件的镇街要建立开展足球项目训练的体校或青少年俱乐部、培训中心等。鼓励职业俱乐部和其他社会力量创办新型足球学校，支持社会资本建立青少年业余足球俱乐部和青少年足球培训中心等，丰富青少年足球人才培养模式。加强国际交流合作，输送更多的优秀青少年足球人才到足球发达国家参加培训和比赛。

加强足球专业人才培养。加强教练员、裁判员、社会足球指导员等足球专业人才队伍建设，建立健全培养与管理体系，拓宽培训渠道，采取多元培训方式，壮大各类足球专业人才队伍规模。力争到2020年全省各级各类持证教练员数量达3000人，国家级裁判员数量达100人，国家一级裁判员数量达1000人，各级各类社会足球指导员数量达4000人。

（二十九）发展壮大社会足球

夯实足球运动发展的基础。鼓励各级政府机关、企事业单位及民间团体等自发组建业余足球队，举办形式多样的社会足球赛事。各地要因地制宜开展丰富多彩的群众性足球活动，组织常态化的草根足球竞赛活动，不断提高足球运动的群众认可度和参与度，推动足球人口的普及和水平的提高。

建设社会足球发展示范点。充分发挥广州、深圳中心城市带头作用，支持其先行先试改革发展。发挥梅州"足球之乡"的传统优势，打造城乡足球协调发展的典范。鼓励具备条件、积极性高的城市加快推进足球的改革发展，逐步形成结合实际、各具特色、优势突出的足球城市群，以点带面、分类指导，提高我省足球运动的整体水平。

（三十）加强足球场地建设管理

到2020年，全省足球场地数量超过6500块，其中新建足球场地3000块，平均每万人拥有足球场地0.6块以上，有条件的地区达到0.7块以上。鼓励新建居住区和社区配套建设足球场地，支持老城区与已建成居住区改造现有设施，增加足球活动空间。充分利用城市和乡村的荒地、闲置地、公园、广场、林带、屋顶、人防工程等建设一大批简易实用、便民利民的中小型足球场，不断满足和方便群众就近参与足球运动。按照管办分离和非营利性原则，通过委托授权、购买服务等方式，招标选择专业的社会组织或企业管理运营公共足球场，促进公共足球场地低价或免费向社会开放。推动学校足球场在课外时间低价或免费向社会开放。

（三十一）以足球改革为突破，采取措施，促进足、篮、排三大球竞技水平的全面提升

精心筹备2019年男篮世界杯（广东赛区）比赛。广州、深圳、佛山、东莞要充分借鉴广州亚运会筹办经验，做好场馆建设、环境治理等各项筹备工作，加强协调对接，保证各项承诺按期兑现。各地要以此为契机，加强篮球人才培养和储备，促进广东篮球运动的普及与提高。排球项目要进一步推进联赛职业化改革，不断总结、完善女排复合型团队建设，提高竞技水平，逐步缩小与兄弟省市差距。充分利用排球在台山等侨乡的群众体育的优势，采取有针对性的措施，推动排球运动发展。

七、加强体育文化建设，提高体育宣传和对外工作水平

（三十二）促进体育文化大发展、大繁荣

大力弘扬以爱国主义为核心的中华体育精神，积极倡导奥林匹克精神，加强体育行业作风建设，努力创造和传播社会主义先进文化，努力倡导和践行新时代精神，为培育和弘扬社会主义核心价值观做出贡献。广泛普及健身知识，弘扬健康理念，积极营造热爱、崇尚和参与体育健身的社会氛围。加强优秀民族体育、民间体育、民俗体育的整理、推广工作，保护和弘扬优秀中华体育文化遗产，宣传运动项目文化，讲述全民健身故事，开发、弘扬体育文化价值功能，传承岭南传统体育文化，发展非物质文化遗产代表名录中的岭南传统体育项目。依托泛珠三角区域合作和粤港澳文化交流合作平台，深化与周边省份、港澳地区的体育文化合作交流，开展竞赛信息交流、全民健身活动交流、体育产业项目洽谈等，努力提升岭南体育文化的影响力。

（三十三）加强体育宣传与舆论引导工作

服务党和国家事业大局，紧密结合新闻传播领域的发展形势，提高媒体赛事服务能力和报道水平，加大对全民健身、体育产业、重大赛事等领域的宣传力度，大力塑造新时期体育形象。不断加大对宣传工作的投入，确保宣传工作有计划、有人员、有经费。着力增强与媒体的沟通和合作，以战略共赢为原则，主动提供线索和信息，丰富报道内容，既满足人民群众对精彩体育赛事活动欣赏的需求，又将体育的方针政策、体育正能量真实、全面地传递给社会。

（三十四）进一步加强外事交流

对接国家"一带一路"发展战略，充分发挥区位优势，积极参与"一带一路"建设，发挥体育在广东战略枢纽建设中的作用。充分利用地理优势，巩固粤、港、澳、台交流，使体育成为两岸四地经济、社会、文化交流的桥梁。加强与国外友好省州的体育交流，理顺交流机制，拓宽交流领域，探索创新交流方式。

八、实施科教兴体，加快人才队伍建设

（三十五）以体育文化、科学教育、互联网+技术平台与科技创新发展为战略核心，努力达到全国体育科技一流水平

完善各类科技管理制度与政策，建立基于互联网技术的科技管理、创新交流与科技成

果转化互动平台，并逐步形成科技成果转化与产业研发中心。建立重点实验室、人才管理系统和专家人才库，建立健全线上线下的竞技专业人员培训、继续教育制度和教育平台并形成现代化的竞技科学教材体系。创新竞技训练控制监控与管理体制，构建竞技训练控制理论体系，构建高效的反兴奋剂管理体系。建立体育重大基础理论与应用问题研究专项并推进社会购买服务制度。积极推进全民健身大数据管理云平台建设，系统解决竞技与全民健身重大基础与应用科技问题。制订全省及贫困地区体育健身常识科普教育计划，完善全省各地市体育科学学会的建设，形成全省各市的体育科学学会体系，加强岭南传统体育文化的发掘与保护，传承与保持岭南体育特色，不断推进我省体育科技事业向社会、向更高层次迈进。

九、统筹城乡区域协调发展，扎实推进精准扶贫工程

（三十六）促进城乡区域一体化发展

坚持区域协同、城乡一体，深入实施珠三角地区优化发展战略和粤东西北地区振兴发展战略，促进城乡区域体育协调、协同、共同发展，努力缩小发展差距。深入推进珠三角一体化发展，充分发挥广州、深圳等中心城市的辐射带动作用，加快公共体育健身场地设施建设、基本公共体育服务等领域的一体化进程。调整彩票公益金资助办法，集中力量办大事，加大粤东西北欠发达地区的场地设施建设资金倾斜力度，支持珠三角地区的场馆开放与赛事活动的举办。加强珠三角地区与粤东西北地区双向交流与合作，强化对口帮扶，促进城乡区域在体育资源共享、制度对接、要素互补、流转顺畅、待遇互认和指挥协同方面的良性互动，推动城乡区域在体育健身圈建设、体育赛事举办、体育产业发展、体育人才培养交流等方面的协同发展。

（三十七）做好扶贫援助、安全生产工作

实施精准扶贫、精准脱贫，提高扶贫实效。加强粤东西北地区，特别是革命老区、民族地区、边疆地区和贫困地区全民健身场地设施建设，加大扶持力度。建立健全老少边穷地区基本公共体育服务标准体系，提高服务水平。制定和实施体育惠民扶贫项目，丰富人民体育生活。制定和实施体育扶贫志愿者行动计划和体育人才服务贫困地区计划。着力打造扶贫公益品牌。配合做好体育援疆、援藏工作，提高当地体育发展水平。

落实党政领导干部安全生产"一岗双责"，建立健全党政主要领导干部研究部署、检查督促安全生产有关制度，强化安全生产风险管控，加强治安综合治理。

十、完善体育政策法规体系，提高体育管理科学化、法制化水平

（三十八）深入推进依法行政

依法履行政府职能，运用法治思维推进体育各领域改革。强化法制意识，坚持法定职责必须为、法无授权不可为。不断提升各级体育行政部门职权的规范化、科学化水平。建立健全科学决策机制，确保体育发展各项决策程序正当、过程公开、责任明确。建立体育行政部门法律顾问制度。

（三十九）完善体育政策体系

全面贯彻落实《中共中央关于全面推进依法治国若干重大问题的决定》，准确把握党和国家有关体育工作的方针政策，围绕科学发展的主题、转变体育发展方式的主线和建设体育强省的目标，研究制定符合广东实际的体育政策，提高体育工作的效益。

（四十）推进体育立法工作

根据《体育法》等法律法规，结合广东体育事业发展实际，尽快出台《广东省全民健身条例》，加快修定《广东省高危险性体育项目经营活动管理规定》和《广东省体育市场管理暂行条例》等地方性法规规章，努力构建符合广东经济社会发展的体育政策法规体系，推进我省体育事业健康有序发展。

（四十一）切实提高体育行政执法水平

明确各级体育部门执法权限，保证执法行为有法可依、运行规范，保障体育活动参与者的知情权、监督权。完善体育行政执法制度，合理配置执法力量，规范执法行为，加强行政执法责任制，确保执法人员权责统一，保证对体育执法的监督与监管。鼓励通过政府购买服务等多种方式，吸纳社会力量依法参与、配合体育执法，提供专业技术支持。

十一、"十三五"期间广东体育事业发展保障措施

（四十二）加强组织领导

各级政府要高度重视本地区的体育事业发展，切实把体育工作列入经济社会发展总体规划，进一步完善支持体育事业发展的财政、金融、土地、规划等方面的政策。充分发挥各级人大、政协的作用，加强对体育工作的督促检查。

（四十三）细化规划实施

省体育局各部门、各直属单位要按照本规划的总体目标和具体要求，出台各自的"十三五"规划，分解目标、明确进度、明确要求、明确责任，确保各项工作有序推进。各级体育部门要制定本地体育事业发展规划，切实加强与省规划的有效衔接。各地政府及体育部门要建立落实机制，进一步加强对规划实施的监督和管理，尤其对重点工作、重点工程要建立目标责任制，落实责任人、责任部门、完成时限，确保按时、保质、保量完成。

（四十四）狠抓作风建设

全面贯彻落实从严治党要求，坚定不移落实两个责任，加大对重点领域的正风肃纪，持续推进作风建设，强化监督和问责力度，建立惩防结合的源头治理体系，树立并坚持正确的金牌观，为体育发展营造风清气正的良好环境。

（四十五）加强监督落实

建立目标任务考核制度，分解落实本规划确定的目标任务，实行规划年度监督、中期评估和终期检查制度。建立健全动态调整机制，跟踪分析规划实施情况，为调整目标任务和制定政策措施提供依据，确保规划目标任务如期完成。

海南省文化广电出版体育"十三五"发展规划

为贯彻落实中央和省委、省政府关于"十三五"时期文化改革发展的系列决策部署，根据《海南省国民经济和社会发展第十三个五年规划纲要》编制本规划。本规划重点阐述未来五年全省文化改革发展的指导思想、发展目标、主要任务和重大政策措施，是"十三五"时期全省文化广电出版体育事业产业发展的基本蓝图和行动纲领。

第一章 文化体育事业产业发展形势和总体要求

"十三五"时期是协调推进经济、政治、社会、文化、生态"五位一体"各领域改革发展的攻坚期，是海南全面建成小康社会的决胜期。必须准确研判国际国内形势，结合我省实际，把握海南文化事业和产业发展的突出矛盾，立足海南生态立省、经济特区、国际旅游岛三大优势，大力推进文化供给侧结构性改革，以战略化思维、国际化视野，推动构建适应海南经济社会发展要求的现代公共文化服务体系和国际化水平高、本土文化魅力独特、创新性创意性强的现代文化体育产业体系，争创基本公共文化服务标准化、均等化和文化体育产业特色发展的实践范例，为谱写美丽中国海南篇章提供强大文化支撑。

第一节 "十二五"回顾

"十二五"时期，在省委、省政府的高度重视下，全省文体系统坚持稳中求进的工作总基调，全力以赴转作风、抓改革、促发展、惠民生，文化凝聚力、民生服务力、经济推动力和对外影响力明显提升，文化体育事业产业发展迈上新台阶，取得新成效。

全省公共文化建设投入稳步增长，覆盖城乡的公共文化服务设施网络正在形成，各个重大文化惠民工程相继实施，公共数字文化建设扎实推进，公共文化服务队伍不断壮大。省图书馆、省博物馆、省歌舞剧院和市民文化广场等相继建成并投入使用，省民族博物馆改扩建主体工程完成，国家南海博物馆项目建设启动。全省共有公共图书馆21个、文化馆23个、博物馆33个（其中公共博物馆17个，备案民办博物馆16个）、广播电视台20座、广播电视发射台26座（省直属6座，市县20座）、微波站12座，成为满足人民群众基本文化需求的重要载体。扎实推进"六大文化惠民工程"建设，共建成204个乡镇综合文化站、984个行政村（社区）活动室、60个公共电子阅览室、22个文化信息资源共享市县支中心、204个乡镇和2556个行政村服务点；实施广播电视村村通、直播卫星户户通和南海渔船通工程，解决65万户农村群众和2617艘海上作业渔船收听、收看广播电视节目的问题，在全省2568个行政村、2696个农垦系统生产队实现广播"村村响"；农村公益电影放映每年完成3万多场次；建成农家书屋2695家；建成全民健身中心6个、乡镇农民体育健身工程204个、行政村农民体育健身工程1930个、全民健身路径462条，人均体育场地面积达到1.51平方米。创办海南省艺术节，创作演出舞蹈诗《黎族故事》《守望黎母山》，歌舞剧《执着》《山魂》，琼剧《海瑞》《王国兴》《西沙情》，歌剧《南海哩哩美》，舞剧《秋菊传奇》等优秀文艺作品200多个。推动全民阅读深入开展，成功举办第23届全国图书交易博览会和连续五届海南书香节。文化遗产保护工作取得重大成效，完成第三次全省文物普查工作，共登记不可移动文物4274处；开展海南地区第一次全国可移动文物普查，采集文物信息109643件，核定公布第三批省级文保单位108处；完成全省非物质文化遗产（以下简称"非遗"）普查，确定国家级非遗保护项目28项，省级非遗保护项目72项；建成大型非遗保护陈列馆3个、传习所32个。对外文化交流活动再上新台阶，与近百个国家及港澳台地区开展文化交流共885项11223人次，其中商业性演展664项2823人次，出口创汇网络游戏和演艺产品总计1975万美元。坚持实施人才兴文战略，完成全省"十二五"基层文化干部培训任务，受训人数达1800余人；全省15所业余体校办学条件得到改善，培训9636名国家级和省一、二级社会体育指导员；成立54家省级体育社会组织。海南帆船470级2名运动员代表国家参加第30届伦敦奥运会。我省体育代表团在第十二届全运会取得3金1银1铜的历史最好成绩。

全省文化体制改革进展顺利，在重点领域和关键环节不断取得新突破。完成广电系统电视剧制作机构、党报发行机构的剥离转制。完成全省各市县文化市场综合行政执法改革。实现全省18家国有文艺院团和22家非时政类报刊社转企改制。推动海南出版社与四川新华文轩出版传媒股份有限公司实现战略重组。2012年，我省被评为全国文化体制改革先进地区，海口、三亚作为地级市受到表彰。积极推动公益性文化事业单位的人事、分配、社保三项内部制度改革，促进公共文化服务质量和社会效益明显提高。

全省文化体育产业总量和规模不断壮大，产业结构日趋合理，产业体系不断完善。截至2015年，全省共有演出团体106家，歌舞娱乐场所644家，经营性互联网文化单位25家，互联网上网服务营业场所（网吧）1174家，游艺娱乐场所630家；广播影视节目制作机构89家，电影院40家（银幕160块，座位数共计24908个），全省票房收入由2011年的8818万元增长至2015年的3.54多亿元，年均增长率41.5%；全省有线电视光缆总路由长度达8000余千米，有线电视用户终端约207万个，广播综合人口覆盖率96.51%，无线电视综合人口覆盖率95.48%；报社17家，杂志社42家，出版社5家，光盘复制企业2家，印刷企业320家、发行单位542家（批发企业26家）；高尔夫企业51家，各类体育场馆12000个。建有国家级文化产业示范基地6个，省级文化产业示范园区2个、示范基地9个。精心打造了环海南岛国际公路自行车赛、环海南岛国际大帆船赛、海南高尔夫球公开赛三大国际品牌赛事，带动了赛事经济发展；高水准筹划文博会、体博会展工作，先后引进黑龙江临高体育冬训基地、陵水羽毛球训练基地、海口观澜湖华谊冯小刚电影公社、长影海南环球100生态修复工程等重点文化体育产业项目。稳步发展竞猜型体育彩票和大型国际赛事即开彩票，创新研发的"飞鱼游戏""环岛赛游戏"高频玩法彩票和体育娱乐视频电子即开彩票先后获批并相继上市销售，在探索发展体育彩票工作上取得新突破。我省成为目前全国体彩系统中唯一一个上市销售电子即开彩票的省份，全省体育彩票总销售额达34.23亿元，实现筹集公益金8.2亿元。

第二节 发展形势

从国际环境看，各国越来越依赖文化提供的软实力进行国内治理和国际交往，文化发展政策的中心任务已转向促使资本介入文化生产和消费，使文化与经济间建立起密切联系的纽带，文化政策成为经济政策的一部分。各国注重文化政策与经济政策的融合，以发展文化体育产业作为提升文化软实力的抓手，将其作为新的经济增长点、支柱产业以及城市和区域发展的新契机。

从国内环境看，随着经济全球化、文化多样化、社会信息化和我国经济发展进入新常态，经济发展方式加快转变，第三产业日益崛起，各领域供给侧结构性改革稳步推进，网络、数字技术迅猛发展，云计算、大数据、虚拟现实、人工智能等新一代信息技术广泛应用，"互联网+"模式深入推广，人民群众的文化消费需求呈现多样化和层次化发展趋势，文化与科技、旅游、金融等深度融合，文化体育新业态不断涌现，文化体育产业逐渐成为国民经济新的增长点，这些深刻变化为文化体育事业产业带来新的发展机遇，我国文化体育事业产业发展处于大有可为的重要战略机遇期。近年来，以习近平为总书记的党中央对文化改革发展提出了新目标、新任务和新要求，在加强社会主义核心价值体系建设、繁荣文艺创作、构建现代公共文化服务体系、弘扬中华优秀传统文化、完善现代文化市场体系、培育壮大文化产业、深化文化体制改革等方面作出了重要决策部署，为我省文化体育事业产业发展提供了基本遵循。

从省内环境看，国际国内文化大环境变化的新趋势和新特点为海南文化体育事业产业发展提供了有利的外部条件，同时也带来新的挑战。海南有生态立省、经济特区、国际旅游岛三大优势，国家"一带一路"战略将海口、三亚列为支点城市，全域旅游示范省建设正推进实施，文化体育产业被列入全省12个重点产业，全国基本公共文化服务标准化、均等化先行区建设顺利启动，为我省文化改革发展带来难得的历史机遇，文化体育产业完全有可能成为我省"十三五"时期经济发展新的增长极和支柱性产业。

同时，海南文化建设仍然面临不少问题：文化发展基础薄弱，各市县财政收入不平衡，投入机制不健全、运行保障经费不充足，对公共文化服务体系建设的投入仍然欠缺；公共文化体育设施管理运营水平低，服务能力和利用效率有待提高；地区之间、城乡之间、东中西部之间发展不均衡，布局有待调整；文艺产品创作生产与供给还不能完全满足人民群众日益增长的文化需求；高素质、领军型专业文化人才比较缺乏。全省文化体育产业规模普遍较小，重大项目不多，缺少"航母企业"，存在"小、散、弱"的现象；产业门类较为单一，同质化现象比较严重，缺乏特色品牌和创新产品；企业发展动力不足，与相关产业融合度低，文化产品的附加值未能充分体现；产业基础设施薄弱，制约了相关产业发展和产业链延伸；在执行省政府有关加快文化体育产业发展的政策方面，存在着部分优惠政策落实不到位等问题，需要在"十三五"期间着力解决。

第三节　指导思想与发展理念

一、指导思想

高举中国特色社会主义伟大旗帜，全面贯彻党的十八大和十八届三中、四中、五中全会精神，以马克思列宁主义、毛泽东思想、邓小平理论、"三个代表"重要思想、科学发展观为指导，深入贯彻习近平总书记系列重要讲话精神，按照"五位一体"总体布局和"四个全面"战略布局，以全面建设国际旅游岛为总抓手，抢抓国家"一带一路"战略重大机遇，以满足人民精神文化需求为出发点和落脚点，以对标国际通用标准和规则为工作要求，大力推进文化领域改革创新，统筹发展文化体育事业，培育壮大文化体育产业，助力海南如期全面建成小康社会。

二、发展理念

"十三五"时期，我省文化事业产业发展必须立足国际化视野、战略化思维，前瞻文化全球化大势，契合国情和省情，紧扣创新、协调、绿色、开放、共享五大发展理念，增强文化发展动力，厚植文化发展优势。

把创新摆在文化体育发展的核心位置。实施创新驱动发展战略，大力推进大众创业、万众创新，充分激发各类文化体育主体创新活力和自主创新能力，加快形成鼓励创业、创新的文化体育市场环境，加强新技术、新工艺在文化体育领域的运用，不断丰富文化体育创新内涵。

把协调作为文化体育发展的内在要求。积极推动文化体育与经济社会协调发展，不断增强各项文化体育工作的系统性和协同性，统筹文化体育在事业与产业间、城乡间、区域间及各业态的协调发展。

把绿色贯穿于文化体育发展的全过程。充分发挥文化体育行业绿色低碳优势，助推美丽海南建设。引导群众养成文明健康的生活方式，开展好艺术鉴赏、看电视、听广播、读书、看报、体育健身等文化体育活动。依托文化节庆和体育赛事，大力发展资源占用少、环境影响小、产品附加值高的文化体育产业。

把开放融入文化体育发展的各方面。依托国家"一带一路"战略机遇，促进文化体育交流与传播。发展多层次、宽领域对外文化体育交流格局，深化与东南亚国家和港澳台地区的文化体育合作，兼收并蓄其他国家和地区优秀文明成果，积极推动海南文化体育"走出去"，形成一批在国内外有较高影响力的文化体育交流品牌，对内不断壮大海南文化体育实力，对外不断提高海南文化体育国际影响力。

把共享作为文化体育发展的价值取向。健全现代公共文化服务体系，推进公共文化服务标准化、均等化。加大文化体育基础设施投入，加强文化体育产品和服务供给，实施文化惠民工程，使人民群众共享文化改革发展的成果。

第四节 发展目标和任务

到2020年，文化产品更加丰富，创作出一批有本土文化特色的精品力作；现代公共文化服务体系基本建成，优秀传统文化传承体系逐步形成；现代文化产业体系、现代文化市场体系更加完善；文化体育产业发展与国际接轨，成为海南国民经济支柱性产业；文化对外开放水平显著提高，国际影响力显著增强。

——公共文化服务体系结构更加合理、功能更加健全、供给更加有力。省、市县、乡镇（街道）、行政村（社区）四级公共文化体育设施更加完善，覆盖城乡的公共文化服务体系全面建成，全省人民群众基本文化权益得到充分保障，人均享有公共文化服务设施指标达到全国先进水平，平均每万人公共文化服务设施建筑面积达到359.5平方米以上，全省人均拥有公共图书馆藏量由现在的0.46册提高到0.6册，人均年新增公共图书馆藏量不少于0.06册，广大农村地区可免费收看17套以上数字电视节目，收听15套以上数字音频广播节目。全省行政村农民体育健身工程全覆盖，人均体育场地面积达到1.8平方米以上。全民健身持续推进，健康海南加快构建。建立医疗卫生部门与体育部门的联动机制，发挥体育运动在医疗康复领域的主动干预作用。到2020年，全省国民体质达标率将为90.55%，经常参加体育锻炼的人数达到270万。进一步加强社会体育指导员培训，各级社会体育指导员注册人数为1.36万人，每千人拥有1.5个社会体育指导员。竞技体育成绩稳定提升，各类运动员、教练员、体育管理者等竞技体育人才的选拔、培养、交流等制度不断建立和完善；组团参加第十三届全国体育运动会，争取保牌冲金，力争使我省运动员参加第32届东京奥运会。

——文化体育产业成为海南国民经济支柱性产业。文化体育产业基础进一步增强，产业体系进一步完善，产业结构进一步优化，体制机制更富活力，创新能力显著提升。足球改革取得重要进展，全省足球基础设施建设得到加强，各级足球训练、竞赛、人才培养体系逐步建立健全，推动成立足球俱乐部并组织参加全国职业足球联赛，扶持女子足球发展，足球产业初具雏形。到2020年，文化体育产业占全省地区生产总值的比重达到5%以上。

——文化产品更加丰富，人民群众普遍享受到更多更好的文化成果。继续实施文化精品工程，加大文化产品生产力度，全省推出40台新创剧目，其中3~5台达到国家级奖项水平；打造2~3部思想性、艺术性、观赏性俱佳的海南本土题材影视剧（片）；创作、生产一批有影响力的海洋题材文艺作品。"十三五"期间，出版一批有本土历史价值和学术价值的重点图书，实现图书出版年均增长10%，销售总码洋30亿元；报纸、期刊累计增长15%，总产值约7亿元；印刷业累计增长10%，总产值约40亿元；出版物发行业累计增长10.76%，总产值约25亿元。以海口、三亚、儋州、琼海为中心，其他各市、县相配套，乡镇网点为延伸，贯通城乡的实体书店建设体系基本形成。新闻出版业数字化转型升级基本完成，传统出版与新兴出版融合发展初见成效，数字出版总营收保持年均17%的增长速度，国民数字阅读率达到70%，传统内容资源数字化转换率达到80%。

——优秀传统文化传承体系基本建立。推动文化遗产工作由抢救性保护向预防性保护转变，省域海洋文化遗产得到有效保护。统筹制定《海南省文化遗产保护利用总体规划》；继续推动各级非遗名录体系建设，全省推荐申报国家级代表性项目不少于5个，新增省级代表性项目不少于8个，市县级不少于100个；进一步完善非遗代表性传承人认定机制，全省新增各级代表性传承人不少于50人；全省博物馆展览交流活动70次以上。

第二章　统筹发展公共文化体育事业

以保障人民群众基本文化权益为出发点和落脚点，以构建现代公共文化服务体系为着力点，坚持科学规划、布局合理、适度超前的发展理念，形成兼顾城乡间、区域间协调发展，全面覆盖、重点突出的公共文化体育事业布局。大力繁荣海南文艺创作，实施精品工程，推进海南优秀传统文化保护和传承。推进文化供给侧结构性改革，补长文化发展短板，加强公共文化体育基础设施建设，优化公共文化产品和服务供给，力争建成基本公共文化服务标准化、均等化先行区。促进文体与科技在公共文化服务领域的充分融合，净化社会文化发展环境，打通公共文化服务的"最后一公里"。广泛开展对外文化交流活动，致力于提升海南文化的国际竞争力、影响力。

第一节　大力繁荣发展社会主义文艺

（一）繁荣海南文艺创作，实施精品工程

加强政府对文艺创作的引导，坚持"二为"方向、"双百"方针，坚持以人民为中心的创作导向，把创作生产优秀作品作为文艺工作的中心环节，鼓励艺术创新，努力创作出更多传播当代中国价值观念、反映中国人审美追求、体现海南文化特色、代表海南文化形象，思想精深、艺术精湛、制作精良的文艺精品。围绕庆祝建党95周年、建国70周年、建省30周年等重大活动，开展主题创作和展演展示活动。抓好现实题材、爱国主义题材、重

大革命和历史题材的创作生产。实施琼剧振兴工程，传承保护琼剧艺术。充分发挥国家艺术基金对我省艺术创作质量的提升作用。通过政府购买服务、原创剧目补贴、以奖代补等方式扶持已转企国有文艺院团的艺术创作生产。扶持和培育一批能活跃在国内外演出舞台的知名文艺团体和优秀文艺人才，增强艺术院团、文化馆、美术馆的创作演出（展览）能力，推动文学、影视、戏剧、音乐、美术、舞蹈、曲艺等艺术门类创作的全面繁荣。健全我省文化产品评价体系，进一步改革评奖制度。推动发展文艺批评和文艺理论研究，提升我省文化艺术科研水平。

专栏1　文艺精品创作工程

1	新创40台左右精品剧目（省级艺术表演团体创作15台；市县艺术表演团体创作25台）。
2	打造2～3部思想性、艺术性、观赏性俱佳的海南本土题材影视剧（片）。

（二）加强本土文化资源开发利用，推动文化体育品牌塑造

深入挖掘海南本土文化内核，将黎族传统纺染织绣技艺和黎族原始制陶技艺搬上舞台、融入节庆活动，开发整理一批黎苗传统建筑、服饰、宗教、艺术、饮食、医药等民族文化资源；将海洋特色或元素纳入沿海市县公共文化服务体系建设，形成独具特色的海洋文化服务品牌。在海南省艺术节、海南书香节、海南黎苗"三月三"、海南七仙温泉嬉水节、环海南岛国际公路自行车赛、环海南岛国际大帆船赛、海南高尔夫球公开赛等文体品牌基础上，培育海南跨年嘉年华、亚洲艺术节、观澜湖世界明星赛等有国际影响力的节庆赛事，塑造海南区域文化品牌形象。

专栏2　重点文化体育品牌项目

1	海南省艺术节
2	海南书香节
3	海南（21世纪海上丝绸之路）合唱节
4	环海南岛国际公路自行车赛
5	环海南岛国际大帆船赛
6	观澜湖世界明星赛
7	海南国际马拉松赛
8	海南高尔夫球公开赛

第二节　加快构建现代公共文化服务体系

（一）全面推进基本公共文化服务标准化、均等化

——加快构建基本公共文化服务标准化、均等化先行区。坚持政府主导、社会参与、重心下移、共建共享的原则，以人民群众基本文化需求为导向，以市县为基本单位，构建我省基本公共文化服务标准化指标体系，建立运转顺畅、协调高效的基本公共文化服务标准化工作机制，以标准化推动全省公共文化服务均等化，力争成为全国基本公共文化服务标准化、均等化先行区。

——推进公共文化服务整合联动。积极推进城乡"结对子、种文化"，鼓励资源丰富的地区面向基层开展点对点帮扶活动，促进公共文化服务的城乡联动。发挥海口、三亚、儋州等中心城市和澄迈、保亭国家公共文化服务体系建设示范区的辐射、示范作用，推动相邻市县之间资源共建共享、互补有无，引导推进公共文化服务的区域联动。整合组织、宣传、文化、科技、民政等部门资源，集中力量推进基层综合文化服务中心建设，为群众提供便捷的文化宣传、广播影视、读书看报、党员教育、科学普及、全民健身、技能培训等服务，大力推进公共文化服务的部门联动。

——推动公共文化服务社会化。促进公共文化服务项目化管理、专业化运行、社会化参与。建立健全政府购买服务工作机制，确定公共文化服务政府采购和资助目录，扩大采购和资助范围。运用政府与社会资本合作、公益创投、公益众筹等多种模式，支持企业、社会组织和个人提供公共文化体育设施、产品和服务。鼓励利用闲置用地、历史街区、老旧村落等实施公共文化体育项目，推动公共文化体育设施社会化运营。广泛开展文化体育志愿服务。

专栏3　文化体育惠民工程

1	农家书屋工程
2	文化信息资源共享工程
3	中央和省广播电视节目无线数字化覆盖工程
4	应急广播系统建设
5	农村公益电影放映工程
6	农民体育健身工程
7	全民健身路径工程
8	"三个一"惠民演出工程
9	全民阅读工程（城乡公共阅报栏（屏）工程）

（二）完善公共文化体育设施网络

——推进重大文化体育设施建设。规划建设省美术馆、省音乐厅、省体育中心（五源河文化体育中心）、省图书馆二期、省群众艺术馆（新址）；完成国家南海博物馆（新建）、省博物馆二期和省民族博物馆改扩建工程建设，协助建设国家文物局水下文化遗产保护中心南海基地；力争在海口、三亚、儋州3个中心城市建成标准剧场。

专栏4　重大文化体育设施建设项目

序号	项目名称	建设内容
1	省美术馆	主要建设内容包括展厅、艺术工作室、设备技术用房和必要的办公用房。
2	省音乐厅	主要建设内容包括1个约1600座的标准交响乐厅、1个约800座的多功能音乐厅、1个约300座的室内音乐厅，以及排练厅、化妆室、艺术培训中心、录音棚、琴房、音乐咖啡吧等附属设施。
3	国家南海博物馆	主要建设内容包括馆藏展陈、业务保障、科研教育和后勤服务四大体系。
4	省体育中心（五源河文化体育中心）	旨在打造集竞赛、训练、体育休闲、文化活动、旅游度假等于一体的大型文化体育公园，包括：体育场、体育馆、游泳馆、网球中心、运动员公寓及康复中心、体育运动学校、音乐厅、展览中心、广电中心"一场八馆"、奥体公园场地及配套设施。
5	省图书馆二期	建设集书库、阅览室、辅助用房等于一体的公共阅读平台。
6	国家文物局水下文化遗产保护中心南海基地（协助国家文物局项目）	该工程包括南海水下文化遗产保护科研楼（国家海洋出水文物修复科技重点实验室）、船体保护修复车间、南海基地综合管理楼、水下考古训练康复楼及其他公共辅助用房，是国家研究水下文化遗产保护的重要基地。
7	琼剧振兴工程	贯彻落实《海南省十三五时期琼剧传承发展规划纲要》，实施琼剧精品工程、人才工程、信息化工程；挖掘整理琼剧非遗资料，加强琼剧非遗保护；扶持琼剧创作生产新创剧目16~18台，境外文化交流优秀剧目不少于10台，支持琼剧各类展演，加强琼剧人才培养，建立琼剧数据库和信息共享交流网络平台，并借此加大扶持、宣传普及力度。

（续表）

序号	项目名称	建设内容
8	省群众艺术馆（新址）	该项目是集多功能群艺场所为一体的综合文化设施，包括群众文化艺术培训用房、非遗保护成果及群众文化艺术发展成果展厅、群众演出小剧场、数字化服务用房、演播室、档案室、讲座报告厅、群众休闲活动用房、群众文化艺术研究创作及非遗保护业务研究用房等，建筑面积15000平方米。
9	省博物馆二期工程（展陈工程）	内容包括陈列展览工程、公共服务设施及文物库房建设等。
10	省民族博物馆改扩建工程（展陈及配套设施）	建设内容以纺织文化为主线，充分展示海南唯一的世界文化遗产——黎锦及苗、回族等各民族纺织文化。
11	海南体育职业技术学院	根据学院建设发展需要，在桂林洋高校区或观澜湖附近片区筹建一个新校区。将海南省高级体育运动技术学校建设成以高职大专教育为主，每年招生人数700人，三年学生人数达到2100人的全日制高等体育职业院校。
12	省文化艺术学校改（扩）工程	包括教师周转房、美术与图书楼、形体艺术楼、演艺音乐楼、教学综合楼。
13	省琼剧院（新址）	包括办公楼、小剧场、排练厅、琼剧传习馆（所）、琼剧艺术展示厅、物资仓库、设备技术用房等。

——加强基层公共文化体育设施建设。强化市县（区）图书馆、文化馆、博物馆、标准剧场、实体书店、全民健身活动中心、公共体育场等建设，促进市县图书馆、文化馆全面达标。完善县、乡镇（街道）、村（社区）及农垦系统文化体育设施和活动场所建设，实现全省村村有文化室，实体书店乡镇全覆盖，各市县均有体育场、全民健身活动中心，因地制宜开展群众身边的健身活动。规划建设一批自行车绿道、登山步道、健身步道、户外营地，在城市社区建设15分钟体育生活圈，新建社区体育设施覆盖率达到100%。加强我省贫困地区公共文化体育设施建设。

专栏5　基层公共文化体育设施建设项目

序号	项目名称	建设内容
1	市县公共图书馆、文化馆	至2020年，全面实现全省市县公共图书馆、文化馆均达到国家标准。争取中央资金和省级财政资金继续支持新建、改扩建市县公共图书馆、文化馆。
2	行政村（社区）基层文化服务中心	建设标准为室内建筑面积不低于100平方米，室外篮（排）球场和露天舞台为一体的综合文化服务场所。"十二五"已完成984个，尚有2662个行政村和社区未建，至2020年争取实现全省行政村（社区）完成建设。
3	市县全民健身活动中心	加快推进县级全民健身活动中心建设，建筑面积为2000~4000平方米（根据各市县实际情况确定），用于室内体育健身面积不少于1500平方米，至少可开展7种以上健身活动的社会民众健身场所。"十三五"实现全省各市县均建有全民健身活动中心。
4	市县公共体育场	至2020年，实现全省市县均建有公共体育场。争取中央财政资金和从省级体育彩票公益金中安排资金支持市县公共体育场建设。

——提升文化体育设施服务效能。加强公共文化体育设施运行维护，利用新技术对现有公共文化体育设施进行改造升级，推动基本公共文化服务数字化、网络化建设。健全各级公共文化体育服务项目和流程，推广"按需点单"服务模式，推动各地建设便捷通畅的文化产品和服务配送网络，开展公共文化体育设施评估定级等考评工作。深入推动公共文化体育场馆免费或低收费开放，逐步推动和支持学校、企事业单位内部文化设施及民办文化体育场馆等向社会免费提供基本文体服务。

（三）净化社会文化发展环境

建立权责明确、监督有效、保障有力的文化市场综合执法管理体制，整合文化市场行政执法权，加快实现跨部门、跨行业综合执法。建设运营省文化监管平台，强化事中、事后监管。组织广播电视安全播出大检查，开展境外卫星电视非法接收设施专项整治行动，加强对广播电视低俗虚假广告和插播广告的治理。推进软件正版化工作，持续开展"扫黄打非"专项行动，着力推进"扫黄打非"进基层工程。依法加强体育市场特别是高危体育场所监管。推动文体类行业协会、商会等社会组织建立健全行业经营自律规范、自律公约和职业道德准则。

专栏6 文化平台建设项目

序号	项目名称	建设内容
1	建成并完善海南省文化监管平台	采用先进的数字技术、网络技术，建立多角度、多方位的文化监督平台，实时上传全省网吧、娱乐场所、体彩乐吧、文物场所、互联网出版物、互联网视听节目等重要文化场所和文化内容音视频及相关数据信息。
2	推进"扫黄打非"进基层工程及监控平台建设	1. 建立省、地级市、市县（区）、乡镇（街道）、乡村（社区）"五级监管"体系，实现五级联防。 2. 推进"扫黄打非"进乡村、社区、学校、企业、景区、渔港"六进基层"工程。 3. 建立省网络"扫黄打非"监控中心，加强有害网络出版物及舆情汇总通报、快速删除屏蔽、重要线索联合核查、重点案件协查督办等工作。

第三节 推进海南优秀传统文化传承弘扬

（一）加强文物保护利用

坚持"保护为主、抢救第一、合理利用、加强管理"的工作方针，分类指导，突出重点，全面提升文物保护利用水平，推动海南优秀传统文化创造性转化和创新性发展。开展海上丝绸之路南海段航线水下文化遗产调查。组织实施北礁沉船遗址和甘泉岛唐宋遗址两处国保单位的保护与展示项目。组织开展海上丝绸之路南海段课题研究，参与海上丝绸之路世界文化遗产申报工作。按照国家文物局要求，开展文化遗产的保护规划编制、保护维修、环境整治、宣传展示、申遗点安防、监测设施项目建设等工作。建设覆盖全省的集文化遗产保护、宣传、公众服务、普及教育、旅游、电子地图等为一体的海南文化遗产数字信息化系统。促进文物保护与扶贫开发、生态旅游以及新型城镇化、社会主义新农村建设相结合，推动特色小镇、美丽乡村建设。

（二）提高非遗保护传承水平

坚持"保护为主、抢救第一、合理利用、传承发展"的工作方针，进一步完善非遗保护制度，推动非遗保护事业可持续发展。构建科学严谨的非遗名录体系，继续推动各级非遗名录体系特别是市县级名录体系建设，支持三沙市建立非遗名录体系。进一步完善非遗代表性传承人认定机制，努力扩大传承人群。积极推进非遗进课堂、进教材、进校园，在中小学、职业学校建立非遗传承教学基地，开设非遗教育课程。整理、编纂出版《黎族传统纺染织绣技艺全书》《海南省非遗丛书》等省重点非遗著作。充分利用传统表演艺术类非遗代表性项目开展文化展演展示活动，将民族民间文化艺术融入风情旅游，提升海南旅游文化品质。稳步推进非遗生产性保护工作，促进有市场潜力的代表性项目良性发展，重点培育一批国家级、省级非遗生产性保护示范基地。

专栏7　文化遗产保护与利用重点工程

类别	重点项目
南海水下文化遗产大遗址保护	1. 海上丝绸之路南海段环海南岛沿海水下文化遗产调查。 2. 西沙群岛海域水下文化遗产调查、发掘，西沙群岛海域水下文化遗产保护总体规划编制。 3. 南沙、中沙群岛水下文化遗产调查和巡查。 4. 南海水下文化遗产重要遗址重点调查、发掘、保护工程。 5. 北礁沉船遗址保护规划的申报立项。 6. 珊瑚岛1号沉船遗址保护规划和保护方案编制，珊瑚岛1号沉船遗址保护设施建设。 7. 北礁、甘泉岛文化遗产保护与展示工程，文化遗产公园建设。
史前考古调查与田野考古发掘和研究	8. 陵水县黎安镇莲子湾、新村镇桥山，昌江乌烈镇乌烈村、东方市荣村遗址，澄迈福安窑址、儋州碗窑窑址及与海上丝绸之路相关的文化遗产考古调查和发掘。
文物单位保护与文物普查	9. 加强定安古城等全国重点文物保护单位和省级文物保护单位的保护与修缮，完善保护单位"四有"工作。重点支持打造以琼海留客村蔡家宅为中心的南洋华侨文化区。 10. 到2016年底，完成19个市县的第一次全国可移动文物普查，加强成果利用。
传统村落文化遗产保护	11. 高林村、十八行村、保平村、白查村等传统村落文化遗产保护展示利用。
"海丝"南海段课题研究及世遗项目申报	12. 古盐田、火山岩建筑群等文物保护修缮及相关重要文物展示利用。 13. 全省明清海防遗址保护工程及相关重要遗址保护展示利用。 14. 儋州峨蔓古盐田申报世界文化遗产保护项目。

第四节　推动文化体育与科技融合发展

（一）以科技支撑公共文化服务

通过文体与科技在公共文化服务领域的充分融合，打通公共文化服务的"最后一公里"，提高服务效能。申报和实施一批国家和省级文化、广电、出版科技项目，推动数字技术、网络技术、新型显示技术等在公共文化服务、文化产品生产制作和传播各领域的广泛应用。加大文化数字推广力度，创建数字图书馆、文化馆、农家书屋、公益电影、全民健身服务、全民阅读服务等数字文化服务平台，提供一站式服务，建设全域共享、互联互通的公共数字文化服务体系。综合利用高新技术，丰富文化艺术、广播影视、新闻出版产品的表现形式和表现手段，增强产品表现力、感染力和时代感。探索创新"互联网+文化"路径，实现本土特色文化快速传播。

（二）以科技创新促进文化体育产业快速发展

依托高科技，推动文化体育产业结构调整和提质升级，发展新业态。创建高新技术文化园区，打造一批科技含量高、创新能力强的文化产业集群，发展动漫游戏产业园。推动传统媒体和新兴媒体、传统出版和新兴出版融合发展，大力发展数字出版和数字媒体、数字影院。推广三网融合，促进高清电视、移动电视、手机电视、交互式网络电视（IPTV）传输、网络电视台等新业务发展，实现有线、无线、卫星互联互通和智能协同覆盖。

第五节　夯实国际文化交流平台

积极配合国家"一带一路"战略，大力推进与东南亚和港澳台的文化交流活动，在更高层次上参与对外文化贸易，加快文化交流与文化贸易结合发展。依托国家和我省重大涉外活动，以及海南承办各类国际赛事的天然优势，积极传播海南优秀文化，打造国际文化交流的重要平台。加强省际合作，探索建立泛珠三角地区文化资源库共享平台。建立多部门参与的对外文化交流协调机制，加强市县联动，统筹整合全省对外文化交流资源。实施文化交流与文化贸易双轮驱动战略，发展动漫、游戏、影视作品、演艺、特色工艺品出口及版权、中外合作出版、图书进出口等文化贸易。

专栏8　对外文化交流重点项目

1	海上丝绸之路文化遗产保护论坛

第三章 培育壮大文化体育产业

把文化体育产业发展纳入全省总体规划，着力产业培育、着力融合发展、着力品牌塑造，推进文化体育产业管理体制和政策体系重大突破，推动产业结构调整和转型升级。发挥文化体育产业基金的杠杆作用，打通助推文体产业跨越式发展的金融市场化通道。引入国际通用的行业规范、管理标准和营商规则，促进文体投资贸易便利化、国际化。促进文化体育产业与其他产业融合发展，发挥文化体育产业对相关产业转型升级和提质增效的外溢效应。扩大和引导文化消费，提高产业竞争力，使之成为国民经济新的增长点。大力发展新兴产业、改造提升传统产业、着重发展特色优势产业，重点发展影视制作、动漫游戏、旅游演艺和体育产业，孵化和培育发展海洋文化体育产业。培育壮大一批特色鲜明、创新能力强的骨干文体企业，打造一批文化体育产业品牌。加强文化体育产业园区、基地建设，创建一批高起点、规模化、代表文化体育产业发展方向的示范园区和基地。加强文体企业孵化器、公共服务平台、众创空间建设，扶持文化体育产业领域创新创业，支持"专、精、特、新"小微文体企业发展。加强文化产品市场和文化生产要素市场建设，建立包括产品交易博览会、网上交易平台、门店经营等在内的文化产品流通交易体系。

第一节 大力发展影视制作产业

（一）打造中国影视产业集聚地

利用各级政府扶持影视产业发展政策，为影视制作和拍摄企业提供更多便利化和国际化服务，争取设立海南省影视产业发展资金，鼓励和引导民间资本投资电影制片、发行、放映领域，积极培育影视制作市场主体。以海口观澜湖华谊冯小刚电影公社、长影海南环球100生态修复工程和即将建成的儋州海花岛影视基地以及全省文化旅游景区为基础，打造海口文化体育产业园，吸引与影视关联的上下游文化产业集聚入驻。利用海南天然摄影棚、国内独一无二的热带海岛风光取景地等优势，吸引国内外尤其是好莱坞大片来琼拍摄，打造国际影视制作和拍摄基地。

专栏9　影视制作产业重点项目

序号	项目名称	建设内容
1	海口观澜湖华谊冯小刚电影公社	建设独具特色的影视拍摄基地，包括：1942风情街、社会主义风情街、南洋风情街、园林景观区、影视摄影基地，并借助于《唐山大地震》《非诚勿扰》等系列经典电影场景打造集影视制作、电影旅游、建筑文化旅游和文化商业旅游为一体的电影主题旅游园区。
2	长影海南环球100生态修复工程	该项目是集影视制作、影视娱乐、影视商务、影视演艺、影视教育、影视传媒、影视科技等多功能于一体的电影产业园区。建设内容有国际电影论坛会址，主题乐园，国际影视交流、交易、展示和培训中心，国内外名导演、名编剧、名制片人、名演员、名经纪人工作室，国际乡村电影创作基地、影视后期特效制作基地、影视动漫创作基地、微电影创作基地、影视新媒体研发基地、影视外景拍摄基地等。
3	海口文化体育产业园	由省文体厅与海口市政府合作共建，涵盖影视制作、文艺创作、动漫游戏、创意设计、音像制作、工艺美术、文化产品交易、文化旅游、文化消费等产业。实行一园多基地模式，逐步整合利用海口市文化要素和人文资源。计划入驻500家企业和机构，年产值500亿元、税收50亿元，提供10000人以上就业机会。

（二）拓展影视制作产业链

积极引进国际国内知名影视公司，借助龙头企业的辐射带动力，吸引影视上下游文化产业——演艺业、时装业、传播业、出版业、广告业、游戏业等集聚，引导房地产等领域资本进入影视内容核心产业，辐射休闲、旅游、酒店、餐饮等相关产业，不断延伸新业态，开发新的衍生产品，建立全方位的影视产业链。借助"互联网+"平台，实现传统影视产业在渠道营销、内容生产及跨界资源上的整合，促进投资、生产、发行、播映一体化发展。

（三）提升广播影视传媒区域影响力

协助组建海南广播影视传媒集团，巩固提升广播影视传媒产业发展水平和影响力。力推三沙卫视成为环南海地区有影响力的区域媒体，覆盖部分内地省份并在21世纪海上丝绸之路沿线的东南亚国家和地区落地。

第二节　积极培育动漫游戏产业

（一）加快动漫游戏产业培育速度

扶持发展以数字化生产、网络化传播为主要特征的网络动漫、手机游戏、网页游戏等产业。加强与国际国内的动漫游戏厂商交流合作，支持国内外知名动漫影视机构在海南投资落户和创办研发机构，推动我省优秀动漫游戏"走出去"，重点培育几个拥有自主知识产权的省属动漫游戏品牌。按照便利化标准推进游戏产业发展，进一步完善审批管理、结汇限制等政策配套和服务水平。向国家新闻出版广电总局申请授权我省对国产网游实施属地管理、"前置审批"等改革试点。制定我省《游戏类技术先进型企业认定管理办法》等相关配套政策，在商务、科技、金融、通信管理等部门的大力支持下，按照国际规则，解决文化体育服务贸易境外便利结汇等问题。

（二）筹建动漫游戏产业服务平台

推动动漫游戏基础研发及配套设施建设，规划建设动漫游戏产业人才培训、科技研发、企业孵化、产品展示、信息交流与体验等综合服务平台，不断提升平台对各类高精度动漫游戏内容制作的支持服务能力。以中国游戏数码港为依托，整合游戏行业资源，联合韩、英、美等国游戏、电子竞技行业协会，升级创设博鳌亚太游戏展，探索动漫游戏产业集约化、现代化的发展模式。

专栏10　动漫游戏产业重点项目

项目名称	建设内容
中国游戏数码港	由海南省政府与国家新闻出版广电总局合作共建，规划1500亩（1亩≈666平方米），建设期2016—2018年。计划引进企业500家，年产值300亿元。建设内容包括：中国游戏研发中心，游戏科技馆，电子竞技中心，游戏进出口结算中心，中国游戏产业基地，中韩、中英游戏产业基地以及游戏学院等。

第三节　创新发展旅游演艺产业

（一）提升旅游演艺竞争力

把握旅游演艺产业发展规律，把旅游演艺产业培育成促进旅游与文化融合发展的纽带产业、拉动旅游消费的重要引擎。鼓励社会资本以投资、参股、控股、并购等方式进入旅游演艺市场，允许适度引进境外资本投资海南旅游演艺市场，支持旅游演艺企业向品牌化方向发展。提升旅游演艺科技含量，加快推进旅游演艺产业数字化和智慧化发展。依托现代舞台科技，充分运用声、光、电等技术，放大旅游演艺产品感染力和震撼效果。积极开发旅游演艺产业衍生产品和服务，拉长旅游演艺产业链，不断提高旅游演艺产业附加值，努力实现旅游演艺产业经济效益最大化。重点建设琼剧会馆等新兴演艺剧场，改造升级三亚千古情演艺剧场、博鳌琼花剧场、槟榔谷演艺剧场等一批传统演艺剧场，提升万宁兴隆东南亚风情歌舞演艺内涵，增强我省旅游演艺市场综合竞争力。

（二）推动旅游演艺国际化表达

大力开发以黎苗文化、热带海岛风情、海南历史民俗、社会主义核心价值观等为元素的旅游演艺产品，打造1~2台代表海南特色、叫好又叫座的旅游演艺精品剧目。以民族元素为内核，融入时尚、国际元素，通过现代艺术手段，加以精心包装制作，推动旅游演艺国际化表达。

专栏11　旅游演艺产业重点项目

序号	项目名称	建设内容
1	琼剧会馆	琼剧会馆以琼剧展示为核心，构筑海南黎苗文化及各戏曲剧种为主的海南非遗文化展示交流平台，打造文化旅游窗口，推进文化与旅游融合发展。将在三亚建设，适时将其模式复制到有关市县。

第四节　加快发展体育产业

（一）大力发展特色体育产业

围绕健康海南建设，不断丰富体育供给，扩大体育消费，促进体育产业快速增长，从而成为推动经济社会持续发展的重要力量。大力发展体育休闲旅游、体育健身服务、体育竞赛表演等项目，开发体育衍生产品。引入知名体育运营公司，开发和丰富赛事IP，提升环海南岛国际公路自行车赛、环海南岛国际大帆船赛、海南高尔夫球公开赛三大传统赛事品牌影响力，打造海南国际马拉松赛、观澜湖世界明星赛等新赛事。依托重大体育赛事和体育活动的带动效应，吸引外资进入海南，兴建户外体育活动营地、主题公园、海上赛事、海岛水下水上运动等高端体育场地设施。与国内外体育行业龙头企业合作，打造一批高水准体育产业项目，以足球冬训、高尔夫运动、海上赛事等为代表发展体育产业，建设区域特色体育基地。引导支持移动互联网+体育，利用大数据、APP等，积极拓展体育产业新业态。

（二）积极培育足球产业

理顺我省足球管理体制和运行机制，健全各级足球协会的组织和功能，完善各级足球训练、竞赛体系；大力推动以校园足球为龙头的青少年足球运动的发展，鼓励开展各类社会足球运动；采用合作共建模式成立海南足球队并参加全国职业足球联赛；扶持琼中女足，推动全省女子足球的发展；建立健全足球人才培养体系。

推动足球与旅游、文化、教育等产业融合发展，鼓励以民营资本为主体，依托海南独特的气候及环境资源优势，结合全省各地特点，建设一批集足球训练、培训、文化娱乐、健身休闲、旅游为一体的综合型足球产业基地，将发展足球冬训基地、足球培训与度假休闲相结合，组织和吸引国内外的足球队伍和足球爱好者到我省集训、培训和度假，拉动相关产业发展。

专栏12　体育产业重点项目

序号	项目名称	建设内容
1	海口国家帆船帆板冬训基地	建成一个可承接帆船帆板专业队训练、竞赛等的综合性基地，并配套功能齐全的附属体育设施。
2	三亚亚龙湾国家滑水训练基地	集综合竞技馆、国际运动康复理疗中心、运动员培训中心、运动员食宿楼、体育主题酒吧、海上体育表演设施、大型水上体育表演秀观众看台等为一体的世界顶级索道滑水场。
3	五指山国家举重训练基地	集训练、科研、康复于一体，可承接国家集训队训练，并可作为省内集训和比赛的综合场地。训练馆占地4200平方米，游泳池占地2212平方米（竣工）；运动员宿舍楼占地17746平方米（续建）。
4	中国足球南方训练基地	在海口观澜湖建设20片标准足球场及附属设施，用于国家队、国内外职业队足球训练、比赛、交流。
5	国家冲浪培训基地	万宁市与中国极限运动协会合作开发冲浪产业，在日月湾建立国家冲浪基地，内设展览馆、办公区、会议室、多功能厅、教室等，满足培训、办公、展览、会务、新闻媒体发布等需求。
6	江苏省南方（体育）训练中心	东方市引进江苏省体育局投资建设的体育训练中心，建设内容有田径、各种球类、自行车、武术、飞碟和艺术体操等训练场馆。
7	中国（海南）国际武术推广基地	定安县与国家体育总局武管中心、国际武联共同开发建设，集专业散打（自由搏击）比赛场馆、竞技武术训练标准场馆、配套体能训练馆、户外操场、电教楼、教练员及运动员宿舍等为一体的武术推广基地。

第五节 推动文化与旅游融合发展

借鉴国际旅游目的地经验，开发、丰富文化旅游项目和产品，推动文化与旅游融合发展，提升海南国际旅游岛内涵和文化吸引力。实施文化旅游创意战略，开发特色文化旅游产品，打造一批新的文化旅游示范基地。联合交通、旅游部门，对部分景区道路和建筑进行修建和改造升级，对全省的古村落、古建筑等文化遗存景点进行保护性挖掘利用，加强文化旅游基础设施建设。突出海南公共建筑和民居的历史文化内涵，为城镇民居设计有浓郁海南文化特色的外观标识，推动文化旅游小镇建设。力争把全省2574个行政村文化室打造成休闲驿站，同时对黎、苗族聚居区的古村落进行视觉元素再造，统一外观标识，进一步丰富海南全域旅游内容。按照国际化理念、国际化标准建设重点文化设施，突出地标式外观设计，兼具游览观光、科普教育、体验互动、休闲娱乐等功能，打造一批彰显国际化水平的文化地标，成为展示海南民族本土文化的重要平台和吸引国内外游客的旅游目的地。

进一步落实我省体育彩票与旅游业深度融合，围绕产品、渠道、客户和服务四个层面升级优化，规划布局全省5A级景区、星级酒店、交通枢纽、购物中心、游客集散地等作为销售体育彩票的主要渠道，实现全岛范围内利用手机移动客户端轻松购彩，力争"十三五"期间我省体育彩票总销量达到100亿元，实现筹集公益金20亿元。

专栏13 文化旅游产业重点项目

序号	项目名称	建设内容
1	儋州海花岛文化体育产业综合体	集童话乐园、海洋世界、水上乐园、特色博物馆、大型歌剧院、音乐厅、电影艺术中心、影视基地、实景演出、民俗表演广场、中心公园、欧式婚礼庄园等于一体的文化旅游胜地。
2	三亚海棠湾复星亚特兰蒂斯水上主题乐园	集七星级酒店、海洋公园（鲨鱼池、海豚剧场、互动池）、娱乐、购物、特色美食、演艺、国际会展、海洋乐园体验于一体的休闲娱乐中心。
3	五指山黎峒文化园	集文化民俗体验区、田园观光游览区、养生度假公寓区等为一体。
4	儋州东坡文化旅游区	包括中和镇基础设施项目给水管道工程，古城墙修复工程（含新建故城北门广场、北门城门、西门城门、古城墙恢复工程），体育广场，儋阳森林公园，书画院，增建李光、符确等历史名人纪念堂，东坡书法碑林，东坡生平馆，东坡文学成果展馆等文化旅游项目。

第六节　积极发展新闻出版产业

加快构建现代新闻出版市场体系，做优、做大、做强新闻出版产业，进一步提高规模化、集约化和专业化水平。以海南书香节为抓手，全力推动全民阅读活动深入开展，促进阅读消费，带动新闻出版产业发展。巩固发展图书、报纸、期刊等传统出版产业，加快发展数字音乐、动漫游戏、网络文学、数字教育等新兴出版产业，加强城乡实体书店网点建设，推动实体书店发展新兴业态，支持大型书城升级改造，加快实体书店与网络融合发展，积极发展新闻出版流通和物流产业。走内涵式发展道路，培育一批创新竞争力强的新闻出版发行传媒企业。

专栏14　新闻出版产业重点项目

序号	项目名称	建设内容
1	海南日报报业集团媒体融合项目	全媒体"中央厨房"、百万用户级新闻客户端、南海网改制上市、24小时视频直播平台集群、海南云智慧平台集群、网络基础设施六大工程升级改造。
2	海南日报互联网+众创中心	打造海南首家"媒体驱动型"数字内容产业互联网+项目孵化平台，具备办公、路演、信息发布、资本对接、产品展示、人才培训、创业交流等功能，同时搭建创投宣传线上服务平台，包括全省统一的互联网+创业门户网站、海创客APP、项目数据库等。
3	海南日报文化创意中心	以满足外来游客本地消费为市场目标，研发、生产、销售具有我省市县区域特色的文化创意产品。
4	海南出版社北京人文社科基地	以海南出版社北京分社为基础，建设海南版人文社科大众图书生产基地，提升海南人文社科图书影响力。到"十三五"末，该基地年出版品种达400种，码洋1亿元，形成有特色、有规模、有影响的若干产品线。
5	海南出版社数字出版平台	包括内容数字化工具、数字化编辑系统、内容资源管理系统、数字资源应用与发布平台四部分，实现内容快速传播，满足读者个性化阅读需求。
6	海南出版社《琼崖文库》出版工程	全面发掘、收集和整理海南有文化价值和影响力的典籍、著作及其他文献作品，填补海南大型经典文库空白，拟定出版300卷（册）。
7	南方出版社《二十四史》阅读、检索、聚合、交互平台	利用新一代信息技术，建设《二十四史》编辑、加工、聚合、订阅、互动、研究于一体的数字化运营平台。
8	南海出版公司"走出去"文化传播服务平台	借助南海出版公司全媒体数字出版平台的数字内容以及生产、运营、管理等功能，开展多渠道文化信息发布与平台服务、区域文化舆情分析，实现向东南亚地区发布文化信息，为传播海上丝路文化提供参考和指导。

第四章 保障措施

第一节 加强组织领导

各级党委、政府要树立阵地意识、导向意识，高度重视文化体育事业产业发展，统筹协调文化体育事业产业建设，将其纳入各地经济和社会发展规划，促进我省文化体育事业产业创新发展。各级文体行政管理部门要加强对《规划》实施进展、公共平台建设以及重大项目推进等工作的指导和监督，跟踪分析《规划》执行情况，做好中后期评估，提高《规划》实施水平，确保圆满完成《规划》的各项目标任务。加强省市县联动，在全省范围内形成有利于文化体育事业产业创新发展的领导体制和工作机制。

第二节 加大文化投入

加大公共财政对文化体育事业产业的投入，强化政府公共文化服务供给职能。按照基本公共文化服务标准，落实基层提供基本公共文化服务项目所需资金，将购买公共文化服务资金纳入各级财政预算。改革各级财政对文化体育事业产业投入方式，规范和加强专项资金管理，建立文化体育财政资金绩效评价结果与预算安排挂钩制度，提高资金使用效率。充分发挥省文化产业发展专项资金和省体育产业发展专项资金的引导作用，扶持一批重点文化体育园区（基地）和重点文体企业。

建立多元化投入机制，吸引社会资本对文化体育产业的投入。给予文体企业在商业信贷、股权投资、企业上市、挂牌交易、发行债券等方面的优惠政策，鼓励文体企业多方融资。倡导各级政府与投资机构签订战略框架协议，为文体企业搭建融资平台。鼓励引进社会资本设立各类文化体育产业投资基金，着力解决文体企业融资难问题。

第三节 推进文化法治建设

（一）完善和实施系列文化政策法规

用好、用足中央和省里出台的文化优惠政策，并根据各地实际加紧制定实施细则，细化财政、金融、税收、用地、人才等方面的政策措施，为社会各界参与文化建设、支持文化发展提供更为宽松有利的政策条件。逐步完善和落实鼓励单位和个人捐赠、兴办公益文化事业的各项政策。加强文化法治建设，研究制定《海南省文化产业促进条例》《海南省公共文化服务保障条例》《海南省非物质文化遗产保护条例》《海南省全民阅读促进办法》等地方性法规和规章，形成我省配套的文化法规体系，使文化执法机构有法可依。

（二）加强和规范文化行政执法

理顺文化行政执法管理体制，完善文化市场综合执法机制，严格行政执法责任，施行目标考核奖惩，为文化体育事业产业发展提供行政执法保障。以保护生态环境为前提，加强生态环境执法，确保文化产业重点项目选址避让生态保护红线区。

第四节 深化文化体制改革

（一）推进文化宏观管理体制改革，转变政府职能

加快推动政府职能转变，充分发挥市场资源配置作用，降低文化市场准入门槛，营造有利于企业发展壮大的体制机制和市场环境。按照"合法行政、合理行政、程序正当、高效便民、诚实守信、权责统一"的要求，规范审批项目和流程，实行"一个窗口受理"，提供"一站式"服务，提高审批效率。简化网络文化经营等许可证的申办及年检，助力互联网企业发展。全面施行政务公开，推行行政权力清单、责任清单和负面清单，加强监督问责。

（二）深化文化微观运行机制，推动文化创新

推动形成责任明确、行为规范、富有成效、服务优良的公共文化服务运行机制。引导文体企业建立健全现代企业制度，完善法人治理结构，不断提高经营管理水平和市场竞争能力，以机制改革推动文化创新。深化文化事业单位人事、收入分配、社会保障等制度改革，创新管理运行机制。推动公共图书馆、博物馆、文化馆等组建理事会，吸纳有关方面代表、专业人士、各界群众参与管理。

第五节 建设高素质文化人才队伍

（一）完善人才发展环境，大力引进高素质人才

用足、用好人才优惠政策，加大人才引进力度，重点引进领军人才和骨干人才，培养后备人才，发掘利用"候鸟"人才。完善人才措施，打破体制障碍，切实解决人才引进中的实际问题。按照"不求所有，但求所用"的原则，通过项目合作、咨询顾问、短期兼职、候鸟服务、退休返聘、对口支援等方式，实现引才与引智相结合。

（二）建立契合需求、注重实效的人才培训体系

创新人才培训模式，加强与高等院校和研究院所合作，推进学以致用的培训体系。分级、分类对文化系统人才进行培训，注重培训的针对性和实效性。实施专业人才培训计划，造就一批复合型骨干人才。通过挂职、跟班、对口支援等方式，开展省直单位与市县单位之间互派人员交流，重点对边远贫困地区予以帮扶。

（三）建立开放共享、人尽其才的发展机制

建设全省文化人才数据库，创造人才信息共享途径，开放有序的人才流动渠道，促进人才队伍效能最大化。改革完善专业技术资格评审办法，建立健全人才评价和激励保障机制。加大对各类文体企业人才服务力度，创造人才发展的良好环境。

重庆市体育发展"十三五"规划

发展体育事业是建设健康中国的重要内容，对提高国民体质、提升城市精气神、增强文化竞争力、促进经济转型升级具有独特作用。为推动我市体育全面协调可持续发展，根据《体育发展"十三五"规划》《重庆市国民经济和社会发展第十三个五年规划纲要》和《重庆市社会事业发展"十三五"规划》，结合重庆体育发展面临的新形势、新任务、新要求，制定本规划。

第一章 "十三五"体育发展环境及形势

第一节 "十二五"时期体育发展成绩显著

"十二五"时期是重庆体育事业打基础、上台阶的时期，是发展速度快、质量效益好、人民群众实惠多的时期。全市体育系统在国家体育总局正确指导和市委、市政府坚强领导下，围绕提高人民体质这个总目标，统筹推进群众体育扩面、竞技体育抓点、体育产业增效，各项工作取得重大进展，顺利完成"十二五"规划确定的主要目标任务。

体育领域改革扎实推进。持续加大体育各领域改革力度，深入推进行政审批制度改革，取消群众性和商业性体育竞赛活动审批，推动足球改革发展，加快体育组织与行政部门脱钩，完善赛事管理制度，有效激发了体育发展活力。

全民健身取得新发展。深入落实全民健身计划，基本建成覆盖城乡的公共体育服务体系，新建成公益性体育场15座、体育馆15座、游泳池（馆）12座，人均体育场地面积增至1.37平方米，每万人拥有社会体育指导员13名，群众健身意识极大增强，组织网络日趋完善，活动形式呈现多样化，经常性参加体育锻炼人口比例升至43.78%，市民体质抽样合格率达到92.7%。

竞技体育实现新突破。加快健全竞技体育保障设施和竞训机制，建成投用市竞技体育训练中心、市射击射箭中心等一批重点工程，创建2个国家高水平后备人才基地，初步形成多元化的备赛体系、办赛机制和投融资体制，成功承办国内外重大竞技赛事143项，获得国内外赛事金牌280枚，实现了奥运金牌零的突破。

体育产业发展迈出新步伐。出台《关于加快发展体育产业 促进体育消费的实施意见》，进一步完善了体育产业政策支撑体系，全市体育产业呈加速发展态势，初步形成较为齐全的产业门类，各类市场主体超过2.78万家，从业人员近15万，产业总规模达到221亿元。体育彩票累计发行106.9亿元。体育科技、教育、文化、宣传、法治、党的建设等工作取得明显进步。

专栏1　重庆市体育事业"十二五"目标任务完成情况表

序号	指标	2010年	2015年目标	2015年实际完成
1	市民体质抽样合格率（%）	87	90	92.7
2	经常性参加体育锻炼的人口（%）	40	43	43.78
3	人均体育场地面积（平方米）	0.9	1.35	1.37
4	国内外重大赛事获得金牌数（枚）	130	200	280
5	年承办国内外重大竞技赛事（场次）	25	30	30
6	优秀运动队在训运动员规模（人）	385	420	453
7	体育后备人才规模（万人）	1.5	2	2.45
8	体育产业总规模（亿元）	140.9	200	221
9	体育彩票年销量（亿元）	14.6	20	30.6

第二节　"十三五"时期体育发展面临的矛盾与问题

尽管我市体育事业发展取得了很大进步，但当前体育发展整体水平与直辖市地位仍不适应，体育与经济社会协调发展的机制有待健全，人民群众日益增长的体育需求与体育有效供给不足的矛盾仍然存在，一些长期制约体育事业发展的薄弱环节和突出问题亟待解决。

基本公共体育服务体系不够健全，城乡区域发展不均衡。人均体育场地面积低于全国平均水平，渝东北、渝东南和广大农村地区仍有缺项，体育基础设施重建设、轻服务，重数量、轻质量，体育公共服务供给的主体和形式比较单一，难以满足群众多元化、多层次需求。

竞技体育优势项目不多，整体实力偏弱。竞技体育起步晚、底子薄、人才缺，田径、游泳等基础大项和"三大球"（足球、篮球、排球）等集体球类项目实力不足，设置项目不多，持续发展能力不强。

体育产业规模较小，质量效益有待提高。体育产业11个大类中，仅体育用品制造和销售初步形成产业链，且大多处于价值链中低端，需求旺盛、高附加值的体育服务业占比偏低、种类较少，市场主体存在"小、散、弱"情况，结构不优、质量不高，对地方经济社会发展的拉动作用不强。

区域特色体育资源开发程度不深，利用效率不高。体育资源开发主要围绕竞技体育展开，对民族、民间传统体育资源挖掘、整理和推广力度不够，传统体育项目更多依赖群众自发组织开展，难以形成区域资源优势、彰显地方体育文化特色。

第三节 "十三五"时期体育发展面临的机遇

"十三五"时期是全面建成小康社会的决胜阶段，重庆体育事业面临诸多利好，处于改革发展的重要机遇期。

党中央把体育提高到事关民族复兴的战略位置。党的十八届五中全会明确提出建设健康中国的目标，并把体育作为推动健康中国建设的重要内容，国家对体育的重视和支持将更加有力。

重庆经济社会快速发展支撑体育改革发展。我市经济呈现提质增效、稳中向好的良好态势，不断增强的综合经济实力将为体育发展奠定更加坚实的物质基础。

供给侧结构性改革释放新动能。体育领域供给侧增量明显，体育基础设施、体育产业发展、体育公共服务等领域将加速补短板，带动体育全面发展。

区域协同并进促成新格局。随着"一带一路"和长江经济带战略深入实施，五大功能区域发展战略纵深推进，将有力推动各类体育资源跨区域对接，促进全市体育事业和产业资源共享、优势互补、特色发展、互利共赢，步入一体化加速发展阶段。

居民收入增长释放新需求。"十三五"时期我市将全面建成小康社会，人均生产总值和居民收入将大幅提高，群众健身意识势必进一步增强，对体育服务的个性化、多样化需求势必日益高涨，体育消费将成为拉动经济增长的重要力量。

跨界融合发展创造新空间。以"中国制造2025""互联网+""大众创业、万众创新"等为标志的新一轮创新浪潮，持续推动体育与经济、社会、文化全面互动，体教、体旅、体医、体科等跨界融合成为必然趋势，体育发展空间不断拓展。

第二章 指导思想、基本原则与主要目标

第一节 指导思想

全面贯彻党的十八大和十八届三中、四中、五中、六中全会精神，深入贯彻习近平总书记系列重要讲话精神和视察重庆重要讲话精神，牢固树立创新、协调、绿色、开放、共享的发展理念，深入推进供给侧结构性改革，全面落实五大功能区域发展战略，将体育为

民惠民作为体育工作的出发点和落脚点，解放思想、深化改革、开拓创新、激发活力，持续推进群众体育扩面、竞技体育抓点、体育产业增效，全面提升体育治理体系与治理能力现代化水平，加快建设体育强市，为全面建成小康社会作出积极贡献。

第二节　基本原则

坚持深化改革，推动创新发展。以改革促发展，以创新增动力，着力破除体制机制障碍，充分发挥市场在体育资源配置中的决定性作用和更好发挥政府作用，全面激发各类主体的创新活力，推动体育领域"大众创业、万众创新"，积极有效探索体育发展新模式。

坚持统筹兼顾，促进协调发展。将体育事业发展融入全市发展大局，统筹处理好当前与长远、重点与一般、规模与效益等关系，不断增强体育各项工作的系统性和协同性，促进体育事业与体育产业协调发展、群众体育与竞技体育协同并进，推动城乡体育联动发展和区域体育可持续发展。

坚持遵循规律，强化绿色发展。遵循现代体育发展规律，充分发挥体育行业绿色低碳优势，深入挖掘体育在建设资源节约型、环境友好型社会中的潜力，加快转变体育发展方式，倡导健康生活方式，推进健康关口前移，延长全民健康寿命，提高市民生活品质。

坚持互利共赢，加快开放发展。加强体育与社会相关领域的融合与协作，积极吸引社会力量共同参与体育发展。扩大体育领域对外开放，用好国际国内两种资源、两个市场，促进重庆体育提速增效发展。

坚持以人为本，实现共享发展。牢固树立以人民为中心的发展思想，充分调动群众积极性、主动性、创造性，切实保障公民体育权利，加快完善体育共建共享机制，推进基本公共体育服务均等化，不断满足人民群众日益增长的多元化体育需求。

第三节　主要目标

根据全面建成小康社会的总体要求和战略部署，深化体育重点领域改革，到2020年，全市体育管理体制机制更加完善，公共体育服务水平明显提升，促进群众体育、竞技体育、体育产业、体育文化等各领域全面协调可持续发展，初步建成中西部地区体育强市。

体育改革深入推进。政府职能加快转变，协会管办分离、职业体育、足球项目、场馆运营等重点领域改革取得新突破，体育管理体制和运行机制更加完善，基本公共体育服务率明显提升，基本形成政府主导、市场参与、社会协同的现代体育治理体系。

群众体育全面发展。实现城乡健身设施全覆盖，人均体育场地面积达到1.7平方米。90%以上的城市社区、85%以上的乡镇建有体育组织，每万人拥有社会体育指导员达到24名。全民健身意识不断增强，经常性参加体育锻炼的人口比例达到50%，市民体质抽样合格率达到93%。

竞技体育整体提升。项目结构不断优化，人才梯队有效衔接，优势项目保持稳定，潜在优势项目和弱势项目有新提升，在奥运会、全运会等国际国内重大赛事中不断创造佳绩，取得更大突破。推进体育科研，加强科研人员队伍建设。切实提高办赛水平，每年新承办2~3项国内外重大竞技赛事。体育后备人才达到2.7万人，优秀运动队在训运动员规模突破500人。

体育产业提质增效。产业结构进一步优化，质量和效益显著提升，体育产业总规模年均增长16%以上，超过500亿元。人均体育消费达到500元。体育产业成为推动经济社会持续发展的重要力量。

专栏2　重庆市体育事业"十三五"目标任务表

序号	指标	2015年	2020年	指标属性
1	市民体质抽样合格率（%）	92.7	93	预期性
2	经常性参加体育锻炼的人口比例（%）	43.78	50	预期性
3	人均体育场地面积（平方米）	1.37	1.7	预期性
4	国内外重大赛事获得金牌数（枚）	280	360	预期性
5	年承办国内外重大竞技赛事（场次）	30	40	预期性
6	优秀运动队在训运动员规模（人）	453	500	预期性
7	体育后备人才规模（万人）	2.45	2.7	预期性
8	体育产业总规模（亿元）	221	500	预期性
9	体育彩票年销量（亿元）	30.6	40	预期性

第三章　深化体育重点领域改革

第一节　加快转变政府职能

按照"精简、统一、高效"的原则，深入推动简政放权，进一步完善体育行政部门在制度设计、市场监管、公共服务等方面的职能，健全行政审批的监管、评估、考核机制。改革基本公共体育服务提供方式，建立健全政府购买体育服务目录，逐步将部分由体育部门直接提供的基本公共体育服务事项交由有资质的社会体育组织或中介机构实施，实现提供主体和提供方式多元化，不断扩大基本公共体育服务的覆盖面，提升公共服务质量和水平。

第二节　推进社会体育组织改革

落实国务院《行业协会商会与行政机关脱钩总体方案》，积极稳妥推进单项体育协会改革工作，及时总结经验，推动各级各类体育协会改革，促进社会体育组织的实体化、规范化发展，提升承接政府职能转移的能力。加大政策扶持力度，引导、培育、扶持体育社团、体育民办非企业单位、体育基金会、自发性群众体育组织等体育社会组织发展。

第三节　深化职业体育改革

正确处理政府与社会、职业与专业的关系，充分挖掘、调动社会资源力量，积极引导社会资本发展职业体育。支持有条件的企业参与组建各种类型的职业体育俱乐部，培育一批有实力、有影响的职业体育俱乐部，积极参与国内大型赛事。推动足球、篮球、排球、网球、高尔夫球等社会关注度高、观赏性强、群众基础好的项目走职业化道路。支持职业俱乐部股份制改革，吸纳和引进顶尖人才，引导体育职业俱乐部建立专业团队、打造体育明星、建立个人品牌，力争到2020年，形成5~8个具有重庆特色的品牌俱乐部。

第四节　加快足球改革发展

发挥政府在宏观管理、基础建设、政策规范、市场秩序等方面的作用，以繁荣校园足球、振兴职业足球、普及社会足球为重点，着力推动足球改革发展和足球协会改革调整，全面实现足球的经济价值和社会功能。大力推广校园足球，推动各级校园足球队建设，将足球后备人才培养作为校园足球的一项重要任务，搞好体教结合，推进校园足球与社会足球、职业足球有机衔接，畅通优秀苗子成长通道。在有条件的高校设立足球学院，在市体育运动学校增设足球专业。建立重庆市青少年足球训练中心，鼓励区县采取多种形式建设足球特色基地。鼓励机关、企事业单位组建或联合组建足球队。培养打造重庆业余足球联赛体系，为广大群众参加足球运动搭建平台。鼓励社会资本组建职业足球俱乐部，参加全国职业联赛，打造职业联赛金牌球市，建立职业足球联赛政府激励机制，努力形成结构合理、投资优化、立足长远的职业足球发展格局。

第五节　创新体育场馆运营管理模式

深化体育场馆运营管理机制改革，探索大型体育场馆所有权与经营权分离。赋予大型场馆更多经营管理自主权，探索资产入股、第三方经营、连锁化经营等运营管理新模式，积极发展混合所有制，推进公共体育场馆在满足基本公共体育服务的前提下，实现市场化、商业化运营。加快体育场馆单位管理制度改革，健全法人治理结构，逐步建立现代企业制度。鼓励场馆运营管理实体通过品牌输出、管理输出、资本输出等形式实现规模化、专业化运营。支持大型体育场馆加强闲置空间综合利用，拓展服务领域和经营范围，盘活场馆资源，提高综合效益，打造城市体育服务综合体。探索校园体育场馆向社会开放新模式。

第四章　完善全民健身公共服务体系

第一节　加强体育健身设施建设

实施《重庆市全民健身实施计划（2016—2020年）》，推进全民健身设施建设。统筹全民健身设施整体布局，结合区域发展实际，不断完善规范标准，重点建设一批便民利民的公共体育健身设施，推进公共体育设施多样化、均衡化发展。加快推进大型体育场馆设施建设，加大市级体育场馆升级改造力度，支持社会资本以PPP等多种模式参与健身设施建设，拓宽投入渠道。支持区县级公共体育服务设施建设，实现区县（自治县）公益性场馆池全覆盖。鼓励有条件的区县（自治县）发展户外营地、徒步骑行服务站、房车露营营地、四季滑雪场、船艇码头等服务设施，满足群众多样化的运动健身需求。积极推进城市体育公园和社区、居住小区全民健身场地建设。建设一批老年人和儿童健身体育设施，为基层残疾人体育活动场所和残疾人综合服务设施配置适宜的器材器械。到2020年，形成覆盖到边、功能完善的市、区县、镇街、村社四级群众健身场地设施网络。

专栏3　体育健身设施建设

市级体育场馆建设工程：新建奥体中心综合馆（观众席位1.2万座）、奥体中心小球馆（观众席位6000座）。完成大田湾体育场改造，恢复和完善大田湾全民健身中心的体育功能，改善大田湾片区的城市环境。

区县（自治县）公益性场馆池续建工程：续建和完善区县级体育场7座，体育馆3座，游泳池（馆）8座。

群众身边健身场地设施建设工程：新建40个区县级全民健身中心、40个城市体育公园，升级改造或新建2500个农体工程、1500个社区健身点、250个乡镇体育健身广场、200个社区多功能运动场和室内健身中心、50条全民健身登山步道。

第二节 壮大群众体育组织

大力培育基层群众体育组织，降低体育社会组织准入门槛，逐步建立遍布城乡、规范有序、富有活力的社会化群众体育组织网络。通过政府购买服务等方式促进各类体育社会组织健康发展，充分发挥各类体育社会组织、民办非企业组织对推进体育供给侧结构性改革和满足人民群众共享体育的作用。广泛开展"好体育人"等体育志愿服务，构建体育志愿服务组织网络，推动志愿服务进社区、进农村、进校园，促进体育志愿服务常态化。建设一批文体中心户。

专栏4 壮大两大群众体育组织

> 体育社会组织建设工程：实现体育社会组织全覆盖，广泛开展"好体育人"等体育志愿服务，实现常态化。
>
> 社会体育指导员培训工程：培训社会体育指导员2万名，提升专业技能和服务水平，确保全市每万人拥有社会体育指导员达到24名。

第三节 广泛开展全民健身活动

大力发展群众喜闻乐见的运动项目，全面提升重庆市全民健身运动会、重庆国际马拉松赛、武隆国际户外山地公开赛、长寿湖国际铁人三项赛等赛事品质，扶持城市乐跑赛、世界行走日、全民健身挑战日等品牌活动，打造5个以上在国内有较大影响力的群体经典赛事，实现体育赛事与旅游、文化、休闲娱乐等领域的融合式发展，持续扩大全民健身社会影响力。立足区域特色，普及武术、龙舟、舞龙等传统体育项目，扶持板鞋竞速、独竹漂、射弩等少数民族传统体育项目，力争赛事活动"区区有品牌、县县有特色"。落实政府机关、企事业单位、社会组织工间操制度，倡导每天健身一小时。切实保障中小学体育课课时，推广学生课外体育活动计划。实施青少年活动促进计划，培育青少年体育爱好和运动技能。创制并推广适合老年人、残疾人、农民工等群体身心特点的体育健身方法和项目。加强健身场地设施管理与维护，提高健身场地设施使用效率。健全公共体育设施运行管理和服务标准，规范服务内容和服务流程，推动各类公共体育场馆向社会免费或低收费开放，全面拓展全民健身的广度和深度。

第四节　完善全民健身公共服务

强化政府公共体育服务职能，健全社会示范引导机制，充分调动社会力量，巩固完善政府主导、部门协同、社会共同参与的工作格局。落实国民体质监测制度，建设一批体质监测站点，开展好国民体质监测及全民健身活动状况调查，完善信息发布制度，定期公布国民体质测定结果，探索将测定结果纳入社会统计指标体系。完善国民体质测定与运动健身指导站网络功能，实现体育大数据采集、监测、运用。建立科学健身指导服务系统，开展健身咨询，研制"健身处方"，推广科学健身方法。引导各级各类媒体开展科学健身宣传，普及健身知识，推广健康生活方式，营造全民健身文化氛围。

第五章　提升竞技体育综合实力

第一节　优化项目结构

制定并实施《竞技体育项目分类和管理办法》，结合实际和特色，综合评估竞技项目发展潜力和价值，动态调整和科学配置资源，提高效益。突出羽毛球、跳水、射击、摔跤、拳击、举重等重点项目，在政策、科技、人才、经费等方面加大支持力度，确保高水平运动员的数量和质量。加快竞技体育各项目和梯队的统筹发展，扩大田径、游泳、体操等基础大项和"三大球"的规模，加快发展潜在优势项目，力争形成人才集聚优势。新建皮划艇、赛艇项目，发掘新的项目，对一些长期弱势的项目进行调整，并对投入大、见效慢的项目加快转变发展方式，寻求创新突破。

第二节　健全备战体系

结合奥运会和全运会竞赛备战需求，科学规划项目设置，扩大参与人群，厚植人才根基。加强国家队运动员保障点建设，全力争取更多运动员参加选拔并入选奥运会中国代表团。强化人才强体战略，实施优秀运动队优秀年轻运动员培养计划，选派有发展潜力的运动员到国家队和高校代训，重点打造领军式运动员。建立运动员选拔档案信息库，实时跟踪运动员的阶段性发展。系统引进前沿训练理论和训练方法，提高训练效益与质量。加强单项项目管理中心建设，实现与国家体育总局各运动项目管理中心全面接轨。建立健全竞技体育综合管理系统，开展训练和参赛全过程量化评估和绩效管理，实施管理人员和专业技术人员分类考核。健全教练员竞争上岗、激励和考评机制。完善多元化备战体系，鼓励区县（自治县）、学校、协会联办优秀运动队训练点或参与市优秀运动二、三线队伍共建，引导社会力量开展竞技体育培训工作。加强竞技体育专业训练场馆建设，不断提高训练基地的软硬件水平，满足系统训练和备战参赛需要。探索新形势下运动队思想政治工作的新方法新途径，深入持久地开展理想信念和职业道德教育，把思想政治工作贯穿于训练、比赛、日常生活各个环节。

专栏5　竞技体育备战体系

备赛队伍建设工程：备赛项目达到23个，优秀运动队在训运动员达到500名以上，集训运动员达到800人。

奥运会和全运会夺金目标：在2017年天津全运会上实现"巩固成绩，继续提高"目标；在2018年亚运会、2019年全国青年运动会和2020年奥运会上取得优异成绩。

竞训基地建设工程：筹建市体育职业学院（市竞技体育中心、市体育运动校），筹建武隆仙女山亚高原训练基地，完善市竞技训练中心、市射击射箭中心和长寿湖水上训练基地赛训功能，着力满足运动队竞技训练和生活需求。

第三节　完善运动员保障体系

推进运动员文化教育常态化，整合市竞技体育训练中心文化教育资源，采取队校共建、远程教育等模式，确保运动员文化学习时间。落实和完善优秀运动员免试进入高等院校学习的各项政策及奖学金、助学金制度。确保优秀运动队的适龄运动员接受义务教育比例达到100%，接受高等教育比例达到90%以上。完善运动员收入分配和激励机制，确保运动员社会保障待遇全面覆盖。修订退役运动员自主择业经济补偿办法，建立健全运动员自主择业动态补偿机制，将运动员纳入事业单位工伤保险参保范围。做好运动员职业转换过渡期的就业指导、技能培训、升学深造等工作，提高运动员的综合素质、就业能力和社会竞争力。

第四节　加强后备人才培养

着力构建以专业体校为龙头、业余体校为支撑、大中小学校为补充的多元化青少年体育后备人才培养体系。实施标准化体校建设计划，继续开展重点业余体校认定工作，全面改善市级体育运动学校、区县（自治县）业余体校办学条件，增强办学能力。规范全市青少年运动员业余训练注册工作，促进青少年运动员有序流动。实施优秀青少年运动员培养计划，完善日常训练督导制度，推进科学选材、科学训练、系统培养。探索成立全市青少年体育俱乐部联合会。到2020年，争创一批国家高水平体育后备人才基地，夯实体育后备人才单项基地和体育传统项目学校基础，加强青少年体育户外活动营地、青少年校外体育活动中心、青少年体育俱乐部建设。

第五节　鼓励举办竞技赛事

大力开发体育竞赛表演市场，积极申办全国性或国际性高水平、特色性体育赛事，加快与国际赛事接轨，扩大赛事规模和影响力，每年承办30场次以上。鼓励区县（自治县）举办高层次、高水平的体育竞赛。加快赛事管办分离，优化赛事办赛流程，制定权责标准，引导规范各类体育赛事市场化运作。鼓励社会各界举办形式多样的体育赛事，促进体育竞赛社会化。允许赛事所有权归企业、体育协会或者其他社会团体拥有。加强体育竞赛规律研究，实施体育赛事价值评估，确保赛事经济效益和社会效益有机统一。加强对赛事活动名称、标志等无形资产的保护与开发，提升体育无形资产创造、运用、保护和管理水平。扎实开展赛风赛纪和反兴奋剂治理工作，加大对弄虚作假、徇私舞弊、操控比赛、执裁不公、扰乱赛场秩序等违规违纪行为的处罚力度，强化重点领域正风肃纪。

第六章　促进体育产业蓬勃发展

第一节　优化体育产业结构

准确把握群众体育消费能级提升趋势，促进我市大健康产业创新发展，加快培养健身休闲、竞赛表演、场馆服务、中介培训等体育服务业。盘活场馆、赛事、运动员等体育资产资源，促进人才、品牌、版权等要素流动，扩大并提升城乡体育服务市场供给，拓展和延伸体育相关产业链。充分发挥重庆装备制造、生物医药和信息产业优势，突出体育装备、运动保健医药制造等领域，以产业链垂直整合模式引进和培育上中下游企业，大力发展体育用品业，逐步提升我市体育用品制造在全国的地位。发挥"渝新欧"和保税区等平台优势，探索高端体育用品跨境电子商务、保税商品展示交易等新型服务贸易，建设辐射西部、面向全国的体育用品展示集散中心。促进体育与新兴科技互动，加强体育与旅游、文化、卫生、国土、宣传等部门合作，创新发展体育旅游、体育康复、体育建筑、体育会展、体育影视、体育传媒、体育电子竞技等新兴业态。

第二节　推动区域协调发展

全面贯彻五大功能区域发展战略，立足五大功能区域资源禀赋和产业特点，引导和推动体育产业特色、差异、协调发展，逐步形成"一核、两带、多基地"发展格局。充分发挥都市功能核心区和都市功能拓展区资源和市场活跃优势，重点发展健身休闲、赛事表演、中介培训、文化传媒、商务流通等体育服务业，力争建成全国著名的体育健身休闲之都、西部高端品牌赛事区、体育赛事经纪活动中心和体育用品展示集散中心，引领全市体育产业发展。依托山水、森林、民俗资源，在渝东北生态涵养发展区建设水上运动娱乐服务带，重点发展赛艇、皮艇、龙舟、滑水、摩托艇等特色运动；在渝东南生态保护发展区打造户外运动和民俗体育休闲旅游服务带，重点发展登山、攀岩、探险、漂流、民俗体育旅游等项目。充分发挥城市发展新区工业基础和区位优势，重点布局体育用品制造、运动医学保健、体育文化创意等具有示范效应的产业基地。鼓励各区县（自治县）结合当地资源条件，培育各类特色体育产业基地。

专栏6　体育产业布局

"一核"凸显工程：实施五宝生态运动休闲基地、歌乐山中梁山户外山地运动探险体验基地、王家岩体育中心、沙坪坝欧洲户外装备展示馆等建设项目。

"两带"打造工程：渝东北生态涵养发展区重点推进万州南浦水都乐园、垫江迎凤湖水上运动基地、云阳环湖自行车赛道、巫山大昌湖垂钓基地等重点项目。渝东南生态保护发展区重点推进彭水摩围山户外运动基地、秀山川河盖户外健身营地等项目。

"多基地"培育工程：依托长寿沙滩摩托产业基地、大足体育配件健身器材基地等项目，引进培育户外运动装备、冰雪运动装备、船艇运动装备、钓鱼运动器材、运动车辆装备和国际知名运动服装、鞋帽生产企业，构筑体育装备制造基地。推进涪陵营养保健食品药品生产基地、九龙坡健康饮品生产基地、彭水运动功能饮料生产基地等项目，培育运动保健医药制造基地。加快重庆电子竞技赛事中心建设，打造体育文化创意基地。

第三节　健全体育产业市场体系

加快转变政府职能，按照"非禁即入"原则，扩大体育市场向社会资本开放。支持非公有制经济以多种形式参与体育产业开发、体育设施建设和体育俱乐部发展。坚持"放管服"并重，建立公开、透明的市场准入和监督管理制度。综合利用产业政策和财税、金融、土地等手段，加大对重点区域、重大项目及重点发展方向的扶持力度。拓宽体育产业投融资渠道，积极推进投融资体制改革，推动体育产业资源与资本市场结合，盘活存量，扩大增量。以政府购买、试行医保健身"一卡通"等方式，支持群众健身消费。实施龙头企业引领工程，引进培育一批体育龙头企业，引导企业通过兼并、重组、上市等手段扩大规模，提升效益。通过政府购买、信贷支持等多种形式扶持中小企业发展。鼓励设立各类体育产业孵化平台，推动体育领域大众创业、万众创新。

专栏7　体育产业发展投融资

> 体育产业发展投融资保障工程：设立市级体育产业发展专项资金，鼓励有条件的区县设立体育产业发展专项资金，采取贷款贴息、项目补贴和奖励等方式推动产业发展。将体育产业纳入全市产业引导股权投资基金投资范围。探索设立由社会资本筹资的体育产业投资基金。鼓励金融机构创新体育金融服务。支持有条件的体育企业通过发行债券、股票、项目融资、资产重组、股权置换等方式筹措发展资金。推行PPP等模式，引导社会资本参与体育产业发展。

第四节　规范发展体育彩票

强化体育彩票的公益属性，提高发展质量，增强体育彩票公信力和影响力。健全体育彩票营销网络，加快增点扩点、优化布局，力争实现乡镇、新建小区全覆盖。切实转变体育彩票发展方式，巩固现行发行销售模式，探索新兴销售渠道，丰富体育彩票特色产品，力争"十三五"期间，体育彩票销售总额达到170亿元。加强体育彩票公益金管理和使用，合理调整市与区县（自治县）公益金分配比例，确保体育彩票资金合理有效使用。坚持依法治彩，广泛运用高新科技，强化市场监管，依法严厉打击非法彩票。

第七章　深入推进科教兴体和体育文化建设

第一节　搭建体育科技创新体系

坚持开放、流动、联合、竞争原则，加强与市内外高校及有条件的科研机构合作，提升国家级重点实验室实力。完善训科医一体化体系建设，积极开展青少年科学选材、机能监测和训练监控、心理测试及干预工作。引进体能训练、体能康复新理念，着力提高教练员体能训练水平。充分利用医疗、高校、科研单位等优质资源，切实开展运动伤病预防、治疗康复研究。加强体育强市、科学健身、竞技训练备赛、体育产业化、体育信息化等重点领域科技攻关。

第二节　统筹体育人才培养

坚持人才优先战略，制定《体育中长期人才发展规划》，推进体育管理人才、体育专业技术人才、体育产业人才和体育科研人才队伍建设，建立健全体育人才选拔、引进、培养、评价和流动机制。完善政府、用人单位和社会互为补充的多层次体育人才奖励体系。

制定高层次领军人才、团队培养和引进政策，主动对接国家体育总局重大人才计划，加大人才选送、输送和交流培养力度。结合中介服务业发展，培养引进更多优秀运动员和懂经营、会管理、善策划的体育经营管理人才。实施高级人才工程，按需引聘外籍教练员、高级教练员、科研和医务专家，不断提升训科医一体化水平。实施教练员竞争上岗制度。筹建市体育职业学院，建成市体育运动校，做强市属高校现有体育院系，设立体育管理和体育产业专业，鼓励中职学校开展体育职业教育和培训，多渠道培养复合型体育人才。

第三节　大力发展"互联网+"体育

把握"互联网+"发展趋势，积极拓展体育新业态，依托市体育局官网、官微等平台资源，以行政管理、公共服务、场馆运营为突破口，逐步开发体质监测、健康管理、场馆设施运营、赛事举办运营、运动员管理服务、裁判员调配安排等功能，构筑覆盖全市的市体育局官网"智慧体育"服务网络平台，提高网络化服务和信息化管理水平。加快搭建"重庆体育云平台"，推动体育健身大数据开发运用。加快体育服务移动客户端建设，鼓励手机运用程序（APP）、微博公众号、微信公众号等产品的开发运用，推动体育服务便捷化、个性化。鼓励社会企业参与"互联网+"体育服务，支持体育服务电商平台建设。支持按市场规律整合体育用品、赛事表演、场馆服务、健身康体等各类体育资源，延长体育产业链，推动线上线下一体化运营。支持依托互联网、物联网技术，推动可穿戴式运动设备、智能运动器材等研发制造营销，延伸相关产品和服务。

第四节　繁荣发展体育文化

充分发挥体育在传播社会主义先进文化和塑造核心价值观中的积极作用和社会功能，深度挖掘体育多元价值，精心培育体育公益、慈善和志愿文化。加强体育文艺创作，打造体育文化精品，弘扬更快、更高、更强的奥林匹克精神和以爱国、奉献、团结、拼搏为核心的中华体育精神，增强体育文化软实力。加大对铜梁龙舞、酉阳摆手操等优秀民族体育、民间体育、民俗体育的整理研究、推广传承和创新，开发其体育、文化、旅游价值，在传承中保护，在保护中发扬，推动重庆体育文化走向世界。

第八章　完善保障体系建设

第一节　加强组织领导

把体育发展纳入经济社会发展总体规划，将体育经费、基本建设资金列入同级财政三年滚动财政预算和年度投入财政预算，确保体育事业各项投入与经济社会发展同步增长。建立健全体育工作领导协调机制，加强体育、发展改革、财政、税收、金融、国土等部门的沟通协作，定期分析新情况，研究解决新问题，不断完善支持体育发展的政策措施。对五大功能区域体育工作实行分类指导、分类施策，对体育业务工作实行差异化要求，确保体育重点任务落地。各区县（自治县）要结合实际制定本地区体育事业发展十三五规划和年度工作计划，增强工作前瞻性、主动性、计划性，落实目标责任制。充分发挥各级工会、共青团、妇联和社会组织的积极作用，统筹推动体育发展。

第二节　推进依法治体

牢固树立法治思维，全面落实依法治体，提高依法行政工作水平，把体育工作全面纳入法治轨道，构建与时代发展相适应的现代体育工作体系和运行机制。加快《重庆市全民健身条例》等重点领域和关键环节的立法进程，研究制定重庆市全民健身服务、体育产业、体育赛事管理和服务、体育场所安全运营管理、体育场馆条件等体育标准，构筑符合市情的体育政策法规体系。引导和规范体育市场主体行为，依法对体育市场进行监督管理，营造公开、公平的体育市场准入环境。加强执法队伍建设，严格规范体育行政执法行为。加强高危险性体育项目行政许可专项管理，切实抓好游泳场所等高危险性体育项目设施设备的开放监督。积极发挥体育仲裁制度作用，依法化解体育领域的矛盾和纠纷。综合利用移动互联网等现代通信手段，创新普法形式，提高普法效率。

第三节　强化宣传引导

加大体育宣传力度，完善和健全信息发布机制，推动政府信息公开。结合新闻传播特点，完善体育宣传工作机制，建立健全新闻发言人制度。充分利用广播、电视、报纸、网络等媒体，不断丰富体育宣传形式，引导大众树立科学健身理念，培养健康生活方式，营造良好的舆论氛围。利用现代信息技术手段，加强主动传播、实时传播、互动传播，掌握体育宣传主动权。探索体育对外交流新途径，形成全方位、多渠道、宽领域的体育对外交流合作新格局。

四川省体育事业发展"十三五"规划

"十三五"时期，是四川与全国同步全面建成小康社会的决胜阶段，是深入实施"三大发展战略"、奋力推进"两个跨越"的攻坚阶段，是推动健康四川建设、体育强省建设的重要阶段。为促进四川省体育事业全面协调可持续发展，加快推进全面建设体育强省步伐，根据《四川省国民经济和社会发展第十三个五年规划纲要》的总体部署和四川省体育事业发展面临的新形势、新任务、新要求，编制本规划。

一、"十三五"时期四川省体育事业发展面临的形势

（一）"十二五"时期四川省体育事业发展主要成绩

省委、省政府高度重视体育工作，各级政府对体育事业的投入不断加大，全社会参与体育的热情进一步提高，各项体育工作迈上了新台阶。

——群众体育活动蓬勃发展。贯彻落实全民健身国家战略，各级政府落实《四川省全民健身实施计划（2011—2015年）》成效明显，基本实现"三纳入"。全民健身服务体系建设不断加快，群众体育科学化、组织化水平不断提高，每千人拥有社会体育指导员1.5名。各类群众性体育运动会和全民健身赛事广泛开展，独具特色的地方性健身品牌逐步形成，健身意识不断增强，经常参加体育锻炼的人数持续增多。体育设施条件逐步改善，90%的市（州）具备承办省级综合运动会的能力。

——竞技体育稳步发展。"十二五"期间，四川体育健儿在国际国内比赛中共夺得51个世界冠军、113个亚洲冠军、88个全国冠军，破超4项世界纪录，在第30届伦敦奥运会取得赴境外征战奥运会的最佳成绩。第十二届全运会获13金26银27铜共1643分，奖牌数和团体总分创历史新高。四川男篮重返CBA职业联赛。承办116项国际比赛和228项全国比赛，成功承办全国第九届残运会暨第六届特奥会。

——青少年体育持续发展。运动员文化教育和保障工作进一步加强，体教结合深入推进，竞训活动广泛开展，选招423名青少年运动员进入省优秀运动队，资助贫困学生运动员11237名，常年参加业余训练的青少年人数保持在3万人以上。创建了一批国家级、省级高水平体育后备人才基地、青少年体育俱乐部、体育传统项目学校。成功举办四川省第十二届运动会。

——体育产业加快发展。省政府出台《关于加快体育产业发展的实施意见》《关于加快发展体育产业　促进体育消费的实施意见》等体育产业纲领性政策文件，体育产业发

体系不断制度化，体育市场结构逐步多元化，体育消费明显增加，体育彩票销售再创新高，体育产业增加值达到全省生产总值的0.5%。

与此同时，体育文化、体育法治宣传教育取得新成绩，体育行业作风建设、反腐倡廉、体育领域改革纵深推进。这些成绩的取得，为四川省体育事业再发展奠定了良好基础。

专栏1 四川省体育事业"十二五"规划主要指标完成情况

指标	"十二五"规划目标	
	实施内容	完成情况
体育人口	每年新增40万，共新增200万人	完成
社会体育指导员	新增社会体育指导员2万人，达到8万人	已达到14万人
村级体育设施建设	建设2500个农民体育健身工程	共建设15322个
青少年体育活动中心建设	21个市州分别建设一个青少年体育活动中心	共建设20个
市州体育场馆建设	建设和完善8个市州比赛场馆，使之达到承办省综合运动会能力	全面完成
奥运会川籍运动员成绩	在2012年伦敦奥运会上取得1~2枚金牌	取得4金4银2铜
第十二届全运会四川代表团成绩	西部第一、全国争先、风尚获奖，运动成绩和精神文明双丰收	全面完成
体育传统项目学校	新命名50所省级体育传统项目学校，争创4所国家级体育传统项目学校	创建国家级体育传统项目学校8所，命名省级体育传统项目学校32所
体育后备人才基地	力争命名15所省级高水平体育后备人才基地，力争有10所省级后备人才基地达到国家高水平体育后备人才基地要求	创建国家高水平体育后备人才基地15所，命名省级高水平体育后备人才基地21所
青少年俱乐部	新创建国家级青少年体育俱乐部50所，每年吸引2000万人次到青少年俱乐部锻炼	新创建75所国家级青少年体育俱乐部，每年吸引2000万人次到青少年俱乐部锻炼
体育彩票销售	销售体育彩票100亿元	销售总额193亿元
大型赛事	每年承办高水平国际赛事2~3次	全面完成
体育产业增加值	达到全省生产总值的0.5%	完成

（二）四川省体育事业发展面临的主要矛盾与问题

当前，四川省体育事业发展步入改革攻坚期，发展不足、不平衡仍然是全省体育事业发展最大的问题。人民群众日益增长的多元化、多层次体育需求与基本体育公共服务供给不足的矛盾依然突出。各类体育社会组织未能充分发挥作用，品牌赛事活动匮乏，构建全民健身服务体系的任务依然艰巨。竞技体育管理运行机制和结构布局还不够科学，职业化水平亟待提高，运动员保障体系不完善。体育产业总体上仍处于发展初期，市场规模较小，发展水平偏低。体育法治建设亟待加强，体育的多元价值有待深入挖掘，区域发展不平衡问题依然突出。体育管理体制的改革尚需深化，体育发展方式亟需转变，调动社会力量参与体育的政策措施尚不完善，全社会的体育氛围与全面建设体育强省的奋斗目标还有较大差距。这些矛盾和问题必须高度重视并努力解决。

（三）"十三五"时期四川省体育事业发展面临的机遇

国家层面对体育更加重视，为体育繁荣发展提供了重要机遇。全面建成小康社会为体育事业发展开辟新空间，建设健康四川将为全省体育事业发展提供新机遇。经济发展新常态对体育与经济社会的协调发展提出了新要求，体育产业作为新兴产业、绿色产业、朝阳产业，有潜力成为未来全省经济发展新的增长点。全民健身上升到国家战略，将更加注重体育在实现中国梦和全面提高公民素质中的重要作用。全面深化改革和依法治国的战略部署将为体育注入新动力。"中国制造2025""互联网+"行动计划、"大众创业、万众创新"将持续地改变体育的运行方式。国家深入实施西部大开发战略和四川实施"三大发展战略"、实现"两个跨越"目标将为全省体育事业发展提供战略叠加的有利条件。把握"十三五"时期体育发展机遇，必须更新观念、拓宽视野，坚定不移地深化改革，扎实推进各项工作落实，努力开创四川省体育事业发展新局面。

二、"十三五"时期四川省体育事业发展的指导思想、基本原则和发展目标

（四）指导思想

全面贯彻党的十八大和十八届三中、四中、五中全会以及省委十届三次、四次、五次、六次、七次全会精神，深入贯彻习近平总书记系列重要讲话精神，尤其是有关体育工作的重要批示指示精神，贯彻落实中央"四个全面"战略布局，牢固树立并践行"创新、协调、绿色、开放、共享"五大发展理念，把增进人民福祉、促进人的全面发展作为体育发展的出发点和落脚点，围绕全面建设体育强省的任务要求，以改革创新为驱动力，提升体育治理能力，提高体育事业发展综合水平，为确保实现四川与全国同步全面建成小康社

会，谱写伟大中国梦四川篇章作出积极贡献。

（五）基本原则

——坚持以人为本。以群众利益至上为宗旨，牢固树立体育发展以人民为中心的理念，全力保障人民群众体育权益，不断满足人民群众日益增长的多元化多层次体育需求，使体育植根于民、服务于民、造福于民。

——坚持改革创新。以体制改革为引领，坚定不移全面深化体育改革，积极探索体育发展的新模式、新机制。加快政府职能转变，破除一切不利于体育发展的体制机制障碍，激发市场活力，推动体育领域的大众创业、万众创新。

——坚持统筹协调。以协调发展为目标，积极推动体育与经济社会协调发展，促进群众体育与竞技体育全面发展、体育事业与体育产业协调发展，推动城乡体育均衡发展、区域体育联动发展，促进体育与文化、教育、旅游、健康、养老、互联网等融合发展。

——坚持依法治体。以依法治理为手段，坚持以法治思维和法治方式推动体育发展，认真贯彻实施依法治省要求，提高体育工作依法行政水平，坚持把四川体育事业发展纳入法治化、规范化轨道。

（六）发展目标

根据四川省"十三五"规划总体部署和加快全面建设体育强省的任务要求，综合考虑未来发展趋势和条件，深化重点领域改革创新，促进四川省体育事业全面协调可持续发展。

——公共体育服务体系基本建成。城乡居民健身意识明显增强，参加体育锻炼的人数明显增加，健康水平明显提高，体育文化影响力明显提升。基本建成"覆盖城乡、结构合理、功能齐全、实用高效、面向大众"的公共体育服务体系。

——竞技体育综合实力明显提升。探索、创新和推广竞技体育发展新模式，运动项目社会化和职业化水平显著提升。竞技体育项目结构不断优化，后备人才培养体系持续完善，教练员继续教育进一步加强，综合实力和竞争力进一步增强。完成国际国内重大赛事参赛任务，实现"奥运会、亚运会、全运会、青运会运动成绩和精神文明双丰收"的目标。

——体育场地设施建设不断完善。着力实施公共体育健身设施建设，推进城乡社区公共体育健身设施全覆盖，鼓励社会资本建设小型多样的健身场馆和设施，提高公共体育设施开放水平和使用率，推进省级训练单位和训练基础设施新建、改建、扩建、迁建。

——体育产业实现快速发展壮大。政府保障群众基本公共体育产品和服务、市场满足群众多元化多层次体育消费需求的体育产业新格局基本形成。布局合理、功能完善、门类齐全的具有核心竞争力的现代体育市场服务体系初步建成。体育产业成为全省经济发展新的、稳定的增长点。

——体育治理体制机制更加完善。在重要领域和关键环节改革上取得重大突破,市场在体育资源配置中的决定性作用得到充分发挥。坚持依法治体、依法执政、依法行政共同推进,体育事业全面纳入法治化轨道。充满活力、富有效率、更加开放、有利于体育事业全面健康可持续发展的管理体制机制更加完善。

三、深化重点领域改革创新,增强体育发展活力

(七)加快政府职能转变

推动体育行政部门发展和管理模式的改革创新,转变工作职能,重点在宏观管理、基本建设、政策规范、市场秩序等方面发挥基础保障、服务、引导和监管作用。坚持简政放权、放管结合、优化服务协同推进,深化行政审批制度改革,厘清权力边界,放宽市场准入,探索建立加强体育事中事后监管新模式。把适宜由市场和社会承担的公共体育服务事项,按照法定方式和程序,交由具备条件的社会组织和事业单位承担。

(八)创新竞技体育发展模式

坚持以创新为竞技体育发展的主线,鼓励市(州)、高校、社会力量发挥各自优势资源,积极探索优秀运动队发展新模式,加大复合型训练团队建设,完善优秀运动队建设与后备人才培养、体教结合、职业体育发展机制。

(九)贯彻落实竞赛管理改革

进一步依法依规深化体育竞赛改革,做好裁判员由行政向体育社团认证的监管工作。强化新形势下办赛责任主体的属地管理原则,鼓励各地根据自身特点打造品牌赛事,促进体育竞赛市场繁荣发展。

(十)创新体育社会组织管理

大力引导、培育、扶持体育社团、体育民办非企单位、体育基金会、自发性群众体育组织等体育社会组织发展,创新体育社会组织管理方式。稳妥推进各级各类体育协会与行政机关脱钩工作,启动省级体育协会与省体育局脱钩试点工作,总结和推广试点改革经验。积极探索政社分开、协会"去行政化"的改革模式。

(十一)贯彻实施足球项目改革

理顺足球管理体制,制定足球发展规划,创新四川足球管理模式,落实足球协会与行政机构脱钩。加大对足球运动项目的投入力度,引导各类社会主体积极参与,力争竞技水平有所提高。配合教育部门全力推进校园足球发展,夯实足球发展基础。引导社会优势资

源大力发展业余足球，建立业余联赛竞赛体系，扩大足球运动参与人口，推动实现俱乐部的地域化，提高职业足球水平。以青少年为重点，建立政府主导、部门协同、社会力量参与普及的青少年足球后备人才培养体系，改善足球发展环境和氛围。

四、完善设施配置，加快体育基础设施建设步伐

（十二）加大公共体育设施建设力度

公共体育设施建设用地纳入市（州）、县（区）"十三五"建设规划和土地利用总体规划。按国家城市居住区规划设计规范标准，设计建设公共体育健身设施。推动县（市、区）"一场一馆一池"和城市社区15分钟健身圈建设，集中实施一批体育惠民帮扶项目，加大对革命老区、农村、民族、贫困地区公共体育设施建设力度，推动贫困地区县级公共体育设施达到国家标准。继续实施全民健身中心、农民体育健身工程、全民健身路径、城市社区多功能运动场等体育民生工程，在具备条件的地方，实现公共体育服务乡镇常住人口全覆盖和农民体育健身工程全覆盖。增加县、乡两级青少年儿童体育课外活动设施和场所。鼓励社会力量建设小型多样的活动场馆和健身设施。

（十三）加快训练基础设施建设

实施足球场地设施建设，鼓励社会资金建设各种规格足球场，推进四川足球竞训基地建设。推进省级训练单位和训练基础设施新建、改建、扩建、迁建，完成省运动技术学院华西坝校区、省陆上运动学校改建工程，积极配合省政府推进太平寺机场搬迁。加快推进攀西基地基础设施建设，逐步完善基地科研、竞赛、教育、体育文化、运动员业余生活等功能。

五、落实全民健身国家战略，加快推动群众体育发展

（十四）强化各级政府履行公共体育服务职能

全省各级政府全面发布实施本地全民健身实施计划（2016—2020年），全面实现全民健身"三纳入"，建立全民健身目标考核体系。健全完善政府购买体育服务体制机制，制定服务指导性目录，逐步构建多层次、多方式的体育服务供给与保障体系。充分发挥各级体育社会组织的作用，加强对老年人、残疾人等特殊人群体育活动的领导与组织，提高特殊群体经常参加体育锻炼人数比例，保障特殊群体基本体育权利。

（十五）构建全民健身组织网络

加强市（州）、县（区）体育总会、行业体育协会、单项运动协会、体育俱乐部等群众健身组织建设，将各级群众体育组织向基层延伸。在城市街道、乡镇、农村普遍建立体育健身站（点），引导和鼓励群众自发组建全民健身组织。市（州）、县（区）全部建立体育总会，80%以上的城市街道、60%以上的乡镇、农村建有体育组织，城市社区普遍建有体育健身站（点）、60%以上的农村社区建有体育健身站（点），形成"遍布城乡、规范有序、充满活力"的社会化全民健身组织网络。

（十六）广泛开展形式多样的全民健身活动

深入开展6月10日纪念日、"8·8"全民健身日、传统节假日体育健身活动，打造"一地一特色""一县（市、区）一品牌"全民健身活动和赛事。广泛开展广场体育、假日体育、院坝体育等全民健身活动，引导机关、企事业单位开展工间（前）操和业余体育健身活动，大力普及健身跑、自行车、登山等运动项目，带动大众化体育运动发展。以举办2022年冬奥会为契机，推进"冰雪运动西扩"战略，鼓励川西北地区发展冰雪项目，普及群众参与冰雪运动。

（十七）发展壮大社会体育指导员队伍

按照"扩大数量、提高质量、改善结构、发挥实效"要求，加大公益社会体育指导员培训认证力度，在全民健身各领域实现社会体育指导员全覆盖。加大社会体育指导员职业资格认证力度，规范高危险性体育项目指导员人员的管理。动员和引导优秀运动员、教练员、体育科研人员、体育教师和在校学生开展体育志愿服务活动，形成志愿服务长效机制。

（十八）加大科学健身指导和宣传力度

巩固和发展各级体质测试与运动健身指导站，开展城乡居民日常体质测定和科学健身指导，积极开展国民体质监测。推动建设科学健身知识普及、咨询、科研成果转化为一体的群众体育科学健身服务平台，促进科学健身成果的转化。组织开展科学健身主题宣传活动，引导媒体宣传普及科学健身知识，推广健康生活方式，推动体育生活化。

专栏2　"十三五"时期群众体育发展主要目标

指标	"十三五"规划指标	属性
经常参加体育锻炼人数	全省经常参加体育锻炼的人数比例达到33%	约束性
社会体育指导员	新增社会体育指导员2万名	约束性

（续表）

指标	"十三五"规划指标	属性
社区体育设施建设	建设城市社区多功能运动场300个	预期性
乡镇公共体育设施建设	建设乡镇农民健身中心300个	预期性
村级体育设施建设	建设农民体育健身工程5000个	约束性

六、落实奥运争光计划，提高竞技体育综合实力

（十九）优化竞技体育结构布局

综合评估竞技体育项目发展潜力和价值，坚持突出重点、优化结构、提高效益。传统优势项目继续保持优势，潜优势项目加快发展，基础项目和集体球类项目水平稳步提高。引导省内区域间竞技体育协调发展，鼓励各市（州）重点发展符合本地区实际、具有区域特点的竞技体育项目。持续完善后备人才培养体系，进一步改善教练员结构。全面启动实施四川"足球、排球、篮球"振兴发展计划，壮大职业队伍。

（二十）做好重大赛事备战参赛

以"奥运争优、全运争先"为战略定位，重点做好2016年第三十一届里约奥运会、2017年第十三届全运会、2018年第十八届亚运会、2019年第二届青运会、2020年第三十二届东京奥运会参赛备战的综合协调与组织保障，实现奥运会、亚运会、全运会、青运会运动成绩和精神文明双丰收。

（二十一）提高对运动队的保障服务水平

紧密结合重大赛事备战需求，加强体育科研基础条件建设，优化科研服务功能，建立以运动项目为中心，以重大比赛为导向的"训、科、医、教"一体化管理模式。加强对科学选材、基础训练的研究，着力解决重点运动项目关键技术难题。继续做好重点项目、重点运动员生物档案建立工作。加强专业运动员的医疗保障，主动与专业院校、专科医院合作交流，全面提升竞技体育可持续发展能力。建立一支专业水平稳定的队医队伍，并尝试向大众健身的普通人群提供专业服务。

（二十二）强化赛风赛纪和反兴奋剂工作

认真贯彻落实《反兴奋剂条例》，建立反兴奋剂责任体系，依法依规加大对违规违纪行为的预防教育和处罚力度。完善体育竞赛制度建设，加大运动员注册、裁判员培训和选派、竞赛规程管理的力度，净化赛场风气，促进公平竞争。紧抓"教育、自律、制度、监

督、问责"五个环节,做好"组织、责任、措施"三个落实,坚持教育和检查检测两个并举,坚决对兴奋剂"零容忍"。

(二十三)完善运动员文化教育和保障体系

加强运动员思想品德教育。充分依托各地学校有效保障运动员的文化教育水平和质量,进一步创新和探索与成都体院等高校的高水平运动员体教结合培养新模式。继续完善运动员收入分配、激励保障机制,确保运动员社会保障待遇全面落实。做好退役运动员就业安置工作,加强职业转换辅导和技能培训,拓宽就业渠道。依托全民健身服务、学校体育、健康培训、体育产业机构,以设立基地、联合培养为平台,为运动员提供实习和就业机会。

专栏3 "十三五"时期竞技体育主要目标

指标	"十三五"规划指标	属性
向国家队输送优秀运动员	2016年里约奥运会、2020年东京奥运会向国家队输送参赛运动员均占3%以上	约束性
奥运会成绩	在2016年里约奥运会和2020年东京奥运会确保完成参赛任务	约束性
第十三届全运会成绩	运动成绩和精神文明双丰收	约束性
教练员队伍建设	每年不低于专业技术人员规定的培训、学习课时	约束性
裁判员队伍建设	各级裁判员队伍增长9%,总数达到5万人。其中国际级、国家级裁判800人,一级裁判7000人	约束性
高水平职业队伍建设	培育1~2支高水平职业队伍	约束性

七、完善培养体系,加快青少年体育发展

(二十四)加强竞技体育后备人才培养

以"出人才"为宗旨,继续实施"七个一工程"。积极调动社会各界力量,完善以高水平体育后备人才基地为龙头,市(州)级和重点县(区)各类体校为主体,体育传统项目学校、体育特色学校、青少年体育俱乐部为基础和补充的竞技体育后备人才培养体系。以"三大球"为突破口,建立各项目青少年联赛机制。强化对青少年训练工作的规划和指导,突出重点项目布局、建设和发展,改善场地器材等训练保障条件,不断提升体育后备人才的数量和质量。加强基层教练员队伍建设,完善培训制度,提升教练员科学训练水

平。加强与广元市合作,坚持"团结协作、统筹协调、科学规范、节俭廉洁"原则,办好四川省第十三届运动会。

(二十五)广泛深入开展青少年体育活动

推动青少年体育活动促进计划,加强体育后备人才基地、体育传统校、青少年体育俱乐部和青少年户外体育活动营地建设,鼓励多种办学模式,广泛开展公益性青少年体育活动、竞赛和培训。充分发挥青少年活动中心作用,整合师资资源,开展有目的、有意义的青少年体育活动,提高青少年运动技能水平。培育青少年体育爱好,促进掌握两项以上体育锻炼项目,养成体育锻炼习惯和健康生活方式。积极配合教育部门在各级各类学校广泛开展青少年校园足球活动,带动青少年"三大球"运动发展,建立完善校园"三大球"联赛竞赛体系。继续实施体育彩票助学金资助活动。积极探索青少年校外体育辅导员队伍的培育工作,推动校内与校外体育的优势互补和积极联动,构建学校、家庭、社区相结合的青少年体育活动网络。

专栏4　"十三五"时期青少年体育发展主要目标

指标	"十三五"规划指标	属性
青少年体育俱乐部	新创建国家级青少年体育俱乐部30所、国家示范性青少年俱乐部10所,青少年俱乐部锻炼人数每年不少于2000万人次	约束性
体育传统项目学校	新创建国家级体育传统项目学校6所,新命名省级体育传统项目学校30所	约束性
青少年体育活动中心	青少年体育活动中心免费向当地青少年开放,建成后每个青少年体育活动中心每年优惠或免费开放时间不少于200天	预期性
体育人才基地	新创建国家高水平体育后备人才基地10所,命名省级高水平体育后备人才基地20所、县级业余训练重点单位30所、四川省幼儿体育基地50所	约束性
教练员、管理干部培训	针对各级各类教练员、业务管理干部开展培训,不少于6000人次	约束性
体彩助学金资助	针对全省业余训练的贫困学生运动员给予资助,不少于1万人次	约束性
青少年体育竞赛	举办青少年各类体育竞赛,每年参赛人数不少于1万人	约束性
参训人数	确保常年参加业训人数不少于3万人	约束性
省运会	办好四川省第十三届运动会	约束性

八、大力开发体育市场，加快发展体育产业促进体育消费

（二十六）优化产业结构和布局

加强政府规划引导，加快形成特色鲜明、点面结合、内外兼顾、协调推进的体育产业区域发展格局，构建"一极两带三区多园"体育产业区域。积极承接沿海体育用品制造业转移，着力培育具有四川特色的先进体育制造与流通产业，打造"四川造"品牌。探索完善赛事市场开发和运作模式，调动社会资源参与办赛积极性，打造一批国际性、区域性品牌赛事，实现社会效益与经济效益融合统一。加强体育彩票市场开发，完善销售渠道，稳步扩大市场规模。

（二十七）培育多元化市场主体

推广运用政府与社会资本合作模式，支持社会力量进入体育产业领域并通过资本市场发展壮大。成立国有资产投资的体育产业（集团）公司，加快体育企业战略性重组和聚集发展，着力培育具有国际竞争力和自主知识产权的体育产业集团，扶持一批具有市场潜力的中小企业。引导组建省级体育卫视频道、体育广播电台频率和体育网络媒体。鼓励成立各类体育产业孵化平台，为体育领域的大众创业、万众创新提供平台。

（二十八）促进相关产业融合发展

推动体育与文化创意和设计服务、教育培训、信息科技等融合发展，对接"互联网+"行动计划，加快发展智慧体育、体育电子商务，创新服务平台和运营模式。以推进"健康四川"建设为契机，推广运动处方，鼓励在体育健身场所提供保健咨询和健康评估等服务，推动各级各类医疗机构设立国民体质监测站点，建立市民体质测定与健康运动促进档案大数据互联平台。加强体育与旅游的交互融合，加快建设体育旅游运动的产业融合聚集发展区。

（二十九）创新体育场馆运营管理

逐步完善政府部门对体育场馆公益性服务购买机制和标准，健全公益性开放评估体系。坚持公共体育设施的公益属性，加大公共体育场馆免费、低收费开放力度，扩大开放范围。推行场馆设计、建设、运营管理一体化模式，将办赛需求与赛后综合利用有机结合。加强场馆运营管理实体通过品牌输出、管理输出、资本输出等形式实现规模化、专业化运营。增强大型体育场馆复合经营能力，拓展服务领域，延伸配套服务，打造城市体育服务综合体。推进体育健身"一卡通"，创新体育场馆公共服务提供模式。

（三十）引导体育产业供给侧改革

扩大体育产品供给，鼓励各类经营主体向社会提供多层次、多样化的体育产品。推动体育企业与移动互联网的融合，积极利用大数据、云计算、智能硬件和各类主题APP拓展客户。丰富体育消费文化内涵，以各类体育赛事为平台，培育新的体育消费热点，创新体育消费方式，促进体育消费便利化，优化体育消费市场环境。

专栏5　"十三五"时期体育产业发展主要目标

指标	"十三五"规划指标	属性
体育彩票销售	150亿元	约束性
大型赛事	每年承办高水平国际赛事3~5次	约束性
体育产业基地	培育2~3家省级体育产业基地	约束性
体育产业总规模	达到800亿元	预期性
体育产业增加值	达到全省生产总值的1%	预期性

九、加强宣传推广，提升体育文化影响力

（三十一）弘扬体育多元价值

以社会主义核心价值体系为主线，大力弘扬"为国争光、无私奉献、科学求实、遵纪守法、团结协作、顽强拼搏"的中华体育精神。充分挖掘体育的多元价值，精心培育体育公益、慈善和志愿文化。广泛开展体育工作者"结对子，种文化""体育下乡"等主题活动，丰富基层群众的精神文化生活。

（三十二）加强优秀传统体育文化的保护传承

加强体育文物、体育档案、体育文献、体育非物质文化遗产等优秀体育文化资源的收集、保护和传承，提升体育文化资源保护展示利用水平。加快推进运动项目文化建设，支持有条件的运动项目协会编撰志书，打造项目文化节。充分利用现代信息技术，建设四川网上体育博物馆。

（三十三）传播体育正能量

加强宣传引导，提升城乡居民的健康意识和体育参与意识。大力选塑先进典型，讲好四川体育故事，传播四川体育声音。进一步完善新闻发布和信息公开制度，加强政务微博、微信等新媒体建设，提高舆情应对和突发事件处置能力。加强和扩大对外体育文化交

流，组织优秀体育队伍参加各类展出和演出，提升四川体育的知名度、美誉度和影响力。

十、推进依法治体，提升体育法治化水平

（三十四）深入推进依法行政

依法全面履行政府职能，充分运用法治思维推进体育领域改革发展。深入推进体育政务公开，健全依法决策机制，严格决策法定程序。深化行政审批制度改革，推行权力清单、责任清单、负面清单制度并实行动态管理。进一步强化体育行政执法责任制，加强执法监督。

（三十五）完善依法治体制度体系

发挥立法对体育事业改革发展的引领、规范、保障和推动作用，加强体育重点领域科学立法，启动《四川省体育条例》修订工作。加强规范性文件监督管理，加大备案审查力度，做到有件必备，有错必纠。根据全面深化改革、经济社会发展需要，以及上位法修改、废止情况，及时清理有关体育行政法规、规章、规范性文件，并向社会公布。建立和完善体育部门法律顾问制度。

（三十六）推进体育法治宣传教育

深入开展普法教育和体育法治宣传活动，充分发挥新媒体、新技术在体育普法中的作用。加强体育行政工作者法治教育培训，养成遇事找法、办事依法、解决问题靠法的行为习惯，提高运用法律手段解决实际问题的能力。

十一、强化保障措施，形成规划实施合力

（三十七）引导社会加大体育投入力度

加大对体育事业的投入力度，创新投入方式，加强体育投入的绩效考核，提高体育投入资金的使用效率。建立健全政府和社会资本合作机制，积极引导社会资本兴办体育事业，推动体育发展参与主体和提供方式多元化。

（三十八）完善体育事业发展基础性工作

加快体育信息化建设，建立统计制度和信息发布制度。进一步加强全民健身、体育产业、体育消费等体育事业和体育产业统计工作，提高统计工作的科学性与准确性，为制定相关政策提供科学依据。

（三十九）狠抓反腐倡廉和行业作风建设

全面落实从严治党要求，落实主体责任和监督责任，进一步加大对赛事举办、运动员裁判员选拔、赛风赛纪、赛事开发经营等重点领域的正风肃纪，强化监督和问责力度，切实纠正体育行业的不正之风。加强体育系统廉政文化建设，为体育事业营造风清气正的发展环境。

（四十）加强组织领导和监督落实

各级政府要高度重视体育工作，将体育事业纳入当地国民经济和社会发展的总体规划，把体育事业经费、基本建设资金列入财政预算和基本建设投资计划。各级体育部门要强化规划落实，加强与各部门的联系与合作，分解落实本规划确定的目标任务，制订各项工作计划和方案，建立目标任务考核制度，明确责任和进度，精心组织实施，切实保证各项规划指标任务按期保质完成。

名词解释

全民健身"三纳入"：《全民健身计划（2011—2015年）》规定，各地要把全民健身事业特别是公共体育设施建设纳入当地国民经济和社会发展规划，把全民健身经费纳入当地财政预算，把全民健身工作纳入当地《政府工作报告》。

全民健身路径工程：指各级体育行政部门利用体育彩票公益金，在社区、村、公园、绿地等地建设由室外健身器材组成、占地不多、经济实用、可免费使用的体育健身设施的工程。

农民体育健身工程：指通过在农村兴建经济、实用的公共体育场地设施，推动包括体育组织、体育活动在内的农村体育事业全面发展的工程。

全民健身活动中心：指国家体育总局利用本级体育彩票公益金引导建设，以服务大众体育健身为主要任务，综合性、多功能、室内室外体育设施相结合、以室内体育设施为主的公共体育设施。

青少年校外体育活动中心：指由各级政府资助建设，以满足城乡青少年便捷、安全参加体育健身需要为目的，以开展青少年喜闻乐见的体育活动为主要内容，按设计标准建设与管理，具有相应配套的服务设施并经过有关部门认定的公益性综合体育健身活动场所。

城市体育服务综合体：指将城市体育场馆设施建设与住宅、休闲、商业等业态融合，为参与体育竞赛、全民健身、体育培训的群体提供配套服务，拉长服务链，把场馆设施打造成为以体育为主题、功能丰富、综合配套齐全、可经营性强、充满活力的服务性实体。

城市社区15分钟健身圈：指在城市社区，居民从居住地步行或骑行不超过15分钟范围内，有可供开展健步走、广场舞、球类运动等群众性体育活动的场地设施。

七个一工程：指为推动四川省竞技体育的持续发展，实现为国争光、为蜀添彩的目标，实施的业余训练工程，包括明确业余训练、培养人才的宗旨；创建业余训练兴办模式；完善以省级训练单位为龙头，市（州）级奥林匹克学校、体校和后备人才基地为龙身，基层业余训练网点为龙尾的各项目（项群）"一条龙"训练体系；坚守业余体校阵地；畅通运动员输送进队的渠道；激活竞争机制，加大激励力度；提高业余训练教练员的整体素质和业务水平，建好教练员队伍；营造上下顺畅、左右和谐的良好内外环境。

青少年体育促进计划：指以广泛开展青少年体育活动、普遍增强青少年体质为目标任务，以活动、场地、组织建设为重点，统筹校内外资源，建立和完善学校、社区、家庭相结合的青少年体育网络和联动机制，加强政府、社会、学校、家庭、市场等协同促进青少年体育发展。

青少年户外体育营地：指由政府倡导，由体育彩票公益金资助，依托江河湖海、山地森林、公园景区等自然资源，按照一定标准建设与管理，具有相应服务设施，以户外体育项目活动为主要内容，培养青少年热爱大自然、热爱体育活动良好品质的青少年户外体育活动场所。

高危险性体育项目：指专业性强、技术要求高、直接关系人身安全、危险性大的体育项目。第一批高危险性体育项目包括游泳、高山滑雪、自由式滑雪、单板滑雪、潜水、攀岩。

一极两带三区多园：指根据《四川省人民政府关于加快发展体育产业促进体育消费的实施意见》，构建四川省体育产业区域布局。具体为：将成都市打造成我省体育产业的龙头发展极；打造成都、德阳、绵阳、乐山、眉山特色赛事和体育培训产业带，打造甘孜、阿坝、凉山、攀枝花、雅安户外体育运动产业带；培育川南、川东、川北大众健身和运动休闲产业潜力增长区；加强成都（温江）国家体育产业基地建设；加大乐山峨眉武术产业基地建设力度；努力打造巴中山地运动休闲城市；加快贡嘎山、四姑娘山登山基地建设；创建攀枝花（中国）阳光康养产业试验区、光雾山山地训练基地等。

贵州省"十三五"体育发展规划

"十三五"时期是贵州实现与全国同步全面建成小康社会的决战决胜和贵州实现经济社会发展历史性新跨越的攻坚阶段，也是贵州体育事业加快发展难得的机遇期。为深入贯彻落实创新、协调、绿色、开放、共享五大发展理念，促进我省体育事业全面协调可持续发展，充分发挥体育在建设健康贵州，推动全省守底线、走新路、奔小康等方面的独特作用，根据国家《体育发展"十三五"规划》和《贵州省国民经济和社会发展第十三个五年规划纲要》，编制《贵州省"十三五"体育发展规划》，阐明"十三五"时期我省体育事业发展的总体思路、总体目标、主要任务和保障措施，是未来五年我省体育事业发展的重要指导性文件。

第一章 "十二五"总结回顾与"十三五"面临的形势

第一节 取得的成就

"十二五"时期，按照中央、省委省政府和国家体育总局的决策部署，围绕宗旨抓服务、服务大局抓创新、立足省情抓特色、围绕目标抓体系、把握机遇抓改革、保障发展抓党建，突出重点、抓住特点、打造亮点，体育事业与时俱进，加快发展。

一、群众体育蓬勃开展

"十二五"时期，全省各级政府认真贯彻国务院《全民健身计划（2011—2015年）》，切实将"三纳入"作为推动全民健身事业发展的抓手，与经济社会发展同步安排、同步实施，为全民健身事业加快发展起到积极作用。

全民健身场地大幅增加。争取中央资金累计达10多亿元，支持61个县（市、区）建设综合性公共体育场馆，省、市（州）、县（县级市、区）三级配套完成852个乡镇农体工程、8946个村级农体工程、2285套全民健身路径、40个"雪炭工程"、14个社区多功能运动场和40个县级老年体育活动中心，全省各类体育场馆达32162个，新增场地面积达668万平方米，乡镇和村级农体工程覆盖率达59.4%和53%。

全民健身活动精彩纷呈。利用重要节庆时点，开展"多彩贵州"龙舟系列赛、全民健身日、元旦春节全民健身等群众喜闻乐见、内容丰富、主题突出、特色鲜明的系列活动。组织大型全民健身活动和群众体育竞赛11254次，日均活动数7.7次，参加活动人数达8200余万人次，健身项目也逐渐从传统项目向新兴项目拓展。

全民健身体育组织不断壮大。建立各类体育社会组织1022个，资助建设近1200个全民健身活动站（点），会同省教育厅、省民宗委等单位共建108个国家级青少年体育俱乐部和13个青少年户外体育活动营地，发展5976个老年人体育协会。推广普及健身气功，78个县成立1174个健身气功站点，经常参与习练人数达8万余人。全省13个一级社会体育指导员培训基地和1个国家级培训基地，共培训各级社会体育指导员2.5万人。2011年国民体质监测工作获国家体育总局"优秀组织奖"。2013年清镇市被国家体育总局武术运动管理中心列为全国唯一的武术"六进"示范点，并被授予"全国武术之乡"。

圆满完成第九届全国少数民族传统体育运动会。31个省（区、市）和中国人民解放军、新疆生产建设兵团及台湾等34个单位6790人报名参加比赛，运动会设竞赛项目16个大项、132个小项，表演项目188个小项。我省独创的独竹漂被列入民族运动会正式比赛项目。贵州省代表团运动员1千余名共获竞赛项目一等奖28个、二等奖31个、三等奖31个，表演项目一等奖7个、二等奖23个、三等奖9个，取得竞赛项目获奖总数、一等奖总数和表演项目获奖总数"三个全国第一"的好成绩。

二、竞技体育实现突破

"十二五"时期，全省竞技体育工作坚持突出重点、强化优势、提高效益，大力弘扬"敢于坚守、敢于拼搏、敢于挑战、敢于胜利"的贵州精神，共取得金牌37枚、银牌32枚、铜牌46枚，蝉联拳击男子49公斤级奥运冠军，体操、射击获得世界锦标赛冠军，男子体操团体项目连续三年获得全国冠军，亚运会参赛成绩和参赛人数创历史最高纪录。参加全国第九届残运会和第六届特奥会斩获金牌16枚、银牌17枚、铜牌20枚，取得历史性突破。

第九届省运动会成功举办。在省委、省政府的高度重视下，停办23年的省运动会在2015年得以恢复举办。省九运会共设置30个比赛大项、479个小项。不仅有田径、篮球、足球、游泳、体操、拳击、击剑、举重等现代项目，而且有龙舟、独竹漂、高脚竞速、射弩等民族民间体育项目，甚至有山地自行车、山地越野跑等山地户外运动项目。

训练基地建设步伐加大。开工建设清镇国家生态体育公园康体一期、"老王山生态型多梯度运动训练基地""六盘水野玉海高原运动训练基地""清镇全民健身训练基地游泳馆"和"清镇青少年活动中心"等体育训练基地，在威宁、赫章两县挂牌并建立14个田径（中长跑、长跑、竞走）后备人才训练基地。以上基地的建设和建成，为我省开展高原专业训练提供了较好的硬件条件，也为国内外高水平运动员到我省进行高原训练发挥了较好的引导作用。国家体育总局授予贵州田径、拳击、跆拳道、举重、网球、摔跤为"国家优秀体育后备人才基地"。

职业足球发展步伐加快。2012年赛季贵州人和茅台队夺得中超联赛第四名，同时进入足协杯决赛。2013年赛季首夺中国足协杯冠军，代表中国征战亚洲赛场，这是贵州体育历史上第一个职业体育全国冠军。2014年年初夺得超级杯王中王比赛冠军，再次书写贵州职业体育新篇章。贵州智诚俱乐部始终坚持发展，力争上游，于2011年、2013年、2015年顺利进入中国足球协会甲级联赛，2015赛季保级成功，打响了贵州职业足球这张名片。

校园足球全力推进。贵阳实验二小等231所中小学校和观山湖区被命名为全国青少年校园足球特色学校及试点县（区）。足球师资培训纳入"国培计划"项目，全省共培训校园足球指导员9306人次，教练员5182人次，裁判员2985人次。选派10名体育教师赴法国留学，引进5名西班牙足球教师到贵阳市实施10个月的送教上门服务。开展全省校园足球四级联赛，参赛球队1万余支，参赛学生人数达27.9万人，比赛场次1.3万场。贵阳市观山湖区第一高级中学男子足球队获得2015年"谁是球王"全国青少年校园足球竞赛活动西南区第一名、全国第七名。

社会足球全面推动。首次由国家体育总局、中国足球协会主办的"我爱足球"中国足球民间争霸（贵州赛区）比赛在九个市（州）举行，有力推动了全省社会足球运动的广泛发展。

三、体育产业发展迅速

"十二五"时期，大力发展体育产业，促进体育与"宣传、文化、旅游、农业"五位一体的深度融合，制定"以基地为平台、赛事为抓手、俱乐部建设为依托"的发展战略，加大户外产业基地建设力度，培育山地户外特色品牌赛事，推进山地户外运动大省建设。

体育及相关产业快速增长。据2014年统计，贵州省体育及相关产业增加值达到31.68亿元，占全省GDP的比重达到0.34%。其中体育产业增加值达到6.35亿元，占全省GDP的比重达到0.07%，体育产业对相关产业拉动效应明显增强，拉动的产业明显增多。

体育市场初具规模。竞赛表演业、健身休闲业、技术培训业等逐步走向社会化、市场化、规范化。建立10个省级体育职业技能培训基地，累计培训体育职业人员1809名。办理体育经营备案的俱乐部26个，审批体育经营许可26家，批准成立体育类民办非企业26家。其中百灵围棋俱乐部、智诚足球俱乐部、吉源汽车俱乐部、鹏图滑翔伞俱乐部、森航篮球俱乐部、罗萧跆拳道中体倍力健身俱乐部、顺和骏驰汽车产业基地等为体育社会化、市场化作出了贡献。

基地建设步伐增大。资助建设体育主题公园、休闲基地和山体健身步道21个以及"100个示范小城镇"中的公共体育设施。推进清镇国家生态体育公园康体工程一期、山地户外综合体康体工程二期建设。

户外赛事形成品牌。2015年3月，国际田联"世界越野锦标赛"在贵阳清镇举办，该赛事的成功举办赢得了国际田联的高度赞誉，贵阳市荣获国际田联首次授予的"世界越野之乡"。全国山地运动会、安顺坝陵河大桥国际跳伞挑战赛、紫云格凸河国际攀岩节、环雷公山100公里跑国际挑战赛、遵义娄山关·海龙囤国际越野挑战赛、贵阳国际半程马拉松赛、凉都·六盘水夏季国际马拉松赛、环梵净山国际公路自行车邀请赛和中华传统龙舟大赛（铜仁）碧江站、兴义万峰林徒步大会、晴隆"24道拐"汽车爬坡赛、毕节百里杜鹃山地自行车挑战赛、瓮安全国山地户外锦标赛、惠水全国定向锦标赛、金沙冷水河溯溪大赛等品牌赛事的开展，有效地展示了贵州独特的民族文化底蕴和丰富的山地自然资源，彰显了贵州经济社会快速发展的活力。

体育彩票超额完成目标任务。"十二五"期间，体育彩票累计销售91.2亿元，超额完成五年销售突破85亿元的奋斗目标。较"十一五"期间增长156%，筹集体彩公益金26.2亿元，代扣代缴个人所得税1.8亿，提供就业岗位7000多个。

四、体育文化交流频繁

"十二五"时期，我省体育文化交流频繁，不断拓展贵州与其他国家和地区的体育文化交流空间，开展中日、中韩以及中国香港、中国台湾、中国澳门地区体育互访交流活动，举办生态体育主题论坛，大力宣传了贵州山地民族体育文化，促进了贵州体育文化的大繁荣、大发展。

国际交流活动赛事多元化。举办"驻华外交使团体育系列赛——贵阳站高尔夫球和网球比赛"；日本羽毛球协会组织日本高知县同我省长期开展群众性羽毛球交流活动；台湾南投县会同我省开展少数民族独竹漂项目推广，组织运动员和教练员赴黔学习"独竹漂"，将该项目列入"台湾原住民运动会"的比赛项目之一，有力地促进了两岸群众之间的感情交流和少数民族传统体育文化交流。

成功举办生态体育主题论坛。借助"生态文明贵阳国际论坛"平台，成功举办了两届生态体育主题论坛，同清华大学新经济研究中心合作，积极争取围绕城乡一体化、山地特色新型城镇化、"美丽乡村""公园省"等形成"生态体育城市"项目和"生态体育国家公园"建设模式，实现生态体育理论研究和户外运动实践的有机结合，成果丰硕。

两博会助推体育旅游。积极组织参加由国家体育总局、中国奥委会主办的中国体育文化·体育旅游博览会，参加中国体育旅游精品项目评选，集中展示贵州体育成就、生态优势、民族特色和体育文化成果。"十二五"期间，入选中国体育旅游精品项目数量达38项（次），其中紫云格凸河穿洞风景名胜区、晴隆24道拐汽车自行车赛道、环梵净山国际公路自行车邀请赛、施秉杉木河漂流节等8个项目先后被评为"十佳精品"景区、线路和赛事。

以上成绩归功于省委省政府、国家体育总局的领导指导和关心厚爱，归功于全省人民和社会各界的大力支持和热情帮助，归功于全省体育系统广大干部职工的团结拼搏和不懈努力。

第二节　存在的问题

凡是过去，皆为序章。展望未来，应清醒认识到我省体育事业发展中仍存在一些深层次矛盾和问题。

一、全民健身公共服务体系有待完善

2015年底，我省人均体育场地面积为0.63平方米，远低于全国人均体育场地面积1.57平方米，也低于国家规定的C类（2011—2015年）标准1.0平方米以上；每万人体育场地数、城市街道室内外健身设施覆盖率、公共体育场馆利用率均低于国家规定指标。新建小区配套体育设施"同步设计、同步建设、同步投入使用"政策落实不到位，未预留健身用地，健身场地面积较少、设置不合理等问题仍比较突出。各级体育社会组织数量偏少、发展相对缓慢、作用发挥不够，全民健身主要依赖政府组织的局面未完全改变。各级财政尤其县级财政对全民健身工作经费预算支出还有不确定性，投入数额总量和人均经费明显偏低。

二、竞技体育工作基础薄弱的现状未改变

2013年第十二届全运会，贵州仅获1枚金牌、4枚银牌、6枚铜牌，奖牌总数11枚，总分244.5分，排名第30位，低于青海、甘肃、广西等省份。竞技体育经费投入少，训练理念、方法、手段相对滞后，部分优势项目未能较好巩固发展，整体实力明显不足。各项目运动员后继乏人，文化教育和退役就业安置问题仍是老大难。足球、篮球、乒乓球、羽毛球社会化程度不高，参加职业联赛水平低。

三、体育产业起步晚规模小市场竞争力弱

据2014年统计，我省体育及相关产业增加值为31.68亿元，占GDP的比重是0.34%，其中体育产业增加值为6.35亿元，占GDP的比重是0.07%。缺乏刺激体育产业发展的有效措施和内在动力，部门联动、社会联动推动体育产业发展的体制机制尚未形成。体育彩票发展不均衡，部分经济较强的市（州）其销量和市场份额偏低，彩票工作站缺乏主动性和开拓性。

第三节 面临的形势

"十三五"时期,党和国家对体育的重视和支持更加有力,建设健康中国、全民健身上升为国家战略,将为体育发展提供新机遇,将不断满足广大人民群众对健康更高层次的需求,进一步营造崇尚运动、全民健身的良好氛围,推动体育融入生活,培育健康绿色生活方式,增强人民群众的幸福感和获得感,有效提高全民族健康水平。信息化、全球化、网络化交织并进,为体育各领域的改革和发展提供了技术新引擎,"互联网+"行动计划、"大众创业、万众创新"为体育发展激发新活力,体育与政治、经济、社会和文化将产生更加积极全面的互动。推进"健康贵州"建设,为新时期贵州体育的发展开辟了更加广阔的空间,把握"十三五"时期体育发展机遇,必须更新理念,拓宽视野,坚定不移地深化改革,认真贯彻落实中央和省委、省政府的系列决策部署,努力建设山地民族特色体育大省强省,走出一条有别于东部、不同于西部其他省份的体育事业发展新路,为建设"健康贵州"添砖添瓦。

第二章 总体要求

第一节 总体思路

按照"精心书写多彩贵州体育事业新篇章"和"以山地运动、民族体育为特色抓好工作"的要求,认真念好"三子经"和努力实现"四个化",即做实全民健身"里子",撑起竞技体育"面子",盛满体育产业"盆子"和实现"体育生态化、生态体育化,体育旅游化、旅游体育化"。以提高健康水平和生活质量为根本目标,以场地设施建设为重点,不断满足人民群众日益增长的体育运动需求,完善具有贵州特色、多元格局的全民健身公共服务体系。以举办省运会为龙头,以建设完善生态型多梯度训练基地为核心,提升竞技体育核心竞争力。以山地户外运动和水上运动为突破口,以生态体育旅游论坛为平台,以民族传统体育为着力点,以特色体育赛事为抓手,大力培育体育新业态,实施体育精品战略,建设山地民族特色体育大省强省。

第二节 总体目标

群众体育:深入推进全民健身国家战略,群众体育发展达到新水平。有效实施《贵州省全民健身计划(2016—2020年)》,全民健身公共服务体系日趋完善,人民群众健身意识普遍增强，身体素质逐步提高。每周参加1次及以上体育锻炼的人数达2100万，经常参加体育锻炼的人数占全省常住人口比例达34%以上，人均体育场地面积达到1.5平方米以上。实现县县有1个综合性公共体育场馆，乡乡有1个灯光篮球场，村村（社区）有公共健身场所的目标。

竞技体育：发展方式有效转变，综合实力和竞争力进一步增强。项目结构不断优化，发展质量和效益显著提高。持之以恒抓好拳击、体操、射击、水上等优势项目，继续办好省运会，恢复羽毛球、乒乓球专业队，加快网球、足球、篮球、排球等球类项目发展。力争完成2016年奥运会2～3人参加并努力取得金牌，2018年亚运会4～5人参加并取得金牌，2017年全运会取得3～5枚金牌，2020年有运动员参加东京奥运会并取得优异成绩。

体育产业：规模和质量不断提升，体育消费水平明显提高。重点建立一批富有特色的山地户外体育旅游休闲示范基地，精心打造一系列拥有独特性、民族性的山地户外精品赛事。到2020年，与旅游部门共同支持建成100个生态体育公园，建成100个汽车露营基地和打造100条山地户外体育旅游精品线路。全省体育及相关产业增加值达到75亿，体育产业总规模超过450亿。

体育文化：体育文化的影响进一步扩大，在培育社会主义核心价值观中的作用更加突出。培育运动项目文化，力争打造一批高质量的体育文化精品工程，办好一批社会效益显著的体育文化品牌活动，把丰富多彩的体育文化理念融入到体育事业发展的各个环节，为精神文明建设增添力量。到2020年协同建设少数民族体育基地达45个，挖掘整理一批贵州体育人物，多个贵州体育好故事。

第三章　重点任务

第一节　以贯彻五大发展理念为契机，实施体育事业发展改革行动计划

一、牢固树立创新、协调、绿色、开放、共享发展理念，推动体育事业再上台阶

新时期的我省体育事业必须依靠创新驱动，把创新驱动战略摆在突出位置，树立贵州体育全域发展理念和创新建设生态体育公园，把体育与城乡体育基础设施建设及"山地新型城镇化建设"和"100个小城镇建设"融合、协调发展，加强体育与文化、教育、卫生、旅游、国土、环保、林业、卫计等部门的协作，充分发挥康体运动在"健康贵州"建

设中的重要作用，发挥生态体育优势，倡导绿色低碳康体运动，推进健康关口前移，延长健康寿命，提高身体质量和生活品质，把增进人民福祉、促进人的全面发展作为我省体育工作出发点和落脚点，满足人民群众不断增长的体育运动需求，推进贵州山地民族特色体育大省强省创新、协调、绿色、开放、共享发展，走出一条不同于东部、有别于西部的贵州体育发展新路子。

二、深化重点领域改革创新，增强体育改革发展活力

加快政府职能转变。进一步厘清体育行政部门权力边界，减少审批事项，放宽市场准入，实施负面清单管理模式，加强事中事后监管。进一步健全政府购买体育服务体制机制，完善资金保障、监督管理、绩效评价等配套政策，制定政府购买体育服务指导性目录，把适合由市场和社会承担的体育服务事项，按照法定方式和程序，交由具备条件的社会组织和企事业单位承担，逐步构建多层次、多方式的体育服务供给与保障体系。继续推进体育赛事审批制度改革，深入开展中央设定地方实施行政审批事项的清理工作。积极争取省人大和省法制办将《贵州省体育条例》修订列入省人大实施类立法项目。加强对经营高危险性体育项目许可的监督检查和对各级行政执法人员的执法行为监督，形成依法行政、依法治体的良好环境。

创新体育社会组织管理。研究制定体育社会组织改革相关政策，大力引导、培育、扶持体育社团、体育民办非企业单位、体育基金会等体育社会组织发展，创新体育社会组织管理方式。加快推进各级体育社会组织与行政机关脱钩，积极引导向社会化、法治化、高效化方向发展。按照体育社会组织去行政化的要求，将体育公益性赛事活动和部分公共体育服务交由体育社会组织承办，培育提高体育社会组织承接全民健身服务的能力和质量。整合社会资源与高校合作，共同组建贵州省体育运动学院（大专）。汇集体育产业资源组建贵州省体育产业股份有限责任公司。

推进职业体育改革。积极探索社会主义市场经济条件下职业体育的发展方式，鼓励具备条件的运动项目走职业化道路，稳步推进职业体育发展。完善职业体育的政策制度体系，扩大职业体育社会参与，鼓励发展职业联盟，逐步提高职业体育的成熟度和规范化水平。健全职业体育法律、法规，推进体育信用体系建设，优化和规范职业体育发展环境。总结推广智诚职业足球俱乐部、百灵职业围棋俱乐部和遵义森航职业篮球俱乐部等成功经验，积极鼓励支持社会化程度高、群众基础好、具备一定市场发展潜力的羽毛球、乒乓球、武术和跆拳道等运动项目，组建职业运动俱乐部，走体育职业化发展的道路，形成政府主导、体育部门管理服务、体育社团组织和社会力量共同参与的体育发展模式。

实施足球改革。落实《中国足球改革发展总体方案》和《中国足球协会调整改革方案》，充分发挥体育行政部门在宏观管理、基本建设、政策规范、市场秩序等方面的基础保障、服务、引导和监管作用。与有关部门配合，加强足球场地设施建设，继续推进校园

足球发展。以青少年为重点，普及发展社会足球，不断扩大足球人口规模，夯实足球发展基础。改进足球竞赛体系和职业联赛体制。

创新体育场馆运营。积极推进体育场馆管理体制改革和运营机制创新，引入和运用现代企业制度，激发场馆活力，探索大型体育场馆所有权与经营权分离。完善政府购买体育场馆公益性服务的机制和标准，推行场馆设计、建设、运营管理一体化模式，将办赛需求与赛后综合利用有机结合。鼓励场馆运营管理实体通过品牌输出、管理输出、资本输出等形式实现规模化、专业化运营。增强大型体育场馆复合经营能力，拓展服务领域，延伸配套服务，打造城市体育服务综合体。

三、创建生态体育公园，开创贵州生态体育新路径

结合"四在农家·美丽乡村"行动计划、山地新型城镇化建设工程，重视现有存量土地资源及优化空间布局，在山地特色新型城镇化空间规划和国土利用中植入"生态体育"与"生态体育城市（城镇化）"建设，创造有利于生态体育发展的氛围和条件，形成生态体育与旅游、文化、扶贫、开发等工作良性互动、相互促进的局面，开创贵州生态体育新路径。

充分利用"生态体育"研究成果打造和建设具有民生、民族、民俗与山地特色的新型城镇化重大生态体育项目，采取存量资源增量开发、增量资源创新创意开发模式。到2020年建成100个汽车露营基地和打造100条山地户外体育旅游精品线路，与旅游部门共同支持建成100个生态体育公园（88个县每个县建成1个，9个市（州）分别建成1个，其中贵阳市建成2个，省级建成1个）。

第二节　以同步实现小康社会目标为契机，实施全民健身365和城乡体育基础设施建设行动计划

一、加快公共体育设施建设，开创全民健身工作新局面

按照全国基本公共体育服务体系建设现场推进会精神以及省委省政府"民生实事""同步小康创建活动""多个示范小城镇建设和新城镇建设""四在农家·美丽乡村"基础设施建设六项行动计划等具体要求，依托绿水青山、江河湖海、生态公园等自然资源，重点建设一批便民、利民的健身场地设施，逐步建成县（市、区）、街道（乡镇）、社区（村）三级群众健身场地设施网络，推进建设城市社区"15分钟健身圈"。推动休闲健身场地设施建设，构建休闲健身运动场地设施网络。结合基层综合性文化服务中心、农村社区综合服务设施建设及区域特点，加强乡镇体育场地设施建设。市（州）加快

建设"一场两馆（体育场、体育馆、游泳馆）"公共体育设施建设，县（市、区、特区）因地制宜建设"小型全民健身中心"和"县级公共体育场"，完成635个乡镇和7833个行政村"农民体育健身工程"建设任务。新建住宅小区、老城区整治、旧城改造要配套建设公共体育设施。优化健身场地设施投资结构，鼓励社会资本投入健身设施建设，落实国家财税优惠政策。加强健身场地设施管理与维护，坚持建管并举，提高健身场地设施使用率。到2020年，实现人均体育场地设施达1.5平方米以上，实现县县有1个综合性公共体育场馆、1个老年体育活动中心，乡乡有1个灯光篮球馆（场），村村（社区）有公共体育健身场所，实现城市街道（社区）、新建居民小区和公共绿地广场"全民健身路径工程"全覆盖。积极推进教育部门体育场地对社会开放，力争到2020年教育部门体育场地开放率达50%，进一步提升现有各类公共体育设施的利用率和管理、运营、服务水平。

专栏1　健身场地设施建设工程

序号	名称	内容	2020年
1	市（州）"一场两馆"公共体育设施	支助九个市（州）完成"一场两馆"公共体育设施建设	8
2	县级公共体育场	支助县级公共体育场建设	5
3	县级小型全民健身中心（馆）（雪炭工程）	支助县级小型全民健身中心（馆）（雪炭工程）建设	一批
4	县级老年人体育活动中心	支助县级老年人体育活动中心建设	一批
5	社区多功能运动场	支助符合条件的城市社区建设社区多功能运动场	一批
6	笼式足球场	支助符合条件的城市社区建设笼式足球场	一批
7	乡镇农民体育健身工程	完成630个乡镇农民体育健身工程建设，实现全覆盖	630个
8	行政村农民体育健身工程	完成7833个行政村农民体育健身工程建设，实现全覆盖	7833个
9	新建居民小区和公共绿地广场全民健身路径工程	支持2000套全民健身路径工程建设	2000套

二、深入开展全民健身活动，掀起365健身活动新高潮

完成新一轮《贵州省全民健身实施计划（2016—2020年）》，做好省直各部门在《全民健身计划》中责任分解的落实，指导市（州）做好《全民健身实施计划》的研制实施，

确保2016年底前省、市（州）、县（县级市、区）三级新周期《全民健身实施计划》全部出台。完善全民健身活动体系，拓展全民健身活动的广度和深度。充分发挥"体操之乡""武术之乡""龙舟之乡""陀螺之乡""赛马之乡""射弩之乡"等优势品牌效应，大力开展农民农闲体育活动、老年人强身健体活动、青少年阳光体育活动、残疾人自强健身活动、职工丰富多彩活动等各类人群健身活动，举办好少数民族传统运动会、农民运动会、残疾人运动会、老年人运动会、省直机关职工运动会、"三八"妇女健身操展示、龙舟、独竹漂、武术、太极拳、健身气功等形式多样的品牌赛事活动，掀起"日日有健身、周周有活动、月月有赛事"的365全民健身活动热潮，力争到2020年参加体育活动人数达5亿人次，每周参加1次及以上体育锻炼的人数达2100万，经常参加体育锻炼的人数占全省常住人口比例达34%以上。贯彻落实《中国妇女发展纲要（2011—2020年）》《中国儿童发展纲要（2011—2020年）》和《老年人权益保障法》，加大力度丰富妇女、儿童、老年人体育活动，促进身心健康发展。通过开展各类活动，发动群众动起来，与卫生部门共同促进全省人均预期寿命提高到73.5岁。

三、壮大体育协会社团组织，构建全民健身组织网络

大力培育基层全民健身组织，逐步建立遍布城乡、规范有序、充满活力的社会化全民健身组织网络。支持基层组织开展跑步、骑行、游泳、广场舞等群众参与度高的全民健身活动。进一步激发体育社会组织的活力，提高面向大众的专业化服务水平，解决群众健身的"末端堵塞"，打通联系健身群众、服务健身群众的"最后一公里"。建立以体育总会为龙头、单项体育社会组织为纽带的体育协会组织，带动和引导扶持各级各类体育组织开展全民健身活动，各市（州）指导县（区、市）成立体育总会。2020年88个县（区、市）实现全民健身组织全覆盖。鼓励自发性健身团队和站点依法依规转化为固定的健身组织，形成依托健身场地开展健身活动的组织发展形态。按照《全民健身条例》和《社会体育指导员管理办法》要求，加大对社会体育指导员的培训力度，将培训对象延伸至基层乡镇。加大对户外运动、游泳、滑雪、攀岩、健身、瑜伽、气功等体育项目的社会体育指导员职业资格认证力度。市（州）建成"体质测定与运动健身指导站"，构建监测站（点）、体质测定与健身指导站等国民体质监测网络平台，定期进行国民体质监测并公布结果，同时每年协同教育部门向社会公布中小学、高校新生体质测试分析报告，力争到2020年全省《国民体质测定标准》"合格"人数达85%以上。

专栏2　社会体育组织网络工程

名称	2016年	2017年	2018年	2019年	2020年	合计
社会体育指导员培训	1.国家级60名；2.一级2200名；3.二、三级2200名	1.国家级60名；2.一级2200名；3.二、三级2200名	1.国家级60名；2.一级2200名；3.二、三级2200名	1.国家级60名；2.一级2200名；3.二、三级2200名	1.国家级60名；2.一级2200名；3.二、三级2200名	22300名
国民体质监测与运动健康指导中心建设	2个	1个	1个	1个		5个

第三节　以实现体育强国梦目标为契机，实施奥运争光行动计划

一、实行运动项目分类管理，完善竞技项目层次设计

根据项目设置和近几届全运会成绩以及发展现状，在全面分析及综合评价的基础上，对现有项目进行重点优势项目、一般项目和球类项目的科学划分。在投入及保障方面实施运动项目分类动态管理，抓重点，以点带面推动竞技体育全面提升。优先保障男子体操、女子中长跑、拳击小级别、皮划艇、赛艇、激流回旋、飞碟双向、气手枪、飞碟九项重点优势项目发展；提升艺术体操、女子体操、举重、跆拳道、竞走、男子中长跑、击剑、游泳、射箭九项一般项目加快发展，每年经综合考核，根据目标完成情况，由专家评审组提出项目发展改进意见和支持措施，激励其尽早转化成优势项目；大力支持、鼓励、引导足球、篮球、网球、羽毛球、乒乓球等球类项目发展，采取"省队市办，社办省管，同奖共帮，互助共赢"的方式，提高球类运动水平，同时发掘新的竞技体育项目，大力支持电子竞技运动大赛。加强运动队伍建设，重点优势项目要做好二、三线运动员的合理配置，一般项目要根据实际设置规模，逐步完善必备人员，加快提高项目水平，到2020年优势项目得到巩固并继续提高，一般项目实现个别突破。

二、健全备战组织管理体系，力争实现赛事成绩新突破

创新组织管理方式方法，加强备战工作的组织领导，强化职责分工，明确任务要求，统筹利用资源，严格监督检查。各项目中心按照备战工作要求，成立项目备战领导小组，分解细化任务要求，研究分析项目状况，提出目标措施，制订工作计划和实施方案，有效落实备战责任。统筹各项目中心、省体科所和有关训练、康复、体能、营养以及思保工作方面的人才资源，组成专家攻关组，健全复合型训练管理团队。2016年确保重点优势项目完成复合型专业化保障团队体系建设，力争一般项目2020年前基本完成复合型训练管理团队的构建，提升我省运动项目的综合竞争能力和保障水平。把备战奥运会、亚运会、全运会周期性任务与可持续发展相结合，着力建设竞技体育保障要素和科研引导体系，优化结构，强化保障，突出重点，以点带面。

专栏3　竞技体育赛事目标工程

> 努力实现"十三五"时期我省竞技体育综合实力达到西部地区中等偏上水平。
> 1. 全力办好省运会，预计参与省运会人数达1.5万，总投入经费2亿元以上。
> 2. 2016年里约奥运会确保奖牌，力争金牌，目前总投入已达4千余万元。
> 3. 2017年天津全运会不少于4枚金牌，奖牌总数比上一届增长20%。
> 4. 2018年雅加达亚运会争取夺得2枚金牌，实现运动成绩与精神文明双丰收。
> 5. 2020年力争3至4人入选东京奥运会并取得优异成绩。

三、提升体育科研核心能力，助推竞技运动水平新跨越

根据项目特点、不同运动员和不同训练阶段特征实施科研服务，着力提高体育科研的核心能力，组织多学科专家对运动训练、体能训练、膳食营养、防伤防病等关键问题进行联合攻关，引导运动员、教练员科学训练。完善国家亚高原重点实验室建设，争取国家重点课题，开展亚高原训练和多梯度训练的前瞻性研究，带动、引领体育科研。实施奥运攻关、全运攻关课题研究，加强重点项目科技服务和医疗监督，建立有效的保障体系，促进体育科研工作科学化、系统化和实用化。加快设立省体科所康复体能研究室，2016年完成省水上运动管理中心体能康复训练馆建设并投入使用，2017年筹建清镇基地康复综合馆，同年与贵州省医科大学筹建体育伤科医院，积极探索建立体育康复医院，为社会提供专项体育康复服务。

四、加快训练基地场馆建设，增强竞技体育发展后劲

建设国家生态型多梯度高原运动训练示范基地，老王山生态型多梯度运动训练基地、六盘水野玉海高原运动训练基地、清镇全民健身训练基地游泳馆和清镇青少年活动中心。建立3~5个国家级单项运动训练基地，提高贵州竞技体育训练基础综合保障能力。借助省运会的杠杆作用，大力推进业余训练工作开展，继续完善榕江体操基地、威宁高原长跑基地、下司激流回旋基地、绥阳拳击基地等原有业余训练基地建设。申报创建"体育传统项目学校""国家示范性青少年体育俱乐部""国家高水平体育后备人才基地"和"省优秀体育后备人才基地"，吸引更多的青少年参与业余训练，为竞技体育发现和培养更多优秀苗子。2016年修订印发《全省优秀体育后备人才基地管理办法》，2017年建立10个后备人才基地。"十三五"期间按照满足举办全运会、亚运会需要而新建一批比赛场馆场地，加大竞技体育厚度、补齐短板，切实做好体育场馆场地建设。

专栏4　需新建场馆场地项目表

序号	名称	内容	2020年前	建设资金测算
1	省级综合体育馆	可容纳10000人，满足大型国际国内竞赛、训练、国际会议、娱乐、食宿一体化	1个	2亿元
2	省级公共体育场	可容纳50000人	1个	5亿元
3	省级（清镇训练基地）奥体中心	可容纳80000人，满足大型国际国内竞赛、训练、国际会展、娱乐、食宿一体化	1个	10亿元
4	省级（清镇训练基地）射击射箭综合训练、比赛馆	可同时容纳600人比赛	1个	1.5亿元
5	省级（清镇训练基地）羽毛球、乒乓球、击剑、举重、摔跤、篮球、跳水训练馆	训练、比赛	各1个	4.5亿
6	省级网球训练场地	训练、比赛	10片	1000万元
7	省级攀岩场地	训练、比赛	3片	1200万元
8	清镇训练基地运动员、教练员活动转训中心	可满足500人同时食宿、会议交流、阅览、多功能大厅等	1个	6500万元
9	省级体育运动科研大楼	康复、体能训练，兴奋剂检测，亚高原实验室	1个	5000万

（续表）

序号	名称	内容	2020年前	建设资金测算
10	省级和六盘水冬季运动项目训练馆	冰壶训练、滑雪场	各1个	1.8亿元
11	省级自行车、轮滑场地	训练、比赛	各1个	1500万
12	省级（红枫湖水上训练基地）2000米标准赛艇赛道	训练、比赛	1个	6000万
13	六盘水野玉海高原田径训练基地	训练、比赛	1个	8000万

第四节 以"大健康产业"发展为契机，实施体育产业培养行动计划

一、做好体育产业统计工作，构建体育产业统计新体系

根据《国家体育产业统计分类》《贵州省体育产业统计管理办法》和《贵州省体育产业统计实施方案》，建立体育产业基础数据库和体育产业绩效评价机制。开展全省体育产业统计工作，到2020年基本形成一套完整的体育产业统计体系，促使体育产业持续、稳定、协调发展，助推贵州体育产业跨上新台阶。

二、推进多种门类协同发展，实现体育产业规模效应

以"大健康产业"为契机，加快健身休闲、竞赛表演、场馆服务、中介培训、体育用品制造与销售等体育产业各门类协同发展步伐。到2020年实现体育产业规模超过450亿元，其中贵阳、遵义、六盘水体育产业规模在60~70亿元之间，黔东南、黔南、黔西南体育产业规模在50~60亿元之间，安顺、毕节、铜仁体育产业规模在40~50亿元之间，威宁县、仁怀县和贵安新区体育产业规模不低于20亿元，促进体育产业发展、拉动内需和形成新的经济增长点。

专栏5　体育产业发展主要指标

序号	指标名称	单位	属性	2020年
1	体育及相关产业总规模	亿元	预期性	450
2	体育及相关产业增加值	亿元	预期性	75
3	从业人员数	万人	预期性	4
4	增加值占GDP比重	%	预期性	0.46
5	体育服务业比重	%	预期性	40
6	体育消费额占居民可支配收入比例	%	预期性	1.7

三、扩大体育彩票销售规模，为体育产业发展再助力

抓住"产品、渠道、品牌"三大重点，积极拓展供销社、邮政等社会销售渠道，完成"5个100工程"和农村供销社布点；丰富体育彩票销售玩法品种，完善约束激励机制，抓好省、市（州）、县（县级市、区）、乡镇（社区）和销售点五级联动，为全民健身事业、竞技体育事业、社会公益事业和社会保障事业作出更大的贡献。力争"十三五"期间，完成销售体育彩票188亿元的目标任务，其中2016年销售29亿元，2017年销售33亿元，2018年销售37亿元，2019年销售42亿元，2020年销售47亿元，提供就业岗位9000余个。

四、加快体育产业基地建设，培育体育融合发展新业态

按照"资源整合、产权各属、统一规划、品牌共享、分步实施、步调一致"的原则，重点抓好山地户外运动基地，以清镇生态体育公园建设为龙头，将清镇体育训练基地打造成集旅游观光、休闲度假、体育训练、教学实训和产业延伸等多种元素为一体的国家级生态体育公园示范基地，以点带面，引领全省100个生态体育公园、100个汽车露营基地、100条贵州山地户外体育旅游精品线路加快建设。鼓励地方和企业申报"国家体育产业基地"和"国家体育产业示范基地"，命名一批省级体育产业示范基地。制定出台《贵州省体育产业发展"十三五"规划》《贵州生态体育公园建设标准》《贵州省山地户外体育旅游休闲基地管理办法》和《贵州省山地户外登山健身步道建设标准及标牌标识规范体系》。发挥体育产业对其他相关产业的促进作用，推动体育与旅游、文化、科技、会展、健康、医疗卫生、传媒等领域的新融合，大力扶持体育影视、体育传媒、体育动漫、电子竞技等新业态，深入探索"互联网+体育""体育+N"发展新模式。依托大数据平台资源，加快体育信息、体育宣传、体育产业、体育场地建设、赛事活动等体育大数据库建立，建设贵州体育云，实现体育资源共享。2016年签订体育旅游合作备忘录，推动体育旅游融合发展；启动"互联网+体育"平台建设；鼓励和引导社会资本参与体育产业的发展。2017—2019年体育旅游融合发

展引领凸显，"互联网+"平台建设初显成效；体育产业发展市场化运作有序推进。积极争取国家将贵州全域或部分市（州）列为"全国山地户外运动示范区"和"全国健身休闲运动产业示范区"。2020年实现体育旅游与其他产业全面融合发展。

五、整合山地民族资源优势，推动山地体育旅游加快发展

依托400多个少数民族传统节日和上千项少数民族传统体育活动，大力推广太极拳（剑）、斗牛、武术、龙舟、藤球等传统体育项目，扶持并推广省级非物质文化遗产传统体育代表性项目如月牙铛、摔跤、高台狮灯、滚龙、陀螺、篾鸡蛋、射弩、龙舟、独竹漂、武术等，协同省文化厅与省民委共同推动省级非物质文化遗产向国家级进军步伐，成功申请1~2个国家级非物质文化遗产。积极备战2019年全国第十一届少数民族传统体育运动会并取得优异成绩。抓好"一市（州）一品牌，一县（市、区）一活动"，按照国内一流标准打造攀岩、跳伞、自行车、龙舟、健身气功、马拉松等品牌赛事活动。依托贵州山地、江湖、溶洞、林草等丰富的喀斯特地形地貌，广泛深入开展徒步、露营、登山、攀岩、马拉松、汽车越野、山地自行车、冰雪、低空跳伞、滑翔伞、龙舟、漂流、独竹漂等山地户外运动项目，精心打造独特性的山地户外精品赛事。2016年成立"贵州省山地运动管理中心"，力争到2020年每个市（州）建成1个富有特色的山地户外体育旅游休闲示范基地，打造贵州体育产业"水、陆、空"新亮点，开展全域体育旅游新局面。依托历史文化名镇、景区型小镇、主题型小镇，将体育与休闲、农业、文化、旅游有机结合，创建极限探索、户外休闲、攀岩骑行、冰雪运动等的山地休闲体育旅游小镇（中心）。依托贵州中医药资源，拓展"体医结合"理念，将医疗护理、养生保健、康复疗养与贵州多梯度山地运动、避暑纳凉气候条件相结合，深度开发健康养生体育旅游，推动贵州山地民族体育旅游新发展。

专栏6　体育产业发展计划

拟投资137.5亿元，整合各类资源，以康体养生为抓手，以规划建设生态体育公园为引领，重点发展我省山地户外运动、水上户外运动、体育旅游休闲等体育产业，推动山地民族特色体育大省强省建设。

1. 建成生态体育公园100个，拟投资35亿元。
2. 建成100个以上汽车露营基地、自驾车营地，拟投资75亿元。
3. 建成国家级体育训练运动基地1~2个，拟投资2亿元。
4. 打造具有全国乃至国际影响的山地户外、水上运动品牌赛事1~3项，拟投资0.5亿元。
5. 各市州、贵安新区完成一场二馆建设，拟投资25亿元。
6. 完成销售体育彩票188亿元。

第五节　以贯彻落实足球改革精神为契机，实施以足球为重点的球类振兴行动计划

一、实施足球振兴行动计划，开创足球改革发展新局面

贯彻落实《中国足球改革发展总体方案》《中国足球中长期发展规划（2016—2050年）》和《国务院足球发展改革部际联席会议办公室关于印发中国足球协会调整改革方案的通知》，撤销贵州省体育局足球运动管理中心，调整改革贵州省足球协会，创新足球管理模式和发展模式，实施足球振兴行动计划，推动足球运动普及、扩大足球人口规模、提高足球水平，以弘扬足球文化、培育足球拼搏精神、锤炼意志品质为主线，积极推进体制机制改革，开创我省足球改革发展新局面。

二、建立校园足球组织网络，夯实贵州足球发展基础

完善领导小组，建立厅际联席会议制度，加强宏观指导、统筹协调和综合管理。建立"两横九纵"组织网络，提高校园足球普及水平，形成纵向贯通、横向衔接的校园足球竞赛体系。加强师资培训和场地设施建设，加大经费投入力度，完善激励机制，畅通优秀足球后备人才的成长通道。到2017年底，初步完成校园足球特色学校规划布局，支持建设一批校园足球特色学校和试点县（区）。到2020年，各级各类学校经常参与足球运动的学生达到65万人，建成700所国家级校园足球特色学校和1~2个试点县（区），重点建设5~6支高校高水平足球运动队，校园足球注册学生运动员达到2万人。

三、扶持恒丰智诚俱乐部发展，开辟贵州职业足球新局面

全力支持贵州恒丰智诚足球俱乐部健康发展，加强俱乐部的宣传工作，提高俱乐部的服务工作保障水平。贵阳市奥体中心为其比赛主场，体育系统所属足球场地优先满足贵州恒丰智诚俱乐部训练使用，贵阳市政府、省体育局加大支持力度，鼓励大企业资助。力争在2016年实现俱乐部联赛排名提升，2019年建立完善青少年足球训练体系，2020年实现恒丰智诚俱乐部冲超成功的目标。

四、大力普及推广社会足球，带动其他球类新发展

初步形成组织完善、高效管理、协作有力、适应社会化发展的协会管理模式，有效推

动足球运动普及，不断扩大足球人口规模。鼓励大型企业集团、高等院校等社会力量参与建设或创办足球俱乐部，扩大社会资本的参与度。以此带动篮球、排球两大球和乒乓球、羽毛球、网球等球类运动的推广与普及。采取省队市办、省队俱乐部办等方式，重建乒乓球、羽毛球运动队。逐步开展球类项目全省业余联赛，2020年建立全省球类业余联赛体系。

第六节 以大力实施人才强省战略为契机，实施体教融合发展行动计划

一、落实青少年体育促进计划，夯实学校体育工作基础

整合体育、教育资源，建立我省体教结合联席会议制度，实施青少年体育促进计划，召开运动员文化教育工作厅际联席会议，以"亿万青少年学校阳光体育活动"、高原人才开发计划、体操进校园为抓手，全面推进学校体育工作发展，培养优秀体育人才。

切实推动阳光体育运动的广泛开展，大力倡导"健康、运动、阳光、未来"以及"每天锻炼一小时，健康工作五十年，幸福生活一辈子"，吸引广大青少年学生走向操场、走进大自然、走到阳光下，积极参加体育锻炼。继续举办全省青少年阳光体育大会，选拔队伍参加全国青少年阳光体育大会。

坚持高原人才开发计划，实施《贵州省高原人才开发计划实施方案》和《贵州省2016—2019周期高原开发计划基地评估认定办法》（暂命名），广泛开展基地学校布局，整合搭建集训、竞赛平台，解决我省优秀后备人才的学训矛盾，指导业余训练系统化、规范化发展。

推进"体操进校园"，制定"体操进校园"实施意见，在贵阳市、黔东南榕江县、铜仁市、遵义市、六盘水市创建一批"体操进校园"试点学校，将少儿基本体操、快乐体操、啦啦操等形式多样的体操活动融入学校体育教学和训练，逐步向全省推广。推进"民族文化民族体育进校园"，完善少数民族体育运动基地建设。

二、实施体育人才工程，走出体育人才培育新路子

实施"优秀运动员保障工程"。强化运动员学习和培训，不断提高运动员文化素质和职业道德素质，促进运动技术水平的提高。加强运动员学历教育和专业技能培训，提高运动员退役后再就业能力。加强对退役运动员就业的培训和指导，构建运动员职业转换社会扶持体系。

实施"精英教练员培养和引进工程"。进一步加强教练员管理，规范教练员职称评

审、述职考核，加速教练员培养步伐，优先培养高层次体育教练人才。支持市、县两级业余体校教练员队伍建设。建立教练员在职教育平台，进一步加强教练员岗位培训和继续教育工作。加快优秀中青年教练员培养力度，积极推荐优秀教练员参加国家"精英教练员"培养计划。到2020年培养一支结构合理、素质全面、能力突出的教练员人才队伍。

实施"产业人才基础工程"。培养引进一批以体育产业、体育教学人才为重点，逐步培养一支熟悉体育经济工作规律，了解体育营销、体育赛事管理、体育与互联网科技融合等知识，具备财务管理、市场运作、经营开发和产业管理能力的懂业务、高水平的体育产业人才队伍。

实施"科技人才兴体工程"。加强重大科研攻关、重大课题研究，为全省体育事业发展提供科研保障和理论支撑。加强学科带头人、团队核心人才的培养和创新团队建设，组织实施中青年体育科学研究人才培养计划，注重高层次人才培养和引进，重点培养高层次体育科研人才，制定合理科学的人才引进政策。把体育科学研究所建成全省体育科学研究人才建设高地。

三、筹建贵州体育运动学院，完善体育后备人才培养体系

整合现有训练、科研、教学、产业等资源，结合康复、体能、营养、精准选材、大数据分析等要素，筹建贵州体育运动学院（大专）。培养一批能够在国际大赛、职业比赛夺牌争金的精英人才，塑造一批能够培养精英人才的领军教练，铸造一批能够保证贵州体育事业持续发展的复合型人才，探索贵州体育事业特殊人才、专业人才、精英人才、竞技人才培养模式。完善以体院为龙头，以市（州）、区（县）体校为骨干，以体育传统校、特色校和青少年体育俱乐部为基础的体育后备人才培养体系。以贵州亚高原训练基地为核心，建立健全高原人才基地及管理办法，举办高原人才集训和比赛，以训促赛、以赛促训、训赛结合，培养我省高原人才。重视竞技体育后备人才的选拔、培养和输送工作，在科学选材基础上，逐步建立符合体育人才成长规律和教育规律的育才体系。

第七节 以大扶贫、大数据战略行动为契机，实施体育扶贫、互联网+体育行动计划

一、实施农民体育健身工程，促进体育扶贫新发展

建立健全体育基础设施精准扶贫机制，把实施农民体育健身工程与"四在农家·美丽乡村"有机结合，在政策措施、资金安排和项目实施上形成合力，重点抓好贫困县乡级农体工程和村级农体工程建设。通过帮扶农村公共体育设施建设，让农民有场地健身；

通过推进农民体育协会网络建设，让农民有组织依靠；通过开展喜闻乐见的体育健身活动，让农民精神文化生活更加丰富。推动体育全力扶贫、全面扶贫，提高农民身体素质和生活质量。

二、开展山地民族特色赛事活动，拓宽体育扶贫新渠道

坚持精准扶贫、精准脱贫基本方略，把打造"一县一品"特色赛事品牌活动与体育产业扶贫结合起来，扶持贫困乡镇因地制宜开发山地民族特色体育赛事、活动，以赛事活动带动贫困乡村劳动力转移就业为抓手，实施体育产业脱贫工程，促进贫困地区的经济发展、乡村建设、脱贫致富，发挥山地民族特色赛事"促一方发展，富一方百姓"的重要作用，拓宽体育扶贫新渠道。

三、依托"互联网+体育"，拓展贵州体育工作新思路

"互联网+体育"的新形态为体育宣传工作者在管理思维和工作思维上提出新的要求，在信息更透明、互动更频繁、通讯更迅捷的情况下，保持与社会发展的同步性，以开放的心态来看待体育事业改革中出现的各种新现象、新问题，修正和提升体育价值观念、更新宣传观念是体育行政管理部门的首要任务，而突破单向信息传递、创新舆论引导手段、丰富语言表达形态、提升全媒介运用能力则是互联网+时代对体育宣传工作者的必然要求。

互联网和体育跨界融合，改变体育行业信息化工作散而乱的局面，对体育行业日常业务进行重构，对体育赛事、体育场地等体育资源进行推广运作，采取O2O模式对线上体育市场需求信息和线下体育服务互动进行市场分析，促进体育消费。

四、做好"互联网+体育"，开创贵州体育大数据新时代

紧紧抓住全省实施大数据战略的契机，全面推进"互联网+健康运动"系统工程建设。加大体育系统内部信息化基础设施建设，对散落在各职能部门的数据资源进行盘点，汇总分散在体育局各角落的数据片段，将基础数据进行分类汇总，力争在2017年初步建立体育数据库。加大网络平台建设，统一规划建设公共体育服务平台，2020年建成集公共体育设施管理运营、山地体育旅游产品供给、体育社会组织服务购买、体育赛事营销推广为一体的体育云·大数据平台。

第八节　以弘扬传统体育文化为契机，大力开展体育文化宣传交流活动

一、建立民族民间传统体育文化数据库，弘扬传统体育文化

将少数民族传统体育文化作为传统文化的重要部分加以保护、继承与发展，在全省范围内开展民族民间传统体育文化田野普查工作，建立贵州民族民间传统体育文化数据库；加强对民族民间传统体育文化传承人的命名和扶持；鼓励和支持贵州各民族恢复相关的民俗活动，将其作为全民健身运动的组成部分；加强民族民间传统体育文化的研究和成果运用，让传统体育文化为现代人的生活服务；与教育部门和省民委合作，在现有36个少数民族体育基地的基础上，进一步加大民族民间传统体育文化进校园力度，力争2020年协同建设少数民族体育基地达45个，使青少年能够继承民族民间传统体育文化并代代相传。

二、加强体育文化传播渠道，提升贵州体育新形象

建设省体育局荣誉室，传承体育文化，弘扬优良传统，营造爱岗敬业、争创一流的文化氛围。积极开展体育摄影、书画、诗歌、散文、微电影和音乐创作等文艺活动，营造体育文化氛围。开展对贵州山地户外运动整体形象的策划、包装、宣传推广工作，主要工作有"多彩贵州峰"logo的设计，拍摄贵州山地户外运动纪录片、宣传片，创作"多彩贵州峰"主题曲，聘请贵州山地户外运动形象大使，开展山地户外微电影评选展播和山地户外运动摄影比赛等。

紧密结合国际性体育比赛的举办和对外体育交往活动的开展，传播贵州文化、介绍贵州道路、树立贵州形象。利用国际大赛、国际体育活动等机会，借助贵州杰出运动员、教练员以及对外媒介，挖掘贵州体育人物、体育事件的人文价值，讲好贵州故事。到2020年，挖掘整理出一批贵州体育人物、多个贵州体育好故事。

三、多重举措加强宣传力度，开辟贵州体育发展新窗口

与中国体育报业总社、贵州广播电视集团、贵州日报集团、当代贵州期刊传媒集团、多彩贵州网和贵州画报等多家媒体建立战略合作伙伴关系，加强体育宣传。与贵州电视台合作，恢复开办贵州体育频道。继续开展中央驻黔和省内主流媒体"全民健身黔中行"宣传报道活动，积极开展体育宣传工作培训，充分发挥好省体育记者协会的作用。逐步完成体育云图片资料库、网上体育博物馆等工程的建设。

加强省体育局政府网站的建设和管理工作,逐步完善网站各项服务功能,进一步加大政府网站信息公开,提升政府网站服务能力、保障能力和管理能力,切实提高政府办网和管网水平。制定安全保障制度,建立信息安全预案和预防措施,持续关注信息安全动态,力争把整体信息安全提高到一个新的层次,确保体育局互联网、业务系统专网、电子政务内网、电子政务外网等安全运行。加强清镇国家生态体育公园互联网覆盖水平,建设智慧型国家级训练基地和生态体育公园。

与国家体育总局信息中心合作,争取国家体育总局体育信息研究重点实验室在贵州设立分部,开展"互联网+体育"的产学研究。各级各类媒体开辟专题专栏,普及健身知识,宣传健身效果,积极培育广大人民群众体育消费观念、养成体育消费习惯。建立协调有力、规范有序、科学有效的宣传工作部门。组织宣传工作业务培训,建立培训工作常态化机制。定期组织培训,完善知识结构,增强专业能力,不断提高相关人员的政策把握能力、舆情研判能力、解疑释惑能力和回应引导能力。

第四章 保障措施

一、加强组织领导,落实现有政策

各级各有关部门要加强对体育工作的组织领导,切实履职尽责,密切协作配合,形成工作合力,适时对各级体育总会、协会、俱乐部等社会组织进行评价和监督,促进其合法、规范、高效运作。深入贯彻落实《关于进一步促进贵州经济社会又好又快发展的若干意见》《国务院关于加快发展体育产业 促进体育消费的若干意见》《国务院关于加快发展生活性服务业 促进消费结构升级的指导意见》和《贵州省政府办公厅出台关于加快发展体育产业 促进体育消费的实施意见》,切实落实现行国家支持体育发展的税费价格、规划布局与土地等政策,结合我省建设山地民族特色体育大省强省的总体目标,积极争取国家给予我省更多的体育事业改革发展先行先试权和政策支持,进一步加大与财政、税收、规划、国土、金融、科技、旅游等多部门合作,加大对政策执行的跟踪分析与监督检查,研究制定体育事业发展的各项专项配套措施,完善体育政策体系,为体育事业的持续健康发展提供政策保障。

二、深化体制改革,推进服务上台阶

坚持简政放权、转变职能、优化服务协同推进,继续推进体育赛事审批制度改革,确定体育领域的"权力清单"和"责任清单"。积极推行体育运动项目协会制、俱乐部制,推动运动项目社会化、产业化发展。完善政府购买服务的政策，制定政府购买服务指导性目录，把政府直接提供的一部分公共体育服务事项以及政府履职所需服务事项，按照一定的方式和程序，交由具备条件的事业单位和社会组织承担，努力形成政府和社会共同推动体育事业发展的良好局面。完成市（州）政府调适，整合体育行政机构，将体育部门单列。

三、落实资金投入，争取经费保障

各级政府切实履行公共服务职责，进一步落实"三纳入"，确保体育事业各项投入与经济社会发展同步增长。加大城乡公共体育设施基础建设和重大全民健身活动的经费投入，尤其是加大少数民族地区和贫困地区公共体育设施建设力度，按照资金配比规定，对公益性全民健身事业单位和服务机构给予必要的经费保障。继续争取中央财政、国家体育总局对贵州转移支付资金的支持，各市（州）、县（县级市、区）财政预算中安排重点项目和基地建设专项资金，行政主管部门设置专项引导性资金，予以相应的资金支持。构建投融资平台，引导社会资本投入和政府与社会资本的合作。鼓励有条件的市（州）设立体育投资基金，对符合条件的企业及社会组织给予项目补助、贷款贴息和奖励，进一步优化资金使用方向、创新资金使用方式、提高资金使用效益。

四、完善场地配套，提高开放使用

严格执行新建城乡社区同步规划建设公共体育设施规定，将城乡公共体育设施建设用地纳入当地土地利用总体规划。各级财政投入和体育彩票公益金投入建设的乡镇及社区体育惠民工程、室外健身场地和健身路径，一律免费使用，实行属地安全与管理维护责任制，提高公共体育设施使用效率。推动机关、企事业等单位体育设施向社会开放，各级政府对向公众开放体育设施的机关、企事业单位以购买服务等方式予以经费补贴和奖励资助，办理有关责任保险。加强体育设施维护更新，提高使用效率，防止闲置浪费或被挤占、挪用。

五、完善激励机制，健全保障制度

建立完善体育激励机制和运动员社会保障机制。县级以上政府及有关部门要按照国家规定，对优秀运动员在文化教育、重新就业、社会保障等方面给予优待。各级机构编制、财政、人力资源社会保障、教育和体育部门要做好退役运动员就业安置工作，加强对运动员职业转换的社会扶持，对退役运动员自主创业给予政策性支持，建立健全运动伤病医疗、伤残保险等医疗保障制度。

六、强化规划制定，加强督促检查

完成本地区"十三五"体育事业发展规划制定，明确分工目标任务，准确把握工作重点，做好规划的组织实施。建立健全规划实施的指导、调控、监管和督查机制，加强规划实施中实施后的监管，纳入年度绩效考核，制定相应的奖惩措施，切实做到督促、检查，务求取得实效。各地要对规划落实情况特别是重点项目、重点工程的落实情况进行严格的监督，要把情况摸清，搞清楚贵州体育的现状是什么；目的要明确，搞清楚贵州体育的发展方向和目的是什么；任务要具体，搞清楚贵州体育到底要干什么；责任要落实，搞清楚贵州体育依靠谁干；措施要有力，搞清楚贵州体育怎么办、怎么干。确保"十三五"规划各项任务责任落实到位，保障和推进体育事业"十三五"规划的顺利实施。

附件：名词解释

* **全民健身计划**：指为深入贯彻落实科学发展观，坚持体育事业公益性，逐步完善符合国情、比较完整、覆盖城乡、可持续的全民健身公共服务体系，保障公民参加体育健身活动的合法权益，促进全民健身与竞技体育协调发展，扩大竞技体育群众基础，丰富人民群众精神文化生活，形成健康文明的生活方式，提高全民族身体素质、健康水平和生活质量，促进人的全面发展，促进社会和谐和文明进步，努力奠定建设体育强国的坚实基础而制订的群众体育发展计划。

* **全民健身公共服务体系**：指政府为满足社会成员参与体育健身的基本需要，向全社会提供公益性体育服务产品所形成的系统性、整体性的制度安排。具体包括以政府为供给主体，政府、体育社会组织、体育企业等组织为生产主体的供给体系；以场地设施、健身指导、体育培训、竞赛活动、体育信息、体质监测等为主要内容的产品体系；以人力资源和财力资源为基础的资源配置体系；以绩效评估和监督反馈为保障的管理运行体系；以覆盖全社会为目标的服务对象体系。

* **三纳入**：指将全民健身事业纳入各级国民经济和社会发展规划、将全民健身事业经费列入各级财政预算、将全民健身工作纳入各级政府年度工作报告。

* **全民健身活动中心**：指国家体育总局利用本级体育彩票公益金引导建设，以服务大众体育健身为主要任务，综合性、多功能、室内室外体育设施相结合，以室内体育设施为主的公共体育设施。

（1）大型全民健身中心是指建筑面积在4000平方米以上，不设置固定看台，可开展多种健身活动的室内综合健身设施。

（2）中小型全民健身中心是指建筑面积在4000平方米以下，不设置固定看台，可开展多种健身活动的室内综合健身设施。

* **城市社区多功能运动场**：指利用城市社区空间建设符合不同人群、特别是青少年特点的室外公共健身场地设施，包括笼式足球、笼式篮球、笼式排球、极限运动（轮滑、滑板）、乒乓球长廊、篮球长廊、健身路径、健身步道等体育设施。城市可结合当地实际，针对群众尤其是青少年的体育需求，从上述体育设施类型中选择建设项目，也可增设其他体育场地设施，但所建体育场地设施必须集中。

* **城市体育服务综合体**：指将城市体育场馆设施建设与住宅、休闲、商业等业态融合，为参与体育竞赛、全民健身、体育培训的群体提供配套服务，拉长服务链，把场馆设施打造成为以体育为主题、功能丰富、综合配套齐全、可经营性强、充满活力的服务性实体。

* **雪炭工程**：指国家体育总局利用本级体育彩票公益金，在老、少、边、穷等地区实施援建经济实用的公共体育场地设施的工程。雪炭工程建筑面积以1500～2000平方米为宜，建设内容可以以中小型全民健身活动中心为参照。

* **农民体育健身工程**：指通过在农村兴建经济、实用的公共体育场地设施，推动包括体育组织、体育活动在内的农村体育事业全面发展的工程。

（1）**村级农民体育健身工程**：建设于行政村或自然村内，占地面积约1000平方米的一场（篮球场）两台（乒乓球台）健身场地设施。

（2）**乡镇农民体育健身工程**：建设于乡、镇，占地面积约2000平方米的灯光篮球场地以及附属设施。

* **全民健身路径工程**：指各级体育行政部门利用体育彩票公益金，在社区、村、公园、绿地等地建设由室外健身器材组成、占地不多、经济实用、可免费使用的体育健身设施的工程。

* **健身步道**：指登山健身步道和城市健身步道。

* **户外体育健身设施**：指利用当地的户外自然环境，结合体育项目的运动特点，在不破坏或经过少量改造自然环境的前提条件下，建设一些群众喜闻乐见的健身设施。

* **全民健身户外活动基地（体育健身休闲基地）**：指由国家体育总局命名和资助建设，与公园、绿地、广场和山水等自然条件相结合，具有特色、规模较大、体育设施种类多样的户外运动场地，包括具有特色的户外体育营地、大型体育公园、文体广场等。

* **城市社区15分钟健身圈**：指在城市社区，居民从居住地步行或骑行不超过15分钟范围内，有可供开展健步走、广场舞、球类运动等群众性体育活动的场地设施。

* **青少年体育促进计划**：指以广泛开展青少年体育活动、普遍增强青少年体质为目标任务，以活动、场地、组织建设为重点，统筹校内外资源，建立和完善学校、社区、家庭相结合的青少年体育网络和联动机制，加强政府、社会、学校、家庭、市场等协同促进青少年体育发展。

* **青少年户外体育营地**：指由政府倡导，由体育彩票公益金资助，依托江河湖海、山地森林、公园景区等自然资源，按照一定标准建设与管理，具有相应服务设施，以户外体育项目活动为主要内容，培养青少年热爱大自然、热爱体育活动良好品质的青少年户外体育活动场所。

* **国家示范性青少年体育俱乐部**：指由国家体育总局命名，在规范性、服务基础、发展能力、服务效果等方面综合评价突出的国家级青少年体育俱乐部，经认定后命名为国家示范性青少年体育俱乐部，并给予相应的经费资助。

* **高原人才开发计划**：国家体育总局田管中心于2011年起在贵州、云南、甘肃、青海、西藏、内蒙古六省区实施的旨在挖掘世居高原地区，在心肺功能上有较强的先天性优势、适合从事田径耐力性项目（竞走、中长跑和马拉松等）的运动员的后备人才培养计划。2013年开始，纳入该计划的省区又增加了陕西、四川、新疆三地，目前，该计划已在九省区形成了一套较为完善的人才选拔和培养体系。

* **体质测定与运动健身指导站**：指具备符合国家体质监测标准的成套仪器，配备有专业资质的研究人员，按照《国民体质测定标准》对公民个体进行体质测量与评价，并根据结果进行运动健身科学指导的综合性工作站。

* **经常参加体育锻炼的人数**：是指每周参加3次以上体育锻炼，每次锻炼在30分钟以上，每次锻炼的强度在中等强度以上的人数。

* **体育产业基地**：指由国家体育总局命名，在体育产业发展方面具备相当基础、规模和特色的地区，或者在体育产业领域具有重要影响力和较强竞争力的机构。国家体育产业基地包括两种类型：一是以地区（县、市、区）为单位，命名为"（地区名称）国家体育产业基地"；二是以体育产业某领域中知名企业或机构为单位，命名为"国家体育产业示范基地"。

* **国家体育产业统计分类**：是指为社会公众提供体育服务和产品的活动，以及与这些活动有关联的活动的集合，共分为11个大类、37个中类、52个小类。

* **高危险性体育项目**：指专业性强、技术要求高、直接关系人身安全、危险性大的体育项目。《全民健身条例》规定，经营高危险性体育项目，应当符合相关体育设施国家标准、具有达到规定数量的取得国家职业资格证书的社会体育指导人员和救助人员、具有相应的安全保障制度和措施等条件。

* **国培计划**：指中小学教师国家级培训计划，简称"国培计划"，由教育部、财政部于2010年全面实施，是提高中小学教师特别是农村教师队伍整体素质的重要举措。包括"中小学教师示范性培训项目"和"中西部农村骨干教师培训项目"两项内容。

* **两横九纵**：指以高校足球和足球试点县区组成横向联盟，九个市（州）组成纵向联盟，共同组成建立的校园足球组织网络。

* **复合型训练管理团队**：复合型训练管理是集科研、体能、康复、营养、医务、管理训练为一体的新型管理训练方式。复合型训练管理团队指以主（总）教练为核心，由相关领导、专项教练、体能教练、科研医务人员组成，并可根据项目特点和实际需要，吸纳相关专业人员参加。

* 生态体育：指在非自功能建筑或不以自功能建筑和非自功能建筑物为主的环境下，围绕人的康体、健身以及人的身心体验所进行的自我行为、环境行为与社会行为，以及由此形成相关的组织和系统的各种反应。

* 生态体育公园：指以生态体育的性质要求和指标内容为标准，建设开发出以公园形式存在的既能实现对当地居民休闲与运动健身的功能需求，又能满足更多人群游览与深度体验的消费需求，同时也能实现保护与优化城市生态环境、保护与优化国土资源环境的这种专门的划定区域或空间。

云南省体育发展"十三五"规划

根据《云南省国民经济和社会发展第十三个五年规划纲要》和国家体育总局《体育发展"十三五"规划》总体部署，结合"十三五"期间云南体育面临的新形势、新任务、新要求，制定本规划。

一、"十三五"时期我省体育发展的环境

（一）"十二五"时期我省体育发展成效明显

"七彩云南全民健身工程"累计安排省级资金5.15亿元并争取中央资金2亿元，拉动地方投入30多亿元推进基本公共体育服务体系建设，全省县市以上体育场馆建设覆盖率达70%、乡镇体育设施建设覆盖率达60%、行政村覆盖率达70%，新建全民健身路径529条，培训各级社会体育指导员2万余名，建成覆盖省、州（市）、县三级的国民体质测定与运动健身指导站。青少年体育运动蓬勃开展，组织网络日益规范，建成国家级高水平体育后备人才基地3个、省级24个；创建国家级青少年体育俱乐部132个、国家级传统体育项目学校11所、国家青少年户外体育活动营地5个，后备人才培养体系逐步形成，体教结合取得进展。云南体育运动职业技术学院成为云南省首批立项建设的省级特色骨干高职院校。老年人、妇女儿童、残疾人等人群健康素质有效提升。至"十二五"末，全省经常参加体育锻炼人数占31.50%，国民体质测定合格率为91.8%。我省运动员取得国际比赛第一名25个，国际青年比赛第一名6个，在第30届奥运会上夺得2枚金牌、1枚铜牌，实现云南本土运动员参加奥运会金牌零的突破。夺得国内大赛（锦标赛、冠军赛）第一名66个。成功举办云南省第十四届运动会，会同有关部门举办第十届少数民族传统体育运动会、第十届残疾人运动会和第七届城市运动会。云南体育产业政策体系初步建立，市场主体培育初见成效，高原体育基地群框架基本形成，体育服务功能逐步发挥，体育消费日益增长。2015年，10个体育旅游产业项目入选"中国体育旅游精品项目"。足球改革稳步推进。体育彩票总销量243.50亿元，计提公益金67.59亿元，连续5年体彩销售西部排名第一。体育文化对体育发展的引领作用逐步显现，体育对外交流不断深化，体育行风切实转变，体育系统党的建设和反腐倡廉明显加强，体育法治、科研、人才培养、教育和宣传等工作不断取得进步。

党的十八大以来尤其2015年以来，全省体育系统深入学习贯彻习近平总书记系列重要讲话和考察云南重要讲话精神，深入学习领会习近平总书记关于体育工作的一系列重要指

示、批示，紧紧围绕省委、省政府决策部署，增强体育行业自信，深化新常态下体育重要性愈加凸显的认识，增强体育发展的责任感和使命感，体育发展思路不断完善，发展举措不断创新，发展基础不断夯实，体育重点领域改革不断深化拓展。基本公共体育服务体系建设力度明显加大，竞技体育的潜力和优势得到进一步挖掘提升，体育产业提质增效，在国家层面推介体育旅游，以赛事推动体育与旅游、文化等产业融合发展取得明显成效，争取国家足球训练基地落户云南工作全面启动。各项体育工作的务实创新举措为新的历史条件下闯出一条云南体育跨越发展的新路子，推进我省体育"十三五"改革与发展奠定了坚实的思想和实践基础。

（二）"十三五"时期我省体育发展面临的挑战

"十三五"时期是我国全面建成小康社会的决定性阶段，云南省与全国同步全面建成小康社会目标对体育发展提出了更高要求，体育发展进入改革攻坚期和发展加速期。体育管办不分、政社不分、社事不分，调动全社会力量参与体育的政策措施尚不完善，体育社会化水平不高，与经济社会协调发展机制不健全，制约体育发展活力。这些体制机制问题在云南不同程度存在。云南"边疆、民族、山区、贫困"以及历史欠账较多等特殊省情导致体育发展不充分、不平衡、不协调的问题依旧突出。群众日益增长的多元化、多层次体育需求与体育有效供给不足的矛盾依然是云南体育发展的主要矛盾。群众体育基本公共服务体系"城乡一体化"和"均等化"建设目标任重而道远。竞技体育基础薄弱，总体水平低，竞争力不强，传统特色优势项目发展不够，新的特色优势项目培育不足，竞技体育管理体制改革亟需深化，发展方式亟需转变。体育产业整体发展水平较低，资源开发不足，尚未形成云南体育产业的龙头和引领企业，产业消费偏低。体育人才队伍建设还不适应快速发展的体育工作需要，包括教练员在内的高素质复合型体育管理人才缺乏，青少年体育工作的体制机制存在薄弱环节和突出问题，后备人才严重不足。全省体育部门和体育工作者的思想认识、能力素质与新常态下体育工作新要求差距较大，各级干部的政治意识、大局意识、核心意识、看齐意识还不够强，发展意识、创新意识、问题导向意识和担当精神、奉献精神还有差距，推动发展的凝聚力、向心力还没有完全形成，体育工作面临严峻考验和挑战。

（三）"十三五"时期我省体育发展面临的机遇

党的十八大以来，党和国家高度重视体育工作，把体育作为中华民族伟大复兴的一个标志性事业。随着全民健身上升为国家战略、体育消费列入国民经济六大新的增长点之一，体育的社会价值、经济价值凸显；健康中国建设全面启动，体育在增强人民体质、改善社会民生、助力经济转型升级中的作用更加突出。同时，经济发展新常态和供给侧结构性改革对体育与经济社会协调发展提出了新任务，人民群众日益增长的体育需求对转变体育发展方式提出了新要求，全面深化改革和依法治国战略为体育改革注入新动力。"大众创业，万众创新"和"互联网+"的发展将持续改变体育运行方式，体育与经济、政治、文化、社会和生态文明建设产生全方位的互动效应，为体育发展增添了新活力。信息化、全球化、网络化交织并进，为体育各领域改革发展提供了技术新引擎。国家"一带一路"发展战略和习近平总书记关于把云南建设成为"民族团结进步示范区、生态文明建设排头兵、面向南亚东南亚辐射中心"的"三个定位"发展战略为我省体育发展指明了方向，带来了重大机遇。云南省《关于加快发展体育产业 促进体育消费的实施意见》及《云南省足球改革实施方案》等一批制度措施的出台，为体育加快发展打下了良好基础。事业单位分类改革和体育社团改革整体推进将进一步消除制约各类体育社会组织发展的体制机制障碍，体育组织化水平和社会化程度将快速提升。深化云南竞技体育改革的新思路和新措施将推动群众体育、体育产业实现新的发展，青少年体育的基础性战略性地位进一步提升，以竞技体育发展为引领，促进体育全面发展的独特优势将逐步显现。清醒认识"十三五"体育发展形势，准确把握发展机遇，需要全省体育部门充分树立行业自信，积极认识新常态，适应新常态，进一步强化责任意识、机遇意识、发展意识，深化体制机制改革，主动有为，顺势而为，扎实推进各项工作，赢得主动、赢得优势、赢得未来，在新的起点上推动我省体育科学发展、跨越发展。

二、"十三五"时期体育发展的总体思路

（四）指导思想

高举中国特色社会主义伟大旗帜，全面贯彻党的十八大和十八届三中、四中、五中全会精神和省委、省政府重大决策部署，以马克思列宁主义、毛泽东思想、邓小平理论、"三个代表"重要思想、科学发展观为指导，深入学习贯彻习近平总书记系列重要讲话和考察云南重要讲话精神，按照省委、省政府和国家体育总局部署要求，围绕国家"一带一路"和云南"三个定位"发展战略要求，坚持"创新、协调、绿色、开放、共享"发展理念，把增进人民福祉、促进人的全面健康和发展作为体育的出发点和落脚点，全面落实全民健身国家战略，推进全民健身和全民健康深度融合，服务健康中国建设。全面推进体育工作改革发展，提升体育治理体系与治理能力现代化水平。进一步加强全民健身基本公共体育服务体系均等化建设，夯实体育发展的基础。不断提高竞技体育总体实力和水平，发挥竞技体育对体育发展的引领作用。培育具有本土优势的体育产业体系，支撑体育健康发展。加强体育文化建设，提高对外开放水平，加快形成具有云南特色的体育发展道路和方式，促进体育科学发展，为我省与全国同步全面建成小康社会作出贡献。

（五）基本原则

——坚持以人为本。牢固树立体育为民利民惠民宗旨，以努力提升全省人民健康水平

为体育工作根本遵循，促进基本体育公共服务均等化，不断满足人民群众日益增长的多样化体育需求，使全省人民共享体育发展的成果。

——坚持科学发展。以"创新、协调、绿色、开放、共享"五大发展理念为统领，准确把握我省体育发展的自身特点与内在规律，充分发挥体育在促进经济、政治、文化、社会发展和服务云南"三个定位"发展战略中的独特作用，促进群众体育、竞技体育、体育产业、体育文化以及地区、城乡之间体育事业全面协调可持续发展。

——坚持深化改革。以改革促发展，破除影响云南体育发展的体制机制弊端。坚持以竞技体育改革发展促进群众体育、体育产业发展；坚持充分发挥市场在体育资源配置中的决定性作用，培育和支持社会力量参与体育发展；促进体育发展从行政指挥型向社会服务型转变，探索形成具备云南特色的体育发展之路。

——坚持科教兴体。顺应经济社会发展的科技化趋势，更加重视科技、教育、人才在体育发展中的决定性、基础性和关键性作用，依靠科技进步和科研成果转化，努力提升科学健体、科学训练以及体育产业的科技含量和自主创新能力。

——坚持依法治体。强化法治观念，依法行政、依法治体，健全云南地方性体育法规，将体育发展纳入法治化轨道，切实保障公民体育权利，为体育有序发展提供法制保障。

——坚持党的领导。认真落实党中央、国务院对发展体育工作的一系列指示精神，把思想和行动统一到党和国家对体育发展的战略部署上，统一到省委、省政府的工作要求上，坚持全面从严治党并向基层延伸要求，坚定不移地推进廉洁体育建设，加强体育队伍思想政治和行风建设，积极应对各种风险考验，为体育改革与发展提供更为坚实的政治保障。

（六）主要目标

——体育重点领域改革取得新突破，体制机制创新取得新成果。体育行政管理部门职能进一步转变，依法行政、依法治体能力显著提高。竞技体育深化改革，总体水平得到提升，科研对体育的支撑作用进一步凸显。足球改革务实推进，发展基础进一步夯实。体育社会组织改革整体推进，开辟职业体育发展新途径。创新发展方式和路径，体育产业综合效益全面提升，助推云南社会和经济发展成效明显。

——全民健身国家战略全面实施，全民健身和全民健康深度融合，服务健康中国建设成效明显。具有民族特色的全民健身公共服务体系更加完善，城乡基本体育公共服务均等化水平全面提升。到2020年，县级以上体育场馆实现全覆盖，乡镇和行政村基本体育设施均等化显著提高，新建城市社区普遍建有"15分钟健身圈"，群众体育健身意识明显增强，全民健身数字化平台建设初步完成并发挥作用。

——竞技体育发展方式有效转变，总体竞争实力显著提升，竞技体育引领群众体育、体育产业发展的作用更加凸显。按照"强化、新建、调整、理顺、归类、联办"的"六个一批"整体思路，深化体制机制改革，竞技体育项目结构不断优化，发展质量和效益不断提高，后备人才体系建设不断完善。在国际国内体育赛事上取得更多奖牌，为云南全面建设小康社会提振精神，凝聚力量，坚定信心。

——云南特色体育产业体系基本形成，体育消费明显提高。体彩销售稳中有进，体育发展的经济基础进一步夯实。以体育公共服务供给侧结构性改革为契机，以全民健身服务业为基础，以突出区位优势的高原体育训练基地、体育科研、体育精品赛事、体育旅游、户外运动为重点的多层次、多元化的产业新业态培育效果显著，人均体育消费明显增加，体育产业聚合释放的"绿色经济"效应明显提高，成为我省新的经济增长点。

——以体育文化为核心的体育对外交流合作取得明显成效。体育文化在体育发展中的地位进一步提高，在培育社会主义核心价值观中的作用充分发挥。加大对沿边地区和口岸城市体育工作的支持力度，与旅游、文化紧密结合的一大批体育品牌赛事对周边国家的吸引力显著增强，在南亚、东南亚地区的影响力和辐射力日益增强，体育对外交往的领域和途径进一步拓展，以体育对外交流促进云南与世界各国特别是南亚、东南亚国家之间的交流合作成效显著，体育对云南经济社会发展的贡献率明显提升。

（七）基本理念

——创新发展。坚持把创新作为体育发展的强大驱动力，激发各级体育行政管理部门、体育院校、体育社会组织的创新活力，积极推进理论创新、制度创新、科技创新、文化创新，推动体育领域大众创业、万众创新。

——协调发展。不断增强各项体育工作的系统性和协同性，积极推动体育与经济社会协调发展。以竞技体育为引领的群众体育和体育产业协调发展，推动城乡体育均衡发展、区域体育联动发展。注重少数民族地区体育同步发展，确保体育发展不让一个少数民族掉队，发展成果惠及每一个少数民族，为云南"民族团结进步示范区"建设作出积极贡献。

——绿色发展。充分发挥体育行业绿色低碳优势，更大程度地将云南自然生态资源和体育运动相结合，开发和培育形成户外绿色运动项目体系，挖掘体育在建设资源节约型、环境友好型社会中的潜力，以体育的"绿色化"特质更好地服务云南"生态文明建设排头兵"发展战略。

——开放发展。加强体育对外开放，主动融入国家"一带一路"战略，全面深化与国际体育的交流合作。发挥区位和资源优势，以独特的高原体育训练和赛事合作为平台，扩大云南对周边国家的影响力和辐射力，服务云南"建设面向南亚、东南亚辐射中心"的发展战略。

——共享发展。完善体育共建、共享机制，实施体育精准扶贫攻坚，着力于全省基本公共体育服务体系均等化建设，满足全省群众不断增长的普遍性体育需求，更加重视少数民族特别是"直过"民族体育事业发展，共享体育发展成果。

三、深化重点领域改革创新，增强体育发展活力

（八）加快体育行政管理职能转变

推动政社分开、政企分开、事社分开、管办分离，推进各级体育行政部门由事务管办型向政务服务型转变。进一步厘清权力边界，减少审批事项，放宽市场准入，实施"负面清单"管理模式，加强事中、事后监管。研究制定体育工作综合评价体系。在推进建立政府购买体育服务机制中，同步完善资金保障、监督管理、绩效评价等配套政策。支持由市场和具备条件的社会组织、事业单位承担有关体育服务事项，逐步构建多层次、多方式体育服务供给和保障体系。

（九）深化竞技体育改革

重点在竞技体育项目管理、设置、布局、发展、后备人才培养、潜优势项目培育以及激励保障措施等方面推进改革创新，增强体育发展的牵引力和源动力，全面提升我省竞技体育总体竞争实力，形成以竞技体育为引擎，促进体育全面发展的体制机制。

（十）探索职业体育发展路径

研究制定体育社会组织改革的相关政策，以政策保障为引领，利益驱动与市场驱动相结合，引导、培育、扶持体育社团、体育民办非企业单位、体育基金会等体育社会组织发展，激发发展活力。以足球协会为先导稳步推动各级各类体育协会改革，同步推进网球、高尔夫等项目职业化发展的改革试点，鼓励、扶持具备条件的运动项目尝试职业化发展道路。推进体育信用体系建设，优化和规范职业体育发展环境。培育和引进"三大球"等群众喜爱的职业体育队伍和赛事落户云南。鼓励创建职业体育俱乐部，推动形成职业联盟，拓宽职业体育发展渠道。

（十一）推进足球改革

按照《国家足球改革总体方案》，会同有关部门全面落实《云南省足球改革发展实施方案》，充分发挥政府在宏观管理、基本建设、政策规范、市场秩序等方面的基础保障、服务、引导和监管作用。对接中国足协调整改革，加快推进省足球协会改革，研制出台我省足球场地建设规划。力争国家足球训练基地落户云南。完善职业足球俱乐部法人治理结构，加快现代企业制度建设。提升"一带一路·七彩云南国际足球公开邀请赛"办赛层次和规模，打造全省业余足球联赛品牌。云南本土职业足球俱乐部争取实现冲甲目标。推进"云南省青少年足球训练基地"建设项目落地。统筹发展青少年足球，创新发展职业足球，普及发展社会足球，建立校园足球、社会足球、专业足球和职业足球俱乐部四级训练

竞赛体系，扩大足球人口，力争多出人才以夯实我省足球发展基础。在省级体彩公益金每年安排3000万元足球专项经费基础上，推动建立全省足球发展基金，完善足球投入机制。积极申办足球世界杯亚洲区12强外围赛中国队主场，为中国足球事业发展作出应有贡献。

（十二）创新体育场馆运营

与体育公共服务体系建设相对接，积极推进体育场馆管理体制和运营机制创新，探索大型体育场馆所有权与经营权分离，激发场馆运营活力。完善政府购买体育场馆公益性服务的机制和标准，健全体育场馆公益性开放评估体系。增强大型体育场馆复合经营能力，拓展服务领域，延伸配套服务，打造城市体育服务综合体。

四、落实全民健身国家战略，推动健康中国建设

（十三）加快基本公共体育服务均等化建设

落实全民健身国家战略，实施《云南省全民健身实施计划（2016—2020年）》，突出以体育发展促进全民健康，为健康中国建设服务导向，创新思路，打破"一个标准"配置资源禁锢，按照"强化针对性，体现适用性，提高利用率"要求，加大基本公共体育服务供给侧结构性改革力度，针对各地区尤其各少数民族地区传统体育需求和兴趣特点配置体育资源，着力提高基本公共体育服务供给体系的质量和效益，稳步推进基本公共体育服务体系在地域、城乡和人群间的均等化建设。打造形成一批基本公共体育服务体系建设示范县（市、区）。

（十四）加强体育基础设施建设与管理

以"七彩云南全民健身基础设施工程"为抓手，全面落实省政府惠民实事体育任务，建立体育基础设施建设项目和资金使用绩效跟踪、监督检查机制，形成清晰的分级事权明细单，突出各级政府体育基础设施建设的主导作用，聚焦各少数民族聚居区和体育资源配置薄弱环节及空白区域，加强统筹协调，力争到"十三五"末，全省县域体育场馆全覆盖，乡镇、行政村基本公共体育服务体系建设均等化。推动落实国家财税优惠政策，吸引和鼓励社会资本投入，优化体育场馆及设施建设投资结构。坚持建管并举，提高场馆、设施利用率，推进体育设施向公众开放。强化少数民族地区传统体育设施配置，大力支持、指导少数民族地区建设传统体育项目活动场地，结合实际，整合资源，打造云南少数民族传统体育基地。

专栏1　体育场馆健身设施工程建设

> 到2020年，新建、完善公共体育场（馆）50个，全省县域以上城市体育场（馆）覆盖率达100%；乡镇（街道）健身设施200个，覆盖率达到80%以上；新建行政村（社区）健身设施不少于1200个，确保覆盖率；建设城市社区多功能运动场50个，配置健身路径1200条，新建城市社区普遍建有15分钟健身圈。力争到2020年我省人均体育场地面积不低于全国平均水平。

（十五）推进群众体育组织网络建设

继续实施"七彩云南全民健身组织建设工程"，创新建立激励和利益驱动机制，大力培育和发展体育协会、民办非企业单位等体育社会组织，逐步建立遍布城乡、规范有序、充满活力的社会化群众体育组织网络。加大社会体育指导员的培训力度和工作保障，重视少数民族地区社会体育指导员培训，逐步形成包括少数民族地区在内的社会体育志愿服务长效机制，向社会免费提供体育咨询、健身辅导等服务。力争到2020年县及以上体育协会组织覆盖率达到90%以上。

（十六）开展丰富多彩的全民健身活动

以全民健身推动全民健康，继续实施"七彩云南全民健身活动示范工程"，完善全民健身活动体系，强化体育赛会对全民健身的促进作用，以体育赛会促进体育健身，增进民族团结，构建各民族和谐发展的社会氛围。推动以"七彩云南全民健身运动会"等重要赛会为引领的群众体育健身活动，鼓励各地举办自行车、马拉松、游泳、登山、徒步、帆船、漂流、滑翔伞等户外健身项目和运动赛会。支持各少数民族地区举办少数民族传统体育运动会，广泛开展体现少数民族特色的射箭、射弩、陀螺、马术、摔跤、民族健身操舞等全民健身活动。推动足球、篮球、排球普及化开展。引导社区、村寨等基层群众广泛开展符合实际的体育健身活动。

（十七）加大科学健身指导和宣传力度

常态化组织开展科学健身宣传，创新形式和渠道开展体育健身科普活动。加强体质测试平台建设。鼓励支持高等院校、科研机构加大科学健身研究，注重研究成果的转化推广。支持引导并协同媒体设置专栏、专题板块、固定时段普及健身知识，推广科学健身生活方式。重视少数民族地区尤其是"直过民族"体育科学健身的宣传指导，提高全社会对科学健身的知晓率、参与率，提升运动健身效果，提升体育的社会影响力。

专栏2　科学健身宣传和体质监测

普及健身知识，推广健康生活方式，提高群众对科学健身的知晓率和参与率，"十三五"期间培训各级社会体育指导员20000人，使获得资格证书总人数达到50000人以上，全省经常参加体育锻炼和健身人数达到1700万，比例达到36%以上。

扩大"体育处方"社会认可度，探索体质测定与运动健身指导站、社区医院等社会资源相结合模式，常态化开展国民体质监测和体质测试活动，力争到2020年全省国民体质测定合格率达到92%以上，优秀标准人数比例达到12%以上。

（十八）加快发展青少年体育

把青少年体育作为基础性、战略性任务来抓，提高青少年体育公共服务水平。重视少数民族地区青少年公共体育服务供给。加强青少年体育组织建设，探索青少年体育社会辅导员队伍培育机制，推进青少年体育志愿服务体系建设，努力提升青少年体育科学化水平。加强部门协同，推动青少年体育活动场地设施建设，在部分州市推行体育公共设施向学生免费开放的试点工作。全面推进青少年校园足球发展。组织参加全国青少年"未来之星"阳光体育大会，引导青少年广泛开展体育运动。争取各地政府把青少年体育评价指标纳入经济社会发展规划，将学校体育工作列入政府政绩考核指标。加大省级体育经费对青少年体育工作的投入，各地原则上用于青少年体育的经费不低于体育经费总量的25%。

专栏3　青少年体育发展计划

推行体育项目进校园活动，促进青少年养成体育爱好，每人掌握一项以上体育运动技能。建设以篮球、排球、田径、游泳等项目为重点的省级"体育项目进校园活动示范学校"和省级"体育传统项目学校"100所。

加强青少年体育组织建设，创建国家级青少年体育俱乐部38个（其中示范俱乐部8个）、国家级传统体育项目学校15所、国家青少年户外体育活动营地5个、青少年校外体育活动中心5个，命名省级青少年体育俱乐部100个。

大力推进青少年校园足球运动发展，到2020年建设国家级校园足球试点县5个、青少年足球特色学校500所，省级试点县20个、省级足球特色学校1000所，经常参与校园足球运动学生达到100万人，注册校园足球运动员10000人，每年建设300块校园足球场地。

（十九）做好特殊人群体育工作

积极适应老龄化社会需求，加强指导并全面发挥全省各级老年体协作用，争取各级政府大力支持，确保全省老年体育工作健康持续发展。到"十三五"末，州（市）县级城市普遍建有老年体育活动中心，乡镇（街道）和行政村（居委会）老年体育活动场所和组织网络建设有明显改善，全省经常性参加体育健身活动老年人比例达到55%以上。关注妇女儿童、进城务工人员、农村留守儿童健康素质提升。重视残疾人体育工作，加大残疾人无障碍运动和健身设施建设力度，支持残疾人竞技体育项目，推动体育公共设施对老年人和残疾人优惠或免费开放，搭建残疾人等特殊人群的体育运动和健身平台，共享体育发展成果。

（二十）进一步推进体育精准扶贫

创新体育扶贫工作的方式和组织形式，推进体育精准扶贫。"十三五"期间，"七彩云南全民健身工程"与省扶贫开发攻坚战略结合，重点支持革命老区、民族地区、边疆地区、贫困地区体育基础设施建设项目，推进实施体育扶贫攻坚，为我省全面建成小康社会作出努力。贯彻省委省政府"挂包帮，转走访"的精准扶贫要求，加大省体育局系统挂县包村帮户力度，为体育精准扶贫起到示范带动作用。

五、转变发展方式，提高竞技体育综合实力

（二十一）以改革创新作为竞技体育发展的主要驱动力

对接国家竞技体育发展要求，发挥竞技体育对体育发展的引领作用，强化竞技体育多元功能和综合社会价值，坚持"发展优势，强化实力，培育特色"工作方向，按照云南竞技体育发展务虚会精神和2016年全省体育局长会议部署，以优化竞技体育项目结构和提高竞技体育项目管训水平共"六个一批"整体发展思路，创新观念，消除障碍，依靠改革破解云南竞技体育发展瓶颈制约，实现云南竞技体育的新发展、新跨越。

（二十二）全面优化竞技体育项目结构

综合评估竞技体育项目发展潜力和价值，突出强化优势项目，恢复新建参与率高的项目，调整淘汰薄弱项目，全面优化竞技体育项目结构，重点发展符合云南实际，具有云南地域特色和优势的体育项目，提高项目设置的针对性和科学性。积极响应国家大力发展冰雪运动的要求，对接国家"冰雪运动南展西扩"战略，打造云南冰雪短道速滑项目，力争成为2022年北京冬奥会我省新的夺牌点。

专栏4 以"三个一批"优化竞技体育项目结构

强化一批:按照"锦上添花"原则,重点建设和发展一批具有云南明显优势、传统特色和竞争实力的竞技项目,使我省竞技体育项目结构重点突出、特色鲜明、相对竞争优势明显。对优势和重点项目,从政策、资金、硬件建设、后勤保障等方面给予重点扶持并建立全程跟踪问效机制和严格的项目训练评价考核体系,实行动态化管理。

新建一批:按照"宽基厚本"原则,从完善我省竞技体育项目结构和满足群众参与体验和观赏高水平竞技体育比赛需求出发,新建和恢复一批后备基础扎实、群众广泛参与的竞技体育项目。

调整一批:按照"末位淘汰"原则,对运动成绩长期低迷、后备人才基础薄弱、竞技硬件滞后、技术力量明显不足的项目进行调整。

(二十三)切实提高项目管训水平

提高竞技体育项目空间布局的科学性和资源的利用率,对竞技体育项目进行规范管理和重新布局,理顺主体,同质归类,整合力量,优化资源配置,全面提升竞技体育项目管理和训练的规范化、科学化水平。

专栏5 以"三个一批"提高竞技体育项目管训水平

理顺一批:按照"权责明确"原则,集中清理人事、训练隶属不同单位的竞技训练项目,明确责任主体,实现管理、监督、考核到位,确保人财物、责权利相统一。

归类一批:按照"集约资源"原则,对项目从技巧型、对抗型、耐力型等分类聚合,使训练单位项目间同质性更高,有效提升管理效益,提高资源的利用率。

联办一批:按照"因地制宜"原则,综合评估各州市基础条件、环境特点、人文优势、地区传统和群众普遍喜爱等综合因素,实施"一州市一精品"策略,在有条件的州市确定1~2个重点发展培育的竞技体育项目,试行省州市联办,加强统筹整合,打破地域界限,形成上下联动、协调发展的竞技体育新格局,打造云南竞技体育精品。

建立优势项目分组竞争机制,探索省级部分项目分流到有条件的州市共同培养的途径,强化竞争意识,优胜劣汰。

(二十四)改革竞技体育运行机制

以省州联办"一州市一精品"为推动,在统筹基础上,体育发展建设资金重点向实绩突出、特色鲜明、引领发展、服务全局的州市、体育基地和体育项目倾斜，以政策激励为驱动，激发提高竞技水平的内在动力。改革省级运动会赛制，畅通省、州市运动员双向流动渠道，鼓励州市积极输送优秀运动员，建立输送运动员补助机制，促进优秀运动员脱颖而出和快速成长。建立权责对等的竞技体育动力机制，完善各训练单位目标责任管理考核奖惩体系，切实提高训练单位自主创新能力。

（二十五）做好重大赛事备战及组织工作

牢固树立为国、为省争光意识，以"精心组织、责任驱动、强化考核、加强管理"为手段，进一步加强运动队思想的政治工作，建设符合运动项目的训练管理团队，提升管训质量。贯彻《反兴奋剂条例》，强化做好备战参赛及各类运动会的反兴奋剂工作，狠抓国际国内重大体育赛事的备战和参赛组织工作。争取有更多的云南运动员参加国内外赛事并取得奖牌，争取申办一次全国性综合运动会，为云南和全国同步全面建成小康社会提振精神、凝聚人心、鼓舞士气，为宣传云南、推动云南经济社会发展搭建平台。

专栏6　"十三五"期间参加和举办的重要赛事

> 争取参加的国际赛事：2016年巴西里约第三十一届夏季奥运会；2017年印尼第三届亚青会；2018年印尼雅加达第18届亚运会；2018年阿根廷第三届青奥会；2020年日本东京第32届夏季奥运会。
>
> 参加的国内赛事：2017年天津第十三届全运会；2019年山西第二届青运会。
>
> 举办的省内赛事：主办2018年省第十五届运动会，2016年省第一届、2020年省第二届青少年运动会；会同省有关部门组织好2016年省第九届农民运动会、2018年省第十一届民族传统体育运动会、2018年省第十一届残疾人运动会。

（二十六）加强后备人才培养

加强竞技体育后备人才梯队建设，扩大青少年运动员在训规模，重视县级青少年训练工作。完善公益性青少年体育竞赛管理体制，建立健全体育、教育部门联办青少年体育竞赛制度，搭建省级青少年竞赛活动平台。加强青少年运动员文化教育工作，建立和完善省级青少年体育竞赛赛前运动员文化水平测试机制，推进青少年体育训科结合与科学选材工作，全面提升青少年体育人才培养质量和效益。逐步实现青少年体育训练选材、培养、竞赛、输送与专业队伍需求、选拔、训练、成才一条龙衔接。

专栏7　竞技体育后备人才培养行动

> 　　与省教育厅协同构建小学、中学、大学相互衔接的训练体系，形成校园三级体育后备人才培养网络。
> 　　在全省开展青少年训练"一县一品牌"活动，命名"十强县"和10个精品县，促进县级恢复青少年体校训练工作。依托州市体校建设青少年校外体育活动中心8个。
> 　　强化体育竞赛对青少年的教育意义和对运动训练的指导作用，提高青少年竞技体育参与率，每年组织省级青少年体育竞赛不少于20项次，每年各州市向省级运动队输送高水平运动员不少于50人。加大青少年体育训练工作管训力度，每年培训州市体校教练员、中小学校长不少于200人。
> 　　支持各州、市体育运动学校创建国家级高水平体育后备人才基地，全面提升办学质量，培养高质量的体育后备人才。

（二十七）加强云南体育运动职业技术学院建设

以高水平体育后备人才基地建设为目标，努力适应体育事业发展对人才的需求，体教结合，深化云南体育运动职业技术学院改革创新。加大投入力度，提高学院人才培养硬件水平，强化师资队伍建设，明晰人才培养目标，深化教育教学改革，优化人才培养专业结构布局，完善"教学、训练、科研、服务"四位一体人才培养机制，搭建运动员文化教育和学历提升平台，发挥全省体育后备人才培养的支撑和统领作用。支持学院创新模式积极组建足球学院。支持学院争创"云南省高水平高职院校"，把学院打造成我省竞技体育后备人才、技能型社会体育人才培养和应用体育研究成功的高地。

六、培育发展体育产业，促进体育消费增长

（二十八）优化产业结构和布局

对接国家体育产业基地创建体系，建立省级体育产业基地创建及管理制度，筹建体育产业研究中心，统筹规划全省体育产业发展。突出体育产业的"绿色、低碳、环保"特质，推进产业融合发展，重点推进体育和旅游、文化融合发展。加快发展体育健身服务业、高原体育基地训练赛事服务业和体育彩票业等优势产业，实施体育服务业精品工程、用品业升级工程和体育产业融合发展工程，促进体育产业形成聚集辐射和上下游延伸。推广运用政府和社会资本合作的"PPP"建设模式，动员和吸引社会力量参与投资体育产业，举办各级各类体育赛事，建设运营体育场馆设施，提供多元体育服务，由政府办体育逐步向社会办体育转变。充分利用我省资源和区位优势，主动融入并抓住云南"面向南

亚、东南亚辐射中心"建设的重大机遇，通过内联外接等方式，吸引一批国内外体育产业向云南转移。围绕全省"一核一圈两廊三带六群"区域定位，与新型化、信息化、城镇化、农业现代化同步发展规划紧密衔接，支持各地结合资源禀赋特色发展，形成体育产业"一地一品"、协作共建的协调发展新格局。支持云南本土体育企业、行业开展国际贸易和对外交流服务，鼓励和吸引外资外商投资本省体育产业，助推云南经济发展。

专栏8　体育产业发展计划

推进以高原体育基地群为主体的体育训练服务业转型升级，在体育训练服务、国际体育交流、体育品牌赛事等重点领域发挥作用，"基地经济"效应逐步显现。支持并统筹推进富宁、元江低海拔体育训练基地，昭通市大山包高原体育训练基地建设。

优化体育产业基地管理，树立云南高原特色体育产业基地品牌，全面提升体育产业基地品质和管理规范化水平。到2020年创建1个国家级体育产业园区，5个高原体育产业基地。国家级体育产业联系点工作取得新突破。

会同旅游部门加强体育旅游规划，培育体育旅游区，着力培育以体育赛事旅游、户外运动旅游、健身休闲旅游、民族体育旅游和体育训练旅游为主要内容的体育旅游产品体系，形成云南体育旅游品牌。到2020年，打造20个带动体育旅游产业发展的区域性国际化品牌赛事，促进体育旅游产业高端化和品质化发展，提升体育"生态产业"经济效益。

积极筹建云南体育产业协会，规范管理，绩效评估，放大体育产业发展专项资金引导、带动多渠道投资体育产业项目的效益。推动体育产业项目纳入南博会以及文化、旅游、教育等贸易展示平台，探索建立体育产业经贸展示平台。

推动拓东体育场馆片区升级改造，建设形成云南省级体育活动中心，增强场馆复合经营能力，拓展服务领域，延伸配套服务，打造城市运动、健身、休闲、娱乐服务综合体，形成中心城市体育产业发展经济圈，补齐昆明省会城市体育功能不足的短板，塑造国际旅游城市对外良好形象。

会同有关部门建立和完善体育产业统计制度，综合反映体育对经济社会发展的贡献率，以体育的经济价值理念促进产业的快速发展。

（二十九）培育多元市场主体

进一步优化市场环境，合理配置资源，打造优秀体育俱乐部、示范场馆和品牌赛事，促进体育产品和服务有效对接市场，培育以体育竞赛为龙头的体育旅游业、以户外运动为支撑的康体休闲业、以高原体育基地为重点的体育服务业、以"互联网+体育"为引领的体育传媒业，打造具有竞争力的滇系知名企业和自主品牌。拓展体育会展、体育康复、体育养老、体育影视、体育广告等新业态，创立形成与体育融合发展的生态产品和低碳项目。促进落实国家扶持中小微企业发展的政策措施，积极扶持培育中小微体育企业发展，为体育领域的大众创业、万众创新营造良好发展环境。鼓励各类体育组织、体育赛事依法开发其专有名称、标识等无形资产。

（三十）积极引导体育消费

落实《云南省人民政府关于加快发展体育产业 促进体育消费的实施意见》，全面推动加快产业发展促进体育消费所涉及的有关财税、价格、规划、土地等优惠扶持政策，扩大体育基础设施和服务产品项目对城乡的覆盖面。积极探索体育消费补贴方式，加快推进医保卡体育健身消费细化政策出台和落实。引导"互联网+体育"，鼓励和扶持以移动互联网为主体的体育生活云平台和体育电商交易平台建设。推动体育用品生产技术创新和产业升级，鼓励大型体育健身俱乐部连锁经营，扶持通过大数据、云计算、智能硬件和各类主题APP、媒体平台等方式，丰富体育消费产品供给，引导和促进体育消费，全力打造大众创业、万众创新和增加体育公共产品、公共服务"双引擎"，拉动投资，带动消费，促进发展。

专栏9　促进体育消费行动计划

推进政府购买公益服务，将全民健身公共服务纳入政府购买服务指导目录。加大体育场馆免费或低收费向学生和社会开放的补贴力度，提高体育公共服务的市场供给比例，引导群众健身消费。

会同财政、发改等部门，推进基本公共体育服务供给侧结构性改革，完善体育服务业、体育用品业等体育服务体系，着力提升体育服务业比重，为群众体育消费创造便利条件。

引导社会力量盘活存量资源，改造旧厂房、仓库、老旧商业设施等用于体育健身，丰富体育服务供给，促进大众体育健身、体育养老消费。

会同旅游部门策划一批体育旅游线路，开发户外体育旅游项目，推动体育旅游消费。依托各类生态旅游区，建设骑行生态绿道、环湖生态绿道、登山生态绿道、徒步游览绿道，形成特色生态绿道体系，吸引体育健身"绿色"消费。

（三十一）巩固拓展体育彩票工作

研究我省体育彩票市场发展规律，健全销售管理服务监督机制，加强对彩票公益金使用监管，提高使用效益，提升公益形象，促进我省体育彩票业健康持续发展。推进适合云南区域销售的彩票游戏研发，创新彩票销售渠道和模式，满足不同群体购彩体验。支持瑞丽发展竞猜型体育彩票和大型国际赛事即开型彩票。

七、实施科教兴体，加快人才队伍建设

（三十二）重视体育科研和成果转化

整合和优化高原体育科技和人才优势，通过政策引导、资金投入、课题研究、合作研发等方式，加强科技创新，建立完善以云南重点特色体育项目科技攻关为主的包括训练技术技能改良、运动周期研究以及辅助训练仪器研发等多位一体的科研创新驱动机制，为提升我省竞技体育水平提供科技支撑和科研服务。支持鼓励各体育训练基地、运动队与省体育科学研究所、有关高校体育科研机构合作，围绕我省优势竞技项目和潜优势运动项目，打造训科结合的体育科技服务平台。以群众科学健身需求为导向，发挥各级体育行政管理部门的主导作用，鼓励和支持市场参与、市场化运作，努力推动全民健身科研成果普及、推广。发挥企业在体育产品研发和创新中的主导作用，鼓励和扶持企业承担和参与科技研发。以体育科技成果展示会等形式，搭建体育科研成果转化的经贸和服务平台。

（三十三）加强人才队伍建设

聚合体育各领域专业技术人才和管理人才，以新思路、新理念、新技术、新渠道、新载体为聚集核心，建设体育工作智库，为云南体育发展提供指导和咨询服务，推动云南体育发展模式的改革和创新。加强教练员、裁判员队伍建设和综合素质提升，打造一支掌握现代运动规律、具有较高理论水平、具备前沿训练理念和实战经验、能满足优秀运动队和青少年体育训练需要的优秀教练员队伍和符合各类赛事需要的优秀裁判员队伍。加强体育产业专业人才培养，培育一批有知识、懂经营、会管理的体育产业人才。积极开展体育行业特有工种职业技能培训和鉴定，提高专业技能水平，全方位落实高危体育项目从业人员持证上岗制度。加强全省各级体育管理干部的教育培训，提高新常态下组织领导和谋划体育工作的能力水平，推进体育管理干部基础数据库建设，保证体育工作的可持续发展。

（三十四）加强运动员文化教育与保障

高度重视运动员文化教育管理和平台建设，推进运动员文化教育和学历提升常态化，为运动员提升素质、转岗、就业、发展提供保障。将运动员文化教育纳入运动队、教练员、领队、文化课教师和管理人员考核范围。会同教育部门加强各公办体育职业学校、中等体育学校、少年体校运动员文化教育督导，推动义务教育阶段各级体校文化教育工作纳入当地国民教育管理序列。以体育职业教育领域内的学历梯次化提升为着力点，推动形成省本级在役运动员文化教育与学历提升机制，探索建立运动员从各级体校到高等（专、本科）院校文化教育和学历提升通道，推动运动员保障工作重心从物质激励、福利保障等基础层面向人力资源的深层次开发转变，为全省运动员文化教育作出示范。全面开展运动员

职业意识养成教育、运动员职业生涯规划和职业培训工作，完善运动员职业转换社会扶持体系和退役安置以及就业、就学、创业等保障机制。引导和鼓励退役运动员积极从事全民健身指导服务、学校体育教学、体育产业经营开发等工作。

八、加强体育文化建设，扩大体育对外交流

（三十五）促进体育文化发展

大力弘扬以爱国主义为核心的中华体育精神，培育和传播奥林匹克文化。实施体育文化精品建设工程，扶持和引导体育文艺创作。加快推进体育运动项目文化建设，扶持打造一批社会效益显著的体育文化品牌活动，把丰富多彩的体育文化理念融入到体育事业发展的各个环节，为精神文明建设增添力量。挖掘整理云南少数民族传统体育文化和体育历史，推进云南体育展示平台建设，提炼形成以民族体育文化为核心的云南特色体育精神，提升民族体育文化对体育发展和民族团结的影响力和聚合力，服务"民族团结进步示范区"建设，为云南与全国同步建成小康社会提供精神动力支持。

（三十六）加强体育宣传与舆论引导工作

加强体育宣传工作，为云南体育事业发展营造良好的舆论氛围。从党和国家工作大局中认识谋划体育宣传工作，推动体育宣传工作为云南"三个定位"战略发展服务。把握体育宣传的主动权，规范信息发布工作，积极回应社会关切，及时传递体育发展正能量。加强与各类媒体的沟通与合作，不断拓展体育宣传的深度和广度。建立完善省、州（市）联动宣传机制，不断提高宣传工作时效。

（三十七）扩大体育对外交流合作

坚持体育开放发展理念，努力打造西部地区体育对外交流、合作和发展新高地。依托云南区位和资源优势，加强云南与南亚、东南亚等国家和世界体育大国、强国在体育人才、体育训练、赛事合作以及高原体育学术研究与交流，努力把云南建设成区域性国际高原体育训练及赛事举办基地和国际高原体育科研中心，全面深化与国际体育的交流合作，实现体育外延发展，促进云南体育融入国际化体育发展轨道。发挥体育对外交往灵活性和民间性的独特优势，主动融入、服务国家"一带一路"和云南建设"面向南亚东南亚辐射中心"发展战略，以打造"格兰芬多国际自行车节""一带一路·七彩云南国际足球公开邀请赛""一带一路·七彩云南国际汽车拉力赛"等区域性国际化精品赛会为重要平台，激发扩大各沿边地区和口岸城市体育赛会对周边国家的吸引力和辐射力，促进云南与世界各国特别是南亚、东南亚国家在体育、旅游、文化、教育、商贸等领域的广泛交流合作，使"体育搭台，经济唱戏"作用更加凸显，以体育对外开放和交流合作服务云南对外开放

和交流合作总体战略，助推云南经济社会发展。

九、推进依法治体，提升体育的法治化水平

（三十八）深入推进依法治体

做好《云南省全民健身条例》《云南省公共体育设施管理条例》等修订工作。强化法治意识，运用法治思维推进体育领域各项改革，不断提升各级体育行政管理部门行使职权的规范化，提高依法治体能力和水平。推进云南地方性体育政策法规建设，健全组织机构，加强体育法律法规执行情况的监督检查，规范高危险性体育经营项目管理，维护体育经营者和消费者的合法权益。

（三十九）广泛开展体育法治宣传教育

研制出台云南体育法治宣传教育"七五"规划，加强体育法律法规的宣传教育普及，营造体育系统尊法、学法、守法、用法的良好氛围，增强全社会的体育法治意识，养成遇事找法、办事依法、解决问题靠法的行为习惯。

十、加强组织领导，确保规划落实

（四十）加强组织领导

切实加强对规划实施的组织领导，建立对规划实施情况的跟踪问绩、问效机制，通过定期、不定期督查，保证规划各项目标如期完成。建立健全体育工作领导协调机制，统筹推进全省体育发展。全省各级体育部门要切实担负起体育发展的责任，把握机遇，靠前站位，主动有为、趁势而为，积极推动各级政府增大体育工作在国民经济和社会发展中的分量，加大对体育发展的经费投入。

（四十一）加强规划实施管理

全省各级体育部门和各直属单位要按照本规划的要求，制订本地区、本部门实施计划和年度工作计划并抓好落实。建立任务倒逼机制和评估机制，在2018年初和2020年末，对本规划提出的主要目标、发展任务开展期中、期末绩效评估，确保"十三五"规划所确定的战略目标、发展任务和各项措施得到贯彻落实。

（四十二）加强体育系统自身建设，保障规划顺利实施

按照党要管党、从严治党方针，推进党建党风廉政建设向基层延伸，贯彻"三严三

实"和"忠诚干净担当"要求，突出"两个责任"落实，统筹抓好体育系统党的思想、组织、作风、反腐倡廉和制度建设，努力形成组织有力、责任明确、运转有序、保障到位的工作机制，促进体育系统党建工作的科学化、制度化、规范化，不断增强各级党组织的政治功能和服务水平，增强各级领导干部的政治意识、大局意识、核心意识和看齐意识，提高各级领导班子组织领导体育科学发展的能力和水平。大力推进体育系统行风建设和干部职工作风建设，推进中央八项规定精神和云南省实施办法的贯彻落实。加强党风廉政建设和反腐败工作，切实加强重点领域监管，加强赛风赛纪和体育行风建设，坚决遏制腐败现象发生，为全省体育实现"十三五"规划的各项发展目标提供坚强的政治、思想和组织保证。

《云南省体育发展"十三五"规划》名词解释

1. **全民健身公共服务体系**。是指政府为满足体育健身的基本需要，向全社会提供公益性体育服务产品所形成的系统性、整体性的制度安排，包括供给体系、产品体系、资源配置体系、管理运行体系、服务对象体系。

2. **城市社区15分钟健身圈**。指在城市社区，居民从居住地步行或骑行不超过15分钟的范围内，有可供开展健步走、广场舞、球类运动等群众性体育活动的场地设施。

3. **格兰芬多国际自行车节**。"格兰芬多"意为"漫长的距离"或"伟大的坚持"，源于目前世界上参与人数最多的超长距离环意大利自行车耐力赛。"七彩云南格兰芬多国际自行车节"是"格兰芬多"概念首次落户中国，2014年举办第一届以来，由于云南得天独厚的高原自然风光、良好气候条件、多彩民族风情、浓郁地域文化，影响力和吸引力不断扩大，参加的国家和选手大幅增加，2015年举办了第二届，共有昆明、玉溪、楚雄、大理、丽江5个州市参与节赛，来自全世界25个国家和地区的选手共计2200余人参赛。云南是格兰芬多品牌赛事落地中国的唯一举办地。

4. **七彩云南全民健身运动会**。以每年的8月8日至次年8月8日为时间节点，期间省内各州市举办的所有全民健身活动都将纳入运动会范畴。体现全民健身面向基层、服务大众的特点，倡导全民健身、全民共享理念，让更多群众参与到体育锻炼中来，享受体育运动的愉悦。

5. **体育项目进校园活动**。贯彻国务院、省委省政府要求，推动青少年活动在各级各类学校深入开展，培养学生体育兴趣和爱好，开展特色项目训练竞赛，充分发挥传统优势项目，为提高青少年体质健康水平创造良好的条件和环境。

6. **青少年体育俱乐部**。青少年体育俱乐部是由国家、省、地（州、市）三级体育行政部门体育彩票公益金出资扶持创办，面向广大青少年开展体育活动的社会组织，具有社会公益性质，又充分发挥市场运作机制，最大限度地吸引青少年参加课余体育活动。

7. **云南竞技体育发展务虚会**。于2015年12月24日—25日在昆明海埂训练基地召开。会议理清了我省竞技体育发展的思路和体制机制，将对我省竞技体育发展产生重大影响。会议邀请国家体育总局、香港及云南省有关竞技体育领导、专家、学者、业界资深人士对云南竞技体育现状、存在问题、发展方向、改革举措等进行全面深入的分析研究，明确了我省竞技体育改革发展"六个一批"整体思路。是云南省体育局多年来针对竞技体育严峻形势首次召开的专题研究会。

8. 一州（市）一精品。是指通过多元方式调动有条件的州（市）共同联办我省优势、特色体育项目。打破区域界线，整合全省资源，展开良性竞争，促进云南省优势、特色体育项目科学、合理发展。

9. 六个一批。云南竞技体育发展务虚会确定，针对云南竞技体育发展实际，为优化项目结构，提高项目管训水平采取的强化、新建、调整、理顺、归类、联办"六个一批"改革思路。具体指：强化一批具有传统优势和实力的项目；新建一批基础扎实、参与广泛的项目；调整一批运动成绩长期低迷、技术力量不足、后备基础薄弱的项目；理顺一批关系不顺、管理主体不明的项目；归类一批具有相似特征及属性的运动项目；省州联办一批具有云南传统特色的优势项目。

10. 高原体育基地群。指以国际海拔梯次训练的科研成果为依据，发挥云南海拔梯次化优势，建设形成的集"体育训练比赛、全民健身康体、体育旅游休闲、体育科学研究、国际体育交流"五位一体功能的体育基地集群。目前主要有昆明、丽江、富宁、普洱、会泽五大体育基地。

11. 体育产业发展专项资金。是指由云南省人民政府批准设立的，引导、促进云南体育产业发展的财政扶持性资金。每年2000万元用于对符合条件的企业、社会组织开展项目扶持、补助、贷款贴息和奖励。

12. 国家体育产业联系点。指国家根据体育产业发展环境和基础，选择一批有特点和代表性的项目和区域建立体育产业联系点，在优化结构、完善政策、打造市场环境等方面进行试点，形成一批效益显著的特色产业、优势项目和赛事品牌，发挥区域辐射和产业扩散效应，为全国体育产业发展提供示范经验。目前，我省玉溪市为国家体育产业联系点。

陕西省"十三五"体育事业发展规划

"十三五"时期（2016—2020年）是全面建成小康社会、实现第一个百年目标的决胜期，是加快"三个陕西"建设、实现追赶超越发展的关键期，也是我省承办第十四届全国运动会的攻坚期、建设西部体育强省的最佳机遇期。为了谋划好、发展好全省体育事业，充分发挥体育事业在促进全面建设小康社会、扩大内需、增加就业、培育新的经济增长点、保障和改善民生、增强社会凝聚力和文化竞争力等方面的重要作用，根据《陕西省国民经济和社会发展第十三个五年规划纲要》，制定本规划。

一、立足新起点，奋力实现追赶超越

（一）"十二五"时期主要成就

"十二五"时期，体育战线紧紧围绕全省工作大局，牢牢把握深化改革、依法治体的主线，全面推进群众体育、竞技体育、体育产业和体育文化协调快速发展，全省体育发展综合指数进入了西部省区前列。

群众体育蓬勃发展。五年来，统筹资金10多亿元，实施了1094个乡镇级和10335个村级农民体育健身工程、1375个社区全民健身器材配送工程、61个全民健身示范区示范带工程、300个移民搬迁安置点体育器材配送工程，全面启动了八百里秦川渭河沿岸全民健身长廊建设，城乡居民健身设施持续改善。创新全民健身活动组织方式，在坚持办好西安城墙马拉松、安康汉江龙舟赛、宝鸡太白山登山节等传统赛事的同时，重点打造全民健身日系列活动、杨凌马拉松赛、秦岭山地越野挑战赛等品牌赛事活动。五年来，开展各级各类群众体育活动3500多次，参与群众累计达1000万余人次，建成县级国民体质检测站点22个，测试群众30万余人，举办社会体育指导员培训班200多期，社会体育指导员总数突破4万人，注册各级各类体育社会组织884个。

竞技体育稳中有升。五年来，我省运动员在国际国内大赛共获得170枚金牌、112枚银牌、124枚铜牌。其中，在第三十届伦敦奥运会上获得2金2银，刷新了参加奥运会的历史最好成绩，列全国第11位。在第十二届全国运动会上获得9金11银11铜，再创历史新高。创新省运会申办制，第十五届省运会于2014年在宝鸡成功举办，省体育局和宝鸡市政府受到省政府通报表彰。重视后备人才队伍建设，五年来创建国家级高水平后备人才基地7个、奥林匹克高水平单项基地6个、田径耐力项目高原人才开发计划项目1个、西部地区传统优势奥运项目后备力量基地5个、国家级体育传统项目学校11所、国家级青少年体育俱乐部132所、国家级青少年户外体育活动营地6个、国家级青少年体育活动中心1个，全省在训运动员达到1.6万人。

体育产业和基础设施有力提升。全面贯彻《国务院关于加快发展体育产业 促进体育消费的若干意见》（国发〔2014〕46号），制定出台《陕西省人民政府关于加快发展体育产业 促进体育消费的实施意见》（陕政发〔2015〕21号），推动体育与养老、医疗、文化、旅游等产业融合发展。五年来，全省体育彩票累计销售超过140亿元，为国家积累体彩公益金35.5亿元。争取国家财政资金2.1亿元，建成县区公共体育场52个、在建18个，覆盖率达到65%；建成县级公共体育馆46个、在建19个，覆盖率达到50%。省级体育场馆建设取得新进展，体彩综合楼、内府机场营区项目交付使用，宁陕高原训练基地主体竣工，省体育馆项目进入方案优化阶段，常宁生态体育训练比赛基地完成建设用地规划。完成了第六次全国体育场地普查工作，全省各级各类体育场地共计40103个，与2004年第五次体育场地普查相比增长率为108.60%；人均体育场地面积达1.07平方米，与第五次体育场地普查相比增长率为18.89%。

体育改革和文化建设不断加强。全面推进简政放权，转变政府职能，依法取消和调整部分行政审批事项，认真清理体育部门权力清单和责任清单，规范事中、事后行政监管行为，完成了双随机抽查事项和市场主体的梳理工作。出台《陕西省足球改革发展实施方案》，启动了足球协会与政府脱钩工作。经常性开展冠军进校园活动，充分调动了学生参与体育锻炼的积极性。广泛普及科学健身知识，陕西体育博物馆布展水平和接待人数大幅提升，年接待人数超过4万人次。成功举办第五届西安国际体育用品博览会，组团参加2014中国体育文化旅游博览会并获优秀组织奖。

表1 陕西省"十二五"体育事业发展规划主要指标完成情况

类别	指标名称	规划目标	完成情况
群众体育	村级农民体育健身工程	5000个，覆盖率33%	10335个，覆盖率53.7%
	社区配送健身工程	1250个，全覆盖	1375个，覆盖率97%
	乡镇农民体育健身工程	1150个，覆盖率70%	1094个，覆盖率98%
	县级公共体育设施工程	50个	67个体育场，62个全民健身活动中心
	全民健身示范区（带）	10个	61个
	公益类社会体育指导员	4万人	47255个
	国家级社会体育指导员	400人	383人
	社会体育指导员协会	70%	未实现
	国民体质检测	5%以上的群众接受检测	未达到
	全省县级体育总会	实现全覆盖	未实现

(续表)

类别	指标名称	规划目标	完成情况
竞技体育	大赛成绩	稳居西部前列	伦敦奥运、辽宁全运排西部第二
	省级运动员	达到1000人以上	963人
	省级教练员	达到200人以上	166人
	国家级教练员	达到10人以上	13人
	高级职称以上教练员	达到110人以上	118人
	运动员文化教育	高等教育率达到90%以上	85%
	全省业训规模	12000人	15934人
	教练员培训	实现全部轮训	未实现
	省级体能训练恢复中心	1个	1个
	科技攻关服务团队	实现全覆盖	9个科研团队
	国家体育后备人才基地	7所	7所
	国家级单项体育学校	10所	10所
	省级体育后备人才基地	45所	56所
	国家级裁判员	300人	265人
	国际级裁判员	50人以上	37人
体育产业	体育产业增加值	占全省GDP比重1%	未实现
	体育产业从业人数	占全省就业人数比重1%	未实现
	职业类社会体育指导员	5000人	6273人
	体彩年销售量	达到20亿元	42亿元
	人均体育场地面积	1.5平方米	1.07平方米
	公共体育场地开放率	达80%以上	体育系统基本达到

（二）"十三五"时期发展形势

"十三五"时期，我省体育发展的机遇与挑战并存，整体形势持续向好。从挑战方面看，全省体育发展将和全国一致进入改革攻坚期。体育领域改革创新与西部体育强省建设的总体目标仍不相适应，体育与经济社会协调发展的机制有待进一步健全，人民群众日益增长的多元化、多层次体育需求与体育有效供给不足的矛盾依然突出。从机遇方面看，全面建成小康社会将为体育发展开辟新空间，体育在增强人民体质、服务社会民生、传递正能量、引领新时尚、助力经济转型升级方面的作用更加突显，特别是体育产业作为新兴产业、绿色产业、朝阳产业，完全有条件和潜力成为未来我省经济发展新的增长点，体育消费对经济发展的贡献将不断增强。全民健身、健康中国上升为国家战略，为体育事业发展带来新机遇，必将不断满足人民群众健康的更高层次需求，营造科学健身、崇尚运动的良好氛围，增强人民群众的幸福感和获得感。陕西获得2021年第十四届全国运动会承办权，将赢得更多发展先机、释放更大发展活力，我省体育事业将迎来快速发展的新时期。把握"十三五"时期体育事业发展机遇，必须立足实际，拓宽视野，改革创新，扎实工作，在新的起点上谋求更大发展。

二、"十三五"时期我省体育发展的总体要求

（三）指导思想

以党的十八大精神为统领，认真贯彻落实十八届三中、四中、五中全会和习近平总书记对体育工作的系列讲话精神，坚持"四个全面"战略布局要求和创新、协调、绿色、开放、共享的五大发展理念，紧紧围绕经济新常态下国家、社会和公民对体育工作的新需求，以全面深化改革和依法治体为持续动力，以全面做好第十四届全国运动会筹备工作为抓手，全力构建全民健身服务体系，着力提升竞技体育综合实力，大力发展体育产业、促进体育消费，扩大体育文化社会影响力，奋力建设具有陕西特色的西部体育强省，为"三个陕西"建设作出更大贡献。

（四）基本原则

坚持以人为本。始终把实现好、维护好、发展好最广大人民群众根本利益作为一切工作的出发点和落脚点，尊重人民群众首创精神，更好地完善基本公共体育服务体系，以提高全民身体素质和生活质量、促进人的全面发展为目标，做到体育发展依靠人民，体育发展成果由人民共享。

坚持依法治体。牢记"法无授权不可为""法定职责必须为"，坚持依法开展体育行政执法检查工作，运用法治思维推动改革和决策，完善公民体育权利救济渠道和方式，深入推进体育法制建设。

坚持创新驱动。改革传统体育发展模式和管理体制，增强体育社会组织活力，持续推动体育理论创新、制度创新、管理创新，形成有利于充分发挥市场配置体育资源决定性作用的机制。

坚持改革攻坚。深刻把握全面深化改革的重要性，以足球改革为突破口，突出问题导向，创新工作思路，破解新常态下的发展难题，不断提高领导、谋划、推动、落实改革的能力和水平。

坚持统筹兼顾。统筹兼顾体育工作城乡及地区间的发展，促进群众体育与竞技体育、体育事业与体育产业协调发展，促进奥运会项目与非奥运会项目、现代新兴体育项目与民族传统体育项目协调发展，处理好当前与长远、重点与一般、规模与效益的关系，推进体育事业全面协调发展。

（五）发展目标

按照全面建成小康社会的总体要求，立足现状补短板，发挥优势上台阶，突出全民健身国家战略的实施，全力以赴做好第十四届全国运动会筹备工作，力争实现公共体育服务、群众体育消费、体育场馆建设三大跃升，努力在建立体育发展新模式、科学调整竞技体育项目结构、构建体育产业要素市场体系、转变政府体育职能四项深化改革方面取得新突破，在创新体育管理运行机制、完善全民健身服务体系、提高竞技体育整体竞争力、壮大体育产业和加强体育文化建设五个方面取得新成效，着力推进健康陕西建设。

体育发展方式适应新常态。全面深化改革，推进健康关口前移，把增强人民体质、提高健康水平作为根本出发点，营造重视体育、支持体育、参与体育的社会氛围，激发群众参与体育活动的热情，积极扩大体育产品和服务供给，推动体育产业成为经济社会转型升级的重要力量。认真查改发展中的体制机制问题和阻碍，以问题为导向，强化顶层设计，把转变政府职能、完善现代市场体系、推进法治建设、加快事业改革创新、促进经济转型升级等重要改革方向融会贯通到全省体育工作中。

全民健身服务体系更加完善。抓住全民健身上升为国家战略的重要机遇，建成覆盖城乡、比较完善的全民健身服务体系，努力实现体育公共服务均等化。大力发展体育旅游，推动竞赛表演、健身休闲与旅游融合发展，较好地满足人民群众日益增长的健身生活需求。普及科学健身知识，使体育成为更多群众自觉的、重要的生活方式之一。全民健身事业的政府投入、经常参加体育活动的人口比例、社会体育指导员数量等指标超过全国平均水平。

竞技体育整体竞争力明显提高。在奥运会、亚运会、全运会上金牌、奖牌和团体总分稳居西部前列。优化项目结构，扩大项目总量，增加新的金牌增长点，形成门类比较均衡、具有较高水平的体育后备人才队伍；发挥科研先导作用，不断提高科学训练水平；完善运动员文化教育和保障体系，结合义务教育发展新形势，创新业余训练发展模式，推进市级体校和县级少儿体校均衡发展，竞技体育综合实力明显提高。积极承办大型国际国内赛事，具有较高的大赛组织能力和水平，在西部有较大影响力。

体育产业成为新的经济增长点。进一步完善产业体系，健全健身休闲、竞赛表演、场馆服务、体育培训、体育旅游、体育用品制造与销售等产业门类，扩大体育产品和体育服务的供给，完善市场交易机制，形成体制、机制充满活力，政策、法规体系健全实用，标准体系科学完善，监管机制规范高效，经营主体诚信自律的市场环境。立足全局，统筹兼顾，充分发挥体育产业和体育事业良性互动作用，推进体育产业各门类和业态全面发展，促进体育产业与其他产业融合发展。到2020年，初步建立布局合理、功能完善、门类齐全的体育产业体系，体育产业总规模超过750亿元。

表2 陕西省"十三五"体育事业发展规划主要指标

序号	指标名称	单位	属性	2020年目标
1	经常参加体育锻炼人数	万人	预期性	1500
2	人均体育场地面积	平方米	约束性	1.8
3	公共体育健身设施农村覆盖率	%	约束性	70
4	公共体育健身设施新建社区覆盖率	%	约束性	80
5	县（区）财政投入全民健身活动的年人均经费	元	预期性	5
6	全省乡镇文体活动站覆盖率和街道办文体活动站覆盖率	%	预期性	>90
7	社会体育指导员占全省人口比重	人/万人	约束性	20
8	国民体质检测达标率	%	预期性	92
9	全省注册运动员人数	万人	约束性	2
10	国家高水平体育后备人才基地	个	约束性	>8
11	我省参加奥运会教练员、运动员人数	个	预期性	10
12	全省体育产业总规模	亿元	预期性	750
13	全省体育产业占全省GDP比重	%	预期性	>1
14	体育服务业占体育产业增加值比重	%	预期性	>30
15	全省体育产业从业人员总人数	万人	预期性	20

体育文化发展充满活力。面向基层、面向群众，及时响应社会的关切和期待。加大以运动项目为核心的体育文化建设力度，以举办赛事为载体，推广运动项目文化内涵，弘扬中华体育精神，组织体育明星积极开展社会公益活动，着力扩大体育文化对青少年的影响力。做好体育事业发展轨迹中的资料发掘、整理和推广工作，形成充满活力、独具魅力的体育文化。

三、全面建成覆盖城乡的全民健身服务体系

（六）开创群众体育组织新模式

深入研究取消群众性和商业性体育赛事审批后全民健身赛事活动的应对服务模式，突出体育社会组织的作用，探索建立业余锻炼标准（段位制）、业余竞赛体系、业余社会体育指导员体系、业余裁判员教练员认证体系、业余竞赛激励机制五位一体的业余竞赛发展

模式，探索多元主体办赛的机制，降低社会力量参与门槛，力争在发挥体育社会组织作用方面取得重大突破。

（七）巩固政府的主导性作用

强化政府社会管理和公共服务职能，将全民健身事业纳入本级国民经济和社会发展规划，纳入本级政府工作报告，将全民健身工作所需经费纳入本级财政预算。采取直接提供、委托提供或购买服务等多种形式，向公众提供体育公共服务。到2020年，力争全省各县（区）财政投入全民健身活动的年人均经费不低于5元。

（八）完善基层公共服务平台

按照国家建设基层公共服务平台的要求，整合基层体育、文化、党员教育、科技普及等设施，推进基层公共体育设施共建共享。配套村级综合服务中心和城市社区服务中心建设，增设社会体育指导员基层定点公益岗位，以政府购买服务的方式，向基层群众提供健身指导服务。到2020年，乡镇、街办体育文化站建设达到有牌子、有人员、有场地、有经费、有活动的"五有"目标，实现工作规范化。

表3 陕西省"十三五"体育事业发展规划全民健身发展指标

序号	指标名称	单位	属性	2020年目标
1	新建社区的体育设施覆盖率	%	约束性	80
2	重点镇农民体育健身工程乡镇项目覆盖率	%	约束性	100
3	县级公共体育场馆建设覆盖率	%	预期性	100
4	省市县乡四级体育社团保有量	个	预期性	1800
5	体育社团"五有化"建成率	%	约束性	90
6	公益类社会体育指导员入网注册人数	万人	约束性	8
7	省市县国民体质检测体系覆盖率	%	约束性	100
8	年度群众体育活动开展普及率	%	约束性	100
9	全省乡镇、街办文体活动站挂牌率	%	预期性	>90
10	配套村级综合服务中心和城市社区服务中心的建设，增设社会体育指导员基层定点公益岗位建成率	%	约束性	>60

（九）加强公共体育场地设施建设

编制《全省城镇社区15分钟健身圈建设规划》，建设以省、市、县（区）、乡镇（街道）、行政村（社区）五级公共体育场地设施为基础，行业、单位、社会等各类体育场地设施为补充，覆盖城乡的场地设施网络。重点实施800里秦川渭河沿岸健身长廊、县级公共体育场及全民健身活动中心、陕南移民搬迁点健身器材配置工程、美丽乡村健身器材配置工程、社区多功能运动场、陕北革命老区红色健身步道、汉江沿岸全民健身长廊、丹江沿岸全民健身长廊、延河沿岸全民健身长廊、秦岭户外运动健身基地和冰雪运动场馆"十大惠民工程"。到2020年，新建社区公共体育设施覆盖率达到80%，乡镇和村级公共体育设施覆盖率达到70%，全省人均体育场地面积达到1.8平方米。

（十）健全体育服务组织体系

推广4+X组织模式，重点支持各级体育总会、社会体育指导员协会、老年人体育协会、农民体育协会四个枢纽型体育社会组织和群众喜闻乐见的单项体育运动协会建设，支持乡镇（街道）、村（居）委会和机关、企事业单位建立群众性体育组织，鼓励学校、社区、体育场馆发展体育俱乐部。

（十一）重视社会体育指导员队伍建设

探索社会体育指导员与人群、项目结合的新模式，解决好群众身边指导员数量不足、指导服务水平低、上岗率不高的问题。支持单项体育协会培训具有专项技能的社会体育指导员，提升指导员技能素质水平。探索在高等院校体育专业学生中发展社会体育指导员，建立大学生社会体育指导员队伍，深入开展全民健身志愿服务活动。到2020年，全省公益类社会体育指导员注册人数总量达到8万人。

（十二）扎实推进国民体质监测工作

健全省、市、县（区）三级国民体质检测体系，探索体质测定与运动健身指导站运行模式。推广实行《国家体育锻炼标准》，做好6～69岁城乡居民体质状况抽测、全民健身活动状况调查等基础性工作，适时发布结果，为政府决策提供依据。到2020年，实现三级国民体质检测体系全覆盖，接受体质测试检测人次达到全省总人口的10%，国民体质达标率高于92%。

（十三）广泛开展全民健身活动

普及科学、文明、时尚的健身方法，发展健身跑、健步走、健身骑（自行车）活动。拓展全民健身活动的广度和深度，在巩固西安城墙马拉松、安康汉江龙舟赛、环秦岭公路自行车赛、太白山登山节等以"山水路城"为标志的传统精品赛事和全民健身日系列活动的同时，重点打造渭河全民健身长廊自行车公开赛、重走长征路红色健步行、冰雪大会、乡村篮球赛、民间足球联赛、航空运动展示大会以及杨凌、大荔国际马拉松等赛事活动，协助办好全省老年人健身展示大会、少数民族运动会、残疾人运动会等人群活动，促进各类人群体育活动广泛开展。到2020年，形成"一市一品""一行一品""一县一特色"的全民健身活动，引领全民健身新时尚。

四、大力提升竞技体育整体竞争力

（十四）继续完善项目布局

在现有18个大项的基础上继续扩大省级优秀运动队总体规模，巩固射击、射箭、跳水、举重、体操、武术、摔跤、足球、赛艇等重点项目，强化田径、游泳等基础项目，提高跆拳道、柔道、拳击、乒乓球等一般项目，增设篮球、羽毛球、击剑、自行车、马术等项目。推行竞技体育项目建设与发展动态管理机制，建立并完善竞技体育项目建设与发展评价体系，探索创建新兴项目的孵化机制，对有发展潜力的项目增加布局，完善项目的淘汰调整机制，实现扶强汰劣。

（十五）加强复合型训练服务团队建设

进一步健全科技攻关服务团队与运动队训练工作深度结合机制，形成高效运转的复合型训练团队，力争以训练监测、专项攻关、医疗保障、信息服务和文化课教育等为主要内容的复合型训练团队，在重点项目、基础项目和集体项目上实现全覆盖。

（十六）强化竞技体育后备人才培养

制定《陕西省加强体育后备人才培养体系建设的意见》《省级示范体校标准》和《陕西省青少年体育公共服务体系建设规划》。促进各级体校改造升级，推动青少年体育俱乐部和体育传统学校发展，做好校外体育活动营地建设，夯实青少年体育发展基础。到2020年，全省业余训练运动员规模保持在2万人以上，国家级体育后备人才基地建成8个以上，奥林匹克高水平单项基地建成12个以上，巩固和完善现有45个省级体育后备人才基地。

（十七）健全运动员文化教育保障体系

推行运动员个人卓越计划，提高运动员综合素质。健全运动员文化教育引导机制，推动各级各类体校将义务教育阶段文化教育工作纳入教育序列，确保运动员完成义务教育。加强运动员在役期间的文化教育工作，引入社会力量创新教育模式，进行多元化教学探索，建立运动员文化教育与保障信息服务系统，完善运动员多层次保障体系。稳步扩大高等教育，组织全省所有在役运动员进入相应层次的学段进行文化课学习。到2020年，所有优秀运动员完成基础教育，适龄优秀运动员接受高等教育率达到90%以上。

（十八）建设高水平的教练员队伍

出台我省《优秀运动队教练员管理办法》和《基层教练员管理办法》。建立主（总）教练业务管理责任制，加强教练员梯队建设，强化教练员队伍业务能力，不断提升训练工作水平。到2020年，全省教练员增加到1500人以上，力争国家级教练员达到20人以上，高级职称以上教练员达到150人以上，中青年教练员在队伍中所占比例保持在70%左右。每年市（县）教练员有20%以上参加省级培训，"十三五"末期实现全部轮训。

（十九）完善省运会竞赛杠杆机制

加强体育与教育部门合作，逐步完善以省运会为龙头，以省重点项目少儿运动会为推动，以单项校际联赛、县（区）青少年运动会和青少年阳光体育大会为基础，以冬令营、夏令营、营地特色活动为补充的青少年体育竞赛活动体系。结合省运会改革，完善青少年体质状况评价机制与奖励制度，建立青少年社会体育指导员制度，不断增强青少年体质、培养体育兴趣，推进青少年竞技体育与学校体育融合发展。到2020年，全省年度青少年活动的举办达到县区无空白。

（二十）重视裁判员队伍建设

改革和完善裁判员管理体制，发挥单项运动协会作用，积极发展和培养各级别裁判员，培养一批能够在国内外大赛中担任裁判工作的优秀裁判员，确保一级以上裁判员覆盖我省开展的所有体育项目，为我省承办各类大赛提供人才保障。到2020年，全省国际级和国家级裁判员分别保持在50人和350人以上的规模。

表4 陕西省"十三五"体育事业发展规划竞技体育发展指标

序号	指标名称	单位	属性	2020年目标
1	全省在训等级运动员人数	万人	约束性	>1
2	全国前三、前八名运动员人数占队伍人数比重大于20%的优秀运动队比例	%	约束性	>40
3	高级及以上教练员总人数	个	预期性	>150
4	中青年教练员比重合理的省级优秀运动队比例	%	约束性	>50
5	全省在册等级裁判员人数	个	约束性	>2000
6	奥林匹克高水平单项基地	个	约束性	12
7	省级体育后备人才基地	所	约束性	45

(续表)

序号	指标名称	单位	属性	2020年目标
8	梯队建设结构合理的省级优秀运动队所占比例	%	约束性	>50
9	复合型训练服务团队在各项目优秀运动队建设中的覆盖率	%	约束性	100
10	县级教练员人数与本县区义务教育阶段在校生总数的师生比大于500比1的普及率	%	预期性	>90
11	全区域年度青少年运动会普及县比例	%	预期性	100
12	基层教练员年度培训比例	%	预期性	100
13	省级优秀运动队高中教育普及率	%	约束性	100
14	省级优秀运动员接受高等教育率	%	约束性	>90
15	优秀运动员、教练员"三金一保"落实到位率	%	预期性	100

（二十一）积极备战第十四届全国运动会

学习借鉴天津、辽宁、山东和江苏备战全运会的先进经验和运作模式，加强对全运会筹备工作各类专业人才的培养，将筹备2021年第十四届全国运动会作为推动我省竞技体育大发展的重要机遇和抓手，实现备战成绩的"两个确保"，在第十四届全国运动会上确保金牌数、奖牌数、总分数三项指标全面取得新突破，确保在比赛中坚决不出现任何赛风、赛纪和兴奋剂问题。

五、扩大体育产品和服务供给，促进体育消费

（二十二）完善体育产业政策

认真贯彻落实《国务院关于加快发展体育产业 促进体育消费的若干意见》和省政府实施意见，加大财政金融扶持力度，支持社会力量进入体育产业领域建设体育设施，开发体育产品，提供体育服务。引导有实力的体育企业以资本为纽带，实行跨地区、跨行业、跨所有制的兼并、重组、上市。鼓励通过政府购买、信贷支持、资金奖励等多种形式扶持"专、精、特、新"的中小企业发展。鼓励成立各类体育产业孵化中心，为体育领域的大众创业、万众创新提供良好环境。到2020年，全省体育产业占GDP比重超过1%，体育产业从业人数超过20万人，体育服务业增加值占体育产业比重超过30%。

（二十三）培育多元化市场主体

建立多元化资金筹集机制，对符合条件的企业及社会组织给予项目补助、贷款贴息和奖励，优化资金使用方向，创新资金使用方式，提高资金使用效益。加快体育资源交易平台建设，推进赛事举办权、场馆经营权、无形资产开发等具备交易条件的资源公平、公正、公开流转。建设体育产业投融资公共服务平台，培育一批服务体育产业的金融市场主体，构建便捷的体育产业投融资渠道。

（二十四）优化产业结构和布局

实施体育服务业精品项目建设，大力发展竞赛表演、健身休闲、体育培训、体育传媒等产业，强力支持发展文化体育、健康养老等吸纳就业能力强的产业，着力提升体育服务业比重。鼓励高新技术在体育领域的应用，引导体育企业增加科技投入，加大自主研发和科技成果转化。充分发挥区域内自然资源优势，利用江河、湖海、山地、沙漠、草原、冰雪等发展区域特色体育产业。制定《陕西省体育产业基地管理办法》，发挥渭南市"国家体育产业联系点"示范作用，引导推动各市组建省级体育产业基地。

（二十五）促进产业融合发展

大力发展"体育+"，推动体育与科技、旅游、健康、教育、文化等产业融合发展，拓展体育新业态。支持"互联网+体育"发展，鼓励开发以移动互联网为主体的体育服务微信公众号及体育电商交易平台。进一步落实《体育旅游发展纲要》，编制《陕西省体育旅游重点项目名录》，加快建设具有全国影响力的体育旅游目的地、体育旅游精品赛事和体育旅游精品线路，逐步丰富体育旅游产品和服务体系。大力发展运动康复服务业，鼓励社会资本开办康体、运动康复服务场所，鼓励各级各类医疗机构配套国民体制监测体系建设增值服务，建立国民体质测定与健康档案大数据互联平台。

（二十六）健全体育场馆功能配套

抓住承办第十四届全国运动会的历史机遇，围绕全运会赛事需要，重点建设主体育场、综合性体育馆、游泳跳水馆三大场馆以及指挥运营和新闻媒体中心，以能够承办国际性综合赛事和提升中心城市国际化大都市建设为目标，完善关中城市群体育场馆设施的功能配套，建设射击、射箭、马术、激流回旋、足球、自行车、高尔夫等专用比赛场馆。

（二十七）创新体育场馆运营

加快推动大型体育场馆所有权与经营权分离，积极引入和运用现代企业制度，提高场馆运营效能。健全体育场馆公益性开放评估体系，完善政府对体育场馆公益性服务的购买方式和标准。推行场馆设计、建设、运营管理一体化模式，有机结合赛事功能需要和赛后的综合利用。鼓励场馆运营管理实体通过品牌输出、管理输出、资本输出等形式实现规模化、专业化运营。增强大型体育场馆复合经营能力，拓展服务领域，延伸配套服务，实现最佳运营效益。

（二十八）加强体育市场监管

依法施行体育服务质量认证制度，切实推行各项体育类国家强制性标准。依法明确各类市场主体的权利义务，规范经营行为，加强事中事后监管。加强体育产业管理队伍建设，加大体育产业基础研究和应用研究力度，完善体育产业统计指标体系和统计制度，为社会投资提供咨询服务。加快开展体育行业职业技能鉴定工作，在全省体育经营场所全面推行体育行业职业资质持证上岗制度，提高体育服务从业人员的服务意识和专业水平。到2020年，全省职业类社会体育指导员达到万人以上规模。

表5　陕西省"十三五"体育事业发展规划体育产业发展指标

序号	指标名称	单位	属性	2020年目标
1	体育彩票年销售量	亿元	预期性	80
2	省级体育产业基地	个	预期性	>5
3	全省体育生产经营单位总数	个	预期性	1000
4	职业类体育社会指导员人数	人	约束性	1万
5	陕西体育产业集团资产总值	亿元	约束性	>100
6	非公有制体育产业所占比重	%	预期性	>40
7	具有全国影响力的体育旅游目的地	个	预期性	5
8	体育旅游精品赛事	项	预期性	8
9	体育旅游精品线路	条	预期性	10

（二十九）做好体育彩票发行工作

认真贯彻《彩票管理条例》，进一步完善体育彩票发行制度和市场管理制度，健全发行销售监督机制。丰富体育特色彩票品种，加强发行渠道建设，提高管理、服务和营销水平。强化发行销售风险防控体系，确保体育彩票安全、健康、持续发展。加强体育彩票公益金使用管理和公益宣传，提高使用效益，提升体育彩票的公益形象，力争到"十三五"末年销售量达到80亿元。

六、全面加强体育文化建设

（三十）加强体育宣传和舆论引导

健全体育宣传通讯员队伍，完善新闻发布和信息公开制度，不断提高信息发布和舆论引导能力。以传统媒体和门户网站为主阵地，打通传统媒体和网络媒体两个舆论场，巩固传统媒体、官方微信公众号和门户网站三个宣传平台，加大对省内大型体育赛事、全民健身活动和体育产业典型等的宣传力度，努力营造浓厚的体育工作氛围。

（三十一）加大体育文化精品项目建设

大力弘扬以爱国主义为核心的中华体育精神，深化体育文化项目建设，推进冠军进校园活动，启动实行体育训练园区开放日，开展体育健身知识全省巡讲或定期讲坛活动，做好陕西体育博物馆展示和体育史志编修工作，加强体育社会科学建设，完善陕西数字体育建设工程，注重运动队文化园地建设，实施好社会体育指导员体育文化培训交流工程。

（三十二）强化精神文明建设

围绕社会主义核心价值体系建设，以体育活动为抓手，广泛开展"讲文明树新风"活动，深入开展"礼仪、礼节、礼貌"宣传教育活动，定期组织开展文明单位、文明科室、文明场馆、优秀体育工作者、优秀运动队、优秀教练员、优秀运动员等精神文明创建活动。

（三十三）扩大区域交流与合作

主动融入"一带一路"发展战略，扩大与周边省份和丝绸之路经济带沿线有关国家和地区的体育交流与合作，积极筹备举办丝绸之路大学生体育节、丝绸之路马拉松邀请赛、丝绸之路汽车摩托车越野拉力赛、丝绸之路足球邀请赛和丝绸之路公路自行车挑战赛等赛事活动，积极拓展体育文化对外交流与合作的方式与渠道，不断扩大陕西体育的对外影响力。

表6　陕西省"十三五"体育事业发展规划体育文化发展指标

序号	指标名称	单位	属性	2020年目标
1	省内体育门户网站数	个	约束性	10
2	年度举办体育健身养生知识全省巡讲或定期讲坛活动次数	次	约束性	8
3	陕西体育博物馆年接待人次	万人	约束性	>4

（续表）

序号	指标名称	单位	属性	2020年目标
4	年度承办国际、国内大赛数	项	预期性	10
5	年度开展"冠军进校园"活动次数	万元	约束性	>8
6	年度体育哲学社会科学课题立项数量	个	约束性	>20
7	陕西数字体育建设工程建设完善率	%	约束性	90
8	省级优秀运动队文化园地建设覆盖率	%	约束性	100
9	年度优秀社会体育指导员评选活动参与率	%	预期性	100
10	年度精神文明创建活动单位参与率	%	约束性	100
11	出现兴奋剂违禁事件	例	约束性	0
12	年度对外体育文化交流活动	次	约束性	>2

七、实施科教兴体，加强人才队伍建设

（三十四）完善体育科技创新体系

以发展需求为导向，以体育科研院所和体育院系为基础，调动全社会科技力量，建立体育科技资源布局合理、配置优化，适应体育领域大众创业、万众创新的科技创新体系，推进竞技体育专项攻关、全民健身服务平台建设、体育产业发展研究。积极申报重点实验室建设，加强陕西体育医院的功能建设，探索基于大数据下的全新康复模式，做好运动康复产业链中的终端服务。

（三十五）提高反兴奋剂工作水平

做好各项赛事的反兴奋剂工作，完善反兴奋剂管理体系。全面落实《反兴奋剂条例》和《反兴奋剂管理办法》，坚持依法反兴奋剂，探索建立反兴奋剂综合治理长效工作机制，认真做好我省运动员备战参赛奥运会、亚运会、全运会以及省运动会的反兴奋剂工作。

（三十六）加强体育哲学社会科学研究

结合体育深化改革实际，围绕全省体育事业发展的重大问题，加强体育哲学社会科学研究。以政府购买服务的形式，鼓励各级科研机构、高等院校建设体育智库，为体育发展

与决策提供咨询服务。加强对青年体育理论人才的培养，重点建设体育理论研究队伍。

（三十七）加强体育人才队伍建设

认真落实《全国体育人才发展规划》，制定《陕西省体育人才发展专项计划》，做好体育高等职业教育和成人教育，优化体育人才成长环境，提高竞技体育人才队伍水平，改善全民健身人才结构，扩大体育产业人才规模，形成一支德才兼备、结构合理、能力突出的骨干人才队伍。

（三十八）支持西安体育学院发展

充分发挥西安体育学院体育学科综合优势和国家重点体育社会科学研究基地作用，以建设体育教育、科研、训练三结合基地为目标，支持西安体育学院实施人才培养、科学研究和竞技夺标战略，全力推动新校区建设。支持西安体育学院调整学科和专业结构，创建足球学院，力争省部级重点学科建设取得新突破。稳定办学规模，提高办学质量，实现内涵发展，培育一批在国内外有较大影响的专家学者。

八、深化重点领域改革，转变体育发展方式

（三十九）加快转变政府职能

厘清权力清单和责任清单，编制权力运行流程图，健全事中、事后监管制度。完善政府购买服务政策，制定指导性目录，把适合由市场和社会承担的公共体育服务事项，按照法定方式和程序，交由具备条件的社会组织和事业单位承担。建立健全政府和社会资本合作机制，积极引导社会资本兴办体育事业，推动体育发展主体和提供方式多元化。

（四十）推进单项协会改革

参照全国性单项体育协会试点工作经验，加强单项协会的内部治理结构和组织能力建设，推动单项体育协会在机构、职能、资产、财务、人员等方面与行政机关、事业单位脱钩，及时总结和推广协会改革经验，推动各级各类体育协会改革，激发各级体育社会组织活力。

（四十一）加大足球改革力度

以足球改革为突破口，坚持问题导向，改革创新，大力推广校园足球、普及社会足球、振兴职业足球。加快制定全省足球中长期发展规划和场地设施建设规划，夯实足球场地设施、人才队伍、赛事组织等基础工作。支持有实力的足球俱乐部利用3~5年时间，进入职业联赛行列。到2020年，完成对全省1000名校园足球专兼职教师的培训，实

现足球竞赛管理人员、裁判员、社会足球指导员等专业培训5000人次，全省新建足球训练场地120块。

（四十二）深化群众体育改革

落实全民健身国家战略，推动领导力量、资源配备、优惠政策等向群众体育工作倾斜，着力构建以全民健身设施建设、组织建设、活动开展、健身指导、信息服务、科学评估为主要内容的全民健身公共服务体系。强化以全民健身服务为中心的制度设计和经验推广，合理设置全民健身服务体系建设评价指标，进一步夯实体育事业发展的社会基础。

九、着力提升依法治体的能力和水平

（四十三）深入推进依法行政

健全依法决策机制，建立体育行政部门法律顾问制度，确保各项体育行政决策制度科学、程序正当、过程公开、责任明确。严格界定自由裁量权，平等对待行政管理相对人，依法保障利害关系人的知情权、参与权和救济权。

（四十四）规范行使体育行政执法权

严格规范行使体育执法权限，明确执法机构、岗位、人员和责任，细化执法流程，规范执法行为。切实推进执法正规化、专业化，提高执法人员职业素养和专业水平，依法做到执法有保障、有权必有责、用权受监督、违法受追究、侵权须赔偿。

（四十五）完善体育纠纷救济机制

推进多元化体育纠纷解决机制建设，完善体育行业协会对比赛争议、反兴奋剂、参赛资格等体育纠纷受理的听证制度，探索建立体育仲裁制度。充分发挥行政调解在体育纠纷解决过程中的效力衔接作用，不断提升和完善体育行政复议在解决体育纠纷中的救济功能。

（四十六）加强体育法治宣传教育

充分利用现代通讯方式，创新普法形式，提高普法效率，营造体育系统学法守法遵法用法的浓厚氛围。各级体育行政部门要做到持之以恒学法、坚定自觉遵法、严格自律守法、积极主动用法。

十、加强规划的组织保障和实施管理

（四十七）全面加强党的建设

全面落实从严治党要求，夯实主体责任和监督责任，持续推进省委巡视组反馈意见的整改落实工作，进一步加大对赛事举办、赛风赛纪、赛事开发、器材采购等重点领域的正风肃纪，强化监督和问责力度，切实纠正体育行业的不正之风。充分发挥基层党组织的政治优势和组织优势，持续开展建设学习型党组织活动，使各级党组织的思想建设、组织建设、作风建设、制度建设和反腐倡廉建设得到全面加强。

（四十八）加强对体育事业的组织领导

加强对体育投入的绩效考核，提高体育投入资金的使用效益。强化与各级政府和相关部门的协商互动机制，促进各级政府按照《中华人民共和国体育法》和《全民健身条例》把体育事业经费、体育基本建设资金及公共体育设施建设资金列入本级财政预算和基本建设投资计划，将发展体育产业、促进体育消费和发展足球运动纳入本级国民经济和社会发展规划。

（四十九）建立明确的工作目标和问责制度

逐项分解"十三五"时期体育发展的目标任务，将其纳入年度目标考核工作部署，明确责任和进度，细化各项年度计划和工作方案，形成各单位各层级责任明确、措施有力、联动高效、问责到位的体育工作格局，切实保证各项规划指标任务按期保质完成。

（五十）加强规划协调管理和监测评估

建立省级专项规划和市、县发展规划相互协调的工作机制，落实规划确定的战略目标、重点任务和重大项目，在重点领域确保总体要求一致、资源配置合理。完善监测评估制度，引入第三方评估机制，加强对规划实施情况的跟踪分析，自觉接受社会监督，努力实现未来五年发展蓝图。

甘肃省体育发展"十三五"规划

"十三五"时期是深化体育改革,建设体育强国的关键时期,是加快发展体育产业,转变经济发展方式的攻坚时期,也是落实全民健身国家战略,不断提高人民群众身体素质和健康水平的重要阶段。为贯彻党的十八届五中全会和甘肃省委十二届十四次全委会议精神,充分发挥体育在全面建成小康社会、保障改善民生、促进经济发展、助推文化繁荣等方面的重要作用,推动我省体育事业和体育产业全面协调可持续发展,制定本规划。

一、面临的形势

(一)"十二五"时期我省体育发展成效显著

"十二五"时期是我省体育事业变化最大、亮点最多、发展最快的五年。省委、省政府高度重视体育工作,出台了一系列政策措施,推动体育事业和体育产业全面发展,取得了显著成绩,全面完成了"十二五"规划确定的目标任务,为甘肃经济社会发展作出了应有贡献,为"十三五"体育发展奠定了良好基础。

——群众体育事业快速发展。全民健身计划深入实施,全民健身活动广泛开展,全省每年累计开展规模性全民健身活动2500多次,参与人数近700万人次;全民健身工作基本实现"三纳入",群众体育人均事业经费2元;城乡居民健身意识明显增强,经常参加体育锻炼的人数达到840多万人,占全省总人口的32.3%;人民群众身体素质不断提高,城乡居民达到《国民体质测定标准》合格以上的人数比例达90.6%;体育社会组织逐步健全,省、市(州)、县(区)体育社团组织实现全覆盖,社会体育指导员人数达到4.7万人,晨、晚练点和健身气功站点6171个,初步形成了具有甘肃特色的全民健身服务体系。

——竞技体育水平稳步提高。运动项目布局进一步优化,重点项目竞争力不断提升,综合实力稳中有进;第十二届全运会我省取得了2金4银1铜的成绩,金牌列全国第29位,总分列全国第26位;"十二五"期间在重大国际、国内比赛中共获得330个前三名,其中第一名129个;成功举办了第十三届省运会、五届环青海湖国际公路自行车赛(甘肃段)、五届兰州国际马拉松比赛等国内外知名的体育赛事活动;项目布局稳中有增,成立了甘肃省田径曲棍球运动管理中心,临洮体育训练基地初步建成并投入使用;竞技体育人才队伍建设得到加强,共培养国际级健将5人、健将84人、一级运动员633人、一级裁判员966人,安置优秀退役运动员160人。

——青少年体育蓬勃发展。青少年体育公共服务体系建设取得明显进展,阳光体育活动持续开展，新创建国家级青少年体育俱乐部52所，总数量达到128所；新创建国家级青少年户外体育活动营地3个，总数量达到5个；新创建省、市级青少年体育俱乐部60所，省级青少年户外体育活动营地2个；体育后备人才培养成效显著，创建国家单项体育后备人才基地11个；创建国家级体育传统项目学校6所，总数量达到12所；创建校园足球特色学校211所，重新命名省级体育传统项目学校110所；青少年运动员文化教育和社会保障制度逐步完善，多部门齐抓共管的协作机制在青少年体育发展中发挥着重要作用。

——体育场地设施大幅增长。2014年底发布的第六次全国体育场地普查数据显示，截至2013年底我省累计建成各类体育场地30282个，比"五普"增长了8382个，增长率达38.27%；人均体育场地面积1.12平方米，比"五普"增长0.38平方米。截至2015年底，市（州）全民健身活动中心（体育馆）12个、公共体育场11个，县（市、区）全民健身活动中心（体育馆）49个、公共体育场58个；城市街道室内外健身设施925个，农村乡镇体育健身中心693个，行政村农民体育健身工程11012个，公共体育场馆（不包含学校）12536个。体育惠民工程持续实施，建成500个乡镇和社区体育健身中心；实施"雪炭工程"44个、"民康工程"2个，建成体育公园和健身广场158个，安装全民健身路径5475套，乡镇文体活动站实现全覆盖。全省体育系统公共体育场馆设施全部免费或低收费向社会开放。

——体育产业焕发活力。体育产业政策措施不断完善，出台了《甘肃省人民政府贯彻国务院关于加快发展体育产业促进　体育消费若干意见的实施意见》《甘肃省省级体育产业发展专项资金管理办法》；户外运动广泛开展，品牌赛事提质增效，冰雪和航空体育运动快速发展，冰雪运动场地已达到13个，以户外运动为支撑的"三大板块"健身休闲产业布局初步形成；体育与文化、旅游等相关产业融合发展成效显著，居民体育消费明显增长；"十二五"期间共销售体育彩票90多亿元，是"十一五"销量的3倍多，筹集公益金24亿多元。

——体育文化建设不断加强。体育文化在体育发展中的地位进一步提升，体育在促进精神文明建设中的重要作用进一步发挥，体育对外交往进一步拓展，体育社会科学研究进一步深入，体育行业作风建设进一步推进，体育法治、宣传、科研、教育和人才队伍建设等各项工作均得到长足发展。

表1　"十二五"规划主要指标完成情况

主要指标	"十二五"规划预期目标	完成情况
体育人口	全省经常参加体育锻炼的人数比例达到30%	全省经常参加体育锻炼的人数比例为32.3%，超额完成任务
体育场地	全省各类体育场地达到26900个，人均体育场地面积上升到1.3平方米	截至2013年底，全省建成各类体育场地30282个，人均体育场地面积为1.12平方米

(续表)

主要指标	"十二五"规划预期目标	完成情况
全民健身场地设施	争取到"十二五"末,各市(州)、县(市、区)、乡镇均建起全民健身活动中心或文体广场	各市(州)、县(市、区)全民健身活动中心、健身广场、"一村一场"和乡镇文体活动站实现全覆盖
体质监测	《国民体质测定标准》总体合格达标率85%以上	《国民体质测定标准》总体合格达标率90.6%,全面完成任务
体育社团组织	到2015年,省、市(州)、县(市、区)普遍建立体育社团组织	省、市(州)、县(市、区)体育社团组织实现全覆盖,全面完成任务
社会体育指导员	全省社会体育指导员人数达到3万	全省社会体育指导员人数4.7万,超额完成任务
晨、晚练站点	全省晨、晚练点和健身气功站点发展到4000个	全省晨、晚练点和健身气功站点为6171个,超额完成任务
体育惠民工程	每年新建100个乡镇及社区体育健身中心	建成500个乡镇及社区体育健身中心,全面完成任务
竞技体育	第12届全运会夺得金牌3枚以上,力争实现奥运会金牌"零"的突破	第12届全运会获得2金4银1铜;"十二五"期间在重大国际、国内比赛中共获得330个前三名,其中第一名129个
青少年体育	国家体育后备人才基地发展到6个,省级体育传统项目学校数量保持100所以上,国家级青少年体育俱乐部发展到100个以上	国家单项体育后备人才基地发展到11个,省级体育传统项目学校110所,新创建国家级青少年体育俱乐部52个,总数量达到128所,超额完成任务
体育彩票	"十二五"期间,体育彩票销售额累计达到35亿元	"十二五"期间,共销售体育彩票90亿元,超额完成任务

(二)"十三五"时期是我省体育改革与创新发展的重要阶段

随着经济社会的发展和人民生活水平的不断提高,人民群众的体育消费需求和日益增长的健身需求已成为一种新常态。新时期,党和国家高度重视体育改革与发展,习近平总书记对体育工作多次发表重要讲话,党的十八大提出"广泛开展全民健身运动,促进群众体育和竞技体育全面发展",国务院印发了《国务院关于加快发展体育产业 促进体育消费的若干意见》,首次将全民健身上升为国家战略,体育已处于国家新一轮改革的前沿,将在全面建成小康社会和现代化建设的进程中,具有越来越重要的地位。经济发展新常态和供给侧结构性改革对体育与经济社会的协调发展提出了新要求,体育产业作为新兴产业、绿色产业、朝阳产业,逐渐成为我国经济发展新的增长点,体育消费对经济发展的贡献将不断增强。建设健康中国为体育发展提供了新机遇,人民群众更高层次的健康需求,有力推动体育融入日常生活,培育健康绿色生活方式,形成崇尚运动、全民健身的良好氛围。在新的历史条件下,甘肃省委、省政府把不断改善民生,扎实推进精准扶贫、精准脱贫,加快全面建成小康社会作为中心任务。全省体育发展必须紧紧抓住"十三五"这一关键时期,解放思想,抢抓机遇,凝聚力量,乘势而上,全面深化体育改革,创新体制机制,扎实推进各项工作,在新的更高起点上推动群众体育、竞技体育、体育产业全面协调快速发展。

(三)"十三五"时期我省体育发展面临的挑战

从总体来看,我省体育事业的发展水平与发达省市相比还有很大差距,人民群众日益增长的体育需求与政府、社会提供的体育资源、体育公共服务相对不足仍然是我省体育发展中的主要矛盾。从具体来看,经常参加体育锻炼的人数、人均体育场地面积、全民健身活动的广度和深度、社会体育指导员数量和质量与全国平均水平相比存在一定差距,基层体育部门尤其是部分县级体育部门职能弱化,社会体育和学校体育有待进一步加强。竞技体育形势依然严峻,综合实力和竞争力有待进一步提升,运动项目布局和结构有待进一步优化,群众喜爱、影响广泛的"三大球"项目亟待发展,优秀运动队伍基础、规模和竞争实力有待进一步增强,竞技体育后备人才培养、选拔、输送体系有待进一步完善,体育科研、训练、医疗、管理、保障资源有待进一步整合,优秀教练员队伍和科研人才培养有待加强。体育产业还在起步阶段,基础薄弱,规模较小,领域较窄,活力不强,在经济社会发展中的比重和贡献率还比较低。体育人才队伍建设还不能适应快速发展的形势,高素质复合型的体育管理人才依然缺乏。体育事业和体育产业管理、协调、服务机制需要进一步加强和完善,体育法治、文化、宣传、科研、教育以及行业作风、发展方式等方面还存在一些亟待解决的问题,迫切需要深化改革和创新发展。

二、指导思想、总体目标和基本原则

(一)指导思想

全面贯彻党的十八大和十八届三中、四中、五中全会以及甘肃省委十二届十四次全委会议精神,深入学习贯彻习近平总书记系列重要讲话和有关体育工作的重要批示精神,以"四个全面"战略布局为统领,牢固树立和贯彻落实创新、协调、绿色、开放、共享的发展理念,围绕建设健康中国和体育强国的任务要求,充分发挥体育在推动经济社会发展、保障和改善民生等方面的重要作用,以满足人民群众日益增长的健身需求和体育消费需求为目标，以增强人民体质、提高健康水平为根本任务，以改革创新为动力，努力推动体育各领域全面、协调、可持续发展，走出一条西部欠发达地区体育发展的新路子，为我省经济社会发展和全面建成小康社会作出积极贡献。

（二）总体目标

按照国家和全省"十三五"规划总体部署和加快推进健康中国、建设体育强国的任务要求，进一步完善全民健身公共服务体系，拓展群众体育的广度和深度，全省经常参加体育锻炼的人数达到900万人以上，人均体育场地面积达到1.5平方米以上，青少年足球的普及率和参与率明显提高。优化竞技体育运动项目布局，提升重点项目竞争力，努力实现奥运金牌"零"的突破、第十三届全运会金牌"保三争四"的目标。改革与完善体育后备人才培养体制机制，建立符合竞技体育发展规律的训练管理体系和多元化联动发展模式。加快发展体育产业，促进融合发展，建成一批体育产业基地，培育一批体育产业品牌，到2020年，体育产业总规模超过80亿元。体育管理的科学化、法治化、现代化水平和服务能力明显提升。体育法治、文化、宣传、科研、教育、人才培养、外事交流和信息网络建设等工作扎实推进。进一步深化体育改革，创新县级体育发展方式，夯实体育发展基础，提升体育发展的水平和效益，到"十三五"末，形成较为完善覆盖城乡的体育公共服务体系和体育产业体系。

表2 "十三五"体育发展主要指标

主要指标	"十三五"规划目标	属性
体育人口	全省经常参加体育锻炼的人数达到900万人以上	约束性
体育场地	人均体育场地面积达到1.5平方米以上	约束性
全民健身场地设施	全省每年建设1000个以上村级农民体育健身工程、300条全民健身路径、50个笼式足球场，在城市社区全面建成10~15分钟健身圈，新建社区的体育设施全覆盖	约束性
体质监测	城乡居民达到《国民体质测定标准》合格以上的人数比例达到92%以上	预期性
体育社团组织	全省14个市（州）、86个县（市、区）全部建立体育社会组织4+X模式，即体育总会、老年人体育协会、社会体育指导员协会、农民体育协会和单项体育运动协会，乡镇（街道）和社区（行政村）全部成立农民体育协会和社会体育指导员协会	约束性
社会体育指导员	全省社会体育指导员人数达到8万人以上	约束性
晨、晚练站点	晨、晚练点和健身气功站点发展到1万个以上	约束性
乡镇和社区体育健身中心	每年新建100个乡镇和社区体育健身中心	约束性
竞技体育	努力实现2017年第十三届全运会取得金牌3枚以上，2016年里约奥运会夺得金牌的"1331"计划	预期性

(续表)

主要指标	"十三五"规划目标	属性
青少年体育	国家高水平体育后备人才基地、国家单项奥林匹克后备人才基地发展到12个以上，国家级体育传统项目学校发展到16所，省级体育传统项目学校发展到140所，各级青少年体育俱乐部总量达到500个以上，青少年户外体育活动营地达到30个以上	约束性
体育产业	体育产业总规模超过80亿元，冰雪运动场地发展到30家以上，体育彩票销售额累计达到120亿元	约束性

（三）基本原则

——坚持立足体育，服务大局。将我省体育发展融入"一带一路"建设、健康中国建设、体育强国建设和全面小康社会建设，准确把握体育在中国特色社会主义建设和发展大局中的重要位置，充分发挥体育在助推经济建设、社会建设、文化建设、生态建设和精神文明建设中的积极作用。

——坚持以人为本，服务民生。以不断满足人民群众日益增长的体育需求为动力，以提高人民群众身体素质和健康水平为目标，更加注重以人为本，更加注重保障和改善民生，为人民群众提供更多更好的全民健身公共服务，努力实现基本公共体育服务均等化，增强人民群众的幸福感和获得感，有效提高全民族健康水平。

——坚持改革创新，统筹发展。不断解放思想，深化体育改革，转变发展观念，创新发展模式，加快体育发展由粗放型向集约型转变，体育管理由经验型向科学型转变。坚持改革创新、统筹兼顾、全面发展的原则，切实处理好整体与局部、当前与长远、重点与均衡、特色与普及的关系，兼顾城乡之间、地区之间、部门之间的均衡发展，促进群众体育与竞技体育、体育事业与体育产业全面协调发展。

——坚持依法治体，人才强体，文化兴体。加强体育法治建设，促进依法行政、依法治体。重视人才队伍建设在体育发展中的关键作用。充分发挥体育文化在社会主义核心价值体系建设中的重要作用，围绕丝绸之路（敦煌）国际文化博览会的举办，培育甘肃体育文化特色，开发特色体育项目，为推动文化大省和华夏文明传承创新区建设作出积极贡献。

三、主要目标和基本任务

（一）完善全民健身服务体系，提高群众体育发展水平

1. "十三五"时期我省群众体育的发展目标是：深入贯彻落实《全民健身条例》《全民健身计划（2016—2020年）》和国务院《国务院关于加快发展体育产业 促进体育消费

的若干意见》，从国家战略高度加强和改进群众体育工作，强化政府履行体育公共服务职责，提高全民健身公共服务水平，建立完善以全民健身设施建设、组织建设、活动开展、健身指导、科学评估为主要内容的全民健身公共服务体系。到2020年，城乡居民健身意识进一步增强，经常参加体育锻炼的人数比例达到36%以上，城乡居民达到《国民体质测定标准》合格以上的人数比例达到92%以上，直接服务群众的各级社会体育指导员人数达到8万人以上，晨、晚练点和健身气功站点发展到1万个以上。培育发展一批特色鲜明的全民健身品牌赛事，形成覆盖城乡的全民健身组织网络，全面建成与小康社会相适应的全民健身公共服务体系。

2. 实现全民健身"三纳入"常态化，不断完善基本公共体育服务。各级政府要加大全民健身"三纳入"工作力度，即把全民健身事业特别是公共体育设施建设纳入当地国民经济和社会发展规划，把全民健身工作经费纳入当地财政预算，把全民健身工作纳入当地《政府工作报告》。加快建设水平较高、内容完备、惠及全民的基本公共体育服务体系，推动基本公共体育服务在地域、城乡和人群间的均等化。加强基本公共体育服务信息化建设，建立数据采集和监测平台，推广和完善全民健身电子地图和全民健身设施分布图。建立群众体育、竞技体育、体育产业相互促进、协同发展的有效机制，形成政府主导、体育部门协调、多部门联动、全社会共同参与的"大群体"发展格局。

3. 广泛开展全民健身活动，培育全民健身活动品牌。广泛开展"全民健身日""全民健身在陇原"等群众健身系列活动，广泛开展不同层次、不同人群、不同类型的全民健身活动和竞赛。力争创建8～10个国内一流、国际知名、具有甘肃特色的群众体育品牌赛事，实现每个市（州）有1项国家级体育品牌赛事，每个县（市、区）有1项省级体育品牌赛事，每个乡镇（街道）和社区（行政村）有1项以上固定的体育活动和赛事。持续举办新年登高健身大会、张掖户外运动节、祁连山国际超百公里山地户外运动挑战赛、张掖全国汽车拉力锦标赛、酒泉国际戈壁超级马拉松赛、敦煌沙滩排球赛、"玄奘之路"戈壁挑战赛、天水龙舟赛、靖远全国场地汽车越野锦标赛、"冶力关"拔河公开赛、平凉崆峒武术大会、中国·金昌国际青少年生存训练营等品牌赛事活动。积极组织参加全国少数民族运动会、残疾人运动会等各级各类群众性体育比赛和全民健身展示活动，办好全省少数民族传统体育运动会、残疾人运动会、特殊奥林匹克运动会等群众性综合运动会。

4. 完善全民健身组织网络，加强社会体育指导员队伍建设。全省14个市（州）、86个县（市、区）全部建立体育社会组织4+X模式，即体育总会、老年人体育协会、社会体育指导员协会、农民体育协会和单项体育运动协会，乡镇（街道）和社区（行政村）全部成立农民体育协会和社会体育指导员协会。建立政府向社会力量购买公共体育服务机制，完善扶持体育社会组织发展的政策和措施。加强体育协会建设，积极推进省级单项体育协会综合试点改革，做好换届和改选工作，鼓励社会力量参与，培育符合改革和发展需求的高素质体育协会人才队伍，不断提升各级各类体育协会的工作能力和水平。加强社会体育指导员培训和晨晚练点、健身气功站点建设，建设面向社会、面向群众、面向基层的体育健身培训指导队伍，积极开展全民健身志愿服务。组织实施《国家体育锻炼标准》，大力开展科学健身、体质测试等健身指导服务。构建以各级体育部门和体育总会、单项运动协会、行业体育协会为主体，以俱乐部和健身站（点）为依托，以社会体育指导员为骨干，以民间体育组织和全民健身志愿者为补充的全民健身组织网络。

5. 加强老年人、残疾人、妇女等人群体育活动的开展。落实国家体育总局等十二个部委联合印发的《关于进一步加强新形势下老年人体育工作的意见》，充分发挥体育在应对人口老龄化过程中的积极作用，完善老年人体育协会建设，加强老年人体育活动场地建设和队伍建设，积极引导老年人参加体育活动，提高老年人健康水平和生活质量。加强针对残疾人健身的体育教练和社会体育指导员培养，推广普及适合残疾人锻炼的体育健身项目。加强妇女体育健身骨干培养，积极开展体育健身活动，协助组建妇女体协，提高妇女经常参加体育锻炼的人数。充分关注下岗失业人群、城镇贫困人口和城市农民工等弱势群体的身体健康，保障其享有体育健身的权利。大力发展职工体育，支持和鼓励企事业单位组织开展形式多样、内容丰富的职工体育活动，不断提高广大职工的健身意识和健康水平。

（二）优化运动项目结构布局，增强竞技体育综合实力

1. "十三五"时期我省竞技体育的发展目标是：深化对竞技体育发展规律、后备人才培养规律、运动项目训练比赛规律的认识，不断优化项目结构和布局，继续改善基础设施和训练条件，不断提升集约化、科学化、系统化管理水平和可持续发展能力，不断增强竞技体育综合实力，努力实现2017年第十三届全运会取得金牌3枚以上、2016年里约奥运会夺得金牌的"1331"计划。

2. 做好青运会、全运会、亚运会、奥运会等重大体育赛事的备战和参赛工作。加强对备战工作的综合协调与组织，建立决策科学、运转高效、信息畅通、分工明确、措施完善、落实到位、保障有力的备战组织管理体系和工作机制。以推动训练和管理创新为重点，着力构建训练、科研、医疗、管理、保障五位一体的复合型保障团队。注重体能康复训练和日常训练有机结合，提高运动员专项水平和训练参赛综合能力。通过培训、进修、交流等措施，不断提升教练员业务水平和执教能力，完善训练评估办法，增强训练质量和时效。

3. 加强竞技体育专业人才培养和队伍建设，改革创新竞技体育发展模式。高度重视教练员、医务人员、科研人员队伍的建设，建立高效的培养渠道，不断满足训练和竞赛需要，制定完善适应竞技体育任务需求的人才引进激励政策和制度。加强对竞技体育项目职业化、社会化发展研究，提倡和鼓励高校及社会力量合办、联办专业优秀运动队，提升竞技体育项目职业化发展水平。

4. 改革和完善竞赛体系，充分发挥体育竞赛杠杆作用。合理利用全省竞技体育资源，完善激励政策，充分发挥省运会和年度竞赛的杠杆作用。提高竞赛组织管理水平，建立健

全符合青少年成材规律的分层次、分等级的青少年竞赛制度。办好第十四届省运会,加强对省运会赛制、设项、举办形式等方面的改革力度,扩大省运会的综合效应和社会影响力。加大政策引导,促进体育竞赛社会化,调动地方政府和社会力量办赛的积极性。

5. 以足球改革为突破口,推动"三大球"运动振兴发展。贯彻落实《中国足球改革发展总体方案》,进一步明确省足协的定位和职能,按照政社分开、政企分开、管办分离的要求,改选省足球运动协会。以"我爱足球"中国足球民间争霸赛为基础,扩大足球赛事规模,创新赛制,培育全省足球市场,逐步完善社会足球竞赛体系。大力发展群众参与度高、市场空间大、带动能力强的体育项目,以足球、篮球项目为重点,抓好"三大球"运动的普及与提高;以青少年足球、青少年篮球、女子足球为切入点,结合我省实际组建"三大球"专业队。鼓励高校、企业和社会力量合办"三大球"专业队,创建"三大球"职业俱乐部,兴办"三大球"业余俱乐部、训练营等培训机构,政府通过购买服务的形式予以扶持。

6. 加强运动队思想政治工作和道德作风建设,狠抓赛风赛纪和反兴奋剂工作。深入持久开展爱国主义教育、社会主义核心价值观教育、理想信念教育和职业道德教育,大力弘扬奥林匹克精神,培养运动员无私奉献的精神、坚韧不拔的意志、顽强拼搏的作风,把提高运动技能与培养有理想、有文化、有纪律的人才相结合,使运动队成为道德高尚、作风顽强、技术过硬的优秀群体。坚决纠正体育行业不正之风,切实维护赛场秩序,净化赛场风气,促进公平竞争。加大对弄虚作假、徇私舞弊、以大打小、执裁不公、扰乱赛场秩序等违规违纪行为的查处力度。继续加强反兴奋剂宣传教育工作,加强兴奋剂监测、检查和惩处力度。

7. 健全运动员社会保障机制,做好退役运动员安置工作。认真贯彻落实国办《关于进一步加强运动员文化教育和运动员保障工作的指导意见》和我省实施意见,建立完善体育激励机制和运动员社会保障机制。拓宽体育运动学校运动员培养输送渠道,落实和完善退役优秀运动员进入高等院校学习的各项优惠政策。我省县级以上政府及人社、编制、财政、教育、体育等部门要按照国家和省上的政策,共同做好优秀运动员文化教育、社会保障等方面的工作,加强对运动员职业转换的扶持力度,对退役运动员自主创业给予政策性支持,建立健全运动伤病医疗、伤残保险等医疗保障制度,坚持做好退役运动员培训和安置工作。

(三)开展青少年体育活动,完善后备人才培养体系

1. "十三五"时期我省青少年体育的发展目标是:初步建成覆盖城乡的青少年体育公共服务体系,构建学校、社区、家庭相结合的青少年体育公共服务网络。青少年体育人口不断扩大,各级体育运动学校办学质量显著提升,青少年训练为社会培养数量充足、全面发展的体育人才。国家高水平体育后备人才基地、国家单项奥林匹克后备人才基地发展到12个以上,国家级体育传统项目学校发展到16所,省级体育传统项目学校发展到140所,

各级青少年体育俱乐部总量达到500个以上,青少年户外体育活动营地达到30个以上,形成体教融合、多元互补的青少年体育人才和竞技体育后备人才培养体系。

2. 广泛开展青少年体育活动,提高青少年健康素质。积极推进青少年体育公共服务供给主体多元化,形成以政府投入为主体、社会投入为补充的青少年体育公共服务投入机制。以各级各类学校、体校、公共体育设施为载体,广泛开展阳光体育运动,学校体育设施开放率达到40%。成立青少年体育俱乐部联合会,使青少年户外体育活动营地成为青少年户外体育活动的重要场所。积极开展学校体育活动,实施《国家学生体质健康标准》,切实保障中小学体育课课时和开展课外体育活动,确保学生校内每天体育活动时间不少于一小时,帮助青少年养成体育爱好,并掌握一项以上体育运动技能,全面提高青少年身体素质。

3. 完善竞技体育后备人才多元化培养模式,夯实竞技体育可持续发展基础。实施竞技体育后备人才培养工程,做好中长期规划布局,完善评估奖励政策。加强体教结合,抓住选材、培养、输送等环节,提升训练规模和质量,积极构建以基础教育阶段为基础,以体育运动学校和体育后备人才基地为龙头,以青少年体育俱乐部、体育传统项目学校、体育特色学校和社会力量兴办的后备人才培养机构为支撑的多元化竞技体育后备人才培养体系。加强田径高原人才开发计划训练点和自行车、射击等省级训练点建设,持续举办青少年训练营和选拔赛对抗赛,提高后备人才培养效益。进一步提高各级体校的办学质量,探索和建立适应改革和发展需求的办学新思路,加快推进省体校等2~3所体校办成高等体育专业技术院校,形成适应社会需求的中、高职体育职业教育体系。

4. 发展青少年足球,大力开展校园足球活动。抓好省级青少年足球精英训练中心和基层青少年足球训练网点建设,抓好以青少年为重点的足球普及与提高工作,不断扩大青少年足球人口,夯实足球人才基础。进一步深化学校体育改革,发挥足球育人功能,培养全面发展人才。配合教育部门,扩大校园足球特色学校,优化校园足球学校布局,发挥竞赛杠杆作用,建立大学、高中、初中、小学四级足球竞赛体系,形成校园足球激励机制,推动校园足球活动常态化。重视推动藏族等少数民族青少年足球活动的开展。

(四)加强体育设施建设,提高体育场馆公共服务能力

1. "十三五"时期我省体育设施的发展目标是:进一步提升"甘肃丝绸之路体育健身长廊"的规模和效益,全省各类体育场地数量达到32000个,加快推进重点体育项目建设,在城市社区全面建成10~15分钟健身圈,新建社区的体育设施全覆盖。提升体育场馆运营管理能力和服务水平,提高场馆利用率,形成城市体育场馆设施比较完备,城乡公共健身设施便捷适用,场馆服务优质高效的公共体育设施供给体系,为人民群众提供更加多样、更加便利的体育健身场所和设施。

专栏1 甘肃丝绸之路体育健身长廊

"甘肃丝绸之路体育健身长廊"是甘肃省为加快体育事业和体育产业发展步伐，于2006年实施的体育发展项目。基本思路是充分利用我省独特的地形地貌和历史文化资源，以体育场馆建设为基础，以创建体育品牌赛事为亮点，以构建全民健身服务体系为目标的特色发展模式。

"甘肃丝绸之路体育健身长廊"实施十年来取得了显著效果。截至2015年12月底，全省14个市（州）有12个市（州）建成全民健身活动中心（体育馆），占全省总数的86%。11个市（州）建成公共体育场，占全省总数的79%；86个县（市、区）有49个县（市、区）建成全民健身活动中心（体育馆），占全省总数的57%。58个县（市、区）建成公共体育场，占全省总数的67%；1228个乡（镇）全部建成了"一乡一站（文体活动站）"，346个乡（镇）实施了农民体育健身提升工程，建成500个乡镇和社区体育健身中心体育惠民工程；建成行政村农民体育健身工程11012个，占全省总数的69%；建成全民健身路径5475多套。累计实施"雪炭工程"、民康工程46个。建成全民健身户外营地15个，健身广场或体育公园158个，笼式足球场55个。同时，我们充分发挥甘肃丝绸之路文化资源丰富、地理地貌多样、民族风情独特的优势，积极开展登山攀岩、冰川探险、戈壁拉力、沙漠穿越、户外露营、黄河漂流、草原赛马、野外生存、超级挑战、冬季滑雪等活动，打造了一批具有甘肃特色的品牌赛事。

2. 加强体育基础设施建设。实施新"四个一"体育基础设施建设任务，重点建设一批便民利民的中小型全民健身场地、健身广场、健身步道、体育公园、笼式足球场、笼式网球场、全民健身路径、社区多功能运动场及适合老年人健身的场地设施。全省每年新建100个乡镇和社区体育健身中心、1000个以上村级农民体育健身工程、300条全民健身路径、50个笼式足球场。逐步形成以省、市大型体育场馆为主体，以县（市、区）场馆设施为支撑，以社区和农村体育健身场所为基础的公共体育场地设施网络体系。

专栏2 体育基础设施"四个一"工程

2015年，《甘肃省人民政府贯彻国务院关于加快发展体育产业促进体育消费若干意见的实施意见》提出，进一步提升全省"一市一馆、一县一中心、一乡一站、一村一场""四个一"工程建设标准，实施新"四个一"体育基础设施建设任务，即每个市州建成体育场和体育馆、健身馆、游泳馆或滑冰馆等体育场馆设施为主的1场3馆，每个县市区建成多功能体育场、健身广场或体育公园、综合健身馆、小型体育馆等2场2馆，每个乡镇、街道建成不少于4个体育项目的综合健身场馆，村级农民健身工程实现全覆盖。上述目标2025年全部完成。

3. 加快推进重点体育项目建设。加快推进甘肃省体育馆、临洮体育训练基地、七里河体育场改（扩）建等重点体育项目建设，支持临夏回族自治州加快完成第十四届省运会场馆设施建设，加大训练单位和省体校基础设施建设力度，进一步改善优秀运动员训练和后备人才培养条件。依托甘肃省体育馆建设，在兰州新区构建集竞赛表演、健身休闲、体育培训、体育会展、体育旅游、中介服务、养老康复、文化创意和设计服务等相关业态融合发展的城市体育服务综合体。积极推进兰州七里河体育场改（扩）建工程，尽快完成审批、立项、设计等前期工作，统筹考虑省体工一大队、省体科所、省职校、省体育彩票管理中心、接待站5家驻场单位的建设发展。

4. 推动公共体育设施开放利用。进一步提升体育场馆运营管理水平，拓展服务领域，提高体育场馆公共服务能力。推动各级各类公共体育设施免费或低收费开放，积极推动有条件的学校和企事业单位体育场馆向社会开放。省政府实施的乡镇及社区体育惠民工程，各级体育彩票公益金建设的室外健身场地和健身路径，一律免费使用，并实行属地安全与管理维护责任制，切实提高公共体育设施使用效率。

（五）加快发展体育产业，促进体育消费

1. "十三五"时期我省体育产业的发展目标是：贯彻落实《国务院关于加快发展体育产业 促进体育消费的若干意见》《甘肃省人民政府贯彻国务院关于加快发展体育产业促进体育消费若干意见的实施意见》，居民体育消费显著增加，体育产业增加值在我省生产总值中所占比重明显提高，体育产业发展政策更加完善，体育产业环境日趋优化，体制机制充满活力，体育产业基础更加坚实，形成以户外运动、汽车运动、冰雪运动、航空运动、健身休闲、竞赛表演、场馆服务、体育培训和体育彩票等为重点，体育与文化、旅游、健康、养老等相关产业融合发展，多业并举、规范发展的体育产业体系。

2. 完善产业结构，加快发展体育服务业。提高体育服务业在体育产业中的比重，大力发展健身休闲、竞赛表演、体育培训、体育旅游、运动康复等生活服务业，促进体育策划咨询、体育中介服务、体育电子商务、体育会展、运动装备租赁等生产性服务业，努力培育和打造一批具有影响力的体育产业园区、体育培训基地和品牌赛事。完善金融、资讯、科研、中介等体育产业发展链条，构建体育产业服务体系。

3. 以户外运动为抓手，积极发展健身休闲产业。各地要依托资源优势，创新发展具有地域特色的健身休闲产业，打造一批符合市场规律、具有市场竞争力的体育产业基地。夯实"三大板块"户外运动产业带发展基础，不断提升质量、效益和水平。支持社会力量和旅游景区结合自身特点开发户外运动项目，建设户外营地、徒步骑行营地、露营营地、航空飞行营地等配套服务设施。支持张掖"国际户外运动名城"、酒泉"西部户外运动之都"建设，积极推进"中国·河西走廊户外运动基地"建设。

专栏3　"三大板块"户外运动产业带

2015年,《甘肃省人民政府贯彻国务院关于加快发展体育产业促进体育消费若干意见的实施意见》提出,积极发展健身休闲产业,打造"三大板块"户外运动产业带,在兰州和河西地区,重点开展登山、徒步、骑行、汽车、摩托车、冰雪运动、航空运动、黄河漂流、极限挑战等特色体育项目;在中部地区,重点开展山地自行车、赛马、拔河、徒步、探险、龙舟等特色项目;在陇东陇南地区,重点开展登山、徒步、攀岩、户外垂钓、传统武术、休闲养生等特色项目。

4. 大力培育冰雪和航空体育产业。支持和引导社会力量投资建设冰雪运动场地、兴办冰雪运动培训机构,开展冰雪体育活动,鼓励有条件的地区利用气候和地理条件建设综合性冬季体育运动基地。到2020年,全省冰雪运动场地发展到30家以上。充分利用河西走廊独特的气流条件,加快酒泉、嘉峪关、张掖滑翔基地建设,促进全省航空体育运动发展。

5. 加快发展体育用品制造和销售业。推动体育用品制造业发展,以健身器材和竞赛表演器材制造为突破口,在全省培育一批具有一定规模的体育用品制造与销售企业。鼓励国内外知名体育品牌公司落户甘肃或设立分支机构,发展电子商务、连锁经营、加盟营销等新型业态,带动体育用品制造与销售业发展。鼓励各地和兰州新区在总体规划和招商引资中,积极引进国内外知名体育生产与销售企业。

6. 积极拓展业态,促进融合发展。依托敦煌文化、黄河文化、长城文化、崆峒文化资源,推进华夏文明传承创新区建设,兴办体育赛事,开展户外运动,培育一批体育旅游精品线路和景区。推动体育与文化、旅游、教育、健康、养老、康复等生活型服务业的融合发展,促进体育与互联网、金融、地产等领域的交互融通。引导和推动体育产业领域采用"互联网+"模式,发展户外运动、体育健身服务、体育培训、体育用品生产与销售、体育智能穿戴等产业。支持张掖市体育与文化旅游融合发展示范区建设,培育好全国体育产业联系点;支持敦煌市打造丝绸之路体育文化交流中心。

7. 发展少数民族传统体育,兴办特色体育产业。充分发挥传统体育、少数民族体育优势,发展民族特色体育产业。大力弘扬敦煌拳艺、崆峒武术、伏羲武术的体育文化内涵,提升玛曲格萨尔赛马、阿克塞哈萨克式摔跤等民族传统体育活动规模和水平,精心打造具有全国影响力的武术节会、赛马节会、拔河节会、民族摔跤节会等。积极挖掘、整理和推广民间民俗体育,支持和培育藏族押加、东乡族拔棍、保安族夺腰刀、裕固族顶杠子、哈萨克式摔跤等特色民族体育项目。

8. 创新体育产业发展模式,鼓励社会资本投资体育产业。引导和鼓励社会资本进入体育产业领域,拓宽投融资渠道,扩大体育消费需求,构建多元化的体育产业发展模式。拓展产业发展思路,推动体育投入主体多元化和投资渠道多样化,营造各种所有制经济、各类投资主体公平竞争的体育发展环境。建立健全市场投资激励机制,调动各方力量兴办体育，推广政府和社会资本合作模式（PPP），按照利益共享、风险共担、全程合作的原则，引导社会资本投入体育产业。

9.做好体育彩票工作。贯彻《彩票管理条例》，进一步完善体育彩票销售制度和市场管理制度，健全销售监督机制，强化县域市场管理。加强销售渠道建设，提高管理、服务和营销水平，扩大彩民群体，激发市场新活力。"十三五"期间，体育彩票销售额达到120亿元。加强体育彩票公益金使用管理和公益宣传，提高使用效益，提升体育彩票的公益形象。强化销售风险防控体系，确保体育彩票安全、健康、持续发展。

（六）增强综合保障能力，提升体育服务管理水平

1.注重依法治体，提高依法行政能力。积极推进普法、依法治理工作，认真落实"七五"普法规划。建立健全重大行政决策制度，完善科学、民主和依法决策机制，加大决策环节的制度化建设，推进体育政务公开，促进行政决策与管理的科学化和民主化。切实转变职能，把工作重心放在制定发展规划、加强宏观调控、完善规章制度、提供公共服务、维护行业秩序上来。着力解决依法治体的关键问题，制定完善促进公共体育服务、引导规范职业体育发展、推动体育社会组织建设、规范体育市场及体育行业作风建设等方面的法规、规章和规范性文件。

2.注重人才强体，培育体育人才队伍。认真贯彻落实中共中央印发的《关于深化人才发展体制机制改革的意见》，牢固树立人才是第一资源的观念，持续抓好"五种高水平体育人才和三支体育人才队伍"建设，加强游泳救生员、体育场地工、体育经纪人、山地户外救援队等专业人才队伍建设。注重德才兼备，坚持以能力、实绩和贡献为导向的人才评价标准，建立我省体育人才数据库。鼓励高校、企业和社会力量依据社会需求，培养理论水平高、实践操作能力强和科研业绩优的体育人才；支持省体校创建甘肃省体育教练员培训基地。

专栏4　五种高水平体育人才和三支体育人才队伍

> 2005年，甘肃省体育局为加强体育人才队伍建设，提出了"五种高水平体育人才和三支体育人才队伍"人才发展规划，以高水平运动人才、高水平教练人才、高水平体育科研人才、高水平体育教育人才和高水平体育管理人才为主体，积极推进社会体育指导员队伍、体育裁判员队伍、体育经营管理人才队伍建设。

3.注重文化兴体，推进体育文化建设。积极践行社会主义核心价值观和爱国主义精神，弘扬奥林匹克精神和中华体育精神，全面推进体育文化建设。加强体育智库建设，繁荣体育哲学社会科学研究，鼓励科研机构和高等院校承担研究课题，为体育发展和决策提供咨询服务。重视甘肃民族传统体育文化遗产及民族民间传统体育项目的挖掘、整理、保护和利用，加强体育文物征集、保护。做好丝绸之路（敦煌）国际文化博览会的相关工

作，加强体育项目文化建设，提升我省体育文化软实力和影响力，充分发挥体育在促进社会主义精神文明建设、传播社会主义先进文化、振奋民族精神、增强凝聚力以及引领科学文明生活方式中的积极作用。

四、保障措施

（一）加强组织领导

加强对体育工作的组织领导，贯彻落实中央和省委、省政府以及国家体育总局关于体育工作的部署要求，切实履职尽责，形成工作合力。充分发挥我省全民健身工作委员会的作用，调动工会、共青团、妇联、残联等社会团体及各行各业参与体育工作的积极性，健全完善协调机制，统筹推进体育工作开展。加强对各级体育总会、协会、俱乐部等社会组织的评价和监督，促进其合法、规范、高效运作。鼓励和支持各地在体育竞赛组织、人才培养、市场开发等方面开展交流合作，促进不同区域体育协调发展。

（二）完善政策措施

按照《中华人民共和国体育法》《全民健身条例》等法律法规要求，县级以上各级人民政府应当将全民健身事业纳入本级国民经济和社会发展规划，把体育事业发展经费纳入同级财政预算，通过直接投资或购买服务以奖代补等方式，进一步加大对公益性体育事业的投入。完善落实财政、金融、土地等方面支持体育事业和体育产业发展的政策，体育产业按规定可享受有关税收、行政事业性收费优惠政策。加强公共体育服务、体育竞赛、全民健身、体育场馆设施以及国民体质监测等标准的研究与应用，重点推动体育产业标准化工作的开展。按照《甘肃省省级体育产业发展专项资金管理办法》，用好体育产业专项发展资金，调动社会力量兴办体育的积极性，推动体育投入主体多元化和投资渠道多样化。建立完善体育事业和体育产业统计制度，制定统计办法和指标体系，切实为体育发展提供科学依据。

（三）深化体育改革

改革体育管理体制，创新体育运行机制，转变体育部门职能，加快政社分开、政企分开、管办分离步伐。按照"三张清单一张网"的工作要求，实现行政审批"网上行权"。取消商业性和群众性体育赛事活动审批，公开赛事举办目录，通过市场机制引入社会资本举办赛事。积极推动县级体育体制机制创新，转变管理模式和公共服务方式，引导推动各县区成立体育中心，承担体育公共服务基本职能，大力发展体育类社会组织，落实全民健身的推广和普及，逐步形成政府主导、体育中心协调服务、体育社团组织实施、全社会共同参与的基层体育组织体系和多元化发展网络，为全省体育事业和体育产业发展提供基础支撑。积极推进体育事业单位分类改革，鼓励社会组织参与体育社会管理和服务，加快推进体育行业协会与行政机关脱钩，将适合由体育社会组织提供的公共服务和解决的事项，交由体育社会组织承担，努力形成政府和社会共同推动体育事业发展的良好局面。

（四）加强队伍建设

认真贯彻落实中国共产党《廉洁自律准则》和《纪律处分条例》，继续推进"三严三实"教育，通过经常性教育，引导党员干部树立正确的世界观、人生观、价值观和正确的权利观、地位观、利益观。加强理论学习和业务培训，通过在岗学习、举办干部培训班和外出学习等多种形式，不断提高干部队伍的思想素质和业务能力。按照"想干事、能干事、敢担当、善作为"的用人标准，选拔和任用政治素质高、业务能力强的干部到重要岗位，培养一支素质优良、数量充足、结构合理、适应改革发展要求的体育干部队伍。

（五）扩大体育宣传

保障宣传经费投入，充分利用平面媒体、广播电视、互联网和社交媒体形成体育宣传大格局。加强体育宣传队伍建设，完善新闻发布制度。发挥省体育记者协会作用，加强与媒体的沟通和合作，增强媒体服务意识，加大体育宣传力度。把握体育规律和舆论导向，服务大局，创新务实，弘扬体育精神和体育文化，大力宣传全民健身、竞技体育、体育产业等方面取得的显著成效。唱响体育主旋律，传播体育正能量，为体育事业的改革和发展营造良好的舆论氛围。

（六）强化监督考核

各级政府和体育部门要对本地区、本领域体育规划实施情况进行严格监督考核，保证体育工作和谐安全，确保"十三五"规划各项任务责任落实到位，保障和推进体育"十三五"规划的顺利实施。

宁夏回族自治区体育事业发展"十三五"规划

"十三五"时期是我区实现全面建成小康社会目标的决胜阶段,是协调推进"四个全面"战略布局,推动"健康宁夏"建设的重要时期,也是落实全民健身国家战略,实现体育事业又好又快发展的关键时期。为全面落实"小省区也要办大体育"的思想,加快体育事业全面协调可持续发展,按照国家《体育发展"十三五"规划》和《宁夏回族自治区国民经济和社会发展第十三个五年规划纲要》的总体部署,结合我区"十三五"时期体育事业发展面临的新形势、新任务、新要求,制定本规划。

一、"十二五"期间体育事业发展回顾

(一)全民健身事业蓬勃发展

各级政府有效落实《全民健身实施计划(2011—2015年)》,群众体育意识和健身热情不断增强,公共体育服务体系建设进展顺利,成功打造了中宁、彭阳两个国家级基本公共体育服务体系示范县。每年举办县级以上大型群众性体育活动超过100项,其中"百乡千村农民体育月","谁是球王"中国羽毛球、乒乓球、足球民间争霸赛(银川站)、全民健身大拜年,全民健身节,全国大漠运动会等活动,受到国家体育总局的肯定。"十二五"末,全区经常性参加体育锻炼的人数占总人口的29%,社会体育指导员总数11402人,各类全民健身活动站点937个,在民政部门注册的县级以上体育社团264个。城乡居民《国民体质测定标准》合格率达87.8%,群众体质明显增强。

(二)竞技体育实力不断增强

以备战奥运会、全运会等重大比赛为动力,改革现有管理体制和保障机制,有针对性地抓好射击、游泳、武术、摔跤等重点项目和重点队员的训练,加强与北京体育大学的交流与合作,积极探索社会力量联合办队新模式,创办了宁夏足球、乒乓球、排球、网球专业队。"十二五"期间,我区运动员参加国际国内各类比赛共获得冠军65个、亚军64个、季军65个,成功举办了环青海湖国际公路自行车赛(宁夏赛段)、吴忠黄河金岸国际马拉松赛、石嘴山全国铁人三项赛和自治区第十四届运动会、第八届少数民族传统体育运动会等重大比赛,有力推动了全区竞技体育持续健康发展。

（三）体育产业取得长足进步

"十二五"期间，宁夏体育彩票累计销售38亿元，筹集公益金8.9亿元，占宁夏体彩启动上市发行以来总量的65.9%，是"十一五"期间销量的2.3倍。休闲健身服务业内容不断丰富，体育竞赛表演市场的品牌影响力明显提升，体育培训市场逐步扩大，体育产业与其他业态日趋融合发展。研究制定了《自治区政府关于加快发展体育产业促进体育消费的实施意见》，为我区体育产业发展指明了方向。在保证公益性的前提下，整合盘活体育场馆资源，提高场馆利用率，全区各大、中型公共体育场馆得到充分利用，运营效益逐年攀升。

（四）青少年体育水平稳步提升

大力拓展竞技体育后备人才培养渠道，努力打造区、市、县三级业余训练网络，全区青少年运动员注册人数达6200人，教练员（青少年体育指导员）达1400人。实施青少年体育后备人才培养工程，创建国家级青少年体育俱乐部48所、自治区级40所。每年组织举办全区青少年锦标赛，为培养和选拔优秀后备人才奠定基础。积极组织参加全国青少年"未来之星"阳光体育大会等各种青少年体育交流活动，取得优异成绩。石嘴山市被命名为国家级青少年足球试点城市，灵武市被命名为自治区级青少年足球试点城市，红寺堡区被命名为青少年科技体育试点城市。

（五）基础设施建设成效显著

"十二五"期间，累计投入26亿元加强体育基础设施建设，开工建设了宁夏体育运动学校和训练管理中心迁建项目，顺利建成了亲水二期比赛馆，一大批社区多功能运动场、城市休闲体育公园、全民健身路径相继建成，我区人均场地面积达到2.068平方米，走在全国前列。全区县以上城区15分钟健身圈初步形成，每万人拥有体育场地17.65个，公共体育场馆开放率达到100%，学校体育设施逐步开放，市、县（区）体育场地设施进一步改善。

（六）体育科研工作扎实推进

建立国民体质监测站，参与完成国家级、自治区级项目20余项，体质监测达标率为75%。开通了"宁夏体育科技中心——微信公众平台"，刊发科学健身知识350余期，总字数近30万字，点击量突破10万次。

（七）党的建设和精神文明建设得到加强

相继开展了"党的群众路线教育实践""讲规矩、守纪律""三严三实"等专题教育活动，干部作风明显好转。党风廉政建设、体育人才队伍建设得到加强，体育宣传工作日益活跃，依法治体水平明显提升。

二、"十三五"时期宁夏体育事业发展面临的机遇和挑战

十八大以来，党中央、国务院高度重视体育工作，全民健身已上升为国家战略，体育消费列入了国民经济新的六个增长点之一。随着国家"一带一路"战略的全面实施和大力推进供给侧结构性改革，我区体育事业的发展迎来了新的春天。当前，自治区印发实施了《关于加快发展体育产业促进体育消费的实施意见》《"健康宁夏2030"发展规划》《全民健身实施计划（2016—2020年）》等政策性文件，为今后我区体育事业发展确定了目标，提供了有力的制度保障。把握"十三五"时期体育发展机遇，全区各级政府和体育行政部门必须更新理念，拓宽视野，坚定不移地深化改革，扎实推进各项工作，在新的更高起点上推动体育事业又好又快发展。

但总的来看，我区体育事业的发展水平与国内发达省区相比还有较大差距，人民群众日益增长的体育需求与体育公共服务不足的矛盾仍然突出，具体表现为：人均体育消费和经常性参加体育锻炼的人数还处在较低水平；竞技体育综合实力与其他省区相比还有较大差距；体育产业总体上还处于起步阶段，规模较小；体育法制、体育人才、体育科研教育等方面还有待加强；地区之间、城乡之间发展不平衡的问题比较突出等。

三、"十三五"时期宁夏体育事业发展的指导思想、基本原则和总体目标

（八）指导思想

以党的十八大精神为统领，认真贯彻落实十八届三中、四中、五中、六中全会和习近平总书记对体育工作的系列重要讲话精神，按照党中央、国务院和自治区党委、政府一系列重大决策部署，深入贯彻落实"四个全面"战略布局和创新、协调、绿色、开放、共享"五大发展理念"，全面实施全民健身国家战略，以提高人民群众身体素质和生活质量为根本任务，以提升我区体育综合实力和核心竞争力为主要目标，以改革创新和科学发展为基本动力，充分发挥体育在促进经济社会发展、保障和改善民生方面的作用，更好地满足人民群众日益增长的体育健身和文化娱乐需求，努力推动我区体育事业全面、协调、可持续发展。

（九）基本原则

——坚持以人为本。牢固树立以人为本思想，以保障人民群众的体育权益为出发点，充分调动广大群众参与体育锻炼的积极性和主动性，进一步激发和调动各方面活力，不断

满足人民群众日益增长的多元化体育需求。

——坚持服务大局。自觉融入国家"一带一路""健康中国"发展战略和全面建成小康社会大局，准确把握体育在中国特色社会主义建设发展中的重要地位，充分发挥体育助推经济、政治、文化、生态和精神文明建设的积极作用。

——坚持改革创新。坚持以改革促发展，充分发挥市场在体育资源配置中的决定性作用，积极探索体育发展新模式、新机制、新思路，不断激发市场活力，培育社会力量参与体育发展，推动体育领域大众创业、万众创新。

——坚持统筹协调。切实处理好整体与局部、当前与长远、重点与均衡、特色与普及的关系，兼顾城乡之间、地区之间、部门之间的均衡发展，促进群众体育与竞技体育、体育产业、体育文化之间的全面协调发展。

——坚持依法治体。强化法治理念，坚持以法治思维和法治方式推动体育发展，贯彻实施"依法治区"要求，把我区体育事业发展纳入法治化、规范化轨道，切实保障群众的体育权利，做到依法决策、依法行政、依规办事。

（十）总体目标

按照2020年全面建成小康社会的总目标，着力推进健康宁夏建设，围绕满足人民群众日益增长的健身需求和体育消费需求，深化体育重点领域改革，推进体育发展迈上新台阶。

——全民健身事业达到新水平。到2020年，全区经常性参加体育锻炼的人数达到240万人，占总人口的33.8%，每周参加1次及以上体育锻炼的人数占总人口的50%以上。城乡居民《国民体质测定标准》合格率达90%以上。全区在校学生达到《国家学生体质健康标准》基本要求的比例不低于95%。公共体育场地设施更加完备，人均体育场地面积达到2.2平方米，新建居住区和社区配套建设体育设施室内人均建筑面积不低于0.1平方米或室外人均用地不低于0.3平方米，进一步扩大公共体育设施免费低收费开放数量。全区县级以上城区普遍建成10分钟健身圈，乡镇（街道）健身工程全覆盖，村级（社区）健身工程提档升级，形成布局合理、互为补充、覆盖面广、普惠性强的全民健身设施网络。

——竞技体育综合实力显著提高。按照两个奥运周期（8年）科学谋划竞技体育发展，建立适应竞技体育发展规律的训练管理体系和多元化联动发展模式，继续深化与北京体育大学的合作，加强与山东、福建等体育强省的交流，努力在射击、游泳、田径、摔跤、武术等重点体育项目上实现突破。强化社会力量办专业队模式，形成竞技体育投入多元化机制，夯实足球运动发展基础，青少年足球的普及率和参与率明显提高。

——体育产业和体育消费蓬勃发展。认真贯彻落实《国务院关于加快发展体育产业促进体育消费的若干意见》（国发〔2014〕46号）和《自治区人民政府关于加快发展体育产业促进体育消费的实施意见》（宁政发〔2015〕58号）精神，改善体育产业结构，优化产业布局，逐步培育一批体育产业品牌，提高城乡居民体育消费层次和水平。到2020年，初步建成以体育服务业为主体、户外休闲运动产业为重点、其他产业为补充的体育产业体系，实现体育产业增加值14亿元，占当年GDP的0.3%以上，解决就业1.4万人。落实"大众创业、万众创新""互联网+体育""体育孵化器与众创空间"等理念，加强智慧体育、创业创新等平台建设，发展一批体育小微企业，培育一批体育科技创新成果。

——青少年后备人才培养体系不断完善。实施后备人才培养工程，到2020年，各级体育运动学校办学质量明显提升，认定10个自治区级高水平后备人才基地，命名20所传统项目学校，各级青少年体育俱乐部达到150个，全区青少年运动员注册人数达8000人以上，培训教练员（青少年体育指导员）500名以上，基本形成体教结合、融合发展的青少年体育人才培养体系。

——体育社团组织规模显著扩大。到2020年，全区各类体育社会组织达到500个以上，县级以上体育总会覆盖率达到100%，全区乡镇、社区全民健身站点达到1000个以上。全区获得社会体育指导员技术等级证书的健身指导人员超过13000人，其中直接服务群众的社会体育指导员超过50%。行政村和社区健身活动广场实现体育健身站点全覆盖，每个健身站点至少配备1名以上社会体育指导员，全区社会体育指导员人数每千人达到1.9人以上。

表1 "十二五"和"十三五"时期体育事业发展主要数据对比表

项目	"十二五"完成指标	"十三五"规划指标
经常性参加体育锻炼的人数、占比	193万人，占总人口29%	240万人，占总人口33.8%
人均体育场地面积	2.068平方米	2.2平方米
每万人拥有体育场地	17.65个	20个以上
达到《国民体质测定标准》合格率	87.8%	90%
建成县级以上城区健身圈	15分钟	10分钟
体育产业增加值、占当年GDP比重	7亿元，0.24%	14亿元，0.3%
体育彩票销售总额	38亿元	45亿元
社会体育指导员总数	11402人	13000人
县级以上体育社团	264个	500个
全民健身站点	937个	1000个以上
注册青少年运动员、教练员（青少年体育指导员）人数	6200人，1400人	8000人以上，1900人以上

四、落实全民健身国家战略，完善全民健身体系

（十一）加大全民健身基础设施建设力度

坚持"配置均衡、规模适当、方便适用、安全合理"原则，着力构建县（市、区）、乡镇（街道）、行政村（社区）三级全民健身设施网络。统筹协调各方资源和力量，加大资金投入力度，着力提升全民健身设施供给能力和服务水平。实施"46343"工程，重点建设10个体育健身公园，60个社区（乡镇）多功能运动场，100千米全民健身步道，新建改建一批县级体育场馆，持续推进宁夏青少年足球训练基地和体育科技监测中心、宁夏体育场改造、游泳馆、攀岩馆、射击射箭训练基地、水上运动训练基地、冰雪运动中心、体育公园等一批重大项目建设，加快各级体育中心（全民健身中心）、体育休闲基地、自行车骑行道与健身步道建设。

（十二）构建基本公共体育服务体系

按照《宁夏基本公共体育服务体系建设标准》，进一步扩大政府购买公共体育服务的范围与力度，建立政府购买服务的绩效评审与监督管理制度，规范政府向社会力量购买服务的行为。通过健全组织、开展活动、完善设施、体质监测、健身指导等措施，提高公共体育服务水平。加大农村公共体育服务的供给，提升全民健身公共服务均等化水平，逐步建成城乡一体的全民健身公共服务体系。在中宁、彭阳两个国家级基本公共体育服务体系示范县的基础上，进一步扩大创建范围，到2018年实现"四个全覆盖"，到2020年所有县（市、区）建成基本公共体育服务体系。

（十三）提高经常性参加体育锻炼的人口比例

办好各级各类群众性体育活动，重视发挥机关、企事业单位、社会团体、学校在全民健身中的引领作用，实行工间、课间健身制度，倡导每天健身1小时。实现用医保卡个人账户余额进行体育健身消费。鼓励各单位因地制宜，采取各种形式开展丰富多彩的全民健身活动，结合本单位实际确定适当比例经费用于职工体育健身消费。拓展新的群众性体育活动，挖掘和培育富有地域特色的民族传统体育项目，满足群众不断增长的体育健身需求。倡导"终身体育，幸福终生"理念，充分利用电视、报纸、网络等媒体资源，大力普及科学健身知识，宣传科学健身理念。通过各项措施的综合落实，不断扩大全民健身人群，经常性参加体育锻炼的人数逐年增加。

（十四）打造全民健身活动特色品牌

在已开展的全民健身大拜年、全民健身季（节）、银川市龙舟赛、中卫市大漠健身运

动会、固原市六盘山登山节等特色活动基础上，结合实际组织开展群众喜闻乐见的全民健身活动，分层分类引导项目发展，丰富和完善全民健身活动体系，构建政府引导、市场运作、社会组织、全民参与的活动模式。依托宁夏独特的沙、水、山等自然资源，按照"一沙、两河、三山、三重点"总体布局，支持在兴庆区、西夏区、贺兰县、平罗县、利通区、红寺堡区、盐池县、沙坡头区、泾源县等有条件的地方建设户外营地、房车自驾车营地、汽车摩托车露营地、徒步和骑行步道、航空飞行营地等体育服务设施，打造集运动、旅游、度假、养生于一体的山地户外运动，每个市、县（区）至少办好一个赛事、打造一个亮点、培育一个品牌。

（十五）健全基层体育组织网络

加快体育社团组织建设，发挥体育社团的社会功能，开展体育社会组织服务全民健身试点工作。提高自治区级健身示范站点的动态管理水平，充分发挥社会体育指导员和健身站点在全民健身活动中的示范和引领作用。加强对社会体育指导员进行分级培训、考核、管理，着力提高社会体育指导员队伍整体素质。积极推广体育总会、社会体育指导员协会、老年人体协、农民体协及若干单项体育运动协会的"4+X"体育组织体系模式，开展"评星定级"，以政府购买、激励评估、动态管理的方式促进单项体协、行业体协、体育俱乐部向规范化、规模化、市场化方向发展。

（十六）健全体质测试网络

积极推行《国民体质监测工作规定》和《国民体质测定标准》，健全自治区、市、县三级国民体质监测中心、监测站网络体系，探索新型县级国民体质测定与科学健身指导站建设，鼓励城市健身场所开展国民体质监测与科学健身指导工作，提高受测群众数量。进一步明确全民健身发展的核心指标、评价标准和测评方法，健全完善全民健身统计制度，做好体育场地普查、国民体质监测、全民健身活动状况调查数据分析。利用现代信息技术整合全民健身资源、普及科学健身知识、推广科学健身方法、提供健身咨询服务，建立新型、现代化的全民健身公共信息服务平台，推广社区体育"健身指导、体质测定、科学锻炼"一体化的全民健身网络服务模式。

（十七）关注特殊群体基本体育权利

构建以政府为主导、多元主体参与的特殊群体体育活动保障体系，加大供给力度，提高精准化服务水平。加强对老年人、残疾人开展体育活动的组织与领导，推广适合特殊群体的日常健身活动项目、体育器材、科学健身方法。结合宁夏实际，广泛调动社会力量，为贫困人口和农民工等弱势群体参加体育活动提供场地设施、科学指导等服务。

五、落实奥运争光计划，增强竞技体育综合实力

（十八）做好竞技体育管理与发展的制度设计

为保障我区竞技体育在"十三五"期间取得较大的突破与发展，各级体育行政部门要制定和完善适合本地区的《竞技体育发展规划（2016—2020年）》《教练员评聘管理制度》《运动员选拔培养管理制度》《竞技体育管理人员职责制度》等政策文件，切实保障竞技体育事业发展稳步提高，实现规范化管理、科学化训练、精细化组织、高层次理论研究的发展目标，为我区竞技体育事业发展提供坚实的管理保障基础。

（十九）优化竞技体育项目设置与布局

建立完善竞技体育项目建设与发展评价体系，探索创建新兴项目孵化机制，完善项目淘汰调整机制，实现优胜劣汰、扶强助新。巩固射击、游泳、摔跤等优势项目，挖掘和培育田径、武术等潜优势项目，积极探索符合区情、具有良好发展前景的电子竞技等新型项目，使优势运动项目取得更高层次的发展，潜优势项目和新型项目得到科学化的培育。充分发挥宁夏体育职业学院的带动作用，做好我区高水平运动训练基地、传统体育项目学校和各级业余体校的管理与评价，发挥多元优势联合机制，提高我区竞技体育资源利用率。

（二十）发挥重大体育赛事杠杆作用

提高竞赛组织能力，做好各项体育赛事的组织筹办工作。在承办好环青海湖国际公路自行车赛（宁夏段）、全国铁人三项赛、"一带一路"银川国际马拉松赛、吴忠黄河金岸国际马拉松赛等大型赛事基础上，组织筹办好2018年第十五届全区运动会。要积极申办国际国内大型赛事，总结经验，拓宽思路，在"十三五"期间力争承办国际国内高水平、高规格的体育赛事，加强国际体育竞赛活动项目交流，丰富体育事业发展内容，带动群众健身热情。

（二十一）努力提升教练员的执训水平

制定科学、规范、合理的教练员选拔机制、奖惩制度，提高教练员的工作积极性。逐步推进教练员出国学习、国内培训、区内交流等多种形式的继续深造与提高工作，提升教练员队伍的专业化素养。建立主（总）教练业务管理责任制，加强教练员梯队建设，提升教练员队伍业务能力和训练水平。积极拓宽思路，通过引进具有国际、国内较高水平的优秀教练员等多种途径，提升运动训练工作的效益。

（二十二）加强复合型训练服务团队建设

为保障我区运动员招收、培养和就业等方面科学化、系统化发展，着眼于体育人才队伍建设，进一步健全科技攻关团队与运动队训练深度结合。力争建立训练监测、专项攻关、医疗保障、信息服务和文化课教育等为主要内容的复合型训练团队。加大与北京体育大学等区内外知名高校合作，对运动员训练进行实时监测、评定，实施科学训练，提高训练质量和运动成绩。疏通我区优秀运动员人才培养渠道，做好运动员继续教育和再就业培训等工作，吸引更多优秀人才投身到竞技体育事业发展中来。

六、完善后备人才培养体系，大力发展青少年体育

（二十三）广泛深入开展青少年体育活动

全面实施"青少年体育活动促进计划"，创新青少年体育活动内容、方式和载体，增强活动趣味性和吸引力。丰富和完善青少年体育活动体系，组织参加全国学生运动会，支持银川市办好"2017全国青少年阳光体育大会"，并以此为引领，带动各地整合资源，打造体现区域特色、优势的青少年体育品牌活动。大力推动足球、篮球、排球等集体项目发展，积极发展青少年足球运动，充分利用青少年足球竞赛、训练营、夏（冬）令营等形式，开展青少年足球活动。积极推广冰雪运动等特色项目，以国家筹办2022年北京冬奥会为契机，推动冰雪运动在青少年中的普及和提高。

（二十四）完善青少年体育组织网络

支持市、县（区）开展青少年体育俱乐部创建活动和国家示范型青少年体育俱乐部创建活动，完善青少年体育俱乐部联赛制度和管理人员培训制度。支持各级体育单项协会发挥专业优势，吸纳更多青少年会员，普及推广运动项目，传授运动技能，大力开展青少年体育活动。资助自治区体育单项协会开展青少年夏（冬）令营活动，扩大活动规模、提高质量，增强示范、带动效应。扶持各市、县（区）办好体育传统项目学校，做好重点项目和优势项目布局，完善竞赛、培训、评估和资助制度，发挥传统项目学校在促进学生增强体质、开展活动竞赛等方面的示范引领作用。

（二十五）完善青少年训练竞赛体系

贯彻《促进竞技体育后备人才培养工作的指导意见》，拓宽竞技体育后备人才培养渠道，完善青少年训练体系。按照《中国青少年运动项目训练教学大纲》要求，优化业训项目，选拔培育优秀苗子，规范训练，打好基础。以自治区体育运动学校、银川市体校、石嘴山市体校三个国家级高水平体育后备人才基地为重点，发挥各类业余体校、传统项目学

校、青少年体育俱乐部、体育特长班等优势,加大对重点项目(三大球、基础大项、冬季项目等)的投入,力争培养一批优秀青少年后备人才。进一步办好全区青少年锦标赛,逐步推进办赛制度改革,健全区、市、县(区)三级竞赛体系,形成主体多元、形式多样的赛制。

七、扩大体育产品和服务供给,大力发展体育产业

(二十六)调整优化体育产业结构布局

抢抓宁夏建设"一带一路"战略支点和内陆开放型经济实验区的历史机遇,构建体育产业"一区两带"总体布局。实施体育服务业精品工程和体育产业融合发展工程,加快体育产业要素结构升级。积极扶持区内优质体育企业、园区和项目申报国家级体育产业示范企业、示范基地和示范项目。与旅游部门共同研究制定《宁夏体育旅游发展纲要》,依托我区得天独厚的自然资源优势,参加全国体育旅游精品项目推介,打造一批体育旅游重点项目,积极组织申报全国体育旅游精品线路。逐步建成以体育服务业为主体、户外休闲运动产业为重点、其他产业为补充的新型体育产业体系。

(二十七)培育多元体育市场主体

着力扶持、培育一批拥有自主品牌、创新能力和竞争实力较强的骨干体育企业。探索引进国内外优质体育企业和产业项目,制定优惠政策鼓励各类社会资本在体育领域创新发展。加快发展健身休闲产业,鼓励支持发展体育策划咨询、体育中介服务、体育电子商务、体育会展、运动装备租赁等生活性服务业,努力培育和打造一批有影响力的职业体育俱乐部和品牌赛事。鼓励和引导社会力量兴办各类经营性专项体育健身场所,建设一批便民利民的中小型体育场馆、全民健身活动中心、户外多功能运动场等设施,切实增加体育场馆有效供给。探索推进公共体育场馆市场化运营,引导大型体育场馆拓宽服务领域,延伸配套服务。

(二十八)推进体育赛事改革

整合赛事的主办方、承办主体、赞助商、媒体等各方资源,提升赛事运作管理的效率和效益,搭建政府支持举办体育赛事的公共服务平台,加大政府购买服务的力度。推进全区综合性和单项体育赛事管理制度改革,公开赛事举办目录,培育赛事运作主体,支持社会资本通过市场机制以多种形式参与承办赛事。建立完善体育、交通、安保、转播、通信等部门保障体育赛事活动举办的有效机制,促进各方面共同发展。加强赛事活动的行业指导和专业服务,引进专业智库开展全区品牌赛事的评估工作,为科学办赛和市场化运营提供技术和数据支撑。

（二十九）促进体育彩票销售持续健康发展

深入贯彻《彩票管理条例》，完善体育彩票管理运行机制，以电脑型彩票为支撑点，以竞猜型彩票为增长点，强化体育彩票市场的规范化管理。组织相关部门开展督促检查工作，加大从业人员业务培训力度，拓宽销售渠道，优化城乡体育彩票销售网点布局，稳步推进体育彩票销量提升。"十三五"期间，力争实现体育彩票销售总额超过45亿元。

（三十）促进相关产业融合发展

按照国家相关政策要求，推动体育产业与文化、旅游、养老、教育、服务、培训等产业融合发展，促进体育制造、体育文化创意、体育培训、体育咨询、体育旅游、体育传媒、体育会展、体育销售、体育广告等业态发展。建立多元立体的体育用品销售网络。

八、实施科教兴体战略，提升体育科技水平

（三十一）完善体育科研体系和机构

构建符合宁夏特点和需求的体育科学研究和服务体系，完善科研奖励政策。重视培养科研骨干，加强与北京体育大学等区内外高校合作，力争在五年内引进和培养一定数量的学科带头人和高级专业技术人员，形成一支结构合理、高效精干的体育科技队伍。加强体育哲学社会科学研究队伍建设，加大青年体育理论人才的培养力度。深入推进体育科研机制创新和制度建设，健全科研课题立项、中期检查和结题验收的科学化评价体系。

（三十二）增强体育科技服务能力

努力拓宽群众体育科研和服务领域，加强国民体质监测、评价和科学健身指导系统等全民健身科技服务体系的建设与应用。推进竞技体育专项研究平台建设，积极探索体育科技与竞技运动训练规律，针对竞技运动训练、参赛和办赛中的热点、难点和关键问题开展攻关研究与服务，不断推进运动训练的科学化进程。

（三十三）促进体医融合发展

以建设宁夏体育专科医院为载体，利用全区统一电子政务网络和公共云平台，打造集科学健身指导、运动伤病防治、体质检测与评估、个性化运动处方开具等于一体的体育产业综合体，将健康关口前移。建立针对不同人群、不同环境、不同身体状况的运动处方库，推动形成体医结合的疾病管理与健康服务模式，发挥科学健身在促进健康、疾病预防等方面的积极作用。

(三十四)提高体育科技的网络化、智能化水平

充分利用"互联网+"的多元网络技术和资源,重点发展体育数据分析、数字健身、运动检测等领域的研发创新。利用大数据技术对体育锻炼人数、体育设施利用率的及时分析和运动健身效果综合评价,提高对全民健身运动的指导水平和全民健身设施安全的监管效率。大力扶持智能科技体育、体育粉丝社交网络、视频训练平台、体育游戏等初创公司,推进数据资源的开放共享。

九、加强体育文化建设,推进体育法治与宣传工作

(三十五)促进体育文化大发展、大繁荣

大力弘扬奥运精神、中华体育精神,加快推进运动项目文化建设,启动体育文化精品建设工程。注重挖掘塞上江南、回乡风情、大漠黄河、西夏文化的人文资源,加大对深受群众喜爱的木球、踏脚、方棋、掼牛、武术等民族传统体育项目的搜集、整理、保护和宣传力度。加强优秀传统体育文化的收集、保护和传承,提升体育文化资源保护展示利用水平,加快宁夏体育展示馆建设,续修《宁夏体育志》。充分挖掘体育的多元价值,精心培育体育公益、慈善和志愿服务。结合国家文化发展战略,加强与各省、市(区)以及丝绸之路沿线国家的体育文化交流,推动宁夏特色体育文化走出宁夏、走向全国。

(三十六)加强体育法治建设

依法履行政府职能,运用法治思维推进体育领域各项改革。规范和加强体育制度建设,制定推动体育社会组织建设、规范体育市场、体育行业作风建设等方面的法规、规章和规范性文件,加强全区单项体育协会管理制度建设,提高行业自律、依法治理的水平。深入持久开展理想信念教育和职业道德教育,培养运动员无私奉献的精神、坚忍不拔的意志、顽强拼搏的作风。加强运动队思想政治工作和道德作风建设,狠抓赛风赛纪。坚决纠正体育行业不正之风,切实维护赛场秩序,净化赛场风气,促进公平竞争。加大对弄虚作假、徇私舞弊、执裁不公、扰乱赛场秩序等违规违纪行为的查处力度。

(三十七)开展体育宣传工作

充分利用平面媒体、广播电视、互联网和社交媒体等资源,不断提升广大群众的健康意识和体育参与意识。大力宣传在体育事业发展中涌现出的先进典型,讲好宁夏体育故事,传播宁夏体育声音。进一步完善体育新闻发布和信息公开制度,加强宁夏体育网站、体育微博建设,开通宁夏体育微信号,提高舆情应对和突发事件处置能力。加强与媒体的合作,不断提高宣传效益,扩大体育对外交流,组织优秀体育团队参加各类演出和比赛,

提升宁夏体育的知名度、美誉度和影响力。

（三十八）提升反兴奋剂工作水平

全面贯彻实施《反兴奋剂条例》《反兴奋剂管理办法》，完善反兴奋剂管理体系，借全区运动会等各类比赛之机，对运动员、教练员、科研医务人员进行反兴奋剂宣传教育及解读《禁药清单》，确保我区参加国际、国内各类赛事期间运动员"零"兴奋剂事件发生。

十、加强组织领导，确保规划贯彻实施

（三十九）加强组织建设，推进规划落实

充分发挥自治区全民健身领导小组和体育产业协调发展领导小组的作用，落实全区体育发展规划的目标任务，建立规划实施的监督管理机制，确保各项工作和任务落到实处。各市、县（区）要尽快制定出台本地《体育发展"十三五"规划》，并对实施情况进行跟踪评估。各地、各部门要建立健全规划实施的监测评价机制，制订分工方案和监测评估方案，并对实施进度和效果进行年度监测和评估。对在实施规划中的好经验、好做法，要及时总结，积极推广。

（四十）明确任务分工，完善考核机制

全区各相关部门要将体育事业建设纳入重要议事日程，健全领导体制和工作机制，将体育事业建设列入经济社会发展总体规划，将主要指标纳入各级行政部门考核指标，完善考核机制和问责制度，做好相关任务的落实工作。工会、团委、妇联、残联等群团组织以及其他社会组织要充分发挥作用，最大限度凝聚全社会力量发展体育事业。各地、各部门应结合本规划内容，将各项体育发展政策和措施进行细化实施，明确各个阶段所要实施的重大工程、重大项目，建立常态化、经常化的督查考核机制。

（四十一）争取政策扶持，加大经费投入

各级体育部门要同各相关部门加强沟通协调，在规划实施、资金筹集、体育用地保障等方面有新的突破，争取各级政府对群众体育发展经费投入和其他政策给予倾斜。强化社会资源参与体育事业发展，引导更多企业和其他社会组织参与到体育事业中来，积极承办、协办各类体育赛事活动，形成良性的体育事业发展运行模式。

（四十二）加快智库建设，培养骨干队伍

结合《全国体育人才发展规划（2010—2020年）》和《宁夏回族自治区中长期人才发展规划纲要（2010—2020年）》，加强对外交流，注重各类体育人才的培养和培训工作，

打造一支实力雄厚、结构合理的体育事业发展骨干队伍。有计划、分阶段地组织在岗管理人员进行体育事业管理培训，同时积极与专业体育院校等单位合作，提升体育干部、基层领军人物和骨干分子的体育综合素养和专业技能，更好地为体育事业发展服务。

名词解释：

1. 全民健身路径：在社区、行政村、公园、绿地等区域，建设占地不多、经济实用、可免费使用的室外健身器材设施工程。

2. 城市社区10分钟健身圈：在城市社区，居民从居住地步行或骑行不超过10分钟的范围内，有可供开展健步走、广场舞、球类运动等群众性体育活动的场地设施。

3. 社会组织"4+X"模式：体育总会、社会体育指导员协会、老年人体协、农民体协及若干单项体育运动协会的体育组织体系。

4. 全民健身"46343"工程：基本公共体育设施县级、街道、乡镇、社区和行政村分别达到以下标准："4"即指县级达到"4个1"，1个体育场、1个体育馆、1个全民健身中心或游泳馆、1个体育公园或健身广场；"6"即指街道达到"3场2室1广场"，3场是篮球场、门球场和小型足球场或羽毛球场，2室是乒乓球室和棋牌室，1广场是社区多功能公共运动场；"3"即指乡镇达到"2室1工程"，2室是乒乓球室和棋牌室，1工程是乡镇农民健身工程；"4"即指社区达到"2场1室1广场"，2场是室外乒乓球场和小型足球场或羽毛球场，1室是棋牌室或健身活动室，1广场是社区文体活动广场；"3"即指行政村达到"1场1室1工程"，1场是室外篮球场，1室是健身活动室，1工程是村级农民健身工程。

5. "四个全覆盖"：全民健身路径在街道、社区、行政村实现全覆盖，乡镇农民健身工程实现全覆盖，国民体质监测站点在县（区、市）实现全覆盖并逐步向乡镇、街道延伸，全民健身站点在乡镇、社区实现全覆盖。

6. "一区两带"："一区"，银川体育产业中心区，包括银川市及周边1小时车程可达地区。主要依托该区域政治、经济、文化和湖、河、渔等资源优势，打造体育交流和体育商贸、竞赛表演、运动休闲、场馆服务、中介培训等为主要内容的产业体系，对全区体育产业发展发挥引领、示范和辐射作用。"两带"，黄河—清水河体育产业带和贺兰山东麓体育产业带。黄河—清水河体育产业带主要是以黄河、清水河为轴线，以黄河、清水河两岸丰富的户外运动资源为基础，打造南起泾源县，经固原市、中卫市、吴忠市，北至石嘴山市惠农区的户外运动产业带。贺兰山东麓体育产业带主要是依托贺兰山脉特色山地资源，打造宁夏山地运动产业带。

7. "一沙、两河、三山、三重点"："一沙"，即依托我区三面环沙的沙漠资源，利用沙坡头旅游区、沙湖旅游区、黄沙古渡旅游区等沙漠地带，开发沙漠汽车越野、沙漠铁人三项、沙滩足球等运动项目，组织家庭沙漠露营、沙漠主题自驾等特色沙漠运动。"两河"，即依托黄河流域和清水河流域所覆盖的沙湖、阅海湖、鸣翠湖等资源，开展皮划艇、摩托艇、龙舟等水上和冰上运动项目,形成有影响力的群众体育活动。"三山",即依托宁夏六盘山、贺兰山和罗山,开展登山、露营、攀岩、航空、滑翔伞等户外运动项目。"三重点",即重点加快发展足球运动、冰雪运动和民族民间传统体育运动,夯实我区体育发展基础。

大连市体育事业发展"十三五"规划

"十三五"时期是大连率先全面建成高质量小康社会,建成产业结构优化的先导区和经济社会发展的先行区(以下简称"两先区")的重要时期,为努力创建体育名城新形象,充分发挥体育在服务社会民生、推动经济转型升级、增强城市活力和竞争力等方面的独特作用,依据《体育发展"十三五"规划》《辽宁省体育事业发展"十三五"规划》和《大连市国民经济和社会发展第十三个五年规划纲要》等有关规划,结合"十三五"时期我市体育发展面临的新形势和自身阶段性发展特点,制定本规划。

一、"十二五"时期我市体育事业发展成效显著

"十二五"时期我市体育事业发展取得了显著成绩。在市委、市政府的正确领导下,在各级政府和有关部门的大力支持下,我市体育系统实施了多项具体改革措施,群众体育更加贴近民生,竞技体育敢于同强市竞争,体育产业发展步伐明显加快,体育文化需求的阶段性研究取得新成果,全社会参与体育的热情日益高涨,体育在构筑"健康城市、活力大连"中的作用进一步凸显。

1. 群众体育事业蓬勃发展。一是加强了网络化全民健身设施建设。全市农民体育健身工程和社区健身活动室工程实现全覆盖,建设健身路径3596条,455所学校体育设施对外开放,形成了市、区(市)县、街道(乡镇)、社区(村)四级体育健身设施网络,极大改善了市民的健身环境和条件。二是加强了科学化公共服务体系建设。全面贯彻落实《全民健身条例》和国家、省、市全民健身计划,实现了全民健身工作"三纳入"。积极构建全民健身公共服务体系,大力推进服务标准,不断提高人民群众的生活质量和幸福指数。全市体育公共服务体系中包含的组织、设施、经费、活动、指导和监测六项指标,简单务实、具有地方特色。三是加强了国际化健身活动品牌的打造。以创建国际化品牌活动为切入点,五年来,共举办大连国际马拉松赛、国际徒步大会、国际武术文化节等50项国际级品牌活动和大连市民乒乓球大赛等200余项市级品牌活动,真正达到了"全民健身、活力大连"的目标,在国内外的影响力不断扩大。四是加强了社会化健身组织体系建设。充分发挥全民健身委员会的统领和主导作用,不断加强体育组织建设,全市现有市级体育协会54个,区(市)县体育协会163个,全市晨晚健身站点2635个,社会体育指导员队伍达到1.88万人,进入全国先进行列。全市每天参加晨晚健身活动的市民达到60余万人次,经常参加体育锻炼的人口比例超过50%,市民体质不断提高。

2. 竞技体育水平不断提升。一是着力加强体育人才培养和基地建设。目前,全市共有

国家高水平体育后备人才基地6所、国家级单项体育后备人才基地8所、省级单项体育后备人才基地10所；获评国家级传统项目学校2所、省级传统项目学校16所。运动员储备达到历史最好时期，全市运动员储备稳定在1500名；"十二五"期间向省输送运动员共计379名。全市共有国家级教练员16人，高级教练员104人，中级及以下教练员共计200人。二是着力提高竞技体育成绩。大连籍运动员参赛第十二届全国运动会，获得28枚金牌、48枚奖牌；包揽了辽宁省第十二届运动会青少年组金牌榜、奖牌榜、总分榜三项冠军和社会组、老年组第一名，获得赛会精神文明奖。三是着力引进国际高端赛事。着眼于经济发展与城市形象相匹配，充分发挥竞技体育对体育产业的拉动作用，成功举办了大连国际马拉松赛、国际女子网球公开赛（WTA125K）、中国马术巡回赛（大连站）等国际高端赛事；成功举办了全国第十二届运动会，大连作为主要分赛区，承担了11个大项、14个分项、74个小项的赛事任务，占全运会设项总数的35%。五年来，共举行各类体育竞赛1659项次，市体育局承办的省级以上比赛共100项次。四是着力发展足球运动。2012年，我市被确定为全国足球发展试点城市。全市青少年足球发展位居全国前列，现有各级梯队近200支，注册运动员四千多人。2015年，我市被中国足协命名为国家级青少年足球训练中心。业余足球规模全国领先，拥有足球俱乐部102个，业余球队2100支。职业足球稳步发展，大连一方足球队获得中甲联赛第3名、女足获得女超联赛亚军。

3. 体育产业实现较快发展。一是在全省率先进行了体育产业普查。据统计，全市共有各类体育场地9571个，体育场馆6481个，体育场地面积2276.2万平方米，建筑面积227.3万平方米，用地面积3330.7万平方米，人均体育场地面积达2.47平方米。二是新建体育场馆设施，全面提升城市体育功能。在新体育中心的基础上，新建了瓦房店帆船帆板基地、金州新区棒球场和激流回旋场地、旅顺口区曲棍球场地等场馆，全市现有可以承办国际A级赛事的体育场馆达到15座，城市的体育功能得到了显著提升。三是在全省率先制定出台了体育产业法规政策。为了进一步明确体育产业发展思路，加强体育经营活动的规范化管理，相继制定出台了《大连市体育经营活动管理条例》《大连市加快发展体育产业促进体育消费实施意见》《大连市体育产业中长期发展规划（2016—2025年）》，为体育产业发展提供政策支持和法律保障。四是体育产业实现稳步增长，体育彩票在全省率先发行突破百亿。体育产业增加值约77亿元，占GDP比重达到1%以上，体育行业从业人员3.9万人，居民人均体育消费达到785元，实现了体育产业的稳步增长。全市共有体彩销售网点1339个，年均销售额约17亿元，成为东北首家累计体彩销售总量突破百亿的城市。五是在全省率先启动体育产业基地建设。为了充分发挥体育产业园区的辐射功能，以创建国家体育产业基地为目标，加快了七个体育产业园区建设，我市被国家发展改革委员会、国家体育总局批准为首批国家体育产业联系点城市。

4. 体育文化研究取得新成果。一是加快挖掘传统体育文化精神。加大了大连传统体育文化的研究和整理力度。《大连通背拳简史》的出版，深度挖掘了武术专项发展史；大连武术文化博物馆的落成和对外开放，秉承了大连武术百年精神。组织编写了体育运动处方丛书，形成了《大连体育文化》系列丛书要目，传承了体育文化新特点。二是加快体育文化需求阶段性研究。在进一步明确体育文化发展思路的基础上，在全国率先提出人类对体育文化的阶段性需求，经历了生存需求、安全需求、健身需求、时尚需求四个阶段，准确把握体育文化需求的阶段性研究，对于指导全民健身具有重要意义。三是加快体育文化的对外交流。以足球文化、马拉松文化、武术文化等活动为基础，积极打造体育文化对外交流的平台，凸显了城市历久弥新的足球文化、永不止步的马拉松文化、中华传统的武术文化，进一步弘扬了城市的体育文化精神。四是加快培育体育文化新形态。引进了中国马术高端比赛、国际公路自行车公开赛和环渤海大帆船拉力赛等体育文化新形态，实现了群众体育与竞技体育的融合发展，丰富了我市体育文化的内涵，满足了多层次人民群众的体育文化需求。

二、"十三五"时期我市体育事业发展面临的机遇与挑战

（一）面临的主要机遇

一是全民健身上升为国家战略为体育发展提供了新机遇。党的十八届三中、四中、五中全会和《国务院关于加快发展体育产业 促进体育消费的若干意见》将全民健身上升为国家战略，把增强人民体质、提高健康水平作为根本目标，通过健康中国建设，不断满足广大人民群众日益增长的多元化、差异化、高层次需求，从而实现由体育大国向体育强国转变。这一战略举措的提出，必将会在全社会范围内进一步营造出崇尚运动、全民健身的良好氛围，不断推动体育融入生活，培育健康绿色的生活方式，进一步增强人民群众的幸福感和获得感。

二是全面推进"两先区"建设为体育发展开辟了新空间。当前，经济发展新常态和体育供给侧结构性改革对体育与经济社会的协调发展提出了新要求。未来五年，我市全面实施品质立市战略，加快建成"两先区"，必然会突出体育在增强人民体质、服务社会民生、助力经济转型升级中的重要作用。同时，伴随新一轮东北振兴、"一带一路"等重大国家战略同步实施，体育产业作为新兴产业的发展动能和优势也将得到充分释放，其完全有条件和潜力成为我市经济发展新的增长点。另外，随着居民收入提高和追求高质量生活理念的转变，体育消费对经济发展的贡献也将不断增强。

三是全面深化改革为支撑体育发展的制度环境注入新活力。近年来，国家层面的改革力度不断加大，体育改革作为国家全面深化改革的重要方面，正处于重大的历史变革期。随着改革红利的不断释放，诸如事业单位分类改革和体育社团改革的整体推进，将进一步消除制约体育社会组织发展的体制机制障碍，体育组织化水平和社会化程度也将快速提升，支撑体育发展的制度环境将得到明显改善，为体育发展注入新活力。

四是技术创新和产业革命为体育改革发展提供了新动力。当前创新资源在内的高级要

素资源正在向中国转移，移动互联网、物联网、大数据与云计算等信息技术和智能制造在体育领域不断应用，推动了产业融合发展，孕育了一批"互联网+体育"的新业态和新模式。随着"大众创业、万众创新""中国制造2025大连行动计划""沈大国家自主创新示范区""创建国家体育产业基地"等一系列政策措施的落地，体育与我市经济、社会和文化必将进一步融合发展，孕育出更多全新动力。

（二）面临的挑战及问题

当前，大连体育发展与城市发展的要求还有一定差距，主要表现在：一是群众体育领域，人民群众日益增长的多元化、高层次体育需求与体育有效供给不足的矛盾依然突出，全民健身公共服务体系有待进一步完善，体育健身设施和服务供给依然不足，体育资源分布不均，公共体育场馆利用率较低，学校体育场馆开放率有待提高。二是竞技体育领域，我市运动项目整体发展还不很均衡，除一些项目发展基础比较薄弱外，传统优势项目如田径、游泳等基础大项和职业男子足球成绩下滑明显，高水平教练员和运动员引不进或留不住，优秀后备人才选材困难。全市体育场地结构性矛盾突出，特别是满足足球训练和比赛活动场地、设施等硬件严重不足，鼓励社会力量参与投资建设和管理足球场地的政策瓶颈亟待突破。三是体育产业方面，市场规模不大，发展体育产业的体制机制不活，体育产业链条短，结构不合理，社会力量进入体育领域的积极性不高，对于无形资产的体育彩票运营处于成熟阶段，而对于有形资产的包括闲置土地、房屋、场馆、设施、设备等经营和投资尚处于起步阶段，高尔夫、马术、帆船帆板等高端体育用品制造业的规模和品牌效应尚未形成。四是体育发展理念与思路方面，体育工作理念需要不断更新，体育发展思路需要不断拓展，体育管理体制改革尚需深化，体育理论、政策研究、人才队伍建设仍需不断加强。基层体育社会组织发展仍相对滞后，支持培育体育社会组织发展的机制仍需完善。地区之间、城乡之间体育发展不平衡问题仍比较突出。

三、"十三五"时期我市体育事业发展的指导思想、总体目标及原则

（一）指导思想

以邓小平理论、"三个代表"重要思想、科学发展观为指导，全面贯彻党的十八大和十八届三中、四中、五中全会以及习近平总书记系列重要讲话精神，坚持"四个全面"战略布局，贯彻"五大发展"理念，不断拓宽发展思路、创新发展模式、提高发展质量，把增进广大市民福祉、服务经济社会发展作为根本出发点和落脚点，围绕创建体育名城新形象的目标任务，深入实施全民健身和健康中国战略，处理好政府、市场和社会的关系，全面提升体育治理体系与治理能力现代化水平，破解制约体育发展的突出矛盾与问题，进一

步推动我市群众体育、竞技体育、体育产业、体育文化等全面协调发展，为我市率先全面建成小康社会，建成产业结构优化的先导区和经济社会发展的先行区做出重要贡献。

（二）发展目标

"十三五"时期，在创建体育名城新形象的指导下，"足球城"再创辉煌，"游泳之乡"特色彰显，"田径之乡"实力再现，徒步城市影响扩大。力争到2020年，覆盖城乡的全民健身公共服务体系更加完善，全民健身国家战略有效实施，具有国际影响力的品牌活动深入开展，市民身体素质和体育锻炼意识明显提升；竞技体育核心竞争力稳步增强，竞技体育项目布局逐步优化，后备人才培养体系更加完善，力争在国内外大赛取得优异成绩；体育产业实现健康快速可持续发展，产业布局更加合理、功能更加完善、门类更加齐全，体育产业增加值每年以高于同期地区生产总值的速度增长，体育消费水平明显提高；体育文化资源核心竞争力不断增强，体育文化工作组织体系和工作机制健全，体育科技支撑作用更加明显；体育体制机制改革不断深化，体育管理的科学化、法制化水平得以全面提升。我市成为全民健身体质增强、竞技体育成绩突出、体育产业发展迅速、体育文化氛围浓郁、重大赛事效益显著的具有一定国际知名度和影响力的体育名城，体育发展总体水平处于全国前列。

（三）基本原则

1. 坚持"四个结合"

"十三五"时期，大连体育事业发展要做到"四个结合"。一是把大连体育发展与国家战略布局有机结合起来，在贯彻国家战略定位过程中，实现大连体育的健康快速发展；二是把体育产业发展与当前调整经济结构、拓展产业发展空间有机结合，不断提高产业规模和质量，着力引导体育消费，努力培育新的经济增长点；三是把体育发展与提升城市软实力有机结合起来，着力推进体育与文化、旅游、传媒等产业的融合，鼓励和支持各区（市）县以体育为载体，打造富有区域特色的城市文化和旅游形象；四是把体育发展与改善服务民生、提高市民健康水平有机结合起来，加大体育产品的市场供给，不断提升公共体育服务的质量和水平。

2. 坚持改革创新

"十三五"时期，大连体育事业发展要依托改革创新来带动和实现。一是体育领域的改革创新要紧跟国家大政方针，全面贯彻落实《国务院关于加快发展体育产业 促进体育消费的若干意见》和《中国足球改革总体发展方案》等国家有关文件精神；二是不断探索"十三五"时期各项体育工作与市场经济相适应的特点和规律，努力实现理念创新、机制创新、科技创新、运营创新、服务创新，通过破除体制机制障碍，充分发挥市场在体育资源配置中的决定性作用，更好发挥政府作用，积极培育社会力量参与体育发展，切实破解我市体育事业发展过程中的各种困难和障碍。

3. 坚持协调推进

"十三五"时期，要立足全局、统筹兼顾、协调发展。一是树立开放的互联网思维，在市委、市政府的引导和推动下，依托多部门合作的体育发展工作协调机制，激发各类市场主体的活力和动力，充分调动社会组织和全社会参与的积极性，为大连体育融入城市发展提供动力；二是始终坚持体育事业与社会各项事业协调发展，始终坚持群众体育和竞技体育协调发展，始终坚持基础项目和重点项目协调发展；三是坚持体育工作的全面发展，要围绕体育的内涵和实质把体育事业发展的节奏控制在合理区间内，推动统筹全市城乡区域以及各项体育工作的协调开展。

4. 坚持突出特色

"十三五"时期，要突出地方特色，推动我市体育事业向更高水平迈进。一是坚持以市级品牌健身活动为引领，全面提升区（市）县、街道、社区活动档次，用体育健身的活力促进人民群众生活质量的提高，用体育健身的魅力增强群众的幸福指数；二是充分利用大连自身比较优势和发展条件，实施竞赛表演、足球产业、体育用品制造、马术、水上运动、航空运动、体育旅游、体育服务业等差异化发展定位，打造产业特色；三是通过创建国家级全民健身示范基地，打造"中国竞技体育人才高地"，培育和创建国家级体育产业基地等示范工程，引领带动大连体育事业的创新发展。

四、"十三五"时期我市体育事业发展的重点任务及措施

（一）群众体育迈上新台阶

——重点任务：

全面实施国家战略，进一步完善大连特色的全民健身服务体系；建立市、区（市）县、街道、社区健身活动四级联动及市政府各部门横向联动的新模式；创新组织开展好国际化品牌健身活动，提升区（市）县"一区一品一示范"活动档次；申报创建国家级全民健身示范基地；提高城乡体育设施"惠民工程"建设水平；加强群众体育社会组织体系建设，积极开展国家级体育示范组织创建工作；拓展全民科学健身指导服务领域和范围；基本实现全民健身基本公共服务均等化。

专栏1 "十三五"期间群众体育发展主要指标

★ 经常参加体育活动的人口比例达到50%以上；
★ 社会体育指导员占本市常住人口比例达到3%以上；
★ 区级市民健身中心覆盖率达到100%；
★ 人均体育场地面积达到3平方米左右；
★ 国民体质监测合格以上人数比例达到92%。

——主要举措：

1. 建立全民健身活动新模式。建立市、区（市）县、街道、社区健身活动四级联动及市政府各部门横向联动的新模式，以市级品牌健身活动为引领、各区（市）县、街道、社区活动为补充，形成浓厚的全民健身氛围。以不断丰富全民健身活动内容为目标，创新组织开展好大连国际徒步大会、国家级马术比赛、万人市民乒乓球冠军赛等50项次以上市级品牌健身活动。全面加强区（市）县"一区一品一示范"建设，提升活动档次。加大在央视、新华社等国家级新闻媒体上的宣传力度，扩大我市全民健身活动的影响力和覆盖面。做好全市国家、省级品牌健身活动的评选申报工作。通过政府购买公共服务的方式，不断推进群众体育社会化改革。

2. 争创国家全民健身示范基地。按照国家全民健身示范基地建设标准，充分发挥本地资源优势，吸引民间资本，加大创建国家全民健身示范基地力度，着力将甘井子区青山体育休闲公园打造成为国家全民健身示范基地。加大对甘井子区前关体育公园的建设力度，适时申报国家全民健身示范基地。

3. 加大群众体育设施建设力度。重点做好"惠民工程"，每年建成5个示范体育健身公园、15个示范体育健身广场，完成全市城乡每年200条室外健身路径、100个健身活动室器材配备任务。加快推进沙河口区及三个先导区市民健身中心建设，尽早实现区（市）县市民健身中心全覆盖。围绕市文明城市创建工作，与市文明办合力做好文明楼院健身设施配备工作。依据《大连市学校体育设施向社会开放指导实施意见》的要求，积极推进学校体育设施开放工作。

4. 加强群众体育组织体系建设。加快推进区（市）县体育总会、体育协会建设，强化体育协会管理行业化，体育协会数量要达到20个以上，为群众健身搭建平台，提供服务。积极开展国家级体育示范组织创建工作，启动全市体育组织标准化建设工作。认真做好社会体育指导员培训、上岗、考核及岗位津贴制度，形成全民健身志愿服务的长效机制，提高社区（村）等一线体育社会指导员指导率，实现社会体育指导员对全市晨晚站点的基本覆盖。

5. 完善国民体质监测网络。进一步完善市、区（市）县、街道（乡镇）三级国民体质监测网络，加大对国民体质监测工作宣传力度，探索建立与社区卫生服务中心相结合的市民体质监测指导站。开展中长期市民体质纵向监测工作，完成国家体育总局下达的体质监测任务目标。健全被检测人员档案，定期公布市民体质和全民健身活动现状调查结果，促进科学化和个性化健身。

6. 建立体育服务信息系统和网络。体育主管部门会同相关职能部门建立多层次、多渠道、多媒介综合性信息服务互动平台，方便市民获得体育服务信息，为市民健身提供各类便捷服务。推进体育进社区、进学校、进农村、进企业等服务，开展科学健康教育，增强市民健身素养，帮助市民掌握健身技能。定期公布大连市全民健身发展指数。

（二）竞技体育创造新成绩

——重点任务：

强化人才战略，全面提升竞技体育发展水平。实施竞技体育后备人才培养工程，进一步夯实竞技体育可持续发展基础，努力打造"中国竞技体育人才高地"；巩固足球、排球、游泳、自行车、帆船帆板优势项目，加强曲棍球、乒乓球、羽毛球、网球、射击、射箭潜优项目，突破篮球、拳击、击剑、举重、柔道、摔跤弱势项目，重点围绕奥运会、全运会、省运会、青运会等国际国内大赛，争创优异成绩；着眼于建设都市型竞技体育和精品战略，加强职业体育品牌建设，承办具有影响力的高端体育赛事；传承创新，着力提高职业男子足球运动水平，重塑足球城辉煌。

——主要措施：

1. 全面加快竞技体育职业化进程。运用有效资源拓宽竞技体育办队渠道，大力扶持足球、篮球、排球、乒乓球和羽毛球职业俱乐部建设。"十三五"时期，使我市在国家职业联赛中均有参赛队伍，并支持三大球项目在联赛中取得优异成绩。塑造体育明星，创造条件为职业体育俱乐部吸纳和引进顶尖人才提供帮助，引导职业体育俱乐部建立专业团队，塑造和挖掘体育明星，树立个人品牌；定期举办体育明星评选活动，加大体育明星宣传力度。

专栏2　"十三五"期间竞技体育发展主要指标

★ 培育5项国际高水平的体育赛事品牌；
★ 创建国家级后备人才基地6个以上；
★ 全市储备运动员人数保持在1500名；
★ 向省输送优秀运动员人数超越"十二五"时期；
★ 国家级、高级、中级教练员人次保持稳定；
★ 职业男子足球重返中超。

2. 加强优势项目建设，完善竞技体育项目布局，着力解决我市竞技体育项目发展不平衡的问题，坚持以田径为基础，以足球、篮球、排球、乒乓球、游泳、自行车和水上项目为重点，加强优势项目建设，加快形成特色突出、优势明显、布局合理的竞技体育项目发展格局，确保我市有5个以上优势项目在全国处于领先水平。深入推进多元化训练改革，印发《大连市多元化办训试点方案》，以武术、跆拳道、散打、拳击、乒乓球、羽毛球、网球、击剑、棒垒球、高尔夫球等10个项目为试点，部分或全部实现多元化办训。

3. 加强竞技体育人才队伍建设。加大人才的培训力度，对体育管理者、教练员、裁判员、运动员进行分类培训提高，要通过理论培训、业务培训和实践培训，不断优化调整人才结构。加大人才的引进力度，面向全国积极吸纳高水平的运动员、教练员、裁判员和高级体育产业经纪人，积极打造各类人才高地。做好人才的管理和使用，认真落实人才培养的激励机制，着力优化人才发展环境，使高水平的教练员、裁判员发展有空间，工作有舞台，创业有机会，形成人才辈出的发展环境。加强运动员保障工作配合人社部门进一步做好退役运动员就业安置工作，不断完善运动员保障体系。

4. 加强青少年后备体育人才培养。完善青少年竞赛体系，建立符合青少年成才规律的分层次、分年龄、分等级的青少年竞赛制度，体育、教育部门定期联合举办综合性及专项性青少年运动会，发现、选拔优秀体育后备人才。加强各级体校建设，巩固和发展以优秀运动队为主体、各级各类体校为骨干、中小学校和高校为依托、社会力量办训单位为补充的多元化、多渠道、多形式的后备人才培养格局。与国家、各省市、高校广泛合作，加大竞技体育科研力度，进一步提升训练水平。继续推进训练、竞赛、教学、科研、康复、保障"六位一体"的发展模式，努力打造"中国竞技体育人才高地"。

5. 承办高水平的体育赛事。继续通过举办大连国际马拉松赛、国际女子网球公开赛（WTA125K系列赛）、国际马术比赛、国际海钓比赛等国际大赛，扩大城市影响力，提高城市知名度。通过举办海峡杯棒球赛、全国帆船帆板冠军赛等国家级、省级专业赛事，提高大连竞技体育水平。办好各项职业体育联赛，鼓励企业举办大型赛事，促进竞赛市场的繁荣和发展。举办好大连市第13届运动会，力争办成一届振奋精神、鼓舞士气、高效节俭的体育盛会。

6. 着力提高足球运动水平。重点开展市级足球训练基地和全市100个足球训练活动场地建设，着眼青少年足球在国内的领先发展，重点抓好和推进青少年足球的普及和提高；着眼增加足球人口，不断扩大业余足球联赛规模；着眼职业足球可持续发展，努力创新职业足球发展模式。力争"十三五"时期的前两年，我市职业男足重返中超，女足、五人制男足、青少年梯队及业余足球队成绩稳居全国前三名，职业足球队员数量、青少年后备人才输送数量和足球人口比例保持全国领先地位。

（三）体育产业再上新台阶

——重点任务：

全面落实国家、省、市关于加快发展体育产业等有关文件精神，结合省、市体育产业发展规划，建立与转型发展相适应的现代体育产业体系，力促体育产业成为新的经济增长点。要加强体育市场培育，提升体育产业规模总量；优化体育产业布局与结构，创建国家级体育产业基地；完善并落实体育产业扶持政策，营造良好的发展软硬环境；打造和创建体育品牌，推动体育与相关产业融合发展；加强体育市场管理，引导体育消费等。

专栏3　"十三五"期间体育产业发展主要指标

> ★ 体育产业增加值占GDP比例达到1%以上；
> ★ 体育产业增加值年均增速7%以上；
> ★ 体育从业人数达到5万人以上；
> ★ 体育彩票5年销售总额超过85亿元；
> ★ 人均体育消费增长速度高于全省增速。

——主要措施：

1. 创新体制机制。参照辽宁省相关制度，建立大连市体育产业发展联席会议工作制度，共同制定落实体育产业政策，将体育产业纳入大连市支持文化产业和新兴服务业发展的政策框架，健全体育产业项目评价与筛选机制。转变政府职能，全面清理不利于体育产业发展的有关规定，取消商业性和群众性体育赛事活动审批。鼓励社会资本承办赛事，推进体育行业协会与行政机关脱钩，将适合体育社会组织提供的公共服务和解决的事项，交由社会组织承担。鼓励个人项目走职业化发展道路，支持教练员、运动员职业化发展。创新体育场馆运营机制，完善场馆管理体制，转换运营机制，盘活资产，完善配套服务，开展多种经营，加快实现"管办分离"运营与管理模式。

2. 加快大连体育产业总体布局。继续加快推进大连体育新城体育产业园区、金普新区体育产业园区（冠军创业孵化基地）、甘井子青山健身产业园区、瓦房店将军石体育产业园区、旅顺体育文化产业园区、长山群岛体育休闲产业园区和庄河体育旅游休闲产业园区建设，对符合条件的产业园区，积极争取国家政策支持，申报国家级体育产业基地。发展群众喜闻乐见的健身休闲项目，举办高端专业体育赛事，鼓励和引导业余体育赛事和体育培训业发展，使之成为层次鲜明、互为依托，能够满足不同体育消费需求的体育产品输出基地，让更多的消费者参与其中，推动体育产业繁荣发展。

3. 拓宽体育项目产业链条。以网球、高尔夫、马术、水上运动等高端体育项目为产业链上游主要产品，发挥体育竞赛表演服务公司作用，通过引进高水平赛事，为我市体育市场注入活力，培育和壮大消费群体，带动体育休闲业及体育用品销售业发展。以足球产业发展为重点，巩固青少年足球，扩大青少年足球运动规模；推动业余足球联赛，增加业余足球人口；发挥职业足球的引导作用，积极推动男子职业足球、女子职业足球和五人制足球的发展。创造百万人直接参加足球运动的条件，打造百万人观看足球比赛的氛围。做好时尚体育项目下游产业的推动和延伸。举办体育用品博览会，扩大对外交流，推动经贸合作，推动体育制造业项目落户我市，为企业合作共赢创造有利条件。

4. 落实各项体育产业法规政策。全面开展对《国务院关于加快发展体育产业　促进体育消费的若干意见》《大连市体育经营活动管理条例》《大连市加快发展体育产业 促进体育消费实施意见》和《大连市体育产业发展中长期规划（2016—2025年）》的宣传和培训，发挥群众体育在推动体育产业中的基础作用，研究制定行业核心标准等配套政策，深入贯彻实施。通过专项规划的实施，实现我市体育产业项目的科学布局，使之成为门类齐全的新兴产业。进一步做好体育市场监管和依法行政工作。

5. 促进体育产业整合发展。引进国际体育用品博览会项目，将其培育成为具有区域影响力的品牌博览会。积极培育马术、垂钓等体育制造业品牌项目，使体育产品制造业成为体育产业支柱之一。创意策划具有鲜明地域和季节特色的精品体育赛事，实现体育产业与相关产业的融合发展。依托体育主体产业的溢出效应，逐步发展体育经纪、体育广告、体育影视、体育咨询等体育相关产业，为体育产业与城市经济生活的深度融合发展提供平台。

6. 鼓励企业打造和创建体育品牌。加快发展健身服务市场，加强对体育健身业的指导和政策支持，不断丰富全民健身活动经营服务项目，支持社会力量投资全民健身服务业，鼓励优势体育健身企业实施连锁、加盟、并购和重组等多种途径打造品牌。提升发展竞赛表演市场，鼓励和支持不同所有制的企业与个人投资体育赛事和职业体育俱乐部，积极引进国际精英赛事，"十三五"期间，培育5项国际高水平的体育赛事品牌。积极发展体育用品市场，大力支持体育用品生产企业开展自主品牌建设，引导体育用品制造企业通过技术改造和科技创新，打造具有自主知识产权的体育知名品牌。

7. 落实辽宁省体育产业发展规划项目。落实《辽宁省体育发展"十三五"规划》，对纳入辽宁省100个重点项目中的我市项目，按照成熟、培育和支持的分类分别予以支持。具体包括："六大精品赛事"中的大连国际马拉松赛（成熟）、中国环渤海帆船拉力赛（成熟）；"扶持特色产业五类水上运动项目"中的快艇（支持）、帆船（支持）；"培育新兴产业体育中介服务机构"中的体育策划中介服务机构（支持）、九条户外运动旅游休闲线路中的星海广场——金石滩——长山群岛——庄河体育旅游休闲线路（支持）；"六大高端体育运动消费"中的高尔夫（培育）、低空飞行（培育）、马术及赛马中国速度赛（成熟）、滑雪（成熟）、游艇（成熟）等。

（四）体育文化取得新成果

——重点任务：

加强体育理论与实践探索，建立融精神文化、制度文化、器物文化于一体的具有大连特色的文化体系。精神文化层面，挖掘并传承大连体育文化精神，明确体育文化研究方向，为体育事业发展提供精神动力和智力支持；制度文化层面，研究出台突出体育文化导向作用的实施意见，提升体育国民教育层次，加强体育文化交流，为体育事业发展提供政策保障；器物文化层面，创新体育文化精品载体，打造展示体育文化成果的新地标。

专栏4　"十三五"期间体育文化发展主要指标

* 教练员、管理人员研究生学历达到20%以上；
* 每年发表专著或省级以上论文不少于10项；
* 每年培育具有体育文化新形态项目2项，4项优势项目推向国际交流；
* 体育系统参加国家、省级培训的干部要达到50%。

——主要措施：

1. 挖掘并传承大连体育精神，打造特色体育文化体系。结合我市得天独厚的体育文化资源和厚重的体育文化基础以及地域人文特点，进一步提炼与城市特色相适应的体育文化内涵，形成彰显城市品格和地域特色的大连体育精神；深入挖掘传承体育文化成果，进一步打造历久弥新的足球文化、永不止步的马拉松文化、汇聚人气的徒步文化、乘风破浪的海洋运动文化、秉承传统的武术体育文化品牌；精心培育体育公益、慈善和志愿文化；推进体育文博工作，加强体育文物史料的征集和保护；进一步明确体育文化研究方向，系统开展以城市特色为主线的体育文化属性研究，延伸体育文化需求的阶段性研究，重点开展《体育发展内存动力》的研究，全面构建符合我市社会和文化发展的具有地区个性特色的体育文化体系。

2. 加强体育文化制度体系建设，发挥体育文化对体育事业发展的导向作用。准确把握群众体育整体处于健身阶段，部分进入时尚阶段的主要特征，研究制定适合不同阶段、不同群体健身需求的扶持政策；构建完善科研体系，积极发挥高等院校、科研院所的平台作用，加强体育科研团队和科研基地建设，做好相关科研课题的应用工作；严格执行国家体育课程标准，中小学校保证学生每天锻炼一小时、掌握两项体育锻炼的技能；鼓励和扶持社会力量举办各类专业的体育运动学校，支持体育职业学院培养高素质的职业社会体育指导人才，拓展体育运动学校学生培养输送渠道；重视和研究运动员文化问题，加大对运动员文化教育的投入，继续落实和完善退役优秀运动员免试进入高等院校学习的各项政策，为运动员就学、就业创造条件；加强体育系统干部人才队伍建设，增强服务意识，加强人才培训，全面提高队伍素质。

3. 加强体育文化宣传，深化对外交流合作。提高媒体赛事服务能力和报道水平，加大对我市全民健身和体育产业等领域的宣传力度，大力塑造体育名城新形象，为体育发展和改革创造良好的舆论环境。加强国内外体育文化交流，不断丰富体育文化内涵，以开放的视野，立足于同全国体育发达城市进行广泛的交流与合作；坚持走出去、请进来的发展理念，推动国际间体育文化交流，特别是加强与俄罗斯、韩国、日本等周边国家的交流与合作，创造合作共赢机遇，实现体育事业全面繁荣发展。打造体育文化新形态，运用区位优势培育国际公路自行车公开赛、环渤海帆船拉力赛、拉丁舞世界巡回赛等体育文化新形态，传播大连体育文化魅力，扩大城市国内外影响力，为体育事业发展提供新动力。

4. 打造特色精品载体，展示体育文化成果。鼓励和推动运动项目协会与体育组织进行运动项目文化建设，逐步形成一批具有特色的、有社会影响的运动项目文化，丰富我市体育文化内容，满足我市广大市民的健身体育娱乐需求。在符合城市总体规划的前提下，加强与城建、规划等部门沟通协调，积极规划建设一批既能满足市民健身休闲需要，又能满足人们文化归属和审美需求的体育主题文化公园、体育广场、冠军公园、体育博物馆，用体育建筑设计的物质属性传递城市缔结友谊、顽强进取、勇于拼搏、挑战极限的体育精神文明情感，呈现文化艺术与体育精神相交融的城市景观。争取将劳动公园建成体育文化主题公园，打造我市健身休闲和生态园林环境巧妙融为一体的体育文化新地标。

五、强化保障措施，确保规划落实

（一）加强组织领导

各级政府要高度重视体育工作，将体育事业与体育产业发展的目标任务纳入经济社会发展的总体规划，纳入党委政府重要议事日程，建立健全体育工作领导协调机制，设立全民健身、竞技体育、体育产业发展联席会议或领导机构，协调解决体育事业和体育产业发展中的重大问题，推进体育事业与体育产业的发展。各级体育部门要强化规划落实，加强与发展改革、财政、税收、金融、国土等部门的联系与合作，促进资源共享，协同提升公共服务水平。

（二）加大投入力度

各级政府要把体育事业经费、基本建设资金列入本级财政预算和基本建设投资计划，增加对体育事业的投入，确保体育事业经费随着财政收入增长而逐步增加；要建立和完善公共体育服务的政府采购制度，加强体育投入的绩效考核，提高体育投入资金的使用效益；要按规定管理和使用好体育彩票公益金，充分发挥其社会效益；进一步拓宽体育发展的投融资渠道，鼓励国内外企业投资我市体育产业，鼓励民间资本投资大众体育健身，推广和运用政府和社会资本合作的竞技体育发展模式，积极吸引社会资本参与体育事业的发展。发挥政府资金的带动作用和杠杆作用，研究设立由社会资本筹资的体育事业投资基金，有条件的地区可设立体育发展专项资金，对符合条件的企业、社会组织给予项目补助、贷款贴息和奖励。

（三）落实政策法规

研究制定国家、辽宁省相关政策的实施细节，落实支持体育事业与体育产业发展的财政、金融、税收、土地、能源等方面的政策；认真贯彻落实我市已制定并颁布的《大连市全民健身实施计划》《大连市经营性体育活动管理条例》《大连市加快发展体育产业促进体育消费的实施意见》《大连市体育产业发展中长期规划（2016—2025年）》等法律法规和政策性文件，保证各项工作依法顺利实施；健全完善体育部门依法行政制度体系，加强对各类职业体育俱乐部、各单项协会体育经营性场所的指导、监督、管理和服务；加强体育经营活动的安全监管，规范高危险性体育项目，加强日常监督检查和技术指导；严肃赛风赛纪，确保各项赛事公平公正。

（四）强化基础工作

继续做好"接、放、管"工作，把国家、省级下放的权力接收好、落实到位，把应该下放的权限按国家改革的要求下放到位；进一步组织和完善体育事业和体育产业统计工作，加强全民健身、体育消费、体育旅游等专项统计工作，为制定相关政策提供科学依据；进一步整合体育信息资源，逐步构建体育资源网络信息平台，推进体育行政管理和体育项目管理的信息化；加强体育标准化建设，推行体育服务质量认证、体育职业技能鉴定制度；积极引导体育社会组织健康发展，加大支持力度，完善鼓励各类体育社会组织参与体育发展的政策；狠抓防腐倡廉和行业作风建设，为体育发展营造风清气正的良好环境。

（五）加强监督落实

加强本规划与各级体育规划相互衔接，确保条线之间、层级之间目标一致，重视与国家、辽宁省有关专项规划以及全市经济和社会发展总体规划的协调；建立明确的工作目标与责任制度，落实责任人、责任部门、完成时限，形成责任明确、措施有力、联动高效、问责到位的体育工作格局；制订各项工作计划和方案，将"十三五"时期体育发展指标进行逐渐逐项分解，精心组织实施；落实督促检查，完善绩效评估、动态调整和监督考核机制；建立中期评估机制，分析检查规划实施效果，必要时对规划目标进行适当调整，保障和推进本规划的顺利实施。

附件：

"十三五"时期大连市体育发展主要指标汇总

类别	序号	指标名称	单位	属性	2015	2020年	2020（国家）
群众体育	1	经常参加体育锻炼的人口比例	%	预期性	>50	≥50	43.5
	2	社会体育指导员占本市常住人口比例	‰	约束性	2.8	≥3	3
	3	市民健身中心覆盖率（区级）	%	约束性	90	100	70
	4	人均体育场地面积	平方米	预期性	2.47	3左右	1.8
	5	国民体质监测合格以上人数比例	%	约束性	91.5（2014年）	92	92

（续表）

类别	序号	指标名称	单位	属性	2015	2020年	2020（国家）
竞技体育	6	培育5项国际高水平的体育品牌赛事	项次	约束性	5	5	
	7	创建国家级后备人才基地	个	预期性	6	≥6	
	8	全市运动员储备	人	约束性	1495	1500	
	9	向省输送优秀运动员	人次	预期性	379	超越"十二五"时期	
	10	达到国家级、高级、中级的教练员	人	约束性	国家16、高级104、中级初级未定级200	稳定	
	11	职业男子足球		预期性		重返中超	
体育产业	12	体育产业增加值占GDP比例	%	预期性	>1	≥1	1
	13	体育产业增加值年均增速	%	预期性	4.8	≥7	
	14	体育从业人数	万人	预期性	3.9	≥5	
	15	体育彩票5年销售总额	亿元	预期性	80	≥85	
	16	人均体育消费增长速度高于全省增速		预期性			
体育文化保障	17	教练员、管理人员研究生学历比例	%	约束性		≥20	
	18	每年发表专著或省级以上论文不少于10项	项	约束性		≥10	
	19	每年培育具有体育文化新形态项目2项，4项优势项目推向国际交流	项	预期性		完成	
	20	体育系统参加国家、省级培训的干部比例	%	约束性		≥50	

青岛市"十三五"体育事业发展规划

前　言

"十三五"时期（2016—2020年）是我国全面建成小康社会的决胜阶段，也是谋划我市体育事业实现新一轮大发展的重要五年。加快发展体育事业，建设体育强市，提升青岛市体育综合水平和竞争力，是推进青岛市经济社会转型发展、贯彻落实科学发展观、加快建设宜居幸福的现代化国际城市的重要内容。根据《体育法》《全民健身条例（2016—2020年）》《国务院关于加快发展体育产业　促进体育消费的若干意见》《体育发展"十三五"规划》《山东省体育产业发展规划（2016—2020年）》和《青岛市国民经济和社会发展第十三个五年规划纲要》的总体部署，依据青岛市体育事业发展的新形势、新任务、新要求，结合青岛市体育实际，特制定本规划。

《规划》所指的体育是以身体活动为媒介，以谋求个体身心健康、全面发展为直接目的的社会活动和社会工作，是各项体育实践、体育工作和体育资源的总和。发展体育事业是一项具有产业性质的全民性公益事业，是社会主义现代化建设的重要组成部分，主要包括群众体育、竞技体育、体育产业三个方面的内容。

规划范围包括青岛市所辖七区（含高新区）四市。

规划期为2016—2020年。

第一章　发展基础

一、发展机遇

（一）全面建成小康社会要求体育事业协调发展

"十三五"时期是全面建成小康社会的决胜阶段，十八届五中全会将建设"健康中国"上升为国家战略。体育事业是"大健康"产业的支柱，直接关系到人民群众的身心健康。大力发展体育事业有利于满足人民群众多样化的体育需求，保障改善民生，有利于扩大内需、增加就业、培育新的经济增长点，有利于弘扬民族精神、增强国家凝聚力和文化竞争力。加快体育事业协调发展是我国全面建成小康社会的必然要求，也是青岛市十三五时期突出的重要工作环节之一。

（二）经济基础为体育事业发展提供保障

"十二五"期间，我市生产总值跨越四个千亿元台阶，增至9300亿元，人均生产总值超过1.6万美元。2015年全市体育产业增加值达到130亿元，体育产业总规模超过500亿元。经济社会快速发展，产业结构转型升级，市民收入逐年提高，体育消费日趋多元，为体育公共服务体系建设和体育产业发展提供了巨大空间和可能。

（三）建设宜居幸福的现代化国际城市需要体育事业大发展

率先全面建成较高水平小康社会，建设宜居幸福的现代化国际城市需要社会公共服务体系的全面提升。发展体育事业有利于推动城市基础设施建设，优化城市空间布局；有利于解决就业改善民生，提高生活品质；有利于增强城市向心力与凝聚力，提升城市管理的服务水平；有利于扩大交往，提升城市品牌形象、综合竞争力和国际影响力。

（四）"一带一路"战略拓展了体育事业发展空间

青岛市作为东部沿海重要的港口城市，主动融入国家"一带一路"战略，成为综合枢纽城市，有助于加强与东亚、东南亚国家和我国东部、北部地区的体育事业交流合作；有助于产业跨区域发展增值增效；有助于实施体育专业人才、优势项目"走出去"和"引进来"工程，便于打造一批沿海岸线、沿边境线、沿国道线的体育旅游精品路线和户外休闲运动品牌。

二、取得的成就

"十二五"时期，青岛市各项体育工作取得可喜成绩，为实现"十三五"期间更好更快发展奠定了坚实基础。

（一）群众体育运动蓬勃发展

广泛开展全民健身活动。巩固"政府主导、部门协同、社会参与"的全民健身格局，依托迎新年万人健康跑、全国群众登山健身大会、社区健身节、万人畅游汇泉湾、全国徒步大会青岛站、沙滩体育节全民健身"六大板块"，连续举办和承办青岛市体育大会、青岛市徒步大会、全国全民健身操舞大赛、万人健步行、"百县篮球、千乡乒乓球、万人象棋"赛。足球、帆船、游泳、羽毛球等体育项目进校园、特色体育学校建设效果明显。每年举办市级以上全民健身活动40余项，区市级活动300余项，社区级活动1000余项，直接参与群众年均近400万人次。2014年创办"青岛球王"系列赛，2015年成功主办世界休闲体育大会。

全民健身基础设施再上台阶。累计投入1.7亿余元，基本建成城市社区"8分钟健身圈"，为6655个行政村改建健身设施，建成74个镇级健身工程、13处示范性健身设施，按期实现农民健身工程全覆盖。全市拥有健身设施8040处，人均体育场地达到2.5平方米，经常参加体育锻炼人数占到人口总数的48.5%，老年健身队伍日益壮大。公办体育场馆均对社会实行分时段免费或低价开放，年吸引健身群众达300万人次。

全民健身组织体系逐步完善。五年完成国民体质检测30000余例，全民健身辅导站点达到4720处，各级社会体育指导员每万人拥有量达到21名。全市民办非企业体育协会达到50家，拥有民办非企业体育俱乐部268个，在体育项目推广普及、体育公益、体育培训及赛事活动组织中发挥了积极作用。

（二）竞技体育稳步提升

竞技体育取得新佳绩。2012年伦敦奥运会张继科获得男子单打、男子团体2枚金牌；2013年第十二届全运会获得30.5枚金牌；2014年十七届亚运会获得10枚金牌，第二十三届省运会获得六个奖项五项第一；2015年第一届全国青运会获得11枚金牌，继续保持全省和全国同等城市领先地位。五年内青岛籍运动员在国际大赛中获得117枚金牌、41枚银牌、29枚铜牌；在全国各级比赛中，获得321枚金牌、212枚银牌、183枚铜牌；在省级比赛中，获得798.5枚金牌、498枚银牌、604.5枚铜牌。

竞技体育队伍建设得到加强。围绕青少年体育的普及与提高，加大市（区）体校建设，推动业余训练体系不断完善。建成7个国家级、13个省级高水平体育后备人才基地，向省以上专业队输送高水平运动员总计201人。40名运动员入选国家队，并在男子乒乓球、女子举重、女子柔道、女子赛艇等项目上具备奥运夺牌实力。

（三）体育产业快速发展

体育产业规模日趋扩大。颁布青岛市《关于加快发展体育产业促进体育消费的实施意见》，率先建成了山东省青岛体育用品展示中心；开展了省级扶持资金项目和省级体育产业基地创建工作，先后有4个项目和两个单位入围省级扶持资金项目和省级体育产业基地；体育产业增长率达到12%。2013年全市体育及相关产业法人单位数达到8324家，从业人员10.26万人；体育彩票业增长迅速，2015年销售超21亿元，"十二五"期间总销售额达到85.3亿元，相当于过去11年销售总额的2.16倍，位居全省首位。2015年全市体育产业总规模突破500亿元，涌现出一批具有国际国内竞争力的优秀企业和闻名于世的比赛项目，有力地支撑起青岛体育产业的发展。

重点体育基建项目有序推进。将市民健身中心列入政府首批PPP项目库；推进市射击运动中心、市水上运动中心、市网球运动中心、市体校二期综合训练馆等工程的论证、立项和选址工作；加速青岛市国家级青少年足球训练中心建设和弘诚体育场改造进程；协助各区市新建、改建体育中心（馆）；完成了山东省青岛国家篮球足球学院的用地测绘和概念性规划。

体育竞赛表演业实现大发展。成功举办世界休闲体育大会、国际马拉松赛、亚洲滑冰邀请赛、世界柔道大奖赛、全国自行车冠军赛、全国短道速滑锦标赛、亚洲橄榄球锦标赛、全国动力伞冠军赛等40多项省级以上大型赛事。加大对体育社团扶持力度,出台了职业体育俱乐部扶持奖励办法。青岛双星篮球俱乐部进入2014—2015赛季季后赛前4强,青岛合展仁洲羽毛球俱乐部荣获中国羽超联赛2014—2015赛季亚军和2015—2016赛季冠军。

(四)"帆船之都"和"足球名城"建设步伐加快

"帆船之都"城市品牌建设效果显著。连续五年举办了克利伯国际环球帆船赛(青岛站)、国际极限帆船系列赛(青岛站)、CCOR城市俱乐部国际帆船赛、青岛国际帆船周·青岛国际海洋节等高端国际帆船赛事,推进"帆船进校园"和"欢迎来航海"全民帆船普及活动,共培训青少年帆船运动员2100余名,先后有5万余人次参与帆船体验。积极融入"一带一路"国家战略,开展21世纪海上丝绸之路"中国·青岛"号帆船航行暨北冰洋创纪录航行,推进与海上丝绸之路沿岸国家和地区的商贸、旅游、文化和体育合作,宣传和推介青岛作为山东半岛蓝色经济区领军城市的综合优势,促进了与上述国家和地区的体育人文交流,荣获国际帆联颁发的世界帆船运动突出贡献奖。

"足球名城"建设加快推进。制定《青岛市足球事业十年发展规划(2015—2024年)》和《关于加快青岛"足球名城"建设的意见》。加强中国足球试点城市建设,开展以城市联赛为主体的群众足球赛事,创办五人制足球超级联赛、民间足球争霸赛等业余赛事;设立首批4个市级精英足球训练网点;与教育部门配合广泛开展"校园足球"活动。加大各级各类足球教练员、教师培训力度,总人数达到398人。积极筹建国家级青少年足球训练中心。

三、"十三五"面临的主要问题

"十二五"时期,我市体育事业实现了长足发展,但体育总体发展水平与区域经济及全省地位相比仍存在一定的差距。主要表现为:

(一)全民健身公共服务体系有待完善

群众日益增长的体育需求与社会所能提供体育资源不足的矛盾仍然比较突出;体育场地设施人均占有量偏低,城乡、区域体育事业发展不均衡,布局结构不合理;政府履行公共体育服务的职能水平有待提高,部门协调联动机制需完善;基层体育社会组织功能亟待加强,全民健身服务质量仍需提升。

（二）竞技体育项目发展不均衡

田径、射击、游泳、举重等传统优势项目出现滑坡，"三大球"发展存在瓶颈；体校建设、体育科研、"科训医管"一体化进程需加快推进；人才选拔、培养市场化程度不高，引进世界级高尖运动员和教练员力度不够；体育社团承担竞赛项目有待规范，竞赛组织管理还需加强；职业足球仍缺乏竞争力。

（三）后备人才培养机制不灵活

高水平运动员和教练员存在结构性短缺，仍需完善后备人才培养激励机制；体育选材城乡差距大，生源质量得不到保证；"体教结合"不落实，校园体育和竞技体育缺少融合，学训矛盾仍然突出；青少年体育组织、场地和设施建设有待加强。

（四）体育产业发展没有形成核心竞争力

体育产业规模偏小，产业结构不尽合理；体育用品进口依存度高，缺乏有影响力的产业集团和产、供、销经营网络，市场竞争力不强；体育服务市场管理不规范，消费动力不足；引导社会资本参与体育产业发展的政策法规不明朗，专业人才匮乏，体育竞赛和表演市场有待加强。

第二章　总体要求

一、指导思想

"十三五"时期，我市体育事业发展以邓小平理论、"三个代表"重要思想、科学发展观为指导，深入贯彻习近平总书记有关体育工作重要批示指示精神，全面落实党的十八大、十八届五中全会和市第十一次党代会精神，牢固树立创新、协调、绿色、开放、共享的发展理念，以增强人民体质、提高健康水平为宗旨，以建设体育强市为目标，充分发挥体育事业在市场资源配置中的作用，建立符合青岛实际、覆盖城乡、可持续的公共体育服务体系，促进群众体育与竞技体育全面发展，推动体育产业成为经济转型升级的重要力量，全面提升我市体育综合实力，为全面建成宜居幸福的现代化国际城市做出积极的贡献。

二、总体目标

"十三五"时期,我市体育事业发展的总体目标是:

——完善公共体育服务体系。推动城乡公共体育健身设施提档升级,提高公共服务水平,切实提高全市人民身体素质和健康水平,促进我市群众体育发展迈上新台阶。

——优化竞技体育项目和布局。提高和巩固我市竞技体育整体水平和国际国内竞争力,完善体育后备人才体系,增强竞技体育可持续发展能力。

——增强体育产业创新能力。进一步扩大规模、优化结构,提高质量和效益,鼓励更多社会资本参与体育产业发展,着力培育和打造"一核聚集、两带展开、五区支撑、多维辐射"的产业发展空间布局,加快完善富有活力和青岛特色的体育产业体系,打造一批具备国际国内影响力的知名体育品牌。

——融入"一带一路"国家战略寻求新突破。积极开展重大帆船赛事(节庆)活动市场推广工作,探索、开辟21世纪海上丝绸之路新航线,加大国际交流,加强城市宣传,推进帆船产业新发展。

——新(改)建一批用于竞赛、训练、健身的大型体育场馆。加强区(市)体育场馆配套设施建设,增强承办综合性运动会和重大体育赛事活动的能力,为办赛、运动集训、全民健身提供场地设施保障。

——深化改革,完善运行机制。努力提升体育科技、体育教育、体育法制、人才培养、行业作风、体育外事、体育宣传等工作水平,促进体育管理的科学化、法治化、现代化。

表1 青岛市"十三五"时期体育事业发展量化指标表

项目	主要指标	2015年	2020年
群众体育	全市经常参加体育锻炼人数比例	48.5%	49.5%
	人均体育场地占有量	2.5平方米	2.8平方米
	每年举办社区级以上全民健身活动次数	市级以上全民健身活动40余项,区市级活动300余项,社区级活动1000余项	市级以上全民健身活动100次以上,区市级、社区级全民健身活动1500次左右
	体育健身辅导站点和晨、晚练点数量	全民健身辅导站点达到4720处	市级命名的体育健身辅导站点和晨、晚练点达到4900处以上
	每万人拥有各级社会体育指导员人数	21名	27名
	年均体质检测数	6000例	8000例

(续表)

项目	主要指标	2015年	2020年
竞技体育	在2016年里约奥运会、2017年全运会、2018年省运会和亚运会、2019年第二届全国青年运动会、2020年东京奥运会等国内外重要赛事成绩	/	奥运会、亚运会夺牌，国内比赛处于同等城市前列，省运会保持山东省龙头地位
	青岛籍运动员在国家队人数	40余名	45名
	输送到省队以上运动员人数	201名	>210名
体育产业	全市体育产业总规模	500亿元	750亿元左右
	全市体育产业增加值占全市GDP比重	1.5%	2%
	从业人员	近12万人	15万人
	冰雪场地	14块（冰场、雪场）	拥有室内滑雪场
	体育彩票年销售额	21亿元	30亿元
帆船运动	每年培训青少年帆船爱好者人数	2100余名	2200名
	每年培训教练员和裁判员人数	/	30名
	全市参加帆船运动人次	近5万人次	五年共达到30万人次
足球运动	全市中小学校园足球特色学校数量	100所	经常开展校园足球活动的学校数量达到学校总数的25%
	各级各类教练员、足球教师、裁判员人数	/	各级各类教练员、足球教师1000人，裁判员人数500人，教练员和裁判员讲师达到30人
	足球运动员注册人数	4000人	6万人（含在校学生）

到2020年，体育主要指标和综合实力居全国同类城市前列，体育产业成为全市支柱产业，形成群众体育蓬勃发展、竞技体育特色突出、体育产业竞争力强的局面，初步建成国际休闲体育和海上运动知名城市。

三、基本原则

"十三五"时期，我市体育事业发展将突出以下基本原则：

——坚持围绕中心，服务大局。充分发挥体育在促进经济、政治、文化、社会建设中的综合功能和独特作用，把体育发展融入青岛市发展战略中，促进体育与经济社会发展的密切结合。

——坚持以人为本，服务民生。倡导健康生活，增强人民体质，树立文明健康的生活方式，提高群众身体素质和生活质量，提供适应群众需求、丰富多样的产品和服务，不断满足人民群众日益增长的体育需求，让全市人民共享体育发展成果。

——坚持改革创新，开放共享。加快政府职能转变，进一步简政放权，减少微观事务管理。加强规划、政策、标准引导，创新服务方式，强化市场监管，营造竞争有序、平等参与的市场环境，体育管理由经验型向科学型转变。

——坚持统筹兼顾，协调发展。立足全局，统筹兼顾，促进群众体育与竞技体育协调发展，促进体育事业与体育产业协调发展，促进城乡体育协调发展，促进奥运项目与非奥运项目协调发展。处理好当前与长远、重点与一般、规模与效益的关系，全面推进体育发展。

——坚持科教兴体，人才强体。重视科技、教育、人才队伍在体育事业发展中的关键作用，营造崇尚科学、尊重知识、尊重人才的氛围。努力提高自主创新能力，依靠体育科技的进步，依靠体育教育的发展，依靠体育人才队伍素质的不断提高，发展和壮大体育事业。

——加强体育文化建设。高度重视、深入挖掘体育的文化内涵，加强体育文化宣传，引导群众建立健康、科学、文明的生活方式，让体育成为社会主义先进文化的传播者和创造者，成为时代精神的倡导者和先行者。

——坚持依法治体。开展体育法制宣传，提高人民群众体育法律意识和体育法制观念，促进体育事业拓展，全面纳入依法行政的轨道，保障体育事业健康有序发展。

第三章　主要任务

一、推动群众体育迈上新台阶

认真贯彻《体育法》《全民健身条例》和《全民健身计划》，强化国家战略的意识。提高公共体育服务能力，建立完善的以场地设施建设、组织建设、活动开展、健身指导等为主要内容的全民健身公共服务体系。城乡居民体育健身意识进一步增强，身体素质明显提高，全民健身活动内容更加丰富。全民健身设施、全民健身组织、社会体育指导员和志愿者队伍数质量显著提高，达到《国民体质测定标准》合格以上的人数比例明显增加，城乡群众体育发展差距进一步缩小。

（一）广泛开展群众性体育健身活动与竞赛

根据青岛山、海、城特点，突出"运动青岛、健康城市"主题，大力打造全国群众登山健身大会青岛站暨青岛市全民健身登山节活动、青岛市体育大会、青岛市智力运动会、沙滩体育节、国际武术节、毅行（徒步）健身大会、国际马拉松、崂山100公里山地越野赛、自行车公开赛、拳击赛、社区体育节、畅游汇泉湾、全民健身操舞、企业运动会、"青岛球王"系列公开赛等在国际国内有影响力的品牌赛事。组队参加全国智力运动会、山东省全民健身运动会。建立各类体育社会组织组队参赛机制，加快非奥项目发展，促进人才队伍建设，逐步形成项目推广普及优势。广泛开展不同层次、不同类型的全民健身活动，保持体育锻炼人数逐年增长，到2020年，全市经常参加体育锻炼的人数比例达到49.5%。全市每年组织市级以上全民健身活动100次以上，区市级、社区级全民健身活动保持在1500次左右。

（二）加强全民健身基础设施建设

继续资助各区市实施和完善"五个一"工程（综合体育场、体育馆、游泳馆、全民健身中心、体育公园）建设；资助每个镇（街）建设一个中型或小型的市民健身活动中心；继续实施城市社区室内外结合的小型社区健身中心项目；配套农村新型社区健身设施，结合社区实际建设情况，打造"风雨无阻"型农村社区健身中心；完善黄金海岸健身长廊健身设施，打造西海岸新型健身休闲区域；推广可拆卸游泳池项目，在有条件的街道、镇建设可拆卸游泳池。

（三）健全全民健身组织网络

强化各级政府全民健身领导小组职能，统筹开展本辖区的全民健身工作。积极推动市、区市和街道（镇）、社区（村）四级全民健身组织建设，完善市、区市、街道（乡镇）三级体育总会，协调和指导各级体育协会的建设。全面推进体育社会组织党建工作，完善体育社会组织的工作评价和监督体系，加大政策扶持和业务指导力度，提高体育社会组织依法开展活动的能力，积极推动各类体育俱乐部发展。切实推进城乡基层体育健身组织的规范化建设。各区市每年至少建立8个以上全民健身辅导站点，健身辅导网络辐射到各个社区、村庄。到2020年，市级命名的体育健身辅导站点和晨、晚练点数量达到4900个以上，形成遍布城乡、规范有序、富有活力的社会化全民健身组织网络。

（四）加强社会体育指导员和全民健身志愿者队伍建设

建立健全市、区市社会体育指导员协会。加强社会体育指导员队伍业务培训，加强培训基地设施配备及师资队伍建设，加强社会体育指导员管理，促进社会体育指导员培训及管理工作制度化、规范化、科学化。完善表彰激励机制和经费投入机制，为社会体育指导员工作创造必要的条件。加强宣传，营造社会体育指导员工作良好舆论氛围。"十三五"时期，建成一个国家一级、八个国家二级和若干三级区市社会体育指导员培训基地，每年培训不低于750人，并建立管理档案。到2020年，全市各类各级社会体育指导员人数达到25000人以上，占总人口的万分之二十七以上。

（五）广泛开展老年人、职工、残疾人等人群体育活动

建立与老龄社会相适应的老年人体育工作体制和运行机制，坚持把增强体质、提高健康水平、丰富精神文化生活作为老年体育工作的重点。加大对老年体育健身设施的投入，使全市经常参加体育锻炼的老年人数比例达到65%，达到《国民体质健康测定标准》的老年人比例占70%以上。加强职工体育工作，推行工前（间）广播体操制度，鼓励厂矿企业建立体育俱乐部和业余体育队伍，在群众基础好的项目上率先推出职工联赛，并逐步推广。加强对残疾人体育活动的指导服务，提供相应的活动健身场所，不断满足残疾人健身需求。

（六）加强国民体质监测，指导群众科学健身

进一步完善各级国民体质监测中心（站点），开展城乡居民日常体质测定和科学健身指导活动，宣讲科学健身知识，传授科学健身方法，指导群众科学健身。每年体质检测8000例以上，并于次年上半年向社会发布，为市民科学健身提供依据。完成第四次全国国民体质监测和全民健身活动状况调查工作任务。加强全民健身科学研究，促进科学健身成果的转化。

（七）加速体育社会组织的改革和发展

加快体育社会组织规范化、市场化建设。加强行政监督和指导，为其提供良好的发展空间，开创政府与体育社会组织共同提供体育产品和服务的新路子。加大体育社会组织自我改革和建设的力度，整合资源，建立体育社会组织办公中心，设立发展基金。

二、促进竞技体育可持续发展

大力实施奥运争光计划，保持全国副省级城市前列及全省龙头地位。加强队伍建设，优化竞技体育项目布局，不断增强我市竞技体育整体竞争实力，努力打造一批全省乃至全国具有先进水平的体育强项，力争在两届奥运会上取得优异成绩，在第二届全国青年运动会成绩位列"第一集团"，在第24届省运会成绩继续保持山东省龙头地位。完善青少年体育工作体系，提高青少年身体素质，夯实我市竞技体育人才基础，向省和国家培养输送更多品学兼优的高水平体育后备人才，保持我市竞技体育可持续发展。

（一）完成好"十三五"时期重大体育赛事任务

力争在2016年第三十一届里约奥运会、2018年第十八届亚运会和2020年第三十二届东京奥运会上不断创造优异成绩。确保2017年第十三届全运会和2018年第二十四届省运动会我市参赛人数、获得奖牌数位居全省各城市第一。在2019年第二届全国青年运动会上，综

合成绩继续保持前列。

（二）优化项目调整布局

着眼于国家奥运和省全运战略，进一步优化人才优势，做好项目发展规划。深入普及田径、游泳、帆船项目；加大皮划赛艇人才培养输送力度；加强"三大球"项目发展，继续推进亚洲足球青岛展望计划，积极探索实践符合青岛实际的足球发展新思路和管理模式；参照国家级、省级标准努力建设市级高水平体育后备人才基地；加大对市级选材网络的政策支撑，加强评价标准体系量化建设；落实对职业足球、篮球和羽毛球等俱乐部的扶持和监管工作，争取在全国各级联赛中创造好成绩。

（三）创新管理体制机制

加快竞技体育管理体制集约化改革，建立大训练中心制。推行项目条块管理新模式，加大人、财、物保障力度，推进科学训练、科学保障、科学管理、职责明确的标准化管理体制。

（四）畅通竞技体育人才培养输送渠道

全面实施"体教结合"，健全联席工作运行机制，有效整合各方面资源，加强各级体校、青少年俱乐部、体育传统项目学校、体育特色项目学校建设，加大资金投入和政策扶持。推进体育与教育、高等院校的密切结合，建立多元化的运动员出路保障架构。每年从市体彩公益金中列支部分专项资金，扶持青少年体育发展，不断扩大规模，到2020年，确保区市在训运动员达到5000名，市级在训运动员达到1500名，输送到省队以上达到210名，力争输送到国家队高水平运动员达到45名。

（五）大力加强青少年体育工作

推行《国家学生体质健康标准》，提高中小学生体质健康水平；抓好中小学"阳光体育"活动，确保在校学生每天1小时体育活动时间落到实处；大力加强青少年体育俱乐部建设，积极争创国家、省级青少年体育俱乐部；加强各级各类青少年体育培训机构监管；深入开展体育进校园活动，推动足球、篮球、帆船、跆拳道、击剑、射箭等俱乐部在校园开展项目推广活动，致力打造一批体育特色学校，到2017年全市建成足球特色学校不低于300所，五年内实现每个区市都有传统优势项目，每个学校都有特色品牌；加强学校师资力量建设，普及体育教师职业培训。

（六）加强运动员、教练员和体育科研队伍建设

健全不同学历层次办学体系，不断改善办学条件，确保每个运动员依法接受文化教育；积极与相关部门配合，完善就业安置、伤病防治、社会保险等运动员保障工作机制，

努力实现运动员社会保障全覆盖，进一步做好退役运动员就业安置；加强教练员队伍建设、优化结构，建立项目教练团队，在部分项目试行训练科目分解，提高训练精细化程度，确立教练员目标责任制和奖惩激励机制，全面推行竞聘上岗、岗位培训制度，提高教练员队伍的业务水平和综合素质；搭建体育科研服务平台，以市体育运动学校为依托，成立青岛市体育科研中心，编配科研人员，开展科学训练规律研究，为科学选材、运动训练、创伤防治、运动营养、心理指导、运动监控等提供技术支撑，加快推进"科训医管"一体化建设。

三、加快体育产业发展

贯彻落实《青岛市体育产业发展规划（2014—2020年）》，培育一批具有规模优势的体育产业园区，形成一批体育产业重点企业和企业集团，打造一批具有国际影响力的体育产业品牌，培养一批从事体育产业的优秀团队和领军人物，建立以体育服务业为重点、优势突出、结构合理的体育产业体系和规范有序、繁荣发展的体育市场，将我市打造成集沿海户外运动、体育休闲、体育赛事于一体的休闲体育和海上运动知名城市。

（一）着力发展健身服务业和竞赛表演业

鼓励和引导社会资金投资健身服务业，建立多种所有制投资主体并存、高中低档健身休闲企业互补的健身服务网络。提高大型体育场馆的经营开发水平，增加社会效益和经济效益。承办好全国10公里路跑联赛、全国橄榄球锦标赛、全国短道速滑联赛、全国科研类航空航天模型锦标赛、全国公路自行车赛、国际马拉松赛、世界柔道大奖赛（青岛站）、崂山100公里山地越野赛、铁人三项、亚洲大众体操节等国际国内赛事，提高青岛知名度，进一步培育体育竞赛表演市场。充分发挥市体育竞赛管理中心的作用，积极引进举办高层次、高水平的体育竞赛，完善体育赛事市场化运作机制，市区联动，努力打造国内外具有较高影响力和本土特色的品牌赛事。

（二）积极打造运动休闲产业

充分利用青岛自然环境、人文资源和地理优势，以创建全国、省级运动休闲示范区为抓手，培育创建设施齐全、各具特色的运动休闲区。大力引进民间资本，发展体育与农业观光、旅游等相关产业结合的复合运动休闲业。借助奥帆城市的资源，整合市南区、崂山区、黄岛区等的海滩、滩涂、海岛及海上资源，积极开发海上帆船帆板、游艇、水上滑翔、潜水、沙滩运动、海岛探险、海钓等运动，大力发展海洋运动休闲产业；依托崂山区、城阳区、黄岛区、即墨市、平度市的自然资源，积极开发登山、野营、穿越、滑雪等休闲运动，拓展登山滑雪运动休闲产业体系；借助大沽河改造工程，大力发展龙舟、漂流、钓鱼、极限运动、自行车等河流休闲运动；注重莱西后休闲时代的运动休闲城市持续建设，依托莱西市、胶州市、即墨市等地湖泊、湿地资源，到2020年基本形成湖泊运动休闲产业链条；依托山海自然资源优势，探索发展热气球、动力伞、滑翔伞等空中休闲运动。

（三）发展体育用品制造销售业

借助区位优势，依托"环渤海经济圈"和我市打造先进制造业基地的有利条件，加快体育用品业的培育和发展。引导体育用品制造企业资产重组和规模扩张，鼓励体育用品生产企业做大做强，发挥英派斯、双星等大型体育用品生产企业的龙头作用，组建企业集团，积极筹建标准化体育用品工业园区，集聚产业资源，加速产业整合，壮大产业集群；鼓励体育用品制造企业进行技术改造和科技创新，提高研发能力；支持体育用品制造企业实行品牌战略，争创名牌产品和著名商标，开发具有自主品牌和自主知识产权的新产品，打造名品、精品和拳头产品。引进和借鉴当今销售行业的先进经营模式，重点发展连锁经营、体育用品大卖场、网络销售，提升体育用品销售业的规模和水平；借助重大赛事、节庆举办一定规模，具有青岛特色和影响力的国际体育用品博览会，协助企业开拓国内外市场。

（四）整合资源拓展体育产业领域

设立青岛市体育产业发展基金，扶持优势项目和重点建设，扩大体育产业总体规模，推动体育产业集团发展壮大。整合全市体育、旅游、文化等资源，促进体育产业与其他产业深度融合，实现资源利用效益最大化。重视和推进体育文化创意、体育旅游、体育会展、体育传媒、体育科技等新兴产业的发展。加强对体育组织、体育赛事和活动名称、标志等无形资产的开发，加大对相关知识产权的保护力度。积极推广知名体育产品，不断提高品牌效应，提升市场价值。鼓励发展体育中介组织，大力开展技术指导、信息咨询等中介服务。充分发挥专业中介组织在赛事筹划推广、人才流动、组织保障等方面的作用。

（五）稳步发展体育彩票业

加强体彩公益性宣传，着力提升销售渠道质量，加快非实体渠道建设，构建规范化、立体化的体育彩票销售网络，拓展宣传渠道，提升营销水平。健全风险防范机制，加强规范化管理，确保体育彩票业健康发展。在2015年销售额超21亿元历史最好成绩的基础上，扩大营销，确保到2020年体育彩票年销售额突破30亿元，继续领跑全省，为社会公益事业及青岛体育事业发展多作贡献。

四、推进帆船之都和足球名城建设步伐

（一）注重"帆船之都"城市品牌内涵建设

深入开展青少年帆船普及活动。启动"帆船运动进校园"活动第三个五年计划（2016—2020年），强化帆船基础知识普及和实践教学工作，使帆船教学进入各帆船特色示范学校体育教学体系；积极推进帆船体验培训社会化，充分依托各俱乐部和训练基地，确保每年培训青少年帆船爱好者达到2200名。"十三五"期间，全市参加帆船运动人数要达30万人次，其中15%~20%参训人员将达到青岛市帆船运动培训等级标准，帆船运动的体育社会组织网络更加完善。

积极引进和培育打造高端帆船赛事。以创办自主品牌的高端国际帆船赛事和承办具有高知名度的国际帆船比赛为重点，建立和完善高端国际帆船赛事等各层次帆船赛事体系。大力引进和承办大型国际帆船赛事，积极申办世界OP锦标赛和国际OP协会年会。精心举办2015—2016克利伯环球帆船赛青岛站、2016世界杯帆船赛亚洲（青岛）站比赛、2016—2017国际极限帆船系列赛青岛站，积极申办2017—2018、2019—2020克利伯环球帆船赛青岛站，2018—2020国际极限帆船系列赛青岛站，争取美洲杯帆船赛落户青岛，创办"远东杯"等新的国际国内帆船赛事。坚持开展国际帆船交流与城市推介相结合，全面提升"帆船之都"的国际知名度和影响力。

加强体育教师和帆船教练员的技能培训。开设帆船教练员培训班，每年培训教练员和裁判员30人，将教师培训纳入年度教师继续教育体系，协助各区市建立起骨干教练员队伍，实现各区市依靠自身帆船教练员队伍独立开展帆船培训和竞赛的目标。

对接"一带一路"国家战略，探索开辟新航线。继续做好"中国·青岛号"帆船21世纪海上丝绸之路航行活动，积极宣传和推介青岛作为山东半岛蓝色经济区领军城市的综合优势，促进与沿岸国家和地区的体育人文交流。

（二）加强"足球名城"基础性建设

普及校园足球。把足球列入体育课教学内容，在全市中小学校园足球特色学校在现有100所基础上，到2020年经常开展校园足球活动的小学、中学、大学数量达到学校总数的25%，全市足球运动员注册人数由4000人增至6万人（含在校学生）。

全面发展群众足球。按照"政府主导、统筹管理、社会参与、共同发展"的城市足球发展格局，鼓励机关、事业单位、人民团体、部队和企业组建或联合组建各种形式的足球社团组织，积极推广五人制足球、沙滩足球，逐步建立城乡联赛、企业联赛、行业联赛、社区联赛等多元竞赛体系。至2020年，市南、市北、李沧、城阳4区经常参与足球活动的人数达到总人口的5%，其他区市经常参与足球活动的人数超过总人口的1%。

加快足球场地设施建设。合理布点布局，多渠道建设以笼式多功能运动场地为主的足球场；按照管办分离和非营利性原则，通过委托授权、购买服务等方式，招标选择专业的社会组织或企业负责管理运营公共足球场，促进公共足球场低价或免费向社会开放；推动学校足球场在课外时间低价或免费向社会开放，建立共享机制；建成国家级青少年足球训练中心。到2020年，力争新改建各类足球场地600块。

推进职业足球发展。优化俱乐部股权结构，完善落实支持职业足球发展的投融资以及扶持、奖励等政策。加强各职业足球队、梯队和训练基地建设，提高俱乐部自我生存、自我发展能力。到2020年，青岛要拥有中超、中甲、中乙和五人制等各类职业足球俱乐部。

加强足球各类人才队伍建设。加强对足球教练员、裁判员、讲师等专业人才的培训，壮大各级足球协会、俱乐部等组织的专业力量，提升人员素质和工作水平。造就适应现代足球管理需要的专业化、国际化的管理队伍。到2020年各级、各类教练员、足球教师数量达到1000人、裁判员数量达到500人，教练员和裁判员讲师达到30人。

（三）推动城市品牌对外宣传交流

建立全时空、多维度的城市品牌宣传推介渠道。创新宣传形式和推广载体，完善传统媒体与新媒体融合的城市品牌立体宣传体系，强化青岛城市品牌曝光度，营造积极健康的舆论氛围，打造"帆船之都""足球名城"国际影响新高度。

打造青岛特色品牌赛事。加强与国际知名赛事运营集团、产业运作公司开展全方位深层次合作，引进先进管理和服务理念，与半岛周边城市、环渤海城市、环黄海区域合作，加强城市联动打造海洋体育运动知名品牌，促进体育休闲旅游深度开发，构建区域海洋体育运动休闲营销体系。

广泛开展帆船、足球国际交流合作。发挥帆船运动在助力我市建设"一带一路"新亚欧大陆桥经济走廊主要节点城市和海上合作战略支点城市作用，重点加强与日韩、东南亚、俄罗斯、台湾等国家和地区重要滨海城市合作，借助国际平台宣传推介青岛，形成比较完善的国际帆船运动互动交流网。加强与国内外高端足球专业培训机构的交流与合作，积极承办国际国内高端足球赛事，创办和培育青岛"国际友好城市杯足球赛""全国足球试点城市邀请赛"等品牌赛事，建立高端足球学术理论研讨和各类足球人员培训交流平台，逐步形成以市场为主的多渠道、宽领域、深层次的开放交流格局，实现"足球名城"城市品牌价值大幅提升。

五、推动冰雪运动发展

（一）开展群众性冰雪健身活动

按照"亲民、便民、利民"的原则，营造具有青岛山海城特色的冰雪活动氛围，引导社会力量加大冰雪场馆（地）投资建设，支持有条件的企业和个人成立冰雪运动俱乐部、培训学校；推动冰雪运动进校园、进社区、进公园、进商场，加速大众冰雪健身休闲运动发展；鼓励成立各级冰雪运动协会，整合冰雪资源，积极开展健身宣传、竞赛交流和训练科研等活动，创办自主品牌的群众性冰雪节庆活动；加大冰雪项目社会指导员培训，力争五年内全市经常参与冰雪运动的人数大幅提升。

（二）全面提升冰雪竞技水平

以短道速滑为基础，依托现有场馆，逐步组建冰球、花样滑冰专业或业余队，完善竞技项目整体布局，有序推进2018年韩国平昌冬奥会、2020年全国冬运会和2022年北京冬奥会备战参赛工作，力争取得奖牌新突破；选拔、引进和培养一批高水平运动员和教练员，配备优秀管理和科研保障团队优化冰雪竞技队伍建设；发挥社会组织对冰雪运动的专业指导和培训作用，鼓励支持学校和青少年体育俱乐部广泛开展冰雪竞技活动，逐步建立不同年龄层次、多元项目结构、规模合理的冰雪竞技后备人才队伍。

（三）大力发展冰雪运动产业

加速冰雪体育产业与文化、旅游、科技、会展等融合发展，促进体育消费，壮大冰雪体育产业规模；以群众性冰雪场地设施为主，高水平比赛训练场地设施为辅，加强冰雪运动场地设施建设，引导大型产业集团规模性投入冰雪基建，在现有14个冰雪场地的基础上，利用山地、公园、河湖滩涂开辟新的天然冰场雪场，因地制宜建（改）造室内冰雪场，延伸跨季体育休闲旅游；鼓励公共资源与冰雪场地设施共建共享，拓展冰雪设施网点经营服务范围；积极引进并培育具有较高水平和本土特色的精品冰雪赛事，探索产、学、研、用相结合的冰雪人才培养模式，重点培养冰雪技能型、应用型专业人才。

六、利用"互联网+"打造智慧体育信息网络平台

利用互联网思维，进一步整合体育信息资源，以体育行政、公共服务、体育场馆管理为切入点，搭建智慧体育信息网络平台。加速公益网络覆盖，加强数据采集、检测、智能统计和分析，实现数据对接和信息共享。提高对外服务、对内管理、横向交流的综合服务水平。在信息公开、场馆预约、赛事运营、宣传推广、运动员管理服务、裁判员调配安排等体育信息管理上为社会提供便捷服务。逐步实现智慧体育信息网络从链接型转向连接型，运营模式从封闭转向开放，信息网络转向应用网络，终端从PC转向移动，社交网络转向社会化网络，会同其他网络资源，形成体育发展大数据库和综合智能产业分析，为体育事业跨越发展提供技术支持和保障。

第四章　重点工程

一、大型体育基础设施

（一）新（改）建第24届省运会竞赛场馆

加快推进市体校综合训练比赛馆、市射击运动中心、国家级青少年足球训练中心、市皮划赛艇训练基地、市民健身中心、平度市奥体中心6处新建及16处现有场馆维修改造项目建设，确保高质高效交付大会使用。

（二）协助建设国家足球篮球学院

配合相关手续办理。加强与国家足球、篮球管理中心、省体育局的战略合作，力争把学院办成国家、省和我市篮球足球人才培养基地。

二、重点赛事

（一）全力做好2016年里约奥运会和2020年东京奥运会的备战参赛工作

力争在里约奥运会女子举重、女子柔道、乒乓球、赛艇和羽毛球等项目上取得突破。做好新奥运周期的人才选拔、培养、输送工作，密切加强与国家体育总局、各项目管理中心的沟通协调，跟踪做好青岛籍运动员服务保障，确保他们在国家队训练有序，增强实力，为入选国家奥运军团奠定基础。

（二）扎实做好省运会筹办及其他国内周期大赛备战参赛工作

秉承"举市办省运、开放办省运、创新办省运、节俭办省运"的办赛原则，精心筹备组织赛事。为确保全省体育龙头地位，国内比赛处于同等城市前列，积极推进2017年全运会、2018年省运会、2019年第二届全国青年运动会运动员选拔和梯队建设，以积极备战和参赛推动我市竞技体育高速发展。

三、布局"一核聚集、两带展开、五区支撑、多维辐射"的全市体育产业发展空间

以城市社区为核心，大力发展帆船、游艇等海洋体育竞技、休闲和观赏类项目。打造

西起胶州湾西海岸、北至即墨滨海的海洋休闲体育产业带和南起大沽河入海口、北至莱西湖的江湖休闲体育产业带。发展崂山–城阳山地户外运动集聚区、北部新城体育竞赛培训产业集聚区、即墨体育用品制造业集聚区、西海岸时尚运动体验休闲集聚区、莱西–平度休闲体育集聚区。在影响范围、发展空间、体育载体上，实现多维辐射，形成山、海、河、湖、空一体化的体育产业发展特色。鼓励创建国家级、省级体育产业基地和体育产业示范园区，培育一批符合市场发展趋势、具有较强竞争力的体育企业，不断满足市民健身休闲需求。

四、帆船之都提升

（一）建设帆船码头

加速帆船运动东西两线延伸发展，在市南、市北、崂山、城阳、高新区、西海岸新区、即墨、莱西（大沽河）片区各自开发建设1至2处青少年公益性帆船培训码头。除青岛奥林匹克帆船中心外，再建设1至2处具有国际水准的大型帆船港，用于承接大型国内外帆船赛事活动。

（二）帆船港优惠措施

争取在青岛滨海帆船港毗邻水域办理开放口岸，外籍船可实现自由停靠并简化各项通关手续；争取帆船及零配件进出口减免税并享有便利化配套政策。

五、足球名城建设

加快青岛足球体制改革。积极推进青岛市国家级青少年足球训练中心建设，广泛开展青岛城市联赛（超级、甲级、乙级三级赛事）、足协杯赛、超级杯赛、沙滩足球赛、业余五人制足球赛等群众足球赛事，承办好中国足协国际青年足球锦标赛，配合教育部门深入开展"校园足球"，完善成人业余竞赛体系，扩大青岛城市足球联赛的赛事规模，优化赛事结构；积极发展笼式足球，根据《青岛市足球事业十年发展规划（2015—2024）》和《关于加快青岛"足球名城"建设的意见》，有序推进笼式多功能足球场地建设，并列入市办实事，为十年内全市各类足球场地达到2000块奠定基础。

第五章　保障措施

一、切实加强组织领导，扎实推进规划实施

建立体育局与发改委、财政局、教育局等相关部门的长效协调工作机制，促进资源共享，进一步提升社会管理和公共服务职能。充分发挥各级工会、共青团、妇联和社会组织的积极作用，统筹推动体育事业发展。将体育事业纳入国民经济和社会发展规划，研究、制定促进体育事业发展的相关政策，落实相关实施细则，建立体育工作评估体系，完善考核机制和问责制度，加强督促检查。

二、加快地方立法，着力推进依法治体

坚持依法治体基本方略，健全体育立法工作机制，全面贯彻落实《体育法》《全民健身条例》《公共文化体育设施条例》《彩票管理条例》等法律法规，紧密结合体育改革发展实际和需要，加快地方体育法制建设。全面推进依法行政，规范行政执法程序，完善行政执法协调机制，加强市场执法检查力度，强化高危险性体育项目经营活动的管理，加强对扰乱体育经营市场、破坏公共体育设施等违法行为的处理，依法保障体育事业主办者、参与者、投资者、消费者等各方的合法利益。加大依法行政培训力度，强化依法行政能力建设，通过深入扎实的法制宣传教育和法治实践活动，进一步提高全市体育系统干部职工的法律意识和法律素质，进一步增强依法治体的自觉性，提升依法行政的能力和水平。

三、探索建立多元化的投资渠道，加大资金保障力度

认真贯彻《体育法》和国家及省有关文件精神，将体育事业经费纳入同级财政预算，并随着区域经济的发展逐步增加对体育事业的投入，保障体育事业健康发展。加强对体育彩票公益金的使用和管理，严格按照国家规定的范围用于体育事业的发展。探索和建立多渠道的体育经费投入体系，鼓励和支持社会、企业、个人采取赞助、合作和单独投资等多种形式发展社会体育事业，特别是对群众体育活动、体育赛事和相关体育公益活动的捐赠和赞助。加大政策扶持，加强舆论引导，促进体育事业快速、健康、持续发展。

四、建立体育产业统计制度，完善体育产业政策

加强对体育产业发展趋势和大众体育消费需求的调查研究，将体育产业纳入经济社会

和服务业发展总体规划，建立全市体育产业统计指标体系和统计制度。积极研究、制定有利于体育发展政策措施，引导、支持、鼓励社会资本参与体育产业的开发和投入，加大对各类体育组织和体育赛事无形资产的开发和保护力度。完善青岛市体育产业联合会职能，设立体育产业引导基金，为体育产业发展创造良好环境。

五、建立健全监督机制，加强规划实施管理

强化对规划实施工作的宏观管理和微观指导，根据本规划的发展目标，加强年度工作计划安排，明确推进步骤，落实工作责任。加大对规划实施的跟踪检查力度，完善督办检查机制，以重点工作、重点工程为抓手，带动其他各项任务的落实。完善激励机制，加强对各项工作的总结和检查，及时发现问题，采取措施，确保我市体育发展"十三五"规划的顺利实施和总体目标的实现。

宁波市体育事业"十三五"发展规划

"十三五"时期是我国全面建成小康社会的决胜阶段，也是体育事业改革发展的关键时期。为促进宁波体育事业科学发展，保证各项体育工作扎实有效推进，发挥体育事业在推动宁波全面建成小康社会进程中的作用，根据国家、省体育事业改革发展新形势、新任务、新要求，结合相关法律法规、文件精神，制定本规划。

一、宁波市体育事业"十三五"发展现实基础

（一）宁波市体育事业"十二五"发展成就

宁波市体育事业在"十二五"期间全面贯彻落实科学发展观，按照"富民强市、文明和谐"总战略和加快建设文化大市、体育强市的要求，以增强人民体质、提高全民素质和生活品质为目标，以保障和改善民生为宗旨，努力构建惠及全民的体育健身服务体系，不断提高体育公共服务水平，不断提高竞技体育综合实力，不断提高体育产业竞争力，取得了良好成效。

1. 体育创强扎实推进

"十二五"期间，宁波市创建浙江省体育强市的步伐不断加快。全市11个县（市）区已有10个获得浙江省体育强县（市）区称号。全市体育乡镇（街道）和小康体育村已达到全覆盖，全市296个社区获得浙江省体育先进社区称号，在全省处于领先地位。全市有11个县（市）区体育总会获得了浙江省先进体育总会称号，26个市级体育社团获得浙江省先进体育社团称号。北仑区跻身全国20个全民健身示范试点城市（区）之列，成为全国唯一入选的县级区和浙江省唯一入选地区。

2. 群众体育蓬勃发展

"十二五"期间，宁波市体育社会组织发展迅速，体育社团"三化"工作逐步推进。目前，全市共有体育社会组织435个，其中，市、县二级体育社团250个。市本级体育社团39个，其中通过社会组织评估的5A级社团3个、4A级社团8个、3A级社团7个。全市乡镇（街道）体育分会组建率为98%，老年人体育协会组织达到全覆盖。全市每年举办的各类群众性赛事活动2000余场，大型群体活动300项以上，参加总人数达到15万余人次，群体活动蓬勃发展；据第六次全国体育场地普查结果，全市人均体育场地面积1.61平方米，直属公共场馆开放率100%，在全省率先开展定期免费向社会开放，符合条件的学校体育场馆设施开放率100%，全市体育设施在数量和质量上得到有效提升；各县（市）区国民体

质监测中心全覆盖,全市平均年测试人次超过15000名。社会体育指导员队伍不断扩大,按照户籍人口比例为4人/万人,科学健身指导工作有效开展。

3. 竞技体育稳步提高

"十二五"期间,向省级以上优秀运动队输送运动员115名,甬籍运动员参加世界比赛共获得8金3银6铜;6名宁波运动员入选中国奥运代表团参加了第30届奥运会,获得1银1铜。参加亚洲比赛共获得16金5银3铜。7名宁波运动员入选中国亚运代表团参加第17届亚运会,获得2金2银1铜。90名宁波运动员入选浙江省体育代表团参加第12届全运会,获得6金8银13铜。148名运动员参加第七届城运会获得8金7银6铜。101名运动员参加首届青运会,获得7金6银6铜。800余名运动员参加了第15届省运会,竞赛成绩取得历史性突破,在综合金牌、综合奖牌、综合总分和赛事金牌、赛事奖牌、赛事总分六项指标全部位居全省各代表团第二位。"十二五"时期宁波创建了3个国家级高水平体育后备人才基地、4个省级高水平后备人才基地,14所学校被省体育局和省教育厅命名为浙江省阳光体育后备人才基地。体教结合工作取得新进展,在运动员升学、保证文化学习方面取得新成果。

4. 体育产业初具规模

"十二五"期间,宁波市体育产业增加值年均增长10%以上。截至2014年数据,全市体育产业总产值195.67亿元,实现增加值60.96亿元,体育产业增加值占全市GDP的比重为0.801%。每年举办国家级赛事40余项,促进了宁波赛事经济的发展。积极争创国家级体育产业基地,省、市级体育运动休闲基地建设取得显著成效。在全省率先设立市级体育产业发展引导资金,每年500万元的体育产业发展引导资金带动了几十倍的社会资金投入体育领域,对扩大我市体育产业规模,提升产业发展质量,鼓励体育企业扩大生产等方面起到了重要作用。宁波市体育服务标准化工作走在全国前列,在提升游泳场馆服务、社区体育服务水平和规范公共健身场地管理等方面提供了有效途径和手段。"十二五"期间宁波体育彩票销售总额超过70亿元,为体育事业发展提供了不竭动力。

(二)宁波市体育事业"十二五"发展主要问题

"十二五"期间,城市常住人口不断扩大,体育人口不断增加,使得人民群众的公共体育需求与政府提供的体育资源相对不足之间的矛盾日益凸显。

——群众体育方面,政府主导、部门协同、全社会共同参与的"大群体"工作格局还未形成。群众体育组织还需完善,公共场地设施建设滞后于社会经济发展水平,群体活动的数量质量有待提升,现有场馆经营活力不够和公益矛盾日益突出并存。

——竞技体育方面,项目发展不平衡,尤其是游泳、足球、艺术体操等项目,成为制约我市竞技体育水平整体提升的短板。奥运层面的尖子运动员不多,奥运夺金压力依然存在。后备人才的选拔和培养机制需进一步完善,高水平的教练员比较缺乏,训练与科医结合度需进一步加强。

——体育产业方面,产业规模不大,产业结构不尽合理,与其他产业的融合不够,社会资本投入产业的积极性不高，推动形成投资健康的消费理念和充满活力的体育消费市场还未形成，产业发展的优惠政策不多，对经济社会的贡献率还不够高。

（三）宁波体育事业"十三五"发展面临的机遇和挑战

当代体育可以说是集政治影响力、经济生产力、文化传播力、社会亲和力于一体，成为塑造人健全的精神、激励人爱国的情怀、促进人全面发展的重要途径。未来体育的发展将会在民生领域、文化领域、经济领域和社会管理领域具有独特的价值和作用。

"十三五"是我国经济社会转型发展关键时期，社会经济的发展对体育的作用提出了更高的要求。党和国家对体育的重视和支持更加有力，建设健康中国和全民健身国家战略的实施，将为体育发展提供新机遇。体育必将在实现"两个一百年"奋斗目标，在实现中华民族伟大复兴"中国梦"征程中起到越来越重要的作用。《国务院关于加快发展体育产业 促进体育消费的若干意见》（国发〔2014〕46号）颁布，全民健身上升为国家战略，明确提出将体育产业发展作为新的经济增长点，将体育健身列为六大消费增长点之一，要求体育产业在稳增长、促改革、调结构、惠民生方面发挥更大作用。北京-张家口成功申办2022年第24届冬季奥林匹克运动会，奥运氛围也必将在一段时间内成为推动我国体育事业快速发展重要影响因素之一。以推进体育赛事审批制度改革、中国足球协会与国家体育总局脱钩为代表性的体育发展改革实践，标志着我国体育事业体制机制的改革创新步伐正在加快。

"十三五"期间，2022年杭州亚运会的成功申办，浙江体育事业发展将迎接一场深刻的"革命"。亚运会的筹备和召开将会带动浙江经济社会快速发展，亚运会的氛围也会长期对浙江体育事业向更高水平提升起到推动作用。宁波作为浙江的重要城市，抓住亚运的契机，成为加快未来体育事业发展乃至经济社会发展的主线之一。宁波将更加重视社会事业发展、公共服务体系完善，更加注重社会管理创新，这为体育事业的发展提供了重要机遇和广阔空间。加快推动地区经济转型升级为体育事业发展提供了难得的机遇；全面建成小康社会以及人民群众收入的稳步增长，使广大群众对体育的需求日趋提高；竞技体育、群众体育巨大的社会功能和综合效应受到高度重视，体育与经济的结合更加密切；海洋经济发展上升为国家战略，海洋体育与宁波特有的山海优势更加融合；体育强市战略深入实施，竞技体育、群众体育、体育产业各项事业发展战略目标更加明确。

综合国家、省、市当前经济社会发展形势判断，"十三五"宁波市体育事业发展既面临难得的历史机遇，也面对诸多现实挑战，需要我们把握机遇，直面矛盾，增强宁波体育事业"十三五"发展的自觉性和坚定性，积极谋划，努力开创具有宁波特点的体育事业科学发展新局面。

二、宁波体育事业"十三五"发展指导思想、发展理念和目标

（一）指导思想

以党的十八大和十八届三中、四中、五中全会精神为指导，以习近平总书记有关体育工作系列重要讲话、批示精神为引领，认真贯彻《国务院关于加快发展体育产业 促进体育消费的若干意见》（国发〔2014〕46号），围绕建设"体育强省""健康浙江"的目标，按照宁波建设"四好示范区""跻身全国大城市第一方阵"特别是《中共宁波市委关于补短板创优势提升城市综合竞争力的意见》（甬党发〔2016〕16号）的要求，全面提升公共体育服务能力和水平，全面提升竞技体育的竞争力，全面提升体育产业发展规模和层次，在全省率先实现体育现代化。

（二）发展理念

党的十八届五中全会提出了创新、协调、绿色、开放、共享的五大发展理念，高度契合新常态下体育事业发展规律和要求，是指导今后一个时期宁波体育不断前进的发展理念。

坚持创新发展，让体制机制活起来。大力推行体育行政管理体制改革，深化简政放权，加强体育系统"四张清单一张网"建设，打破束缚体育发展的体制障碍。着力推进体育场馆运营体制改革，让专业公司按照市场化的手段运营好体育场馆，兼顾经济效益和社会效益，探索一条可持续发展之路。加大体育社会组织社会化、实体化改革步伐，鼓励和支持社会资本投资体育产业。大力推进人才培育模式创新，培养全面发展的新时期体育人才。

坚持协调发展，让竞技体育强起来。竞技体育的实力是一个城市综合实力的重要组成部分。为推动宁波的竞技体育在原有基础上"更快、更高、更强"地发展，要从训练管理、文化教育、科研医护、后勤保障，乃至思想政治、绩效奖惩、宣传舆论等全方位进行科学统筹，将其作为一项系统工程协同推进。同时要深入思考竞技体育的社会功能，积极寻找竞技项目发展的市场化路径，推动竞技体育与群众体育协调发展。

坚持绿色发展，让体育产业好起来。体育产业具有绿色天然的独特优势。体育作为六个新增的消费领域之一，完全有潜力成为推动我市经济社会持续发展的重要力量。要以全面贯彻落实甬政〔2016〕1号文件为抓手，大力推进体育场馆和基础设施建设，大力培育和发展体育竞赛市场，大力激发民间资本活力投资体育产业。要主动引导，主动作为，破解一些政策上的瓶颈，让宁波企业多在经济转型时期共建共享体育产业发展带来的"红利"。

坚持开放发展，让体育交流多起来。宁波是改革开放的前沿城市，更高层次的国际

化战略离不开体育。要发挥体育的桥梁纽带作用，充分利用好"中东欧博览会"和"东亚文化之都"等平台，开展体育文化交流，引进高水平赛事和先进的体育管理理念，助推宁波经济社会转型升级和国际化城市进程。

坚持共享发展，让全民健身动起来。要坚持"体育为民，共享健康"的工作理念，让人民群众有更多获得感。深入实施全民健身国家战略，探索市运会和市民运动会新模式，切实打造好"体育宁波"服务平台，提升公共服务水平，成为智慧宁波的重要组成部分。

（三）发展目标

推进体育事业与经济社会的融合发展，保持宁波体育在全省的领先地位，到2020年全面提升体育综合实力，率先实现体育现代化。改革创新发展的力度进一步加大，公共体育服务设施更加便民、竞技体育项目布局更加合理，体育产业结构更加完善，体育类社会组织"三化"建设不断推进，民间资本进入体育作用更加有效。

——全民健身国家战略进一步推进

全民健身场地设施：实现县（市）级全民健身中心全覆盖，保证公共体育设施面积持续增长，乡镇（街道）、行政村（社区）综合性体育健身场地设施拥有率达到70%，人均体育场地面积达到2.2平方米以上。公共体育设施的开放率达到100%，有条件的中小学校体育场馆开放率达到100%。

全民健身组织网络：新增全市各级体育社团数量10%以上，确保全市体育类社会组织评估数量不低于当地社会组织评估的平均数。每千人拥有社会体育指导员比例5人以上，每万人拥有晨晚练健身站（点）5个以上。

全民健身活动开展：继续推进"元旦万人长跑""全民健身日系列活动"等传统体育活动，持续打造"月光体育系列赛事"，积极办好全民健身大联动、市民运动会等大型活动。蓬勃开展适应不同季节、地域、人群的健身活动，实现群众健身活动常态化、生活化。

城乡居民健康素质：经常参加体育锻炼人数比例达到40%以上，达到《国民体质测定标准》合格以上的城乡居民（不含在校学生）人数比例继续保持在90%以上，明显提高优秀率。创建省级"国民体质监测与健身指导中心"2个以上。

——竞技体育正能量和贡献力进一步扩大

运动成绩：争取每届奥运会都有甬籍运动员参加，奖牌数量和质量不断提升，实现奥运会金牌零的突破。争取每届青运会参赛人数不断增加，参赛成绩不断提高，力争达到金牌或总分列全国前二十位。省运会进一步提升综合实力，继续保持全省第二位，缩短与杭州的整体差距。

基地建设：国家级高水平体育后备人才基地力争保持在3个以上；省级高水平体育后备人才基地达到6个以上；市级高水平体育后备人才基地达到10个以上；市级训练点达到60个以上；市级体传校达到100个以上。

训练规模：市体工大队在训人数达到150名以上，其他直属训练单位在训人数达到2500名以上，市级高水平体育后备人才基地、训练点、体传校在训人数达到6000人以上，县（市）区级体传校在训人数达到10000人以上。

　　人才输送：在省专业运动队、解放军队等高水平运动队训练的甬籍运动员人数达到300名以上，在国家队训练的甬籍运动员人数达到30名以上。

　　——体育产业规模和层次进一步提升

　　产业规模：提升体育产业对经济的贡献率，体育产业增加值的年均增长速度高于同期经济增长速度。到2020年，体育产业总规模达到436亿元，实现增加值超过128亿元。

　　产业布局：重点培育体育竞赛表演业、体育健身休闲业；升级体育用品制造和销售业；鼓励场馆服务、体育培训、体育中介、体育商贸等服务业态；加强跨界融合，促进体育旅游、体育传媒、体育金融等新兴业态的不断壮大。

　　发展环境：进一步优化产业发展环境，推动政府在购买服务、规划、土地、税收财政、金融、投资、人才、就业等发展体育产业的政策措施不断完善，使体育产业体制机制充满活力，政策法规体系更加健全，标准体系科学完善，监管机制规范高效，市场主体诚信自律。

三、宁波市体育事业"十三五"发展主要任务

（一）群众体育

　　1. 加强场地设施建设。在新一轮城镇化建设和新农村建设的进程中，同步开展健身场地设施的规划建设。到2020年，新建2～3个县（市）区级全民健身中心，20～25个乡镇（街道）级综合性健身场馆设施，100～150个村（社区）级体育健身广场、体育休闲公园、健身步道或社区多功能运动场所，同时升级改造一批健身设施相对落后的小康体育村。在中心城区规划新建的公园绿地融入体育健身元素或打造体育主题公园，利用"三改一拆"契机，改造、建设一批体育广场、健身长廊、社区多功能运动场所和全民健身户外营地等，进一步改善群众体育健身条件和环境。同时在新周期内建设老年体育活动中心（俱乐部）50个。

　　2. 健全健身组织网络。积极发展城乡基层体育组织，形成遍布城乡、规范有序、富有活力的社会化全民健身组织网络。"十三五"期间，力争市级体育社团新增3个以上，每个县（市）区级单项体育协会达到15个以上。推动体育社团的"三化"建设，加强社团评估工作，使市级体育社团通过评估的比例超过50%。鼓励街道、乡镇单项体育协会和体育辅导站建设。积极推动社区体育健身俱乐部、村级体育俱乐部、老年体育俱乐部、职工体育俱乐部、青少年体育俱乐部建设。加强社会体育指导员队伍的组织建设，力争"十三五"时期新增10000名社会指导员，广泛组织优秀运动员、教练员、体育科技工作

者、体育教师和社会热心人士从事义务健身辅导，加快形成覆盖城乡、服务到位的全民健身志愿服务队伍网络。

3. 丰富全民健身活动。以市本级传统品牌活动为引领，按照"因地制宜、业余自愿、小型多样、就近就便"原则，组织城乡居民参加体育健身和体育竞赛活动，推动群众健身活动的常态化、生活化。不断拓展和深化"一县（市）区一品"的特色品牌活动，组织创编、推广全民健身新优项目。积极开展少数民族传统体育活动。继续推行体育进社区、进农村、进企业、进学校活动，努力提高活动效果。积极做好四年一次的省体育大会、省职工运动会、省农民运动会、省残运会的参赛组织工作。将大众体育部从市运会中剥离出来，每2年举办一次全民运动会。

4. 加强科学健身指导。组织开展群众日常体质测定和运动能力风险评估项目，建立居民健康档案，开具运动处方，提高各类人群健身的针对性和有效性。进一步拓展"全民健身大讲堂"的广度和深度，定期举办科学健身讲座，大力普及科学健身知识。定期开展国民体质监测和全民健身活动调查，完善国民体质状况综合评价体系和全民健身基础数据统计体系。整合体育科研机构和体育院校的优质资源，加强全民健身专业人才队伍建设，不断提高健身科研开发和推广应用能力。

（二）竞技体育

1. 优化运动项目布局。推进实施《宁波市竞技体育十年发展规划（2010—2020）》和《宁波市游泳项目发展规划（2016—2020）》。依托全市竞技体育优势项目，调整项目结构布局，坚持走竞技体育集约化的发展路子。确保游泳、拳击、举重、射击、体操等重点突破项目；巩固皮划艇、赛艇、帆板（船）、网球（短网）、蹦技、排球、摔跤、田径、羽毛球、柔道、跆拳道、女子篮球等综合优势项目；提升足球、射箭、自行车、武术（散打）等潜在优势项目；兼顾艺体、男子篮球、乒乓球、沙排、武术（套路）等相对弱势项目。

2. 强化训练基地建设。结合我市竞技体育发展实际，"十三五"期间，加大对市级直属训练单位建设力度，提升训练场地、设施等硬件条件，规范内部管理。在继续巩固完善3个国家级高水平体育后备人才基地（宁波体育运动学校、宁波市第二少体校、宁波市水上运动学校）、4个省级高水平体育后备人才基地（宁波游泳训练中心、宁波市小球训练中心、宁波镇海蹦床技巧学校、慈溪市少体校）基础上，继续争创高水平体育后备人才基地，办好各县（市）区少体校，扩大体育特色学校规模，形成以市体育运动学校和各中心（基地）为龙头，以县（市）区少体校为重点，以阳光体育基地学校、体育特色学校为基础的体育训练格局，为竞技体育后备人才培养奠定坚实基础。

3. 加强备战参赛工作。整合竞技体育资源，建立目标明确、责任到位、措施具体、管理规范、竞争有序、奖罚分明的工作机制，组织好2017年全运会、2018年省运会、2019年青运会人才输送和参赛工作。确保2018年省运会成绩位居前2名，拉近与杭州差距。在青运会和全运会运动员输送和赛事成绩上保持或者超过上届水平，取得运动成绩和精神文明双丰收。注重把备战省运会、青运会、全运会当作培养和锻炼后备人才的载体，通过竞赛杠杆作用，将目光瞄准2016年、2020年两届奥运会，在2016年里约奥运会中实现宁波在奥运金牌"零"的突破。

4. 深化体教结合工作。全面贯彻落实国务院办公厅《关于进一步加强运动员文化教育和运动员保障工作的指导意见》精神，加强九年义务教育阶段青少年学生运动员的文化教育工作，确保达到国家规定的基本质量要求。积极构建科学化、制度化、常态化的体育和教育协商机制，建立完善体育和教育行政部门的联席会议制度和日常督导制度，不断推进"体教结合"向"体教融合"模式转变，努力实现体育和教育资源共享、优势互补、义务共尽、成果共用的学校体育管理体制和运行机制，促进青少年学生运动员德、智、体、美全面发展。积极探索将职业培训内容纳入体校运动员的文化教育，充分利用其他教育资源，切实提高运动员的文化素质和综合职业素质，为运动员升学和就业奠定基础。

5. 推进足球项目改革。制定宁波足球的长远发展规划，精心准备，协调各方利益，加大政府投入的同时，培植社会各方支持力量。加大足球项目的经费投入，特别是要加大对青少年足球的投入，重视和加强足球后备人才培养，确保我市青少年足球后备人才数不断增加。启动实施宁波市校园足球"绿茵工程"，在全市各级各类学校设立100所足球传统项目学校，建立和完善小学、初中、高中三级足球联赛制度，将各级校园足球赛打造成为传统赛事，形成涵盖培养、训练、竞赛和管理的完整的青少年足球发展体系。发展业余足球，形成类别多样的业余竞赛体系，不断推动足球运动的普及。依托社会力量，尝试引进或组建职业足球俱乐部。重视足球项目人才队伍的引进和培养，加强对教练员、裁判员队伍的培训与管理，提高其业务水平。

（三）体育产业

1. 推进体育产业体制机制创新。转变政府工作职能，减少行政审批事项。完善政府购买体育服务政策，公布政府购买体育服务指导性目录。推进有条件的事业单位转制为企业或社会组织，扶持体育行业协会发展。公开赛事举办目录，落实体育赛事改革措施。通过市场机制积极引入社会资本承办赛事，培育和支持专业化赛事运营企业和社会组织。推动职业体育发展，鼓励和支持具备条件的运动项目走职业化发展道路。创新体育场馆建设运营机制，适时成立国有或国有控股的市级体育场馆运营公司，引入和运用现代企业制度，激发场馆运营活力，在保障公益性的前提下，全面提升运营效能。在学校公共体育场馆对社会开放中推广有效的运营模式。推动历年医保个人余额用于健身消费，推动健康关口前移，尽快出台职工基本医疗保险个人账户购买健身消费相关政策。

2. 科学统筹体育产业合理布局。统筹规划全市体育产业发展，促进资金、人才等资源的合理配置。加强体育产业的整合和扩张，推动产业间的分工协作。依托已有的资源条件，确定以竞赛表演业和体育健身休闲业为重点、体育培训业为亮点，带动整个体育产业结构的全面升级；大力扶持体育中介服务业和体育金融保险业；通过市场调节来发展体育用品制造业和体育用品销售业，培育2～3个全国知名、拥有自主知识产权的体育用品品牌；加快发展体育彩票业；推进体育与旅游、文化等相关产业的融合互动发展。因地制宜地开展冰雪运动。

3. 积极拓展体育竞赛表演市场。继续办好八一男女篮、海天乒乓球职业联赛、国际网球赛、国家女排主场等传统赛事，着力培育和打造近年来涌现的真武魂自由搏击、宁波马拉松系列、国际铁人三项赛、国际柔道大奖赛等新兴赛事，逐步提高宁波体育竞赛表演市场的氛围。遵循市场规律，兼顾经济效益，应用政府补助等激励机制，积极策划举办一批具有较高知名度和良好品牌影响力的体育赛事，使重大赛事成为宣传宁波的重要名片，提升宁波长三角南翼赛事中心城市品牌。

4. 大力开发体育健身休闲市场。推进非奥项目及基地建设，大力开发以地方特色运动休闲基地为主的体育运动休闲市场，形成"一县一品一特色"，以基地建设带动产业集群化和集团化发展。重点打造"一城、二带、三区"，"一城"，即宁波杭州湾运动休闲城；"二带"，即环东钱湖运动休闲带、象山港海洋运动休闲带；"三区"，即四明山户外运动休闲聚集区、宁海乡村古镇户外运动休闲聚集区和甬北慈东运动休闲聚集区。加强步道和古道的联网，推进县（市）区游步道建设。

5. 协调推进体育产业融合发展。推动体育产业与文化、旅游、广电影视传媒、商贸、电子信息、健康养老服务、文化创意和设计服务、流通、教育培训、建筑、会展等相关产业的跨界融合，建立体育产业与其他相关产业发展的联动机制，逐步扩大体育服务规模延伸产业链、扩大产业规模、扩张产业边界、创造新型产业业态，推动体育资源在更大范围内进行合理配置，打造体育产业发展的若干产业集聚区，不断提高体育产业的辐射效应。积极引进中国体育用品博览会等体育会展。建成"体育宁波"智慧平台，打造在线一体化、数据化的公共体育服务网络体系，利用现代信息技术，为群众提供更有效、更便捷的体育产品。

（四）体育场馆设施建设

做好"十三五"时期宁波市重大体育场馆设施规划建设工作。

迁建宁波体育运动学校，筹建宁波市足球学校，扩建宁波市第二少体校，改造提升市体育中心。

新建宁波市游泳训练基地、宁波市小球训练基地、慈溪东海国际文化体育中心、宁海新体育中心和体育产业园区、象山万人体育场、鄞州小型全民健身综合活动中心、海曙区全民健身中心、江北区全民健身中心、江北江滨体育休闲公园、北仑F2国际赛车场和梅山保税港区万人沙滩。

续建象山—兆韦德体育广场。

加快奥体中心一期建设，努力在2017年建成体育馆、游泳馆和综合健身馆，结合亚运契机,力争在"十三五"期间启动奥体中心二期建设。

推动中心城区绿地公园配建社区多功能运动场,建设基层小型便民体育设施;依法完善新建居住区体育设施规划布局,达到室内人均建筑面积不低于0.1平方米或室外人均用地不低于0.3平方米的要求。

四、宁波市体育事业"十三五"发展保障措施

(一)加强组织领导

各级党委、政府要切实加强对体育工作的领导,充分认识新时期体育工作的地位和作用,把体育工作摆上议事日程,精心制定本地区体育发展规划,把体育事业纳入国民经济和社会发展规划,纳入城乡建设规划,纳入精神文明建设规划,确保体育事业各项投入和社会经济发展同步。各级财政要把体育事业经费列入本级财政预算。建立健全体育工作领导协调机制,在各级工会、共青团、妇联、各行业和社会各界统筹协调体育事业的和谐发展。重视抓好基层体育工作,加强体育队伍建设,各县(市)区确保体育工作人员力量充足,乡镇(街道)要确保有专(兼)职人员负责体育工作,社区、行政村要落实专(兼)职文体人员,确保基层群众性体育活动的有序发展。健全规划实施的监管机制,对本地、本单位体育事业规划实施情况进行严格监督,要发挥人大监督和政协参政议政的职能,定期组织人大代表和政协委员进行督查,确保规划的落实。

(二)推进体制创新

进一步改革和完善政府统筹、社会协同、市场支持、人民群众广泛参与的体育管理和运行机制,健全群众体育公共服务体系、完善竞技体育训练管理体制、创新体育产业发展机制,增强体育发展的生机与活力。体育行政部门按照"管办分离"的要求,加快转变政府职能,努力建设服务型政府。抓好大型体育场馆管理体制改革,提高公共体育服务的质量和效率。推进公益性事业单位内部的人事、分配、运作机制改革,增强事业单位活力。加快大型体育赛事社会化、市场化步伐,拓宽筹资渠道,通过政府投资、市场引资、彩票募资、创收增资、基层配资、银行融资等渠道全方位筹集建设和大赛资金,促进体育投资多元化,发挥财政资金的引导作用。进一步完善支持体育事业发展的财政、金融、税收、土地、能源等方面的政策,为体育事业发展提供良好的环境。鼓励社会力量兴办运动队、开展业余训练,在规划建设、土地征用费减免、从业人员职称评定、参加省内各项比赛资质等方面与公办体育单位一视同仁。加大竞技激励政策力度,进一步完善训竞管理人员目标考核奖、运动员的运动成绩奖和教练员的人才输送奖,调动各方面的积极性。

（三）加快依法治体

落实国家、省各项体育法规政策，依法发展各项体育事业。通过各项法律法规强化对全市体育发展的宏观管理和微观指导，加强各级体育部门与本地政府职能部门的协商和沟通，统筹安排，落实工作责任。建立健全竞赛仲裁制度和赛风赛纪的监督、检查和处置机制，进一步加强对裁判员的培训和管理，加大对运动员的资格审查力度，加大对使用违禁药物的查处力度，努力维护竞技体育的公平、公正。依法加强对体育市场的监管，规范市场秩序，维护经营者和消费者的合法权益，确保体育产业的健康发展。

（四）加大资金投入

认真贯彻《体育法》《国务院关于加快发展体育产业 促进体育消费的若干意见》（国发〔2014〕46号）和省、市有关文件精神，将体育事业经费、基本建设资金纳入本级财政预算和基本建设投资计划，随着财政收入的增长而逐步增加。注意调整和加大体育科技、体育人才资源开发等薄弱环节的资金投入比例，县（市）区财政应配套相应经费。加强对体育彩票公益金的使用和管理，严格按国家规定的范围用于体育事业的发展。成立宁波市体育发展基金会，鼓励社会各界通过捐赠、投资等形式支持公益性体育事业和发展体育产业。鼓励和引导社会各行业、境内外企事业单位与个人投资和参与体育场馆设施建设运营管理，体育产业开发经营与管理等，在税收、财政、信贷等方面提供各种优惠政策，逐步形成多元化的投资体制。

（五）扩大对外交流

以备战和申办大型体育赛事为目标，引进国际、国内高水平单项比赛。以举办国家级以上的体育赛事和体育交流活动为契机，进一步加大同国内外的体育交流。采取"请进来、派出去"等方式，以体育竞技、体育科技和人才的交流与合作为重点，积极学习、借鉴和掌握体育先进省、市和其他国家（地区）发展体育的成功经验、先进技术，引进、培养人才，增强我市体育发展的综合实力。围绕"一带一路"战略，加强与各类国际体育组织的沟通、联系与合作，进一步拓展民间体育组织的交流合作，促进我市体育发展与国际接轨，促进我市体育又好又快发展。

（六）加强队伍建设

坚持重点突破、全面推进的原则，完善人才工作的体制、机制和环境，扩大体育人才总量，优化体育人才队伍结构，全面提高体育人才队伍素质，促进体育事业科学发展。进一步增强体育人才队伍的敬业意识、责任意识、纪律意识和奉献意识，打造一支"四有四胜"（有理想、有本事、有信念、有规矩；品德胜、知行胜、内心胜、团队胜）的体育人才队伍。进一步加强党员领导干部的思想作风建设，培养储备一批有发展潜力，勇于创新、开拓奋进的年轻干部,造就一支结构合理、数量充足、梯次适度、素质优良的党政管理人才队伍。进一步实施体育系统人才教育培训规划,加强各类专业技术人才的继续教育,加大人才引进力度,重点引进紧缺人才、高精尖人才,逐步形成一支结构合理、数量充足的高素质人才队伍,以满足各项业余训练和专业训练的需要。进一步加大人事、分配制度改革力度,实行分类管理办法,为重点专业技术人才解决后顾之忧。进一步加大和完善各项激励政策,努力营造激励人才脱颖而出,保障人才各尽其才的良好环境。

(七)营造良好氛围

准确把握体育的本质和内涵,通过借助外力、整合资源,不断提高体育宣传工作质量和水平,为体育的持续发展创造有利环境。加强与市级媒体的联动与合作,多渠道、多层次开展体育宣传,大力倡导体育的生活化、科学化、社会化、产业化、法制化理念,提升公民的体育意识、健身意识、消费意识。深入挖掘体育文化内涵,大力弘扬以爱国主义为核心的中华体育精神,大力倡导奥林匹克精神,努力在全社会形成积极、健康、向上的精神面貌,让体育成为先进文化的传播者和创造者,成为宁波精神文明进步的倡导者和先行者。

(八)加强党的建设

全面落实从严治党各项要求,认真开展"两学一做"学习教育,强化理论武装,夯实基层基础,落实党风廉政建设"两个责任",进一步发挥各级党组织的战斗堡垒作用和共产党员的先锋模范作用,为我市体育改革发展提供坚强保证。深化体育阳光工程,自觉把权力的行使置于社会和人民群众的监督之下,强化阳光透明运作,防止滋生权力腐败。加大对赛风赛纪和兴奋剂问题的监督力度,坚持"零容忍"态度,严肃查处赛风赛纪和兴奋剂问题。

附件:

宁波市体育事业"十三五"发展规划重大建设项目清单

宁波市体育事业"十三五"发展规划重大建设项目清单

单位：亿元

序号	项目分类及名称	项目性质	建设起止年限	建设内容及规模	项目总投资	2015年底完成投资	"十三五"计划投资	2015年底进展情况	"十三五"计划完成情况	资金情况 自筹资金	资金情况 财政资金	用地规模（亩）	责任单位
1	宁波市奥体中心（一期三馆一园）	续建	2015—2017	一期三馆一公园：综合体育馆、游泳馆、全民健身馆和体育公园，用地54万平方米，建筑面积13万平方米	35	15	20	完成桩基施工	建成并投入使用	25	10	1193	市开投公司
2	宁波市第二少年儿童业余体育学校	续建	2015—2017	位于鄞州区鄞江镇，项目占地面积21257平方米，建筑面积15101平方米，包括科理楼2400平方米、综合训练馆3800平方米、专业运动员学生宿舍及配套用房7607平方米	0.8	0.1	0.7	施工监理招投标	完成并投入使用		0.8	31.9	市体育局
3	宁波市体育运动学校	新建	2016—2020	新校选址奉化萧王庙街道四明路以北地块，项目总用地400亩，其中，一期用地200亩，建筑面积6万平方米，另外200亩为预留发展用地	4.2		4.2	项目前期	建成并投入使用		4.2	200	市体育局

(续表)

序号	项目分类及名称	项目性质	建设起止年限	建设内容及规模	项目总投资	2015年底完成投资	"十三五"计划投资	2015年底进展情况	"十三五"计划完成情况	资金情况 自筹资金	资金情况 财政资金	用地规模（亩）	责任单位
4	宁波市小球训练基地	新建	2016—2018	位于江北洪塘机场路洋市立交桥，依江北迪卡侬体育用品广场毗邻，项目总占地约17.5亩，建筑面积1.8万平方米	1.2		1.2	控规调整	建成并投入使用		1.2	17.5	市小球中心
5	宁波市游泳训练基地	新建	2016—2019	位于高新区菁华路以北，剑兰路西侧，大东江与陈郎桥江交汇处以南，项目总占地4.6公顷，规划为绿地公园，市游泳训练中心结合公园绿地同步建设，打造一个以游泳为主题的体育公园，建筑面积15000平方米	1.3		1.3	控规调整	2017年开工，并于"十三五"期间建成、投入使用		1.3	69	市游泳训练中心
6	宁波市体育中心体育场和雅邦体育馆支撑体系安全、功能升级改造	维修改造	2016—2019	位于江东区，拟对3万座体育场和0.36万座的体育馆主维修改造	1.2		1.2	前期方案制订阶段	完成投入使用（体育场2016年12月完成）		1.2	59	市体育中心

570

(续表)

序号	项目分类及名称	项目性质	建设起止年限	建设内容及规模	项目总投资	2015年底完成投资	"十三五"计划投资	2015年底进展情况	"十三五"计划完成情况	资金情况 自筹资金	资金情况 财政资金	用地规模（亩）	责任单位
7	海曙区气象路地块全民健身中心	新建	2016—2020	占地10405平方米，建筑面积19800平方米。建设操场、游泳馆、羽毛球、网球、乒乓球等全民健身场地	0.86		0.86	方案设计	建成并投入使用	0.86		15.6	海曙区教育局（体育局）
8	江北区全民健身中心	新建	2015.10—2016年底	用地面积147.7亩，其中110亩用于体育场地设施建设，拟设置游泳池、综合馆、羽毛球馆和乒乓球馆4个室内馆，建筑面积约7万平方米。室外设置网球场、篮球场、笼式足球、气排球、门球场和健身广场等。其他用地为健身中心商业配套用地	1.7		1.7	开工建设	建成并投入使用	1.7		147.7	江北区体育局
9	江北江滨体育休闲公园（暂名）	新建	2015.7—2016.7	位于庄桥谢家村姚江边上，拟结合公园设置自行车车道、健身步道、轮滑场地、篮球场、门球场、地掷球场、健身广场等	0.04	0.03	0.01	部分设施建设完成	全部建成并投入使用		0.04	200	江北区体育局

（续表）

序号	项目分类及名称	项目性质	建设起止年限	建设内容及规模	项目总投资	2015年底完成投资	"十三五"计划投资	2015年底进展情况	"十三五"计划完成情况	资金情况 自筹资金	资金情况 财政资金	用地规模（亩）	责任单位
10	北仑F2国际赛车场	新建	2015—2017	包括3.2km以上的国际二级赛道和酒店、游乐等娱乐性设施，拟建成功东南沿海一处具有"赛车"主题特色的休闲旅游度假项目	10	1	9	三季度开工	完成	社会资本		1000	北仑滨海新城指挥部
11	梅山保税港区万人大沙滩	新建	2015—2017	沙滩总体成弧型状，设计全长约1800米，陆上及水下沙滩宽度均为50~100米	1.5	0.3	1.2	年底开工	完成	社会资本		900	北仑滨海新城指挥部
12	鄞州新城区小型全民健身综合活动中心	新建	2016—2020	成5个鄞州新城区小型全民健身综合活动中心	0.38	0	0.38	——	建成5个		0.38		鄞州区体育局
13	宁海新体育中心	新建	2016—2019	球类馆、游泳馆、健身馆、体育广场占地153亩，建筑5.67万平方米	4.5	0	4.5	完成项目合作洽谈	建成并采用特许经营模式对外开放	社会资本		153	宁海县体育局
14	宁海体育产业园区	新建	2017—2020	体育用品研发、制造聚集区	1.5	0	1.5	落实控制性规划	形成产业规模，有部分体育用品制造企业进驻	社会资本		150	宁海县体育局

(续表)

序号	项目分类及名称	项目性质	建设起止年限	建设内容及规模	项目总投资	2015年底完成投资	"十三五"计划投资	2015年底进展情况	"十三五"计划完成情况	资金情况 自筹资金	资金情况 财政资金	用地规模（亩）	责任单位
15	慈溪东海国际文化体育中心	新建	2016—2018	总建筑面积5万平方米	4		4	年底土地摘牌	完成	4		70	慈溪市政府
16	象山万人体育场	新建	2017—2019	400米标准跑道、10000座看台	1.5		1.5	项目选址	完成		1.5		象山县政府
17	象山一兆韦德体育广场	续建	2013—2016	坐落于县广电中心南侧，建筑面积136000平方米，其中体育建筑面积15000平方米。内设游泳馆、五人制足球场等多种类国际标准体育设施	6.1	4.4	1.7	动工完成游泳馆	2016年投入使用	社会资本		42	象山县文广局（体育局）
18	奉化体育公园	新建	2016—2020	坐落于锦屏街道中塔路、惠政西路及锦屏北路三条城市道路围合而成。内设健身步道、灯光篮球场、五人制足球场、门球场、综合性健身广场等	1.2		1.2	拆迁规划	完成	0	1.2	40	人民政府

(续表)

序号	项目分类及名称	项目性质	建设起止年限	建设内容及规模	项目总投资	2015年底完成投资	"十三五"计划投资	2015年底进展情况	"十三五"计划完成情况	资金情况 自筹资金	资金情况 财政资金	用地规模（亩）	责任单位
19	奉化市游泳馆	新建	2017—2020	坐落于体育馆北边，内设10泳道国际游泳池，另设10泳道25米短池训练池，1500座观众席	1.057		1.057	规划	完成	0	1.057	45.8	人民政府
20	大榭体育公园	新建	2016—2018	1个400M标准运动场（内置标准足球场）及看台；2个五人制足球场；3个室外篮球场；1个室内篮球训练场；1个室外网球场；1个室内羽毛球馆；1个室内乒乓球馆；场馆周边铺设健身步道等	1.5	0	1.5	完成方案设计等前期工作	完工		1.5	100	大榭社发局
21	镇海区绿轴公园二期	新建	2017—2020	室内综合体育场馆，建筑面积1万平方米，室外景观绿化运动场等7万平方米	2	/	/	/	基本建成		2	122	镇海新城管委会

竞技体育"十三五"规划

"十三五"时期，我国经济社会发展进入新常态，是全面建成小康社会的关键性阶段。为加快健康中国和体育强国建设，进一步提高我国竞技体育的综合实力和国际竞争力，发挥其在全面建设小康社会中的综合功能和重要作用，促进体育事业的全面、协调和可持续发展，根据《体育发展"十三五"规划》的总体部署和竞技体育面临的新形势、新任务和新要求，制定本规划。

一、"十三五"竞技体育发展面临的形势

（一）"十二五"竞技体育发展回顾

"十二五"期间，我国竞技体育发展取得辉煌成就，综合实力和国际竞争力进一步提高，圆满完成了竞技体育"十二五"规划的目标、任务。五年间，我国运动员共获世界冠军596个，创超世界纪录57次。在2012年伦敦第三十届夏季奥运会上，中国体育代表团共获得38金27银23铜共88枚奖牌，位列奥运会金牌榜和奖牌榜第二，取得了境外参赛的最好成绩；在2014年索契冬奥会上，共获得3金4银2铜共9枚奖牌，进一步展示了中国冬季项目的发展水平；在南京第二届青奥会上，共获得37金13银13铜共63枚奖牌，位列金牌榜和奖牌榜第一位，加强了与各国青少年的交流，展现了良好精神风貌；2014年第十七届仁川亚运会上，获得152金108银83铜共343枚奖牌，保持了整体优势，为里约奥运会全面锻炼了队伍。项目结构有所优化，潜优势项目、田径、游泳基础大项、冬季项目取得突破和新的进展。深化竞技体育改革，进一步转变政府职能，取消、下放和清理了若干行政审批事项，稳步推进了全国性单项体育协会试点改革和赛事审批制度改革，出台了《中国足球协会调整改革方案》；全运会等综合性运动会和单项体育竞赛体制改革取得成效；进一步加强行业不正之风治理，正风肃纪效果明显；竞技体育法规建设得到加强，竞技体育后备人才培养机制进一步完善，运动员文化教育和保障工作有所提高，体制改革和制度创新取得新成绩。此外，"十二五"期间，我国还成功举办了各类国际、国内重大比赛。认真筹备、精心组织了2011年第七届全国城运会、2012年第十二届全国冬运会、2012年海阳第三届亚沙会、2013年第十二届全运会、2013年天津第六届东亚运动会、2013年南京第二届亚青会和2014年南京第二届青奥会、2015年第一届全国青年运动会、2015年世界田径锦标赛等综合性运动会和重要国际单项赛事。成功申办了2022年北京第二十四届冬奥会、2022年杭州第十九届亚运会、2019年男子篮球世界杯赛等重大国际赛事。

但是，在竞技体育的发展过程中还存在着一些突出的矛盾和问题。竞技体育与群众体育、体育产业等协调发展的机制不健全，竞技体育在项目结构上发展不均衡的现象依然存在，优势项目提升空间有限，潜优势项目整体缺乏后发优势和潜力，基础项目和"三大球"以及冬季项目整体水平仍然较低。竞技体育国内区域间发展不平衡问题突出。在发展方式上，仍然依靠政策和保障等要素驱动，创新驱动不足；科学化管理和训练水平有待提高，效益不明显；职业体育和职业联赛发展滞后；体育行业正风肃纪任务繁重；部分项目发展基础薄弱，后备人才培养体系面临新的困难和冲击，竞技体育举国体制需要不断创新完善等。这些都是当前竞技体育的全面、协调和可持续发展亟待解决的问题。

（二）"十三五"竞技体育面临的机遇与挑战

"十三五"时期，是全面建成小康社会的决胜阶段，我国竞技体育的发展面临着重要的历史机遇。习近平总书记指出体育是一项神圣的事业，要从全面建成小康社会、实现中华民族伟大复兴的战略高度重视发展体育事业，重视奥林匹克运动在社会发展中的重要作用，这为我国体育事业发展提出了明确的要求。实现2020年全面建成小康社会的奋斗目标和中国民族伟大复兴中国梦，赋予竞技体育工作前所未有的历史使命和时代责任，社会经济发展新常态将为竞技体育的改革和发展提供重要机遇，科学技术的不断创新将为竞技体育提供重要动力，筹办2022年北京冬奥会等国际大赛将不断提升我国体育的"软实力"和国际影响力，要充分发挥竞技体育在打造健康中国、推动经济转型升级、增强国家凝聚力和文化竞争力等方面的独特作用和综合功能，加快体育强国建设。但是，"十三五"时期我国竞技体育发展也面临着更加严峻的挑战。国际竞技体育的快速发展对我国竞技体育发展质量与管理水平提出了新的要求，奥运竞争格局的加剧使得参赛里约和东京奥运会的形势更加严峻。经济、体育的全球化、一体化，以及人们日益增长的体育需求，对竞技体育发展提出了更高的要求。此外，我国竞技体育发展方式的转变，对竞技体育处理好改革、发展和稳定的关系提出了更大的挑战。面向未来，我们既要及时抢抓历史发展的机遇，又要积极应对各种困难和挑战，更新理念，开拓视野，切实解决突出问题，坚定不移深化改革，开创我国竞技体育全面、协调、可持续发展的新局面。

二、总体要求

（一）指导思想

以邓小平理论、"三个代表"重要思想和科学发展观为指导，全面贯彻落实党的十八大和十八届三中、四中、五中全会精神；努力践行习近平总书记系列重要讲话和批示精神。以"四个全面"战略布局为引领，以建设健康中国和体育强国为目标，以服务全面建成小康社会、满足人民群众体育需求为出发点；以创新、协调、绿色、开放、共享的理念发展竞技体育，遵循竞技体育发展规律，坚持中国特色竞技体育发展道路；坚持实施奥运战略；坚持行业正风肃纪；以创新驱动为关键，以优化结构为重点，以人才强体为支撑，以促进人的全面发展为核心，充分发挥竞技体育的综合功能；改革创新，依法治体，科学规划，统筹兼顾，突出重点，努力实现我国竞技体育的全面、协调、可持续发展，为全面建成小康社会，为实现中华民族伟大复兴的中国梦做出新贡献。

（二）发展目标

在管理体制和运行机制上，坚持改革创新，有效转变竞技体育发展方式，进一步提高我国竞技体育的发展质量和效益。不断优化竞技体育项目结构，竞技体育综合实力和国际竞争力显著增强。以足球改革为突破口，提升足、篮、排三大球发展水平，巩固和扩大优势项目，挖掘潜优势项目增长点，冬季项目、基础项目和落后项目力争有更大提升；加速职业体育发展进程，初步形成与我国经济社会发展相适应、符合世界竞技体育发展趋势、更加开放、更具活力的竞技体育管理体制和运行机制。

在运动成绩上，继续在奥运会等国际大赛上取得优异成绩，为国争光。2016年里约第三十一届夏季奥运会努力保持总体成绩排名前列地位，在亚洲处于领先地位，巩固和扩大优势项目，竞技体育行业风清气正，弘扬奥林匹克精神，展示国家形象，促进体育文化交流。以举办2022年北京第二十四届冬奥会为契机，加快我国冬季项目的全面发展和竞技水平提高，2018年平昌第二十三届冬季奥运会扩大参赛规模，成绩稳中有升，在亚洲处于领先行列；2020年东京第三十二届夏季奥运会，继续保持排名前列，在亚洲保持领先地位；其他国际综合性运动会和单项比赛争创优异成绩。

三、主要任务

（一）实施奥运争光计划，做好重大赛事的备战参赛工作，提高竞技体育综合实力

继续贯彻实施《奥运争光计划纲要（2011—2020年）》，弘扬中华体育精神和奥林匹克精神，在奥运会等重大国际比赛争取运动成绩和精神文明双丰收，为国争光。扎实做好"两夏一冬"奥运会备战工作的综合协调与组织保障，确保完成好2016年里约第三十一届奥运会、2018年雅加达第十八届亚运会、2018年平昌第二十三届冬奥会和2020年东京第三十二届奥运会等大型国际综合性赛事的备战参赛任务；优势项目巩固扩大、潜优势项目突破发展，一般项目水平提高，新增项目有所表现；争金夺牌的重点小项和重点运动员人数显著增多。认真做好其他重要国际单项赛事的备战参赛工作，争取优异运动成绩。

（二）统筹规划，精心组织，认真筹备好2022年北京第二十四届冬季奥运会

以筹办2022年北京第二十四届冬奥会为契机，大力推动冰雪运动开展。贯彻实施《2022年北京冬奥会备战工作计划》，在冬季项目中充分发挥和完善竞技体育举国体制优势，创新发展机制，分步骤完成好2018年平昌第二十三届冬奥会、2022年北京第二十四届冬奥会备战参赛任务。坚持"政府主导，主体多元，规范管理"的备战模式，统筹兼顾，优化布局，分类管理，突出重点，强化质效，加快人才的规划、培养和配置；扩大我国冬季项目发展规模与布局。推进"冰雪运动南展西扩"战略，鼓励有条件的南方和西部省市积极开展冰雪运动。

积极做好2022年北京冬奥会的竞赛组织工作。坚持"绿色办奥、共享办奥、开放办奥、廉洁办奥"的理念，践行《奥林匹克2020议程》，加强对冬季项目各类专业人才的培养。实现冬季项目综合实力和竞争力明显提升，竞赛组织水平提高，全面为2022年北京第二十四届冬奥会的成功举办练好兵，打好基础。

（三）坚持节俭廉洁办赛，成功举办各类国内国际大赛

坚持节俭廉洁办赛，精心组织好2016年新疆第十三届全国冬运会、2017年天津第十三届全运会、2019年山西第二届全国青运会、2020年内蒙古第十四届全国冬运会等综合运动会，以及2018年无锡世界击剑锦标赛、2019年男子篮球世界杯赛等重要国际单项赛事，为2020年东京第三十二届奥运会锻炼队伍，选拔输送人才。认真做好2022年杭州第十九届亚运会筹备工作，确保圆满成功。

专栏1 "十三五"时期参加或举办的国际国内重要赛事

参加的国际重要赛事：

1. 2016年里约热内卢第三十一届夏季奥运会；
2. 2016年利勒哈默尔第二届冬季青年奥运会；
3. 2016年岘港第五届亚洲沙滩运动会；
4. 2017年札幌第八届亚洲冬季运动会；
5. 2017年雅加达第三届亚洲青年运动会；
6. 2017年阿什哈巴德第五届亚洲室内与武道运动会；
7. 2017年圣迭戈第一届世界沙滩运动会；
8. 2017年弗罗茨瓦夫第十届世界运动会；
9. 2017年台北第二十九届世界大学生夏季运动会；
10. 2018年平昌第二十三届冬季奥运会；

11. 2018年雅加达第十八届亚洲运动会；
12. 2018年布宜诺斯艾利斯第三届青年奥运会；
13. 2019年台中首届东亚青年运动会；
14. 2020年东京第三十二届夏季奥运会；
15. 2020年洛桑第三届冬季青年奥运会。

国内举办的重要赛事：
1. 2016年新疆第十三届全国冬季运动会；
2. 2017年天津第十三届全国运动会；
3. 2018年无锡世界击剑锦标赛；
4. 2018年杭州世界短池游泳锦标赛；
5. 2019年武汉世界军人运动会；
6. 2019年男子篮球世界杯赛；
7. 2019年山西第二届全国青年运动会；
8. 2020年内蒙古第十四届全国冬季运动会。

（四）改革创新，转变竞技体育发展方式，提高发展质量和效益

树立正确政绩观，充分认识和发挥竞技体育多元功能和综合社会价值。坚持和完善竞技体育举国体制，逐步形成国家办与社会办相结合的竞技体育管理体制和评估体系。加强对竞技体育发展理论、训练理念、技战术、组织管理等方面的研究和经验总结，使创新成为竞技体育发展的强大驱动力。进一步转变职能，深化单项体育协会改革，管办分离，提高公共服务能力。加强对群众性和商业性赛事与活动的服务监管，完善国内综合性运动会和单项比赛竞赛组织与管理办法，发挥竞赛的杠杆作用，调动社会资源参与办赛积极性，建设品牌赛事，实现社会效益与经济效益融合统一，促进体育产业发展，丰富人民群众精神文化生活。

（五）科学规划，统筹兼顾，突出重点，优化竞技体育项目结构

综合评估竞技体育项目发展潜力和价值，坚持突出重点、优化结构、提高效益。优势项目保持优势，潜优势项目加快发展，基础项目和集体球类项目水平稳步提高。引导国内区域间竞技体育协调发展，鼓励各省（区、市）重点发展符合本地区实际、具有区域特点的竞技体育项目。统筹奥运会项目与非奥运会项目、夏季奥运会项目与冬季奥运会项目、优势与潜优势项目、基础项目及集体球类项目协调发展，加快落后项目的发展进程。

统筹利用好现有的高水平体育场馆和综合设施。进一步改善训练竞赛基础设施条件，合理布局，提高全国运动训练基地的训练、科研、医疗、教育和保障水平，配套完善8到

10个国家高水平综合训练基地。

（六）深化改革，探索中国特色职业体育发展道路

积极探索社会主义市场经济条件下职业体育的发展方式，深化足球改革，实施足、篮、排三大球发展行动计划，根据职业化项目的不同特点，继续推动具备条件的运动项目走职业化发展道路，完善职业体育的政策制度体系，扩大职业体育社会参与，发展职业联盟，逐步提高职业体育的成熟度和规范化水平。健全职业体育法律、法规，推进体育信用体系建设，优化和规范职业体育发展环境。依法明确职业体育发展的主体，理顺各利益主体间的关系，切实维护各方合法权益。改进职业联赛决策机制，不断完善和建设中国特色职业体育联赛制度。

（七）加强竞技体育人才队伍建设，提高综合素质

充分发挥人才在竞技体育发展和实施奥运战略中的基础性、战略性、决定性作用，培养和造就一支数量充足、结构合理、素质优良的竞技体育人才队伍。加强竞技体育后备人才培养工作，充分发挥举国体制优势，积极调动社会各界力量，构建多元化后备人才发展格局。建立和完善各类运动员、教练员、体育管理、科研人员、医务人员等竞技体育优秀人材的选拔、培训、培养、交流等制度。努力使竞技体育人才资源总量稳步增长，人才队伍规模不断壮大，人才结构更加优化，人才素质显著提高。

（八）依法治体，深化行业正风肃纪，创造公平、公正的发展环境

坚持依法治体，依法行政。坚持体育行业不正之风的治理整顿，加强监管，加大执法执纪力度；加强对赛风赛纪和反兴奋剂工作的综合治理力度，采取"零容忍"态度，严格执行反兴奋剂工作的"三严方针"；严格核查、严肃处理行业的不正之风和各种腐败现象与问题，形成公平、公正、公开、干净的竞技体育的发展生态，创造风清气正的良好发展环境。

四、政策措施

（一）科学管理，坚持和完善举国体制，扎实做好"两夏一冬"奥运会备战参赛工作

加强对"两夏一冬"奥运会备战工作的组织领导，继续建立实施层次分明、职责清晰、任务明确、计划周密、措施完善、保障有力、奖惩严明、运转有效的常态化奥运备战组织管理体系与机制；组织各项目中心系统规划"两夏一冬"奥运会备战工作，制订详细的备战工作计划，落实奥运会任务，确保各项工作有序进行。

围绕实施奥运战略，统筹全国体育系统的力量，发挥各地的优势，注重整体发展与局部发展的有机结合，用政策手段调整区域间竞技体育发展格局，调整和完善运动员和教练员人才交流管理政策、国际大赛参赛运动员选拔政策、训练基地建设管理政策、支持西部和少数民族地区培养高水平运动员政策、运动员升学就业和保障体系等相关政策和法规，鼓励和引导各地方根据自身特点和实际情况，突出重点，打造高精尖项目和优秀运动员；引导和鼓励有能力的地方和单位、社会组织多种形式承担国家队训练参赛任务；整合全国竞技体育资源，发挥各地方在人才、科研、资金、政策、保障和管理经验方面的优势，调动全国备战奥运会的积极性。

构建国家和社会多元化竞技体育投入体系，进一步改善训练、竞赛、科研等基础设施和人才条件，保障各项目训练、科研、外事、器材、聘用外教和训练基地建设经费的需求；创新机制，提高备战奥运会保障工作的专业化、规范化和科学化水平；充分开发有形和无形资产，多渠道、多形式调动社会各方面力量共同参与发展竞技体育事业。

（二）统筹兼顾，优化项目结构，保持发展规模，促进协调发展

巩固优势项目，加大项目核心竞争力的培育，加强优势项目群的开发，扩大优势项目的数量；优势项目在保持优异成绩的基础上，认真总结经验，加强理论建设，在技战术创新、训练理论、训练观念、训练方法、组织管理、团队建设、人才培养模式等方面力争保持国际领先地位，并注重将优势项目发展的成功经验大力推广，为其他项目的发展提供借鉴。

潜优势项目借鉴优势项目，系统总结本项目局部成功经验，以点带面，扩大优势小项的数量，实现向优势项目的转化；组织专家团队，加强对训练竞赛规律的研究，加强专项训练的理论建设，集中力量，整合资源，打造出能够深刻把握项目训练竞赛规律，具有科学、领先训练理念和方法的复合型训练管理团队。

落后项目要缩短战线，突出重点，进一步完善训练竞赛管理体制，优化人财物等资源配置，加强复合型训练管理团队建设，学习借鉴优势项目成功经验和本项目国际先进经验，探索项目训练竞赛规律，力争实现优势小项上的突破。

（三）加强组织领导，明确责任，扎实推进2022年北京冬奥会的各项筹备工作

以北京冬奥会全面参赛为目标，扩大冬季运动开展规模，提高基础设施投入力度。落实《国家体育总局2022年北京冬奥会备战工作计划》，优化冬季项目的结构布局，巩固扩展短道速滑、花样滑冰、速度滑冰和空中技巧、单板滑雪等项目的基础和水平，加大冰球和高山滑雪等落后项目的政策扶持措施和投入力度，大力发展雪车、雪橇和北欧两项等新开展项目。精心打造各运动项目国家队，完善国家队的组建、选拔、训练、管理等各项制度，加强对国家队经费投入、奖励政策、基地建设、后勤服务、情报信息、科研等方面的

保障。落实《冬季项目后备人才培养中长期发展规划》，实施"冬季项目后备人才培养工程"，加强高水平后备人才基地的建设，努力改善后备人才培养的训练设施和教练团队。有序推进2018年和2022年冬奥会的备战与参赛工作，力争进入第二集团前列。

专栏2　"冬季项目后备人才培养工程

> 落实《冬季项目后备人才培养中长期发展规划》，建立规模、布局和结构合理的后备人才培养体系，有重点地增加对全国后备人才基地的经费投入。
>
> 创新发展理念，拓展发展路径，打通冬季运动项目与夏季运动项目后备人才的培养渠道，鼓励夏季项目与冬季项目的人才共享，促使冬季项目后备人才结构更加优化，后备人才素质逐步提高。
>
> 结合项目的实际情况，将冬季项目中有潜质的运动员送到相关冬季运动强国进行委托培养。

不断提升我国冬季项目竞赛组织水平。积极申办冬季项目各类单项国际赛事，积极参与组织好北京冬奥会的测试赛等；与国际接轨，根据筹办工作实际，适当增加冬季项目队伍出访人员的次数和数量，锻炼队伍和培养人才。调整全国冬运会和年度竞赛政策与制度，根据备战参加2018年和2022年冬奥会的目标需要，要进一步调整完善全国冬运会竞赛规模、项目设置、竞赛编排、运动员注册交流等政策，发挥冬运会在推进冬奥会备战和促进冬季项目发展等方面的杠杆作用，转变发展模式，实现我国冬季项目跨越式发展。为成功举办一届精彩、非凡、卓越的冬奥会打下坚实基础。

（四）以足球改革为重点，采取措施，促进足、篮、排三大球竞技水平的全面提升

以足球改革为龙头，加强对足、篮、排三大球等运动项目的研究和重点扶持。深化改革，更新观念、创新方法、完善组织；研究制定国内竞赛、人才交流、体教结合、奖励机制、后备人才基地建设等方面对三大球项目的倾斜政策，引导社会和全国体育系统在政策、资金、人才等各方面进一步加大投入，加强与教育等部门的合作，开展三大球进学校、进社区、进企业等活动，吸引广大青少年从事业余训练，扩大三大球项目的投入规模；加大"走出去，请进来"的力度，学习国外先进经验，提高教练员执教水平，促进竞技水平的快速提高。完善三大球赛制，积极开发和培育本项目竞赛市场，提高本项目的市场化、社会化水平，提高项目市场价值的创造能力；加强宣传和普及，扩大项目影响力。

专栏3　"三大球"发展行动计划

　　进一步推进青少年训练教学大纲的修订与推广应用工作，全面把握专项特点与竞技规律，构建符合现代运动训练发展要求的训练体系，以创新带动训练水平的提高，加强国家队复合型教练员团队建设和基础建设，强化保障机制，取得更多优异的运动成绩。

　　足球：落实《中国足球中长期发展规划（2016—2050年）》《全国足球场地设施建设规划》，男足、女足参加世界杯、亚洲杯、奥运会等重大国际赛事有好的表现。

　　篮球：全面实施《篮球青少年后备人才培养中长期发展规划》，建立30个以上的篮球重点后备人才培养基地。2016年里约奥运会男篮、女篮取得参赛资格，并力争好的名次，在亚洲处于领先地位。2020年东京奥运会男篮、女篮确保参赛，名次提升，在亚洲保持领先水平，缩小与世界先进水平的差距。举办好2019年男篮世界杯，提高中国篮球运动普及水平。

　　排球：在推动我国排球运动整体水平明显提高的基础上，中国女排保持在亚洲的领先地位和世界先进水平，在2016年里约奥运会和2020年东京奥运会上保持在领先水平行列；中国男排逐步缩小与世界强队的差距，力争获得2020年东京奥运会参赛资格。

（五）深入把握竞技体育特点和规律，加强训练创新，完善国家队建设

　　进一步深化对竞技体育发展规律、运动项目训练竞赛规律的认识和总结。系统引进国际前沿训练理论和训练方法，加强学习和交流，丰富知识、更新观念、结合各项目实际创造性地吸收与运用；积极研究世界范围内本项目发展潮流和趋势，深化对项目训练竞赛规律的认识和把握，在训练方法、手段以及技战术方面勇于创新，敢于突破。认真总结我国优势项目的形成和发展规律，加强交流，相互借鉴，使优势项目的形成和发展规律为备战奥运会整体工作指导示范。加强对运动训练过程的控制，贯彻实施《国家队训练管理质量评估实施办法》，积极开展评估试点工作；加强对地方运动队的指导和建设，积极引进先进的训练理念和方法，不断提高训练的质量和效益。

　　加强运动队复合型训练管理团队建设，完善复合型训练管理团队建设的体制机制和操作办法，进一步明确国家队复合型训练管理团队的构成、职责、工作机制等，构建符合现代运动训练发展要求的训练组织形式，制定鼓励各项目理论创新和技术创新的办法，创造有利于理论创新和技术创新的环境和条件，实现以创新带动训练水平的提高。

　　完善符合我国竞技体育发展实际的国家队管理体制，保持并适度扩大国家队集训规模，建立健全国家队竞争机制和激励机制，确保高水平竞技人才的数量和质量。严格按照公开透明、公平公正、竞争择优的原则选拔运动员，保障运动员的合法权益。调动地方积极性，利用区域优势为国家培养人才。

提高体育科技创新能力，进一步完善体育科技工作的体制机制，吸引社会各方力量参与竞技体育科技工作，进一步加强科研攻关、科技服务和医疗保障工作，提高运动训练科学化水平，提升体育科技在竞技体育发展和实施奥运战略中的贡献率。加强对训练基地科研、医疗、文化教育的投入和支持，完善建立"科、训、医、教"一体化的训练基地的模式，各省区市要创建自己的训练基地，进一步优化资源配置，提高全国运动训练基地的训练、科研、医疗、教育和保障水平，改善训练条件。

（六）深化竞赛改革，利用竞赛杠杆，进一步发挥竞技体育的综合功能和价值

坚持精简、节俭办赛，进一步深化全运会、冬运会、青运会改革，完善办赛方式和组织管理办法，在竞赛规模、项目设置、竞赛编排、运动员注册交流、计分办法、管理手段和监督措施等方面进行完善调整，充分发挥综合性运动会的社会功能与作用，扩大竞技体育的社会影响，促进群众体育和体育产业的发展。

实施《体育赛事管理办法》和《体育竞赛裁判员管理办法》，全国单项比赛以检验和提高竞技水平为目标，发现和培养高水平竞技人才。通过形式多样的系列赛、大奖赛、分站赛等，增加运动员参赛机会和实战练习，将国内比赛和国际比赛有机紧密结合，促进市场化、社会化程度较高的项目逐步建立职业联赛体系。逐步建立起适应社会主义市场经济、符合现代体育运动规律、与国际接轨的现代单项竞赛制度。

加强对青少年体育竞赛的管理，坚持以培养竞技体育后备人才为主的宗旨，建立健全符合青少年运动员成长规律和文化教育要求的体育竞赛制度，广泛选拔发现各类后备人才。建立体育和教育部门青少年体育竞赛协作机制，协调年度竞赛计划和竞赛规程，合理安排竞赛周期，降低办赛成本。

加大政策引导，促进体育竞赛社会化，对商业性、群众性赛事，坚持谁主办，谁负责的原则，加强服务监管，调动地方体育部门和社会力量办赛的积极性，逐步建成具有中国特色的、适应社会主义市场经济要求的政府引导、形式多样的竞赛管理体系。继续改革、推进全运会等大型综合性运动会和主要单项赛事的市场开发，提高综合效益。

（七）坚持依法治体，转变职能，创新竞技体育发展机制

坚持依法治体，完善竞技体育法规制度建设，加强宏观管理，进一步转变职能，依法行政，管办分离，强化监管和公共服务；进一步推进运动项目管理体制改革，实施试点先行、分类管理，分步分批推进我国单项体育协会的试点改革。完善运动项目协会管理方式，科学规范，逐步建立与国际接轨、适应社会主义市场经济要求的运动项目管理体制。加强全国单项体育协会社团组织发展和管理制度建设，提高行业自律、依法治理水平。统筹规划、政策引导、组织协调、提供服务、检查监督，提高全国单项体育协会的综合管理效能和科学管理水平。坚持制度创新，充分调动社会各方面的积极性，完善竞技体育的综

合评价和奖励机制，逐步建立起专家评价、社会评价和自我评价等多方结合的综合评价监督机制，形成以政府为主导，能充分发挥社会各方面积极性，开放共享，充满活力的竞技体育管理体制。加强政策研究，利用政策杠杆调整区域间竞技体育发展格局，使大城市、东部发达地区和中、西部及少数民族地区在管理、科研、保障、人才、区位等方面的特色和优势有机结合，提高竞技体育资源配置的整体效益。

（八）完善制度，优化环境，深化职业体育管理体制改革

充分发挥市场的主导作用，加快职能转变，深化运动项目协会改革，发挥运动项目协会的行业管理职能，推进职业体育信用体系建设，构建政府引导、依托市场、协会监管的联赛管理体制。鼓励与支持有条件的足球、篮球、排球、网球、台球、高尔夫球、乒乓球、羽毛球等体育项目走职业化道路，逐步提高职业体育的成熟度和规范化水平。

按照《中国足球改革发展总体方案》和《中国足球协会调整改革方案》，全面深化中国足球协会改革，中国足球协会切实履行领导和治理中国足球的任务。探索篮球职业联赛管理体制改革，实行全国男子篮球联赛（NBL联赛）的管办分离，实现NBL联赛篮球俱乐部依法独立自主运营赛事，并不断总结经验，加以完善。贯彻实施中国男子篮球职业联赛（CBA联赛）改革总体方案，成立CBA联赛公司，实现CBA联赛管办分离改革。鼓励具备条件的运动项目走市场化、职业化的发展道路，逐步推进排球联赛、乒超联赛、羽超联赛等职业化改革。推动运动项目市场化、职业化发展，要注意协调处理好职业化与提高竞技水平为国争光的关系，协调处理好职业联赛与参加国家队备战和国际大赛的关系，互相促进，共同发展。

根据不同项目的特点，将国内比赛、世界大赛与市场开拓紧密结合，重视职业体育赛事的品牌运营。学习和借鉴国外成熟经验，结合中国国情，设计和推出传统精品赛事，开发国内外竞赛市场，培育具有品牌优势的中国职业体育赛事和职业体育俱乐部，逐步建立有中国特色的职业体育发展模式。

（九）拓宽渠道，形式多样，培养竞技体育人才

完善各类竞技体育人才的选拔、培养、使用、激励和保障制度，不断提高竞技体育人才队伍的文化素质和职业道德素质，全面提升竞技体育人才队伍的综合素质和业务能力，不断采取措施，加强对竞技体育的运动员、教练员、裁判员、竞赛管理人员等各类人才队伍建设。形式多样，加强学习和培训，不断提高运动员文化素质和职业道德素质。修订和完善运动员注册交流管理规定，促进高水平运动员合理流动，加强运动员文化学习和退役安置保障工作。加强国家队教练员队伍建设，建立和完善教练员任职资格、注册、交流、选拔、任用、述职、考核、奖罚制度；发挥国家教练员学院作用，加大优秀中青年教练员培养力度，完善教练员继续教育和培训制度，进一步做好精英教练员"双百计划"培养工作，全面提升教练员素质。加强对外教的科学化管理，规范外教的选用，促进中外教练员

的交流与合作。完善裁判员注册、管理、培训、考核、选派、奖惩制度，努力建设一支思想品德过硬、业务水平高、人员相对稳定的专兼职高水平裁判队伍。完善加强竞赛管理人员培养的措施，打造一支具有国际水平的竞赛组织人才队伍。加大国际体育组织任职人员和体育外事人才的培养力度，支持和鼓励合适人员竞选国际体育组织的相应职务，争取更多地参与国际体育组织活动和决策，增强我国在国际体育事务中的影响力和话语权。

制定《关于进一步加强竞技体育后备人才培养工作的指导意见》，拓宽后备人才培养渠道，构建富有成效的后备人才培养体系。以国家高水平体育后备人才基地建设为龙头，改革与完善三级训练网络，发挥学校尤其是体育院校在后备人才培养中的积极作用。加大对《奥运项目竞技体育后备人才培养中长期规划（2014—2024年）》实施情况的督导检查力度，加快研究制定各项目青少年运动员选材标准，按照各项目青少年训练教学大纲实施系统训练，加强基层一线教练员、体育教师队伍建设，提高选材育才科技含量。促进我国竞技体育管理水平的全面提高。

（十）坚持正风肃纪，坚决反对使用兴奋剂，加强行业作风建设

认真落实中央巡视整改工作的要求和对体育行业正风肃纪工作部署，牢固树立公平、公正、公开、透明的选拔原则，认真贯彻落实《国家队运动员、教练员选拔与监督工作管理规定》《全国体育竞赛裁判员选拔和选派监督管理办法》以及各项目制定的实施细则。加大执法执纪力度，对在备战和选拔工作中出现的腐败问题和现象，严格核查、严肃处理。建立体育系统反腐倡廉长效机制和日常巡视制度，彻底扭转行业不正之风。不断完善体育竞赛制度，促进公平竞争。深入开展赛风赛纪和反兴奋剂专项治理，不断完善赛风赛纪和反兴奋剂教育监督和检查惩处的长效机制。以全国综合性运动会为重点，对运动员注册和参赛年龄进行严格审查，建立健全体育竞赛仲裁制度，不断完善赛风赛纪和反兴奋剂工作教育监督检查机制和惩罚机制，加大对弄虚作假、徇私舞弊、执裁不公、扰乱赛场秩序等违规违纪行为的检查处罚力度。认真贯彻落实《反兴奋剂条例》，坚决执行"严令禁止、严格检查、严肃处理"的方针；通过与有关责任部门签订《反兴奋剂工作责任书》，建立反兴奋剂责任制；完善运动队反兴奋剂准入制度，强化教练员、运动员及其辅助人员自觉抵制兴奋剂的意识和能力；加强与国家有关部门合作，完善国家反兴奋剂综合治理协调机制；加大兴奋剂的检查力度，加强反兴奋剂的国际合作，提高反兴奋剂工作水平。严格防范、严格审查、严格监管、严厉惩处发生在身边的不正之风和腐败问题，推进"标本兼治、综合治理、惩防并举、注重预防"的预防与惩治相结合的国家反兴奋剂综合治理体系的建设。

（十一）加强励志教育，弘扬中华体育精神，丰富体育文化

发挥运动队思想政治工作优势，认真研究新形势下运动队思想政治工作的新特点和新方法，以运动员为主体，以国家利益为最高目标，以爱国主义为核心，加强励志教育，坚

定理想信念。加强运动员职业道德教育和文明礼仪教育，把思想政治工作作为与技战术训练同样重要的环节，将对运动员精神、意志、心理和作风的锤炼融入平时的训练和生活中。培养和造就一支思想过硬、作风顽强、纪律严明、能打硬仗的竞技体育队伍。对运动员进行爱国主义、集体主义和革命英雄主义教育，大力弘扬"更快、更高、更强"的奥林匹克精神和"为国争光、无私奉献、科学求实、遵纪守法、团结协作、顽强拼搏"的中华体育精神，在国家队深入持久地开展理想信念教育，继承和发扬民族优良传统与方化，增强运动员民族自尊心和自豪感，增强为国争光的使命感和荣誉感。注重养成教育，将运动员精神、意志、心理和作风的锤炼融入日常的训练和生活中，培养运动员无私奉献的精神、坚忍不拔的意志、顽强拼搏的作风，最大限度地调动运动员的积极性和创造性，勇攀竞技体育的高峰。充分发挥体育在构建和谐社会中的特殊作用，通过开展奥运冠军、世界冠军志愿服务等一系列活动，鼓舞和激励人民群众，促进全社会形成奋发进取、团结友爱、共同进步、公平正义的氛围，丰富体育文化，为全面建成小康社会做出贡献。

青少年体育"十三五"规划

青少年体魄强健、意志坚强、充满活力，是一个民族旺盛生命力的体现。加强青少年体育、完善青少年体育公共服务体系、强化竞技体育后备人才培养，对于落实全民健身国家战略、实施奥运战略、建设体育强国，培养中国特色社会主义事业合格建设者和接班人，全面建成小康社会，具有重要意义。为促进青少年体育发展，制定本规划。

一、发展基础与机遇

（一）"十二五"时期青少年体育发展取得明显成就

通过实施青少年体育"十二五"规划，初步建成青少年体育公共服务体系框架，青少年体育公共服务范围扩展，服务水平和保障能力提高，青少年体育活动更加活跃，公共体育场馆设施普遍向青少年开放，学校体育场馆开放取得积极进展，青少年体育组织规模扩大、作用明显，国家级青少年体育俱乐部数量超过5000个，青少年户外体育活动营地成为开展青少年夏（冬）令营活动的重要平台，青少年校外体育活动中心试点工作取得阶段性成果。竞技体育后备人才培养体系完善，项目布局和结构调整成效明显，县级青少年训练呈恢复态势，在训规模平稳增长，各级体校办学条件改善，创建500所国家级体育传统项目学校，国家高水平体育后备人才基地创建工作为奥运争光和体育事业发展做出了积极贡献，科训结合和科学选材进一步促进了青少年训练科学化。落实《关于进一步加强运动员文化教育和运动员保障工作的指导意见》取得明显成效，普遍实现"两纳入"，普遍建立运动员文化教育督导制度和联席会议制度，运动员文化教育质量水平提高。实施青少年体育人才队伍建设计划成效显著，各类青少年体育人才规模和质量有较大提高。青少年体育政策体系进一步健全，制度更加完善，政府主导、部门协同、全社会共同参与的青少年体育发展格局加快形成，改革在青少年体育公共服务、体教结合、组织建设和训练竞赛制度等方面不断深化。

五年来，青少年体育保持良好发展态势。但是，青少年体育发展质量与效益还有待进一步提高，制约青少年体育发展的体制机制性障碍依然存在，青少年运动员文化教育工作中存在的实际困难还需要下大力气切实解决。

（二）"十三五"时期青少年体育面临的形势

"十三五"时期是全面建成小康社会的决胜阶段，是我国经济发展进入新常态后的第一个五年，加快发展青少年体育既具有充分条件也面临困难与挑战。一方面，全面小康社会对人的发展提出更高要求，党中央、国务院高度重视青少年体育，党的十八届三中全会作出了强化体育课和课外锻炼的重要部署，健康中国和全民健身上升为国家战略，发展体育产业和筹办2022年冬季奥运会等新的改革发展任务进一步提升了体育的社会价值和功能作用，青少年体育在实施素质教育、促进青少年全面发展和建设体育强国中的基础性地位进一步提升。另一方面，应试教育对青少年体育的影响以及青少年体育区域、城乡发展不协调、不平衡矛盾仍然是面临的长期性挑战。总体上看，青少年体育是整个体育事业需要进一步加强的环节。"十三五"时期青少年体育要取得更大发展，就要按照习近平总书记提出的"传承和发扬好青奥会留下的宝贵财富，更加重视青少年体育工作，引导广大青少年继续弘扬奥林匹克精神，积极参与体育健身运动，强健体魄、砥砺意志，凝聚和焕发青春力量，为中华民族伟大复兴作出应有贡献"的讲话精神，准确把握战略机遇期内涵的深刻变化，在"十二五"打下的发展基础上坚定信心、锐意进取，积极开拓发展新境界，更加奋发有为地把青少年体育全面推向前进。

二、总体要求

（三）指导思想

全面贯彻党的十八大和十八届三中、四中、五中全会精神，按照"五位一体"总体布局和"四个全面"战略部署，牢固树立并切实贯彻创新、协调、绿色、开放、共享的发展理念。以增强青少年体质为根本目标，以提高发展质量和效益为中心，以建立完善的青少年体育公共服务体系为主线，坚持改革创新，不断完善体制机制，健全政策措施，加强统筹协调，引入市场机制，充分调动全社会的积极性和创造性，厚植青少年体育发展优势，努力构建高水平创新型青少年体育新格局，推动青少年体育实现高质量、高效率、可持续的发展。

（四）基本原则

坚持政府主导，多方参与。加强各级政府对青少年体育发展的主导作用，切实履行在依法规范、政策引导、资金投入等方面职责，完善政府主导、部门协同、全社会共同参与的青少年体育推进机制。简政放权，畅通社会力量参与渠道，激发各类社会主体积极性，积极培育青少年体育公共服务新型业态，丰富服务内涵，增强发展活力。

坚持创新驱动，融合发展。正确把握当前形势下青少年体育发展新特征，不断创新，通过创新驱动增强青少年体育发展动力。凝聚多方共识，建立协同机制，优化配置各方资源，促进深度融合，形成多方共建的强大合力，发挥整体优势，提升综合效益，实现共建共享。

坚持统筹协调，均衡发展。从当前社会发展实际出发，因地制宜，统筹推进，重点解决城乡、区域青少年基本公共体育服务不均衡问题，以标准化推动均等化，逐步提高青少年体育公共服务水平和共享程度。

坚持人才战略、增强发展能力。实施新一轮青少年体育人才队伍建设计划，进一步健全青少年体育人才政策制度，完善青少年体育人才队伍结构，坚持专业化、职业化方向，以职业能力建设为核心，重点加强各级管理、训练、教学一线高素质青少年体育人才队伍建设。

（五）发展目标

到2020年青少年体育活动更加广泛，青少年训练基础更加坚实，青少年基本公共体育服务城乡、区域更加协调。青少年体育治理能力和治理体系现代化取得重要进展，形成更加明晰和完善的政府主导、部门协同、全社会共同参与的青少年体育发展格局。青少年体育在全民健身和奥运争光中的基础性地位更加巩固、作用更加明显，为全面建成小康社会和建设体育强国做出积极贡献。

——青少年体育素养普遍提高，参加体育活动意识普遍增强，普遍学会一项以上终身受益的体育锻炼项目，普遍养成良好体育锻炼习惯和健康生活方式。在校学生普遍达到《国家学生体质健康标准》基本要求。青少年体育活动条件改善，保障能力增强，公共体育场馆设施和学校体育设施服务水平普遍提高，青少年体育社会组织快速发展，青少年体育组织网络更加完善，每20000名青少年拥有一个青少年体育俱乐部。建立和完善学校、社区、家庭相结合的青少年体育网络和联动机制。

——各级各类体校总体达到国家规定的办学标准，文化教育及训练竞赛体系较为完备，运动项目布局及结构更加优化。青少年运动员在训规模稳中有升，县级青少年训练恢复明显。青少年体育科技创新能力显著提高，科训结合更加紧密，科学选材水平进一步提高。认定国家高水平体育后备人才基地380个左右，国家级体育传统项目学校达到500所，常年在体育传统项目学校训练的运动队达到3万个以上。运动员文化教育全面实现"两纳入"，文化教学质量普遍提高。体育职业教育制度更加完善，建成出口畅通，与社会需求和市场衔接更加紧密的中、高职体育职业教育体系。

三、主要任务

（六）努力提升青少年体育素养

增强青少年体育素养，充分利用各种媒介宣传先进教育理念、人才观和健康观，积极营造以参与体育运动和拥有强健体魄为荣的个人发展理念和社会舆论氛围。充分挖掘体育教书育人的多元价值，大力弘扬以爱国主义为核心的中华体育精神，传播奥林匹克文化，积极营造校园体育文化氛围，倡导科学健康的体育健身和生活理念，把身心健康作为青少年个人全面发展和适应社会的重要能力，大力培养青少年意志品质、团结协作、积极向上、拼搏进取精神，增强规则意识、合作精神和交往能力。充分宣传普及运动项目文化，培养青少年锻炼兴趣和技能特长，学习掌握科学锻炼的基础知识、基本技能和有效方法，使参与体育活动成为广大青少年自觉的健康行为方式，形成终身体育健身的良好习惯。

（七）广泛深入开展青少年体育活动

全面实施"青少年体育活动促进计划"，构建学校、家庭、社区相结合的青少年体育活动网络，丰富和完善青少年体育活动体系，创新青少年体育活动内容、方式和载体，增强活动趣味性和吸引力。积极发挥"青少年阳光体育大会"示范引领作用，整合各方资源，打造系列青少年体育品牌活动。推动开展"全国青少年体育活动周"，打造"全国体育传统项目学校联赛""全国青少年体育俱乐部联赛"和"全国青少年户外体育活动营地夏（冬）令营"等国家级青少年体育品牌活动。支持各地塑造体现区域特色、优势的青少年体育品牌活动。大力推动开展足球、篮球、排球等集体项目，积极发展青少年足球运动，充分利用青少年足球竞赛、训练营、夏（冬）令营等形式，开展丰富多彩的青少年足球活动。积极推广田径、游泳、体操等基础项目及冰雪运动等特色项目，以筹办2022年北京冬奥会为契机，推动冰雪运动在青少年中的普及和提高。广泛开展乒乓球、羽毛球、武术等优势项目。进一步挖掘整理民族民间体育，积极促进民族传统体育项目在青少年中的推广与普及。积极开展青少年体育国际及地区交流活动。健全青少年体育风险管理体系，完善校外青少年体育活动安全管理制度，加强青少年校外体育安全指导和监督，开展青少年校外体育活动安全教育，加强对公共体育设施的维护和使用管理，切实保证使用安全。建立和完善青少年意外伤害保险制度。建立和完善青少年体育健身活动状况调查制度。

（八）完善青少年体育组织网络

大力培育青少年体育组织，积极支持社会力量参与各类青少年体育组织建设，完善政策措施，激发社会活力。支持地方开展青少年体育俱乐部创建活动，建立青少年体育俱乐部服务质量星级标准制度，开展国家示范型青少年体育俱乐部创建活动，完善青少年体育俱乐部联赛制度和管理人员培训制度。倡导各类青少年体育组织塑造项目品牌。支持"全国体育运动学校联合会"等全国性体育社团在促进青少年发展中发挥作用。加快"中国青少年体育俱乐部联合会"注册登记工作。倡导各地发起成立青少年体育联合会。支持各级各体育单项协会发挥专业优势，吸纳更多青少年会员，普及推广运动项目，传授运动技能，开展青少年体育活动。完善运动项目青少年训练营活动制度，继续资助全国性体育单项协会开展青少年夏（冬）令营活动，扩大活动规模、提高质量，增强示范、带动效应。办好体育传统项目学校，完善项目结构和学段结构，做好重点项目、优势项目和民族特色项目布局，营造校园体育传统项目文化，塑造传统校品牌，完善传统校竞赛、培训、评估和资助制度，发挥传统校在促进学生增强体质、开放学校体育场馆、开展活动竞赛等方面的示范引领作用，形成以国家级传统校为龙头，省级传统校为骨干，地市和区县传统校为基础的传统校体系。

（九）积极改善青少年体育场地设施条件

推动公共体育场地设施和符合开放条件的学校体育设施向青少年免费开放或低收费开放，充分利用青少年活动中心、少年宫、户外营地等资源开展青少年体育活动。积极推动全民健身设施增设青少年体育功能区，城市社区体育公园、多功能运动场、笼式足球场、三人制篮球场等应做好向青少年开放工作。把农民体育健身工程与农村中小学体育场地设施建设结合起来，改善农村青少年体育条件。鼓励支持社会力量参与青少年体育场地设施建设和开发利用，对于面向青少年的活动场馆和健身设施，政府以购买服务方式予以支持。继续推动开展青少年户外体育活动营地创建工作，鼓励社会力量参与青少年户外体育活动营地建设。进一步推进青少年校外体育活动中心创建工作，完善建设及服务标准，增强服务能力，创新运行机制和管理模式。加强研制青少年体育场地设施器材标准，开发适应青少年特点设施和运动器械，促进青少年体育场地设施建设标准化。

（十）努力提升青少年体育公共服务水平

完善青少年人群体育活动状况抽测制度。积极推动将青少年人群纳入体质测定与运动健身指导站业务范围。倡导有条件的地方建立社会体育指导员（青少年）上岗服务制度，设立青少年指导公益性岗位，组织社会体育指导员、体育教师、优秀运动员等参与青少年体育志愿服务。建立和完善青少年健身科学普及推广制度，开展青少年体育科普活动和青少年体育科学研究，推广研究成果，布局建设若干个定位明晰、特色鲜明、决策咨询能力强的智库型青少年体育研究基地。开展青少年健身活动状况检查指导。积极开发推广普及程度高、有基础、深受广大青少年喜爱的运动项目，积极培育适合青少年身心特点的时尚休闲运动项目，鼓励开发具有地域、地方特色的运动项目。

（十一）完善青少年训练竞赛体系

加快制定实施促进竞技体育后备人才培养工作的指导意见，积极调动社会力量，拓宽竞技体育后备人才培养渠道，完善青少年训练体系，以体育传统项目学校、青少年体育俱乐部、课外体育班、体校走训班等为主体，推动运动项目在学校的普及。以少儿体校、体育中学和单项运动学校为骨干，按照《中国青少年运动项目训练教学大纲》要求，优化运动项目结构，系统开展训练，选拔培育优秀苗子，打好训练基础。以中等体育运动学校、竞技体校为重点，落实奥运战略，对重点体校、重点项目（三大球、基础大项、冬季项目等）进行重点投入，力争突破，促使一批重点基地学校走向世界。改善各级体校办学条件，深化国家高水平体育后备人才基地建设工作。积极恢复区县青少年训练，鼓励支持社会力量参与青少年训练，拓宽人才培养和选拔平台。推进青少年运动技能培训和赛事组织市场化，鼓励引导职业俱乐部建立后备人才培养制度。加快推进国家及地方综合性运动会和单项体育赛事管理制度改革，强化体育竞赛对青少年的教育意义和对运动训练的指导作用。积极开展以训练营、夏（冬）令营等为依托的全国青少年赛事活动，把青少年身体素质和文化水平作为常规性测试内容。改革青少年竞赛制度，健全县、市、省、国家四级竞赛体系，完善主体多元、形式多样和灵活的赛制。

（十二）落实《奥运项目竞技体育后备人才培养中长期规划（2014—2024年）》

加强奥运项目后备人才培养工作，重点围绕2020年和2024年奥运会任务，以选拔组建国家青年队、完善管理体制机制、开展单项基地创建和组织训练营活动等为主要内容，优化奥运项目青少年训练布局，加强奥运项目竞技体育后备人才梯队建设。鼓励支持地方各级体育行政部门按照奥运项目规划部署和国家奥运项目青少年训练布局，明确重点项目，积极发展具有地方特色及优势的奥运项目，增加对奥运项目竞技体育后备人才培养工作的经费投入。体育总局建立奥运项目规划实施工作指导、检查督导和绩效评估制度。

（十三）积极推进科训结合和科学选材

完善科训结合和科学选材工作的政策措施和评价标准，创新科训结合推进机制，引导科技资源向青少年训练配置，支持科研单位和训练单位协同攻关，引导社会力量参与青少年训练及选材科学研究。加快科技成果向训练实践转化。加强教练员队伍科学素养培养工作，完善教练员水平评价标准，引导教练员不断加强学习，提高科学水平。完成《中国青少年运动项目训练教学大纲》配套教材编写工作，促进青少年训练规范化。提高项目训练针对性和训练成效，建立大纲执行情况评估检查制度和专家督导制度，加强对青少年训练工作检查指导。积极推进科学选材工作，完善选材方法，制定各年龄层次运动员选材标准，完善青少年运动员选材指标体系，建立健全各项目后备人才库，提高选材成功率。

（十四）进一步加强运动员文化教育

健全公办体育运动学校运动员文化教育制度，确保适龄青少年接受完整的系统的文化教育。切实落实教育部门向公办体育运动学校选派主管教学副校长和优秀文化课教师制度。积极推进公办体育运动学校文化教育教学改革，保证学习时数，提高文化教育教学质量。推动落实九年义务教育阶段公办体育运动学校享受教育相关配套政策。建立和完善体育、教育部门运动员文化教育联席会议制度，完善国家和省两级运动员文化教育专项督导制度，继续将运动员文化教育督导检查纳入全民健身督导序列，建立常态化督导检查制度，加大对各级政府贯彻落实运动员文化教育工作的专项督导检查力度。倡导省市建立青少年运动员赛前文化测试制度。完善运动员职业教育和就业技能培训制度，增强就业竞争能力，提高首次就业率。

（十五）促进青少年体育协调发展

健全促进青少年体育协调发展的政策措施，统筹部署、积极推动城乡、区域青少年体育公共资源及服务要素的协调均衡配置。加大财政转移支付、彩票公益金等对西部地区、老少边穷地区发展青少年体育支持力度，实施精准扶持，分类施策，提高扶持实效。重点支持包括建设和改善青少年公共体育场地设施，西部地区青少年体育人才队伍建设，改善基层青少年训练条件和支持青少年训练竞赛等。继续实施西部地区青少年体育人才培训计划。鼓励东部发达地区开展多种形式的青少年体育定点、对口扶持。继续实施援疆、援藏青少年体育政策，制定新一轮援疆、援藏项目。完善青少年体育发展评价标准和办法，强化协调发展。

（十六）健全青少年体育政策制度体系

建立青少年体育公共服务标准体系。促进形成更加有利于体教结合的政策机制。推动建立政府购买青少年体育公共服务制度。建立健全青少年体育发展水平评价标准和制度，形成完善的监督检查和评估机制。完善各级各类青少年训练水平评价标准办法。健全全国性青少年比赛赛前运动员文化测试制度。健全青少年体育骨干队伍建设、培养和使用政策。加强青少年体育信息化建设。建立健全青少年体育科技支持和服务制度。

四、保障措施

（十七）加强组织领导

切实加强政府在青少年体育发展中的主导作用，积极推进青少年体育工作纳入各级政府"全民健身联席会议"制度和议事日程，积极做好青少年体育工作与国家及相关部委和地方现有相关政策、措施相对接，形成规范、高效的部门联动落实工作机制，发挥综合治理作用。进一步完善运动员文化教育联席会议制度，不断加强青少年运动员文化教育工作。各级体育部门应统一认识，高度重视青少年体育在体育事业中的基础性地位，加强工作统筹和组织领导，健全工作机构，明确工作职责，完善各项工作制度和工作推进机制。

（十八）加大资金投入

建立稳定的青少年体育公共财政保障制度和增长机制，各级体育部门应当将青少年体育工作经费纳入年度预算，保障青少年体育工作的经费需求，完善资金使用监管制度，加强检查审计工作。推动政府购买青少年体育公共服务。建立多元化青少年体育发展资金筹集机制，优化投融资引导政策，拓宽社会资源进入青少年体育领域的途径，引导社会力量支持发展青少年体育。积极推动财税相关优惠政策的落实和完善，引导社会力量捐助、捐赠和出资兴办青少年体育事业。

（十九）加强队伍建设

完善青少年体育人才培养、使用政策和办法，以能力建设为重点，全面提高青少年体育人才队伍理论素养和业务素质。健全培训制度，增加工作投入、优化培训内容，提高授课教师教学水平，不断提高培训质量。挖掘、培养青少年体育领军人物，为优秀青少年人才脱颖而出创造更加适宜的环境和良好的条件。加强体育教师与教练员人才队伍间的业务交流。鼓励各级青少年体育单位结合自身特点，开展继续教育培训，不断提升专业人员业务水平。倡导高校相关专业设置和人才培养模式与青少年体育相关就业岗位的有机衔接。

（二十）促进科技创新

完善支持青少年体育科技创新及科训结合的政策措施。建立科研机构、高校与青少年体育实践单位的常态交流机制，鼓励和支持开展联合攻关，促进青少年体育最新科技成果与青少年体育实际创新需求的有效对接，推动产学研结合和科技成果转化。结合青少年体育公共服务需求，筛选适合青少年强身健体的先进实用技术，开展应用示范，开发推广青少年健身方案、运动处方和"体育健身活动指南"。采取有力措施加快建设高素质青少年体育科技队伍，引导培育一批专业优势明显、创新能力突出的青少年体育研究团队，支持跨领域集成专家资源，围绕青少年体育重点环节和关键领域，形成一批专业功底扎实、学术水平高、咨询能力强的青少年体育专家团队。

（二十一）完善政策法治

推进各级体育部门青少年体育事权规范化、制度化，提高青少年体育工作依法行政能力和水平，运用法治思维和法治方式推进青少年体育工作，强化各级体育部门统筹推进区域青少年体育发展职责、执行职责及能力。建立健全社会力量参与青少年体育事务的政策、机制和制度化渠道，依法引导青少年体育社会组织发挥专业服务功能。推动建立青少年体育公共服务国家指导标准体系。

（二十二）加强信息化建设

充分发挥"互联网+"对青少年体育的推动作用，建设以信息化为基础的青少年体育工作管理和服务系统，改善青少年体育信息化基础条件，提高应用水平。加强互联网青少年体育政务信息数据服务平台和青少年体育公共服务平台建设，增强信息发布的权威性和及时性。施行《全国青少年业余训练运动员信息管理办法（暂行）》，健全全国青少年业余训练运动员信息管理系统工作；实施青少年体育大数据战略，整合全国青少年体育相关数据，建立内容全面、真实可靠的青少年体育基础数据库和青少年体育公共信息交汇平台，为政府及体育部门制定和实施相关政策提供信息服务，提高青少年体育数据信息资源开放共享程度。

五、组织实施

（二十三）精心组织实施

本规划由体育总局和地方各级体育部门组织实施。各级体育部门应求真务实、开拓创新、攻坚克难，扎实做好规划实施工作。体育总局加强宏观调控，重点做好综合协调、监督检查和指导工作。各省级体育部门依照本规划并结合地方实际，制订具体实施方案，细化目标任务和政策措施，形成各地规划实施方案与国家规划衔接配套的青少年体育发展规划体系，扎实、有效推动规划落地和实施工作。

（二十四）加强监督检查

各级体育部门应当把明确职责分工作为实施规划和实现发展目标任务的重要举措，建立权责明确、职责清晰的工作机制，责任到人，每年对落实情况加以总结、归纳、汇总，检查落实情况，不断改进和加强落实工作。建立规划实施的监督、检查和评估机制，运用法律、经济和行政手段规范、管理和保障规划的有效实施。各地根据实际建立评估检查制度，组织开展本级规划实施情况的评估检查工作，通过评估发现问题，优化和改进规划实施方案，完善政策措施，促进规划目标任务实现。各地应将中期和末期评估结果报送体育总局。

体育产业发展"十三五"规划

前　言

"十三五"时期是全面建成小康社会的决胜阶段,也是加快体育产业发展的重要时期。为统筹"十三五"期间体育产业的各项工作,充分发挥体育产业在建设健康中国、保障和改善民生、推进体育供给侧结构性改革、挖掘和释放消费潜力、增强经济增长新动能等方面的积极作用,根据党中央、国务院的总体部署和"十三五"时期我国体育产业发展面临的新形势、新任务、新要求,制定本规划。

一、"十三五"体育产业发展基础与面临形势

"十二五"时期是我国体育产业发展取得较大成绩的五年。在党中央、国务院的高度重视和正确领导下,体育产业发展乘势而上,为国民经济发展和全民健康发挥了重要作用。一是产业规模逐步扩大。2014年全国体育产业总规模超过1.35万亿元,实现增加值4041亿元,占当年国内生产总值的0.64%,2011—2014年体育产业增加值年均增长率为12.74%,凸显出成为国民经济新兴产业的巨大潜力。二是产业体系日益健全。体育产业初步形成了以竞赛表演和健身休闲为驱动,体育用品为支撑,体育场馆、体育培训、体育中介、体育传媒等业态快速发展的良好态势。体育与科技、文化、传媒、健康、养老、旅游等相关行业日益融合。三是产业结构明显优化。体育用品业稳定增长,体育服务业比重逐步提升,体育产业呈现出多种经济成分并存,非公有制经济占据主体的格局。四是产业政策取得重大突破。2014年10月,国务院印发《关于加快发展体育产业 促进体育消费的若干意见》(国发〔2014〕46号,以下简称《意见》),明确了体育产业的地位,指明了发展方向。各级政府认真贯彻落实《意见》取得积极进展,为体育产业发展营造了良好环境。五是体育产业各项工作稳步推进。大型体育场馆运营管理改革创新取得突破,体育产业统计工作稳步推进,体育市场监管体系初步建立。体育产业"十二五"规划的目标基本实现,我国体育产业总体实力、产业覆盖面、社会参与度、市场认可度又上了一个大台阶。

总体上看,目前我国体育产业发展水平还不高,结构不尽合理;市场主体活力和创造力不强,产品有效供给不足,体育产业供给侧结构性改革亟待推进;公民体育健身意识不强,大众体育消费激发不够;市场在体育资源配置中的决定性作用尚未充分发挥;政策体

系还不完善，体育产业公共服务水平有待加强，体育产业距离国民经济转型升级重要力量还有明显差距。

"十三五"时期，伴随着供给侧结构性改革的不断深入、科技革命和产业变革的不断发展和"健康中国"战略的逐步实施，我国体育需求将从低水平、单一化向多层次、多元化扩展，体育消费方式将从实物型消费向参与型和观赏型消费扩展，体育产业将从追求规模向提高质量和竞争力扩展，体育产业必将迎来重大战略机遇。

二、总体要求

（一）指导思想

全面贯彻党的十八大和十八届三中、四中、五中全会精神，按照"五位一体"总体布局和"四个全面"战略布局，牢固树立和贯彻落实创新、协调、绿色、开放、共享的发展理念，认真落实党中央、国务院决策部署，以增进人民福祉、提高健康水平为出发点和落脚点，以体育产业供给侧结构性改革为主线，以优化体育产业结构为重点，推动体育产业全面健康持续发展，不断满足大众多层次多样化的体育需求，提升幸福感和获得感，为经济发展新常态下扩大消费需求、拉动经济增长、转变发展方式提供有力支撑和持续动力。

（二）基本原则

坚持改革引领。强化改革对体育产业发展的推动作用，以开放促改革，以改革促发展。大力推动政府简政放权、放管结合、优化服务，加强规划、政策、标准引导，着力破解社会资本投资体育产业的各种障碍。

坚持市场主导。处理好政府和市场的关系，充分发挥市场在资源配置中的决定性作用和更好发挥政府作用，加快构建统一开放、竞争有序的现代体育市场体系。

坚持创新驱动。充分激发各类市场主体的创新活力，引导各类主体在组织管理、建设运营、研发生产等环节创新理念和模式，提高服务质量，更好地满足消费升级的需要。

坚持协调发展。积极推动体育与经济社会的协调发展，促进体育事业与体育产业协调发展、体育服务业与体育用品业全面发展，推动东、中、西部体育产业良性互动发展、区域体育产业协同发展。

（三）发展目标

"十三五"期间，全面落实《意见》有关要求，为完成《意见》的目标打下坚实基础。初步构建结构合理、布局均衡、功能完善、门类齐全的体育产业体系，基本形成各种经济成分竞相参与、共同兴办体育产业的发展格局。体育供给更加丰富，体育消费不断扩大，体育产业保持快速增长，成为推动经济社会持续发展的重要力量。

——产业总量进一步增长。体育产业总规模超过3万亿，从业人员数超过600万人。体育产业对国民经济的综合贡献率明显提升，产业增加值在国内生产总值中的比重达1.0%。

——产业体系进一步完善。体育产业各门类协同融合发展，产业组织形态更加丰富，产业结构更加合理，体育产品和服务供给充足，层次多样。体育服务业增加值占比超过30%。

——市场主体进一步壮大。涌现一批具有国际竞争力、带动性强的龙头企业和大批富有创新活力的中小企业、社会组织，形成一批特色鲜明的产业集群和知名品牌。建设50个国家体育产业示范基地、100个国家体育产业示范单位、100个国家体育产业示范项目。

——产业基础进一步夯实。体育场地设施供给明显增加，人均体育场地面积超过1.8平方米。居民参加体育健身意识和科学健身素养普遍增强，体育消费额占人均居民可支配收入比例超过2.5%。

——产业环境进一步优化。体制机制活力进一步增强，体育产业的政策措施进一步完备，标准体系科学完善，监管机制规范高效，市场主体诚信自律。

三、主要任务

（一）优化市场环境

完善市场体系。建立全国统一、开放、竞争、有序的体育市场，采取有效措施，切实破除行政垄断、行业垄断和地方保护，着力清除体育产业中妨碍形成全国统一市场和公平竞争的各种规定和做法。实施体育产业标准化建设工程，制定体育服务规范和质量标准，提高设施建设、服务提供、技能培训、人员资质、活动管理、器材装备等方面标准化水平，推动建立公平开放透明的体育市场规则。

激发市场活力。加快政府职能转变，大幅度削减体育活动相关审批事项，实施负面清单管理，促进空域水域开放。结合行政体制改革、体育行业协会改革，进一步开放体育资源，激发市场活力，推动产业融合，不断调动体育社会组织、行业协会商会和市场主体的积极性和创造力，向社会提供丰富多彩的体育产品和服务。

打造服务平台。着力打造体育用品、体育旅游和体育文化等展示平台。建立全国体育产业投资项目库，加强对体育产业项目的招商推介工作。加快全国性体育资源交易平台建设，推进赛事举办权、场馆经营权、无形资产开发权等资源公平、公正、公开流转。完善政府在体育产业领域的管理服务职能，积极为各类体育活动举办提供"一站式"服务。进一步完善体育政务发布平台和信息交互平台，加强事中事后监督。

（二）培育多元主体

培育骨干企业。着力扶持、培育一批有自主品牌、创新能力和竞争实力的骨干体育企业。深化体育类国有企业改革，提升体育产业领域中国有资产的价值。引导有实力的体育企业实行跨地区、跨行业、跨所有制的兼并、重组、上市。鼓励体育优势企业、优势品牌和优势项目"走出去"。积极支持体育产业的海外并购，鼓励吸引国际性的体育组织、体育企业或体育学校落户中国。

扶持中小微企业。全面落实国家扶持中小微企业发展的政策措施，通过政府采购、信贷支持、加强服务等多种形式扶持中小微体育企业发展，形成富有活力的中小微企业群体。鼓励各类中小微体育企业向"专、精、特、新"方向发展，强化特色经营、特色产品和特色服务。鼓励成立各类体育产业孵化平台，为体育领域的"大众创业、万众创新"提供良好环境。

培育体育社会组织。推进政社分开、管办分离，支持体育社会组织实体化运作，探索建立法人治理结构。进一步健全政府向体育社会组织购买体育服务的体制机制，鼓励各类体育社会组织承接公共体育服务。引导各级运动项目协会积极制定产业发展规划，完善产业组织，提高运动项目产业化发展水平。

（三）提升产业能级

调整产业结构。进一步优化体育服务业、体育用品业及相关产业结构，实施体育服务业精品工程、用品业升级工程和体育产业融合发展工程。支持打造一批优秀体育俱乐部、示范场馆和品牌赛事，着力提升体育服务业比重。提升体育用品业发展层次，引导体育用品企业向服务业延伸发展，形成全产业链优势。加快体育产业要素结构升级，培育专业人才、品牌、知识产权等高级要素。以足球、冰雪等重点运动项目为带动，通过制定发展专项规划、开展青少年技能培养、完善职业联赛等手段，探索运动项目的产业化发展道路。

完善产业布局。围绕"一带一路"、京津冀协同发展、长江经济带三大国家战略，合理规划布局全国体育产业发展。积极推进区域体育产业协同发展，加强京津冀、长三角、珠三角以及海峡西岸等体育产业圈建设。充分挖掘冰雪、森林、湖泊、江河、湿地、山地、草原、沙漠、滨海等独特的自然资源和传统体育人文资源，研制出台冰雪运动、山地户外运动、水上运动、航空运动等产业发展规划，重点打造冰雪运动、山地运动、户外休闲运动、水上运动、汽摩运动、航空运动、武术运动等各具特色的体育产业集聚区和产业带。

加强示范引领。完善国家体育产业基地管理方式，提升国家体育产业基地管理和服务水平，建成一批具有集聚效应和规模效应的体育产业基地。加强对体育产业联系点城市和单位的政策指导，督促相关地区和单位切实做好联系点组织实施工作，加快出台一批可复制、可推广的政策创新成果，为全国体育产业发展提供引导经验。拓宽体育服务贸易领域，在自由贸易试验区探索开展体育产业政策创新试点，培育一批体育服务贸易示范区。

促进融合发展。促进体育与文化、养老、教育、健康、农业、林业、水利、通航等产业的融合发展。大力发展体育旅游，制定体育旅游发展纲要，实施体育旅游精品示范工程，编制国家体育旅游重点项目名录。支持和引导有条件的旅游景区拓展体育旅游项目，鼓励国内旅行社结合体育赛事活动设计开发旅游项目和路线。推动体医结合，积极推广覆盖全生命周期的运动健康服务，发挥中医药在运动康复等方面的特色作用，发展运动医学和康复医学。

（四）扩大社会供给

加强场地设施建设。统筹体育设施建设规划和合理利用，适当增加体育设施用地和配套设施配建比例。充分利用公园绿地、城市空置场所、建筑物屋顶、地下室等区域，重点建设一批便民利民的健身场地设施，形成城市15分钟健身圈。结合智慧城市、绿色出行，规划建设城市慢行体系。充分挖掘水、陆、空资源，重点建设山地户外营地、徒步骑行服务站、自驾车房车营地、运动船艇码头、航空飞行营地等健身休闲设施。

丰富体育产品市场。以足球、路跑、骑行、棋牌等为切入点，加快发展普及性广、关注度高、市场空间大的运动项目；以冰雪、山地户外、水上、汽摩、航空、电竞等运动项目为重点，引导具有消费引领性的健身休闲项目发展；以武术、龙舟、舞龙舞狮等传统体育项目为引领，大力发展少数民族传统体育项目发展。

积极推动"互联网+体育"。鼓励开发以移动互联网技术为支撑的体育服务，提升场馆预定、健身指导、交流互动、赛事参与、器材装备定制等综合服务水平。积极推动在线体育平台企业发展壮大，整合上下游企业资源，形成体育产业新生态圈。

（五）引导体育消费

深挖消费潜力。大力开展各类群众性体育活动，合理编排职业联赛的赛程，丰富节假日体育赛事活动供给，发挥体育明星和运动达人的示范作用，激发居民健身休闲消费需求。积极推行《国家体育锻炼标准》、业余运动等级以及业余赛事等级标准，增强项目消费黏性，提升健身休闲消费水平。加强体育市场需求和消费趋势预测研究，引导体育企业开发符合市场需求的体育产品和服务。以各类体育赛事活动为平台，加强资源营销，丰富体育消费文化内涵。

完善消费政策。支持各地建立体育消费个人或家庭奖励机制，鼓励有条件的地区面向特定人群或在特定时间发放体育消费券。加强与金融企业合作，创新体育消费支付产品，试点发行"全民健身休闲卡"，落实相关优惠政策，实施特惠商户折扣。引导保险公司根据体育运动特点和不同年龄段人群，开放场地责任保险、运动人身意外伤害保险。健全学校体育活动责任保险制度。

四、重点行业

（一）竞赛表演业

加强体育赛事评估，优化体育赛事结构，建立多层次、多样化的体育赛事体系。鼓励机关团体、企事业单位、学校等单位广泛举办各类体育比赛。探索完善赛事市场开发和运作模式，实施品牌战略，打造一批国际性、区域性品牌赛事。积极推进职业体育发展，鼓励有条件的运动项目走职业发展道路，努力培育和打造一批具有国际影响力的职业体育明星。加强足球、篮球、排球、乒乓球、羽毛球等职业联赛建设，全面提高职业联赛水平。

（二）健身休闲业

制定健身休闲重点运动项目目录，以户外运动为重点，研制配套系列规划，引导具有消费引领性的健身休闲项目健康发展。通过政府购买服务等方式，鼓励社会各种资本进入健身休闲业。贯彻落实《意见》关于新建居住区和社区配套建设体育健身设施的有关规定。支持体育健身企业开展社区健身设施的品牌经营和连锁经营。

（三）场馆服务业

积极推动体育场馆做好体育专业技术服务，开展场地开放、健身服务、体育培训、竞赛表演、运动指导、健康管理等体育经营服务。充分盘活体育场馆资源，采用多种方式促进无形资产开发，扩大无形资产价值和经营效益。支持大型体育场馆发展体育商贸、体育会展、康体休闲、文化演艺、体育旅游等多元业态，打造体育服务综合体。推进体育场馆通过连锁等模式扩大品牌输出、管理输出和资本输出，提升规模化、专业化、市场化运营水平。

（四）体育中介业

重视体育中介市场的培育和发展，积极开展赛事推广、体育咨询、运动员经纪、体育保险等多种中介服务，充分发挥体育中介机构在沟通市场需求、促进资源流通等方面的作用。优化体育中介机构的组织结构体系，逐步建立公司制、合作制、合伙制等多种经营形式并存的格局，培育以专业体育中介公司和兼业体育中介公司为主的市场竞争主体。

（五）体育培训业

大力发展各类运动项目的培训市场，培育一批专业体育培训机构。鼓励和引导各地积极开展国际合作，创办一批高水平的国际体育学校。鼓励学校与专业体育培训机构合作，加强青少年体育爱好和运动技能的培养，组织学生开展课外健身活动。加强不同运动项目培训标准的制定与实施，提高体育培训市场的专业化水平。

（六）体育传媒业

大力开发群众喜闻乐见的体育传媒产品，鼓励开发以体育为主，融合文化、健康等综合内容的组合产品，积极支持形式多样的体育题材文艺创作。鼓励发展多媒体广播电视、网络广播电视、手机APP等体育传媒新业态。鼓励利用各类体育社交平台，促进消费者互动交流，提升消费体验。创新体育赛事版权交易模式，加强版权的开发与保护，鼓励和支持各类新兴媒体参与国内赛事转播权的市场竞争。

（七）体育用品业

结合传统制造业去产能，引导体育用品制造企业转型升级，鼓励企业通过海外并购、合资合作、联合开发等方式，提升冰雪运动、水上运动、汽摩运动、航空运动等高端器材装备的本土化水平。支持企业利用互联网采集技术对接体育健身个性化需求，鼓励新型体育器材装备、可穿戴式运动设备、虚拟现实运动装备等的研发。支持体育类企业积极参与高新技术企业认定，提高关键技术和产品的自主创新能力，打造一批具有自主知识产权的体育用品知名品牌。

（八）体育彩票

加快建立健全与彩票管理体制匹配的运营机制。加快体育彩票创新步伐，积极研究推进发行以中国足球职业联赛为竞猜对象的足球彩票。适应发展趋势，完善销售渠道，稳步扩大市场规模。加强公益金的使用管理绩效评价，不断提升体育彩票的社会形象。

五、主要措施

（一）深化体制改革，增强发展活力

稳步推进体育场馆运营、单项体育协会和职业体育等领域改革。对行政机关和事业单位所属的体育场馆，通过引入社会资本和现代公司化运营机制等，推广"所有权属于国有，经营权属于公司"的分离改革模式。落实《行业协会商会与行政机关脱钩总体方案》，做好单项体育协会改革试点工作。制定和完善职业体育专项政策，鼓励和支持有条件的运动项目探索职业化发展道路。鼓励发展职业联盟，逐步提高职业体育的成熟度和规范化水平。

（二）强化政策落地，完善政策体系

切实落实现行国家支持体育产业发展的税费价格、规划布局与土地政策，加大对政策执行的跟踪分析与监督检查。进一步与有关部门合作，研究推进体育产业发展的各项政策措施，完善体育产业政策体系。推动社会广泛关注的赛事转播、安保服务、场馆开放和产业统计等政策创新。加强对竞赛表演、健身休闲等市场的引导以及高危险性体育项目的监管。

（三）加大财政金融支持，吸引社会投资

鼓励有条件的省市设立体育产业引导资金，优化资金使用方向、创新资金使用方式，提高资金使用效益。设立由政府引导、社会资本筹资的体育产业投资基金，鼓励各地政府引导设立地方体育产业投资基金。创新中央转移支付资金支持方向、优化资金支持项目，充分发挥转移支付资金的杠杆作用。推广运用政府和社会资本合作模式（PPP），支持社会力量进入体育产业领域。发挥多层次资本市场作用，支持符合条件的企业上市。鼓励符合条件的企业发行企业债券，鼓励金融机构拓宽对体育企业贷款的抵质押品种类和范围。

（四）注重人才培养，强化智力支撑

继续落实《全国体育人才发展规划（2010—2020年）》，鼓励校企合作，培养各类体育经营策划、运营管理、技能操作等专业应用型人才。开展"体育产业创新创业教育服务平台"建设，帮助企业、高校、金融机构进一步有效对接。加强从业人员职业培训，提高体育健身场所工作人员的服务水平和专业技能。完善体育人才培养开发、流动配置、激励保障机制，支持退役运动员、教练员投身体育产业。加强体育产业人才培育的国际交流与合作，加强体育产业理论研究，建立国家体育产业智库体系。

（五）加强行业管理，推进基础工作

完善体育产业相关法律法规，结合《中华人民共和国体育法》修订，完善其中体育产业的内容。加强体育产业行业协会建设，充分发挥行业协会在体育产业发展中的作用。加强体育产业统计工作，建立评价与监测机制，定期发布体育产业及体育消费数据。大力推进体育产业标准化工作，提高体育产业标准化水平。进一步完善体育行政部门的体育产业宏观管理职能，充实产业工作力量。加强体育行业社会信用体系建设，优化体育产业环境。

（六）加强组织领导，保障规划实施

建立体育、发展改革、财政等多部门合作的体育产业发展工作协调机制，及时分析解决体育产业发展的情况和问题，落实文化、旅游等相关政策惠及体育产业。各地要把体育产业纳入各级国民经济和社会发展规划，纳入政府重要议事日程，将体育产业工作作为衡量体育工作绩效的重要内容。各级体育行政部门要结合本地区实际，进一步明确"十三五"期间本地区体育产业发展的基本任务、工作目标和保障措施，准确把握工作重点，明确职责分工，做好各项政策措施的贯彻落实。要健全规划实施的督查落实机制，采取切实有效的措施，对本地区体育产业规划实施情况进行检查监督，确保"十三五"体育产业规划的顺利实施。

体育宣传文化工作"十三五"规划

"十三五"时期是全面建成小康社会的决胜阶段,是协调推进"四个全面"战略布局的关键时期,是体育事业发展的重要战略机遇期。充分发挥体育在建设健康中国、推动经济转型升级、增强国家凝聚力和文化竞争力等方面的独特作用;倡导健康文明的生活方式,推动全民健身和全民健康深度融合;加快推进体育强国建设,促进我国体育事业全面协调可持续发展,是"十三五"时期体育工作的重要目标。为做好"十三五"期间体育宣传文化工作,根据党中央、国务院的总体要求和《体育发展"十三五"规划》,特制定本规划。

一、"十二五"时期体育宣传文化工作情况

"十二五"时期,特别是党的十八大召开以来,体育宣传文化工作以习近平总书记系列重要讲话和关于体育工作的重要指示批示为指引,深入学习贯彻党中央关于宣传思想工作的各项部署,立足体育本体,凸显行业特色,努力彰显体育的多元价值和独特功能,充分反映、有力推动了我国"十二五"时期体育事业改革发展的历史进程。

"十二五"时期,体育宣传文化工作的方式更加灵活多样,方法更加有力高效,阵地不断扩大,驾驭和使用新媒体能力不断提高,体育宣传文化工作的内涵和外延更加丰富,对体育宣传文化的理论思考更加深入。

"十二五"时期,体育战线领导干部对体育宣传文化工作的认识有所提高。各部门、各单位逐步将体育宣传文化工作提上了议事日程,在人员、机构、经费等方面有了不同程度的投入。体育宣传文化工作形成了一支基本稳定的干部队伍,建立、健全了工作制度和机制,基本形成了上下联动、全国一盘棋的工作格局,维护了良好顺畅的媒体关系,锤炼锻造了乐于奉献、善于思考、勇于担当、能打硬仗的工作作风。体育宣传文化干部的政治素质、业务能力和工作水平不断提高,承担的任务更多、责任更大、作用更显著,取得的成绩更突出。

二、"十三五"时期体育宣传文化工作面临的形势

"十三五"时期是体育发展的改革攻坚期,是推动体育强国建设和健康中国建设、实现体育事业新发展新跨越的重要五年,也是体育宣传文化工作大有可为的五年。

建设健康中国、全民健身上升为国家战略,将为体育发展提供新机遇。体育具有增强

中华民族凝聚力、向心力、自信心，激发全国人民的爱国热情和全世界中华儿女的民族自豪感的功能；在展示中国形象、讲好中国故事、让世界了解中国方面，具有不可替代的作用；在进一步营造崇尚运动、全民健身的良好氛围，推动体育融入生活，培育健康绿色生活方式，增强人民群众的幸福感和获得感，有效提高全民族健康水平，服务社会民生，助力经济转型升级中的作用更加突出。全面深化改革和依法治国的战略部署将为体育改革增添新动力。体育宣传文化工作有了新使命、新天地。

随着互联网技术的迅猛发展，媒体传播格局和传播方式出现重大变化，政府施政环境发生深刻变化，舆情事件频发多发，加强政务公开、做好政务舆情回应和政策解读成为政府提升治理能力的内在要求。提高认识、完善制度，认真做好新形势下信息发布、回应社会关切和开展政策解读，是提高政府领导水平和执政能力、推进国家治理体系和治理能力现代化的必然要求。体育宣传文化工作有了新内容、新任务。

与此同时，体育领域改革创新与体育强国建设的总体目标仍不适应，体育与经济社会协调发展的机制有待进一步健全；人民群众日益增长的多元化、多层次需求与体育有效供给不足的矛盾依然突出；一些长期制约体育事业发展的薄弱环节和突出问题依然严峻；舆论引导和调控难度加大，特别是与体育相关的话题，情况更加复杂，体育事业发展所需要的良好外部环境和舆论氛围，显得更加宝贵；在体育文化内涵的提炼、传播力影响力的提升、讲好中国故事发挥更大作用等方面，体育宣传文化工作面临新挑战、新课题。体育宣传文化工作的职责更重大、任务更为艰巨。

三、"十三五"时期体育宣传文化工作的指导思想、基本原则和主要目标

（一）指导思想

高举中国特色社会主义伟大旗帜，全面贯彻党的十八大和十八届三中、四中、五中、六中全会精神，以马克思列宁主义、毛泽东思想、邓小平理论、"三个代表"重要思想、科学发展观为指导，深入学习贯彻习近平总书记系列重要讲话精神，特别是关于体育和宣传文化的重要讲话精神，牢固树立和贯彻创新、协调、绿色、开放、共享的发展理念，更好地发挥体育在弘扬社会主义核心价值观，弘扬以爱国主义为核心的民族精神和以改革创新为核心的时代精神方面的独特作用，为展示中国形象，推进健康中国建设，实现体育强国梦提供精神力量、道德滋养和文化条件。

（二）基本原则

1. 围绕中心

树立以人民为中心的工作导向，把服务群众同教育引导群众结合起来，把满足需求

同提高素养结合起来，认真研究不同群体在体育宣传文化方面的需求，有的放矢地开展工作。

2. 强化创新

按照党中央提出的坚定文化自信，不断增强全党全国各族人民的精神力量的要求，针对舆论环境、媒体格局、传播方式发生的深刻变化，以及受众阅读习惯和信息需求的深刻变化，努力创新体育宣传和体育文化建设的理念、内容、体制、机制、方法、手段，形成全方位、多层次、多声部的舆论矩阵，更好地服务不同类型的受众。

3. 注重效果

坚持以传播效果为导向开展工作，不断提高工作实效。要讲求艺术、改进方法，注重联系实际阐释理论、围绕关切解读政策、针对问题解疑释惑，增强说服力、亲和力、感染力。

4. 融合融通

用系统性思维认识全民健身、竞技体育、体育产业、体育文化等在体育系统中的功能和不可替代的作用，以及你中有我、我中有你、相互协调、共生共融、共同发展的特点，提高体育宣传质量和水平。

在用体育讲好中国故事过程中，采用融通中外的概念、范畴、表述，把我们想讲的和国外受众想听的结合起来，把"陈情"和"说理"结合起来，把"自己讲"和"别人讲"结合起来，使之更多的为国际社会和海外受众所认同。

5. 有效整合

在全社会范围内整合体育宣传文化的内容资源、智力资源、人力资源，以及各类传播平台特别是新媒体平台和渠道，让传播的速度更快、范围更广、吸引力更强、影响力更大。

（三）主要目标

1. 正能量传播能力明显提高、传播效果更加明显

以大力宣传中华体育精神和奥林匹克精神、树立中国体育的正面形象、提升中国体育软实力为目的，加大对体育多元功能的挖掘与传播；适应媒体格局、受众对象、传播技术深刻变化的态势，充分整合运用各种传播平台、渠道、手段，形成覆盖面广、传播及时的传播矩阵。

2. 信息发布、政策解读、回应社会关切更加及时、准确、全面、有效

新闻发布机制更加健全，信息发布更加及时，政策解读更加入耳入心，回应社会关切更加及时有效——对真实情况及时宣介，对模糊认识及时廓清，对怨气怨言及时化解，对错误看法及时引导和纠正。

3. 体育在"讲好中国故事"方面作用更加突出

通过教育培训示范等方法，组织引导帮助更多体育人自觉、主动参与"讲好中国故事"，更好地发挥体育在"讲好中国故事"方面的优势和独特作用。

4. 体育文化精品更加丰富多样

组织、引导、支持更多的机构和个人，不拘于一格、不形于一态、不定于一尊，积极创作、整理、传播具有体育元素、思想精深、艺术精湛、制作精良，经得起人民评价、专家评价、市场检验的体育文化精品。

四、"十三五"时期体育宣传文化工作的主要任务

（一）运用创新思路方法，突出宣传体育领域改革创新

按照党中央关于"创新是引领发展的第一动力。必须把创新摆在国家发展全局的核心位置，不断推进理论创新、制度创新、科技创新、文化创新等各方面创新，让创新贯穿党和国家一切工作，让创新在全社会蔚然成风"的要求，遵循新闻传播规律，适应分众化、差异化传播趋势，创新宣传工作的思路、机制、方法和手段，突出宣传体育重点领域改革创新的新理念、新举措、新突破、新成果，不断提高舆论引导能力和水平。

专栏1　宣传重点领域改革取得新突破，体制机制创新取得新成果

重点宣传以下内容：加快政府职能转变，创新体育社会组织管理、推进职业体育改革，实施足球改革和创新体育场馆运营，逐步完善与经济社会协调发展的体育管理体制和运行机制，基本形成现代体育治理体系等。

（二）围绕完善基本公共体育服务，突出宣传重点

宣传加快建设水平较高、内容完备、惠及全民的基本公共体育服务体系，逐步推动基本公共体育服务在地域、城乡和人群间的均等化。

专栏2　突出体系建设和能力提升

突出宣传以实施《全民健身计划（2016—2020年）》为主要抓手，推进基本公共体育服务示范区建设，制定基本公共体育服务标准体系，加强基本公共体育服务信息化建设，落实目标任务和重大政策措施，全面提升现代治理能力。

（三）按照全面推进依法治国的要求，积极开展体育系统法治宣传

围绕进一步强化法治理念，坚持依法决策、依法行政、严格执法，把体育发展纳入法治轨道，加快建设中国特色体育法治体系，切实保障公民体育权利，持续开展法治宣传。

专栏3　做好《全国体育系统法治宣传教育第七个五年规划（2016—2020年）》及《国家体育总局贯彻落实〈法治政府建设实施纲要（2015—2020年）〉实施方案》的宣传工作

> 从以下五个方面做好体育系统法治宣传：
> 依法全面履行政府体育职能，完善体育法律制度体系，推进体育依法决策、执法与监督，依法有效化解矛盾纠纷，全面提高体育部门干部法治思维和依法行政能力。

（四）围绕健康中国建设，有效开展全民健身和全民健康深度融合宣传

根据全面建成小康社会的总体部署、实现体育强国的战略目标和建设健康中国的任务要求，在全民健身和全民健康深度融合宣传方面下功夫，普及科学健身知识，宣传科学健身效果，弘扬推广"运动是良医"等健康新理念，把身心健康作为个人全面发展和适应社会的重要能力，树立以参与体育健身、拥有强健体魄为荣的个人发展理念，营造良好舆论氛围，通过体育健身提高个人的团队协作能力。引导发挥体育健身对形成健康文明生活方式的作用，树立人人爱锻炼、会锻炼、勤锻炼、重规则、讲诚信、争贡献、乐分享的良好社会风尚。

进一步创新全民健身宣传的方式和方法，利用社交媒体传播的优势，组织线上线下活动，将宣传策划与活动策划同步进行的同时，做到全民健身宣传的常态化、生活化。

专栏4　持续开展树立健身榜样，有效传播科学健身知识活动

> 发扬"走基层、转作风、改文风"的精神，组织全民健身采访媒体小分队，深入基层、深入一线，采写更多鲜活实用、示范性强的全民健身好作品。
> 面向全国征集各类文字、图片、视频作品，号召全社会发现身边健身榜样，讲述他们的故事，展现他们的风采，激励更多的人参加健身活动，养成运动健身的生活习惯。
> 借助各类社会力量，组织专业人士，生产、传播适合不同人群和多种传播方式、使用终端的科学健身学习产品，满足大众多样化、个性化以及量身定制的需求。

（五）围绕增强竞技体育综合实力和国际竞争力，按照体育规律和新闻规律，做好重大赛事的宣传、舆论引导和新闻服务工作

做好重大赛事的宣传组织、舆论引导和形象展示工作。做好我国参加里约奥运会和残奥会、东京奥运会和残奥会、平昌冬奥会和冬残奥会、雅加达亚运会宣传工作，做好北京冬奥会和冬残奥会、杭州亚运会等国际赛事筹办和参赛准备的宣传工作。进一步规范在国内举行的大型体育赛会新闻宣传、媒体运行和体育文化工作，制定国内举办的大型综合性

体育赛事媒体运行标准，提升专业性和规范性。

专栏5　建立国内举行的大型综合性体育赛事新闻宣传、媒体运行和体育文化工作规范标准

2017年上半年，完成大型综合性运动会新闻宣传、媒体运行指南编写工作，指导全国性运动会相关工作。

加强综合性运动会新闻宣传、媒体运行和体育文化专家库建设，开展各级各类媒体运行培训工作。

推动发挥综合性运动会新闻宣传、媒体运行和体育文化工作在交流、传承方面的作用，开展综合性运动会文化品牌建设。

（六）围绕发展体育产业主要任务，加大体育产业供给侧结构性改革和优化产业结构等方面的宣传力度

围绕优化市场环境、培育多元主体、提升产业能级、扩大社会供给、引导体育消费等主要任务，大力宣传以体育产业供给侧结构性改革为主线，以优化体育产业结构为重点，推动体育产业全面健康持续发展，不断满足大众多层次、多样化的体育需求的新思路、新举措、新成果。

专栏6　持续宣传系列产业政策规划实施情况

持续宣传好体育系统、各地政府、社会组织、企业和个人在落实以下体育产业政策、规划过程中的好经验、好成果：

《国务院关于加快发展体育产业促进体育消费的若干意见》

《国务院办公厅关于加快发展健身休闲产业的指导意见》

《冰雪运动发展规划（2016—2025年）》

《全国冰雪场地设施建设规划（2016—2022年）》

《水上运动产业发展规划》

《航空运动产业发展规划》

《山地户外运动产业发展规划》

以及今后陆续出台的体育产业规划。

（七）围绕"坚定文化自信"，大力弘扬中华体育精神，振奋民族精神，凝聚奋进力量

1. 挖掘运动项目文化内涵，推进以运动项目文化为核心的体育文化建设

倡导各级体育组织深入挖掘运动项目文化内涵，打造运动项目文化；加强宣传和推广，发展项目人口，培育市场基础；提炼体育精神；推出先进典型，发挥优秀运动员的表率作用，树立体育积极健康的社会形象；主动开展针对青少年的运动项目文化教育和推广工作，扩大运动项目文化在青少年中的影响力。

专栏7　推进"体育项目文化"建设工程

传播体育文化，弘扬体育精神，系统挖掘整理体育项目文化，解读项目文化的精神与内涵。充分利用大型综合性赛事，开展体育文化展示和教育互动等活动；体育工作者都应该是项目文化的传播使者；充分运用新媒体平台优势，普及项目知识，传播项目文化。

2. 大力加强传统体育文化保护利用

大力加强对中华优秀传统体育文化的挖掘、保护和阐发，大力加强民族体育、民间体育、民俗体育的推广，积极推动体育非物质文化遗产申报工作。重视并切实开展体育文物、体育档案、体育文献等普查、收集、整理、保存和研究利用工作，建立相应的信息库。要根据本地区、本民族的节令活动与传统庆典活动，大力发展具有民族特色与本地特色的体育文化活动。

专栏8　支持、推动"运动·文化·传承——中华传统体育文化复兴工程"

以学术科研为引领，以展览与活动为承载，整合政府有关部门、文博单位、高校及社会资源，通过展览、图书、动漫、游戏、互动体验、文创产品、影视剧，以及多媒体、互联网、虚拟现实、高新技术等各种路径与手段，立足挖掘开发中国古代体育与中华传统体育文化的内涵与价值，使其为今人所用，成为集展览、教育、健身、娱乐、科研、市场开发及对外传播中华优秀传统文化等功能于一体的文化载体与品牌。主要包括：依托大型综合性赛事举办"中国古代体育文物展"并使之走向世界；举办"古代运动会进社区"和"古代运动会进校园"等活动；依托国家社科基金重大招标项目《中国古代体育文物调查与数据库建设》筹建中国古代体育数字博物馆；出版多卷本《中国古代体育文物大系》等。

3. 加强体育文化阵地建设，搭建体育文化展示平台

加快推进中国体育博物馆新馆和网上体育博物馆建设。各单位各部门要重视体育博物馆、名人堂和档案馆等建设工作。积极鼓励社会力量兴办各类体育博物馆等，使其成为传播体育文化、弘扬体育精神的重要窗口。

专栏9　办好中国体育文化博览会

> 扩大中国体育文化博览会的影响力，鼓励各级各类体育组织和体育部门积极参与中国体育文化博览会，不断丰富中国体育文化博览会内容，开展体育文化论坛、民族传统体育文化展示和体育书法、体育美术展览等。

4. 推动体育文艺繁荣发展

扶持体育文艺创作，加强与相关部门和单位的合作，鼓励和支持社会组织和艺术家进行体育文学、体育电视、体育音乐、体育摄影、体育美术、体育标识、体育文化创意和体育收藏等创作和展示活动。策划和制作符合国际传播语境的体育影视、体育艺术品及展览，传播中国体育文化；丰富外宣品的类别、提升其艺术性和审美性。

专栏10　借助两个体育影视平台促进体育影视作品创作播出

> 支持用好北京国际体育电影周和米兰国际体育电影电视节全球总决赛活动平台，组织、吸引更多机构和个人创作体育题材影视作品，通过展播、参赛等系列活动，不断提高我国体育影视作品的质量和水平，满足大众需求，促进更多优秀体育影视作品走向世界，讲好中国故事。

（八）健全信息发布政策解读机制，主动及时回应社会关切

切实采取措施，加强各级各类信息发布、政策解读，建立回应社会关切工作制度和机制。加强新闻发言人制度建设，完善舆情搜集研判机制、口径拟定和通报工作机制、专家信息发布和解读机制、体育舆情回应机制等工作机制。

专栏11　推进平台和机制建设，取得信息发布、舆论引导实效

> 体育系统要建立并完善新闻发布会工作平台。总局将持续推动新闻发布工作规范化、制度化建设，建立"4·2·1+N"新闻发布工作模式：每季度最后一周举行例行新闻发布会；总局领导每年至少出席国新办新闻发布会2次；总局主要领导每年至少出席国新办新闻发布会1次；遇有重要政策出台和重要突发事件等，及时组织新闻发布，回应社会关切。

体育系统要按照上述要求，结合工作实际，逐步建立符合单位特点的日常发布与例行新闻发布相结合的新闻发布制度。

推动新媒体发布平台建设。加强政务新媒体建设，打造政务微博、政务微信、政务客户端等平台。规范政务新媒体内容编发程序。

（九）加强体育对外传播工作，提升中国体育国际形象，扩大中国体育国际影响力

紧密结合国际性体育比赛和对外交往活动，围绕传播中华文化、介绍中国道路、维护国家利益、树立国家形象的基本目标，抢占体育宣传制高点，突出成就宣传和亮点宣传，加强文化推广，用国际化思维和符合国际传播习惯的方式，提升传播质量和水平。

进一步拓宽对外传播渠道，提高对外传播的针对性和影响力，展现当代中国和谐发展、和平崛起的新形象，展现我国运动员积极向上、团结进取的精神风貌。

充分挖掘体育人物、体育事件的人文价值，借助杰出运动员、教练员和边疆民族地区优秀运动员以及对外传播媒介，讲好中国故事。

专栏12　在国际舞台上，进一步发挥我国运动员、教练员和"中国之家"讲好中国故事的作用

树立运动员、教练员也是宣传员的理念，通过常态化、系统化、多样化培训，进一步提高他们讲好中国故事的能力。

"中国之家"在以开展国际组织体育文化交流为主的基础上，进一步丰富内容和功能，更好地加强文化交流，展示中国形象。

（十）以筹备2022年冬奥会为契机，大力推广冰雪运动文化

在筹备2022年冬奥会过程中，重视弘扬冰雪运动项目文化。有关部门和单位要制订奥林匹克文化传播推广计划，在全社会尤其是青少年中弘扬中华体育精神和奥林匹克精神，营造全社会关心、支持、参与冬奥会的浓厚氛围，为筹备冬奥会营造良好的文化氛围。

专栏13　启动冬季运动项目宣传和文化建设工程

深入贯彻落实宣传《群众冬季运动推广普及计划（2016—2020年）》。

从2016年开始，体育总局搭建信息发布平台，举办系列新闻发布会，由总局领导和相关司局、直属单位、省区市体育局发布本部门、本单位发展冬季项目，推动群众健身的信息。

逐步做到总局相关司局和直属单位定期召开新闻发布会，介绍大力普及冰雪运动、提高冰雪运动竞技水平、促进冰雪产业发展、加大场地设施供给、深化体制机制改革，以及我国优秀选手为参加冬奥会认真准备、刻苦训练，提升全面素质的情况，回应社会关切。

倡导高等院校、科研单位、新闻单位撰写、刊发介绍冬季项目发展历史、项目文化、观赛礼仪、健身知识等内容。

鼓励中国体育新闻工作者协会和各地体育记者协会组织、举办媒体专项培训，提升媒体对冬季项目的认识，以便全面准确深入报道项目文化。

鼓励有关单位和有关部门收集整理我国冬季项目发展历史，出版相关书籍，举办我国冬季项目成就展览，并通过多媒体渠道广泛传播。

（十一）加强正面宣传引导，培育推广足球文化，为中国足球改革发展营造良好舆论氛围和社会氛围

落实《中国足球改革发展总体方案》，以"改善足球发展的环境和氛围"为工作重点，以"全社会形成健康的足球文化"为工作目标，实施"足球文化培育推广工程"，加强对足球改革发展的正面宣传引导，最大限度凝聚足球改革发展共识，在全社会培育推广健康的足球文化。

专栏14　实施"足球文化培育推广工程"

宣传引导民众客观认识中国足球现状，建立合理预期，理性看待比赛输赢，营造良好舆论环境。

创新足球宣传方式，强化足球新闻管理和舆论引导工作，做到主动传播与加强管理双管齐下，传统媒体和新媒体双箭齐发。

结合赛事和主题活动进行公益宣传，传播足球正能量，树立良好社会形象。

研究创作以影视、文学、音乐、摄影等形式展示中国足球精神与文化内涵的艺术作品；从国内优秀足球运动员中挑选典型人物，进行榜样宣传，打造年青一代足球偶像；以青少年为重点，制作足球动漫、足球卡通等，助力校园足球发展；召开学术研讨会，从理论层面系统梳理足球文化。

利用社交平台等传播渠道，对中国足球文化进行对外传播、推广。

加强对球迷文化的宣传，倡导球迷文明观赛，遵纪守法。

（十二）充分利用互联网和社交媒体，形成体育宣传大格局

用能够被公众普遍接受的方式、方法，通过多样化的内容形式，在体育宣传和网络舆论引导中主动发声，传播社会正能量。探索利用新媒体、自媒体等社交媒体平台，搭建新的对外宣传窗口，开展符合现代传播规律的体育对外宣传。

> **专栏15　整合新媒体传播资源，形成网络传播矩阵**
>
> 提高借助媒体综合运用图文、图表、音视频等多种形式的能力，实现体育内容产品从静态到动态、从一维到多维的升级，满足多种终端传播和多种体验的需求。
>
> 提高借助媒体开发运用新技术呈现产品的能力，让用户"身临其境""沉浸其中"。
>
> 从体育系统各级各类官网、两"微"一"端"（微博、微信、APP客户端）开始，逐步整合各类媒体、企业、社会团体、网络意见领袖（包括机构和个人）等与体育相关的各方社会力量在内的外部力量，形成体育宣传多层次、多渠道的网络传播矩阵。
>
> 在出台重大政策、举办重要赛事或活动时，充分利用H5、动漫等方式，说明情况、解读政策，增强吸引力和可读性，使之易于领会，避免误解。

（十三）按照"四个坚持"要求，更好地发挥中国体育新闻工作者协会（以下简称"体育记协"）和各地方协会的作用

体育记协是体育宣传的重要力量。要按照习近平总书记提出的"坚持正确政治方向，坚持正确舆论导向，坚持正确新闻志向，坚持正确工作取向"，更好地发挥中国体育记协和各地方协会的作用，做党和人民信赖的体育新闻工作者。

要按照社团改革的有关要求，针对体育传媒发展的新形势、新特点，针对存在的问题和短板，积极推动体育记协调整改革工作；全面加快地方体育记协建设，加强体育记协工作规范化、常态化，有计划、有重点开展工作。运用多种有效方式，加强自身建设，提高从业人员综合素质。在新的媒介环境下，凝聚更大力量，利用各种媒体资源，做好新时期体育宣传工作。

> **专栏16　制定实施中国体育记协调整改革方案**
>
> 制定并实施中国体育记协调整改革方案，使协会工作规范化、常态化。通过设立多个专业委员会，充分调动协会会员单位的积极性，更有效发挥会员单位的作用，做实事、求实效。
>
> 依法依规开展协会工作，在行业自律、记者维权、提高素质等方面下功夫；指

导、支持、服务全国各地体育记协结合本地实际，扎实、有效开展工作。

开展丰富多彩的活动，团结全国体育新闻单位，凝聚人心；持续开展业务培训；加强体育宣传文化理论研究，充分发挥协会在理论研究、业务研讨方面的积极作用。

五、"十三五"体育宣传文化工作的保障措施

（一）加强组织领导，确保《体育宣传文化工作"十三五"规划》贯彻落实

体育部门要充分认识体育宣传文化工作在建设体育强国过程中的重要作用，要加强对体育宣传工作的组织领导，建立、完善体育宣传文化工作领导管理机制，各单位要有领导分管体育宣传文化工作，全国各省级体育部门要利用新思维、采用新方法推进体育宣传机构和队伍的建设，配备具有相应学历、高素质的专职体育宣传文化干部和工作人员，有条件的地方要单独设立体育宣传文化工作部门。总局各直属单位要配备专职的体育宣传文化干部，确保"十三五"体育宣传文化工作落到实处。

（二）完善工作机制，为体育宣传文化工作提供制度保障

要完善各级各类体育宣传文化工作机制，建立年初有计划，年底有总结，定期研究体育宣传文化工作的工作制度。各单位每年要专题研究体育宣传文化工作，重要体育宣传文化工作要专门研究；研究重要工作时要同步研究和安排体育宣传文化工作。重视体育宣传文化工作和媒体服务的规范化建设和管理，完善大型综合性赛事的媒体服务，建立突发事件和危机处理预案等规章制度，努力实现体育宣传的科学化管理。加强对体育宣传文化干部的培训工作，有计划、有侧重地开展对全国体育系统的体育宣传文化干部的各类培训。

（三）保障体育宣传文化经费投入，确保《体育宣传文化工作"十三五"规划》顺利实施

各级体育部门要加大对体育宣传文化工作财力的投入，在经费上予以保障。综合运用经济、行政等手段，将《体育宣传文化工作"十三五"规划》落实到体育部门的年度计划和财政预算中，确保规划目标的实现和体育宣传文化工作的顺利开展。

（四）加强规划执行情况的监督考核，建立以效果为导向的考核评价体系

建立体育宣传文化评价指标体系，逐步提高量化指标比重，并将体育宣传文化工作效果作为重中之重。要将体育宣传文化工作制度建设、机制建设、机构设置、人员配备、经费保障、信息公开、政策解读、回应关切、传播效果等纳入对体育工作和领导班子的考核内容。各部门和各单位要加强对体育宣传文化工作的检查和监督。

（五）完善体育宣传文化工作网上互动平台建设

在已建成的网上互动平台上，逐步完善指导工作、学习培训、上传下达、互动交流、规范运作、共建共用等多项功能，并将平台用户从体育系统内扩展到体育媒体及体育从业人员；不断调整、完善、升级互动平台，提高体育宣传文化工作的质量和时效。

国家体育总局体育科学研究所"十三五"发展规划

"十三五"时期是我国深入实施创新驱动发展战略、全面深化科技体制改革的关键时期，是体育发展的重要战略机遇期，也是我所推动体制机制改革创新，为体育强国建设和健康中国建设提供更大科技支撑的重要时期。为推动全所各项工作改革发展、创新发展，依据《"十三五"国家科技创新规划》《体育发展"十三五"规划》的总体部署，制定本规划。

一、"十二五"时期发展回顾和"十三五"时期面临形势

（一）"十二五"发展回顾

"十二五"时期，我所不断深化管理体制机制改革，科研水平不断提高，服务体育改革和实践的能力不断增强。"十二五"期间，全所共承担立项课题325项，涉及课题经费共计5920.84万元，产生600余项科研成果，获得省部级科技奖励79项，学术交流活动日益增多，科技合作领域不断深化，实验室建设稳步推进，建立博士后科研工作站，研究生培养规模进一步扩大，人才队伍建设取得积极成效，资源保障服务能力进一步增强。在促进全民科学健身、提高竞技运动水平、为体育改革发展重大决策提供咨政服务和体育工程技术创新四个方面的核心能力进一步增强。

（二）"十三五"面临的形势

"十三五"时期，科技体制改革、事业单位分类改革、养老保险制度改革、绩效工资制度改革将全面展开，这会倒逼我所加快建立现代科研院所制度，完善体制、创新机制的改革任务将更加迫切。建设健康中国、推动全民健身与全民健康深度融合，备战2018年平昌冬奥会、2020年东京奥运会和2022年北京张家口冬奥会，加快发展体育产业，助力中国经济转型升级，以及深化体育领域各项改革，都对我所发挥科技支撑、智力支撑、人才支撑作用提出了更新更高的要求。面对新形势、新任务，必须清醒地看到，当前我所体育科技创新能力还有待增强，解决体育改革发展中实际问题的能力还有待提高，科技成果转化、人才创新能力和活力还有待激活，适应科研工作特点和规律的管理体制机制还有待完善。为此，必须抓住机遇、迎接挑战，科学规划，深化改革，推动全所各项工作上台阶、

提质量、增效益。

二、总体要求

（一）指导思想

高举中国特色社会主义伟大旗帜，全面贯彻党的十八大和十八届三中、四中、五中、六中全会精神，以马克思列宁主义、毛泽东思想、邓小平理论、"三个代表"重要思想、科学发展观为指导，深入贯彻习近平总书记系列重要讲话精神，以体育科技创新为根本，以人才队伍建设为关键，以体制机制改革为动力，全面提升服务决策、创新理论、指导实践、引领发展的能力，为体育强国和健康中国建设提供强有力的科技支撑和保障。

（二）发展原则

坚持改革创新。进一步强化改革创新对发展的推动作用，把体制机制的改革创新作为推动我所发展的根本动力，着力破除制约发展的体制机制障碍，完善管理政策，优化管理流程，改进管理方式。

坚持实践导向。面向体育实践，坚持社会需求和问题导向，加强综合性和前瞻性研究，坚持应用研究与基础研究、体育自然科学与体育社会科学研究、科研攻关与科技服务、自主产品研发与对外合作等方面协调发展。

坚持融合发展。积极推进体育科技工作与经济社会发展、体育改革发展的协同联动，适应"互联网+"的要求，推动科技创新、体医融合、军民融合，建立多方合作、资源共享、协同创新、融合发展的新平台、新机制。

坚持人才战略。把服务体育科研事业发展作为人才队伍建设的根本，以调动科研人员积极性和创造性为出发点和落脚点，充分发挥高层次人才在推动事业发展和人才队伍建设中的引领作用，带动体育科研和管理骨干人才队伍建设。

（三）发展目标

到2020年，体制改革和机制创新成效显著，体育科研质量和水平稳步提高，科技开发力度和成果转化率大幅提升，人才素质和能力明显增强，初步建立起服务国家任务、满足社会需求、支撑行业发展的现代科研院所体制机制。

——体制改革、机制创新见实效。在创新机制建设、人事制度改革、绩效和薪酬制度改革、科研项目及经费管理、科研成果转化等关键环节出台并实施一批改革办法，所长负责制、科学技术委员会咨询制、职工代表大会监督制相结合的现代院所管理制度进一步完善。

——主要领域核心竞争力显著增强。围绕健康中国科技支撑、竞技体育科技保障、体育政策法规咨政决策、体育工程技术创新四大重点领域，整合资源，优化机制，在基础研究和应用研究两个方面出一批代表中国体育科技最高水平的科研成果，获取项目经费和科技成果转化效益显著提高。

——人才建设再上台阶。未来5年遴选和培养10名左右在国内外具有较大影响力的重点学科学术带头人，培养和引进一批学科业务骨干。科技与管理人才队伍总量从现有的130人增加到200人左右，固定岗位与流动岗位接近2∶1，研究生培养规模不断扩大，质量显著提升。

——服务保障支撑有力。各项基础设施、资源条件基本满足办所需求，现代化水平进一步提升。自主可支配经费力争实现较大增长，进一步加强实验室建设和信息化建设等基础条件建设，建设国家国民体质、竞技能力和智慧体育大数据平台。

三、主要任务

（一）落实全民健身国家战略，加强全民健身科技创新体系研究

开展全民健身关键技术研究和应用，提高全民健身的专业性和安全性。参与研究制订并实施运动促进健康科技行动计划，推广"运动是良医"等理念，提高全民健身方法和手段的科技含量。开展国民体质测试，开发应用国民体质健康监测大数据，研究制定并推广普及健身指导方案、运动处方库和中国人体育健身活动指南，大力开展科学健身指导，提高群众的科学健身意识、素养和能力水平。推动移动互联网、云计算、大数据、物联网等现代信息技术手段与全民健身相结合，建设全民健身管理资源库、服务资源库和公共服务信息平台，使全民健身服务更加便捷、高效、精准。利用大数据技术及时分析经常参加体育锻炼人数、体育设施利用率，进行运动健身效果综合评价，提高全民健身指导水平和全民健身设施监管效率。在全民健身场地设施创新、体育用品制造业发展创新、全民健身科技创新和科学健身指导平台建设方面开展相关科学研究和提供技术支持，加强全民健身科学研究和科学健身指导。

加大科学健身指导和宣传力度，进一步完善国民体质测试常态化机制，探索体质测定与运动健身指导站、社区医院等社会资源相结合的运行模式；建立广泛覆盖城镇乡村的体质测试平台，开展不同人群的体质测试工作，依托体质监测数据库，建立科学健身指导服务体系；组织开展科学健身主题宣传活动，引导各级各类媒体运用群众喜闻乐见的方式，普及健身知识，推广健康生活方式，提高公众对科学健身的知晓率、参与率，提升运动健身效果。

加强体医融合关键技术研究。紧密围绕健康中国建设需求，突出解决重大慢病防控、青少年健康成长、人口老龄化应对等影响国计民生的重大问题，以提升全民健康水平为目标，系统加强体育对慢病防控和伤病康复的研究，推动国民体质与生物数据、临床信息、

样本资源的整合，统筹推进临床医学研究、疾病防控和健身指导协同研究网络建设，促进体育和医疗深度结合，开展创新性和集成性研究。

（二）为提高我国竞技体育综合实力提供强有力科技支撑

围绕2018年平昌冬奥会、2020年东京奥运会、2022年北京张家口冬奥会等大型国际综合性赛事国家队备战需要，开展训练监控、体能训练、技战术训练、心理调控、伤病防治、运动康复、营养补充、信息分析等方面科研攻关与科技服务工作。进一步理顺国家队购买体育科技服务的工作机制，推进我所与运动项目管理中心"结对子"，努力打造具有特色的体育科技服务平台。进一步加强国家队科研团队建设，明确负责人，保证国家队科技服务工作高水平、常态化地开展。进一步开展完善我国冬奥会重点项目的训练监控系统，建立我国冬奥会重点项目训练和比赛的科技保障指挥系统，深入研究专项训练理论、专项训练方法和有效的专项训练手段；深入研究运动康复和医务监督的新方法和新技术，建立中国特色运动康复和医务监督理论和方法体系，提高专项运动员个性化运动康复的效果。

提高我国"三大球"竞技水平的关键技术研究与应用。依托前期研究基础和现实研究能力，深入研究"三大球"的专项训练理论和方法、运动员竞技能力监测系统和职业化管理体系。结合国外职业项目训练体系及管理的成功经验，开展我国"三大球"职业化改革、训练竞赛管理、后备人才培养、青训基地、服务保障体系建设等研究。

提高我国基础大项竞技水平的关键技术研究和应用。重点开展训练理论和方法、提高运动员竞技能力的理论和技术、训练负荷结构和有效方法、专项训练监控、运动员竞技状态调控和运动员科学选材的创新研究等。

提高我国竞技体育后备人才竞技水平的研究和应用。重点开展竞技体育后备人才训练理论和方法、科技保障体系、训练和参赛模式、训练信息管理系统等研究等。积极开展科学选材研究，完善选材方法，制定各年龄层次运动员选材标准，完善青少年运动员选材指标体系，提高选材成功率。逐步开展少数民族特别是藏族体育苗子的科学选材和系统训练方面的研究。

（三）加强体育哲学社会科学研究

紧密结合体育改革与发展实践，围绕体育发展中的重大理论与现实问题开展研究。重点加强对全民健身国家战略、体育对接健康中国建设的理论与实践、体育行政部门职能转变、社会体育组织创新管理、职业体育改革、足球改革、体育场馆创新运营、体育产业等领域的研究，为体育发展和重大决策提供科学合理、针对性强的咨询服务。

在创新驱动国家战略、全民健身国家战略的大背景下，研究体育事业尤其是全民健身事业从要素驱动向创新驱动转变的体制、机制及影响其发展变化的社会环境；研究经济新常态、社会大变革背景下的体育发展路径；立足国家战略，研究体育发展的战略目标与相应指标，为体育改革与发展提供科学的决策依据与政策建议。

围绕"十三五"时期体育事业发展面临的重大问题，系统开展体育事业发展面临的经济、社会形势，以及"十三五"时期国际体坛的发展趋势、对我国体育事业的影响，冬奥会申办成功后如何利用筹办工作带动和促进我国冰雪项目的发展，以及冬奥会对举办城市经济、社会发展的促进作用等研究。

（四）加大自主产品研发力度，推进体育科技成果转化

加强针对群众体育和竞技体育所需的、具有自主知识产权的产品研发力度，重点围绕便携、可穿戴式健身器材的研发和信息化集成、全民健身公共体育设施建设关键技术、全民健身公共体育设施建设标准等方面进行攻关研究；加大专项训练器械、专项竞赛器械、运动康复器械、运动训练和竞赛监控仪器、专项可穿戴式监控仪器等的研制。

依托国家体育总局体育科技示范园，从广度和深度上推进体育科技成果转化的市场化改革，鼓励科研人员与企业联合开展科学研究，引导企业技术创新投入，提高体育健身设施、健身器材、运动训练装备的科技含量和产品质量，推动体育产业的发展；梳理科技成果资源，发布科技成果目录，推动科技成果与产业、企业需求有效对接，通过研发合作、技术转让、技术许可、作价投资等多种形式，实现科技成果市场价值。

（五）推进所管理体制和运行机制改革

不断完善所长负责制、科学技术委员会咨询制、职工代表大会监督制等现代院所管理制度。按照民主集中制原则，规范决策、运行、监督和执行程序，提高班子建设科学化水平。探索建立充分发挥科学技术委员会、学位评定委员会等在科技布局与规划、学科建设、资源配置、人才培养、学术评价中重要作用的体制机制和有效途径，扩大专家学者参与我所管理的深度和广度。充分发挥职代会作用，推动科研所民主管理。努力形成依法治所、科学管理、民主决策、高效执行、程序透明、运转灵活的管理体系，健全包括咨询、审议、决策、监督、反馈等环节在内的完整的运行机制，提升所务管理的科学化、规范化水平。

进一步深化人事制度改革，试行"创新研究中心"，探索内部治理结构的创新，修订岗位聘用办法，制定新的绩效管理办法，实行高层次人才引进计划和中青年人才培养计划，建立适应新形势、新情况的激励约束机制，激发人员活力；建立有利于创新的科技管理体制，建立科研项目分类管理办法，加快基本科研业务费资助项目管理改革，完善科研经费管理制度；制订科技成果转化办法，加强与企业的合作，促进科研成果转化；完善财务管理制度，完善经费筹措与投入机制，推动成本核算和绩效评价，全面提升财务管理信息化与现代化；深化后勤保障服务制度改革，推进后勤服务社会化进程，提高后勤服务的质量和效率。

（六）着力加强人才队伍建设

围绕重点学科建设，明确"十三五"时期重点学科建设目标，着力加强高层次人才队伍建设，遴选和培养学术带头人和业务骨干，带动学科建设和创新团队建设；围绕科研创新团队建设，依托重大科研项目和基本科研业务费项目，探索改革科研管理和团队建设模式，突出创新型体育科技人才队伍的培养和建设；围绕急需紧缺专业的发展需求，科学研判，合理调控，采取有利措施，加大人才引进力度，尽快补齐人才队伍的梯队短板；围绕中层干部队伍建设，以提高中层干部抓管理带队伍的能力素质为核心，强化中层干部管理，增强中层干部的政治意识、大局意识、责任意识、担当意识；统筹推进科研人才、其他专业技术人才和管理服务人才队伍建设，保持各类人才均衡协调发展。探索基础服务保障人才社会化模式。

选派和资助优秀人才参加国内外专业培训和合作交流，加大教育培训的投入力度，教育培训资源优先向优秀人才倾斜。理顺固定岗位与流动岗位之间衔接转化、梯次配备的关系，开发利用所内所外两种人才资源，建立开放的人才引进制度和灵活多样的人才聘用模式，探索与国内外有关单位的人才合作机制。加大博士后人员、访问学者的招收力度。加强研究生培养，改革研究生培养经费负担办法，提高培养质量，构建研究生质量和保障体系。

（七）形成联合科研攻关的合力

建立健全形成科研合力的政策和制度，加强合作，推动"1+10"的建设，形成行业内的科研合力，发挥我所在全国体育科研领域中的影响力；鼓励开展跨国家、跨部门、跨行业、跨单位、跨学科的科研合作，围绕体育事业发展中的重大问题联合开展科研攻关；大力吸引海内外知名实验室、研究所、高校、跨国公司与我所设立全球领先的体育科学实验室和研发中心；进一步拓展国际学术交流与友好访问范围，进一步深化两岸体育各领域的交流与合作，积极探索吸引国际科研人员参与联合科研攻关的路径。

（八）加强实验室建设

进一步改进实验室的管理模式、理顺实验室管理体制，建立有利于创新的科学研究平台；组织制订实验室建设规划，以规划为基础，调整实验用房配置，以成熟和适用的高新技术产品装备实验室；进一步加强重点实验室建设，加快科学健身方法研究、优秀运动员竞技能力调控、智慧体育、运动康复等科技设施建设，积极争取运动生物科学、运动心理学、运动生物力学、运动医学等新一批科技设施的建设；对实验设备更新升级、资源整合、优化配置和测试收费制度等方面制定有效措施，提高科研仪器设备使用率，建立开放共享的仪器设备管理办法，通过国家网络共享平台为社会服务；建立实验室建设、装备、运行、维护和评估制度，提高实验室建设和管理水平；强化实验队伍的专业技能，提高科研实验的设计、模拟、数据获取或采集、整理分析能力,提高仪器设备性能的再开发能力和自制高端专业实验装备的能力。

四、保障措施

（一）抓党建促发展

大力加强所党委自身建设、党支部建设和党员队伍建设,持续开展党员学习教育活动,不断提高党内组织生活质量,充分发挥党组织的政治核心作用和党员的先锋模范作用。强化党风廉政建设主体责任和监督责任,始终将规矩和纪律挺在前面,持续不断地加强党风廉政建设和反腐倡廉制度建设,从源头上预防腐败案件的发生。

（二）加强组织领导

建立科研所一把手负总责、所领导班子集体牵头抓总、各部门协调配合的工作机制。所领导班子在宏观管理、资源整合分配、工作监督评估和重大事项跨部门综合协调等方面进行指导监督,各部门按照各自职责分工制订工作计划、细化目标任务和具体措施,形成与科研所"十三五"发展规划衔接配套的工作计划体系,相互联动配合,扎实有效推动规划的实施工作。

（三）精心组织实施

建立定期实施"十三五"发展规划的协调机制,确保"十三五"发展规划的推进,将各部门落实发展规划的目标、任务、举措纳入年度考核。各部门要根据本部门的实际情况,定期对表对账,把发展规划的落实作为工作的重要抓手,对规划涉及的各项安排进行科学有效地部署,把规划落实的任务具体化、精准化。

（四）加强监督检查

建立权责明确、职责清晰的工作机制,要把明确职责分工作为落实发展规划的重要举措,责任到人,有责必问,定期对落实情况进行评估、监督、检查,跟踪分析规划实施情况,及时总结归纳。通过总结评估发现问题,优化和改进实施方案,建立动态调整机制,确保发展规划的目标任务如期完成。

（五）强化保障能力建设

制订文化建设方案,凝练升华办所理念,加强科研道德建设,注重学术规范;建立科研资源管理信息系统,构建有效的管理服务信息技术平台,不断提升管理工作水平和效率;完善后勤服务体系,推进后勤保障工作规范化,提升后勤管理质量和服务水平;继续完善财务预算制度，加强预算执行的监督检查，保证科研所正常运转经费和重点项目的完成；加强对科研所经济活动的分析与监控和对经营性资产的管理，建立风险评估、防范机制，不断提高资金的使用效益；加强招标与采购统一管理，加强审计工作，确保各类经费的规范有效使用；规范科研所投资企业的运营和监管，切实履行国有资产出资人职责，维护所有者权益，落实国有资产保值增值责任；高度重视安全生产工作，严格落实安全责任和安全制度、措施，确保不发生责任事故，为完成"十三五"发展规划提供良好环境。

国家体育总局游泳运动管理中心"十三五"发展规划

"十三五"是我国实施全面建成小康社会、全面深化改革、全面依法治国、全面从严治党战略部署，实现中华民族伟大复兴宏伟目标的重要时期。"十三五"也是我国体育战线认真贯彻党的体育方针政策，大力推动改革创新，积极探索具有中国特色的体育发展道路，实现群众体育和竞技体育全面发展，迈出建设体育强国新步伐的重要阶段。面对新形势、新任务、新要求，游泳中心按照国家体育总局的部署和要求，制定新一个五年规划，努力推动中国游泳向更高水平、更高层次迈进，为我国体育事业发展和社会主义现代化建设做出新的贡献。

一、"十三五"时期我国游泳发展面临的形势

（一）"十二五"时期取得显著成绩，为今后发展奠定了坚实基础

在国家体育总局的正确领导下，游泳中心和全国游泳界的同志们认真学习贯彻习近平总书记关于体育工作的系列重要讲话和重要批示精神，振奋精神，同舟共济，埋头实干，攻坚克难，不断推动中国游泳各项事业迈出新步伐。

群众游泳活动蓬勃开展。制定实施了《全国游泳锻炼等级标准实施办法》，31个省（区市）1000余家单位推广达标活动，近40万游泳爱好者通过达标获得"海豚"奖章和证书。在9省（市）120个点开展了拆装式游泳池试点工作，探索出一条适合国情、经济环保、简便实用、方便群众的游泳场地建设新途径。开展"7.16"全民游泳健身周活动，2015年有31个省区市的205个站点参与举办活动，直接参与人数达30万人，现场群众达100万，通过媒体关注人数达1000万。组织厦金海峡接力横渡等多项公开水域比赛活动，形成了良好的品牌效应。组织夏季青少年游泳安全常识宣传活动，加强救生员培训工作，严格监管游泳馆（池）落实安全标准和安全措施，有力地维护了群众游泳的安全。

竞技体育实现新突破。在2012年伦敦奥运会上，游泳中心共获得11枚金牌、6枚银牌、5枚铜牌，实现了历史性突破，为中国体育代表团完成伦敦奥运会任务做出突出贡献。圆满完成了2011年上海游泳世锦赛、2013年巴塞罗那游泳世锦赛、2014年仁川亚运会和2015年喀山游泳锦标赛等各类比赛参赛任务，取得运动成绩和精神文明双丰收。与有关方面紧密合作，成功举办了上海世锦赛等各类国际比赛和全运会、青运会等各类国内比

赛。国家队复合型团队建设取得明显成效，体制机制进一步健全完善，成为优秀运动员成长的摇篮。编制并实施了《奥运项目竞技体育后备人才培养中长期规划》。科研保障力度加大，重点科研项目攻关取得进展，在总局伦敦奥运会科技成果奖励中获得多项表彰。

体育产业蓄势待发。制定实施了《无形资产开发管理办法》，进一步规范了无形资产开发工作。与网易结为互联网媒体合作伙伴，利用社会资本建设"泳者"信息服务平台，积极探索"互联网+"模式。组织公开招商，提升中国游泳的社会知名度和无形资产价值。与美的等一批形象健康、信誉良好的企业达成赞助协议，为备战奥运会、开展全民健身活动和事业发展提供了有力保障。

游泳文化建设取得新成果。加强团队文化建设，丰富了"梦之队""大国家队"、水球、花泳等团队文化。进一步加强与媒体合作，对"7.16"全民健身周活动进行了全方位宣传报道，展现了波澜壮阔的群众游泳活动。积极做好体育赛事宣传报道工作，产生了良好的社会效果。协会会刊《游泳》扩大了版面，增加了信息量，办刊质量得到提高。

对外交流合作迈出新步伐。成功举办上海世锦赛等国际赛事，促进了与国际体育组织和各国（地区）游泳协会的交流合作，增进了我国运动员与各国（地区）运动员的友谊，展示了开放文明发展的中国形象。坚持"走出去，请进来"，与世界高水平运动队同场训练，邀请国际著名教练员执教国家队，大幅提升了国家队的训练、管理水平。12人代表中国游泳协会在国际泳联中担任职务，8人在亚泳联中担任职务，有效发挥了作用，提升了中国的话语权。

（二）"十三五"时期面临的主要挑战

"十三五"时期是我国体育事业改革发展的攻坚期，面临着一系列亟待解决的矛盾和问题。一是如何转变发展理念和发展方式，促进游泳事业全面协调可持续发展。二是如何深化体制改革，完成好事业单位分类改革和协会强化群众体育试点改革任务。三是如何坚持和完善竞技体育举国体制，打好奥运会，解决好基础薄弱、后备人才不足、项目发展不平衡、赛风赛纪和反兴奋剂工作面临的问题。四是如何健全群众游泳公共服务体系，解决群众游泳组织建设、游泳场所短缺、品牌活动不足等问题，进一步提高群众参与度。五是如何进一步提高各类无形资产开发水平，促进供给侧改革创新，做大做强游泳产业。

二、"十三五"时期游泳中心发展的指导思想、基本原则和任务目标

"十三五"是我国全面深化改革的重要时期，"改革创新"将成为这一时期的鲜明主题。面对新一轮改革发展浪潮，我们既要有面对挑战的勇气，敢做弄潮儿，勇于自我革新，又要有科学严谨的态度和行动，不断推动中国游泳事业全面协调可持续发展。

（一）指导思想

以邓小平理论、"三个代表"重要思想和科学发展观为指导，深入学习贯彻党的十八大、十八大以来各次中央全会精神和习近平总书记关于体育工作的一系列重要讲话精神，全面深化事业单位和体育社团改革，促进竞技体育和群众体育全面发展，不断提升竞技体育的综合实力，不断满足人民群众的游泳需求，不断增强游泳事业的发展能力，为推动体育强国建设和实现中华民族伟大复兴做出贡献。

（二）基本原则

坚持围绕党和国家的中心任务，服务经济社会建设。体育在提升国家形象、保障和改善民生、促进经济社会发展等方面具有重要的作用。我们要努力促进游泳事业大发展，充分发挥游泳运动在经济、文化、社会和生态建设中的多元功能。

坚持以人为本，服务人民群众。把发展全民健身事业、增强国民体质作为重要任务，满足人民群众不断增长的游泳健身需求，积极开展群众游泳活动，制定公共服务政策，不断提高人民群众的身体素质与生活质量。

坚持科学发展。统筹兼顾竞技体育与群众体育、奥运战略与全运战略、优秀人才与后备人才、青少年体育与其他人群体育、城市体育与乡镇体育、不同区域体育的发展，促进游泳事业全面协调可持续发展。

坚持解放思想、改革创新。根据国家体育总局的部署和要求，研究新情况，解决新问题，努力推动观念创新、理论创新、制度创新，积极稳妥推进政府职能转变、事业单位分类改革和体育社团组织改革，积极探索和实践具有中国特色的体育发展道路。积极探索"互联网+"，变革体育组织管理方式，拓宽游泳运动传播渠道，探索游泳产业发展的新业态。

坚持依法管理，推进法制化建设。进一步健全完善各项规章制度，坚持依法依规办事，加强行业作风、赛风赛纪和反兴奋剂工作，积极营造风清气正的游泳生态。

（三）任务目标

按照建设体育强国总体战略，初步形成符合中国特色体育发展道路要求的游泳项目管理体制机制，竞技体育和群众体育及各项工作呈现全面协调可持续发展的良好局面。

大力推动群众游泳工作，让亿万群众游起来。初步形成适合中国体育特色发展道路的群众游泳公共服务体系，群众游泳参与人数明显增加，游泳教练员、社会指导员、救生员和志愿者队伍进一步壮大，各类俱乐部快速发展，游泳馆（池）短缺状况得到有效缓解，游泳达标活动此起彼伏，各类群众游泳活动蓬勃开展，形成一些有影响的品牌活动，群众游泳安全服务保障体系初步形成。

增强竞技体育综合实力，努力建设游泳强国。训练体系更加完善，科学训练水平显著提高，人才结构和梯队建设趋于合理，训练保障力度进一步加大，竞技体育国际竞争力得到增强。成功举办第13届全运会游泳比赛和杭州世界短池游泳锦标赛等各类赛事。圆满完成2016年里约、2020年东京奥运会和其他国际大赛参赛任务，为祖国和人民争取更大荣光。

形成多元发展格局，促进体育产业快速成长。游泳市场开发规章制度进一步健全完善，管理更加规范。拓宽市场开发渠道，形成自主开发、中介开发和媒体资源平台开发的多元格局。服务企业、中介和社会组织的水平不断提高，与企业、中介、媒体、社会组织建立更加密切的合作关系。协会、运动队、运动员品牌价值得到提升，赛事活动市场开发稳步推进，整体开发能力明显提高，开发价值的增长与同期GDP增长幅度相适应。

深入挖掘游泳文化，不断提升游泳运动的影响力。建立和完善运动队文化教育体系，加强运动队团队文化建设，完善科研服务保障体系，加强对游泳健身方法、安全常识和文化价值的研究工作，促进网易、协会官网、泳者网、游泳杂志等自办媒体融合发展，与主要媒体建立更加友好的合作关系，引导舆论和应对突发新闻事件的能力有所提高，中国游泳的社会形象良好，公信力显著增强。

三、发展的主要措施

（一）加快群众游泳发展步伐

建立全国游泳"大群体"工作格局。强化行业主导和引领作用，积极争取各级政府增加对群众游泳工作的支持和投入。开展全国"游泳之乡""先进池馆"等争先创优活动，构建基层群众游泳健身工作机制和评价办法，最大限度地调动和凝聚行业、社会资源。加强各级游泳社团组织建设，充分发挥社团人才、技术和联系群众的优势，广泛开展游泳培训、救生服务，积极组织小型多样的群众竞赛活动。以游泳场馆为依托，组建各类俱乐部，开展游泳、水球、水中健身操等推广活动，组织各类比赛活动，发挥游泳场馆群众游泳重要阵地的作用。推动游泳进校园，组织青少年学生学习游泳和游泳安全常识，开展丰富多彩的青少年"海豚"达标赛、游泳夏（冬）令营、游泳救生培训教育等系列活动，让"游泳占领青少年业余时间"，让"游泳救生安全进校园"。树立互联网思维，实施"互联网+全民健身"工程，推动线下工作线上化，以服务为宗旨，通过服务吸粉、粘粉，扩大规模和影响力，推进全民健身组织、管理、活动方式的变革，实现线上线下联通互动、效益叠加。

大力推动拆装式游泳池"走进"社区（乡镇）。进一步加大可拆装游泳推广工作的政策、资金支持力度，积极为可拆装游泳池推广提供经营管理指导，为开展各类培训、比赛提供人才和技术支持，促进可拆装游泳池这项惠民工程快速发展。推动开拆装泳池在长江以南各社区乡镇、长江黄河之间县区实现普及，继续在未开展拆装式泳池试点东北、西北、西南进行试点示范，支援"老、少、边、贫"地区建设拆装式泳池。引导社会资金投资兴建拆装泳池，探索和推广拆装式泳池经营管理的有效模式和成功经验，形成游泳产业发展新的亮点。引导游泳人才参与拆装式泳池经营管理和服务，为群众游泳提供专业服务，为退役运动员就业创业提供平台。

广泛开展游泳锻炼标准的达标活动。加大与各级体育部门、协会、社会组织、媒体、企业等合作，扩大"全民健身游泳达标示范馆（场）"规模，建立评估考核机制，规范示范馆（场）建设。组织全国游泳场馆开展夏季、冬季全民达标活动，达标人数力争超过100万人，努力把游泳达标活动打造成中国群众游泳锻炼的新亮点。

打造群众游泳的品牌赛事和活动。推动"7.16"全民游泳健身周活动蓬勃开展，进一步扩大活动规模，丰富活动内容，挖掘和弘扬毛泽东同志畅游长江的文化遗产，把爱游泳、爱生活、爱江河、爱祖国有机结合起来，不断掀起夏季游泳高潮。策划举办"畅游祖国江河湖海"活动、"金海豚"全国争霸系列赛、"全民游泳运动会"等比赛和活动，办好厦金横渡等传统赛事活动，形成系列"活动影响大、群众参与度高、地域元素鲜明、特色水域文化"的大型群众公开水域游泳健身活动。

加强游泳安全工作。加大游泳救生员培训工作力度，倡导有条件的地方政府采用购买服务的形式，支持游泳救生培训工作。加强游泳场馆安全监管，强制推广游泳场馆安全标准，加强游泳场馆的日常安全监管，为群众提供安全、卫生的健身场所。组织编写《青少年水上安全科普卡通宣传教材》，全面普及各种水上安全常识和紧急处理方法。

（二）增强竞技体育的持续发展能力

加强国家队建设。大力弘扬中华体育精神，建设一支思想强、技术精、作风硬、氛围好的团队。进一步健全各项目备战领导小组、队委会、复合型团队。按照公开公平公正择优的原则选拔组建国家队，保持适度规模，改善人才结构，建立健全优胜劣汰机制。坚持"三从一大"的训练原则，突出重点，兼顾一般，对重点项目、重点队员、关键技（战）术实施联合攻关和个性化、差异化训练。坚持科技兴体，充实和合理配置科研医务资源，加大科研攻关力度，力争在解决关键性问题方面取得突破。坚持"走出去、请进来"的方针，积极参加国际大赛，锻炼队伍；加强本土教练的培养，择优聘请外籍教练，提高国家队执教水平。关心运动员教练员的身心健康和实际问题，切实做好运动队保障工作，及时解决训练竞赛中的各类问题，加强文化教育，进一步改善运动队训练生活条件。健全管理制度，严明运动队纪律，加强队伍日常管理，积极开展思想工作，解决好运动员成长过程中出现的各类问题，大力培育运动员、教练员和工作人员的职业精神。

抓好后备人才梯队建设。扩大选才视野，建立国家后备人才队伍，坚持系统和长周期培养。探索实施国家队轮训制度，发挥国家队的龙头作用，带动地方提高训练水平。完善全国项目布局，重点省区市完善后备人才培养体系，推动各项目全面发展，形成集团优势；其他省区市突出重点，形成特色，小项群实现突破。探索建立和实施国家队退役运动员开展青少年花样游泳、水球培训资助计划，利用好国家队退役运动员人才资源，普及推广花样游泳和水球运动，拓宽后备人才培养渠道。大力培养中青年教练员、科医人员，为他们的成长进步提供平台。积极推动游泳进校园，把普及游泳和扩大后备人才基础结合起来。大力发展和建设高水平的业余俱乐部、传统学校和业余体校，努力把业余俱乐部、传统学校和业余体校建设成后备人才的摇篮。

进一步优化竞技体育发展环境。加强竞赛制度改革，进一步完善竞赛管理办法，实行阳光竞赛，加强对竞赛组织的监管、评估工作，及时发现和纠正竞赛中的隐患和问题，进一步规范全国比赛。进一步健全和完善国家队运动员、教练员选拔办法和全国比赛裁判员选派办法，形成良好的选人机制和用人导向，匡正用人不正之风。加强对裁判员、运动员、教练员和工作人员的教育，增强法制意识、纪律意识、道德意识和自律意识。大力加强反兴奋剂教育、管理、监督，注意防范食品、药品安全引发兴奋剂问题，严肃查处各类兴奋剂问题，始终保持对兴奋剂的高压态势。

（三）大力推动体育产业发展

深入学习贯彻国务院46号文件精神，进一步完善产业开发的相关规章制度，规范开发行为，激活各市场要素。深入挖掘协会、国家队、运动员和教练员，各类比赛和活动蕴含的文化价值，积极主动为企业树立品牌形象、展示企业文化、拓展市场范围做出贡献，赢得更多企业赞助和支持。妥善处理协会发展需要与个人、基层单位的利益关系，进一步让利于运动员、教练员和基层单位，调动大家共同开发无形资产的积极性。积极为会员提供服务，不断壮大协会队伍，提高为全社会提供公共服务的能力和水平。鼓励社会资金举办各类培训班和游泳学校，积极稳妥推动具备条件的俱乐部参加国内专业比赛。做好协会命名基地的全国布局工作，加强业务指导，定期评估检查，发挥地方积极性，为运动队建好家园，带动地方游泳运动发展，共同开发基地和国家队无形资产，实现互利共赢。抓住承办2018年短池世锦赛的契机，参与杭州竞赛组织、城市宣传和市场开发工作，为杭州筹办工作做出贡献，积极与杭州知名企业建立合作关系，拓展产业发展的空间。加强与网易合作，建好"泳者"网和协会官网，深入挖掘游泳协会和救生协会资源，不断创新服务产品，努力形成独特的盈利方式。

（四）加强体育文化建设

加强游泳健身方法、健身理论、安全常识的研究，为群众游泳工作提供理论支持。加强运动训练、管理、科研、思想工作的研究，推动国家队文化建设。加强赛事宣传报道，深入挖掘运动员、教练员爱国、拼搏、团结、遵纪的文化价值，大力弘扬中华体育精神。在重要比赛前或不定期举办公开课活动，欢迎新闻媒体采访报道，扩大游泳项目的社会关注度。积极推进政务信息公开，适合公开的内容和训练比赛信息一律上网公布。促进网易、协会网站、"泳者"网"三网"融合发展，办好《游泳》杂志，争取与国际泳联会刊长期合作。重视与新闻媒体保持良好的合作关系，积极与互联网媒体建立战略合作关系，实现国内比赛和活动视频播放，进一步扩大游泳运动的传播力和社会影响力。掌握新闻主动权，对重要突发情况，指派专人监控舆情，做好舆论危机公关，努力营造有利于游泳发展的社会环境。

（五）积极开展外事交往，维护国家形象

办好杭州世界短池锦标赛，多争取举办高水平比赛活动，锻炼队伍，提高办赛水平，满足群众对高水平比赛观赏的需要，扩大我国的国际影响。鼓励在二线城市举办单项国际赛事，提高地方举办体育比赛积极性，带动地方体育产业开发，大力普及运动项目，带动全民健身发展，促进地方经济社会发展。加强国际组织人才培养工作，参与更多国际比赛组织工作，进一步扩大我协会在国际组织中的影响力。加强外派体育人才工作，选派适合人员出国（境）担任援外教练，帮助提高发展中国家运动技术水平，当好体育文化的使者。经常性举办国内外学术交流活动，聘请世界著名教练员、科医专家学者进行专题讲座。鼓励水球项目的优秀运动员到国外打球，开拓眼界，增长技能，把国外好的技战术情况带回来，推动国内水平的提高。

四、保障办法

（一）加强组织领导

游泳中心要加强对实施规划的组织领导，发挥好组织、协调、监督、考核作用。各部门要把实施规划作为"十三五"期间开展工作的纲领，把规划确定的目标、任务、措施分解到岗、落实到人，切实抓好组织实施工作。要加大对实施规划的考核、评估力度，奖优罚劣，激发大家干好工作的积极性和主动性。

（二）推进协会改革

按照总局部署积极推动协会改革，进一步明确协会的职能定位，突出公益性，强化服务职能，寓管理于服务之中。根据群众游泳和发展竞技体育的实际需要，及时调整分支机构设置，充分发挥各专业机构在竞赛活动组织、人员培训、场馆管理、救生指导等方面的作用，多开展活动，作有影响力的活动，做大做强协会。按照全员聘任的规定，公开、公正、竞争、择优选聘协会骨干，根据实际需要适当增加训练管理、活动策划、市场开发等方面的人才。按照"敞开大门，降低门槛，分步实施"的思路，积极稳妥发展团体和个人会员，不断壮大协会的力量。

（三）抓好人才队伍建设

牢固树立"人才是第一资源"的理念，以宽大的胸怀、宽广的视野，选好、用好、管好教练员、科医人员、场馆经营管理人员、社会指导员、救生员、志愿者队伍。加强各类人员的培训工作，尽量给各类人才提供锻炼机会，为他们成长进步创造条件。表彰奖励在训练、竞赛、活动和志愿服务中的杰出代表，传递正能量。

（四）制定有效衔接的配套政策

认真研究国家队建设、二线和后备人才队伍建设的相关政策，坚持和完善竞技体育举国体制，调动各方面参与竞技体育的积极性。认真研究制定群众游泳竞赛和市场开发方面的政策，激发社会和市场参与群众游泳活动的积极性。

（五）增强发展能力

认真研究国家支持社会组织的政策措施，积极主动争取政府财政补贴项目和政府购买服务项目，争取政府财政更多支持。认真学习和研究市场经济条件下，社会组织生存发展的规律，开发好无形资产，做好企业回报工作，使中心与企业实现合作互利双赢。扩大赛事、活动和运动队文化的宣传，积极组织社会公益活动，扩大协会的社会公信力和影响力，增强协会的社会资源动员能力。